JN271631

民法改正と世界の民法典

民法改正と世界の民法典

民法改正研究会
（代表 加藤雅信）

総合叢書 5

信山社

序　文

　現在、1世紀以上にわたって施行されてきた日本民法典の改正をめぐって、大きな胎動が始まろうとしている。民法改正をめぐっては、学界のなかでは何年か前から議論がなされていた。そのような流れのなかから、民法改正研究会が発足したのは、2005年11月のことであった。そこには、民法改正に強い関心をもつ日本の民法学者、約20名が参加し、民法改正のための比較法的検討、そして、国内的研究を展開してきた。

　その成果を問うべく、民法改正研究会は、2008年3月1日、2日に、「民法改正国際シンポジウム──日本・ヨーロッパ・アジアの改正動向比較研究」を主宰した。ここでは、ドイツ、フランス、オランダ、中国、台湾、韓国の民法改正担当者や関係者、ヨーロッパ民法典の作成に関与している学者が一堂に会し、各国の状況の報告がなされるとともに、民法改正の眼目となる諸問題について、あるべき民法の姿が熱をこめて論じられた。会場には、多くの民法学者の姿がみられたのはもちろんのこと、政府の立法担当の責任者、司法行政の責任者、そして、国会議員等の姿もみられるとともに、このシンポジウムについての報道、放送、放映がなされる等、民法改正に対する社会の関心の高さを窺わせた。

　それに続き、2008年10月13日の日本私法学会のシンポジウムでは、民法改正研究会による「日本民法典財産法編の改正」というシンポジウムが開催されたのみならず、金山直樹教授らによる「消滅時効法の改正に向けて」というシンポジウム、そして、大村敦志教授を責任者とする「民法改正──韓国から日本へのメッセージ」と題する拡大ワークショップも開かれ、学界における民法改正への関心がいかに高いかを彷彿とさせた。

　この私法学会シンポジウムにおいては、『日本民法改正試案（民法改正研究会・仮案〔平成20年10月13日案〕）』（起草・民法改正研究会、有斐閣、会場限定販布品）が公刊され、担保法を除く民法財産法全体につき、改正条文案が公表された。同日の私法学会においては、前述したように、この民法改正試案をめぐって熱心な討議が繰り返された。そのうえで、この私法学会における議論等をも反映した『日本民法改正試案』（民法改正研究会・仮案〔平成21年1月1

序　文

日案〕）が、本年初頭に公刊された判例タイムズ新年号（1281号）で公表されるにいたった。

　民法改正研究会は、われわれ民法改正研究会のメンバー約20名の知恵には限界があることを自覚し、その発足当時から、研究会メンバー以外の民法改正に関心を寄せる方々を含めた「民法フォーラム」をしばしば開催してきた。この「民法フォーラム」の活動は、民法改正試案のための条文づくりに集中した関係上、ここしばらく中断してきたが、平成21年新年案を判例タイムズ誌上に公表してから、また、学界の叡智を終結した民法改正をするために、「民法改正フォーラム」と形を変えて再開するにいたった。具体的には、本年2月から3月にかけては、星野英一教授を中心とする東京の学者たち、奥田昌道教授を中心とする関西の学者たち、椿寿夫を中心として編集された『民法改正を考える』（法律時報増刊、2008年9月発行）に執筆した多数の全国の学者たちを中心とする「民法改正フォーラム」を3回開催した。このようにひろく学界の叡智を結集するための作業の最終段階として、民法が商法、民事訴訟法、行政法等の他の法分野の基礎となっている側面があることを考え、民法以外の分野の法学研究者から、私達の民法改正試案に対するご意見を伺うためのシンポジウム、「民法改正シンポジウム ── 民法改正試案の学際的検討：民法と他法との対話」を本年秋に開催することを予定している。

　ただ、民法典は学者のものではなく、法曹、各種の資格保持者、会社法務等の法律家によって用いられ、国民に適用されるものである。したがって、このような実務家の意見を伺う必要があるのは当然のことである。ただ、この実務家の仕事も幅広いことを考慮し、われわれは、本2009年1月から、「市民のための民法改正研究会」、「会社法務に役立つ民法改正研究会」という2つの弁護士グループの研究会をたちあげ、半年以上にわたって、継続的に民法改正試案の逐条的検討を行っている。さらに、日本弁護士連合会、いくつかの単位弁護士会、日本司法書士会連合会、会社法務部との「民法改正フォーラム」、研究会等をしばしば行っている。

　以上のような法学界、法律家の意見を集約し、平成21年新年案を大幅に改良した民法改正試案を、「日本民法改正試案 ── 学界・法曹有志案」として、本年10月末の「民法改正シンポジウム ── 学界・法曹有志案提示のために」において公表する予定である。

　なお、法律家は民法のヘビーユーザーであるかもしれないが、民法典が適用

序　文

　されるのは国民である。民法改正によって最終的に影響を受けるのは国民なのである。その国民の声を聞くために、私達は、国民各層、具体的には、財界、労働界、消費者団体等、できるだけ幅広いグループからこの「民法改正試案──学界・法曹有志案」に対する意見を聞くための作業を開始しようとしている。民法改正試案作成の最終段階で、これらの方々を含む国民の幅広い声を聞くためのシンポジウムを開催し、最終的にこの改正試案を「民法改正試案──国民有志案」にまで高めていくことがわれわれの願いなのである。

　なお、民法改正研究会が発足してから約1年後の2006年10月には「民法（債権法）改正検討委員会」が発足したが、その検討結果が、本年4月29日に公表された。私を含め、民法改正研究会のメンバーの約半数は、民法（債権法）改正検討委員会のメンバーでもあるが、当然のことながら、2つのグループの改正提案には類似点も相違点も存在しており、今後、可能なかぎり双方の案を融合するための努力が必要となるであろう。

　この作業のためにも、また前に述べたように、ひろく法律家や国民のご意見を伺う前提にも、われわれ自身がもっている資料を公開し、また、利用しやすいものにするための努力が必要である。本書は、このような意図のもとに出版されるものであり、民法改正研究会の2008年度に行われた2つのシンポジウム、すなわち、「民法改正国際シンポジウム──日本・ヨーロッパ・アジアの改正動向比較研究」と「私法学会シンポジウム」にさいしてジュリスト誌に発表した研究論文と、今回書き下ろしをお願いした論文とを合わせて一書に編んだものである。本書第Ⅰ部は、私法学会シンポジウムのさいの研究論文を中心としており、本書第Ⅱ部から第4部までは、「民法改正国際シンポジウム」のさいの論文を中心に、読者が読みやすいよう、内容にそくして構成しなおした。

　この研究に対しては、科学研究費補助金（2006年度、2008－2012年度）、学習院国際交流基金（2007年度）、学術振興野村基金（2006年度）、社会科学国際交流江草基金（2007年度）、村田学術振興財団（2007年度）（五十音順）から研究助成を受けた。記し深謝の意を表したい。また、この多大なエネルギーを要する各種研究会、とりわけ何度かにわたる「シンポジウム」や「民法改正フォーラム」においてご教示、ご協力を賜った先生方、それぞれ20数回に及ぶ「市民のための民法改正研究会」、「企業法務に役立つ民法改正研究会」、さらに、3年半以上にわたる「民法改正研究会」に労を惜しまず参加してくださった次に紹介する先生方には、感謝の言葉もない。最後になってしまったが、

序　文

　信山社の袖山貴社長には、われわれの意図するところに賛意を惜しまず、この出版事情の悪いなか、本書の出版を引き受けていただいたのみならず、多人数の執筆者からなる本書の統一性をはかるための編集作業の陣頭にたってご尽力いただいた。勇将の下に弱卒なし、信山社の稲葉文子氏、今井守氏らは、研究会の宮下修一、中野邦保両准教授とともに、夜を日に継いで本書の最終段階の編集作業にあたってくださった。これらの方々の超人的な努力なしには、本書がこの時期に世に現れることはなかったであろう。心からなる御礼を申し上げる次第である。

　　2009年5月3日

研究会を代表して
加　藤　雅　信

【研究会紹介】

【民法改正研究会会員】（五十音順）

　秋山靖浩（早稲田大学）、池田真朗（慶應義塾大学）、五十川直行（九州大学）、磯村保（神戸大学）、伊藤栄寿（愛知学院大学）、大塚直（早稲田大学）、岡孝（学習院大学）、沖野眞已（一橋大学）、加藤雅信（上智大学）、鹿野菜穂子（慶應義塾大学）、河上正二（東京大学）、川﨑政司（参議院法制局）、北居功（慶應義塾大学）、中野邦保（桐蔭横浜大学）、野澤正充（立教大学）、平林美紀（南山大学）、廣瀬久和（青山学院大学）、松岡久和（京都大学）、宮下修一（静岡大学）、山下純司（学習院大学）、山野目章夫（早稲田大学）、横山美夏（京都大学）、渡辺達徳（東北大学）

【市民のための民法改正研究会】
代　　表　　杉山真一
顧　　問　　庭山正一郎（自由人権協会元代表理事、前第二東京弁護士会会長）、
　　　　　　高須順一（日弁連司法制度調査会債権法改正主査会議主査）、
　　　　　　加藤雅信
副会長　　　彦坂浩一、岩田拓朗、小町谷育子
会　　員　　加戸茂樹、市川充、山本晋平、高澤文俊、杉村亜紀子、青木耕一、牧野友香子、岩田修一、西山温、横山佳枝、秋山淳、岩崎泰一、嶋村那生、西村啓聡、橋本陽介（事務局）、中北裕士

【企業法務に役立つ民法改正研究会】
代　　表　　北澤正明
顧　　問　　阪田雅裕（元内閣法制局長官）、加藤雅信
副会長　　　片山達、伊藤哲哉、森脇章、仲田信平、大久保圭、塚本宏達、山中淳二、十市崇、戸塚貴晴
会　　員　　小林英治、渡邉雅之、沢崎淳一、出張智己、原悦子、有吉尚哉、赤沼洋、宇野伸太郎、久山亜耶子、桑原秀介、上林英彦、大橋さやか、萩原宏美、大西一成、佐々木慶、中村俊弘、小杉綾、副田達也、山田純、小泉宏文、殿村桂司、大槻健介（事務局）、久保賢太郎、前田和孝、臼杵善治、岩崎大、坂井瑛美、飛岡和明、藤原利樹、永井亮、村澤恵子、今井裕貴、江本康能、池田彩穂里、諏訪公一

【2008年3月「民法改正国際シンポジウム」外国人参加者紹介】

● ピエール・カタラ（Pierre Catala）●

　1930年、ミョー（フランス）に生まれる。1949年、モンプリエ大学法学部を修了し、1954年、博士号（モンプリエ大学）を取得。その博士論文である『相続法規と経済変動』は、翌1955年に出版し（Sirey）、アカデミー・フランセーズの賞（Ouvrage couronné）を受賞した。1955年、私法部門第1位の成績で教授資格取得試験に合格し、同年から1963年までグルノーブル大学法学部教授、1963年から1968年までモンプリエ大学法学部教授、1968年にパリ大学（現パリ第2大学の前身）法学部教授となり、1992年までパリ第2大学教授を務め、同年に退官した。業績は、親族・相続法、債務法から情報法まで幅広く、また、1980年以降は、フランスを代表する法律専門誌ジュリス・クラスールの民事法責任者として、その編集に尽力する。1970年代には多くの民法改正作業に関与し、2004年3月には債務法改正委員会を立ち上げ、その改正草案が、2006年6月、政府刊行物として公刊された。

（紹介：野澤正充）

● アーサー・S・ハートカンプ（Arthur S. Hartkamp）●

　現在、オランダのラドブート大学教授（ヨーロッパ私法担当）。1974年から1986年までオランダ法務省で民法典改正作業を担当し、その後、1986年から2001年までオランダ最高裁判所主席法務官（Advocate–General）、2001年から2006年まで最高裁判所主席法務官（Procureur–General）として、オランダの民法典改正に直接携わるとともに、国際的にもユニドロワ国際商事契約原則やヨーロッパ契約法原則策定の中心メンバーとして活躍している。

（紹介：平林美紀）

● カール・リーゼンフーバー（Karl Riesenhuber）●

　ボッフム大学（Ruhr-Universität Bochum）民法、ドイツ・ヨーロッパ商法及び経済法教授。1967年、オーストリア・クフシュタイン生まれ。1986年から1990年までドイツ・フライブルク大学（Albert-Ludwigs-Universität Freiburg i. Br.）に学ぶ。1992年テキサス大学オースティン校比較法修士。1997年法学博士。2002年ヨーロッパ大学フィアドリナ校（Europa-Universität Viadrina, Frankfurt (Oder)）教授代理、2004年同教授、2006年10月より現職。ヨーロッパ私法およびドイツ民法に関して多数の業績があり、2006年に「ルール・ヨーロッパ民法アカデミー」（Ruhr-Akademie für Europäisches Privatrecht）を設立するなど精力的に活動している。また、北川善太郎、西谷祐子、髙山佳奈子の各教授らとそれぞれドイツで共編著を出版するなど、日本の法理論にも詳しい。

主要著書として、以下のものがある。

『隣接当事者間の法律関係――賃借隣人間および職場の同僚間における法律関係を手がかりに』（Die Rechtsbeziehungen zwischen Nebenparteien-Dargestellt anhand der Rechtsbeziehungen zwischen Mietnachbarn und zwischen Arbeitskollegen, Berlin (Duncker & Humblot) 1997.）（博士論文）

『ヨーロッパ契約法の体系と原理』（System und Prinzipien des Europäischen Vertragsrechts, Berlin (de Gruyter Recht) 2003.）（教授資格取得論文）

『ヨーロッパ契約法――教科書〔第2版〕』（Europäisches Vertragsrecht-Lehrbuch, 2. Auflage Berlin (de Gruyter Recht) 2006.）

なお、リーゼンフーバー教授の履歴と業績の詳細については、同教授のホームページ（アドレスは、http://www.ruhr-uni-bochum.de/ls-riesenhuber/riesenhuber.html）を参照されたい。

（紹介：宮下修一）

● 梁　慧星（Liang Huixing）●

1944年生まれ。現職は、中国社会科学院学部委員、同・法学研究所教授、同・私法研究センター主任、『法学研究』（中国社会科学院・刊）雑誌編集長。このほか、中国国務院学位委員会委員、中国人民政治協商会議全国委員会委員も務める。

梁教授は、中国民法界の第一人者であり、中国民法典の法案作成作業にも長年携わってきた。日本でも数多くの講演等を行っており、民法に関する著作も多数にのぼっている。

主要著書として、以下のものがある。

『民法総論〔第3版〕』（法律出版社・2007年）
『裁判的方法』（法律出版社・2003年）
『民法解釈学』（中国政法大学出版社・1995年）
『民法学説判例與立法研究』（中国政法大学出版社・1993年）
『中国物権法草案建議稿附理由書〔第2版〕』（社会科学文献出版社・2007年）（共著）
『中国民法典草案建議稿附理由書（総則編、物権編、債権総則編、親族編、相続編）』（法律出版社・2004－2006年）（共著）
『中国物権法研究』（法律出版社・1998年）（共著）

（紹介：宮下修一）

● 渠　　濤（Qu Tao）●

　1956年、吉林省長春市生まれ。1992年、名古屋大学大学院法学研究科にて法学修士取得。1995年、同研究科博士後期課程を単位取得退学。その後、名城大学法学部専任講師、中国社会科学院研究所副研究員を経て、2004年9月より現職。
　中国民法、とくに物権法の研究者として著名であり、日本法との比較法研究に関する著作も数多い。主要な著作として、以下のものがある。
　渠濤著『民法理論與制度比較研究』（中国政法大学出版社・2004年）
　渠濤主編『中日民商法研究(1)-(6)』（法律出版社・2003-2007年）
　渠濤編訳『日本最新民法』（法律出版社・2006年）

（紹介：横山美夏）

● 詹　森林（Jan Sheng-Lin）●

　1957年生まれ。1977年、台湾大学法学部を卒業。その後、2年間の兵役を経た後、台湾大学大学院に進学し、1984年に修士課程を修了。1992年、ドイツ・フランクフルト大学で博士号を取得。現在、台湾大学法学部教授。
　主な研究分野は、民法、国内外の消費者保護法、政府調達法など。
　詹教授は、台湾において、これまで債権法改正、供託法改正および消費者保護法改正などの主要な法改正作業に関与してきており、現在は、国家賠償法改正委員会のメンバーとしても活躍している。

（紹介：鹿野菜穂子）

● 尹　眞秀（Yune Jinsu）●

　1955年、韓国光州広域市出生。1977年、ソウル大学校法科大学卒業。1979-1982年、軍法務官。1982年、判事任官（その後、憲法裁判所憲法研究官、大法院裁判所研究官などを経て1997年水原地方裁判所部長判事として退職）。1987-1988年、ドイツ・ハンブルク大学法科大学、マックスフランク外国私法および比較私法研究所客員研究員。1993年、ソウル大学校法学博士。1997年以降、ソウル大学校法科大学教授。2003-2004年、アメリカヴァージニア大学ロースクール客員研究員。
　専門は民法。これまで、韓国の代表的な民法学者として、医療過誤に基づく子女出生による損害賠償責任、権利濫用禁止の経済的分析、民法上の錯誤規定の立法論的考察、憲法・家族法・伝統、契約解釈の方法に関する国際的動向と韓国法、児童権利協約と韓国家族法、虚偽表示と第三者、進化心理学と家族法などの財産法と家族法に関する論文を多数発表している。
　その他、韓国法経済学会会長（2005-2007年）、韓国比較私法学会会長（2006-2008年）を歴任し、2008年1月1日から韓国家族法学会会長として活躍している。

（紹介：金　祥洙）

●金　祥洙（Kim Sangsoo）●

　1962年、韓国京畿道生出まれ。1985年、高麗大学校法科大学卒業。1988年、名古屋大学大学院法学研究科修士課程修了。1992年、名古屋大学法学博士。1993年9月-1998年3月、名古屋大学法学部助教授。1998年3月-2007年8月、東国大学校法学部教授。2007年9月以降、西江大学校法学部教授。

　専門は民事訴訟法。近時の主な著作としては、韓国で発表されたハングルのものを除き、「強制執行と財産明示制度」民商法雑誌127巻1号（2002年）、「韓国改正仲裁法」JCAジャーナル518号-521号（2002年）、「商品先物取引と仲裁」先物取引研究4巻2号（2000年）、「ディスカヴァリーの歴史」法政論集181号（2000年）、『オーストラリアの民事司法』（信山社・1997年）などがあり、国際商事法務に「韓国法事情」というコラムを連載している。

(紹介：加藤雅信)

目　次

序　文

第Ⅰ部　日本民法典の改正

第1章　「日本民法改正試案」の基本枠組
　　　　　……………………………………〔加藤雅信〕… 3

第2章　民法改正の国際的動向
　第1節　ドイツ債務法…………………〔岡　　　孝〕… 41
　第2節　ドイツ物権法
　　　　　——BGB 906条1項2文・3文における私法と公
　　　　　法との調和をめぐって……………〔秋山靖浩〕… 51
　第3節　フランス法………………………〔野澤正充〕… 67

第3章　物権変動法制のあり方……………〔松岡久和〕… 81

第4章　新しい土地利用権体系の構想
　　　　　——用益物権・賃貸借・特別法の再編成をめざして
　　　　　……………………………………〔山野目章夫〕… 109

第5章　差止と損害賠償
　　　　　——不法行為法改正試案について…〔大塚　直〕… 129

第Ⅱ部　世界に見る民法改正の諸問題

第6章　日本民法典の改正にあたって
　第1節　日本民法改正試案提示の準備のために
　　　　　……………………………………〔加藤雅信〕… 151
　第2節　日本民法改正試案の基本方向
　　　　　——民法財産法・冒頭と末尾（「第1章 通則」「不
　　　　　法行為」）の例示的検討…………〔加藤雅信〕… 159

目　次

第7章　民事総合法典としての民法と市民法としての民法
　　第1節　民法・商法および消費法
　　　　　　……………〔ピエール・カタラ=野澤正充訳〕… 185
　　第2節　民法と消費者法・商法の統合についての視点
　　　　　　――カタラ論文に寄せて…………〔磯　村　　保〕… 195
　　第3節　消費者の撤回権
　　　　　　――韓国法の視点から……〔尹眞秀=金祥洙訳〕… 203
　　第4節　消費者の撤回権・考
　　　　　　――尹眞秀論文に寄せて…………〔河　上　正　二〕… 213
第8章　物権変動法制
　　第1節　中国の物権法制定と物権変動法制
　　　　　　………………………………………〔渠　　　　　濤〕… 221
　　第2節　物権変動法制立法のあり方
　　　　　　――渠濤論文と日本法…………〔横　山　美　夏〕… 235
第9章　債務不履行論
　　第1節　債務不履行による損害賠償と過失原理
　　　　　　……〔カール・リーゼンフーバー=渡辺達徳訳〕… 241
　　第2節　債務不履行による損害賠償と過失原理
　　　　　　――リーゼンフーバー論文と日本法
　　　　　　………………………………………〔渡　辺　達　徳〕… 271
第10章　契約解除論
　　第1節　台湾の契約解除法制
　　　　　　――比較法的検討……〔詹森林=鹿野菜穂子訳〕… 279
　　第2節　契約解除法制と帰責事由
　　　　　　――詹森林論文と日本法…………〔鹿野菜穂子〕… 299
第11章　債権譲渡論………………………………〔池　田　真　朗〕… 307

xv

目　次

第Ⅲ部　世界に見る民法典の制定とその改正

第 12 章　日本民法典の編纂と西洋法の導入
　　　　　………………………………………〔加藤雅信〕… 327

第 13 章　ドイツ民法典
　　　　　——その背景と発展および今後の展望
　　　　　……〔カール・リーゼンフーバー＝宮下修一訳〕… 341

第 14 章　フランス民法典
　　　　　——債務法改正草案への動き
　　　　　………………〔ピエール・カタラ＝野澤正充訳〕… 371

第 15 章　オランダ民法典の公布
　　　　　……〔アーサー・S・ハートカンプ＝平林美紀訳〕… 381

第 16 章　中国民法典の制定……………〔梁慧星＝渠濤訳〕… 395

第 17 章　台湾における民法典の制定
　　　　　……………………〔詹森林＝宮下修一訳〕… 409

第 18 章　韓国の民法典の改正
　第 1 節　韓国における民法典の改正
　　　　　——第 2 次世界大戦後の動き
　　　　　………………………〔尹眞秀＝金祥洙訳〕… 421

　第 2 節　韓国における民法典の改正
　　　　　——急展開を迎えた 2009 年を中心に
　　　　　………………………………………〔中野邦保〕… 431

第Ⅳ部　世界における民法典の
　　　　　ハーモナイゼーションを目指して

第 19 章　ヨーロッパ民法典への動向
　　　　　……〔アーサー・S・ハートカンプ＝廣瀬久和訳〕… 455

第20章 「ヨーロッパ民法典への動向」が語るもの
　　　——ハートカンプ論文に思う
　　　　　　　　　　　　　　　　　　　　〔廣瀬久和〕… 469
第21章 ヨーロッパ連合における民法典論議
　　　——統一性と多様性の相克と調和
　　　　　　　　　　　　　　　　　　　　〔北居　功〕… 475

第V部　資料編
　　　——日本民法改正試案——

I　平成20年日本私法学会提出案
　　資料1　日本民法改正試案 …………………………… 493
　　　　（民法改正研究会・仮案〔平成20年10月13日案〕）
　　　　第1分冊〔総則・物権〕
　　資料2　日本民法改正試案 …………………………… 515
　　　　（民法改正研究会・暫定仮案〔平成20年10月13日
　　　　仮提出〕）
　　　　第2分冊〔債権法〕

II　平成21年新年案
　　資料3　日本民法改正試案 …………………………… 545
　　　　（民法改正研究会・仮案〔平成21年1月1日案〕）

執筆者一覧（巻末）

初出一覧（巻末）

―――― 執筆者一覧（掲載順）© 2009　Printed in Japan ――――

加藤雅信（かとう・まさのぶ）　民法改正研究会代表　上智大学教授
　　　第1章，第6章第1節・第2節，第12章

岡　　　孝（おか・たかし）　学習院大学教授　　第2章第1節

秋山靖浩（あきやま・やすひろ）　早稲田大学教授　　第2章第2節

野澤正充（のざわ・まさみち）　立教大学教授
　　　第2章第2節，（第14章訳）

松岡久和（まつおか・ひさかず）　京都大学教授　　第3章

山野目章夫（やまのめ・あきお）　早稲田大学教授　　第4章

大塚　直（おおつか・ただし）　早稲田大学教授　　第5章

ピエール・カタラ（Piere Catala）　パリ第2大学名誉教授
　　　第7章第1節，第14章

磯村　保（いそむら・たもつ）　神戸大学教授　　第7章第2節

尹　眞秀（Yune Jinsu）　ソウル大学校法科大学教授
　　　第7章第3節，第18章第1節

金　祥洙（Kim Sangsoo）　西江大学校教授
　　　（第7章第3節訳，第18章第1節訳）

河上正二（かわかみ・しょうじ）　東京大学教授　　第7章第4節

渠　　濤（Qu Tao）　中国社会科学院法学研究所研究員（教授）
　　　第8章第1節，（第16章訳）

横山美夏（よこやま・みか）　京都大学教授　　第8章第2節

カール・リーゼンフーバー（Karl Riesenhuber）ボッフム大学教授
　　　第9章第1節，第13章

渡辺達徳（わたなべ・たつのり）　東北大学教授
　　　（第9章第1節訳），第9章第2節

詹　森林（Jan Sheng-Lin）　台湾大学教授
　　　第10章第1節，第17章

鹿野菜穂子（かの・なおこ）慶應義塾大学教授
　　　　　　（第10章第1節訳），第10章第2節
池田真朗（いけだ・まさお）慶應義塾大学教授　第11章
宮下修一（みやした・しゅういち）静岡大学准教授
　　　　　　（第13章訳，第17章訳）
アーサー・S・ハートカンプ（Arthur S. Hartkamp）
　　　　　　ラドブート大学教授／元オランダ最高裁主席法務官
　　　　　　第15章，第20章
平林美紀（ひらばやし・みき）南山大学准教授　（第15章訳）
梁　慧星（Liang Huixing）中国社会科学院法学研究所研究員（教授）
　　　　　　第16章
中野邦保（なかの・くにやす）桐蔭横浜大学准教授　第18章第2節
廣瀬久和（ひろせ・ひさかず）青山学院大学教授　（第20章訳），第21章
北居　功（きたい・いさお）慶應義塾大学教授　第22章

民法改正と世界の民法典

第I部　日本民法典の改正

第1章　「日本民法改正試案」の基本枠組

加 藤 雅 信

- I　本書の趣旨
- II　なぜ、今、民法改正か
- III　民法典の構成
   ——パンデクテンの構成の維持
- IV　民法総則編の改正
- V　商法・消費者法との関係
- VI　物権法の改正
- VII　債権法の改正
- VIII　結　語

I　本書の趣旨

　われわれ民法改正研究会は、2008年10月の第72回日本私法学会において、「日本民法典財産法編の改正」と題するシンポジウムを行った。本稿を含め、本書『第I部　日本民法の改正』に収録されている論文の多くは、その私法学会シンポジウムの報告原稿として用意された論文を基礎とするものである。

　民法改正研究会が2005年11月に発足して以来、メンバーは、約3年の歳月をかけて、家族法と担保法をのぞく、日本民法財産法編の改正提案を行う作業を継続的に行ってきた。その成果は、私法学会にさいして公刊された『日本民法改正試案』に掲載されている。しかしながら、1日という時間の制約がある私法学会シンポジウムでは、その全体を解説することはできないので、シンポジウムおよびこの特集では、そのうちの中心部分を紹介した。私法学会シンポジウム時点での改正試案全体については、本書491頁以下に収録した『日本民法改正試案・日本私法学会提出案』を参照されたい。

　ただ、そこで発表した改正試案は、あくまで約20名からなる民法改正研究会の手によるものにすぎず、衆知を集めた民法改正試案にはいたっていない。そこで、今回の私法学会またその後も何度か「民法改正フォーラム」を開催して多くの民法学者からご意見を伺い、この『日本民法改正・民法改正研究会試

案』を『日本民法改正・学界有志案』に、さらにはいろいろな弁護士のグループや、弁護士会、司法書士会等の法曹団体や会社法務グループ等の広い意味での各種の実務法曹の御意見を伺い、『日本民法改正・法曹有志案』にまた可能であれば民法の適用を受けるはば広い国民の意見をもとりいれた『日本民法改正・国民有志案』として、国民の共有財産に育てていきたいと考えている。そこで、今回の『日本民法改正試案』は中間段階の「仮案」として私法学会会場で公表するにとどめ、各界の意見をもふまえた最終的な成果の発表は、近い将来を予定している。

II なぜ、今、民法改正か

1 民法改正にさいしての基本姿勢──「国民のための民法典」

まず、ジュリスト連載のはじめに述べたことではあるが[1]、民法改正にあたっての基本姿勢を明らかにしておきたい。

民法典が施行された1898年(明治31年)から数えて、本年で111年目が経過した。この1世紀以上の間に社会の変化にともなって適合性、相当性を失ってきた法制度は、現行民法でも、相隣関係、永小作権、民法の過失責任の一般性等、相当数にのぼる。また、この1世紀以上にわたる判例や学説の展開により、現実とずれてしまった法条も少なからず存在する。このような状況を是正し、民法典を現在の社会状況と法状況を反映した現代的なものにすることは、われわれの世代に課せられた急務である。

その改正にさいし、忘れてはならないのは、「民法改正は、国民のために行われる」ということである。民法によって規律されるのは国民の生活である。また、民法典を直接利用する頻度が高いのは、法曹をはじめとする各種資格保持者、企業法務関係者らの広い意味の法律家である。このように考えると、民法改正は、国民の生活に役立ち、これらの法律家が使いやすいものでなければならない。われわれ民法改正研究会のメンバーはみな学者ではあるが、理論偏重におちいって学者のための民法改正にならないよう、民法改正が国民や広い意味の法律家に混乱をもたらすことがないよう、常に自戒を心がけている。

---

1) 本書159頁以下（初出は、加藤雅信「日本民法改正試案の基本方向」ジュリ1355号〔2008年〕91頁以下）。

また、民法典は、法律家が使いやすいというレベルを超えて、民法の適用を受ける国民にとってもわかりやすいものでなければならない。法を所与のものとして解釈するという姿勢ではなく、民法のありかたを白紙で検討すると、残念ならが、現行民法の規定のしかたや構成には理解しにくいものがかなり存在している。このような点を是正し、法の透視性を確保して、現在よりもずっと平易な「国民にわかる民法典」をつくりあげること、これが、現在、われわれ民法改正研究会が目標としているところである。困難であろうが、願わくば高校生にもわかる「一般国民にとっての民法典」にしたい。
　そして、この民法典の改正は、現在の国民および法律家のために行われると同時に、未来の国民と法律家のためにも行われるものでなければならない。これからはじめて民法を目にする未来の国民あるいは法律家にとって民法をわかりやすいものとするためには、改革や革新をおそれてはならない。しかしながら、それと同時に、変革にともなう現在の国民の生活の攪乱と現在の法律家の不便をも最小化しなければならない。
　このためには、現行民法典の革新・刷新とともに現行民法典との連続性を確保するという、二律背反にも似た目標を同時に達成する必要があることを、民法改正にあたる者は自覚しなければならないのである。

2　改正の対象と改正案の暫定性

　この民法改正研究会が改正対象と考えたのは、財産法一般である(ただし、金融実務のヒアリングを必要とすると思われる担保法改正は、現段階では検討対象としていない)。なお、われわれが研究会を立ち上げた約1年後に、「民法(債権法)改正検討委員会」が発足した。民法改正研究会のメンバーの約半数は後者のメンバーでもあり、筆者もその一人である。民法(債権法)改正検討委員会が改正対象として検討している法分野は、債権総論、契約法、民法総則の「法律行為」の章、消滅時効等である。その結果、物権法、事務管理・不当利得・不法行為、法律行為以前の民法総則の章、取得時効等が民法改正検討の対象外となっている。しかし、前述したように、相隣関係、永小作権、民法の過失責任等、これらの分野にも改正を要するものが少なからず存在すると考えたので、民法改正研究会は、財産法全体についての改正提案を行うこととした。
　なお、本稿のみならず、これに続く諸論文、および私法学会の場で公表される『日本民法改正試案』に共通するものであるが、以下のことをお断りしてお

きたい。

　われわれ民法改正研究会は、最終段階で最良の改正案にいたることを目的としている。そのため、研究会における議論については「一事不再理」の原則を採用しておらず、いったん決定された「研究会正案」も、その後、よりよい意見があれば、常に修正される可能性がある、とする基本方針をとっている。この意味では、われわれが現段階で提示する「日本民法改正試案」は、「暫定性」を帯びていることをお断りしておきたい。

　また、ジュリストに原稿を執筆し、2008年の日本私法学会において「日本民法改正試案」を公表した段階において、民法総則、物権法、事務管理・不当利得・不法行為についての改正提案は、それぞれの分科会が決定した案が全体会議においても承認されており、この段階での「暫定的最終案」となっていた。しかしながら、債権法分科会が取り扱っている債権総論・契約法の部分は、最終的なとりまとめが遅れたため、分科会の決定をみたにとどまり全体会議の議を経ておらず、手続的にも研究会の「暫定的最終案」に至っていないことをお断りしておきたい（なお、日本私法学会の後に開催された民法改正研究会の全体会議において債権総論・契約法の部分も承認されたので、この手続的な問題も解決したことを付記する次第である）。

Ⅲ　民法典の構成——パンデクテンの構成の維持

　本改正試案においては、現行民法典のパンデクテン方式にもとづく5編構成をそのまま維持することとした。その理由は、物権・債権を対置する現行民法の構成が、現代社会に適合的であると考えているからである（もっとも、その理由付けについては、研究会メンバーのなかで必ずしも見解が一致しているわけではない）。すでに述べたことであるが[2]、最重要論点のひとつなのでここでも繰り返すこととしよう。

　現在のパンデクテン方式のもとで、「第2編　物権」は、所有権、抵当権等の重要な権利について、その内容を修正できない画一的な権利として規定している（物権法定主義）。したがって、基本的な権利である物権の取引きにおいては、○○権の譲渡等といえば、取引対象の内容はすべての取引当事者に画一的

　2）　本書161頁以下（初出は、加藤・前掲注1）92頁以下。

に、また直ちに理解されることになる。物権法におけるこのような画一的な処理は、取引の迅速をもたらす一方で、ある種の硬直性をもともなう。

これに対して、債権法では、契約自由の原則のもと、当事者は自由に権利義務の内容を設定することができるという法制が採用されている。ここでは、創意工夫をいくらでもこらすことができる反面、債権の相対性のもとに、それを主張することができる相手方は、契約相手に限定されることになる。

つまり、画一性を確保することによる取引の迅速性と、当事者間の創意工夫を全面的に認める契約自由の原則とを組み合わせたのが、現行民法の物権・債権対置の基本構造の社会的意味なのである。このような法制は、権利関係の画一性・取引の迅速性の確保と市民の創意工夫を重視する柔軟性とを組み合わせたものとして、物権・債権の対置するパンデクテン方式の構成は、現代社会において今後とも維持されるべきものと考える。

Ⅳ　民法総則編の改正

1　現行の7章構成から5章構成へ

本改正試案においては、現行民法典の5編構成を維持したものの、各編の章構成をかなり大幅に変更している。その点を、まず、民法総則にそくして紹介することとしよう。次頁の表1は、左が本改正試案における民法総則の構成であり、右がそれに対応する現行民法典の章を示したものである。「—」は、現行民法ないし本改正試案にそれが存在していないことを示している。

現行民法典においては、民法総則は7章構成となっているが、改正試案においては5章構成となっている。現在でも、多くの学説において、日本民法典の総則は「権利の主体・客体・変動」という構成となっている、と説明される。そこで、「民法改正試案」では、これをそのまま生かし、冒頭に「通則」を、最後に「権利の実現」を付加して5章構成に変更することにした。

2　「権利の実現」の章の新設

現行民法は、414条に「履行の強制」を規定し、これを債権法の問題としている。しかし、債権・債務のみならず、物権的請求権、親族・相続上の権利等、権利一般につき、国家機関による強制実現が必要なので、本来、これは、民法総則に置かれるべき規定である。

第Ⅰ部　日本民法典の改正

　この点は、古く明治時代から、石坂音四郎博士が指摘しているところである。石坂博士は、次のようにいう。「強制執行は、債権のみに適用あるものにあらず、物権的請求権、其他一般の請求権の実行に適用あり。然るに今之を債権実行の方法として債権法に規定せるは、其当を得ず」[3]。本研究会は、このような考え方にしたがい、本改正試案では、権利の任意的な実現としての「任意の履行」と、国家による強制実現としての「履行の強制」の2か条とをセットにした第5章を、「権利の実現」として「第1編　総則」の最後に置くこととした。

　結果として、新しい民法総則編の章構成は、冒頭の「通則」に続き、「権利の主体」・「権利の客体」・「権利の変動」・「権利の実現」という5章構成となることとなる。

表1　民法総則の章構成

民法総則の章構成	
民法改正試案	現行民法典
第1章　通則	第1章　通則
第2章　権利の主体	
第1節　自然人	第2章　人
―	（含、第3節　住所）
第2節　法人	第3章　法人
第3節　人の属性	―
第3章　権利の客体	
第1節　総則	―
第2節　有体物	第4章　物
第4章　権利の変動	
第1節　総則	―
第2節　法律行為	第5章　法律行為
―	第6章　期間の計算
第3節　時効	第7章　時効
第5章　権利の実現	―

3　「法の適用に関する通則法」への規定の移動

　現行民法典において「人」の章に存在する「住所」の節と時効の前におかれた「期間の計算」の章は、本改正試案では民法典から削除された。

　現行民法典の起草者は、不在者について規定するためには「住所」の観念を規定することが、また、時効について規定するためには「期間の計算」を規定することが必要であると考えたのであろう。しかしながら、住所は、国籍法における帰化の要件、裁判管轄等、民法以外の法律についても要件となることが多い。また、期間計算は、民訴その他の法律においても問題となることが多い。もちろん、民法でもこれらが問題となることも多いが、そうであるからといってこれらが民法特有の問題とはいえないと思われる。

　そこで、「住所」と「期間の計算」についての規定は民法から削除し、「法の適用に関する通則法」に規定することを提案することとした。

4　透視性の確保

　本改正試案では、現行民法典の条文の大部分がなんらかの改正を施されている。それには、大改正も、文言の微修正もあるが、それらを逐一示すことは紙数の制約からできないので、改正にあたっての基本的な考え方を、いくつかの例にそくして示すこととしよう。まず、民法総則の分野から若干の例をあげてみよう。

(1)　自然な構成と簡潔・明瞭な表現——原則規範の無規定主義の是正

　現行民法総則の第5章「法律行為」の冒頭は、90条の「公の秩序又は善良の風俗に反する事項を目的とする法律行為は、無効とする」という規定から始まっている。

　しかし、本来、法律行為は有効なものとして一定の効果をもっており、一定の要件を具備すると例外的に無効とされるにすぎない。ところが、現行民法は、この例外規定から「法律行為」の章を始めており、前提的な状況である法律行為の成立要件とその効果については何ら規定していない。これでは、法学部の授業等で、その成立と効果を含め、「法律行為とは何か」を学習しないかぎり、法律行為一般は理解できようはずがない。

　そこで、「国民にわかる民法典」をめざす本研究会の民法改正提案において

3）　石坂音四郎『日本民法　第3編債権(1)』（有斐閣・1911〔明治44〕年）76頁（原文のカタカナを平仮名にあらため、句読点を付した）。

は、まず法律行為の成立要件とその効果について規定したうえで、その後に、公序良俗の規定を——文言を多少わかりやすくなるように、微修正したうえで——置くこととした。

現行民法典が、ここで一例をあげたように例外規定から始まるような体裁となって、一般国民にわかりにくいものとなってしまった背景には、ボアソナード民法典が教科書的な冗長なものとなったことの反動という側面があった。この問題につき、梅謙次郎、富井政章、穂積陳重の三起草委員が内閣総理大臣伊藤博文にあてた「法典調査規程」には、大綱次のように記されている。

法典中に定義規定を置く必要があるか否かについては、学者間で意見が異なるが、一般には、教科書のような定義、解説は無要の贅文なので避けるべきである。ただ、一般人が迷ったり、誤ったりすることを予防するために必要な場合にのみ、立法的解釈をする必要がある[4]。

しかし、筆者のみるところでは、現行民法典は、"羹（あつもの）に懲りて膾（なます）を吹く"を地でいった感もあり、誰にとっても当然となる原則を規定することを省略した結果、現行の「法律行為」の例にみられるように、「法律行為」とは何かという基本的内容を明らかにしないまま、例外としての無効事由等を列挙することとなってしまっている。これでは、一般的に理解力に優れた者ですら、法典を一読しただけでは法規範の内容を理解できないであろう。法律行為の箇所にかぎらず、民法典のいたるところにこのような傾向が見受けられる。そこで、本改正試案では、法律が教科書的になることを避けるために、一般的に定義規定を置くようなことは避けたが、一読して法規範の構造がわかるように、まず一般的な原則規定を置くこととした。

現行民法典の、原則を省略して例外のみを規定する条文の書き方は、上記のような基本的な規定の省略のみならず、1つの条文の内部でもみられる。すなわち、次に述べるように、例外的事態にのみ焦点を合わせて規定し、結果として、その条文を読む者に無用な混乱を強いることが少なくない。

具体的にいえば、現行民法149条以下の時効中断事由の規定は、すべてこのような倒錯した規定のしかたとなっている。この部分の規定を例にとり、そこ

---

4) 福島正夫＝清水誠編『明治民法の制定と穂積文書——「法典調査会穂積陳重博士関係文書」の解説・目録および資料』(民法成立過程研究会・1956年) 117頁 (福島正夫＝清水誠編・穂積陳重立法関係文書の研究〔復刻版、信山社・1989年〕)。

で省略されている原則状況を文言化した場合とを並べ、理解の容易さを比較してみよう。本改正試案では、現行民法149条から156条までの規定をすべて修正した提案をしているが、紙数の制約からそのうちの2か条だけをとりあげることとする（なお、本章においては、読者にわかりやすいよう、改正提案の条文案はすべて現行民法典の条数に平仄をあわせて紹介することとする。したがって、私法学会において発表される『日本民法改正試案』の条数とは異なることをお断りしておきたい）。

【現行民法典】
　第149条〔裁判上の請求〕　裁判上の請求は、訴えの却下又は取下げの場合には、時効の中断の効力を生じない。
　第150条〔支払督促〕　支払督促は、債権者が民事訴訟法第392条に規定する期間内に仮執行の宣言の申立てをしないことによりその効力を失うときは、時効の中断の効力を生じない。

しかし、上記の現行149条は、「<u>裁判上の請求によって時効は中断するが</u>、訴えの却下、取下げの場合には中断効が生じない」という内容を、下線を引いた原則部分を省略して規定したものである。この内容を原則例外ともに文言化すれば、この規定は少しもわかりにくいものではない。同じことは、150条から156条まですべての規定にいえることである。それでは、上記の2つの条文をそのような内容に書き替えてみることにしよう。

【改正試案】
　第149条〔裁判上の請求〕　時効は、裁判上の請求によって中断する。ただし、後に訴えの却下又は取下げのあったときは、この限りでない。
　第150条〔支払督促の申立て〕　時効は、支払督促の申立てによって中断する。ただし、債権者が民事訴訟法第392条に規定する期間内に仮執行の宣言の申立てをしないことによりその効力を失うときは、この限りでない。

なお、時効については、改正試案では、後述する抜本的改正提案を正案とし、現行民法を若干手直しした案を副案としている。抜本的改正提案は「時効の中断」概念自体を廃止したので、リライトした上記の条文案は正案には含まれておらず、副案にのみ存在するものであることをお断りしておきたい。

上記の時効の例は、現行民法典のなかでもとくにわかりにくいものなので、これを平均的な例としてあげるのは公平ではないが、それでも現行条文と書き

替えた条文案を比較すれば、現行民法の条文が日本語として悪文であることは一目瞭然であろう。すべからく法律の条文は、簡潔・明瞭なものでなければならない。

スタンダールは、文章表現力を磨くためにフランス民法典を座右の書としたといわれているが[5]、残念ながら現行日本民法典の文章表現はその域に達しているわけではない。また、文章表現の文学的な流麗さを法律において追求するのは、「木に登って魚を求める」のたぐいで、場を心得ない努力というべきであろう。

ただ、近時の立法には、条文を読んでも、それが何を規定しているのか、わからないものも少なくない。第1に問題なのは、条文の長大さである。第2に、「○○条及び○○条から○○条までの規定は××について準用する。この場合において、これらの規定中『△△』とあるのは『▲▲』、『□□』とあるのは『■■』と読み替えるものとする」等の条文は珍しくない。このような引用の繰り返しがあると、条文自体からはその意味するところがただちにわからない。また、この種の読替えは、煩雑で、ますます条文の理解を困難にする。たしかに、このような規定のしかたは、法的正確さには欠けるところはないであろうが、文章はコミュニケーションの手段であり、読み手に理解されるべきものであるという基本姿勢が欠けている。近時の法律は、ますますこの傾向を強めている感がぬぐえない。

法律は、このような読み手の理解を度外視して正確さのみを追求する「官僚文書」であってはならず、一般人にわかる「国民文書」でなければならない。民法改正研究会において、私が、自戒の念とともに、条文提案をするメンバーに繰り返し述べてきたところは、すべて、1条（または、1項ないし1号）は、3行を超えてはならない、ということである。専門性から不可避的にともなうわかりにくさはいたしかたがないとしても、それ以外の点では、条文は、簡潔、明瞭な表現で、国民が読んでもわかるものでなければならない。

本改正提案の正案については、表現に相当努力しており、少なくとも主観的には、現行民法典よりは相当わかりやすくなっていると自負している。

なお、現在の法律では「一箇月」等の表現が一般的に用いられているが、このような例にあっても、民法改正を機に今後は現代的表現に改めたいと考えた

---

[5] 山口俊夫『概説フランス法(上)』（東京大学出版会・1978年）73頁。

ものについては、「一か月」等の表現を意図的に用いた箇所も少なくないことをお断りしておきたい。

(2) 条文配置の規則性

所与の法規を解釈するという立場を離れ、あらたに法を作るという立場から現行民法の配列をみると、民法典起草当時の時間的制約もあってか、現行民法典は必ずしも条文の配列につき、すべての箇所で細部にいたるまで神経が行き届いているわけではないことがわかる。

たとえば、現行民法13条1項は、1号から9号にわたって「保佐人の同意を要する行為」を列挙している。その順序は、"元本の領収・利用─借財・保証─不動産等の権利変動─訴訟行為─贈与・和解・仲裁合意─相続の承認・放棄・遺産分割─贈与の申込みの拒絶・遺贈の放棄・負担付贈与または負担付遺贈の申込みの承諾等─新築・改築・増築・大修繕─短期ではない賃貸借"となっており、筆者には順不同のように思われる。そこで、このような規定は、本改正提案においては、──必要な修正を加えたうえで──基本的に、民法の規定の順に配列し直すこととした。

このような観点からは、特定の順序の入替えのみならず、複数条文の統合が必要なものも少なからず存在している。この結果、本改正試案では、条文の新設提案も少なからずあるが、同時に、条文の統合提案もかなり存在することとなった。

条文の数が過度に多くなると、民法典全体の見通しも悪くなる。現行民法典の財産法編が724か条であるのに対し、日本私法学会で公表したわれわれの民法改正試案は全部で670か条であり、かなりのスリム化がはかられている。

(3) 規範内容の秩序化

現行民法典は、法条を一定の考えのもとに配列していることは事実であるが、その配列の法構造がそれほど明確でない箇所も少なくない。そのような一例として、次頁の表2で代理の箇所をとりあげ、現行民法典と本改正試案とを比較してみよう。

本改正試案は、代理の箇所については、現行民法の条文を若干の修正はともないつつも継承したものも多く、別段、抜本的な改正が施された分野ではない。条数自体も、鹿野教授の提案による冒頭の「代理権の発生」等の若干の条文が付加されたと同時に、統合された条文もあり、全体として1か条増加しただけである。

第Ⅰ部 日本民法典の改正

表2 代理の分野の法構造

代理の規定	
民法改正試案	現行民法典
第3款 代理	第3節 代理
第1目 有権代理	代理行為の要件及び効果
代理権の発生	本人のためにすることを示さない意思表示
代理行為の要件及び効果	代理行為の瑕疵
本人のためにすることを示さない意思表示	代理人の行為能力
代理行為の瑕疵	権限の定めのない代理人の権限
代理人の行為能力	任意代理人による復代理人の選任
制限の定めのない代理人の権限	復代理人を選任した代理人の責任
自己契約及び双方代理	法定代理人による復代理人の選任
復代理	復代理人の権限等
復代理人を選任した代理人の責任	自己契約及び双方代理
復代理人の権限等	代理権授与の表示による表見代理
代理権の消滅事由	権限外の行為の表見代理
	代理権の消滅事由
	代理権消滅後の表見代理
第2目 無権代理	無権代理
無権代理	無権代理の相手方の催告権
無権代理の相手方の催告権	無権代理の相手方の取消権
無権代理の相手方の取消権	無権代理行為の追認
無権代理行為の追認	無権代理人の責任
無権代理人と本人の資格の融合	単独行為の無権代理
無権代理人の責任	
単独行為の無権代理	
第3目 表見代理	
代理権授与の表示による表見代理	
権限外の行為の表見代理	
代理権消滅後の表見代理	

しかし、本改正試案は、現行法の条文の内容を——若干の変容はともないつつも——基本的には維持したうえで、それらを「第○目」として分類し、「有権代理—無権代理—表見代理」の順に規定を入れ替えること、さらに、有権代理の内部においても、「代理権の発生（この点は現行法は規定なし）—代理権の要件・効果—代理行為の瑕疵—代理権の範囲とその限定—復代理—代理権の消滅」の順にすることとした。このように、条文の順序を整理し、若干の文言修正を施すだけで、代理法の透視性はかなりよくなるように思われる。

5　内容の改正、その1——「未成年」について

次に、条文の表現や構成の修正ではなく、内容的な改正提案を検討することとしよう。ここでは、紙数の制約もあるので、民法総則の分野から、「未成年」と「時効」をとりあげよう。

「未成年」については、現行民法4条が成年年齢を20歳としていることの是非、具体的に18歳に成年年齢を引き下げることの是非が現在検討されている。その背景は、国民投票法3条が18歳以上の者に国民投票の投票権を付与するとともに、その附則3条が公職選挙法における選挙権付与の年齢、民法の成年年齢等についての検討を加える、と規定したことによるものである。その後、各省の事務次官等を構成員とする「年齢条項の見直しに関する検討委員会」が内閣に設置され、2008年2月には、法務大臣がこの問題を法制審議会に諮問している。

各国の状況をみると、韓国、ニュージーランド等、例外的に成年年齢20歳の国も存在するが、イギリス・ドイツ・フランスを含むほとんどの国、またアメリカのほとんどの州の成年年齢は18歳である（ただし、この点は、徴兵年齢が18歳とされていることと関係しているとの指摘もある）[6]。

ただ、民法でも、年齢による行為制限は一様ではない。婚姻適齢（男18歳、女16歳〔731条〕。ただし、親の同意が必要）、法定代理人の承諾なくして養子縁組をする能力（15歳以上〔797条〕。ただし、家庭裁判所の許可が必要）、特別養子の養親となれる年齢（25歳以上〔817条の4〕）、遺言能力（15歳以上〔961条〕）等、20歳以外が基準となっているものは少なくない。

---

[6]　法制審議会民法成年年齢部会第1回会議（平成20年3月11日）参考資料2、同第2回会議（平成20年4月15日）配付資料9参照。http://www.moj.go.jp/SHINGI2/080311-1.html,http://www.moj.go.jp/SHINGI2/080415-1.html

第 I 部　日本民法典の改正

　民法以外でも、労働基準法の最低労働年齢（基本は 15 歳以上〔56 条 1 項〕）、長時間労働の禁止の例外（18 歳未満〔60 条 1 項〕）、深夜労働の禁止（18 歳未満〔61 条〕）、児童福祉法の適用（18 歳未満〔4 条〕）、刑法上の責任年齢（14 歳以上〔41 条〕）等、年齢制限はさまざまである。

　もっとも、少年法の適用対象は 20 歳未満とされ（2 条）、未成年者飲酒禁止法、未成年者喫煙禁止法のように、20 歳を基準としている法律もある（ともに、1 条）。

　このように、成年概念は問題ごとに相対的に定められており、さきに述べたように諸外国で 18 歳を民事的な成年年齢としているといっても、それが必ずしも選挙権付与年齢と一致しているとはかぎらない。したがって、国民投票の投票権付与の年齢は、一般公職選挙法の選挙権付与の年齢と一致することは、ことがらの性質が類似していることから必要であると考えるが、民法の成年年齢とは一致する必要が必ずしもあるわけではない。

　しかし、筆者の個人的見解としては、普通選挙の理念をできるだけ広い範囲で認めるためには、適正な判断能力を有する若年者には選挙権、すなわち参政権を認めることが望ましいし、また、自己決定権を民事の分野でもひろく認めるためには、諸外国と同様、18 歳への成年年齢の引下げも望ましいと考える。

　ただ、それと同時に、消費者被害は若年者がターゲットにされることも多く、民法上の取消権が認められなくなる 20 歳の年齢層の者は、19 歳以下の者より、消費者被害にあうことが多いという現実もある[7]。かりに、成年年齢の引下げが行われれば、現在以上に 10 代末の者が消費者被害にあう可能性があるので、この点の手当ては必須である。

　このような状況のもとに、本研究会では、次のような民法改正提案が模索された。

　まず、本改正試案は、現行民法典の、未成年者——および他の制限行為能力者——につき、民法総則編で「取消し」について規定し、親族編で「代理」等について規定するという分断方式を採用しないという岡教授の提案があった。

　そこで、未成年者につき、次のような条文を置くこととする（類似の代理権と

---

[7]　過去数年の国民生活センターの年齢別相談件数は、18 歳、19 歳とくらべ、20 歳が突出しており、21 歳以上になると若干下がるという現実がある（法制審議会民法成年年齢部会第 3 回会議（平成 20 年 5 月 13 日）配布資料 13-2 参照。http://www.moj.go.jp/SHINGI2/080513-1.html

〔加藤雅信〕　　　　　　　　　第1章　「日本民法改正試案」の基本枠組

取消権とを併置した規定は、他の制限行為能力者についても置かれることとなる）。

　　第6条〔未成年者〕　年齢N歳をもって、成年とする
　　2　親権者又は未成年後見人は、子又は未成年被後見人（以下「未成年者」という。）の財産に関する法律行為について、未成年者を代理する。ただし、未成年者の行為を目的とする債務を生ずべき場合には、本人の同意を得なければならない。
　　3　未成年者が法律行為をするには、その法定代理人の同意を得なければならない。未成年者又はその法定代理人は、同意なくしてなされた法律行為を取り消すことができる。

以上の代理・取消し併置方式については、研究会内では、全員一致の支持を得ている。
　しかし、1項のN歳を20歳とするか、18歳とするか、また成年年齢をどのようにとらえるかをめぐって、以下の3案が提案された。
　第1案は、民法総則のほとんどの条文についてご提案をいただいた磯村教授の手によるものである。これは、まず、現行民法と同様、成年年齢を20歳としたうえで、フランス民法にみられる「成年解放」を参考にして、次のような規定を置くという提案である。

　　第8条〔成年解放〕　未成年者が婚姻をしたときは、親権または後見から解放される。
　　2　前項による成年解放の効果は、未成年者の離婚によって影響を受けない。
　　3　未成年者が満十八歳に達した場合において、家庭裁判所は、親権者または未成年後見人の申立てに基づき、その未成年者が法律行為を行うのに十分な能力があり、かつ法定代理人による財産管理の必要がないと判断するときは、成年解放の宣告をすることができる。
　　4～6　（紙数の制約のため省略）
　　7　第一項又は第二項に該当する者及び前四項の規定に従い成年解放の宣告を受けた者は、それ以後、成年者と同一の行為能力を有する。
　（なお、第3項の「成年解放」をより容易に認めるために、家庭裁判所ではなく公正証書による「成年解放」を認める案も提案されている）。

これに対し第2案は、6条1項の成年年齢を18歳に引き下げたうえで、8

第Ⅰ部　日本民法典の改正

条を置かず、消費者契約法に次の条文を置く、という案である。

> **消費者契約法第 4 条 N 項**　消費者の年齢、知識、経験、財産の状況及び当該契約を締結する目的に照らして不適当と認められる勧誘を行って事業者が契約を締結したときは、その消費者は、契約を取り消すことができる。

さらに、第 3 案は、学齢期にあわせて、この問題を考えるものである。まず、6 条 1 項の成年年齢を 4 月 1 日時点で 18 歳に達している者に認める。そのうえで、未成年、成年をさらに二分する[8]。まず、ドイツ民法を参考にし、未成年者を二分することとし、小学校 4 年生以下の幼年者には行為能力を認めず、親権者等の代理権によってのみ権利義務の変動を受けるものとする[9]。そのうえで、小学校 5 年生から通常の高校卒業相当年齢である者には、現行の未成年者と同一の保護を与える。そのうえで、成年者についても、23 歳をめどに、次の「若年成年者撤回権」についての条文を置く。23 歳時点では学生ではない者が国民の過半であるので、4 月 1 日を基準時とはせず、年齢そのものを基準とすることとする。この第 3 案は、以下のようになる。

> **第 6 条〔未成年者〕**　四月一日に年齢十八歳に達している者を成年者とする。
> 2　四月一日に年齢十歳に達していない未成年者（以下「幼年者」という。）の法律行為は、取り消すことができる。
> 3　親権者又は未成年後見人は、その親権に服する子又は未成年被後見人の財産に関する法律行為について、未成年者を代理する。ただし、未成年者の行為を目的とする債務を生ずべき場合には、本人の同意を得なければならない。
> 4　幼年者以外の未成年者が法律行為をするには、その法定代理人の同意を得なければならない。未成年者又はその法定代理人は、同意なくしてなされた法律行為を取り消すことができる。
> **第 N 条〔若年成年者の撤回権〕**　二十三歳未満の成年者（以下「若年成年者」という。）が、法律行為の相手方が事業者である場合において、その申込み若しくは個別の勧誘により法律行為を行った場合、法律行為の時又は法律行為の目的

---

[8]　この点は、大村敦志「民法 4 条をめぐる立法論的覚書――『年少者法（こども・わかもの法）』への第一歩」曹時 59 巻 9 号（2007 年）1 頁以下の方向性と軌を一にするものである。

[9]　幼年者については、無効と取消しの二重効となる場合が多いであろうが、この点については、とくに規定を置いていない。

物を受領した時から起算して一か月の間は、その法律行為を撤回することができる。ただし、若年成年者が支払った金額が十万円に満たない場合、又は当該法律行為の状況から裁判所が撤回が相当でないと認める場合は、この限りでない。

　なお、筆者個人は第3案がよいと考えており、かりに多くの論者が、規定が複雑であるという難点を感じるのであれば、せめて第2案を推奨したいと考えている。しかし、民法改正研究会では、第1案が研究会正案とされており、第2案、第3案は研究会副案となっていることをお断りしておきたい。
　もっとも、各種世論調査をみると、成年年齢を引き下げることに反対する者が多く、賛否が拮抗している調査結果は、ただ1つにとどまっている（世論調査をみると、2008年3月の毎日調査は、引下げ賛成36％対反対60％[10]、4月の読売調査は、賛成36％対反対58％であり[11]、唯一3月の日経調査が、賛成43％対反対45％と拮抗した結果がでている[12]）。
　これらの世論調査では、若年者の判断能力が十分であるとする者は賛否を問わず少数であり、引下げ反対派は、それを理由に反対し、賛成派は、大人の自覚を促す教育効果を重視している。
　世論調査の結果からは、研究会正案である第1案が穏当なところであろうが、20歳か18歳かという問題は、論理的にいずれかが優れているという問題ではないので、——消費者被害に対する手当ては必要ではあるが——基本的には、若年者の自己決定権を認めるか否かという、社会的倫理的問題であり、最後は、政治的決断にゆだねざるをえないであろう。

6　内容の改正、その2——「時効」について

　では、内容的な改正提案の第2点として、時効の問題をとりあげてみよう。本改正試案の時効についての正案は、かなり抜本的な改正を行っている。条数だけをみても大幅に圧縮されており、現行民法の32か条が改正提案では12か条まで激減している。また、内容的にも、伝統的な「時効の中断」その他の概念が廃止され、まったくあらたな制度に変容をとげている。そこで、時効総則、

---

[10]　毎日新聞平成20年3月3日朝刊26頁。
[11]　読売新聞平成20年4月20日朝刊1頁、2頁。
[12]　日本経済新聞平成20年3月3日朝刊13頁。

第Ⅰ部　日本民法典の改正

取得時効、消滅時効の順に、時効の改正提案を説明することとする。

まず、時効総則をみると、その冒頭規定は次の2か条にまとめられ、現在の判例・通説である不確定効果説かつ停止条件説をとることが法文上明示されている。

第3節　時　効
第1款　総　則
第144条〔時効の要件及び効果〕　時効は、時効期間満了後に、時効の利益を受ける当事者が援用した時に、その効力が発生する。
2 〔現行144条に同じ〕時効の効力は、その起算日にさかのぼる。
第145条〔時効の利益の放棄及び時効特約の効力〕〔現行146条に同じ〕時効の利益は、あらかじめ放棄することができない。
2 時効の完成を困難にする特約は、無効とする。

以上の2か条はそれほど劇的な変化ではないが、次の現行民法における「時効の中断」、「時効の停止」にかんする15か条の規定は、改正提案では従来の概念をまったく変容させたうえで以下の6か条にまとめられた。

第146条〔権利行使等による時効の停止〕　次の各号に掲げる権利行使があった期間は、時効は進行しない。
一　訴訟係属中
二　督促手続進行中
三　裁判所及び認証紛争解決事業者による和解手続又は調停手続進行中若しくは仲裁手続進行中
四　破産手続参加中、再生手続参加中又は更生手続参加中
五　強制執行又は保全処分実施中
2 前項第五号の強制執行又は保全処分が時効の利益を受ける者以外に対してなされたときは、時効の利益を受ける者に通知をした後でなければ、時効停止の効力を生じない。
第147条〔交渉による時効の停止〕　権利の実現について、権利者と相手方との交渉継続の合意がある間は時効は進行しない。この合意は、三か月間協議が行われなかったときは、失効したものとみなす。
2 前項の合意による交渉継続期間の満了または失効が、時効期間満了前一月以内に生じたときは、その満了又は失効時から三か月後に時効期間は満了する。

〔加藤雅信〕　　　　　　　　第1章　「日本民法改正試案」の基本枠組

第148条〔催告による時効完成の猶予〕　時効期間の満了前三か月以内に権利行使のための催告がなされた場合には、その時から六か月間、時効は完成しない。
2　この催告による時効完成の猶予の効果は一回のみ生じる。

第149条〔権利行使の障害による時効完成の猶予〕　時効は、次の各号に掲げる場合において、当該各号に定める時から六か月を経過するまでの間、完成しない。
一　未成年者又は成年被後見人に法定代理人がいない場合におけるそれらの者が有する権利の消滅時効、並びにそれらの者に対する（新）第百五十二条及び（新）第百五十三条の取得時効については、それらの者が行為能力者となった時又は法定代理人が就職した時
二　未成年者又は成年被後見人が法定代理人に対して権利を有する場合におけるそれらの権利の消滅時効については、それらの者が行為能力者となった時又は後任の法定代理人が就職した時
三　夫婦の一方が他の一方に対して有する権利については、婚姻が解消した時
四　相続財産に関する時効については、相続人が確定した時、管理人が選任された時又は破産手続開始の決定があった時
五　天災等の不可抗力により、（新）百四十六条又は（新）百四十七条の時効期間の停止若しくは（新）百四十八条の時効の時効完成の猶予ができない場合においては、その不可抗力となった事由が消滅した時

第150条〔時効の新たな進行〕　時効は、次の各号に定める時から新たに進行する。
一　確定判決によって権利が認められた時
二　裁判上の和解、調停その他確定判決と同一の効力を有するものによって権利が認められた時
三　強制執行又は保全処分の申立ての時
四　権利について相手方の承認があった時。この場合において、承認をする者の行為能力又は処分権限があることを要しない。
2　（新）第百五十二条の規定による時効は、占有者が任意にその占有を中止し、又は他人によってその占有を奪われた場合には、占有者が再度その占有を開始した時から新たに進行する。
3　前項の規定は、所有権以外の財産権を占有し又は（現行）第二百五条（準占有）に従って行使する場合について準用する。

第151条〔時効の停止等の相対効〕　第百四十六条、第百四十七条による時効の停止、第百四十八条による時効完成の猶予、第百五十条第一項による時効の新たな進行は、その事由が生じた当事者及びその承継人の間においてのみ、その効

第Ⅰ部　日本民法典の改正

力を生ずる。

以上の時効総論に続き、時効各論として次の2つの目が置かれることとなる。

第2款　取得時効
第152条〔所有権の取得時効〕〔現行162条1項に同じ〕二十年間、所有の意思をもって、平穏に、かつ、公然と他人の物を占有した者は、その所有権を取得する。

2　〔現行162条2項に同じ〕十年間、所有の意思をもって、平穏に、かつ、公然と他人の物を占有した者は、その占有の開始の時に、善意であり、かつ、過失がなかったときは、その所有権を取得する。

第153条〔所有権以外の財産権の取得時効〕〔現行163条に同じ〕所有権以外の財産権を、自己のためにする意思をもって、平穏に、かつ、公然と行使する者は、前条の区別に従い二十年又は十年を経過した後、その権利を取得する。

なお、この第2目については、結果として現行法を維持することにはなったが、152条2項については、次のようなただし書を付加する案も検討された。「ただし、不動産については、有効な取引行為によって占有が開始されたときに限る。」仮にこのようなただし書を付加する案が採用された場合には、旧民法の「正権原」を取得時効の要件とした考え方に立ち戻ることになる。

第3款　消滅時効
第154条〔消滅時効の進行等〕〔現行166条1項に同じ〕消滅時効は、権利を行使することができる時から進行する。

2　前項の規定は、始期付権利又は停止条件付権利の目的物を占有する第三者のために、その占有の開始の時から取得時効が進行することを妨げない。ただし、権利者は、いつでも占有者の承認を求め、それ以前に進行した時効期間の法的効力を否定することができる。

第155条〔消滅時効期間〕　財産権は、十年間行使しないときは、消滅する。

2　前項の規定にかかわらず、物権は、その行使がなくとも消滅しない。ただし、用益物権については、この限りでない。

3　第一項の規定にかかわらず、債権は、五年の期間満了日以降の最初の年度末まで行使しないときは、その年度末に消滅する。この場合において、（新）第百四十六条及び（新）第百四十七条の時効の停止の期間並びに（新）第百四十

八条及び(新)第百四十九条により時効の完成が猶予される期間は、この五年の期間に算入しない。
4 元本が政令(省令)に定める額に満たない債権については、前項の期間を二年とする。ただし、判決及び判決と同一の効力を有するものが確定したときに弁済期が到来している債権について、(新)第百五十条第一項第一号及び第二号に掲げる新たな時効の進行があったときは、この限りでない。

　現行民法は、債権の消滅時効を原則10年としたうえで、債権の種類にもとづき、5年、3年、2年、1年と種々の短期消滅時効を定めているように、きわめて複雑な規範内容となっている(民169条以下)。また、商事消滅時効は5年(商522条)、国や地方公共団体をめぐる金銭債権の消滅時効についても5年となっている(会計30条、自治236条1項)。改正試案では、これらの債権の消滅時効をすべて5年に統一した。
　そのうえで、少額債権については2年間の短期消滅時効にかかるものとした。
　しかも、債権の消滅時効の完成を、すべて毎年3月という年度末に統一した(財政法11条参照)。
　現行民法のもとでは、すべて債権の種類を考えたうえで、また債権の発生年月日を記録にとどめ、1年、2年、3年、5年、10年と債権管理を考える必要があった。しかし、この改正提案が実現した暁には、毎年の年度末に、債権の一括管理をし、必要な場合に、「時効の停止」のための手段、または「催告による時効完成の猶予」を行えばよいこととなる。
　このような民法の改正がなされれば、債権管理のありかたが劇的に変わることと思われる。

V　商法・消費者法との関係

　叙述の場が少々変則的となるが、ここで商法と消費者法との関係について一言しておこう。さきに述べたような時効の規定の変更にともない、商事消滅時効と民事消滅時効の差異はなくなり、本改正試案どおりの改正がなされれば、商法522条は存在意義を失い、削除されるべきこととなろう。
　民商2法の関係について別の例をあげれば、現在、法定利率は民事債権が年5分(民404条)、商事債権が年6分(商514条)とされているが、本改正試案で

第Ⅰ部　日本民法典の改正

は、法定利率も市場利率と連動して変動する「基準利率」とされ、それが告示されるものとした。このようなかたちをとれば、民事利率と商事利率の区別がなくなるので、商事債権の特例を定めた商法514条は削除されるべきこととなろう。

　ただ、一般的に、民法・商法・消費者法をいかに規定すべきかはかなり難しい問題である。パンデクテン方式をとりながら民商2法を統一した例として、中華民国民商法典、タイ民商法典があり、パンデクテン方式以外で民商2法を統一した例としてオランダ民法典があることは前にも述べた[13]。オランダ民法典については、さらに消費者法についての独立した編を規定すべきか否かが議論されている[14]。これに対し、フランスのように、「民法典は、いわばフランス民事法の憲法」ともいうべき普通法であるとして、自由と平等の下の紛争解決規範に終始し、商法・消費者法を包含しない、という路線を貫いている国もある[15]。

　民法・商法・消費者法の統一を考えることの利害得失については、すでに磯村教授の論ずるところとなっている[16]。この問題をめぐっての本研究会の方針は二転三転し担当の河上教授には迷惑をかけたが、最終的には商法・消費者法を民法にとりこむことはしないこととした。その理由は、技術的な困難もさることながら、変動が激しい消費者法をとりこむことにより、民法典の安定性がそこなわれ、民事の基本法としての性格が失われることをおそれたためである。また、逆に消費者法の観点からは、消費者法が民法典にとり込まれることによって必要な改正がしにくくなり、消費者法の硬直化を招きかねないという問題がある。

---

13) 本書158頁（初出は、加藤雅信「日本民法改正試案提示の準備のために」ジュリ1353号〔2008年〕122頁）。台湾についての詳細は、本書411頁（初出は、詹森林〔宮下修一訳〕「台湾における民法の制定」ジュリ1359号〔2008年〕142頁参照。

14) 本書391頁（初出は、アーサー・S・ハートカンプ（平林美紀訳）「オランダにおける民法典の公布」ジュリ1358号〔2008年〕140頁）。

15) 本書185頁以下（初出は、ピエール・カタラ〔野澤正充訳〕「民法・商法および消費法」ジュリ1356号〔2008年〕179頁以下）、および本書371頁以下（初出は、同「フランス——民法典から債務法改正草案へ」ジュリ1357号〔2008年〕136頁以下）参照。なお、本文中の引用文は、第2論文に引用されたジャン・カルボニエの言葉である。

16) 本書195頁以下（初出は、磯村保「民法と消費者法・商法の統合についての視点——カタラ教授の報告に寄せて」ジュリ1356号〔2008年〕184頁以下）。

ただ、商事消滅時効や商事利率のように、民法典の一般ルールのなかに融合していくものもあり、それらを民法に規定するのは当然のことである。しかし、商事法的特色、消費者法的特色が存在する規定は、商法典および消費者法——筆者個人としては、消費者法の透視性を確保するために、将来的には「消費者法典」を制定すべきであると考える——といったそれぞれの個別法典（ないしそれぞれの特別法）に残すべきである。

われわれの研究会においては、このような方針をとるとともに、いかなる法が適用されるのかについて一般国民が理解しやすいよう、商法や消費者法に民法とは異なった規範が規定されている場合には、そのことを、民法典の条文中に商法の条文や、消費者法の条文をリファーすることによってカバーすることとした。その結果、民法典中に、商人・事業者・消費者という用語がでてくることになるので、総則の第2章「権利の主体」に「人の属性」についての節を設け、「商人」、「事業者」、「消費者」についての定義規定を置くこととした。ただ、それらの定義規定は、すべて「本法において、商人とは、商法4条に規定する『商人』をいう」、「本法において、事業者とは、消費者契約法2条2項に規定する『事業者』をいう」、「本法において、消費者とは、消費者契約法2条1項に規定する『消費者』をいう」とし、民法独自に規定することはしなかった。もっとも、研究会の議論の過程においては、事業者は商人の上位概念であることを前提として、事業者の定義規定の次に商人の定義規定を置き、「『商人』とは、営利を目的とし、以下の各号に掲げる行為を営業として行う事業者をいう」と規定する考え方も提案されており、この点の定義規定をすべて商法や消費者契約法にゆだねるという方策については再考の余地があるかもしれない。

VI　物権法の改正

1　はじめに、物権総論

物権法は、本改正試案において、もっとも抜本的な改正がなされた分野である。

まず、本改正試案では、物権変動についての「意思主義・形式主義」の対立については、横山教授らが主張した現行民法の意思主義を維持した。ただし、日本民法典の起草者が意図し、民法典に規定されているとおり、登記等の対抗

要件を必要とする物権変動の原因を、法律行為を原因とするものに限定するよう明確に規定し直した。つまり、明治以来の判例が登記を必要とする物権変動原因を拡大していたのを否定し、民法制定当時の姿に戻すこととしたのである。これは、近時の判例、学説による現行民法94条2項、すなわち通謀虚偽表示における善意の第三者保護の適用範囲の拡大を前提とすれば、民法177条については、民法立法当時の考え方（物権変動原因制限説）に立ち戻ったほうが自然であると考えたためである。

この物権変動については、本特集において、物権法分科会の責任者として松岡教授が詳論しているので、上記の問題を含め、動産物権変動、明認方法の問題等の詳細については、松岡論稿〔**本書第3章**〕を参照されたい。

2　物権各論、その1――占有権・所有権

占有権は、わからない権利であるといわれることも多いが、基本的に、本権とは別の次元で、現状維持という観点から社会秩序の維持をはかるための法制度である、と考える。このような観点からすると、「占有権」を占有「権」として、物権各論のひとつとして位置づけるべきであるか否かは疑わしい。

そこで、本改正試案においては、現行民法の「占有権」を「占有」として、物権各論のひとつとして位置づけることなく、物権総則で規定することとした。その結果、「第2編　物権」の「第1章　総則」を2節構成とし、「第1節　基本原則」、「第2節　占有」とした。そのうえで、第1節の第1款に動産物権変動の対抗要件と関連する「占有の取得と移転」、第2款に「占有に基づく請求権」を規定し、それらが「占有」の中心的問題であることを明示した（なお、この請求権は、伝統的に「占有の訴え」ないし「占有訴権」と呼ばれてきたが、このような呼称は、actio 的構成に端を発した歴史的な残滓にすぎないので、他の法制度と同様、本改正試案では「請求権」として構成した）。

また、所有権は、物権各論の冒頭に規定されることとなり、秋山教授を中心に提案をいただいた「相隣関係」を中心に、現代的な内容に改められた。

以上の条文案の詳細については、日本私法学会の会場で公表された『日本民法改正試案』〔**本書第Ⅴ部資料編491頁以下**〕を参照されたい。

3　物権各論、その2――用益物権

用益物権は、面目を一新したといってよい。建物所有、あるいはそれ以外を目的とする他人の土地の利用を考えると、現行法のもとでは、民法物権編の地

上権、債権編の賃借権、特別法の借地借家法の3つの関係が問題となる。

　賃借権をも含むので物権編の範囲を超えることとなるが、前段に述べた法分野につき、山野目教授の手による全面改正案が提示された。基本的に他人の土地の利用権の存続期間が20年以上のものを地上権、20年以下のものを賃借権とした（現行民法典においても、民法278条は永小作権の存続期間を20年以上50年以下、民法604条は賃借権の存続期間を20年以下としており、20年を存続期間とする永小作権も賃借権も双方とも認められる。これと同様、本改正試案では、20年の地上権も賃借権も認められることとなる）。

　ただ、前段に述べた地上権と賃借権は、建物所有を目的としない場合についてのものである。建物所有を目的とするときには、現行法同様、特別法である借地借家法が適用される。そして、存続期間については、地上権たる借地権は60年以上、賃借権たる借地権は30年以上とする。

　そのうえで、地上権たる借地権は、期間満了とともに消滅することを原則とする。すなわち、定期借地となることが地上権たる借地権については原則となる（賃借権たる借地権については、定期借地にかんし現行法ととくに変更点はない）。

　次に、永小作権について述べると、現行民法の永小作権は、設定登記件数をみてほぼ毎年一桁どまりであり、物権としての重要性を失っている。また、地主─小作関係等は、終戦直後の農地改革以前まではともかく、現在はほとんどみられないところである。しかしながら、戦後農政がながらく農業経営の基本形態と考えていた家族的農業は、就労人口が第一次産業から、第二次・第三次産業へと移行するにつれ、次第に衰退していった。このような状況のもとで、農業の規模拡大のためにも農地貸与のための法制度の整備は、現代社会の急務といえるであろう。そこで、山野目提案に依拠した本改正試案においては、現行の「永小作権」の章を廃止し、「地上権」の一部としてあらたに「農用地上権」の節が設けられることとなった。

　さらに、改正試案では、「地役権」のみならず、「人役権」も認められることとなった。近時、高齢者の比重が高いいわゆる限界集落等においては、森林放置等の事態が深刻化している。この問題に対処すべく、ボランティア活動としての「草刈り十字軍」の活動等も行われているが、この「人役権」は、NPO等が放置森林を一定期間、安定的に管理するための法的装置等としても利用しうるし、はば広い利用が可能な法制度であると考える次第である。

　以上の内容の詳細については、山野目論稿〔**本書第4章**〕を参照されたい。

VII 債権法の改正

1 はじめに

債権法の改正については興味をいだいている読者も多いであろう。そこで、最初に、本改正試案のイメージを具体化できるように、債権編の冒頭の「第1章　総則」、「第1節　通則」の3か条を紹介しておこう。

> **第399条〔債権の成立〕**　債権は、契約、事務管理、不当利得及び不法行為その他の原因によって発生する。
> **第400条〔債権の内容〕**　債権を有する者（以下「債権者」という。）は、その相手方（以下「債務者」という。）に対して、その債権の内容に従って一定の給付を請求することができる。
> **第401条〔債権者及び債務者の権利及び義務〕**　債務者は、債務の本旨に従って債務の履行をしなければならない。
> 2　債権者は、その債権の性質に従って、債務者による債務の履行を受領しなければならない。
> 3　債務者及び債権者は、債務の本旨に反しない限り、債務の履行及び履行の受領のために第三者を用いることができる。
> 4　債務者の債務の履行及び債権者の履行の受領は、信義誠実の原則に従って行わなければならない。

現行民法典の399条「債権の目的」の「債権は、金銭に見積もることができないものであっても、その目的とすることができる。」という規定は、明治以来、裁判例にほとんどあらわれることもなく（公表裁判例にあらわれたのは、1回のみ）、あまり意味がない規定なので、削除した。

そこで、本改正試案では、それに代え、債権編の冒頭の規定に、債権総論と債権各論の架橋となり、債権編の全体像を示す、新399条の規定を置くこととした。それに次いで、新400条では、債権とは何かを規定し、新401条で債権者・債務者の権利義務を一覧できるようにした。なお、同条2項では、債権者に受領義務があることを明記し、現在見解がわかれているところに、一定の立場を示した。

また、同条3項は、履行補助者、受領補助者を用いることが、債務の本旨に

反しないかぎりできることを規定している。

2　債務不履行

現行民法は、債権編の最初の400条以下に、「特定物債権・種類債権・金銭債権……」と債権の種類を規定している。しかし、本改正試案では、これらの各種債権についての条文は、後で規定することとし、冒頭規定の次には「第2節　債権の効力」として、債務不履行その他について規定することとした。

債務不履行による損害賠償、契約の解除の規定のありかたは、現在、学界での議論の焦点の最たるものとなっている。学界のあらたな潮流としては、債務不履行による損害賠償についての帰責事由不要論、重大な債務不履行に限定した契約の解除論等が有力である。本研究会においても、これらの問題や危険負担・瑕疵担保責任をも含む渡辺教授の改正提案、鹿野教授の改正提案は、このような近時の学界の潮流を反映したものであった。

ただ、本研究会においては、これらの学界の議論が、どこまで現実の紛争解決に資するものか、学理的問題にとどまるのか、という観点から検討が重ねられた結果、伝統的な見解に近い改正提案を研究会正案とし、渡辺提案と鹿野提案とを合体したものを研究会副案とすることとなった。

研究会副案については、『日本民法改正試案』〔**本書第Ⅴ部資料編 491 頁以下**〕をご覧いただくこととし、以下では、研究会正案を、まず、「第2節　債権の効力」の内容にそくして紹介したうえで、つぎに、前に述べた他の論点について紹介していくこととしよう（なお、損害賠償の問題ではないが、現行民法には規定されていない 411 条の 2 第 2 項は、判例・通説が承認してきた「代償請求権」を規定したものであることを付言しておこう）。

> 第411条の2　〔**履行不能による債務の消滅**〕　債権は、債務の履行が不能のときは消滅する。ただし、第四百十五条の適用があるときは、この限りでない。
> 2　前項の規定により債務が消滅した場合において、債務者が債務の目的に代わる賠償又は賠償請求権を取得したときは、債権者は、債務者が賠償として取得したものの引渡し又は賠償請求権の譲渡を請求することができる。
> 第412条　〔**債務の履行期とその遅滞**〕　債務の履行期は、次の各号に定めるところによる。
> 一　確定期限付債務及び不確定期限付債務については、その期限が到来した時
> 二　期限の定めのない債務については、その債務が発生した時

2 債務は、次の各号に従い、履行遅滞に陥る。
一 確定期限付債務については、その期限を徒過した時
二 不確定期限付債務については、債務者がその期限の到来を知った時
三 期限の定めのない債務については、債務者が債権者から履行の請求を受けた時。ただし、不法行為による損害賠償債務については、その債務が発生した時

第415条〔債務不履行による損害賠償〕 債務者がその債務の本旨に従った履行をしないときは、債権者は、債務者に対し、次の各号に定める損害の賠償を請求することができる。
一 債務の履行が不能であるとき、又は給付の追完が不能なときには、履行に代えた損害
二 第四百十二条第二項により遅滞に陥ったとき、又は給付の追完が遅れているときは、遅滞による損害
三 前二号に定めるもののほか、債務の本旨に従った履行がないことに起因する損害
2 前項の請求に対し、債務者は、その債務の不履行が自己の責めに帰すべき事由によるものでないことを証明して、その責任を免れることができる。

　415条2項をみればわかるように、現在の判例、通説と同様、帰責事由については、それが存在しないことの立証責任が債務者にある、とするのが、研究会正案である。近時の有力な学説は、一部の債権につき帰責事由が問題とならない旨を指摘する。これは、正当な指摘であると考えるが、この研究会正案の枠組のもとでは、そのような債権については2項の帰責事由不存在の抗弁が提出されないことになるので、この研究会正案は、オーソドックスな判例、通説を受けつぐとともに、近時の有力説の実質をとりこむものとなっている。
　この条文の後に、「第416条 損害賠償の範囲」、「第417条 損害賠償の方法」等々、債務不履行をめぐる条文が続くこととなるが、それについては『日本民法改正試案』に譲ることとする。
　この他、債権総論においては、債権譲渡、債務引受、弁済等について、池田教授、野澤教授、松岡教授を中心とした興味深い改正提案がなされているが、紙数の関係から、それらの紹介は省略し、契約法の分野に移ることとしよう。

3　契約の解除

次に、契約の解除について述べることとしよう。契約の解除については、契約内容の周辺的な部分において履行不能や履行遅滞等があったときに解除を認めてよいのか、という問題がある。近時の有力説は、諸外国の立法等を参照しながら、「重大な契約違反」ないし「重大な不履行」があった場合にのみ解除を認めるべきこと、あるいは帰責事由の有無とかかわりなく解除を認めるべきことを主張する[17]。

本研究会においても、渡辺教授や鹿野教授の案は、このような主張を受けつぐものであった。しかし、研究会正案は、わが国の判例、通説を受けつぎながら、近時の潮流を一部とりいれたものとなっている。

具体的には、以下に示した新541条1項・2項は、現在の判例、通説をそのまま承継し、3項は、「契約の目的が達せられる」場合の例外を規定し、いわゆる「重大な契約違反」論を——立証責任を転換し、かつ「重大な契約違反」という要件の評価的要素を極力小さくしたうえで——受けついでいる。また、契約解除についての帰責事由不要論を、契約未履行の場合の債務不履行に限定したうえで導入している。それは、未履行契約の解除による消滅は、帰責事由がない場合に認めてもとくに問題はないが、既履行契約を解除すると既履行給付の返還義務が発生するので、帰責事由不存在の場合は解除を認めるべきではない、と考えたためである。

> **第541条〔契約の解除〕**　契約に基づく債務につき、第四百四十五条に定める債務不履行がある場合には、その債権者は、次の各号に従い、契約の解除をすることができる。
> 一　契約に基づく債務が履行不能又は追完不能のとき。
> 二　契約に基づく債務が履行遅滞又は追完遅滞の場合には、相当の期間を定めてその履行を催告し、その期間内に履行がないとき。
> 2　債務者が、その債務不履行にもかかわらず、契約の目的が達せられることを証明したときは、前項の解除権は発生しない。債務者がその債務の相当部分を履行している場合において、残された部分についての債務の不履行が自己の責

---

[17]　具体的な学説や諸外国の状況については、本書299頁以下（初出は、鹿野菜穂子「契約解除の要件と効果——台湾との比較における日本民法の現状と改正課題」ジュリ1359号〔2008年〕157頁以下）参照。

めに帰すべき事由によるものでないことを証明したときも、同様とする。
　3　債権者の責めに帰すべき事由によって債務の履行をすることができなくなったときは、その債権者は、第一項の解除をすることはできない。

　なお、『日本民法改正試案』〔本書第 23 章〕に記したように、この規定に続き、「履行期前の解除」、「解除しようとする当事者に原因のある場合」についての規定が続くことになる。

　以上、2、3 に述べた債務不履行と契約の解除についての渡辺案、鹿野案はそれぞれ魅力的なものであったが、本稿の冒頭に述べた、現行民法典の革新・刷新と現行民法典との連続性の確保という、二律背反にも似た目標を同時に達成するという精神、あるいは、本年 3 月に開催した国際シンポジウムにおいて、ドイツから参加されたリーゼンフーバー教授の紹介による「壊れていないものを修理するな」という「健全な立法上の格言」[18]を考慮し、結局は上記のような研究会正案に落ち着くこととなった。

4　契約各論の構成
(1)　契約各論の体系
　現在の契約各論は、典型契約を、贈与をさきに規定したうえで売買について規定し、使用貸借を規定したうえで賃貸借を規定しているように、無償契約を有償契約にさきだって規定している。しかし、社会的重要度から考えると、この順は逆なので、本改正試案では、有償契約─無償契約の順に規定することとした。

　そのうえで、契約を 4 種類に分類し、契約各論を以下のような構成とした。

　　第 1 節　所有権移転契約
　　　第 1 款　売買
　　　第 2 款　交換
　　　第 3 款　贈与
　　第 2 節　有体物利用契約
　　　第 1 款　賃貸借
　　　第 2 款　使用貸借

---

18)　本書 268 頁（初出は、カール・リーゼンフーバー（渡辺達徳訳）「不履行による損害賠償と過失原理」ジュリ 1358 号〔2008 年〕155 頁）。

第3節　労務提供契約
　第1款　雇　用
　第2款　請　負
　第3款　委　任
　第4款　寄　託
第4節　その他の典型契約
　第1款　消費貸借
　第2款　組　合
　第3款　和　解

(2) **12の典型契約と新種契約**
　なお、現行民法典の典型契約は13種であるが、本研究会の改正提案では、12種を典型契約として規定することとした。これは、終身定期金契約を典型契約から削除したためである。
　終身定期金については、「無償の場合には、定期給付を目的とする贈与とな」り、「有償の場合には、他の典型契約の対価の支払方法とされることが多いであろう」[19]といわれているように、終身定期金契約は、基本的に、それ自体が単独の契約として締結されることはなく、他の契約の特殊な履行形態として締結される。そこで、終身定期金を典型契約からは削除し、特殊な弁済方法として、債権総論の弁済の箇所に規定することとした。
　なお、現段階では典型契約として新種契約を規定していないが、これは、時間の制約のために、新種契約を規定することの必要性、その現実性を含め、本研究会内でじゅうぶんな検討をすることができなかったためであり、この点については、今後、検討することとしたい。

(3) **無償契約の成立**
　契約の成立についての契約自由の原則にもとづく方式の自由をどこまで貫くべきかは、一個の問題である。有償契約については諾成契約の原則を貫いてよいであろうが、無償契約については一方当事者の好意によるものであって、他方当事者が対価的な負担をしていないだけに、有償契約よりも要保護性が低いという考え方もある。なぜなら、「無償契約にあっては一旦約束しても、その

---

[19]　我妻栄『民法講義Ｖ3　債権各論　中巻(2)』(岩波書店・1962年) 863頁。

後に都合が悪くなったとき、訴えてまで履行を迫るのは穏当でない」[20]ともいえるからである。この点につき、イェーリングは、次のようにいう。有償契約と無償約束の訴求可能性とを同一に取り扱う必要はない。有償契約の訴求可能性は取引きの要求であるが、無償約束に訴求可能性がなくても商取引きには影響がない。立法者が有償契約と無償契約の取扱いを異にするのは矛盾であるという者は、約束の抽象的概念にのみ固執する法律的形式主義者のみであろう[21]。また、一般論としても、「無償要物と有償諾成とが明白に分化するようになったならば、無償契約の特質は、有償契約のそれに対して、一段と明確になる」[22]ことも説かれている。

ただ、現行民法典自体は、前段に述べたような観点から、有償契約と無償契約とを区別しているわけではない。

そこで、本改正試案においては、契約の成立にかんして、有償契約には契約方式自由の原則を貫徹し、有償給付約束についての完全な拘束力を認めたが、無償契約が単なる口頭での無償給付約束にとどまる場合には法的拘束力を認めないこととした。すなわち、不用意に無償の給付約束をして、後になって後悔することがないよう、書面約束による契約の成立と、無償での口頭約束が実行された段階、すなわち要物性の要件がみたされた場合にのみ、無償契約が成立するとしたのである。

以下に、イメージを具体化するために、贈与契約の成立についての規定を次にかかげることとしよう。

第549条〔贈与〕 贈与は、当事者の一方がある物を無償で相手方に与える意思を表示し、相手方が受諾し、契約書面を作成することによって、その効力を生ずる。

2　贈与は、当事者の一方がある物を無償で相手に与える意思を書面によって表示し、相手方が受諾することによって、その効力を生ずる。

3　贈与は、当事者の一方がある物を無償で相手方に与える意思を表示し、相手方がその物を受け取ることによって、その効力を生ずる。物の一部を受け取っ

---

20)　来栖三郎『契約法（法律学全集21）』（有斐閣・1974年）257頁。
21)　イェーリング（和田小次郎訳）『「イェリング」法律目的論(上)』早稲田法学別冊(2)（早稲田法学会・厳松堂・1930年）184頁。
22)　於保不二雄『民法著作集Ⅰ　財産法』（新青出版・2000年）427頁。なお、平野裕之『契約法〔第2版〕』（信山社・1999年）2頁もこの趣旨を説く。

たときは、その限度で効力を生ずる。

　現行民法は、549条で贈与を諾成契約として規定した。しかし、550条で書面によらない贈与の撤回を認めることによって、諾成贈与契約の効力を否定する途を開いている。また、同条ただし書きは、履行が終わった部分についての撤回権を否定し、要物性を具備した部分についての拘束力を承認している。現行民法は、このように非常にまわりくどい規定のしかたをしている。そこで、本改正試案では、このような回りくどい規定のしかたをせず、1項、2項で書面契約性、3項で要物契約性を規定することとした。
　次に、使用貸借契約の成立にかんする規定をかかげてみよう。

> 第593条〔使用貸借〕　使用貸借は、当事者の一方がある物を無償で相手方に使用及び収益をさせる意思を表示し、相手方が受諾し、契約書面を作成することによって、その効力を生ずる。
> 2　使用貸借は、当事者の一方がある物を無償で相手に使用及び収益させる意思を書面によって表示し、相手方が受諾することによって、その効力を生ずる。
> 3　使用貸借は、当事者の一方がある物を無償で相手方に使用及び収益させる意思を表示し、相手方がその物を受け取ることによって、その効力を生ずる。物の一部を受け取ったときは、その限度で効力を生ずる。

　使用貸借契約の成立についても、贈与契約の成立に対応する3種の方式、すなわち「書面による使用貸借契約」、「書面による使用貸借契約の申込み」、「要物的使用貸借契約」の3種を（新）593条の各項で定め、現行民法593条の要物的使用貸借契約の成立のみを認める法条を改めることとした。
　なお、現行民法典は、消費貸借契約と寄託を要物契約としているが、本改正試案においては、有償消費貸借契約と有償寄託契約は諾成契約とし、無償の場合にのみ、上記のような契約の成立形態を認めることとした。
　以上、本稿では、有償契約と無償契約につき、契約の成立のみを論じたが、注意義務についても、契約総論に下記のような規定を置いていることを付言しておきたい。

> 第2款　契約の効力
> 第533条〔契約の履行〕　有償契約においては、債務者は、契約の本旨に従い、善良な管理者の注意をもって債務を履行する義務を負う。

2 　無償契約においては、債務者は、契約の本旨に従い、自己のためにするのと同一の注意をもって債務を履行する義務を負う。

5　契約法改正試案の例示的検討

　本改正試案では、契約各論においても、種々の改正提案がなされている。具体的にも、委任契約についての鹿野教授の提言、それ以外の労務提供契約についての北居教授の提案、また沖野教授の鋭いコメント等、興味深いものも少なくないが、紙幅の制約からそれらをすべて紹介することはできないので、ここでは、組合契約を例に論じることとしよう（なお、山下教授が担当した保証については、契約各論に規定することも検討したが、最終的には現行法と同様、債権総論に規定することとなった）。

　現行民法の組合の規定は、内容、条文の構成ともそれほどわかりやすいものとはなっていない。そこで、本改正試案においては、以下の3点において、現行民法の組合の規定を修正することとした。

　第1は、組合には、建設共同事業体（ジョイント・ベンチャー〔JV〕）、シンジケートローン等、比較的組織的だったかたちで共同事業を営むものと、家族経営の商家等、組織化をともなわない共同事業を営むものとの双方が存在している。現行民法は、その双方を明確に区別することなく、多くの規定を置いている。そこで、本改正試案においては、この二つを区別することにした。具体的には、組織化されておらず、業務執行者が付かない組合契約を「一般組合契約」と名づけ、組織化されており、業務執行者が存在する組合契約を「業務執行者付組合契約」と名づけ、2種に分けて規定している。

　第2は、現行民法は、組合財産の合有性を実質的には規定しているが、規定のしかたが不徹底なので、次の2点でそれを徹底することとした。まず、第1点であるが、現行民法は、668条で組合財産を「共有」であるとしているが、本改正試案では、それを「合有」であることを明記した。ただ、現行民法も、676条において、組合財産についての持分譲渡の対抗力欠如、分割不能を規定し、合有のもっとも基本的な部分を実質的に規定している。しかしながら、第2点について述べると、675条で、組合債権者の権利行使は、合有状況となっている組合財産に対してではなく、組合員に対する権利行使となると規定し、組合財産合有性を必ずしも貫徹しきっていない。そこで、本改正試案では、組合債権者は、まず合有状況となっている組合財産に対し権利行使をすることを

基本としたうえで、それが機能しない場合に、個別組合員に対する権利行使が可能となるよう規定し、組合財産合有性をより徹底したものとした。

　第3は、現行民法の組合の規定は、必ずしも体系的な構成とはなっていない。そこで、本改正提案では、組合契約を4つの目に分け、「第1目　組合の成立と組織」、「第2目　組合財産」、「第3目　組合の対外関係」、「第4目　組合の解散及び清算」と名づけ、体系的に構成した。

　なお、第1として述べた問題、すなわち現実に適合したかたちでの組合組織の条文化は、第1目の「組合の成立と組織」で取り扱われており、第2として述べた組合財産合有性の徹底は、第2目と第3目ではかられることとなる。

　では、以下に、具体的条文案を示してみよう。

第4節　その他の典型契約
第2款　組合
第1目　組合の成立と組織

第667条〔組合契約〕〔現行667条1項に同じ〕組合契約は、各当事者が出資をして共同の事業を営むことを約することによって、その効力を生ずる。
　2　出資は、金銭その他の財産のほか労務をもってすることができる。

第668条〔一般組合契約〕　組合契約において、業務の執行を委任した者（以下「業務執行者」という。）を置かない場合には、その業務の執行は組合員の過半数で決し、それに基づいて組合員が行う。
　2　前項の規定にかかわらず、各組合員は、組合の常務を単独で行うことができる。ただし、その完了前に他の組合員が異議を述べた場合は、この限りでない。

第669条〔業務執行者付組合契約〕　組合契約において、業務執行者を置いた場合には、その者はその組合の業務の執行を行う。
　2　前項の場合において、複数の業務執行者が置かれたときは、その組合の業務の執行は業務執行者の過半数で決する。
　3　前項の規定にかかわらず、各業務執行者は、組合の常務を単独で行うことができる。ただし、その完了前に他の業務執行者が異議を述べた場合は、この限りでない。

第670条〔金銭出資の不履行の責任〕〔現行民法669条に同じ〕金銭を出資の目的とした場合において、組合員がその出資をすることを怠ったときは、その利息を支払うほか、損害の賠償をしなければならない。

第Ⅰ部　日本民法典の改正

第671条〔組合員の組合の業務及び財産状況に関する検査〕　業務執行者付組合契約において、組合の業務を執行する権利を有しない組合員は、組合の業務及び組合財産の状況を検査することができる。

以下、「第672条　組合員の脱退」、「第673条　法定脱退事由」、「第674条　組合員の除名」、「第675条　脱退した組合員に対する払戻し」、「第676条　業務執行者の辞任及び解任」等と、現行法の対応条文を承継するか、あるいは現行法に若干の修正を施した条文が続く。

第2目　組合財産
第677条〔組合財産の合有〕　各組合員の出資その他の組合財産は、総組合員の合有に属する。
2　各組合員の合有持分は、出資の割合に応じて定まる。
第678条〔組合員の持分の処分及び組合財産の分割〕〔現行民法676条1項に同じ〕組合員は、組合財産についてその持分を処分したときは、その処分をもって組合及び組合と取引をした第三者に対抗することができない。
2　〔現行民法676条2項に同じ〕組合員は、清算前に組合財産の分割を求めることができない。
第679条〔組合の損益分配の割合〕　当事者が損益分配の割合を定めなかったときは、その割合は、各組合員の合有持分に応じて定める。
2　〔現行民法674条2項に同じ〕利益又は損失についてのみ分配の割合を定めたときは、その割合は、利益及び損失に共通であるものと推定する。

第3目　組合の対外関係
第680条〔組合契約における委任と代理〕　一般組合契約においては、第六百六十八条第一項又は第二項に基づき業務を行う組合員に他の組合員を代理する権限が与えられたものとする。
2　業務執行付組合契約においては、第六百六十九条第一項又は第二項に基づき業務を行う業務執行者に以下の権限が与えられたものとする。
一　業務執行者が組合員でないときは、組合員を代理する権限
二　業務執行者が組合員のときは、他の組合員を代理する権限
3　前二項の代理の効果は、総組合員に合有的に帰属する。
4　N条からN条まで（受任者の権利義務）の規定は、組合の業務執行者について準用する。

第681条〔組合債権者の権利行使〕　組合の債権者は、まず組合の財産に対してその権利を行使しなければならない。
2　組合の債権者は、組合財産によってその満足を得られなかったときは、各組合員に対し、その合有持分の割合に応じて権利を行使することができる。この場合において、債権者がその債権の発生の時に組合員の損失分担の割合を知らなかったときは、各組合員に対して等しい割合でその権利を行使することができる。
3　債権者が組合員に債務の履行を請求したときは、一般組合契約の組合員は、まず総組合員に催告すべき旨を、業務執行者付組合契約の組合員は、まず業務執行者に催告すべき旨を請求することができる。
4　債権者が前項の規定に従った催告した後であっても、組合員がその債務を弁済するに足る組合財産があることを証明したときは、債権者は、まず組合財産に対して執行しなければならない。
第682条〔組合の債務者による相殺の禁止〕〔現行民法677条に同じ〕組合の債務者は、その債務と組合員に対する債権とを相殺することができない。

第4目　組合の解散及び清算

第683条〔組合の解散事由〕　組合は、次の各号の定める事由によって解散する。
一　組合の目的である事業の成功又はその成功の不能
二　組合契約に定められた存続期間の満了、又はその他の解散事由の発生
三　全組合員による解散の合意
四　組合員が一名しか存在しないこと
第684条〔組合の解散の請求〕〔現行民法683条に同じ〕やむを得ない事由があるときは、各組合員は、組合の解散を請求することができる。
第685条〔組合契約の解除の効力〕　組合契約の解除をした場合には、その解除は、将来に向かってのみ効力を生じ、組合を解散するものとする。この場合において、一部の組合員に過失があったきは、その者に対する損害賠償の請求を妨げない。

　以下、「第686条　組合の清算及び清算人の選任と業務執行」、「第687条　清算人の職務及び権限並びに残余財産の分割方法」、「第688条　組合員である清算人の辞任及び解任」の条文が、現行民法の対応する内容を承継したかたちで規定されている。

6　事務管理・不当利得・不法行為の改正提案

　事務管理・不当利得・不法行為についても論ずべき点はあるが、もはや紙数を大幅に超過しているうえ、不法行為については大塚教授が後述する〔**第5章参照**〕ので、その論稿に譲ることとしよう。なお、紙幅の制約から内容的な紹介はできないが、責任無能力の問題につき廣瀬教授から、事務管理・不当利得、その他広い分野について五十川教授から、種々の興味深い提案をいただいている。

Ⅷ　結　語

　以上駆け足で、本研究会の民法改正試案の特色を説明したが、最初に述べた「国民のための民法改正」という基本姿勢が維持されているか否か、民法典の現代化、現行民法典の革新・刷新とそれとの連続性の確保を達成するための個々の具体的努力が実っているか否かは、読者諸氏のご判断を仰ぐしかない。

　また、この改正試案は、3年弱の短期間の集中的努力によるものであり、とくに最後の段階は、夜を日に継いで作業を行ったが、その結果、思わぬミスがあるのではないか、おそれているところである。

　ミスの訂正はもちろん、よりよい提案をいただければ、この案を修正することも撤回することもやぶさかではないので、学界の方々はもちろん、民法に興味をもっておられる法律家や国民のご意見をひろく伺わせていただければと願っている。このことは、「ひらかれた民法改正試案起草のために」として前に述べたが[23]、そこで紹介したアンケートをご一読のうえ、ひろくご意見をお寄せいただければ、と願っている。ご意見、とりわけ改正条文案の修正、新条文案の提案をいただける方は、民法改正研究会事務局の下記のメールアドレスにそれをお寄せいただければ幸いである〔jsmiyas@ipc.shizuoka.ac.jp〕。

　なお、民法改正研究会を代表してこの原稿を執筆したが、当然のことながら、紹介した改正条文案、また、『日本民法改正試案』に示された条文案は、下記の研究会メンバーの総意によるものである。この3年間、日夜多大に努力をいただいた研究会メンバーの先生方、そのうえ事務局としても多大なご尽力をいただいた先生方に対し、心からなる謝意を捧げたい。

---

23)　本書180頁以下（初出は、加藤・前掲注1）103頁以下）。

第2章　民法改正の国際的動向

第1節　ドイツ債務法

岡　　孝

I　問題の提起
II　ドイツ債務法現代化法――瑕疵ある物の給付の場合の買主の救済
III　「共通参照枠組・暫定草案」
IV　今後の課題

I　問題の提起

　日本民法の起草時から影響力が強かったドイツ民法（草案）は、消費者動産売買指令[1]を機会に、債務法現代化法によって債務法の基本骨格を修正した（以下では、これを「ドイツ新法」と称する）。主として、給付障害法、売買・請負における瑕疵担保責任、消滅時効法の分野で、大幅な手直しがなされた[2]。その中で、瑕疵ある物の給付の場合の買主の救済について、制度の根幹にかかわるような解釈論的問題が登場している。ドイツ法を参考にするにあたって見のが

---

1) これについては、今西康人「消費者商品の売買及び品質保証に関するEU指令(1)(2)」関西大学法学論集50巻1号50頁以下、同4号625頁以下（2000年）参照。なお、紙数の制限のために、本稿では参考文献の引用は最小限にとどめている。
2) 簡単に概観するものとして、岡孝「民法改正の動向(1)ドイツ・オランダ」内田貴＝大村敦志編『民法の争点』（有斐閣・2007年）31頁以下参照。そのほか、筆者のものとして、「ドイツ債務法現代法における請負契約法上の若干の問題」下森定編集代表『現代民事法学の構想〔内山尚三先生追悼〕』（信山社・2004年）421頁以下、「ドイツ契約法の最前線」加藤雅信ほか編『二一世紀判例契約法の最前線〔野村豊弘先生還暦記念論文集〕』（判例タイムズ社・2006年）521頁以下（以下では、「岡・最前線」と略称して引用する）、「ドイツ債務法現代化法における買主の追完請求権について」林信夫＝佐藤岩夫編『法の生成と民法の体系〔広中俊雄先生傘寿記念論集〕』（創文社・2006年）707頁以下（以下では、「岡・買主の追完請求権」と略称して引用する）などがある。さらに、以下のIIで取り上げるテーマについては、最近のものとして、渡辺達徳「ドイツ民法における売主の瑕疵責任」法時80巻8号（2008年）30頁以下がある。

せない問題点である。

　さらにヨーロッパでは、周知のとおり、研究者グループが将来のヨーロッパ民法典制定を目指して活動している。すでに 2008 年 3 月の「民法改正国際シンポジウム――日本・ヨーロッパ・アジアの改正動向比較研究」でハートカンプ教授が指摘していたが[3]、スタディーグループ（Study Group on a European Civil Code）とアキグループ（Research Group on EC Private Law = Aquis Group）との「編集・改訂チーム」による「共通参照枠組・準備草案」が暫定概略版（Interim Outline Edition）として 2008 年初頭に書籍の形で公表された[4]（Draft Common Frame of Reference〔以下では、DCFR と略称する。〕なお、本節末尾〔本書 48 頁以下〕の補論参照）。この内容も見のがせない。

II　ドイツ債務法現代化法――瑕疵ある物の給付の場合の買主の救済

　新法は、まず買主は売主に追完の機会を与えなければならないとしている。相当な期間を定めて追完（修補または代物給付）を請求し、それが功を奏さなかったり、売主が拒絶した場合に、買主は、代金減額請求権の行使、または解除をすることができる（440 条・323 条 1 項・441 条 1 項など参照）。それと併行して買主は損害賠償請求もできる（280 条 1 項）。筆者の視点から、ドイツ法上問

3）　本書 466 頁以下（初出は、アーサー・S・ハートカンプ〔廣瀬久和訳〕「特別講演『ヨーロッパ民法典への動向』」ジュリ 1361 号〔2008 年〕154 頁）。

4）　von Bar/Schulte-Nölke (ed.), Principles, Definitions and Model Rules of European Private Law. Draft Common Frame of References (DCFR), Sellier European Law Publishers, 2008. これをはじめとして、ヨーロッパ私法の統一の問題点については、西谷祐子「ヨーロッパ法統一の中でのヨーロッパ契約法原則の意義と問題点」川角由和ほか編『ヨーロッパ私法の展開と課題』（日本評論社・2008 年）273 頁以下参照。なお、スタディーグループの研究成果は、Principles of European Law（PEL）の形で、上記の Sellier European Law Publishers から、売買、役務提供契約など 6 冊が刊行されている。PECL 同様、各条ごとにコメントとノート（各国の法状況の説明など）が付されている。PEL の条文が暫定草案にかなり採用されているので、後者について後述のようなコメントなどがまだ公表されていない現段階では、この PEL の説明が参考になる。また、アキグループとしては、Principles of the Existing EC Contract Law（Aquis Principles）の形で、現在、Contract I : Pre-contractual Obligations, Conclusion of Contract, Unfair Terms, Sellier European Law Publishers, 2007 が刊行されている。

題と思われる具体的問題点は次の2つである。

1 買主が自ら追完してしまった場合の処理[5]

瑕疵ある物が給付され、後にその事実を知った買主が、(法律を知らなかったからかもしれないが) 売主に追完を請求せずに、自ら知り合いの業者に修補させ、その費用を売主に請求したとしよう。この場合、ドイツのBGHは[6]、追完請求権の優越性を根拠に、売主が瑕疵除去を免れたことによって出費を節約できた分の利益償還請求 (新法326条2項2文) すら認めていない。BGHの判例を批判するローレンツは、次のように主張する。すなわち、追完請求権の優越性は、解除権、代金減額請求権、買主の追完費用の償還請求権などを喪失させるだけで、売主が追完を免れたことによって出費をせずに済んだ分の償還請求権まで喪失させるわけではない。売主に催告せずに買主が勝手に修補してしまうことに対する「懲罰的制裁」は民法には異質である、というのである[7]。

ドイツ新法は、従来瑕疵担保責任といわれてきた制度を解体して一般給付障害法 (債務不履行法) に統合したといわれているが、その「統合」の意味が問題である。売買の特則が定める要件をみたさないときは一般給付障害法による救済すら受けられないというのでは、形を変えた二元論 (一般給付障害法と売買の特別法) になってしまい[8]、「統合」の意義が損なわれるのではないだろうか。

そもそも追完請求権の優越性についても検討が必要であろう。たとえ売主に瑕疵ある物の給付について帰責性がないとしても、買主は、そういう物を給付することで売主に対する信頼感が揺らぎ、きちんと修補などが可能かどうか疑問を持つこともありうるのではないか。こういう買主にとっては、追完請求ではなく、代金減額だけで売主との関係を絶ちたいと考えることもあろう。少なくとも代金減額請求権と追完請求権とは同列の救済策と考えられないだろうか[9]。

---

[5] この項目の記述は、岡・最前線 (前掲注2)) 538頁以下に基づいている。

[6] リーディングケースはBGHZ 162、219. これについては、田中宏治「ドイツ新債務法における買主自身の瑕疵修補」阪大法学55巻3・4号 (2005年) 852頁以下参照。

[7] S. Lorenz, Schuldrechtsmodernisierung—Erfahrungen seit dem 1. Januar 2002, in: Egon Lorenz (Hrsg.), Karlsruher Forum 2005: Schuldrechtsmodernisierung—Erfahrungen seit dem 1. Januar 2002, 2006, S. 117.

[8] S. Lorenz, Voreilige Selbstvornahme der Nacherfüllung im Kaufrecht: Der BGH hat gesprochen und nichts ist geklärt, NJW 2005, 1323.

2 代物給付の場合の買主の使用利益返還義務(439条4項)について[10]

瑕疵ある物が給付されたので、買主が追完として代物を請求する場合、新法によれば、買主は、代物給付と引換えに、先に引き渡された瑕疵ある物とそれを利用したことによって取得した利益を返還しなければならない(新法439条4項・346条)。これは次のように説明されている。すなわち、買主は代物給付により新品を受領するが、それまでの間先に受領していた物を瑕疵ある物とはいえ利用したならば、それにより使用利益を享受したはずである。それを無償で利用できる根拠はなく、その利益を売主に返還すべきである、というのである[11]。

これに対して、学説中には、この439条4項を目的論的に縮小解釈して、346条の適用を否定しようとする見解がある。すなわち、新法は買主を悪意の無権限占有者(987条)のように扱っているが、これは不当である。売主が適時に瑕疵なき物を給付しておけば、買主は物の受領とともに使用利益を享受できたはずである。売主は、瑕疵ある物を給付したというだけの理由で、よりよい立場に置かれることはおかしい。解除の場合の清算関係と代物給付の場合の清算関係とは同じ理論では処理できないはずである。解除では、契約が締結されなかったかのように当事者の状態を元に戻すのである。だからこそ、使用利益も遡及的に清算債権者(売主)に帰属させて問題ない。これに対して、代物給付の場合は異なる。契約は実行され、売買契約は、買主の使用利益を享受できる権利にとって法律上の原因として存続したままなのである[12]。

このような対立の中、まさにこの点が問題となった事件がBGHに上告された。BGH第8民事部は[13]、439条4項を縮小解釈するという原審の立場(および学説)は明確に立法者意思に反し解釈として許されないとしながらも、この439条4項が消費者動産売買指令3条に違反しないかどうか疑問であるとして、ヨーロッパ裁判所に先決的判決を求める手続きをとった(ヨーロッパ共同体条約

---

9) 岡孝「目的物の瑕疵についての売主の責任」同編『契約法における現代化の課題』(法政大学出版局・2002年) 125頁注26)参照。

10) この項目の記述は、岡・買主の追完請求権(前掲注2)) 728頁以下に依拠している。なお、本稿末尾の補論参照。

11) (新法の連邦政府草案理由書) Begründung, BT-Drucks. 14 / 6040, 2001, S. 232 f.

12) Vgl. Kandler, Kauf und Nacherfüllung, 2004, S. 555 f.

13) Pressemitteilung Nr. 118 / 2006 vom 16.8. 2006. これについては、岡・買主の追完請求権(前掲注2)) 742頁注116)参照。

234条参照)。

2008年4月17日、ヨーロッパ裁判所は、ドイツ新法の規定（439条4項）は消費者動産売買指令3条（無償での追完）に違反すると判決した[14]。

判決が出て間もないせいか、学界からの本格的な反響は見あたらなかった。ただ、一方で、産業界としては使用利益の返還請求ができなくなるリスクを代金に上乗せすることになり、結果として商品の値段が高くなるだろうという指摘があり[15]、他方で、売買対象物が携帯電話や自動車のような場合には、買主が使用利益の返還をしなくてよいとなると、買主には見のがしえない利得が生じてしまい、それは不当利得制度により調整すべきだ、という見解もある[16]。後者の見解では、今回のヨーロッパ裁判所の判決はこの不当利得返還請求権の可能性を完全には閉ざしておらず、BGHがこれに依拠することは可能だ、という。筆者は、2年前にはドイツ新法の解決もやむをえないのではないかと評価した[17]。このヨーロッパ裁判所の判決、さらには買主に不当利得返還義務を負わせようとする上記見解に接して、さらに検討したいと思っている（なお、本節末尾〔本書48頁以下〕の補論参照）。

Ⅲ　「共通参照枠組・暫定草案」

DCFRは、現段階では単に条文のみ公表されている。今後各条文についてコメント、各国法の状況についての注をつけて確定版の草案が公表されるようである[18]。したがって、今の段階では条文の意味を正確に理解することは困難であるが、契約不適合の場合の買主の救済について（第4章「救済」第2節「適合性の欠如についての買主の救済」）、簡単に紹介しておくことにする。

正面から売主の追完権が規定されることによって、追完請求権の優越性はここでも維持されている（Ⅲ-3：202）。債権者の（代金）減額請求権も規定されているが（Ⅲ-3：601, Ⅳ.A-4：201(d)[18a]）、追完請求権に劣後している（Ⅲ-3：202(2)

---

14) EuGH Urt.v. 17.4. 2008 –Rs.C-404/06, NJW 2008, 1433.
15) Felling, Anmerkung, MDR 13/2008, S. 734.
16) Herrler/Tomasic, Keine Nutzungsersatzpflicht im Fall der Neulieferung, BB 24/2008, S. 1245 ff.
17) 岡・買主の追完請求権（前掲注2)）729頁以下参照。
18) 西谷・前掲注4）276頁。

参照)。ドイツの BGH と同じように、買主が追完を請求せずに自ら修補などをした場合、売主が免れた修補費用相当額の返還請求権まで否定する趣旨かどうかはわからない。また、追完としての代物請求の場合の先に給付された瑕疵ある物の使用利益についてはまったく問題にされていない（おそらく、使用利益の返還は不要と考えているのだろう）。また、売主が非事業者の場合には、契約不適合を理由とする損害賠償責任も契約代金に制限されるという責任制限の規定もある（Ⅳ.A-4:203.消費者売買の場合の解除の特則もある。Ⅳ.A-4:202参照[18 b]）。DCFR では、そのほか（第3節として独立項目になっている）目的物の検査・通知義務が買主に課されているが（Ⅳ.A-4:301、-4:302）、消費者契約の場合には除外されている（Ⅳ.A-4:301(4)、Ⅲ-3:107(4)）。

ちなみに、ドイツ新法では、売買と同様に、請負でも仕事に瑕疵がある場合の注文者の権利が規定されているが（新法634条以下）、DCFR では、役務提供契約（Services）の（Ⅳ.C-1）総論でも建設（Ⅳ.C-3.Construction）のところでも、格別の規定は置かれていない。注文者の指示（Ⅳ.C-2:107）が契約不適合の原因であり、かつ、施工業者が役務提供者に課せられた警告義務（Ⅳ.C-2:108）を遵守していた場合には、注文者は契約不適合による救済を求めることができないという規定があるだけである（Ⅳ.C-3:104(3)）。売買の規定でなされているような（Ⅳ.A-4:201参照）、第3編「債務とそれに対応する権利」（この中の第3章に不履行の場合の救済が規定されている）を指示することもされていない。今後この点の補充がなされるかどうかははっきりしない[18 c]。

Ⅳ 今後の課題

ドイツ法について、瑕疵ある物の給付の場合の買主の救済に絞って問題点を整理した。さらにドイツ新法は、消費者保護規定を民法典に取り込むか（取り込んでいる。約款規制に関する305条～310条、訪問取引における撤回権についての312条

---

18 a) 本稿末尾の補論で言及している DCFR 2009 年版ではⅣ.A-4:201（d）はこの条文全体が削除され、暫定草案の-4:202以下が1か条ずつ繰り上がっている。後掲注18 b)参照。

18 b) DCFR 2009 年版では-4:203、-4:202 はそれぞれ-4:202、-4:201 となっている。

18 c) DCFR 2009 年版ではⅣ.A-4:201 が削除されることによって、売買契約の規定ぶりが役務提供契約のそれと平仄を合わせることになった。

など参照)、原始的不能論（無効）は廃止するのか（廃止された)、不安の抗弁では解除まで認めるか（321条2項で認めている)、解除の要件論から帰責事由を除外するか（323条で除外している)、除外するという場合、危険負担（債務者主義）は併存させるのか（326条1項1文と同条5項参照。新法は併存させている。DCFR Ⅲ-3:104(4)も、部分的にその基礎になっている[19]ヨーロッパ契約法原則〔PECL〕[20]第9:303条(4)と同様〔PECLでは自動解除という形ではあるが〕、危険負担債務者主義を取り込んでいる)[21]、消費貸借について金銭と物とを別々に規定するか（488条以下と607条以下とに分かれている）などについて、ひとつのモデルを提供している。日本民法の改正を検討するにあたっては、ドイツ新法を十分検討する必要があろう。

　さらに、DCFRの検討も必要であろう。これは、研究者が各国法を集約してリステイトメントとしてまとめたものであって、「体系全体を貫く理念に欠けている」とか、各国法の妥協の産物として作られた規定も少なくないという批判もあるが[22]、われわれにとって重要なのは、各国法の妥協であれ、個別具体的な問題についてどの点でどのような妥協が成立しているのかを正確に知ることであろう。それによって、日本民法を再検討する際に比較の素材として利用できるのである。そこで、ごくわずかではあるが、筆者の関心事から興味深い具体例を挙げておこう。

　例えば、委任の解除（告知）に関する日本民法651条については、議論がある[23]。これについて、DCFRは詳細な規定を設けている（Ⅳ.D-6:101以下5ヵ条規定されている)。原則として、損害賠償をせずに委任者が解除できるのは、その旨特約で定められているときである（Ⅳ.D-6:101(5)(7)参照)。また、期間の定めがなかったり特定の任務のために委任されたときには（撤回できないとの特約がない限り)、合理的な期間を設定したうえで、委任者は契約を解除できる（Ⅳ.D-6:102)。

　事務管理についても、（本人の利益になることが合理的に予見できる場合という制限

---

19)　von Bar/Schulte-Nölke, a.a.O. (Fn.4), S. 24.
20)　PECLについては、オーレ・ランドー＝ヒュー・ビール編（潮見佳男ほか監訳）『ヨーロッパ契約法原則Ⅰ・Ⅱ』（法律文化社・2006年）参照。
21)　危険負担の廃止を立法論として主張するものとして、松岡久和「履行障害を理由とする解除と危険負担」ジュリ1318号（2006年）138頁以下参照。
22)　西谷・前掲注4）285頁以下参照。
23)　さしあたり、岡孝「民法651条（委任の解除)」広中俊雄＝星野英一編『民法典の百年Ⅲ』（有斐閣・1998年）449頁以下参照。

はあるものの）事務管理者に法定代理権が与えられるという規定も設けられていて、注目に値する[24]。ただし、その相手方が遅滞なく事務管理者の一方的行為を拒絶したときは効力がない、とされている（V-3 : 106 (1)(2)参照）。

なお、DCFR では、消滅時効の規定も注目されるが（Ⅲ-7. PECL 第 14 章を受け継いでいる）、ドイツ新法（438 条・634 a 条）[25]と異なり、売買や役務提供契約で、契約不適合の場合の追完請求権などについて特別な権利行使期間を設けていない。これは、例えば損害賠償請求権の要件（過失を問題にしない。Ⅲ-3 : 701、Ⅲ-3 : 104. PECL 第 9 章 501 条(1)も同旨。これに対して、ドイツ新法 276 条は過失責任主義を依然として採用しているといえよう）に見られるように、過失責任主義を維持するかどうかに基づくものかもしれない（しかし、追完請求権と損害賠償請求権とを区別せず一律に、一般消滅時効法〔長さは 3 年〕ではなく特則〔長さは 2 年〕に服させている点は疑問である）。そうだとすると、契約不適合の場合の救済手段の権利行使期間の制限について特則を設けるかどうか（ドイツ新法のように売買・請負のところに規定するか、あるいは一般の消滅時効の箇所に規定するかも考えなければならない）という検討とあいまって、（今回は省略しているが）そもそもおおもとの帰責事由のとらえ方の検討も必要であろう[26]。

補　論
本節のもとになった論稿発表（2008 年 9 月）後の状況の変化について、簡単にまとめておく。

1．Ⅱ 2 に関して
ヨーロッパ裁判所の先決的判決後、BGH 第 8 民事部は、2008 年 11 月 26 日の判決で、消費者動産売買については、ドイツ民法 439 条 4 項が引用する解除

---

[24]　岡孝「事務管理と代理」下森定＝須永醇監修『民法総則重要論点研究』（酒井書店・1991 年）135 頁以下参照。

[25]　齋藤由起「ドイツ新消滅時効法—改正時の議論を中心に」NBL 881 号（2008 年）60 頁以下は、ドイツ新法と PECL の比較まで検討されており参考になるが、残念ながら新法における売買・請負の消滅時効の特則の考察はなされていない。

[26]　なお、我が国もようやく「国際物品売買契約に関する国際連合条約」（CISG）が国会で承認され、加入書が 2008 年 7 月 1 日に国連事務総長に寄託されたとのことである。したがって、2009 年 8 月 1 日にこの条約は我が国で発効することになる。以上は、2008 年 7 月 2 日付の外務省のプレスリリース（「国際物品売買契約に関する国際連合条約」の加入書の寄託について）による。

の規定は瑕疵ある物自体の返還のみに関係すべきであり、使用利益の返還または使用に対する価値償還には適用しないとすべきだ、と判断した（VIII ZR 200/05. NJW 2009, 427）。そして、Y の上告を棄却した（X の返還請求が認められた。また、同時に、X の上告［差止め請求］も認容された）。なお、ヨーロッパ裁判所の判決後、この問題について民法改正案が連邦議会で審議のうえ可決され、2008 年 12 月 16 日から施行されている（BGBl. 2008 I S. 2399）。改正条文は、新 474 条 2 項 1 文として「この款で規定されている売買契約（消費者動産売買——筆者注）には、439 条 4 項は、使用利益の返還またはその価値による償還は必要がないというように適用する」が新設され、従来の同条 2 項は同項 2 文に移された。以上の点については、岡「ドイツ売買法の新たな展開——瑕疵ある物に対する買主の権利を中心として」前田重行＝神田秀樹＝神作裕之編・前田庸先生喜寿祝賀論文集（有斐閣・2009 年）所収で論じている。

2．Ⅲについて

DCFR は、2008 年段階ではまだ公表されていなかった人的担保や信託なども規定され、2009 年春に公表された（DCFR, Outline Edition, 2009）。本節では、これを DCFR 2009 年版として引用する。なお、この DCFR 2009 年版は、例えば、本稿注 18 a）- 18 c）で指摘しているように、2008 年のものと多少異なっているので、注意を要する。

第 2 節　ドイツ物権法
――BGB 906 条 1 項 2 文・3 文における私法と公法との調和をめぐって

秋 山 靖 浩

Ⅰ　本稿の問題意識と検討対象　　Ⅲ　1994 年改正に対する批判
Ⅱ　1994 年改正の概要・背景・意義　Ⅳ　民法改正への示唆

Ⅰ　本稿の問題意識と検討対象

　今日、民法の各領域において、さまざまな形で行政法との関係が議論されている[1]。その中でも、相隣関係の規定は、行政法との関係が活発に議論されてきた領域の 1 つであるといえよう。相隣関係の規定は土地利用の調整を規律することを目的としているが、他方で、現在では、行政法規が公共的な観点からさまざまな規制を土地利用に加えているため、土地利用の調整をめぐり、相隣関係の規定と行政法規との交錯は避けることができないからである[2]。
　そうすると、民法の改正を検討するうえでも、相隣関係の規定において行政法規をどのように受けとめるべきか、行政法の規定との関係をどのように整序するかが、重要な課題となろう。
　このような課題を考えるうえで 1 つの手がかりとなるのが、相隣関係の規定たるドイツ民法典（以下「BGB」という）906 条[3]について行われた 1994 年改

---

[1]　その概要について、例えば、山本敬三＝大橋洋一「行政法規違反行為の民事上の効力」宇賀克也ほか編『対話で学ぶ行政法――行政法と隣接法分野との対話』（有斐閣・2003 年）2-4 頁等参照。
[2]　このような問題意識は、既に以前から指摘されていたところである。例えば、沢井裕「相隣関係法理の現代的視点――信義則による微調整と人格権的見直し」自正 32 巻 13 号（1981 年）4-5 頁、9-12 頁参照。具体的な論題としては、囲繞地通行権の成否・内容と建築基準法 43 条 1 項本文の接道要件との関係、民法 234 条 1 項と建築基準法 65 条との関係などがある他、相隣関係の問題にも含められるものとしてさらに、建築基準法上の道路の通行妨害に対する民法上の妨害排除請求の可否、日照に関する建築基準法の規制と民法上の損害賠償請求・差止請求との関係などを挙げることもできよう。

正[4]である。

　この改正は、後に見るように、私法と公法との交錯状況をふまえて、両者間の調和を図るべく、BGB 906 条 1 項に 2 文および 3 文を追加して、公法の規定を一定の範囲で民法の中に受けとめようとしたものである（以下では、BGB 906 条 1 項に追加された 2 文および 3 文を単に「2 文・3 文」と呼ぶことがある）。ここでは、調和を図るという目的には異論がないものの、どのような観点に留意して調和を図っていくべきか、また、具体的にどのような形で調和させていくべきか、などの点で議論の対立が見られる。これらの議論は、同様の課題に直面している日本民法の相隣関係規定の改正に対しても、有益な視座を提供してくれるであろう。

　そこで、本稿では、BGB 906 条の 1994 年改正の改正理由とそれをめぐる議論を考察することにより、上述の課題について一定の示唆を得ることにしたい。なお、1994 年改正については、先行業績[5]により既に検討が加えられている。したがって、議論の網羅的な紹介は先行業績に委ねることにし、本稿では、上述の課題を考察するために必要な範囲でこの議論を取り上げる。

Ⅱ　1994 年改正の概要・背景・意義

1　改正の概要
(1)　BGB 906 条の規定

　BGB 906 条は以下のように規定している。下線部が、1994 年改正で 1 項に追加された 2 文・3 文である。

3）　BGB 906 条については、すでに多くの先行業績があり、筆者も都市計画規制との関係で若干の考察をしたことがある。先行業績の紹介を含めて、拙稿「相隣関係における調整の論理と都市計画との関係——ドイツ相隣法の考察(1)-（5・完）」早法 74 巻 4 号（1999 年）259 頁以下、75 巻 1 号（1999 年）121 頁以下、75 巻 2 号（2000 年）239 頁以下、75 巻 4 号（2000 年）33 頁以下、76 巻 1 号（2000 年）1 頁以下を参照されたい。

4）　Gesetz zur Änderung sachenrechtlicher Bestimmungen vom 21. September 1994 (BGBl. I S. 2457)

5）　1994 年改正は既に、円谷峻「救済方法」山田卓生編『新・現代損害賠償法講座 1 総論』（日本評論社・1997 年）188-189 頁、鈴木美弥子「ドイツ環境法における公法と私法の交錯」早法 72 巻 3 号（1997 年）230 頁で紹介され、宮澤俊昭「環境法における私法の役割（前篇）——ドイツ環境法における民法と行政法の調和と相互補完(2)」一橋法学 2 巻 2 号（2003 年）615-635 頁において詳しい検討が加えられている。

① 土地の所有者は、他の土地から侵入するガス、蒸気、臭気、煙、煤、熱、振動その他類似の作用が、自己の土地の利用を侵害しておらず、又は非本質的に侵害しているにすぎないときは、これらの作用を禁止することができない。法律又は法規命令により調査され評価される作用がこれらの諸規定により定められた限界値又は基準値を超えていないときは、通常は非本質的な侵害が存在するものとする。連邦イミッシオーン防止法48条に基づいて発せられ、かつ技術水準を表す一般行政規則の値についても、同様とする。
② 本質的な侵害が他の土地における場所的慣行の利用によって生じており、かつこの種の土地利用者に経済的に期待しうる措置によっても防止されえないときも、同様とする。所有者がこれによりある作用を受忍しなければならない場合において、当該作用がこの所有者の土地における場所的慣行の利用もしくは収益を期待可能な程度を超えて侵害しているときは、この所有者は、他の土地の利用者に対し、金銭による適切な補償を請求することができる。
③ （省略）

(2) BGB 906条の規律内容

　土地の所有者は、他の土地からガス・蒸気・臭気・煙・煤・熱・振動その他類似の作用（騒音等）が侵入してくる場合、これらの作用により自己の土地の所有権が侵害されていることを理由に、所有権に基づく妨害排除請求権および不作為請求権を行使することができるのが原則である（BGB 1004条1項）。しかし、BGB 906条は、土地所有者間の利益調整の観点から[6]、一定の要件の下で、上記作用の受忍を土地所有者に義務づけている[7]。

　上記作用により侵害を受けた土地（被害地）の所有者の地位から整理すると、BGB 906条の規律内容は3つの場合に分けられる。

　第1に、被害地の所有者に上記作用の受忍義務が課され、補償請求権も認められない場合である。上記作用が被害地の利用を侵害していないか、非本質的にしか侵害していない場合が、これに該当する（1項1文）。

---

6) 詳しくは、拙稿・前掲注3）「(1)」306-320頁参照。
7) BGB 1004条2項は、妨害排除請求権・不作為請求権を承認した同1項（本文参照）を受けて、「前項の請求権は、所有者が受忍を義務づけられている場合には排除される」と規定する。したがって、BGB 906条は、所有者の受忍義務の根拠たる法規範として位置づけられる。

第2に、被害地の所有者に上記作用の受忍義務が課されるが、補償請求権は認められる場合である。上記作用が被害地の利用を本質的に侵害していることを前提として、その本質的な侵害が作用発生地における場所的慣行の利用によって引き起こされており、かつ、その本質的な侵害が経済的に期待しうる措置によっては防止しえない場合、被害者の所有者は上記作用の受忍義務を負う（2項1文）。そして、上記作用が被害地における場所的慣行の利用もしくは収益を期待可能な程度を超えて侵害しているときは、被害地の所有者は、作用発生地の利用者に対し、補償を請求することができる（2項2文）。

　第3に、被害地の所有者に上記作用の受忍義務が課されない場合である。上記作用が被害地の利用を本質的に侵害している場合でも、その本質的な侵害が、作用発生地における場所的慣行の利用によって引き起こされたものではないとき、あるいは、作用発生地における場所的慣行の利用によって引き起こされているが、経済的に期待しうる措置によって防止可能であるときは、被害地の所有者は上記作用の受忍義務を負わない。したがって、被害地の所有者は、作用を発生させて被害地の所有権を侵害する者に対し、妨害排除請求権・不作為請求権を行使することができる。

(3) BGB 906条1項2文・3文の規律内容

　追加された2文・3文は、1文を受けていることからもわかるように、他の土地から侵入する臭気・振動・騒音等の上記作用が被害地の利用を本質的に侵害しているかどうか（「侵害の本質性」要件）の判断に関わるものである。

　判例・通説によれば、上記作用による侵害が本質的であるかどうかは、当該作用によって侵害される土地（被害地）の性質と用途を考慮しつつ、合理的な平均人の感覚に従って判断されるものと解されている[8]。そして、2文および3文は、当該作用が法律・法規命令・（3文の要件を満たす）行政規則に定められた限界値ないし基準値を超えていない場合には通常、当該作用が被害地の利用を非本質的にしか侵害していないこと（つまり「侵害の本質性」を否定すること）を出発点とするべき旨を指示したものである。なお、ここでいう限界値とは許容される絶対的な最高限度を定めた値を、基準値とは一定の要件の下では超える

---

[8]）「侵害の本質性」要件の判断における「合理的な平均人」基準の意義について、宮澤・前掲注5）609-615頁の他、拙稿・前掲注3）「(1)」394-396頁、400-401頁、403-406頁参照。

ことも許される値を、それぞれ意味する[9]。

上記(2)で見たように、「侵害の本質性」要件は、被害地の所有者が受忍義務を負うかどうかの重要な分岐点となる。すなわち、上記作用による被害地の利用の侵害が本質的でない（非本質的にすぎない）場合は、被害地の所有者は当該作用を受忍しなければならず、補償請求権も認められない（上記(2)の第1）。これに対して、かかる作用による侵害が本質的である場合は、被害地の所有者は当該作用を受忍する義務を負わず、当該作用の排除・不作為を請求することができ、あるいは、一定の要件の下で受忍義務を負うとしても、補償を受けられるという形で救済される可能性がある（上記(2)の第3あるいは第2）。

このように、イミッシオーン被害地の所有者の保護を左右しかねないがゆえに、2文・3文の意義をどのように捉えるか、特に、2文・3文の追加が「侵害の本質性」に関する従来の判断にどのような影響を及ぼすかが、重要な課題となった。

2 改正の背景

それでは、1994年改正において、なぜBGB 906条1項に2文・3文が追加されたのであろうか。改正理由によると、その背景は以下のところにある[10]。

イミッシオーン防止の領域では、従来から、私法と公法の交錯が指摘されてきた。イミッシオーンによって侵害された隣人は民法上でも行政法上でも権利保護の手段を有するため[11]、このような交錯は避けられないことではある。

---

[9] 騒音を例にとれば、BGB 906条1項2文・3文の意味の限界値・基準値を定めたものとして以下が挙げられる（Roth, in: J von Staudingers Kommentar zum Bürgerlichen Gesetzbuch, Buch 3 Sachenrecht, Neubearb. 2002, § 906 BGB, Rn. 190）。連邦イミッシオーン防止法（Gesetz zum Schutz vor schädlichen Umwelteinwirkungen durch Luftverunreinigungen, Geräusche, Erschütterungen und ähnliche Vorgänge in der Fassung der Bekanntmachung vom 26. September 2002 (BGBl. I S. 3830), zuletzt geändert durch Artikel 1 des Gesetzes vom 23. Oktober 2007 (BGBl. I S. 2470)）に基づく法規命令（連邦イミッシオーン防止法施行令 Verordnung zur Durchführung des Bundes-Immissionsschutzgesetzes）として、交通騒音防止令・スポーツ施設騒音防止令・建設機械騒音令など。連邦イミッシオーン防止法48条に基づく一般行政規則として、騒音防止のための技術指針（Technische Anleitung zum Schutz gegen Lärm）。なお、スポーツ施設騒音防止令については、拙稿・前掲注3）「(4)」56-59頁、74頁注461も参照。

[10] BT-Drucks. 12/7425 S. 85-87.

しかし、私法と公法とでは法的な救済方法も権利保護の目標も異なっているため、そのことによる体系上の混乱も指摘されるようになった。例えば、「通常裁判所が、公法の規定を遵守した建築施設（特にスポーツ施設）に対して民法上で攻撃を加えることができると考えていることも、稀ではない」という[12]。かかる混乱の1つとして指摘されてきたのが、BGB 1004条・906条に基づく民法上の請求権の有無を判断するにあたり、公法に定められた環境基準にどのような意味を与えるべきか、という論点である。

もっとも、以上のような混乱を受けて、連邦通常裁判所の判例も、さまざまな局面において、イミッシオーン防止に関する私法と公法との調和を進めていた[13]。上述の、公法上の環境基準がBGB 1004条・906条に基づく民法上の請求権の判断においてどのような意味を持つかという論点についても、そのような調和が図られてきた。改正理由によれば、判例は以下のように要約される。イミッシオーンに対する隣人の民法上の受忍義務の限界を判断する際に、BGB 906条1項の意味における侵害の非本質性のレベルで、公法上の基準値が援用されうる。つまり、公法上の排出値を遵守していれば、通常の事例では、近隣の土地所有者に対して有害なイミッシオーンは生じていないとの結論が導

---

11) 例えば、騒音等の作用を排出する施設に対して、隣人は民法上、BGB 1004条に基づき、妨害排除・不作為の請求をすることができる（ただし、当該施設が連邦イミッシオーン防止法に定められた要許可施設であり、同法の許可を得ている場合には、同法14条により、妨害排除請求権・不作為請求権は排除され、隣人は民法上予防措置もしくは損害賠償のみを請求することができる）。他方で、当該施設に建設許可が与えられている場合には、隣人は、当該許可が建設法規に違反していることを理由として、許可行政庁に対して当該建設許可の取消しを求めることもできる。その他にも、隣人は、管轄行政庁が当該施設に対して事後的命令等を発することを求める義務付け訴訟を提起することもできる（連邦イミッシオーン防止法17条・24条・25条）。民法と行政法における隣人保護手段のこのような並存状態は、隣人保護の「複線性」などと呼ばれている（拙稿・前掲注3）「(2)」125-127頁参照）。

12) 引用はBT-Drucks. 12/7425 S. 86による。そのような混乱を引き起こした裁判例として、テニスコート判決と呼ばれる連邦通常裁判所1982年12月17日判決（BGH NJW 1983, 751）が有名である（拙稿・前掲注3）「(2)」222-228頁で詳しく検討した）。

13) その他に、判例においてイミッシオーン防止に関する私法と公法との調和が進められた例として、BGB 906条における侵害の「本質性」概念と連邦イミッシオーン防止法3条1項・22条1項における負荷の「重大性」概念とが統一的に解釈されていることが挙げられる（詳しくは、宮澤・前掲注5）602-609頁、拙稿・前掲注3）「(1)」395-396頁、442頁注240参照）。

かれる。ただし、個々の事案における特別な事情が、かかる結論に疑問を生じさせることはあり、排出値を遵守していてもイミッシオーンが不適法であると判断されることもありうる。イミッシオーンが公法上の値を下回っているからといって、個々の事案でただちに、当該イミッシオーンによる被害地の利用の侵害が非本質的であると扱われるわけではない。民事裁判官には依然として、個々の事案における特別な事情を考慮する余地が残されている、と[14]。

そして、2文・3文は、イミッシオーン防止において以上のように私法と公法の調和を展開してきた判例を模写し、明確な立法的解決を図ったものであるとされる。

3 改正の意義

改正理由は、BGB 906条1項に2文・3文を追加したことに以下の意義があるとする。

(1) 公法上の限界値・基準値を下回っていることの民法上の意義

第1に、2文・3文は、裁判官の判断の手助けとなる。「侵害の本質性」は不確定な要件であり、事案への当てはめにおいて困難を伴う。そこで、公法の規定に定められた環境基準を、BGB 906条1項の中で援用することにした。具体的には、ある作用が公法上の限界値・基準値を遵守している場合には、当該作用による侵害が通常は非本質的であると扱うことで、隣人は当該作用を受忍しなければならないが、そうでない場合には当該作用の妨害排除・不作為を請求することができるとされた。この結果、イミッシオーンに対する隣人の受忍義務の限界を判断することが容易になる。

以上のことは、侵害者（作用発生者）にとっても、作用により侵害を受ける隣人にとっても、法的安定性をもたらすという。隣人の提起する妨害排除・不作為請求の訴訟が成功するかどうかを、従来よりもより良く予想することができるようになったからである。

(2) 個々の事案における個別審査の余地

第2に、2文・3文の「通常は非本質的な侵害が存在するものとする」という表現に現れているように、公法上の環境基準を援用することはあくまでも通常の事例に限られることである。つまり、公法上の限界値・基準値を遵守して

---

[14] 個々の裁判例の紹介と分析は、宮澤・前掲注5) 617-621頁に詳しい。

いれば、当該侵害の非本質性が通常は承認されるが、必ずそうなるわけではない。逆に、値を超過しているからといって、当該侵害の本質性が当然に根拠づけられるわけでもない。個々の事案の諸状況を審査する余地が常に残されているのである。

このような個別審査を認めるのは、以下の理由による。騒音を例にとれば、イミッシオーン防止に関する公法規定（スポーツ施設騒音防止令や騒音防止のための技術指針など[15]）は、物理的・技術的な調査方法を用いているため、騒音の特殊な負荷を部分的にしか把握できていない。しかし、騒音によるイミッシオーンを評価するには、騒音のレベルや頻度だけでなく、衝撃・音響や、騒音に含まれる情報内容の特殊性を考慮することも重要である。そこで、個々の事案において、事実審裁判官に一定の評価の余地を残しておかなければならないとされた。

(3) 作用排出者（侵害者）にとってのメリット

第3に、2文・3文の追加は、従来の法状況と比べて、作用を排出している施設の操業者に明確なメリットをもたらすという。

判例・通説によれば従来、作用排出者（侵害者）は、当該作用による侵害が非本質的にすぎないこと（したがって隣人がこれを受忍しなければならないこと）を主張立証しなければならないと解されてきた。ここで2文・3文を追加すると、立証の対象が変わり、作用排出者は、公法上の限界値・基準値を遵守していることについての主張立証責任のみを負うことになる。そして、上記値を遵守しているにもかかわらず本質的な侵害が存在することについては、隣人の側で立証しなければならないとされた。このような反対事実の証明は本証であるから、隣人はこの点について裁判所に完全な確信を抱かせなければならない。つまり、2文・3文は、公法上の限界値・基準値が遵守されている場合に、「侵害の本質性」要件に関して、隣人への立証責任の転換を行ったという。

なお、2文・3文は、限界値・基準値を超過している場合に触れるものではない。この場合には判例の従来の原則[16]が適用されるため、上記の遵守の場合のような立証責任の転換は行われないとされる。

---

15) これらについて、前掲注9）参照。

4 小　括

2文・3文は、騒音等の作用が公法上の限界値・基準値を遵守していれば、通常の事例では、当該作用による被害地への侵害を非本質的にすぎないと評価するものである（その結果、被害地の所有者は当該作用を受忍しなければならない）。公法上の環境基準が BGB 1004条・906条に基づく民法上の請求権の判断においていかなる意味を持つかという論点について、私法と公法との調和を以上のような形で立法的に図ったといえよう。

ただし、以上の調和が図式的に適用されるわけではなく、個々の事案での個別審査の余地は残されている。個々の事案における特別な事情を考慮した結果、上記値を遵守していても当該侵害が本質的であると評価されることは否定されていない。その意味では、「侵害の本質性」要件の判断を、公法上の限界値・基準値に完全に拘束しているわけではない。

このように見ると、2文・3文は、BGB 906条1項における「侵害の本質性」要件について、通常の事案では公法上の限界値・基準値の遵守に同要件の判断を従属させることによって私法と公法との調和を図りつつも、上記値にとらわれず、当該作用の特性等に配慮して同要件を審査する余地も残すことで、イミッシオーンに関する私法上の規律の独自性も確保しているといえよう。

Ⅲ　1994年改正に対する批判

2文・3文が従来の判例を立法化したものであると説明されていることは、既に見たとおりである（Ⅱ2）。ところが、立証責任の転換を図ったとの改正理由（Ⅱ3）は、従来の判例の理解とは異なるものであった[17]。それどころか、立証責任の転換という説明は、侵害を受ける隣人の保護を切り下げるのではないか、イミッシオーンを規律する私法の独自の機能を阻害するのではないか、

---

16) 限界値・基準値の超過は、当該侵害が本質的であることについての徴憑的効果を有するとされる（BT-Drucks. 12 / 7425 S. 89）。Ⅲ3で紹介する連邦通常裁判所2004年2月13日判決の判示も参照。

17) 1994年改正前の確立した判例によれば、公法上の限界値・基準値を遵守していることは、当該侵害が非本質的であることの徴憑であると解されてきた（下記3で紹介する連邦通常裁判所2004年2月13日判決の判示を参照）。徴憑の意味についても、下記3で紹介する通りである。いずれにせよ、原告＝隣人へ立証責任が転換されるとは解されていなかった。

という実質的な疑問をも学説に生じさせることになった。その中でも詳細な批判を加えたのが、マールブルガーである[18]。

1 改正理由の問題点——隣人保護の切り下げ、環境私法の機能の阻害

第1に、マールブルガーによれば、「侵害の本質性」要件に関する立証責任の転換が、振動・騒音等の作用によって侵害を受けた隣人の保護を切り下げることにつながるという。

従来の主張立証責任の分配は、バランスの取れた利益衡量に基づき、真偽不明のリスクを作用発生者(侵害者)に適切な形で法律上分配していた。ところが、改正理由の述べるような立証責任の転換を図れば、限界値・基準値を下回っていることが確定される限り、隣人が妨害排除・不作為請求の訴訟で勝訴するのはかなり難しくなる。というのも、隣人は、当該侵害の非本質性を裁判所に疑わせるだけでは不十分であり、当該侵害が本質的であると裁判所を確信させることまで求められるからである。その結果、環境負荷に対する民法上の権利保護が著しく制限されることになろう[19]。

第2に、立証責任の転換は、イミシオーンの規律における私法の独自の機能を阻害することにもなりかねないという。

前提として、マールブルガーは、イミッシオーンを規律する私法および公法の機能を以下のように捉える[20]。

環境行政法の設定する限界値・基準値とは、不特定多数の事案を念頭に置き

---

18) Marburger, Zur Reform des § 906 BGB, FS für Ritter, 1997, S. 904–910. これを支持するものとして、Staudinger/Roth (Anm. 9), Rn. 202 などがある。なお、マールブルガーの批判については、既に宮澤・前掲注5) 628–629頁が要点を的確に紹介している。したがって、以下の本文の叙述は、本稿の問題意識(I参照)に引き付ける形で、マールブルガーの主張を再構成して検討したにすぎないことをあらかじめお断りしておく。

19) Marburger (Anm. 18), S. 904–905. なお、侵害が非本質的であると評価されると、BGB 1004条に基づく妨害排除請求権・不作為請求権が否定されるだけではない。その他の競合する請求権 (BGB 906条2項2文に基づく補償請求権、BGB 823条1項・2項に基づく不法行為による損害賠償請求権、連邦イミッシオーン防止法14条に基づく防止措置請求権・損害賠償請求権など) についても、各請求権の要件をみたさないと判断される可能性がある (「侵害の本質性」要件とパラレルに理解されるため)。その結果、隣人は実際上、これらの請求権を含めて保護を受けられない状態に陥りかねないという (Marburger (Anm. 18), S. 906–907)。

20) Marburger (Anm. 18), S. 908–910

つつ、管轄行政庁にとっては評価・判断の基準として、環境負荷施設の操業者にとっては義務の具体化および活動の許容範囲を示すものとして、それぞれ用いられるものである。それゆえに、これらの値は、同種の排出施設が均一に果たすべき要求を定式化することになり、個々の事案の具体的な状況を考慮に入れたものとはなりえない。つまり、環境行政法は、個々の事案から離れた概括的な考察方法に必然的に基づかざるをえず、それによって行政実務の均一を確保しているのである。

　これに対して、イミッシオーンを規律する環境私法には、具体的な事案において相隣的な利用利益を調整し、イミッシオーン防止のための「精密な制御」をすることが求められている。ここでは、限界値・基準値の抽象的・一般的な設定が行っているよりも、より細分化された解決が求められる。その点で、環境行政法とは機能が異なっているのである。そして、環境私法のかかる機能を出発点とするならば、BGB 906条1項の「侵害の本質性」要件の判断では、公法の抽象的・一般的な値ではなく、個々の事案の具体的な状況を重視するべきはずである。

　ところが、マールブルガーによれば、2文・3文の意図する立証責任の転換が、環境私法の上述の機能に反して、私法を過度に公法へ従属させてしまったという。

　もちろん、個々の事案における個別審査の余地は残されている。しかし、立証責任の転換を図ったために、隣人が反対の事実（すなわち侵害の本質性）を立証することが実際上難しいことは、上述のとおりである。しかも、BGB 906条で問題となる騒音等の諸作用については、当該作用の調査結果が承認可能かどうか、特定物質の摂取と効果との関係、具体的な限界値の設定が有用かどうか、物質の大気への拡散過程や転換プロセスなどをめぐり、知識の欠如、認識の不確実、疑念、学問上の争いが絶えない。このような状況の下では、裁判官が、侵害が本質的であるとの心証を得ることは困難であろう。そして、立証責任の転換により真偽不明のリスクが包括的に原告に配分されているため、裁判官は、疑念を抱いたとしても、原告の妨害排除・不作為請求を棄却せざるをえないことになる。結局、個々の事案の特別な事情を考慮すること——改正理由はこれが必要であると判断していた——が、広く妨げられてしまう[21]。

2 BGB 906条1項2文・3文の意味——立証責任の転換の否定

以上のことから、マールブルガーは、2文・3文は立証責任の転換を図ったものではないと解すべきだとする。上述のように、立証責任の転換が、隣人の保護を切り下げ、環境私法の機能を環境公法に従属させることになってしまうからである。そして、公法上の限界値・基準値を遵守していることは、むしろ当該侵害が非本質的であることについての徴憑的効果を有するにすぎないと理解すべきであるとする。具体的な帰結は以下のようになるという。

上記値が遵守されている場合には、当該事案の他の事情から疑いが差し挟まれない限り、裁判官は当該侵害が非本質的であることを出発点とすることが許され、かつ出発点とするべきである。ここでは、限界値・基準値を遵守しているとの作用排出者（被告）による立証が、本証である。そして、BGB 906条1項2文・3文により、作用排出者は、当該侵害が非本質的であるとの評価が不当ないし疑わしいと考えられるだけの事情が存在しない限り、通常の事例では、当該侵害が非本質的であるとの主張・立証責任を尽くしたものとされる。

これに対して、上記値の遵守が真実でないこと、あるいは、上記値の遵守から侵害が非本質的であるとの結論を導くことが正当でないことを証する事実を主張立証するのは、原告（当該作用により侵害を受けた隣人）の事柄である。これは、本証を弱めることを狙った反証である。したがって、当該侵害が本質的であるとの確信を裁判官に抱かせる必要はない。当該侵害が非本質的であるとの裁判官の確信を動揺させれば、つまり、非本質的であるとの結論が再度疑わしくなれば、原告の反証はそれで成功することになる。このような反証は、原告にとって、反対事実の証明（すなわち本証）よりもかなり容易である。例えば、信頼性のある学術研究報告によって、当該値が十分な法益保護を確保するには適していないのではないかと疑われる場合や、基準値を下回っていても、排出物質の集積によって特定の敏感な植物が被害を受けていることが証明された場

---

21) マールブルガーはさらに、BGB 906条1項2文・3文が公法上の限界値・基準値を指示することが、憲法上の疑問をはらむことも指摘する。公法上の限界値・基準値を指示したために、民法の立法権限が公法（法律・法規命令・一般行政規則）の制定者に委ねられてしまっていること、侵害の本質性を判断するために、どのような法律・法規命令・一般行政規則からいかなる限界値・基準値が援用されるかが不明確であることなどが、特に権力分立の原則や法律の特定性・明確性の原則に違反しているという（Marburger (Anm. 18), S. 910 - 911）。

合には、当該侵害が非本質的であるとの裁判官の確信を動揺させるのに十分であろう。

　このように解することで、公法の規定をできる限り考慮すると同時に、民法の機能上必要とされる、民法上の評価の独立性も広く守られることになるとされる。

3　補論：近時の連邦通常裁判所の判例

　2文・3文の意義をめぐる以上のような議論状況の中で、連邦通常裁判所は近時、以下のような興味深い判断を示している[22]。

　作用排出者（侵害者）は原則として、侵害が非本質的にすぎないことを主張立証しなければならない。もっとも、相応の限界値・基準値を超えていないがゆえに、BGB 906条1項2文のルールにより侵害の非本質性が出発点とされるべき場合には、上記の原則は制限される。ただし、このような事例において、一部の見解が主張しているような立証責任の転換が行われるわけではない。1994年改正前の判例によれば、技術規定に定められた限界値・基準値は、侵害が本質的かどうかを判断する際に図式的に適用することはできず、むしろ、当該値を超えた場合には原則として本質的な侵害を出発点とするべきであるという形で、裁判官の判断の手がかりになっていたにすぎない。しかも、その際に、事実審裁判官は、個々の事案の状況を評価したうえで、限界値を超えているにもかかわらず場合によっては侵害が非本質的な侵害にとどまるかどうかを、合理的な平均人の感覚を考慮して判断するべき義務を依然として負っており、かかる義務から解放されるわけではない。1994年改正の立法者も、事実審裁判官に認められた個々の事案における判断の裁量を狭めようとはしていなかった。

---

22)　連邦通常裁判所2004年2月13日判決（BGH NJW 2004, 1317）。原告が、100メートル離れた教会の塔で無線放送施設を操業している被告らに対し、その操業の停止等を求めた事案である。当該施設は、第26次連邦イミッシォーン防止令（Sechsundzwanzigste Verordnung zur Durchführung des Bundes-Immissionsschutzgesetzes vom 16. Dezember 1996（BGBl. I S. 1966））2条に基づき無線放送施設に適用される限界値を遵守していたが、原告は、同限界値があまりにも高く設定されているため、同限界値が防止しようとする具体的な健康被害が当該施設から生じているなどと主張した。控訴審では原告が敗訴。原告は、いくつかの理由を挙げて上告したが、その中の1つとして、「侵害の本質性」要件の主張立証責任に関する控訴審裁判所の判断を取り上げていた。

第Ⅰ部　日本民法典の改正

　以上からすると、906条1項2文・3文の追加後も、従来の判例の立場は変わっていないと考えるべきである。すなわち、同規定の掲げる限界値・基準値には、当該値を超えた場合には本質的な侵害が存在することを徴憑し、当該値を遵守ないし下回っている場合には非本質的な侵害が存在することを徴憑するという効果が与えられているにすぎない。事実審裁判官は、かかる徴憑の意味を尊重しなければならないが、個々の事案の特別な事情により必要があると認められる場合には、自己に与えられた判断裁量の枠内において、通常事例の判断から逸脱することも可能である。そのような場合には、限界値を遵守しているにもかかわらず本質的な侵害の存在を主張する側（原告＝隣人）が、徴憑的効果を動揺させる事情を主張立証しなければならない。しかし、かかる事情の主張立証は、906条1項2文の要件から徴憑的効果を奪うことを目的としたものにすぎない。原告＝隣人が当該侵害の本質性を立証する必要はない、と。
　連邦通常裁判所は、このように判示することで、マールブルガーの解釈（上記2）を採用するに至った（判決文中でもマールブルガーらの見解を引用している）。もっとも、隣人保護の切り下げや環境私法の機能の阻害といった観点（上記1）には明示的に言及していないため、判例がかかる観点をも共有しているのかどうかについては、なお慎重な見極めが必要であろう。

Ⅳ　民法改正への示唆

　BGB 906条の1994年改正をめぐる一連の議論からは、以下のような示唆を引き出すことができよう[23]。
　相隣法の領域において私法と公法との並存を認めることは、両者の調和をどう図るかという課題を必然的に伴う[24]。両者の並存が、権利保護に関する体系上の混乱を招き、法的不安定、特に請求の相手方（BGB 906条でいえば振動・騒

---

23)　宮澤・前掲注5）「3・完」一橋法学2巻3号（2003）177-179頁は、BGB 906条の1994年改正をめぐるドイツ法の議論からの示唆として、民法的保護と行政法的保護との一致を肯定するには、①両保護の不一致を回避すべきであるとの法政策的根拠があること、②公法的規制による評価と私法上の制度に基づく評価とが同質であること、③前者の評価をもって後者の評価と捉えることにより、私法上の制度が従来担っていた機能が失われないこと、が充たされていなければならないとする。本節でも、この分析に基本的に賛同した上で、③の点に特に着目し、これを当事者の権利保護の側面と私法の機能の側面とに分け、かつ、主張立証責任の側面にも言及した。

音等の作用排出者)の地位を不安定にしかねないという問題につながるからである[25]。このような問題は回避されるべきであると一般的に考えられることからすれば、私法と公法との調和を追求するという目的自体は妥当な方向性を示しているといえよう。

それでは、具体的にどのような形で調和を図っていくべきであろうか。ここでは、BGB 906条1項2文・3文が行っているように、公法上の基準等を民法上の判断にも取り込むという形での調和を考えることができるが、これが単純に肯定されうるわけではない。

一方では、このような調和が、私法によって従来保障されてきた当事者の権利保護を切り下げることにもなりかねない。そのような切り下げをするのであれば、それを正当化する理由が求められるし、あるいは、従来の権利保護に代わる保護を公法の中に制度化することが少なくとも必要となろう[26]。なお、権利保護の切り下げになるかどうかを判定するための指標として、ドイツ法の議論が主張立証責任の分配に着眼した点も興味深い。民法の改正において上述のような調和を図る際の、重要な視点として受けとめるべきであろう。

他方で、上述の調和は、公法との関係で私法の独自の機能をどのように捉えるべきかという論点をも浮き彫りにする。仮に当該問題状況において私法に独自の機能が認められない(公法によって十分に規律し尽くせる)のならば、私法の独自の規律を置いておく積極的な理由はなくなり、民法上の判断を公法上の基

24) 例えば、公法上の許可を取得した施設からの諸作用に対しては、民法上の請求権の行使を排除するという解決方法も考えられる(前掲注11)で紹介した、連邦イミッシオーン防止法上の許可を要する施設についての規律を参照)。しかし、ドイツ法では、そのような解決は、隣人の権利保護の観点の他、私法の機能という観点からも一般化することはできないと考えられている(建設計画法がBGB 906条の適用を排除するかどうかをめぐる議論についてであるが、拙稿・前掲注3)「(2)」142-166頁参照)。

25) ここでは、一定の政策的な考慮も入り込まざるをえないと考えられる。この点では、BGB 906条の1994年改正において、スポーツ施設を民法上の請求権の攻撃から守るという配慮が働いていたことが示唆的である(Ⅱ2参照)。

26) 例えば、ドイツ法において、連邦イミッシオーン防止法に定められた許可を要する施設については、隣人の民法上の妨害排除請求権・不作為請求権が排除される(前掲注11)および24)参照)。しかし、同法に基づき、隣人には、許可手続へ参加する権利や許可後に自己の権利が侵害された場合に訴訟を提起する権利などが与えられるという形で代替的な権利保護が用意されているため、民法上の請求権の制限も正当化されると説明されている(拙稿・前掲注3)「(1)」303頁注13)参照)。

準に全面的に従属させてもかまわないということになろう。しかし、ドイツ法の議論を見る限り、1994年改正の立場からもそれに反対の立場からも、私法の機能の独自性は尊重されている。その意味では、上述の調和を推し進めることは、私法の機能の独自性を否定するものと理解されるべきではない。むしろ、問題の捉え方としては、私法に独自の機能があることを承認したうえで、公法が果たしうる機能をにらみながら、両者の機能が重なる場面では規範の調整を図りつつ、私法の機能の独自性をいかなる点に見出していくべきかを、個々の規律場面に即して具体的に考察していくことが求められていると見るべきであろう。

第3節　フランス法

野 澤 正 充

I　検討の対象と分析の視角
II　瑕疵担保責任と債務不履行責任の一元化——1999年のEC指令をめぐる議論
III　債務法改正草案の概要
IV　課題と展望

I　検討の対象と分析の視角

1　近時におけるフランス民法典の改正

　1804年3月21日（共和暦12年風月30日）に制定されたフランス民法典は、2004年に200周年を迎え、日本を含む各国で盛大に記念行事が行われたことは、記憶に新しい。この民法典は、フランスにおいては「民事の憲法」（constitution civile）として、遵守されている。しかし、民法典は、決して不磨の大典ではなく、この200年の間にも、大小さまざまな改正が行われてきた[1]。そして、2004年以降の大きな改正としては、2006年6月23日の法律による相続法の改正[2]のほか、担保法の改正[3]がなされ、また、2007年2月19日の法律により、「信託」の規定が民法典2011条以下に編入された[4]。

---

1) 2004年末までの民法典の改正については、萩村慎一郎「フランス民法典改正年表」北村一郎編『フランス民法典の200年』（有斐閣・2006年）519頁以下参照。
2) ミシェル・グリマルディ（北村一郎訳）「フランスにおける相続法改革（2006年6月23日の法律）」ジュリ1358号（2008年）68頁。
3) ピエール・クロック（野澤正充訳）「フランス担保法の新たな展開——20世紀末と21世紀初頭における担保法の展開」立教法学69号（2005年）87頁、山野目章夫ほか「2006年フランス担保法改正の概要」ジュリ1335号（2007年）32頁。なお、ピエール・クロック（野澤正充訳）「フランスにおける担保法の改正の評価」ジュリ1365号94頁（2008年10月）も参照。
4) 金子敬明「フランス信託法の制定について」千葉大学法学論集22巻1号（2007年）174頁、森脇祥弘「フランス信託法の形成過程」高岡法学19巻1＝2号（2008年）95頁。なお、クリスティアン・ラルメ（野澤正充訳）「フランス信託法の制定」会報信託235号（2008年8月）も参照。

第 I 部　日本民法典の改正

　これらの近時の民法改正のうち、最も大きなものは、2006年3月23日のオルドナンス第346号による担保法の改正であり、人的担保と物的担保に関するすべての規定が、民法典の新しい第4編に集められている。この改正の目的は、①現代化すること、②信用を得ることを容易にすること、および、③フランス法を「読みやすく」(lisible) することの3点に集約される[5]。すなわち、①は、「担保権の設定および実行を単純化し、これらの費用を軽減し、契約による一層の柔軟性を導入し、かつ、信用のために担保権の実効性を増大する」ことである。また、②は、財産、特に不動産に対する担保権の設定をより簡単にすることにより、消費者信用を容易にすることを想定している。そして、③は、「フランス人にとってのみならず、(フランス)民法の伝統を有する国々が、場合によってはフランス法を採用することができるように、外国からも」わかりやすいものとすることである。この簡単な記述からもわかるように、担保法の改正は、実務の要請（①②）とともに、ヨーロッパにおける法統一の中でのフランス法の復権（③）[6]を目的としてなされたものであった。

2　検討の対象──債務法の改正草案

　上記の担保法改正のための委員会とほぼ時期を同じくして立ち上げられたのが、ピエール・カタラ（Pierre CATALA）教授を中心とした債務法改正委員会である。同委員会は、2004年3月からその活動を具体的に開始し[7]、2006年6月に準備草案（以下「改正草案」とする）が政府刊行物として公刊されている[8]。

---

[5]　L. Aynès et P.Crocq, Les sûretés, la publicité foncière, Defrenois, 2ᵉ éd., 2006, n° 19, p. 12. 山野目ほか・前掲注3) 33頁。

[6]　クロック教授は、2008年5月26日の立教大学における講演の冒頭において、フランスの担保法が、民法典以外の「さまざまな法典と多くの法律とに分散され」、フランス人にとってはもちろん、他国の法律家にとっても「アクセスを困難なもの」とし、そのことが、「国際取引においてフランス法を適用するインセンティヴを失わせ、かつ、法律を改正しようとする他の国々に、担保に関しては、フランス法をモデルとすることを断念させてきた」とする。他方、「担保法のヨーロッパにおける統一」がさらに進展し、2007年9月のヨーロッパ人的担保法原則の公刊と、UNCITRAL による「担保に関するモデル法の起草」が、司法省による担保法改正の動機となっているとする（前掲注3) 94頁参照）。

[7]　債務法改正委員会の活動については、金山直樹「フランス民法典改正の動向」ジュリ1294号（2005年）92頁参照。

[8]　P. Catala, Avant-projet de réforme du droit des obligations et de la prescription, La documentation française, Ministère de la Justice, 2006.

その対象は、民法典の第3編のうちの第3章「契約及び合意による債務の一般」(以下「債務法」とする)、第4章の民事責任、および、第18章の時効である。債務法改正委員会も、この対象に応じて3分され、債務法の起草を担当する「主たるグループ」のほかに、ジュヌヴィエーヴ・ヴィネイ（Geneviève VINEY）教授とジョルジュ・デュリイ（Georges DURRY）教授の率いる民事責任の担当グループと、フィリップ・マロリー（Philippe MALAURIE）教授による時効法を担当するグループとが存在した。そして、2005年の初夏、この3つのグループによる草案が完成し[9]、その約1年後に公刊された。

本稿は、フランスにおける債務法改正草案のうち、民事責任と時効[10]とを除く、債務法に関する草案を主たる検討の対象とする。その理由は、フランスにおける債務法の改正論議が、現在のわが国でも検討されている、民法（債権法）の改正に参考となると考えられるからである。もっとも、わが国と異なり、フランスでは、上記のように、第3編第4章以下の個別の契約類型が改正草案の対象とはされていないことに注意を要する。また、フランスの債務法改正草案をその債務法に関する部分のみに限定したとしても、1101条から1326-2条まで多岐にわたり、その個別の内容を紹介することは、困難であるだけでなく、意味もない。そこで、本稿では、主に債務法改正の考え方に焦点を当てることとする。

3 分析の視角——EUにおけるフランス法

ところで、わが国における民法（債権法）の改正論議に際しては、しばしばドイツと並び、フランスの債務法改正が取り上げられ、「EUでの債権法の統一の流れ」が指摘されることがある[11]。しかし、EU法に対するスタンスは、ドイツとフランスとでは大きく異なり、とりわけ、EU内での契約法の統一的な規定を提案する「ヨーロッパ契約法原理」に対して、フランスの民法学者の多くは批判的である[12]。このことは、上記のように、債務法改正委員会が契約各則を対象としていないことからもうかがわれよう。そして、この点を端的

---

9) Catala, op. cit. (note 8), pp. 12-13.
10) 時効法に関しては、金山直樹＝香川崇「フランス時効法改正の動向——混沌からの脱却の試み」NBL 881号（2008年）71頁参照。
11) 内田貴「いまなぜ『債権法改正』か？(下)」NBL 872号（2008年）80頁。
12) この点については、北村一郎「フランス民法典200年記念とヨーロッパの影」ジュリ1281号（2004年）97-99頁に詳しい。

に示すのは、瑕疵担保責任をめぐる近年の議論である。その紹介は、すでに行った[13]。しかし、フランスの債務法の改正を検討するうえでは、避けては通れない問題であるため、やや重複するものの、その概要を示すことにする。

II 瑕疵担保責任と債務不履行責任の一元化
—— 1999年のEC指令をめぐる議論

1 一元説の台頭——ゲスタンの時的区分説

フランスでは、伝統的には、瑕疵担保責任（民1641条以下）と債務不履行責任（民1184条）とは区別され、二元的に理解されてきた。しかし、20世紀の半ばから後半にかけて、瑕疵も「契約の適合性の欠如（欠缺）」の一場合であるとし、瑕疵担保責任を債務不履行責任の中に位置づける一元説が有力となる。その契機となったのが、1952年のアメリカ合衆国統一商法典と1964年に条約として成立したハーグ国際動産売買統一法である。そして、ハーグ条約は、1980年に採択された国際物品売買契約に関する国際連合条約（ウィーン売買条約）に受け継がれた。このような国際的動向を背景に、フランスにおいて強力に一元説を主張したのは、ジャック・ゲスタン（Jacques GHESTIN）教授であった。同教授は、瑕疵担保責任と債務不履行責任の区別が明確でなく、両責任が「重なり合う」[14]ため、一元的に解し、その区別を「時的基準」（critère chronologique）に求める。すなわち、物の「受領」（acceptation）は、「買主にとっては、法的に弁済を受け入れたこと」になる。それゆえ、物が契約に適合しないときは、買主は、「引き渡された物を正当に拒絶する」ことができるが、受領した場合には、「表面的には、物の適合性を認めたこととなり、その引渡しによって、売主は引渡債務から解放される」[15]。そこで、買主は、物の受領までは、売主に対して債務不履行責任を追及することができる。しかし、その受領後は、

---

13) 野澤正充①「フランス法〔シンポジウム〕売買の目的物に瑕疵がある場合における買主の救済」」比較法研究68号（2007年）16頁、②「瑕疵担保責任の比較法的考察——日本・フランス・EU(1)」立教法学73号（2007年）42頁、③「『契約当事者の地位の移転』の立法論的考察(1)」立教法務研究1号（2008年）1頁、④「フランスにおける瑕疵担保責任の法理」法時80巻8号（2008年）38頁。

14) J.Ghestin, Conformité et garanties dans la vente, L.G.D.J., 1983, n° 208 et suiv, J. Ghestin et B.Desché, Traité des contrats, L.G.D.J., 1990, n° 760, p. 820.

15) Ghestin, op. cit. (note 14), n° 219, p. 210.

「瑕疵が明白であったか否かによって区別」され、瑕疵が明白であったときは、買主の「すべての請求は排除される」が、「隠れていた場合には、買主は、瑕疵担保責任を追及することができる」とする[16]。結局、ゲスタン教授によれば、瑕疵担保責任は債務不履行責任と同質であり、「瑕疵担保訴権は、引き渡された物の受領にもかかわらず、その受領（自体）に瑕疵があったという錯誤を理由として、債務不履行に基づく解除訴権を延長するものである」[17]ということになる。

2　判例の転回

破毀院も、1986年2月7日の2つの全部会判決において、一元的理解を示した。すなわち、破毀院は、瑕疵担保訴権の短期の出訴期間の制限を定めた民法典1648条の適用を回避するために、隠れた瑕疵の存在する物は契約に適合しない（non-conformité ou défauts de conformité）物であるとし、30年の消滅時効（民2262条）が適用される引渡債務の不履行に基づく訴権（民1184条）が認められるとした[18]。しかし、この全部会判決に対して、学説の多くは次のような批判を展開した。すなわち、判旨のように解すると、瑕疵担保責任が問題となる場合がすべて引渡債務の不履行責任の問題に解消され、1641条以下の瑕疵担保責任の規定が無用なものとなり、民法典の体系に反する[19]。

そこで破毀院も、このような学説の批判を容れ、二元説へとその立場を転回した。すなわち、破毀院第1民事部1993年5月5日判決[20]は、「隠れた瑕疵とは、物をその通常の用途に適さないものとする欠陥であり、契約責任（債務不履行）訴権ではなく、民法典1641条以下に規定された条項に基づく担保訴権を認めるものである」と判示し、引渡債務の不履行を主張して1648条の期間制限に服しないとした当事者（買主）の上告を棄却した。そして破毀院は、この

---

16)　Ghestin et Desché, op.cit. (note 14), n° 762, p. 821.
17)　Ghestin, op.cit. (note 14), n° 225, p. 216. 森田宏樹「瑕疵担保責任に関する基礎的考察(3)」法協108巻5号（1991年）797頁。
18)　Ass.plé., 7 février 1986, J.C.P. 1986, Ⅱ, 20616, note Ph. Malinvaud. 野澤正充「契約の相対的効力と特定承継人の地位(3)」民商100巻4号（1989年）644頁以下、谷口知平ほか編『新版注釈民法(13)債権(4)契約総則〔補訂版〕』（有斐閣・2006年）539頁〔野澤正充〕。
19)　野澤・前掲注18) 646頁注40) 参照。
20)　Civ.1re, 5 mai 1993, D. 1993, p. 506 note A.Bénabent.

1993年に相次いで二元説に立脚する判決を公にし[21]、その後も同じ立場を維持している[22]。

これに対して、一元説を支持する学説は、1986年判決を評価し、瑕疵担保責任と債務不履行責任の区別が難しく、両者は重なり合うとして、その区別を維持する1993年以降の判例を批判した[23]。そして、一元説こそ国際的動向に合致しているとし、「1999年のEC指令の転換を機会に、フランス法が、グローバルに、国際的要請に基づく制度に合わせること」を待ち望んだ[24]。

3 民法改正の可否

「消費財の担保責任および売買の一定の側面について」の1999年5月25日のEC指令第44号は、動産の売買契約において、事業者である売主が、目的物の引渡しの時に存在した適合性の欠如（défauts de conformité）につき、消費者に対して責任を負う（3条1項）とする適合性の法定担保責任（garantie légale de conformité）を認め、瑕疵担保責任を債務不履行責任に一元化するものであった。しかも、同指令は、2002年1月1日までに加盟国の国内法に転換されなければならないとされていた（11条1項）。そこで、加盟国においては、EC指令による適合性の法定担保責任と民法典の瑕疵担保責任とをどのように調和させるかが大きな課題となった。すなわち、一方では、「大きな構想」（拡張的見解——conception large）に基づき、民法典を改正して、瑕疵担保責任と債務不履行責任とを一元化し、適合性の担保責任を創設する方向がある。そして実際にドイツでは、この「大きな構想」に従い、2001年11月26日法律により、債務法を根本的に改正するに至った[25]。これに対して、フランスでは、「小さな構想」（限定的見解——conception étroite）に基づき、民法典の瑕疵担保責

---

21) Civ.1re, 16 juin 1993, D. 1994, p. 546, note Thomas Clay; Civ 1re, 13 octobre 1993, D. 1994, p. 211; Civ. 1re, 27 octobre 1993, D. 1994, p. 212; Civ. 1re, 8 décembre 1993, D. 1994, p. 212.

22) Civ. 3e, 24 janvier 1996, Bull. civ. 1996, III, n° 27, p. 18; Civ 3e, 14 février 1996, Bull. civ. 1996, III, n° 47, p. 32; Civ. 3e, 1er octobre 1997, Bull. civ. 1997, III, n° 181, p. 121; Civ. 3e, 24 février 1999, Bull. civ. 1999, III, n° 52, p. 36.

23) J.Huet, Les principaux contrats spéciaux, L.G.D.J., 2 eéd., 2001, n° 11228, pp. 200-202.

24) Huet, op. cit. (note 23), n° 11229, p. 203.

25) 岡孝「目的物の瑕疵についての売主の責任」同編『契約法における現代化の課題』（法政大学出版局・2002年）104頁。

任を維持しつつ、上記の EC 指令を、2005 年 2 月 17 日のオルドナンスによっ
て、消費法典（L. 211-1 条以下）へと転換した[26]。しかし、その消費法典への
転換までには、フランス国内において激しい議論がなされている。すなわち、
2000 年 10 月 13 日、司法省は、ヴィネイ教授を座長とする EC 指令の国内法
化のためのワーキンググループ（groupe de travail）を設置した。このグループ
は、ゲスタンをはじめとする一元説の論者で固められ、2002 年 5 月に提出さ
れた草案（ヴィネイ草案）も、当然のことではあるが、ドイツにおけると同じく
「大きな構想」に基づき、民法典の瑕疵担保責任を改正して、瑕疵担保責任と
債務不履行責任とを一元化した適合性の担保責任の新設を提案するものであっ
た。しかし、ヴィネイ草案をめぐっては、学界および実務界の意見が分かれ、
激しい論争が展開された。そしてフランス政府も、結局は、ヴィネイ草案を採
用せず、EC 指令の消費法典への転換を行っている[27]。

　もっとも、このオルドナンスでは、瑕疵担保責任に関する短期の出訴期間を
定めた民法典1648条を改め、瑕疵担保訴権は、「瑕疵の発見から起算して 2
年」の時効にかかるとした（3 条）。これに対して、消費法典における適合性の
欠如による訴権は、物の引渡しから起算して 2 年の消滅時効にかかる（L. 211-
12条）。このように、民法典の瑕疵担保責任の権利行使期間が実質的に長いの
は、次の理由に基づく。すなわち、消費法典に規定された適合性の欠如に基づ
く訴権の存在によって、消費者から、これまで法律によって認められていた訴
権を奪うことはできず、それゆえ、適合性担保訴権の消滅時効によって瑕疵担
保訴権の行使を禁ずることはできない。そこで、買主、とりわけ消費者に瑕疵
担保訴権の行使を認めるために、民法典では、消費法典よりも長い消滅時効期
間を規定したのである[28]。

4　小　括

　この EC 指令の転換をめぐる民法改正論議は、実質的には、フランス民法典
をヨーロッパにおける契約法の統一の中に位置づける絶好の機会であった。し
かし、ヴィネイ草案が否定された時点で、フランス民法典は、ヨーロッパ契約
法とは一線を画し、その伝統を遵守したといえよう[29]。そして、カタラ教授

---

26) 野澤・前掲注13) ① 16 頁以下。
27) 野澤・前掲注13) ① 16 頁以下。
28) Projet de loi, Exposé des motifs, JCP. éd. G, 2005, III. 20009, p. 456.

による債務法改正草案も、このような民法典の改正論議をふまえて作成されたものであり、基本的にはフランス法の伝統を維持するものである。

Ⅲ　債務法改正草案の概要

1　改正の理念——民法典の継承

　カタラ教授による債務法改正の理念は、フランス民法典をヨーロッパ統一契約法の流れに合わせるのではなく、むしろ、「民事憲法」としてのフランス民法典の内容を継承しつつ、実務に適合する新しい制度を取り入れることにある。このことを、カタラ教授は、次のように表現している。すなわち、「草案は、民法典の断絶（rupture）ではなく、その適切な調整（ajustement）を提案するものである」[30]。また、「草案（の作成に際して）は、この数世紀にわたる精神と現代的要請とを考慮に入れるよう努めた」とする[31]。

　このような理念に基づき、債務法改正委員会では、まず、「民法典第 3 編の第 3 章と第 4 章（の規定）について、（以下のような）選別を行った」とされる。すなわち、①民法典に規定のないもの（silences）を探知するとともに、現行の規定の中で、②現状のまま残す価値のある規定、③新しく書き直すべき規定、そして、④単純に廃棄されるべき規定を区別した[32]。その結果は、カタラ教授の講演においても、以下のように述べられていた[33]。

---

29)　クロード・ヴィッツ（Claude WITZ）教授は、「ヨーロッパ統一民法典に……理解を」示す比較法学者（北村・前掲注 12）97 頁～98 頁）であるが、筆者への私信において、「ヴィネイ草案が採用されなかったことは、それが適切な方向（bonne direction）を示していただけに、残念である」と述べていた。

30)　Catala, op. cit.（note 8 ）, p. 13.

31)　Catala, op. cit.（note 8 ）, p. 15.

32)　Catala, op. cit.（note 8 ）, p. 11.

33)　本書 374 頁〔初出は、ピエール・カタラ〔野澤正充訳〕「フランス——民法典から債務法改正草案へ」ジュリ 1357 号〔2008 年〕137 頁～138 頁）。もっとも、ヴィネイ教授の担当した民事責任の領域では、事情は異なる。すなわち、「民事責任においては、5 か条だったものが 67 か条となり、1300％ の増加となっている」。そして、カタラ教授は、「この増加は、契約責任の不法行為責任への接近、判例の立法的な容認および新しいものを取り入れる必要性の高さなどの、さまざまな要因の複合によるものである」とする（本書 376 頁〔初出は、カタラ〔野澤訳〕・同 138 頁）。

「〔改正〕草案の一般的な理念は、(従来の民法典と)断絶するのではなく、適合的な改正を強く進めることにある。その理念は、維持した部分と新しくした部分とを数量化した、以下の数字に表れている。

(民法典の)オリジナルヴァージョンでは、契約と合意による債務の章は、279か条から成っていた。これに対して、改正草案では、406か条を数え、30％の増加となっている。1804年の279か条のうち、改正草案では、113か条が同じであり、他の69か条が、修文を経て、その本質を維持している。それゆえ、文言の一致と内容の忠実さとを加えれば、継続性を示す条文は、総計で182か条に達することになる。改正草案の407か条との関係では、改正された部分が55％であるのに対して、継続した部分が45％である。この点は、家族法の改正とは全く異なる。というのも、ジャン・カルボニエ学部長によって行われた家族法の改正においては、1804年に、民法典第1編の5つの章に規定された287か条のうち、9か条しか維持されなかったからである。

上記の55％を占める新しい規定を概観すると、21％に当たる84か条が、真の立法的な創作であり、34％に当たる140か条は、民法典に現在規定されている概念または作用に、多少なりとも本質的な変更を加えたもの」である。

このカタラ教授の示す数字からも、「(債務法)改革は、現に存在するものを壊すことなく、維持の上に新しいものをもたらした」[34]ものであることが、客観的に示されよう。

ところで、従来の民法典との継続性という理念は、規定の内容のみならず、改正草案の形式にも表れている。すなわち、カタラ教授によれば、「法典の目次は、慎重さをもってのみ変更され」、「明らかに偉大な巨匠であった1804年の民法典の起草者たちの立法のスタイルを、できる限り尊重するように努めた」とされる[35]。

以上のような改正の理念を前提に、以下では、改正草案の具体的な内容を検討する。

2　改正草案の内容──特徴的な点

(ア)　一般法としての民法　まず、一般的な特徴として、改正草案は、民法典

---

[34] 本書374頁(初出は、カタラ〔野澤訳〕・前掲注33) 138頁)。
[35] 本書375頁(初出は、カタラ・前掲注33) 138頁)。

第 I 部　日本民法典の改正

の「一般性と中立性」とを尊重し、商法典や消費法典との適用領域の区別を明確にする。この点につき、カタラ教授は、次のように述べている。すなわち、「商事法は、商人に対してのみ、その取引の必要に応じて自由を認め、また、消費者の保護は、事業者に対する関係において、消費者に特別に認められるものである。これに対して、民事法は、商業活動や消費者としての行動を超えて、まさにすべての人に対して適用されるものである。つまり、民法典は、すべての市民に対して、分け隔てなく適用され、共和制的な平等さによって、最上位の者から最下位の者までのため息を引き受けるのである」[36]。そして、このことは、改正草案1103条に端的に表れている。すなわち、同1103条1項は、現行1107条1項をそのまま受け継ぎ、「契約は、固有の名称を有する場合であれ、有しない場合であれ、この章〔第3編第3章「契約又は約定債権債務関係一般」〕の目的である一般原則に服する」と規定する。そして同2項は、商法のみならず、消費者法などの「新しい法分野の増加を反映して、単純にその内容を充実させ」[37]、次のように規定する。すなわち、「一定の契約に特有の規範は、それぞれの契約に関するこの法典の各章に規定される。また、とりわけ人体、無体財産権、商取引、労働関係および消費者の保護に関する契約に特有の規範は、他の法典および法律によって定められる」。

　この改正草案1103条からは、民法典が、現行のものと同じく、商法や消費者法に対する一般法であることが明らかである。

　(イ)　定義規定の創設　改正草案は、現行民法典にはない、多くの定義規定を設けている。その趣旨は、「定義は、厳密な意味では規範でないけれども、分析と性質決定のための比類のない道具となる」ことにある[38]。具体的には、約30の定義規定があり、「契約（基本合意、片務予約、枠〔組〕契約、付合契約など）、債務（情報提供義務、与える債務、手段債務と結果債務、代替債務〔obligation de valeur〕、自然債務、任意債務など）、および取引（債務引受け、債権譲渡、指図など）に〔定義が〕付されている」[39]。

---

36) Catala, op. cit. (note 8), p. 12. なお、本書375頁（初出は、カタラ〔野澤訳〕・前掲注33) 138頁）。
37) 本書186頁（初出は、ピエール・カタラ〔野澤正充訳〕「民法・商法および消費法」ジュリ1356号〔2008年〕179頁）。
38) Catala, op.cit. (note 8), p. 14.
39) 本書376頁（初出は、カタラ〔野澤訳〕・前掲注33) 139頁）。

また、改正草案の中には、判例の解決に反する規定も存在するが、判例を、「より明確化し（求償権）、民法典に取り込み（合意、契約の譲渡）、証明規定によって緩和し（代金額の確定に関する1121-4条と1121-5条）、また、判例に新しい道を開く規定（直接訴権〔1168条〕、相互依存契約〔1172条以下〕、将来債権の譲渡〔1252条〕）」が存在する[40]。

　(ｳ)　契約の自由と信義則　改正草案においても、意思主義が貫徹され、「原則として、合意は、当事者の意思の合致のみによって完全である」(1127条)とされる。そして、意思の絶対的な権能は、証拠（1289条）、損害賠償（1382条）および時効（2235条）に関する合意の有効性によっても認められる[41]。また、契約締結の自由と契約内容の自由は、契約を改訂する自由とそれを終了させる自由にまで延長される（1134条）。すなわち、「改正草案の端から端まで、意思主義が徹底されていることが明らかである」[42]。半面、現行民法典は、「契約の自由を無条件に認めていたものの、契約の自由に内在する均衡（équilibre）の重要性を考慮しなかった」。そこで、改正草案は、「明示または黙示に、信義誠実の義務（devoir de loyauté）を、合意による債務関係に関しては端から端まで徹底させた（1104条・1110条・1120条・1134条・1176条）とする[43]。たとえば、信義則は、「契約の交渉と履行において、明示的に採用される（1104条・1134条）」ほか、「情報提供義務（1110条）、第三者の詐欺（1132-2条）および脆弱状態につけ込んだ強迫（1114-3条）の背後に、黙示的に認められる」また、「不当条項に関する規定（1122-2条）、および、当事者の一方の支配的な影響下に結ばれた契約は、他方当事者の有利に解釈しなければならないとの解釈規定（1140-1条）の背後にも、信義則が認められる」とする[44]。

3　ヨーロッパ契約法原理との異同

　以上のように、改正草案は、現行民法典との継続性を重視するものであるが、オレ・ランド（Ole LANDO）教授を中心としたヨーロッパ契約法原理にまったくの無関心ではない。たとえば、カタラ教授は、契約の成立について、「反対

40）　Catala, op.cit. (note 8), p. 14.
41）　Catala, op.cit. (note 8), p. 15.
42）　本書377頁（初出は、カタラ〔野澤訳〕・前掲注33）139頁）。
43）　Catala, op.cit. (note 8), p. 15.
44）　本書377頁（初出は、カタラ〔野澤訳〕・前掲注33）139頁）。

の特約がなければ、契約は、承諾の受領によって完全となる。契約は、承諾を受領した時に締結されたものとみなされる」(1107条) と規定することによって、「電子商取引におけるヨーロッパの規定と両立しうる」とする[45]。そのほか、合意の形成と瑕疵、代理、契約の履行および一方的な解除の権限などに関しても、ヨーロッパ契約法原理との「評価されるべき一致」(convergences appréciables) があるとする。しかし、ヨーロッパ契約法原理では認められていない合意の有効要件としての「原因」を、改正草案では維持し (1108条)、他方、ヨーロッパ契約法原理では認められている裁判官による契約の改訂を、改正草案では認めない[46]など、両者の間には、なお大きな隔たりがあると解される。

IV 課題と展望

カタラ教授による改正草案に対しては、次の2つの意見書が提出されている。すなわち、① 2006年10月19日にパリ商工会議所 (Chambre de commerce et d'industrie de Paris) から提出されたもの[47]と、② 2007年6月15日に破毀院の裁判官のグループから提出された意見書[48]である。このうち、①は、経済および産業界からのリアクションであり、ヨーロッパ契約法原理やユニドロワ原則などとの比較を重視するとともに、濫用条項規制の縮減を求める[49]など、経済界にとって有利となる修正案を提示している[50]。また、②も、改正草案と

---

45) Catala, op. cit. (note 8), p. 15.
46) Catala, op. cit. (note 8), p. 15.
47) Pour une réforme du droit des contrats et de la prescription conforme aux besoins de la vie des affaires, Réactions de la CCIP à l'avant-projet 《CATALA》 et propositions d'amendements, Étude technique approfondie, Rapport présenté par Monsieur Didier KLING au nom de la commission du droit de l'entreprise, 2006.
48) Rapport du groupe de travail de la Cour de cassation, Sur l'avant-projet de réforme du droit des obligations et de la prescription, 2007.
49) Pour une réforme du droit des contrats et de la prescription conforme aux besoins de la vie des affaires, Réactions de la CCIP à l'avant-projet 《CATALA》 et propositions d'amendements, Synthèse des principales propositions, Rapport présenté par Monsieur Didier KLING au nom de la commission du droit de l'entreprise, 2006, p.3.
50) これに対しては、カタラ教授が経済・産業界の主要なメンバーとの交渉を行い、自ら修正提案を提示したとのことであるが、筆者は未見である。

ヨーロッパ契約法原理との乖離を批判する。すなわち、その結論部分は、「すべての人が、ヨーロッパにおいては、債務法のナショナリズムの時代が終わらなければならないことを認めている」との、クロード・ヴィッツ教授の言葉の引用からはじまる。そして、「現在あるもの（民法典）を維持するのではなく、債務法の統一についてのヨーロッパのプロセスに、ダイナミックに参加することを議論」すべきであるとする[51]。

　改正草案は、その理念からも明らかなように、「民事憲法」としての現行の民法典が有する伝統を尊重し、それとの継続性を重視するものである。しかしこれは、上記の2つの意見書が指摘するように、ヨーロッパにおける債務法ないし契約法の統一の流れに反することとなる。そこで、フランスにおける債務法改正のこれからの課題は、ヨーロッパにおける法統一に向けての動きを、どこまでフランス法に取り入れるかに存する。いずれにしても、「フランスの法律家にとっては、《カタラ草案》は、法のナショナリズムを問題とする第1段階」[52]であり、この草案を基礎として、次の段階へと移行することとなろう。そして、その兆候はすでに現れ、改正草案の中の時効の部分（マロリー草案）を基礎とした「民事時効改正法案」は、すでに2008年6月に成立している[53]。このように時効法の改正が急がれた背景には、現行民法典の消滅時効期間が、「EUの中ではまったく非現実的なほどに、あまりに長いものとなっている」ことがある。そしてその改正は、まさに、改正草案の次の段階の「最初の」一歩となるものである[54]。

　また、2008年7月には、司法省から、新しい債務法草案が提示された。この草案は、部分的にはカタラ草案を基礎としつつも、ヨーロッパ契約法原理などにより近いものとなっている。たとえば、この新しい草案では、「原因」が契約の有効要件とはされていない。このことは、ヨーロッパ契約法原理などのEUの動向に合致している。ただし、新しい草案は、「原因」に代えて、「利益」（intérêt）を契約の有効要件とし、「各当事者は、契約に利益を有していなければならない」とする（草案85条）。この「利益」という概念は、フランス法では新しい概念であり、その当否については議論がなされよう。

---

51) Rapport, op. cit. (note 48), n° 100, p. 30.
52) Rapport, op. cit. (note 48), n° 100, p. 30.
53) 金山＝香川・前掲注10) 71頁参照。
54) Rapport, op. cit. (note 48), n° 100, p. 31.

第Ⅰ部　日本民法典の改正

　いずれにしても、フランスにおける債務法改正は、その第一歩を踏み出した段階であり、今後の動向が注目されよう。

第3章　物権変動法制のあり方

松 岡 久 和

Ⅰ　はじめに
Ⅱ　現行法における物権変動法制の
　　問題点と検討の全般的な方向性
Ⅲ　不動産物権変動のあり方
Ⅳ　動産物権変動のあり方
Ⅴ　明認方法についての規定のあり方

Ⅰ　はじめに

　本章は、立法論として物権変動法制を検討する場合に、どのような角度からどのように問題を考えるのかについて、具体的なイメージをもって議論できるよう民法改正研究会（以下「研究会」という）の暫定的な改正条文の案を示したうえ、研究会で重ねてきた議論を整理・紹介し、今後の議論を喚起することを目的とする。条文案は、その文言をも相当時間をかけて検討したものの確定的なものではないし、いろいろな不備や検討未了の点も残る。また、研究会の議事録や筆者のメモには若干の脱落があり、研究会での議論を補うため、筆者の責任で推測や意見を加えているところもある。さらに、物権変動に関しては、正案・副案を並立するなど基本的な選択においてすら見解は統一できていない。そのため、細かな表現等にはこだわらず、考え方の方向性をご議論いただけると幸いである（なお、本章では、民法の条文は、条のみで示す）。

Ⅱ　現行法における物権変動法制の問題点と検討の全般的な方向性

1　現行法における物権変動法制の問題点

(1)　民法改正は不要？

　現行法の物権変動に関連する判例を概観すると、その理論構成には学説から多様かつ多面的な批判があるものの、そこは、それなりに一貫した法律構成とそれに基づく比較的安定した紛争処理が行われており、耐え難い不合理な結果が生じている場面はほとんどないように思われる。

第Ⅰ部　日本民法典の改正

たとえば、「取消しと登記」の問題において、判例は、取消し前の第三者との関係では取消しの遡及効を強調し、第三者を保護する特別な規定がない限り、取消権を行使した者は、登記なくして目的物の権利を第三者に対抗できるとする。他方、判例は、取消し後に登場した第三者には、取消しを理由とする目的物の権利の復帰は、登記がなければ対抗できないとする[1]。こうした判例理論に対しては、取消し前の第三者との関係で強調した遡及効を取消し後の第三者との関係では実質的に否定する点で論理的な一貫性に欠けるという理論的な批判と、取消し後にその事実を知って先に登記を備えた第三者までも保護する必要はないという利益衡量からの批判がある。学説には、細かい点に多様な対立があるものの、方向性は大きく2つに分かれ、取消しの前後を問わず遡及効を徹底したうえで、94条2項や96条3項の類推適用によって善意（あるいは善意無過失）の第三者のみを保護するものと、逆に取消しの前後を問わず復帰的物権変動と構成して対抗問題とするものがある。しかし、後者の考え方でも、背信的悪意者排除論あるいは悪意者排除論により取消しの事実を知っている第三者を保護しないとするから、両者は、結論のうえでそれほど大きな差異を生じない。判例は、これら学説の法律構成とは異なるが、背信的悪意者排除論が用いられれば、やはり結論のうえでは、あまり異ならないことになろう[2]。

このような状況に鑑み、研究会では、当初、物権変動に関する規定は改正を要しないとする見解も主張された。「壊れていないものを修理するな」という発想は[3]、改正を考えるうえでたしかに重要である。

(2)　物権変動の規律のわかりにくさ
(a)　簡素な条文・膨大な判例

しかし、研究会の多数意見は、現行法には問題があると考えた。物権変動を

---

1)　これらは、本稿に必要な最小限の範囲の記述であり、議論の詳細には立ち入らない。また、以後、引用する参考文献も、必要最低限のものにとどめることをご了解いただきたい。「取消しと登記」に関しては、池田恒男「登記を要する物権変動」星野英一編集代表『民法講座(2)物権1』（有斐閣・1984年）143頁以下が現在でも最も優れた簡潔な整理であり、舟橋諄一＝徳本鎭編『新版注釈民法(6)物権(1)』（有斐閣・1997年）487頁以下［原島重義＝児玉寛］が非常に詳しい。
2)　キーワード式の検索ではノイズが多すぎるので、判例体系の体系項目検索で調べてみたが（民法177条の「3　登記を要する物権変動の範囲、(2)意思表示による物権の変動、イ　物権の復帰に関するもの」の項に戦前を含め13件が見られる）、戦後、取消し後の第三者との関係を論じた判例・裁判例は見当たらない。

表1　取引安全に関連する条文についての判例・裁判例件数

条	176	177	178	94	109	110	112	192	467	478
全判例・裁判例	123	1574	62	383	176	675	73	212	372	312
最高裁判例	16	177	8	50	17	78	12	15	39	27

表2　民法の主要条文についての判例・裁判例件数

条	1	90	415	416	703	709
全判例・裁判例	2069	1100	2284	641	747	12499
最高裁判例	184	85	79	42	56	361

　規律する民法の規定は、物権総則の176条～178条の3か条にすぎず、動産善意取得を考慮に入れても6か条にすぎない。規定の内容がきわめて簡素である一方、それを実際の紛争に適用する判例は膨大な数に及ぶ。表1は、176条～178条と取引の安全に関連するその他の条文につき、LEX/DBインターネットを用いて判例・裁判例数を検索した結果であり、表2は、表1と対比するため、民法・財産法編の主要条文について同様の検索を行ったものである。

　177条に関する判例・裁判例の群を抜く多さが目に付く。この判例・裁判例数は、裁判所による適用例によって初めて規律内容が明確になる一般条項である1条や90条についてのそれに匹敵している。さらに注目すべきは、177条については、新たな判例準則を定立する狭義の判例を含む最高裁判例の数もまた、きわめて多いことである。

　このことは、現在日本で適用される法のルールを正確に理解するためには、膨大な判例の準則を知る必要があり、それは条文を見ただけではけっしてわからない、ということを意味する。そのため、177条の解説についてだけで、教科書・体系書ではかなり多くの紙数を要している。177条の問題が、国民の最も重要な財産といえる不動産に関する物権変動を第三者に主張できるかどうか

3）　2008年3月2日開催の国際シンポジウムでカール・リーゼンフーバーがアメリカ政府高官ランスの発言を引用したもので（本書268頁注100）〔初出は、カール・リーゼンフーバー（渡辺達徳訳）「不履行による損害賠償と過失原理」ジュリ1358号（2008年）155頁注100〕）、民法改正研究会の基本的な態度の1つといえる。本書160頁以下（初出は、加藤雅信「日本民法改正試案の基本方向」ジュリ1355号〔2008年〕92頁）。

第Ⅰ部　日本民法典の改正

という財産権保護の根幹にかかわるだけに、条文を読んでもその概要すら理解困難であるという状態は、国民のための民法という視点からみて、きわめて問題であると思われる。

(b)　ハイブリッドな法体系

筆者は、さらに、意思主義・対抗要件主義の法制度自体が、物権変動に関するフランス法型の規律と民法全体及び不動産登記制度のドイツ法型の規律の接合と相俟って、構造的な難点を抱えていると思う。すなわち、現行法制には、次のような難点が指摘できる。①物権変動の時期について収拾のつかない理論的対立を生じている[4]。②権利移転を義務づける行為（契約）と物権の変動を生じる行為（処分行為）の関係に混乱を生じている。③対抗要件を備えない物権関係につき、非常に精緻であるが難解で帰一するところのない無用な議論を生じている[5]。いずれにしても、現行法制は、一般国民に決してわかりやすい制度ではない。

(c)　公示と公信

取引の安全を主たる目的とする物権変動制度においては、物権変動の公示と並んで、公示に対する信頼を保護する公信の問題も重要である。しかし、現行法制は、不動産物権変動については、登記の公信力を認めておらず、94条2項の類推適用による判例法がこれを補充している[6]。この点をどのように規律するべきかが問題となる。また、動産物権変動については、192条の即時取得が公信の原則を定めているが、占有の効力という形での規定が妥当かどうか、種々の議論があることを改正に反映するか等が問題となる。

---

4) 176条の「意思表示」を債権的意思表示と解するか物権的意思表示と解するか（物権行為概念の採否）とも関係している。詳しくは、舟橋＝徳本編・前掲注1) 225頁以下［山本進一］及び松岡久和「石田喜久夫先生の物権変動論Ⅰ」石田喜久夫先生古稀記念『民法学の課題と展望』（成文堂・2000年）231頁以下を参照。

5) 対抗問題の法的構成をめぐる議論につき、詳しくは、舟橋＝徳本編・前掲注1) 423頁以下［原島＝児玉］を参照。

6) 登記の公信力については、舟橋＝徳本編・前掲注1) 645頁以下［山田晟］を参照。94条2項の類推適用については、中舎寛樹「日本民法の展開(3)判例の法形成——無権利者からの不動産の取得」広中俊雄＝星野英一編『民法典の百年(1)　全般的観察』（有斐閣・1998年）397頁以下を参照。

2　検討の全般的な方向性
(1)　意思主義・対抗要件主義維持か効力要件主義の採用か
(a)　筆者の問題提起

　現行民法の起草過程において起草を担当した穂積陳重の説明によれば、現行民法が意思主義・対抗要件主義を採用したのは、(1855 年登記法をふまえた) フランス法を手本にしたボアソナード草案及び旧民法の規律が、次のような理由で維持されるべきだと判断したからである[7]。1) 多数の立法例がそのような方式を採用している。2) 物権の設定・移転に物の引渡しを要するのは証拠法が不備で意思の証明が容易でなく、取引が頻繁でない世の中では仕方がなかった。しかし、近世では証拠法も完備してきたし、物を占有していなければ処分できないというのでは、取引が頻繁になった世の中にとって不便である。

　このように穂積は、もっぱら動産取引に焦点を当てた説明をしており、不動産について効力要件主義を採らないという積極的な理由は示されていない。当時登記慣行が定着していないことが理由として考えられていたのではないかと推測される。

　しかし、不動産物権変動について、上述の説明は妥当しない。効力要件主義を採るドイツ・スイス・韓国・中国などはもとより、英米法系でも、物権変動を何らかの形式と結びつけて、物権変動の存在と時期を明確にする法制度が、むしろ取引の安全を確保するものとして採用されており、そのことは迅速な取引の桎梏にはなっていない。とりわけ、不動産や重要な動産については（登記制度は、近時の動産債権譲渡登記制度により、より拡大している）、公的に運用される登記・登録制度により権利変動の存在と現在の権利の帰属を明確にすることが、ますます要請されている。また、不動産登記の重要性は、民法制定後 100 年余

---

[7]　「第十四回法典調査會議事速記録（明治 27 年 5 月 22 日）」法務大臣官房司法法制調査部監修『日本近代立法資料叢書 1』（商事法務研究会・1983 年）579 頁以下。なお、176 条に関する参照条文や審議をまとめたものとして、前田達明ほか「〈史料〉物権法(1)」判タ 598 号（1986 年）175－180 頁［倉持弘］、177 条・178 条に関しては、同「〈史料〉物権法(2)」判タ 613 号（1986 年）174－184 頁［金山直樹］がある。意思主義の意味を我が国の固有法との連続で捉える試みとして、松尾弘「不動産譲渡法の形成過程における固有法と継受法の混交(1)－(3)」横浜国際経済法学 3 巻 1 号（1994 年）1 頁以下、2 号 33 頁以下、4 巻 1 号 103 頁以下（いずれも 1995 年）も参照。ただし、松尾の意思主義が独自のものである点については、横山美夏の論文批評（民法学のあゆみ）法時 68 巻 12 号（1996 年）98 頁の指摘にも留意されたい。

第Ⅰ部　日本民法典の改正

りを経て、一般国民にも十分認識され、登記慣行も定着していると思われる。

　意思主義・対抗要件主義には、上述したような問題点が構造上存在する。効力要件主義によれば、登記又は引渡しによって初めて物権変動が効力を生じ、債権関係から物権関係への移行時点が一義的に明確になるため、意思主義・対抗要件主義の上述の難点は、ほとんどが解消される。すなわち、①少なくとも法律行為による物権変動の時期は、登記又は引渡しの効力が生じる時期に画一的に定まる。②債権関係と物権関係はこの時期で明確に分けられ、物権・債権を権利範疇として区別するパンデクテン体系を採る民法により合致する[8]。③登記又は引渡しを備えない権利関係は、法律の規定によって物権変動を生じる場合は別として、法律行為による物権変動においては、債権関係として処遇される。④効力要件主義の規律がどの範囲で及ぶかについては、たしかに、なお意思主義・対抗要件主義制度の下で「登記を要する物権変動」として論じられるのと同種の問題を生じうる。しかし、少なくとも法律行為に基づく物権変動について効力要件主義の規律が妥当するとすれば、効力要件を備えない限り、物権変動そのものが生じていないため、誰に対しても物権に基づく権利主張はできず、対抗問題の法律構成や「第三者」に関する難しい問題の多くは解消する。

　このように、民法改正を考える際には、1つの有力選択肢として、効力要件主義に転換することが検討に値すると思われる。

　(b)　検討の視座

　もっとも、物権変動法制のあり方は、民法にとどまらず、日本法全般にかかわる基本的な問題であり、転換によって生じる影響を予想し、その弊害を防止することができるか、この転換に要するコストが転換による成果に見合う以上のものであるか、を慎重に検討しなければならない。また、効力要件主義を採っても、単純に登記だけみて取引をしてよいということにはならないこと[9]にも留意を要する。

　(c)　議論を踏まえた両案併記

　研究会において、筆者は、上記(b)の視座から、対抗要件に関連する民法の諸

---

[8]　このことは、必ずしも物権行為の独自性・無因性を認めるべきことには直結しない。
[9]　きわめて概略的なものであるが、筆者は、鎌田薫ほか「不動産登記法改正④（不動産法セミナー(4)）」ジュリ1295号（2005年）205頁〔松岡久和発言〕でこの旨を指摘している。

規定が効力要件主義への転換によって影響を受けるか否かについても、簡単な報告と検討を行った。あくまで感触にすぎないが、対抗要件主義の本来的規定である 177 条・178 条・467 条以外で、効力要件主義への転換によって決定的に影響を受け、対応困難な弊害が生じる規律は、民法上は存在しないように思われた。もっとも、民法以外に影響を受けうる規律は、たとえば、民事執行法や倒産法（とりわけ対抗要件否認は変更が必須）さらには公法規定にも及び、その網羅的なリストアップと検討作業のコストは小さくない。研究会でも、時間的制約があり、このような作業には至らなかった。

研究会では、このようなコストとして、大きな変更に伴う社会的混乱をも考慮しなければならず、現行制度を維持しても明確性確保に問題がないのであれば、あえて現行制度を変更する必要はない、との見解が示された。また、現在の日本社会における法意識の観点から、「行政が管轄する登記所における登記を物権変動の効力要件とすることは、物権は国家のお墨付きによって初めて移転するとの誤解を与える可能性が」あり、「国家による何らの介入なくして物権が変動するという物権変動システムを保持することは、不動産物権変動の主役は個人であるというメッセージを含む点においても、重要な意義がある」との指摘があった[10]。さらに、比較法的にも効力要件主義を採らない債権譲渡法制との整合性をどうするかとの疑問も提示された。

効力要件主義案を支持する見解も少なくなかったが、そうした見解は、意思主義・対抗要件主義を維持したうえで規律の明確化を図る改正には賛意を表した。そこで、意思主義・対抗要件主義を維持する改正案を研究会正案とし、問題提起の意味を込めて効力要件主義を採る場合の改正案も研究会副案として提示することになった。

(2) **物権変動における公信の問題**
(a) 94 条 2 項類推適用判例準則の条文化

かつて熱心に主張された登記への公信力付与は、現在では、一部の実務家に見られるのみで、それほど強い要請としては現れていない[11]。また、2004 年の不動産登記法の改正によって、登記識別情報やより慎重な本人確認の仕組み

---

10) 本書 238 頁（初出は、横山美夏「〔*Comment*〕中国物権変動法制立法のあり方——渠濤教授の報告に寄せて」ジュリ 1357 号〔2008 年〕152 頁）。鎌田ほか・前掲注 9) 204 頁以下でも、この問題が議論されているが、そこでも同趣旨を示唆する指摘があり（207 頁の鎌田薫発言）、より具体的な検討を要するという結論に落ち着いている。

が採用されたことにより、そもそも公信力や94条2項の類推適用で対応できない偽造登記は出現しにくくなっている。現段階では本人の帰責性と外観への信頼のバランスを図りながら、94条2項の類推適用で公信保護の役割を果たすことができるから、あえて立法によって公信力を認める理由はないとの見解が多数のようである[12]。

研究会においても、公信力を付与する立法論を積極的に主張する者はなく、94条2項類推適用の判例法理を条文化することになった。本研究会が提案している改正案は、次のとおりである。

> **第94条〔虚偽表示〕** 相手方と通じてなされた虚偽の意思表示に基づく法律行為は、無効とする。
> 2 虚偽の意思表示に基づいてなされた法律行為の無効は、第三者に対抗することができない。ただし、第三者が悪意であった場合にはこの限りでない。
> 3 真実に反する権利の外形を作出した者は、その権利が存在しないことを善意の第三者に対抗することができない。
> 4 真実に反する権利の外形を黙示に承認した者は、その権利がないことを、善意であり、かつ、過失のない第三者に対抗することができない。

(b) 即時取得関連規定の位置の移動

これについては、後述のⅣ1・4で述べるように、動産物権変動に続けて規定することになった。

---

[11] 登記への公信力付与に積極的な見解として、たとえば、中原久方「不動産登記制度の原状と展望」日本司法書士会連合会編『不動産登記制度の歴史と展望──不動産登記法公布100周年記念』(有斐閣・1986年) 242頁以下、山口喜久雄『不動産売買に於ける物件調査とその限界:公信力立法による静的安全と動的安全の調和への提言』(中央大学出版部・2000年)。

[12] 鎌田ほか・前掲注9) 197頁以下、とくに199頁〔安永正昭発言、道垣内弘人発言〕、200頁〔鎌田薫発言〕、200-201頁〔松岡久和発言。権原保険による第三の対応方法もありうると指摘〕、202-203頁〔安永発言〕。

Ⅲ　不動産物権変動のあり方

1　意思主義・対抗要件主義を維持する案（研究会正案）
(1)　意思主義

> 第176条〔物権の設定及び移転〕　物権の設定及び移転は、法律行為のみによって、その効力を生ずる。

(a)　改正の趣旨

基本的には現行176条の物権変動についての意思主義を維持するものであるが、総則編でも意思表示を法律行為に改めている箇所が多く、それに対応して意思表示を法律行為に置き換えた。

(b)　議論の経緯

議論の過程では、「176条　物権の変動は、法令に特別の定めのないかぎり、変動原因の発生のみによって、その効力を生じる」として、物権変動一般における不要式主義を示したうえで、「176条の2　法律行為による物権の変動は、当事者間に権利義務を発生させることを内容とする法律行為によってその効力を生じる」として意思主義を別途明記する規定を置く案が検討された。後者は、物権変動を生じる法律行為は債権的法律行為であるとして、物権行為の独自性を否定する判例・通説を明記する趣旨である。しかし、積極的な支持がなく現行規定維持の案に落ち着いた。

また、所有権の移転時期について多数説と思われる有償性説を採用するのであれば、当事者が反対の特約をしない限り所有権は代金支払時に移転する旨の規定を、売買契約の箇所に置くことも考えられる。しかし、有償性説が現行民法の体系と整合的かどうかについては、民法が代金支払がなくても所有権が移転することを前提に動産売買先取特権や留置権などを認めているとの批判もある。研究会案は、このような理論的対立がある点について、立法で一方に態度決定をすることを避けた。

なお、物権変動における意思主義と、物権変動原因である（債権）契約の成立に契約書の作成等の一定の要式を必要とすることは、必ずしも矛盾しない。財産としての不動産の重要性を理由に、不動産物権変動を目的とする契約については、諾成主義ではなく要式主義を採ることも検討の余地がある[13]。とは

いえ、仮にそのような条文を置くとしても、それは物権法ではなく、売買契約の箇所の方が適当である。

(2) 対抗要件主義

第177条〔不動産に関する物権変動の対抗要件〕 前条による不動産に関する物権の設定及び移転は、不動産登記法（平成16年法律第123号）その他の登記に関する法律の定めるところに従いその登記をしなければ、法律上の利害を有する第三者に対抗することができない。

2 前項の第三者は、以下の各号のいずれかに該当するときは、登記の不存在を主張することができない。

一 契約の締結など、物権変動原因の発生につき当事者の代理人又は仲介人として関与した者

二 登記の申請を当事者に代わって行うべき者

三 詐欺又は強迫ないしこれに準じる行為により登記の申請を妨げた者

四 競合する権利取得者を害することを知りながら権利を取得した者その他権利取得の態様が信義則に反する者

(a) 改正趣旨の概要

改正案の特徴は、現行177条の対抗要件主義を基本的に維持しつつも、「前条による不動産に関する物権の設定及び移転は」と明示することで、変動原因を法律行為による物権変動に限定する考え方を採用したこと、および、第三者の主観的態様に関して、不動産登記法5条の実体的な規定を民法に取り込むとともに、判例準則となっている背信的悪意者排除説を基本としてその柔軟な運用を展望する規定を置く点にある。この改正案に至るまでには、紆余曲折があったので、以下では、筆者による補足を含めて、議論の経緯を再構成して紹介する。

なお、不動産物権変動につき公示義務を課すことを明文化するかどうかも問題であるとの指摘があった。すなわち、比較法的に見ると、フランス法のように、一定の物権変動原因について公示義務を課し、対抗不能は公示義務に対する制裁と位置づけられる法制も見られる[14]。わが国においても、対抗不能の効果を正当化する際、「公示ができたのにしなかった」ことを理由とすること

---

13) たとえば、スイス民法は物権契約概念を採らないが、657条1項で、所有権移転を目的とする契約が拘束力をもつには、公の認証を要すると定めている。

がある。「公示ができた」ために、「公示をすべきであった」と評価し、対抗不能の効果の正当化根拠とするのであれば、実質的には間接的に公示義務を認めているともいえなくない。そうだとすれば、公示の原則から公示義務が課されることを明文化すべきであるとの立場も考えられる。もっとも、現行規定の起草者は、公示をするかどうかは個人の自由に任されるべきであり、国家がそれを強制すべき事柄ではないとしており、公示義務は課すべきでないとする立場であった[15]。このような考え方によれば、「公示をできたのにしなかった」ことを、対抗不能の正当化事由とすることが、むしろ問題であるとされうる。ただ、以上の指摘は問題提起にとどまり、条文案とする提案はなかった。

(b) 変動原因制限説の採用

現行177条の立法趣旨では、176条を意思表示に基づく物権変動の例外として意思表示（上記のとおり本案では法律行為）に基づく物権変動の例外規定と考えるのか、物権変動全般についての規定なのかについて、必ずしも明確ではなく[16]、初期の大審院判例は両者の間を揺れ動いた。判例は、大審院明治41年12月15日判決民録14輯1301頁以降、原則として変動原因無制限説に立ちつつも、登記をしなくても物権変動を主張できる場合があることを認めている[17]。判例が変動原因無制限説を採り、法律の規定による物権の取得についても、177条を適用して登記なくしては対抗できないとしてきたのは、この判例準則が形成されたのが、94条2項の類推適用論が登場する以前である。登記の公信力がないことを前提にすると、あまりに取引の安全を害する一方、法

---

14) 滝沢聿代『物権変動の理論』（有斐閣・1987年）128頁（公示義務懈怠の制裁とする）、横山美夏「競合する契約相互の優先関係(1)」法学雑誌42巻4号（1996年）938頁以下（公示義務のサンクションと位置づけ、懈怠に対する制裁とは見ない）。

15) 松尾・前掲注7）(3) 4巻1号130-131頁、147-148頁の分析に負う。

16) 前掲注7）「第十四回法典調査會議事速記録（明治27年5月22日）」579頁以下での穂積陳重の説明は、一方で177条が176条のただし書として法律行為による物権変動の例外であることから始めているが、他方で、177条を遺贈や相続による場合にも適用する旨で結んでいる。

17) 主要なものとして、大判昭和17・9・30民集21巻911頁（詐欺取消し前の悪意の第三者）、大判大正7・3・2民録24輯423頁、最判昭和41・11・22民集20巻9号1901頁（時効完成前の第三者）、最判昭和38・2・22民集17巻1号235頁、最判平成5・7・19判時1525号61頁、最判平成14・6・10判時1791号59頁（指定相続分や「相続させる遺言」によるものも含めた相続による相続分の取得）、最判昭和42・1・20民集21巻1号16頁（相続放棄）。

律の規定による物権の取得につき登記を備えることが可能であった者に登記具備を求めても酷ではないと考えたからだと思われる。登記具備の可能性が現実には低い場合に[18]、対抗問題と構成する判例に反対する学説が多いのもこのためである。

このように判例の無制限説は、公信保護のための177条の拡張という意味を持ち、公信保護について94条2項類推適用法理が確立した現在では、制限説に立ち帰るべきであるという点で、研究会参加者の意見が一致した。そのため、変動原因無制限説を前提にして現行177条に第三者の制限のみを付け加えるという案や、登記を要する物権変動を判例に即して列挙するという案も当初は検討されたが、採用されないことになった。

改正案が、現行177条の「物権の得喪及び変更」を「物権の設定及び移転」に変えたのは、前条との連続性を強く意識したためであるが、法律行為による権利消滅や変更の場合が抜け落ちてしまった点には、なお検討を要しよう[19]。

(c) 法律行為による物権変動の意味

① 法律行為の取消しの場合をどう扱うかについて議論があった。取消し後の第三者に対して権利を主張するには登記を要せず、ただ、第三者が上記改正案94条3項・4項で保護されるか否かの問題となる[20]、と解する点で見解が一致した。取消しは、たしかに法律行為ではあるが、物権変動を目的とする前条の法律行為には当たらず、また、取消しの遡及効により新たな復帰的物権変動が生じるものではないと解すれば、本条は適用されない。なお、解除の場合、本研究会の改正案は、物権的効果を規定しないことにしているが、判例・多数

---

18) たとえば、(とりわけ善意の)時効取得者にも時効完成後の第三者に対抗するには登記を要するとする最判昭和33・8・28民集12巻12号1936頁や、遺贈による物権取得を第三者に主張するにも登記を要するとする最判昭和39・3・6民集18巻3号437頁。遺贈の場合には、評価の微妙さを反映するように、この判決以前には裁判例も分かれていた。

19) 最判平成6・2・8民集48巻2号373頁は、譲渡によって建物所有権を失った後に登記名義を残す者は、所有権の喪失を主張できず、建物収去の責任を免れないとするが、対抗問題に仮託する点には学説の批判が強い。改正案では、この紛争は177条の問題ではないことになる。

20) 取消権行使前にまで上記改正案94条3項・4項が適用可能か否かは、解釈に委ねられる。虚偽外観作出の帰責性を強調する考え方によれば、消極に傾くことになろう。また、94条のような法律規定による物権変動の場合、保護要件として登記を要するか否かは、別の問題である。

説のような直接効果説を採れば、取消しの場合と同様の扱いとなる。

　②　遺贈の場合をどう扱うかについても議論があり、明確な結論には至っていない。まず、提案者は、次のような見解であった。受贈者は遺言が出てくるまでは遺贈の存在を知らず、相続開始後直ちに登記をすることを期待できないし、そもそも遺贈の対象物は、遺留分を侵害しない限り、最初から相続財産に入っていないとも考えられる。遺贈による権利取得が対抗できないことも一因となって、登記がなくても対抗できる「相続させる」遺言が登場しているので、むしろ登記がないと遺贈による権利取得を対抗できないとする判例の考え方を変えた方がよい。相続による物権変動には、およそ本条を適用しない、というものであった。

　これに対しては、生前贈与・死因贈与と異なってよいのかとの疑問も呈されたが、これらの場合には契約により受贈者に権利取得についての認識があるので、登記具備を求めてもおかしくないとの反論があった。また、遺贈の事実を知っていて登記が可能な場合もあるし、知らずに対抗要件を備えていない場合も、遺贈にはその程度の保護を与えれば足りるという見方もできる。そもそも、相続人の確定手続について日本法は不備であり、その点を再検討する必要がある、との指摘もあった。

　③　遺産分割による相続分を超える権利取得についても、新たな法律行為による権利取得とみて、本条を適用すべきであるとの見解が示されが、遺産分割を法律行為とみるかどうか自体に議論があるとの指摘があった。これら②③の問題については、今回の改正案が財産法編に限っているため、明確な方針を示すことができなかったものであり、相続による物権取得をすべて本条の適用から外してよいか、外したうえで個別の個所で公示の問題に関する特別の規律を用意すべきか[21]などについては、さらに慎重な検討を要する。

　(d)　第三者の客観的資格

　改正案の1項は、判例の準則に従い、第三者を「法律上の利害を有する」者に限定する。「登記の欠缺を主張する正当の利益」を少しやさしい表現で置き換える趣旨である。当初は、対抗問題限定説にそって対抗問題になる限りでは

---

21)　前注の問題とも関係するが、上記改正案94条3項・4項の解釈において、現在の判例法理のように外観作出の帰責性を強調すれば、同条によっては救済できない者が生じ、個別の規律でさらにその部分の第三者保護を強める規律を置くことの要否を検討すべきことになろう。

第Ⅰ部　日本民法典の改正

（主観的態様の問題は別にして）第三者を制限する必要はないとの提案も検討されたが、対抗問題限定説以外の説も多数あり、かつ、不法行為者や不法占拠者を第三者から除外することを明示するのが適当であるとの意見が多数を占めたため、その提案は採用されなかった。

また、次のような列挙型の条文案も平行して検討された[22]。

> 不動産に関する法律行為による物権変動は、法律に定めるところに従いその登記をしなければ、以下の第三者に対抗することはできない。ただし、すでに生じた物権変動の効力の遡及的な消滅及び遺言による物権変動はこの限りではない。
> 一　同一前主から、有効な物権変動原因により、同一不動産に関する物権の得喪変更を受けた者
> 二　同一不動産に関して、賃借権を取得し、かつ、賃借権の対抗要件を具備した者
> 三　その他同一不動産に関して法律上正当な客観的利害関係を有する者

この提案のただし書きについては、上記(c)のように取消し・解除の場合や遺言による物権変動を除外する趣旨であったが、取消し・解除の場合には、1号の「有効な物権変動原因」と重複するとの指摘があった。また、列挙型には、抽象的な「正当な利益」が具体化されてわかりやすくなる利点がある一方で、漏れるものやわかりにくいものがないかとの指摘[23]や、1号・2号は3号を本文に取り込めばわざわざ書かなくても解釈として自然に出てくるのではないかとの反対があり[24]、採用されなかった。

---

22) 当初案は、物権変動原因についても列挙する案であったが、列挙すべき事項をどうするかや、第三者の列挙との関係が複雑になるなどの難点があった。この点は、前記(b)のように変動原因を法律行為による物権変動に限ることに決したので、列挙はこの案のように第三者だけに限られることになった。なお、この案でも、複雑化を避けるため、第三者の主観的態様については、別条文を次に置くとの提案になっていた。
23) 研究会では指摘がなかったが、差押債権者・配当加入債権者・破産債権者・仮差押債権者・仮処分債権者・破産管財人等を具体的類型として挙げないとかえって反対解釈を招かないかなどの問題もある。
24) 2号は、賃借人に対して賃料請求や解除を主張するにも登記が必要であるとする大判昭和8・5・9民集12巻1123頁や最判昭和49・3・19民集28巻2号325頁を明示することになるが、これらの判例には反対説も有力であり、その点でも問題があった。

(e) 第三者の主観的態様

　判例・通説は背信的悪意者を 177 条の第三者から除外するが、学説には悪意者（説によっては善意有過失者その他）を除外する説も有力であるうえ、判例の背信的悪意者には多様な者が含まれ、必ずしも善意・悪意を問題にしていないとの評価も存在する。近時の学説には、そのような評価を前提に、悪意よりもむしろ信義則違反が中核になるとの理解も多い[25]。このような状況に鑑み、第三者の主観的態様については明文の規定を置かないという選択肢も検討されたが、重要な判例の展開を取り込まないのは条文の伝達力の点で問題があるとの意見が多数を占めた。

　そこで、「前条による不動産に関する物権の設定及び移転は、不動産登記法（平成 16 年法律第 123 号）その他の登記に関する法律の定めるところに従いその登記をしなければ、第三者に対抗することができない。ただし、背信性を有する第三者及びそれに準ずる者については、この限りでない」という条文案と、改正案の 1 号及び 4 号を例示列挙する案が検討の俎上にのぼった。両案の検討より前に効力要件主義を採用しても不動産登記法 5 条の実体規定は民法に取り込み不動産登記法から削除すべきであるとの提案が了承されたことから（後述 2(2)を参照）、列挙型を採用することになった。改正案 2 項の 2 号と 3 号は不動産登記法 5 条に相当するものであり、必ずしも契約時の悪意を要件としない。1 号・4 号は、判例の背信的悪意者類型の大部分をカバーする。

　4 号の例示や「その他権利取得の態様が信義則に反する者」という受皿になる部分をどう規律するかについても議論になった。「物権変動の存在を熟知しながら競合する権利を取得したこと等が背信的である者」という案も出されたが、「熟知」では判例法理の実態と比べて限定されすぎるというので退けられた。いわゆる準当事者の場合には悪意でなくても背信的悪意者と評価されていることから、「競合する権利取得を害することを知りながら権利を取得した者その他権利主張が背信的であると認められる者」とする案も検討された。しかし、「競合する権利取得者を害することを知りながら権利を取得した」ということと、「権利主張が背信的である」ということは、かなり内容が異なるとの

---

[25] 学生・院生を念頭に置いて書いたものであるが、松岡久和「判例分析民法　探す・読む・使う㉙㉚　まとめと補足㈢・㈥」法教 324 号 71 頁以下、325 号 136 頁以下（いずれも 2007 年）で、判例と最近の学説に至る文献を整理しているので、そこで要約されている拙稿を含めて参照。

指摘や、準当事者というかなり特殊な事例に引きずられて条文の形がおかしくなるのは避けるべきだとの主張から、改正案のように決まった。

以上の経緯から、改正案は、判例の背信的悪意者排除を基本に置きつつも、第三者から除外される者が場合によって悪意者に拡大する解釈を採る余地を残したものと言える。また、いわゆる準当事者類型についても、そもそも「第三者」に当たらないという構成や1条の一般条項を援用して第三者から除外する可能性を否定するものではない。

(f) 対抗問題の法律構成その他

改正案は、対抗問題の法律構成については、自覚的に態度を明らかにしていない。一方、この改正案は、物権変動を対抗するとの考え方に基づいており、物権の帰属を対抗するものではない。ただ、学説はこの問題を必ずしも自覚的に議論しているとはいえず[26]、民法改正に際しては、この点についても議論を深める必要があるとの指摘がなされた。

2 効力要件主義に改める案（研究会副案）

研究会正案が意思主義・対抗要件主義を維持することを前提に議論を重ねたのに対して、以下の副案は、筆者が問題提起として行った素案段階にとどまり、研究会で十分議論したものではないことをお断りしておきたい。

> **第176条〔不動産に関する物権変動の効力要件〕** 法律行為に基づく不動産に関する物権の変動は、不動産登記法（平成16年法律第123号）その他の登記に関する法律の定めるところに従いその登記をすることによって、効力を生じる。
> 2 詐欺又は強迫によって登記の申請を妨げた者は、登記の不存在を主張することができない。
> 3 他人のために登記を申請する義務を負う者は、登記の不存在を主張することができない。ただし、その登記の登記原因（登記の原因となる法律行為をいう。以下同じ。）が自己の登記の登記原因の後に生じたときは、この限りでない。
> **第177条〔法律の規定に基づく不動産の物権変動〕** 法律の規定に基づく不動産に関する物権の変動は、特段の規定がない限り、登記をしなくても、効力を生じる。
> 2 前項により不動産物権を有する者が当該物権につき法律行為に基づく物権の

---

26)「民法学の過去現在未来」研究会「物権変動の最前線——不動産の二重譲渡問題を中心に」姫路法学20号（1996年）157-161頁は、この点を議論している。

変動を望む場合には、自らの物権取得の登記をしたうえ、前条第1項の規定によらなければならない。

(1) 効力要件主義の適用範囲

基本的発想は、意思主義・対抗要件主義を維持する場合の正案が法律行為による物権変動に限定して対抗要件主義を規律することと同じである。ただ、そうなると、法律の規定に基づく物権変動については、当該規定ごとに登記の要否を検討する必要があるが、登記がなくても主張できる物権変動が生じ、登記と実体的な権利帰属の間に齟齬が生じる。登記と実体的権利帰属の一致を主眼として権利関係の明確化を図ろうとする効力要件主義においては、この点は、より問題が大きいと意識される[27]。実体的権利のない登記名義人と取引した者の保護は、公信の問題として、改正案94条3項・4項の適用により処理される。さらに、中国物権法31条のように、登記を備えない権利者が自らの権利を処分する場合には、その前提として登記具備を必要とする旨の規律を設け、間接的に登記具備を促進することが必要である。上記177条2項は、この旨を定めるものである。

(2) 第三者論の帰趨

所有権の二重売買型紛争を例に考察する。効力要件主義を採れば、未登記の買主は所有権を取得できない結果、第一売買契約を知っている第二買主や差押債権者にも、所有権に基づく権利主張ができない。すなわち、原則として、すべての第三者に所有権に基づく権利主張ができないことになる。また、売主やその包括承継人に対しても、第一買主は、所有権に基づく権利主張はできず、売買契約上の債権的な権利主張を行えるのみとなる。

もっとも、第一買主がおよそあらゆる第三者に権利主張ができないかというと、必ずしもそうではない。効力要件主義法制の国においても、第二買主の行為態様が第一買主の契約上の権利に対する侵害となる場合には、結果的に第一買主は第二買主に優先している[28]。ただ、不法行為責任の成立要件が広い日本法では、要件面での問題は少ないが、効果として金銭賠償の原則を維持し、自然的原状回復という効果を新たに規律しないとすれば、第一買主が第二買主から所有権の移転を損害賠償の形で求めることは困難である。また、第二買主

---

[27]　意思主義・対抗要件主義を維持する場合にも、副案177条2項に相当する規定を置くことは十分考慮に値する。

が第一買主と経済的には同一体と評価しうる準当事者事例や、不動産登記法5条に該当する事例[29]では、不法行為構成は必ずしも事態適合的ではなく、信義則・権利濫用あるいは第二契約の公序良俗違反による無効構成でも、要件・効果が曖昧で適切でない。「登記の不存在を主張することができない」結果として、第一買主は所有権を取得していなくても、そのような者との関係では、あたかもすでに所有権を取得したかのような権利主張ができる場合の例示として、不動産登記法5条の規律は、民法に組み込むべきである。上記176条2項・3項はその旨を定める。

　かつて私は、次のように述べ、立法論として、効力要件主義が必ずしも妥当ではないとした。「第一契約者の利益状況は単に契約を締結したに止まる時と、代金を完済した時、引渡を受け利用している時とでは自ら異なってくる。しかるに、登記成立要件主義の下では、この差異は捨象されて問題が債権の保護一般に解消され自由競争論が抽象的に考慮されるきらいがある」[30]。これに類する効力要件主義批判は当然に予想される。しかし、効力要件主義では、登記を得ないまま代金を支払うことは売主への信用付与と評価され、逆に、登記を得ないままで引渡しを受けても所有権は売主に留保されていると解されることになる。制度が効力要件主義になれば、登記前の買主の地位が債権として相対的に弱い保護しか受けえないことは十分に理解可能であり、売買契約の中でそのような危険に対処する自衛策（具体的には、仮登記制度の活用）が定着するものと思われるため、第一買主の保護が予想に反して裏切られるわけではない。また、上述のような不動産登記法5条に相当する規定や不法行為法により、第一買主の取得している利益の度合いに応じて、濃淡のある保護を考えることは、効力要件主義の下でも可能である。

---

28) 物権・債権の峻別論の強度や不法行為の一般規定の要件設定のあり方によって、限界線の引かれ方は異なる。たとえば、ドイツ法では、jus ad rem を否定した立法趣旨や絶対権列挙型の民法823条1項により、第二買主が劣後するのはかなり例外的であるが、オーストリア法では、場合によって第一買主の権利取得について善意であっても過失のあった第二買主が劣後することがある。松岡久和「不動産所有権二重譲渡紛争について(1)」龍谷法学16巻4号（1984年）110－112頁。
29) 不動産登記法5条は、背信的悪意者排除説の実定法上の重要な根拠として持ち出されているが、同条は悪意を要件としていないことに注意すべきである。
30) 松岡・前掲注28）110－111頁。

IV　動産物権変動のあり方

1　概　　観

　動産の物権変動に関しては、意思主義・対抗要件主義を採るか、効力要件主義を採るかにはそれほど深刻な対立はない。効力要件主義を採っても、引渡しが観念化しているため、いずれの主義を採るかで実際の問題処理には大差がないからである[31]。それゆえ、研究会でも、動産物権変動に関する下記の意思主義・対抗要件主義案と効力要件主義案について、不動産物権変動の場合のような大きな議論はなく、規定の仕方に関する検討が主であった。

　むしろ、現行法の大きな改正は、現在、占有の効力の個所に規定されている即時取得と盗品・遺失物の例外規定（192条～194条）を、物権変動の個所に移動させることである。占有権の章には、さまざまな機能を有する規定がまとめて置かれているが、とりわけ即時取得とその例外の規定は、物権変動の公示と対になる公信の原則として、講学上は動産物権変動の対抗要件の次に説明されるのが通常であり、その方が理解しやすいことは明白である。それゆえ、研究会の議論は、上記3か条を移動させることで一致した。ここでも、条文に若干の修正を提案しているが、比較的小さな改正にとどまる。

2　意思主義・対抗要件主義を維持する案（研究会正案）

　第178条〔動産に関する物権の譲渡の対抗要件〕　第176条による動産に関する物権の譲渡は、その動産の引渡しがなければ、法律上の利害を有する第三者に対抗することができない。
　　2　本法の特例法の定める動産譲渡登記がなされたときは、前項の引渡しがあったものとみなす。
　　3　第177条第2項は、前2項の場合に準用する。

---

[31] つとに、Ernst von Caemmerer, 'Rechtsvergleichung und Reform der Farnisübereignung', RabelsZ 29 (1965), 101 ff. und 211 ff. in:"Gesammelte Schriften I", (J.C.B.Mohr, 1968) 146 ff. は、機能的な比較法の視点から、このことを説得的に示していた。

第Ⅰ部　日本民法典の改正

(1)　1項に関するさまざまな案

　1項については、現行178条を変える必要がないとする案が出された。しかし、研究会正案の177条が対抗要件としての登記を法律行為による不動産物権変動（176条）の場合に限ることになったことと合わせる必要があるため、現行178条維持案は撤回された。

　また、現行178条の「物権の譲渡」は、実質的には、「所有権の移転及び放棄」のみなので[32]、そのように置き換えて明記すべきであるとの案も検討された。しかし、指図による占有移転の形式で設定された質権をさらに指図による占有移転で譲渡する場合は本条に含まれうるし、所有権を放棄した者が占有を維持しているため放棄を対抗できないという事態も考えにくい[33]などの指摘があり、この点は現行規定どおり「物権の譲渡」とした。

(2)　動産譲渡登記の場合（2項）

　民法に特別法のインデックス的機能を持たせるという方針から、2項を新設した。特別法を正式名称で参照すると煩雑になるので、債権譲渡の個所の改正案と合わせる表記とした。

(3)　第三者から除かれる者の準用（3項）

　動産物権変動においても、稀ではあるが、第三者の主観的態様が問題になりうるとの指摘があり、後述する明認方法の条文案で同様の準用規定を設けるとしたこととの均衡から、本条にも3項を同様の簡素な準用形式で定めることにした。本条の場合には、動産譲渡登記も含まれるので、排除される第三者は、研究会正案177条2項各号のいずれの場合もありうることになる。

3　効力要件主義に改める案（研究会副案）

　第178条〔動産に関する物権変動の効力要件〕　動産に関する物権の譲渡は、その動産の引渡しによって効力を生じる。

　第178条の2〔法律の規定に基づく動産の物権変動〕　法律の規定に基づく動産に関する物権の変動は、特段の規定がない限り、占有の取得がなくても効力を生じる。

　2　前項による動産物権を有する者が当該動産の譲渡を行う場合には、譲受人に

---

[32]　加藤雅信『新民法大系(2)物権法〔第2版〕』（有斐閣・2005年）173頁参照。
[33]　占有を維持したままでは、所有権放棄の意思がないとも考えられる。

対して占有を取得させれば足りる。
　3　本法の特例法の定める動産譲渡登記がなされたときは、引渡し及び占有取得があったものとみなす。

(1) **効力要件主義原則（178条）とその例外**（178条の2第1項）
　法律行為に基づく物権変動についての効力要件主義原則を採用すること、及び、法律の規定に基づく物権変動はその例外となることについては、不動産物権変動に関する説明と同じである。
　登記の場合には、効力要件主義を採っても、登記申請義務者は、登記がないことを主張できないとすべきであるが（研究会副案176条2項・3項）、引渡しについては、これに相当する事態は考えられない。一方、詐欺や強迫で引渡しを妨げることは考えられないではないが、きわめて稀であり一般条項でも対応できるため、あえて細かい規定を置く必要はない。動産譲渡登記によって譲渡を行う場合（178条の2第3項）においては、研究会副案176条の2項・3項の準用が考えられるが、同様の理由で規定を置かないことにした。このことは、登記申請義務者や登記妨害者を保護する趣旨ではないので、明確化のためには多少複雑になっても準用規定を置く方がよいのかもしれない。

(2) **法律の規定によって取得された動産物権の譲渡**（178条の2第2項）
　法律の規定によって取得された不動産物権の処分に関する研究会副案177条2項と同趣旨の規定である。ただし、登記制度の場合には、権利変動の履歴を反映させるためにいったん物権取得者に登記を備えさせる必要があるのに対し、動産の引渡しの場合には、譲渡人の占有取得を要しないため、第三者から譲受人に直接に占有を取得させれば足りるとした。

(3) **動産譲渡登記の場合**（178条の2第3項）
　研究会正案178条2項と同趣旨である。ただ、動産譲渡登記は、譲渡人への権利帰属を公示する登記ではないから、研究会副案177条2項のように「自らの物権取得の登記」を先行させる必要はない。また、動産譲渡登記は、178条の引渡しとみなされる場合と、本条2項の占有取得とみなされる場合があることになる。

4　善意取得及び盗品・遺失物の例外

　第178条の2 [34)]〔善意取得〕　有効な法律行為に基づき、平穏に、かつ、公然と

動産の占有を始めた者は、善意であり、かつ、過失がないときは、即時にその動産について行使する権利を取得する。

第178条の3〔盗品又は遺失物の回復〕　前条の場合において、占有物が盗品又は遺失物であるときは、被害者又は遺失者は、盗難又は遺失の時から1年間、占有者に対してその物の回復を請求することができる。

2　〔現行194条に同じ〕　占有者が、盗品又は遺失物を、競売若しくは公の市場において、又はその物と同種の物を販売する商人から、善意で買い受けたときは、被害者又は遺失者は、占有者が支払った代価を弁償しなければ、その物を回復することができない。

(1)　善意取得（178条の2）の修正点

基本的に現行192条を維持する。微修正は、まず、見出しを善意取得に変えた点である。即時時効に由来する古めかしい即時取得よりも、取引安全のための公信保護の制度であるとわかりやすい善意取得の方が適切と思われるからである。

次に、現行192条の「取引行為」を「有効な法律行為」としたのは、本条の取引が、贈与を含む法律行為による物権変動であることによるほか、法律行為自体に瑕疵がある場合には善意取得が成立しないことを明らかにするためである。

議論の中では、本条に「ただし、占有改定により占有を開始した者が、現実の占有を開始した時に善意・無過失でなかったときは、この限りではない」とのただし書を付す案も検討した。周知のとおり、判例は、占有改定では善意取得は成立しないとする否定説を採っている[35]。しかし、さまざまな学説が対立しており、近時は動産譲渡担保を念頭に置いた折衷説も有力である[36]。このような場合に特に決定的な理由がない限り、対立するいずれかの見解を条文

---

34)　ここの条文番号は仮のものである。動産物権変動につき効力要件主義を採る場合には、1条ずつ繰り下がる。また、明認方法に関する規定の採否によっても、条文番号は変化する。

35)　大判大正5・5・16民録22輯961頁、最判昭和32・12・27民集11巻14号2485頁。学説の詳細は、川島武宜＝川井健編『新版注釈民法(7)物権(2)』（有斐閣・2007年）163頁以下［好美清光］。

36)　最近のものでは、内田貴『民法Ⅰ〔第4版〕』（東京大学出版会・2008年）475頁〜476頁。

に盛り込むのは適当でないと思われるため、この案は退けられた。

　また、本来、善意取得は、「無権利者は権利を移転できない」という民法の大原則に対する例外であり、より根本的には、この原則をまず規定し、そのうえで善意取得の規定を置くことも考えられる。この点は、現行民法が当然の前提としつつ規定を置いていない事項について、どこまで明文で規定するかが問題となる場面の１つである。ただ、仮にこの原則についての規定を置くとすれば、その場所の決定は相当難しい。

(2) 盗品・遺失物の例外（178条の３）の修正点

　形態上の大きな変化は、現行193条と194条の内容の密接な関連性を考慮し、両条を１か条にまとめたことである。

　実質的な変更は、回復期間を現行規定の２年間から１年間に短縮したことである。現行規定の２年間は、交通通信手段の発達した現代社会においては長すぎるきらいがある。同様の観点から本研究会の改正提案が消滅時効一般について期間短縮を図っていること、2006年の民法及び遺失物法の改正で遺失物拾得に関する240条に規定された６月が３月に改められたことも、期間短縮の方向を示している。ボアソナード草案がすでに１年としていたこと[37]、占有訴権の期間制限が１年であること、及び、古物商や質屋に対する無償回復請求が１年間であること（古物営業法20条ただし書、質屋営業法22条ただし書）を参照して、１年に変更することになった。

　盗品・遺失物に関して、所有権が占有開始時に占有者に移転すると解するとするのが近時の学説の多数である[38]。途中の議論では、この多数説に立って、「占有者が取得した権利の回復を請求することができる」とする修正案が提案された。しかし、立法者・判例とも、回復期間中は原権利者は権利を失わないとする見解を採り、これを支持する学説もあることから、占有改定と即時取得の場合同様、一方の見解に決める形での修正は行わないことになった。

---

[37] 旧民法証拠編145条は２年としており、現行規定はこれを踏襲したものである。ボアソナードの１年案が２年に延長されたのは、感覚に基づく多数決による。「民法證據篇調査按第四十四回議事筆記（明治21年12月25日）」法務大臣官房司法法制調査部監修『日本近代立法資料叢書11』（商事法務研究会・1988年）142頁～144頁。

[38] 川島＝川井編・前掲注35）208頁以下［好美］。もっとも、好美は、「所有権帰属それ自体は、どちらでもよいことでたいした問題ではない」との結論を示している（220頁）。

第Ⅰ部　日本民法典の改正

Ⅴ　明認方法についての規定のあり方

[条文番号と位置は未定]〔立木等の物権変動〕〔新設・研究会正案〕　慣習上独立した取引の対象となる立木及び土地の未分離果実（以下「立木等」という。）は、それを譲渡し又は留保する法律行為がなされた場合には、土地又は立木等に明認方法を施すことにより、土地と分離して処分することができ、かつ法律上の利害を有する第三者に対抗することができる。

2　第177条第2項第1号及び第4号は、前項の場合に準用する。

[条文番号と位置は未定]〔立木等の物権変動〕〔新設・研究会副案〕　立木及び土地の未分離果実が慣習法上土地とは別個に取引の対象とされる場合において、その所有権の譲渡及び留保は、明認方法を施さなければ、法律上の利害を有する第三者に対抗することができない。

2　（正案と同じであるため省略）

1　規定を置くことの趣旨

(1)　現在の法状況

　立木ニ関スル法律による登記がされていない立木や未分離の果実等については、土地・樹木の一部を構成しているままの状態で土地とは独立に取引の対象とすることが、判例・学説によって肯定されている。その所有権取得の対抗要件は、判例法によって創造された明認方法と呼ばれる方法であり[39]、標識として認識できる状態が継続している限りで[40]、土地の登記と同等の対抗力が認められている[41]。物の一部を取引対象とすることは一物一権主義には反するが、現にそのような需要が存在し、慣習法上の公示方法により取引の安全を害しない限り、これを有効とする扱いが適切である。

　また、明認方法は、公示力に限界があるので、これを対抗要件とすることに

---

39)　大判大正5・9・20民録22輯1440頁（みかん）、大判大正9・2・19民録26輯142頁（立木）、大判大正9・5・5民録26輯622頁（桑葉）、大判昭和13・9・28民集17巻1927頁（稲立毛）。

40)　最判昭和36・5・4民集15巻5号1253頁。

41)　大判大正10・4・14民録27輯732頁。なお、後述するとおり、判例の多数の準則を条文化するまでの必要はないと考えられるので、判例準則の詳細について省略する。詳しくは、舟橋＝徳本編・前掲注1）637頁以下［徳本鎭］を参照。

問題がないわけではない。しかし、動産物権変動についても占有改定が引渡しと認められているなど、公示力の弱い事実が対抗要件とされていること、また、明認方法による対抗が認められるのは、慣習法上、独立に取引の対象となる物に限られ、したがって、それについて取引をする者は、明認方法の有無を確認すべきであるということができることから、明認方法による物権変動の対抗を否定するほどの理由はない。

このように、判例・学説による取引対象の拡大という明認方法によるその所有権取得の対抗という処理は、全体としては肯定されるべきものと考えられる。

(2) 条文化の是非

上記のように現在の法状況を条文化するか否かについては、今後の発展性を考えると規定は不要との意見も少なくなかった。しかし、平成に入っても明認方法が何らかの意味で問題になった裁判例は12件存在する[42]。また、実態は明らかではないが、商品性の高い野菜や果実などは、収穫前に所有権の取得を確実にしたり、譲渡担保に供して融資を受けるという利用形態が現在及び今後も考えられる。そのため、判例の準則について詳細に規定を置くまでの必要はないが、取引対象の拡大と明認方法によるその所有権取得の対抗が認められる旨は、民法上明らかにする方が望ましいとして、必要最小限の条文を設けることにした。

2 規定の方法

(1) さまざまな案

規定の仕方についても、様々な案が検討された。一時は、物を規定する86条に「土地の定着物であって法令又は慣習により認められた公示方法を備えて処分することができるものは、一個の不動産とみなす」との2項を置き[43]、これを受けて、177条の2に「本法第86条第2項に規定する不動産のうち、

---

[42] LEX/DBで、「明認方法」をキーワードとして民事判例を検索した結果である。

[43] 「法令又は」を付記したのは、立木ニ関スル法律による登記をした立木が土地とは独立の不動産として取引対象となることを示す。具体的な法令名を示さなかったのは、将来的に動産債権譲渡特例法が未分離果実等を含むよう改正されたり別に特別法ができる場合にも、本条の改正を要しないとするためであった。もっとも、動産債権譲渡特例法とは異なり、この案では、譲渡人を法人に限らなかった。法人でない農家が未分離果実を譲渡する場合が考えられるからである。

慣習により公示方法を備えたものの譲渡については、その公示方法を前条の登記とみなす」とする案が有力になった。判例の中には、桑葉のみを買受けた者が桑葉の所有権を第三者に対抗するには、引渡だけでは足らず、引渡しを他人に明認させるに足る方法を講じなければならないとし、未分離の桑葉を独立の動産とすると思われるものもある[44]。しかし、判例は総体として、明認方法を、登記や引渡しとは別個の対抗要件として肯定し、土地登記に準じた効力を認めているので、端的に一個の不動産とみなして、不動産物権変動の対抗要件に準じた統一ルールに服させるのが簡明である、と考えたためである。

しかし、一般に立木等をその土地と切り離して独立の物と観念することは、建物と不動産とを別個の物と考えることによって民法上生じている様々な問題を立木等についても及ぼすことになる点で、必ずしも妥当な解決とはいえないため、物権変動の個所のみに規定を置く方がよい。物権変動の規定も、明認方法という定着した概念を用いて、より直接的に表現する規定とする方がわかりやすい。こうした意見があり、規定の表現を再検討することになった。

まず、研究会正案177条にならった上記副案が提案された[45]。これは、土地の一部が譲渡された場合、その土地の一部については意思表示により物権変動が生じ、分筆したうえでの移転登記は対抗要件にすぎないのと同様、立木等も意思表示により物権変動が生じ、明認方法はあくまでも対抗要件にとどまる、という考え方である。

しかし、これに対して、異なる考え方が示された。立木等は、あくまで土地の一部であり、明認方法が施された場合に一物一権主義の例外として土地と独立した物となる。明認方法は、たんに物権変動の対抗要件であるだけでなく、立木等を土地と分離・独立した物としてその処分自体を可能にするものと考えるべきである、と。

考え方としては、両論とも成立しうるところ、立木等は基本的に土地の構成部分である、という原則を強調する後者の考え方が多数の賛成を得たので研究

---

44) 前掲注39)の大判大正9・5・5。
45) もっとも、提案時には2項は、「前項の第三者は、以下の各号のいずれかに該当するときは、明認方法の不存在を主張することができない。1 契約の締結など、物権変動原因の発生につき当事者の代理人又は仲介人として関与した者、2 競合する権利取得者を害することを知りながら権利を取得した者その他権利取得の態様が信義則に反する者」となっていた。

会正案とし、他方を研究会副案とした。また、上記の2項の提案（注45）参照）は、研究会正案177条2項のうち、登記申請義務に関係する2号と3号（不動産登記法5条相当）を除いたものであったが、実際に適用が問題になることは少ないと考えられることから、案を実質的には維持しつつ、より簡素な準用形式に表現を改めることになった。

　なお、条文を置く場所については、不動産登記に準じる扱いであることを理由として不動産物権変動の規定の次に置くという案と、登記・引渡しに次いで慣習法上認められる公示方法であることを理由に、動産物権変動の規定の次に置く案があり、最終的に確定していない。

(2)　若干の留意点
(a)　土地及び未分離果実

　泉源利用権としての温泉専用権は慣習法上の物権と認められ、これについても明認方法と同様の公示方法が認められている。すなわち温泉専用権、源泉権、湯口権などの名称で呼ばれる権利は慣習により登録が行われているが、このような登録や温泉の採取・利用・管理の施設の設置は、明認方法と同様の公示方法としての効力があるとされている[46]。研究会では、問題の複雑化を避けるため、温泉権が新しい物権の創設に当たるのか否かの判断を含め、この点は留保した。改正案は、このような明認方法（ないし明認方法に類似するもの）の効力を否定する趣旨を含まない。これにも同様のルールを妥当させるべきか否かは、さらに議論の必要があり、これが肯定されれば改正案の文言は修正を要することになる。

(b)　譲渡し又は留保する法律行為

　明認方法が対抗要件となるのは、判例法上は、公示方法としての制約上、所有権の移転（＝譲渡）及び留保・復帰[47]に限られる。学説には、留保や復帰の場合の対抗問題構成は不当であるとの見解もあるが、基本的に判例の見解を是認しつつ、解除による復帰は外れると解することになる（上記Ⅱ1(2)(c)①を参照）。もっとも、判例の事案に多い立木所有権の復帰条項の事例は、この案でも、法

---

46)　大判明治28・2・6民録1輯83頁、大判明治38・10・11民録11輯1326頁、大判昭和15・9・18民集19巻1611頁。

47)　最判昭和34・8・7民集13巻10号1233頁（留保）、大判昭和8・6・20民集12巻1543頁（特約による復帰）。

律行為による復帰的譲渡と考えることができる。なお、譲渡担保は、譲渡に含まれよう[48]。

(c) 効力要件主義による場合

研究会では議論ができていないが、1項末尾は、「土地と分離した処分の効力を生じる」と書くことになろう。また、明認方法の場合には、(副案) 176条2項・3項の準用は不要であろう。

---

48) 舟橋＝徳本編・前掲注1) 664頁［徳本］。

第4章 新しい土地利用権体系の構想
—— 用益物権・賃貸借・特別法の再編成をめざして

山野目章夫

Ⅰ 序——問題の提起
Ⅱ 地上権と永小作権の規定の見直し
Ⅲ 賃貸借の規定の見直し
Ⅳ 補　遺
〔参考——民法の一部規定の改正提案〕
〔参考——借地借家法の改正イメージ〕

Ⅰ　序——問題の提起

1　立法提案の原則的見地
(1)　立法の内容に関する原則的見地

　民法財産法編の改正提案を内容とする今般の共同研究において、本章筆者は、おもに民法第2編のうち用益物権の部分の見直しに関し、原案を起草する役割を分担した。周知のごとく、現行の民法が規定を用意する用益物権は、基本的に土地の使用収益を権利内容とするものであるから、このような分担に基づく作業に取り組むにあたっては、新しい土地利用権の体系について、一定の視座が用意されていなければならない。

　もとより、土地という財貨から人々の福利、具体的には市民の生活ないし事業者による活動の基盤としての効用を適切に獲得するための私法的な思考形式は、さまざまの解がありうる。しかし、そのような効用獲得が公共の適切なコントロールに服すべきことを留保して、それを一旦は一人の者の熱意に託し、その者に全面的で排他的な支配の権能を賦与するということが、近代私法の思考の出発点ではなかったか。1789年に市民革命の成果として発せられた世界史的文書が特に所有権に論及していたこと（人および市民の権利に関する宣言17条）は、今日の視点から思想的な省察を施すならば[1]、おそらくは、このような整理にゆきつくことであろう[2]。

　したがって、ここで民法の改正提案をするにあたっても、土地の所有権と、

第 I 部　日本民法典の改正

所有権でなく他人が土地を使用する権原として構成される権利のそれぞれについて、あらためて原則的な把握の仕方を調えておくことが求められる。何よりも考察の基点として、ある物の使用・収益・処分の担い手が有する権能の最も重要な私法形式的な表現は、所有権であるべきである。物の使用・収益・処分を最適に実現することを可能ならしめる見地から、所有権の意義を無に帰せしめるような制限を加えることは、否定されなければならない。

　もっとも、このようにして所有権に対する諸制限を抑制的に考えるべきである、という仮説から出発するとしても、多様な局面において、しばしば複雑な

---

1) 「今日的な視点から」という留保を添えなければならないのは、つぎのような事情による。採択された宣言の 17 条が謳う「所有権」のフランス語の原語は、今日、単数で理解されており、フランスで宣言のテキストを編集している公刊物も単数で表記している。しかし、宣言が採択された 1789 年 8 月 26 日に、それは、どのようなテキストであったか。これを問うとき、人々は、パリのカルナヴァレ美術館に所蔵されていた当時において流布していたテキストが、所有権を複数にしていた、という仰天するほかない事実に出くわす（稲本洋之助「フランス革命と土地所有権」不動産研究月報 138 号〔日本不動産研究所・1989 年〕14 頁）。このショッキングな事実は、近代的な人権保障の一翼をなし日本の憲法 29 条 1 項の思想的源流をなすとさえ信じられてきた宣言 17 条の相貌に、根本的な理解の変容を迫るかもしれない。すなわち、「なぜ単数でなく、複数かというと、まさに封建制の下での所有権は領主の上級の所有権と農民の下級の所有権、さらには領主の階層的な数多くの所有権に分割されていて……いわば前近代的な所有の不可侵を理由として、有償廃棄の原則」を引き出す手がかりとされた側面（稲本・同 15 頁）を否定することができないからである。あらためて説くまでもないことであるが、歴史的事件としてのフランス革命は、このようなエピソードからも窺いうるように、けっして夢あふれる美しい物語ではなく、まぎれもない政治闘争であり思想的格闘であった。そして、日本民法の改正提案をしようとする営みもまた、こと用益物権に関していうならば、土地所有権思想の錯綜に身を投ずるに等しい。いくつか考えられる思想的な組み合わせのなかから、1 つの解といいうるものを摑み出すことができるか、それがここでは問われる。

2)　1789 年の権利宣言を受け所有権の実定的輪郭を提示する役割を担った 1804 年のフランス民法典の 544 条も、基本は、旧体制に対する関係で所有権の最大限の保障を宣明しようとするものであった。吉田克己「フランス民法典第 544 条と『絶対的所有権』」甲斐教授記念論文集『土地法の理論的展開』（法律文化社・1990 年）200 頁。もっとも、同時に同条に含ませられた制限の留保との関係については、考察を要する問題があるし、その後のフランス民法典の歩みにおいても曲折を含む問題を孕んでいる。吉田・前掲論文の全般における検討のほか、ジャン・カルボニエ（野上博義＝金山直樹〔訳〕）「コード・シヴィル」石井三記編『コード・シヴィルの 200 年──法制史と民法からのまなざし』（創文社・2007 年）190-191 頁参照。

様相を帯びる財貨の効率的利用の要請から、いろいろな形態による所有権の制限（その実質を端的に表現するフランス法の表現に徴するならば「所有権の分解」）を許容することまでを一概に否定してかかることは難しい。それゆえにこそ、日本の民法典も、用益物権・相隣関係・共同所有といった仕方における所有権に対する制限の諸形態を是認してきた。

しかし、上記仮説の前提をなす思想的見地に照らし、所有権の意義を無に帰せしめるような制限（制限を受ける所有権の描写の側から、これもフランス法の表現に徴するならば「虚有権」）は、許容することができないというべきである。

このような原則的見地に立脚して、土地の利用は、それが公共的な制約に服することが明確にされることを前提として、それについて民事上全面的な使用収益権能を与えられる者が熱意と創意を抱いて、これに取り組むことを可能とする法体系が用意されなければならない。半面において、このことは、所有者でない者が土地を使用する権原を取得してなされる土地利用という契機を否定するものではない。そして、そのような土地利用権原は、それ自体として安定的な土地利用を可能とするものでなければならないと共に、土地所有権に対する重篤な負荷となることがないよう配慮がなされなければならない。とりわけ、土地空間の全面において使用の権能を所有者から簒奪することになる権原が永久に、またはそれに準ずる長期にわたり存続することは、否定されるべきである。

(2) 立法の形式に関する原則的見地

他人が土地を使用する権原となる権利について、上述の要請を充たすものとして構成されるものは、その観念を法制的に簡明・明快に提示するという見地から、可及的に物権として構成されるべきである。また、そのような役割を与えられる物権は、その基本的な規律が民法（民法典）において提示されることが望まれる。具体的には、土地利用権原の対抗力保障および存続保障に関する基本的な規律を民法において提示することが要請される。

附言するに、物権法定主義に関する175条については、今般の改正提案において、とくに慣習上の物権を許容する趣旨の文言は追加しないものとする。近代的な所有権の在り方に抵触せず、内容が公序良俗に反するものでない慣習上の物権ないし物権的権利は、許容されてよいと考えられるところ、成文法によらない物権を「創設することができない」とする現行175条の文言をもって法律行為による物権の設定を禁ずる趣旨に理解するならば、慣習により（創設で

なく）生成するものと考えられる慣習上の権利は、現行規定を維持する場合においても、それが否定されるものではないと考えられるからである[3]。

2　概念の準備

　この立法提案の説明においては、上述のとおり、構想される各種物権の本質的規律をなすと考えられる対抗力保障と存続保障のそれぞれについて、その内容を整理して提示するため、つぎのような概念を用いることにする。

(1) 対抗力保障

　不動産を使用収益する権原が所有権により覆滅されることを避けるためには登記による対抗力具備によるほかないものとされるときに、この限度における対抗力保障を「基本的な対抗力保障」とよび、これに対し、不動産の現実的な使用収益に結びつけられた対抗力の拡充が図られる場合に、そのような対抗力保障を「補強された対抗力保障」とよぶ。上述1(1)の要請を充足する安定的な土地利用権原は、補強された対抗力保障が与えられることが民法において明定され、または少なくとも示唆されていなければならない。

(2) 存続保障

　また、存続保障については、まず存続期間について、上述1(1)の要請を充足する土地利用権原は、そうでないものとのあいだにおいて役割分担が明瞭になるよう比較的に長期のものが定められるようにすべきである。ただし、そのような土地利用権原が永久に存続することは認められるべきでない。また、そのような規律において定められる存続期間が満了する際の権原の更なる存続の可能性については、更新が所有者の明示の意思に反して生ずることが否定され、土地利用権原は、定期に終了することを原則としつつ、せいぜい不動産の使用に対し所有権が明示の異議を述べないことをもって更新を推定する限度において存続保障が図られるとき、これを「定期の存続保障」とよぶことにする。これに対し、更新請求をすることのできる可能性を是認し、これを所有者が拒絶するのに正当の事由を必要とするという仕方で存続保障に対する権力的な介入の契機が用意されるものを「加重された存続保障」と称する。しばしば「加重された存続保障」が土地の所有権に対する深刻な重圧となるおそれがあることに鑑み、上述1(1)の要請を充足すべき土地利用権原については、少なくとも

---

[3]　広中俊雄『物権法〔第2版増補〕』（青林書院・1987年）33頁参照。

「加重された存続保障」が自明のものであってはならず、定期に終了する形態のものがありうることが、民法において明定され、または少なくとも示唆されていなければならない。

II 地上権と永小作権の規定の見直し

1 新しい地上権の構想

以上のような原則的見地の準備をふまえ、民法典の規定の各部について見直しの考察を施すとするならば、まず、都市的土地利用に仕える安定的な土地利用権原として、地上権を再編することが求められる。その重要な1つの形態としては、いうまでもなく建物の所有を目的とするものがある。また、林業のための土地利用に地上権が用いられる契機にも留意を欠いてはならない（案265条）[4]。

(1) 対抗力保障

そのような地上権の一般について基本的な対抗力保障が与えられるべきであり、また、建物の所有を目的とする地上権について補強された対抗力保障が与えられること（案265条の2）は、民法において明らかにされるべきである。

(2) 存続保障

地上権一般については、その存続期間を20年以上のものとすることを基本的な想定とし（案268条2項）、また、建物所有を目的とする地上権は、おもに都市的土地利用の場面において借地による建物所有に長期安定の基盤を提供する役割を明確にする見地から60年を最低の存続期間として法定することが考えられる（案268条3項）。なお、永久に存続する地上権は認められるべきでないとする解釈の成立が期待されてよい。

そのうえで、地上権一般について定期の存続保障が与えられ、また、建物の

---

[4] 改正提案は、案文を示してしなければ考察を深めることができないと考えられるところから、本章の提案に関係する改正規定案を本章の末尾（本書119頁以下）に提示するとともに、本文中の各所においては、このように条を特定し、それを「案何条」という仕方で引用することにする。なお、本章は2008年7月に脱稿したものであるが、研究会として確定し同年10月の学会シンポジウム当日に提示する改正提案は、同年8月の作業で確定することが予定されていた。したがって、本章に提示するものと研究会としての最終の改正提案とが、各規定の改正思想の内容において齟齬することはありえないが、細部の字句などについては完全に一致するものではない。

所有を目的とする地上権には、定期の存続保障にとどまるものと加重された存続保障が伴うものとの両方の形態があることが民法において示唆されることが望まれる（案268条の2）。具体的には、地上権者が更新請求をすることのできる可能性を伴う形態のものは、その旨を設定行為で定めるべきであり、かつ、そのことを第三者に対抗するためには、その旨を登記することを要するという制約の下でのみ、是認されることが相当である。

2 農用地上権の制度を創設する構想

現行の永小作権は、名称を廃止し、これに代わるものとして農用地上権の制度を設けることとする。おもに都市的な土地利用および山林としての土地利用に即応するためには、債権的な土地利用権原として土地の賃貸借が用意されている半面において、物権的な土地利用権原としての地上権が控えていることとの整合を考えるならば、農業的な土地利用を想定して、債権的な土地利用権原として土地の賃貸借と共に、物権的な土地利用権原としての永小作権を用意しておく現行法制には、それとして根拠がある。永小作権を単純に廃止して、農業のための土地利用権を賃貸借のみとすることは安易であり、単純に永小作権を廃止するならば20年を超える賃貸借を認めなければならないのではないか、という問題の検討が避けられないこととなるが、それは、長期安定の土地使用権原を物権として構成し、そうでないものを債権として構成することにより役割分担の透視性を高めるという立法政策の標榜と整合しないこととなる（現実の刹那的な立法の動向としては、むしろ20年超の賃貸借を是認する方向での農地法の改正が2009年春の国会で議論され始めている——初出稿後の情勢を受けての追記）。

そこで、永小作権を現代化する新しい土地利用権が構想されることになるところ、そのような新しい土地使用権としては、地上権（一般）が都市的土地利用や林業的土地利用を含む包括的・普遍的な性格をもつ長期安定の物権として提示されることを睨みつつ、その特殊型として、土地の天然果実である作物の周期的収穫という特徴をもつ「農用地上権」を構想し、その規定編成は、地上権の章のなかに、通則規定を置く第1節と、「農用地上権」を規定する第2節を置くこととする、という構想を提案することとする（案270条以下）[5]。

そのようにして構想される農用地上権の存続期間についても、物権における長期性という特徴が与えられるべきであり、上限20年とする賃貸借との役割分担を明瞭にする見地から、存続期間の下限を20年とすることが相当である

(案278条1項)。ただし、永小作権は、すでに現行制度において、時間的に有限の制度であることが明確になっており、また、半永久的な土地利用権原の成立可能性を是認すべきでないとする原則的見地に立脚するならば、その名称を変更したうえで、規律の細部については、実態を調査したうえで、さらに検討をすべきである(案278条3項)。

そこで、ここでは、ひとまず、用水を使い、もしくは用水を使わないでなされる農耕のために、または採草放牧地として他人の土地を使用することを可能とする安定的な土地利用権原として、新しく「農用地上権」を構想することとする。より厳密には、規定の体系上、農耕のための土地使用権原について農用地上権としての規定を系統的に設け、採草放牧地としての土地の使用については、農用地上権の規定を準用する体裁(準農用地上権)を採ることが考えられる(案279条の2)。

(1) **対抗力保障**

そのような安定的な土地利用権原であるからには、これに補強された対抗力保障が与えられるべく、土地の引渡しがあれば対抗力を具備することができる旨が民法において明定されるべきである(案271条の2)。

(2) **存続保障**

農用地上権は、その存続期間を20年以上のものとすることを基本的な想定とすべきである(案278条1項)。なお、永久に存続する農用地上権は、認められるべきでないとする解釈の成立が期待されてよい(現行の民法施行法などの解釈上、永小作権については、存続期間を永久とすることはできないと解され、したがって現在においても地上権とは問題状況を異にする)。そのうえで、農用地上権には、定期の

---

5) 本稿の農用地上権構想は、直接に近時の農地政策論議への寄与をねらいとするものではないが、そこでの論議の動向と無関係でもない。一概に単純化して述べることは難しいものの、一定の規模を擁する農業経営を計画的に進める観点から、農業的土地利用のために長期安定の土地利用権の制度が1つの選択肢として整備されることは、意義があると考えられる。農用地の利用集積を追求する従来政策の展開経緯について、原田純孝『農地制度を考える──農地制度の沿革・現状と課題』(全国農業会議所・1997年)参照。また、将来に向け農地政策を睨む論議の諸動向については、衆議院調査局農林水産調査室「農地政策の改革──『農政策の展開方向について』に係る学識経験者等の見解と農地政策関係資料」(2008年、衆議院のホームページで参照することができる)が有益である。

本文で追記として紹介する農地法改正案の批判的検討、原田純孝「自壊する農地制度／農地法等改正法律案の問題点」法時81巻5号(2009年)。

存続保障にとどまるものと加重された存続保障が伴うものとの両方の形態があることが民法において示唆されることが望まれる（案277条）。

III　賃貸借の規定の見直し

1　賃貸借の通則規定の見直し

　民法が定める用益物権の在り方に関する見直しの考え方は以上のようなものであるが、その意義を明瞭にするうえでは、これらの物権的利用権原と並べ、債権的な利用権原について検討しておくことが望まれる[6]。そこで、見直しの方向を提示しておくとするならば、まず、賃貸借の目的物として「物」一般を想定する現行の規定編成は、これを改めなければならない必然性が認められないことから、変更しない（案601条）。したがって、土地も賃貸借の目的となりうる。しかし、都市的土地利用や農業的土地利用のために安定的に他人の土地を使用する権原は、可及的に地上権一般および農用地上権が任ずべきである。宅地や農耕地としての使用を想定する土地の賃貸借も、妨げられないというにとどまる。

(1)　**対抗力保障**

　このような原則的見地に立脚しつつ、一般の不動産賃貸借には基本的な対抗力保障（案605条1項前段）を与えることとする半面において、建物所有を目的とする土地の賃貸借には補強された対抗力保障を与えること（案605条2項）が相当である。

(2)　**存続保障**

　賃貸借は、一般には、その期間を20年以下のものとすることを基本的な想定とすべきである（案601条の2）。そして、そのような制約のもとで定められる期間満了の際の更なる存続の保障は認められず、定期の存続保障が与えられ

6）　さらに、このような用益物権および賃貸借の規定という、いずれにしても民法の規定の改正提案に加え、ここでの提案の輪郭を明瞭に提示するためには、これらの規定の見直しに伴い借地借家法がどのような姿になるか、を考察しておく必要がある。そこで、それを本章末尾（本書126頁以下）にイメージとして示すこととする。ただし、これは、この研究会において、討議の対象とされたが、厳密な意味における採択の対象ではなく、また、すべての規定の網羅的な検討にもなっていない。イメージとして示すにとどめるのは、このような事情による。

るにとどまる。これに対し、建物所有を目的とする賃貸借は、おもに都市的土地利用の場面において借地による建物所有に長期安定の基盤を提供する役割を明確にする見地から 30 年を最低の存続期間として法定することとし（案 601 条の 3 第 1 項）、また、そこでは定期の存続保障を与えられるものと加重された存続保障を与えられるものとの双方の形態が併存してよい（末尾に参考として提示する借地借家法の改正イメージの 5 条・22 条）。

2 建物賃貸借に関する規律の構想

不動産の賃貸借のなかでも、建物を目的とするそれは、建物が人々の居住または事業の基盤であるという財貨としての重要性に鑑み、とりわけ安定的な不動産利用権原として構成されなければならない。建物を目的とする物権的な使用権原が設けられてこなかったことにも、あわせて留意される必要がある。

(1) 対抗力保障

そのような重要性をもつものとしての建物の賃貸借については、補強された対抗力保障が与えられるべきであるとともに、そのことは、民法において明らかにされるべきである（案 605 条 1 項後段）。

(2) 存続保障

また、建物の賃貸借には、同様の観点から、基本的に加重された存続保障が賦与されるべきであり、そのことは民法において明定され、または少なくとも示唆されていなければならない（案 619 条）。

IV 補　遺

1 関連法律整備――借地借家法および不動産登記法

地上権および賃貸借の民法の規定の大幅な見直しの結果として、借地借家法について所要の関連法整備をする必要が生じる。また、次述 2 との関連から、地役権の対抗を登記事項とするべきである。追って、地役権について、存続期間を登記事項としない現行の規律は、変更しないものとする（不動産登記法 80 条 1 項関係）。

2 地役権

広い意味においては、地役権も土地利用権の体系のなかで論じられるべき素材であり、これについては、つぎの 3 つの点について見直しが図られるべきで

ある。
(1) 対価の定めの明示的容認
　近代的な土地利用権の設定が有償の財貨移転として行なわれるべきことが原則であるとみる見地に立脚して、対価の定めが物権としての地役権の内容をなすことを民法の規定のうえで明らかにすべきである（案280条2項）。関連して、対価の定めを地役権の任意的登記事項とする関連法整備が望まれる。
(2) 永久の地役権の容認
　地役権は、時間的に永久の存続が可能であるものとして設定することが許されるべきであるが、これが許容されるのは、その空間的な効力内容が、土地の使用収益を全面的に所有者から簒奪するものでないことによる。相隣関係が時間的に制約のない法律関係であることも同じ観点から観察することができるし、比較法的視野まで拡げていうならば、フランス法の虚有権も、特殊な状況限定のもとで成立が許容される。
　このように考えてくるならば、存続期間に言及しない現行の民法の規律は維持されるべきであり、また、存続期間を登記事項としない現行の不動産登記制度の規律も見直す必要はない。
(3) いわゆる人役権の限定的容認
　要役地に附従する性格をもつ役権のみを認める現行の規律に合理性は見出されない。役権（servitus）概念を再検討し、要役地であるとされる土地の便益のために設定される役権（foncierな役権）のほかに、特定の人の便益のために設定される役権（personnelな役権）の導入可能性が検討されるべきである。
　ただし、いわゆる人役権の法的需要が奈辺にあるか、は必ずしも明確でないから、個別法律が容認するもののみを認めるものとし、その趣旨を宣明する規定を民法に置くことが望まれる。つまり、地役権は原則として認められるが相隣関係の公序規定に反するものが例外的に無効視される（案280条1項但書）のに対し、人役権は認められないのが原則であるとされつつ個別法律が例外として許容することを妨げない（案293条の2）とする組み合わせのもと、新しい役権の体系が構想される[7]。

---

7) 人役権構想の評価をめぐって、山野目章夫＝加藤雅信＝加藤新太郎「〔鼎談〕不動産法の体系と思想」加藤雅信＝加藤新太郎編『現代民法学と実務（上）』（判例タイムズ社・2008年）258-265頁以下（初出は、判夕1236号〔2007年〕45-48頁参照）。

3 入会権に対する基本的態度

　入会権に関する現行263条・294条については、現行の簡素な規定振りを維持するものとする。実態上各地方に存在する入会慣行は多様であり、慣習への簡明な参照指示にとどめる現行法制の方針は、維持するほかないと考えられる。また、民法は、入会権の現代的な存在意義については、中立的な規律を与えるという方針で臨むことが相当であると考えられ、政策的な立法としての性格が強い入会権の近代化の促進（法律上の名称は"助長"）に関する制度規律それ自体を民法に取り込むことは控え、そのような法制の存在を示唆するにとどめること（案294条）が相当である。

〔参考——民法の一部規定の改正提案〕

　　（地上権の内容）〔本条一部改正〕
　第265条　地上権者は、他人の土地において建物その他の工作物又は竹木を所有するため、その土地を使用する権利を有する。
　　（地上権の対抗要件の特例）〔本条は新設〕
　第265条の2　建物の所有を目的とする地上権は、その登記がなくても、土地の上に地上権者が登記されている建物を所有するときは、これをもって第三者に対抗することができる。
　　（地代）〔本条全部改正〕
　第266条　地上権者が土地の所有者に定期の地代を支払わなければならない場合については、その性質に反しない限り、賃貸借に関する規定を準用する。
　2　地上権者が引き続き2年以上地代の支払を怠ったときは、土地の所有者は、地上権の消滅を請求することができる。
　　（相隣関係の規定の準用）〔本条について改正なし〕
　第267条　前章第一節第二款（相隣関係）の規定は、地上権者間又は地上権者と土地の所有者との間について準用する。ただし、第229条の規定は、境界線上の工作物が地上権の設定後に設けられた場合に限り、地上権者について準用する。
　　（地上権の存続期間）〔本条一部改正、第3項を新設〕
　第268条　設定行為で地上権の存続期間を定めなかった場合において、別段の慣習がないときは、地上権者は、いつでもその権利を放棄することができる。た

第 I 部　日本民法典の改正

だし、地代を支払うべきときは、1年前に予告をし、又は期限の到来していない1年分の地代を支払わなければならない。
2　地上権者が前項の規定によりその権利を放棄しないときは、裁判所は、当事者の請求により、20年以上50年以下の範囲内において、工作物又は竹木の種類及び状況その他地上権の設定当時の事情を考慮して、その存続期間を定める。
3　建物の所有を目的とする地上権の存続期間は、前2項の規定にかかわらず、60年とする。ただし、設定行為でこれより長い期間を定めたときは、その期間とする。

(地上権の更新請求)〔本条は新設〕
第268条の2　建物の所有を目的とする地上権で地上権者が更新を請求することができる旨の定めがあるものは、その存続期間が満了する場合において、地上権者が契約の更新を請求したときは、借地借家法の定めるところにより更新されたものとみなす。

(工作物等の収去等)〔本条一部改正〕
第269条　地上権者は、その権利が消滅した時に、土地を原状に復してその工作物及び竹木を収去することができる。
2　土地の所有者は、前項の規定にかかわらず、工作物及び竹木を時価で売り渡すべきことを請求することができる。この場合において、地上権者は、正当な理由がなければ、これを拒むことができない。
3　前2項の規定と異なる慣習があるときは、その慣習に従う。

(区分地上権)〔本条の見出しを変更〕
第269条の2　地下又は空間は、工作物を所有するため、上下の範囲を定めて地上権の目的とすることができる。この場合においては、設定行為で、地上権の行使のためにその土地の使用に制限を加えることができる。
2　前項の地上権は、第三者がその土地の使用又は収益をする権利を有する場合においても、その権利又はこれを目的とする権利を有するすべての者の承諾があるときは、設定することができる。この場合において、土地の使用又は収益をする権利を有する者は、その地上権の行使を妨げることができない。

(農用地上権の内容)〔権利の名称を農用地上権とし、また、権利者の呼称を農用地上権者と改めるなど、本条の一部を改正。次条以下においては、このことを逐一ことわることをしない。〕
第270条　農用地上権者は、地代を支払って他人の土地において耕作をする権利を有する。

〔山野目章夫〕　　　　　　　　第4章　新しい土地利用権体系の構想

(農用地上権者による土地の変更の制限)〔本条の趣旨について改正なし〕
第271条　農用地上権者は、土地に対して、回復することのできない損害を生ずべき変更を加えることができない。

(農用地上権の対抗要件の特例)〔本条は新設〕
第271条の2　農用地上権は、第177条の規定にかかわらず、その登記がなくても、土地の引渡しがあったときは、これをもってその後その土地について物権を取得した第三者に対抗することができる。

(農用地上権の譲渡又は土地の賃貸)〔本条の趣旨について改正なし〕
第272条　農用地上権者は、その権利を他人に譲り渡し、又はその権利の存続期間内において耕作のため土地を賃貸することができる。ただし、設定行為で禁じたときは、この限りでない。

(賃貸借に関する規定の準用)〔本条の趣旨について改正なし〕
第273条　農用地上権者の義務については、この章の規定及び設定行為で定めるもののほか、その性質に反しない限り、賃貸借に関する規定を準用する。

(地代の減免)〔本条全部改正〕
第274条　地代の額が、不可抗力により、田にあっては、収穫された米の価額の2割5分、畑にあっては、収穫された主作物の価額の1割5分を超えることとなったときは、農用地上権者は、土地の所有者に対し、その割合に相当する額になるまで地代の減額を請求することができる。

(地代の増減額請求)〔本条は新設。永小作権の放棄を定める現行275条は削る。〕
第275条　地代の額が農産物の価格若しくは生産費の上昇若しくは低下その他の経済事情の変動により又は近傍類似の農地の地代の額に比較して不相当となったときは、契約の条件にかかわらず、当事者は、将来に向かって地代の額の増減を請求することができる。ただし、一定の期間地代の額を増加しない旨の特約があるときは、その定めに従う。
2　地代の増額について当事者間に協議が調わないときは、その請求を受けた者は、増額を正当とする裁判が確定するまでは、相当と認める額の地代を支払うことをもって足りる。ただし、その裁判が確定した場合において、既に支払った額に不足があるときは、その不足額に年10パーセントの割合による支払期後の利息を付してこれを支払わなければならない。
3　地代の減額について当事者間に協議が調わないときは、その請求を受けた者は、減額を正当とする裁判が確定するまでは、相当と認める額の地代の支払を請求することができる。ただし、その裁判が確定した場合において、既に支払

を受けた額が正当とされた地代の額を超えるときは、その超過額に年10パーセントの割合による受領の時からの利息を付してこれを返還しなければならない。

(永小作権の消滅請求)
第276条　削除

(農用地上権の更新)〔本条は新設。慣習による例外的規律を許容する現行277条は削る。〕
第277条　農用地上権について存続期間の定めがある場合において、その当事者が、その期間の満了の1年前から6月前までの間に、相手方に対して更新をしない旨の通知をしないときは、従前と同一の条件で更に農用地上権を設定したものとみなす。
2　農用地上権の当事者は、農地法で定めるところにより都道府県知事の許可を受けなければ、前項の更新をしない旨の通知をすることができない。
3　農業経営基盤強化促進制度に基づく農用地利用集積計画の定めるところによって設定された農用地上権については、前2項の規定を適用しない。

(農用地上権の存続期間)〔本条一部改正〕
第278条　農用地上権の存続期間は、20年以上50年以下とする。設定行為で50年より長い期間を定めたときであっても、その期間は、50年とする。
2　農用地上権の設定は、更新することができる。ただし、その存続期間は、更新の時から50年を超えることができない。
3　設定行為で農用地上権の存続期間を定めなかったときは、その期間は、〔別途検討する年数の〕年とする。
〔注記〕　当事者が農用地上権の存続期間を定めなかったときについて本3項が定める標準存続期間は、他人の土地を用いてする耕作の実状や将来的な見通しを勘案して、別途検討する。

(工作物等の収去等)〔本条の趣旨について改正なし〕
第279条　第269条の規定は、農用地上権について準用する。

(採草放牧地としての他人の土地の使用)〔本条は新設〕
第279条の2　地代を支払って他人の土地において耕作若しくは養畜のための採草又は家畜の放牧をする権利については、本章の規定を準用する。

(地役権の内容)〔本条一部改正〕
第280条　地役権者は、設定行為で定めた目的に従い、通行、引水その他の自己の土地の便益に他人の土地を供する権利を有する。ただし、第三章第一節（所

〔山野目章夫〕　　　　　　　　第4章　新しい土地利用権体系の構想

有権の限界）の規定のうち公の秩序に関するものに違反しないものでなければならない。

２　地役権者が土地の所有者に定期に償金を支払わなければならない場合については、その性質に反しない限り、賃貸借に関する規定を準用する。

第281条から第293条までは改正なし。

（特定の者に土地の便益を供する権利の設定）〔本条は新設〕

第293条の2　法律の規定に従い、他人の土地を自己の便益に供する権利の設定を受けた者の権利行使については、第281条を除くほか、この章の規定を準用する。

（共有の性質を有しない入会権）〔本条一部改正、第2項の新設〕

第294条　共有の性質を有しない入会権については、各地方の慣習に従うほか、この章の規定を準用する。

２　入会林野である土地について、その農林業上の利用を増進するため、入会権を消滅させ、及びこれに伴い入会権以外の権利を設定し、移転し、又は消滅させる手続については、別に入会林野整備の実施手続として定めるところによる。

（賃貸借）〔本条について改正なし〕

第601条　賃貸借は、当事者の一方がある物の使用及び収益を相手方にさせることを約し、相手方がこれに対してその賃料を支払うことを約することによって、その効力を生ずる。

（賃貸借の存続期間）〔現行604条所定の規律を本条に排列変更〕

第601条の2　賃貸借の存続期間は、20年を超えることができない。契約でこれより長い期間を定めたときであっても、その期間は、20年とする。

２　賃貸借の存続期間は、更新することができる。ただし、その期間は、更新の時から20年を超えることができない。

〔本条は新設、見出しは添えない。〕

第601条の3　建物の所有を目的とする土地の賃貸借の存続期間は、30年とする。ただし、契約でこれより長い期間を定めたときは、その期間とする。

２　建物の所有を目的とする土地の賃貸借で契約の更新がないものの存続期間は、前項の規定にかかわらず、借地借家法の定めるところによる。

３　期間を1年未満とする建物の賃貸借は、期間の定めがない建物の賃貸借とみなす。

４　前条の規定は、建物の賃貸借については、適用しない。

第601条および第603条までは改正なし。

第Ⅰ部　日本民法典の改正

(不動産賃貸借の対抗力)〔現行の法文を第1項として後段を新設し、また、第2項を新設する〕

第605条　不動産の賃貸借は、これを登記したときは、その後その不動産について物権を取得した者に対しても、その効力を生ずる。建物の賃貸借について、建物の引渡しがあったときも、同様とする。

2　第265条の2の規定は、建物の所有を目的とする賃貸借について準用する。

(賃貸物の修繕等)〔本条一部改正、第3項を新設〕

第606条　賃貸人は、賃貸物の使用及び収益に必要な修繕をする義務を負う。

2　賃貸人が賃貸物の保存に必要な行為をしようとするときは、賃借人は、これを拒むことができない。

3　賃借物が修繕を要するときは、賃借人は、遅滞なくその旨を賃貸人に通知しなければならない。ただし、賃貸人が既にこれを知っているときは、この限りでない。

(賃借人の意思に反する保存行為)〔本条について改正なし〕

第607条　賃貸人が賃借人の意思に反して保存行為をしようとする場合において、そのために賃借人が賃借をした目的を達することができなくなるときは、賃借人は、契約の解除をすることができる。

(賃料の支払時期)〔614条の規律を一部変更して本条に排列変更〕

第607条の2　賃料は、動産、建物及び宅地については毎月末に、その他の土地については毎年末に、支払わなければならない。

(賃借物の一部滅失による賃料の減額請求等)〔611条の規律を本条に排列変更〕

第607条の3　賃借物の一部が賃借人の過失によらないで滅失したときは、賃借人は、その滅失した部分の割合に応じて、賃料の減額を請求することができる。

2　前項の場合において、残存する部分のみでは賃借人が賃借をした目的を達することができないときは、賃借人は、契約の解除をすることができる。

(賃借人による費用の償還請求)〔本条一部改正〕

第608条　賃借人は、賃借物について賃貸人の負担に属する必要費を支出したときは、賃貸人に対し、直ちにその償還を請求することができる。

2　賃借人が賃借物について有益費を支出したときは、賃貸人は、賃貸借の終了の時に、第196条第2項本文の規定に従い、その償還をしなければならない。ただし、裁判所は、賃貸人の請求により、その償還について相当の期限を許与することができる。

第609条および第610条は削除。

〔山野目章夫〕　　　　　　　　第4章　新しい土地利用権体系の構想

（賃借権の譲渡及び転貸の制限）〔本条一部改正、第2項但書を追加〕
第612条　賃借人は、賃貸人の承諾を得なければ、その賃借権を譲り渡し、又は賃借物を転貸することができない。
2　賃借人が前項の規定に違反して第三者に賃借物の使用又は収益をさせたときは、賃貸人は、契約の解除をすることができる。ただし、その賃借人の行為が信義に反しないと認められる特別の事情がある場合は、この限りでない。

（転貸の効果）〔本条について改正なし〕
第613条　賃借人が適法に賃借物を転貸したときは、転借人は、賃貸人に対して直接に義務を負う。この場合においては、賃料の前払をもって賃貸人に対抗することができない。
2　前項の規定は、賃貸人が賃借人に対してその権利を行使することを妨げない。

（賃借人の通知義務）
第615条　削除

（使用貸借及び寄託の規定の準用）〔本条一部改正〕
第616条　第594条第1項、第597条第1項、第598条及び第660条の規定は、賃貸借について準用する。

（解約による賃貸借の終了）〔本条一部改正〕
第617条　当事者が賃貸借の期間を定めなかったときは、各当事者は、いつでも解約の申入れをすることができる。この場合においては、次の各号に掲げる賃貸借は、解約の申入れの日からそれぞれ当該各号に定める期間を経過することによって終了する。
一　土地の賃貸借　1年
二　建物の賃貸借　6月
三　動産及び貸席の賃貸借　1日
2　第619条第3項及び第4項の規定は、建物の賃貸借が解約の申入れによって終了した場合に準用する。

（期間の定めのある賃貸借の解約をする権利の留保）〔但書を新設〕
第618条　当事者が賃貸借の期間を定めた場合であっても、その一方又は双方がその期間内に解約をする権利を留保したときは、前条の規定を準用する。ただし、建物の所有を目的とする土地の賃貸借及び建物の賃貸借において、賃貸人は、解約をする権利を留保することができない。

（賃貸借の更新）〔本条一部改正〕
第619条　賃貸借の期間が満了した後賃借人が賃借物の使用又は収益を継続する

場合において、賃貸人がこれを知りながら異議を述べないときは、従前の賃貸借と同一の条件で更に賃貸借をしたものと推定する。この場合において、各当事者は、第617条の規定により解約の申入れをすることができる。
2　建物の賃貸借について期間の定めがある場合において、当事者が期間の満了の1年前から6月前までの間に相手方に対して更新をしない旨の通知又は条件を変更しなければ更新をしない旨の通知をしなかったときは、従前の契約と同一の条件で契約を更新したものとみなす。ただし、その期間は、定めがないものとする。
3　前項の通知をした場合であっても、建物の賃貸借の期間が満了した後建物の賃借人が使用を継続する場合において、建物の賃貸人が遅滞なく異議を述べなかったときも、同項と同様とする。
4　建物の転貸借がされている場合においては、建物の転借人がする建物の使用の継続を建物の賃借人がする建物の使用の継続とみなして、建物の賃借人と賃貸人との間について前項の規定を適用する。
5　第268条の2の規定は、建物の所有を目的とする土地の賃貸借の更新について準用する。ただし、法律又は契約の定めるところにより契約の更新がない場合は、この限りでない。
6　従前の賃貸借について当事者が担保を供していたときは、その担保は、期間の満了によって消滅する。ただし、敷金については、この限りでない。

（賃貸借の解除の効力）〔本条について改正なし〕
第620条　賃貸借の解除をした場合には、その解除は、将来に向かってのみその効力を生ずる。この場合において、当事者の一方に過失があったときは、その者に対する損害賠償の請求を妨げない。

（損害賠償及び費用の償還の請求権についての期間の制限）
第621条　削除

〔参考——借地借家法の改正イメージ〕

（借地権の存続期間）〔本条の規律は一部を変更して民法に編入〕
第3条　削除

（借地権の更新後の期間）〔本条について改正なし〕
第4条　当事者が借地契約を更新する場合においては、その期間は、更新の日から10年（借地権の設定後の最初の更新にあっては、20年）とする。ただし、当事

者がこれより長い期間を定めたときは、その期間とする。

（借地契約の更新請求等）〔本条第1項に括弧書を追加、その余は改正なし〕

第5条　借地権（地上権である借地権にあっては民法第268条の2に定めるものに限る。）の存続期間が満了する場合において、借地権者が契約の更新を請求したときは、建物がある場合に限り、前条の規定によるもののほか、従前の契約と同一の条件で契約を更新したものとみなす。ただし、借地権設定者が遅滞なく異議を述べたときは、この限りでない。

（借地権の対抗力等）〔本条一部改正〕

第10条　民法第265条の2の場合（同法第605条の2の規定において準用する場合を含む。次項において同じ。）において、建物の滅失があっても、借地権者が、その建物を特定するために必要な事項、その滅失があった日及び建物を新たに築造する旨を土地の上の見やすい場所に掲示するときは、借地権は、なお同項の効力を有する。ただし、建物の滅失があった日から2年を経過した後にあっては、その前に建物を新たに築造し、かつ、その建物につき登記した場合に限る。

2　民法第566条第1項及び第3項の規定は、民法第265条の2又は前項の規定により第三者に対抗することができる借地権の目的である土地が売買の目的物である場合に準用する。

3　民法第533条の規定は、前項の場合に準用する。

（定期借地権）〔本条一部改正〕

第22条　建物の所有を目的とする土地の賃借権を設定する場合においては、第9条及び第16条の規定にかかわらず、契約の更新（更新の請求及び土地の使用の継続によるものを含む。）がない旨のほか、建物の築造による存続期間の延長がなく、及び第13条の規定による買取りの請求をしないこととする旨を定めることができる。この場合においては、その特約は、公正証書による等書面によってしなければならない。

第26条、第27条および第29条は、規律内容を民法に編入する。

（建物賃貸借の対抗力等）〔本条一部改正〕

第31条　民法第566条第1項及び第3項の規定は、同法第605条第1項後段の規定により効力を有する賃貸借の目的である建物が売買の目的物である場合に準用する。

2　民法第533条の規定は、前項の場合に準用する。

第5章　差止と損害賠償
——不法行為法改正試案について

大塚　直

I　はじめに　　　　　　　Ⅳ　共同不法行為と競合的不法行為
Ⅱ　差止・原状回復　　　　Ⅴ　結びに代えて
Ⅲ　危険物質等に関連する責任

I　はじめに

　民法改正研究会で作成した不法行為法の改正試案の暫定案の全体像については、既に加藤雅信教授が書かれている[1]。条文案についてはいまだ確定的なものでないし、議論すべきことは多く残されていると感じているが、本章では、不法行為法の部分の改正試案について原案の作成に携わらせていただいた関係から、その特色ある3点を取り上げ、研究会での議論をふまえつつ、筆者の考えを展開し[2]、今後の議論を喚起することにしたい。
　第1は、差止・原状回復である。差止について民法典の中でどのように位置づけるか、差止の規定の仕方をどうするか、原状回復をどこまで認めるか、その規定の仕方をどうするか、両者の関係をどう見るか、など論点が山積している。
　第2は、危険物質等に関連する責任である。具体例としては従来の公害責任、近時のアスベスト被害等が挙げられる。わが国では大気汚染防止法等、ドイツ

1）　本書173頁以下（初出は、加藤雅信「日本民法改正試案の基本方向」ジュリ1355号〔2008年〕96頁以下）。
2）　紙幅の関係から、アウトラインを示すにとどまることをお断りしておきたい。また、改正試案の条数は、民法改正研究会が不法行為の改正条文案をはじめて公表した、「民法改正国際シンポジウム——日本・ヨーロッパ・アジアの改正動向比較研究」における草案を微修正したジュリ1355号（2008年4月15日号）の時点のものであることをお断りしておく。

では 1990 年に制定された環境責任法が関連する。

第3は、共同不法行為及び競合的不法行為である。改正試案は共同不法行為の範囲を相当広くしているが、それとは別の提案もありうることを指摘したい。

改正試案の各条については、加藤教授の書かれた第6章第2節を参照されたい。

II 差止・原状回復

1 民法における差止の規定の位置づけ

(1) 周知のように、現行民法には差止に関する明文はない。物権的妨害排除請求権の明文すらないが（ただし、202条1項）、これが判例学説上認められていることには疑いがない。ほかにも、名誉毀損や生活妨害等について人格権侵害・人格的利益の侵害の差止が裁判例上問題となることは少なくない（最判昭和61・6・11、民集40巻4号872頁、最判平成7・7・7民集49巻7号2599頁）。特別法上も差止の規定は増加してきている（不正競争防止法3条、特許法100条、著作権法112条、独占禁止法24条など）。

民法改正をする場合に、差止の規定を民法典のどこかにおく必要があることについては異論が少ないと思われる。

差止の位置づけについては、研究会は、3つの考え方が提起された。

第1は、「第1編 総則」に権利の効力として差止を規定すべきであるとの立場である。

第2は、「第1編 総則」で人格権侵害の差止について定めた上で、「第2編 物権」に物権的請求権をおくとともに「第3編 債権」の不法行為の章にそれ以外の差止の規定をおく立場である。

第3は、第1編には差止についての規定をおかず、「第2編 物権」と、「第3編 債権」の不法行為の章に、それぞれ物権的請求権と差止の規定を設けるという立場である。

研究会の各部会での検討の結果、改正試案では第3案を採用した。

(2) 第1案については、権利に至らない利益[3]に基づく差止の規定も必要ではないか、との議論に基づいて採用されなかった。眺望侵害、景観侵害などが典型例である。逆に、あらゆる権利について差止が認められるのか、という問題もあるであろう。

第2案においては、人格権侵害・物権侵害と、不法行為との相違は、被侵害利益の権利性の有無に基づく。上記の眺望侵害、景観侵害など、生活上の利益（人格的利益）ではあるが、権利とは言い難いものについて、（法律上保護される利益侵害に対する救済である）不法行為にセーフティネットとしての機能を果たさせようとするものである[4]。フランス民法は、人格権侵害に当たるものの一部[5]を「第1編人、第1部私権、第1章私権」の中で規定し（9条）、より一般的には原状回復及び差止を不法行為（1382条）の下で認めるものと解されているため[6]、この案に類似しているともいえる。

　なお、この案は、従来の有力な見解のように物権的請求権は妨害（侵害）、不法行為は（事後的な）損害のみを対処としているという立場をとるものではない。立法論として、法律上保護された利益侵害に対する差止による救済を不法

---

3) 大塚直「人格権に基づく差止請求権」民商116巻4＝5号（1997年）534頁。類似の指摘としては、澤井裕『テキストブック事務管理・不当利得・不法行為〔第3版〕』（有斐閣・2001年）124頁、原島重義「わが国における権利論の推移」法の科学4号（1976年）95頁、吉村良一『不法行為法〔第3版〕』（有斐閣・2005年）112頁。権利・利益の分類は民法の現代語化により、現行民法709条にも規定されるに至った。

4) ほかにも、Yの記事がAの正当な選挙運動を妨害するものである場合において、Aの当選を目的とする政治団体について、その法律による保護に値する利益が不法行為によって現に侵害され又はされようとするときは、それが明確な権利として構成できなくても、差止によって保護されるべき十分な利益があれば、侵害行為の差止を請求できるとしたもの（仙台地判昭和49・7・20判時768号80頁）、不法行為とはしていないが、（ビルの建設による）広告表示利益の侵害を理由とする（当該ビルの屋上での）看板設置請求について、これが法的保護の対象となる可能性を承認しつつ、他の競合する権利・利益との調和の必要性を問題として請求を棄却したもの（東京地判平成17・12・21判タ1229号281頁）など参照。

5) 9条は私的生活の内面の侵害に関するものであり、プライバシーの権利、肖像権などが対象となる。名誉権侵害は対象外であり、人格権すべてをカバーするものではない。

6) 9条2項は、私的生活の内面への侵害に対して、事前差止措置として差押（saisie）、係争物寄託（séquestre）の請求を行うことができるとする。なお、9条2項はほかに要件を定めていないが、損害の重大性と不可償性を要求するのが判例の傾向である（わが国の文献として、皆川治廣『プライバシー権の保護と限界論——フランス法研究』〔北樹出版・2000年〕122頁）。これ以外に、フランス民法1382条は réparation en nature についても定めたものと判例学説上解されており、原状回復及び差止が不法行為の下で認められている（大塚直「生活妨害の差止に関する基礎的考察——物権的妨害排除請求と不法行為に基づく請求との交錯(5)」法協104巻2号〔1987年〕383頁以下参照）。したがって、9条2項の意義は、フォートの有無を問わず「全ての措置」を命ずることができる点にある。

行為法に取り込むことを提案しているのであり、不法行為法の目的は「第1節」においては、従来どおり主として「損害の塡補」にあるが、「第2節」においては「侵害の予防」にあることになる。

　第3案は第2案と実質的な相違は少ないが、人格権侵害と生活上の利益（人格的利益）の侵害をまとめて不法行為の章に規定するものである。ヨーロッパ民法典に関する研究グループ（PEL..Liab.Dam.）案1：102条[7]はこの案を採用している。

　以上が3つの案に関する簡単な記述であるが、この問題を検討するに当たっては、次の3点を考察した。

　第1に、上記のように差止を民法典のどこかに規定しようとしたときに、不法行為の章以外に考えられたのは「第1編　総則」であった。しかし、「第1編　総則」に人格権侵害の差止の規定をおくことについては、これが「人」と関連しているからにすぎず、例えばそこに違法性や違法性阻却事由に対応するものの規定をおくのは、総則の一般的性格からずれないか、という懸念があった。また、「人格権」とは言い難い人格的利益侵害の差止が問題となる場合には、なおさら「第1編　総則」が相応しい位置であるとは考えにくい。

　第2に、研究会で議論された3案とは別に、差止の根拠を秩序違反に求める見解では、「第1編　総則」に規定をおけば足りるとする立場がとられるかもしれない。もっとも、この見解も3層構造の最も基礎のレベル（制度的基礎）の議論[8]として秩序違反が根拠とされており、秩序違反に基づく差止の規定を直接に民法典におく議論ではないであろう[9]。なお、改正試案727条の規定は1項〜3項をまとめてみれば違法侵害説からも説明することは可能である。

7）「防止：法的に重要な損害が差し迫っている場合、本法典は、損害を被るおそれのある者に、それを防止する権利を付与する。この権利は、損害が発生すればその原因について帰責性を有するとみられる者に対して行使される。」（Schmidt-Kessel, Reform des Schadenersatzrechts, Bd. I, 2006, S. 214.）この提案の重要な点は、不法行為の中で差止の救済を規定していることにある。

8）藤岡康宏「競争秩序と差止論」NBL 863号（2007年）60頁。なお、「秩序説」の代表的見解として、ほかに、吉田克己「総論・競争秩序と民法」NBL 863号（2007年）46頁。なお、この見解に対する筆者の考えについては、大塚直「環境訴訟と差止の法理」平井宜雄先生古稀記念『民法学における法と政策』（2007年・有斐閣）701頁、同「差止根拠論の新展開について」前田庸先生喜寿記念『企業法の変遷』（2009年・有斐閣）45頁。

第3に、第2案・第3案、特に第3案は差止に関する不法行為説と親近性がある（ただし、後述するように、従来の不法行為説とは2点で異なっている）。不法行為を根拠としたのは、権利でない法律上保護された利益の保護を定めている規定は不法行為法にのみ存在するからである[10]。ちなみに、独占禁止法24条は不法行為法上の「利益」に対する侵害を想定しており、不法行為説を基礎としているとみることができる[11]。これに対しては、不法行為の目的を「損害の塡補」に特化しようとする論者からは批判されようが、従前から不法行為の目的は、主として「損害の塡補」にあるが、「予防」等にもあることを指摘していた見解[12]とは親近性があることになろう。改正試案は、不法行為は事後的な損害のみを対象とするとみるのではなく、上記のように、予防も不法行為法の重要な役割と見ているのである。

このように、改正試案は、不法行為説と親近性はあるものの、①不法行為の章を損害賠償と差止の2つの節に分けることにより、損害賠償と侵害の差止との区別は行っていること、②差止について故意過失が必要でないとしたことの2点において、解釈論としての不法行為説（の多くのもの）とは異なっている。

(3) なお、研究会では、差止請求の規定を不法行為の箇所におく際に、改正試案727条のような位置ではなく、709条に2項をおいて、同条1項の損害賠償請求と対等の規定とすべきであるとの意見が出された（五十川直行教授）。魅力的な意見ではあるが、議論の結果、損害賠償と別の節にする方が、損害賠償と差止の相違が認識されやすく適当であるとされた。

2 原状回復

原状回復については、フランスでは判例、学説上損害賠償の方法として認め

---

9) 仮に一般的な秩序違反に基づく差止の規定をおくときには、種々の点で憲法との関係での整理をする必要が生じよう。なお、本稿は、適格消費者団体（消費契約12条）や環境保護団体を主体とする差止のような公益訴訟としての差止については、通常の差止とは別に、特別規定についての立法が必要であるとの立場に立っている。
10) さらに、損害賠償と差止が関連が深いため、密接に関連する事項は近接する箇所に規定をおくのが適切であるとの要請もないわけではない。
11) 東出浩一編著『独禁法違反と民事訴訟——差止請求・損害賠償制度』（商事法務研究会・2001年）25頁、28頁。
12) むしろ不法行為法の目的として、予防を中心とする最近の主張として、森田果＝小塚荘一郎「不法行為法の目的——『損害塡補』は主要な制度目的か」NBL 874号（2008年）10頁。

られており、ドイツでは損害賠償の原則的方法であることについて民法の規定があるが（249条1項）、第1に、実際には損害賠償のほとんどは金銭賠償であり、第2に、わが国の民法の起草者（穂積陳重起草委員）は金銭賠償が「便利」であるとしてこれを損害賠償の原則とする考え方を採用したこと[13]が重要である。研究会では、今日、この考え方を特に改める必要はないとの結論に至った。ただし、現行民法と同様、名誉毀損（さらに、信用毀損）については、損害賠償として金銭賠償を認めるだけでは被害者の救済として不十分であるため、原状回復の規定をおくこととされた。

　上記の考え方を敷衍して説明しておくと、被害者自身や第三者が損害の原状回復をすることが可能な場合には金銭賠償を認めれば十分であり、これに対し、加害者が自ら損害を原状回復をしないと被害者に対する十分な救済とならない場合には特に原状回復を認めるということである。

3　差止の規定の仕方

　差止の規定の仕方としては、第1に権利ないし利益の「侵害」とは何か、第2に「差止」の内容は何か、第3に差止の要件をどうするか、が問題となる。改正試案では、物権的請求権については従来の判例・学説の考え方を採用する[14]ところから、ここでは不法行為の規定（改正試案727条）に焦点を当てて検討する。

　第1に、権利ないし利益の「侵害」とは何か。改正試案の規定ぶりに直接影響する問題ではないが、以下の議論と関連するので取り上げておきたい。ドイツ法では、物権に対する「侵害（妨害）」について議論が行われており、これについてはドイツの学説上少数ではあるが「権利の僭称・簒奪」ととらえる立場

---

[13]　現行民法417条の起草過程については、大塚直「生活妨害の差止に関する基礎的考察(3)」法協103巻8号（1986年）1579頁以下参照。

[14]　なお、所有権の箇所に、物権的請求権の例外として、以下の規定をおくことが考えられる（大塚私案）。208条の2「①ガス、蒸気、悪臭、煙、すす、熱、騒音、振動の侵入その他の類似の作用による侵害については、208条（所有権に基づく物権的請求権）を適用する。②土地の所有者は、前項の侵害が軽微なときは、その停止又は予防を請求することができない。③第1項の侵害が軽微でない場合において、それが、作用発生地の地域性に適合した利用によって生じ、かつ、経済的に期待可能な措置によって防止できないときは、裁判所は、作用発生地の利用についての社会的有用性を考慮し、侵害の停止又は予防の措置を命じないことができる。」ドイツ民法906条、わが国の国道43号線訴訟最高裁判決（最判平成7・7・7民集49巻7号2599頁）を組み合わせたものである。

も唱えられているものの[15]、少なくとも改正試案727条は物権以外の権利（人格権）ないし生活上の利益の侵害についての規定であるため、この立場をそのまま採用することはできない。むしろこの学説が名誉毀損については「侵害」の有無を継続効の有無によって判断している[16]ように、物権以外の「侵害」については継続効の有無、すなわち、社会通念上（加害者によって）停止可能な新たな侵害が継続的に発生しているとみられる場合か否かによって判断するのが適切であると考える。

　第2に、「差止」の内容は何か。この点については、研究会では、①侵害の停止・予防とするか、②侵害の除去・予防とするかについて議論がなされた。

　①の「停止」は現行民法の占有訴権（198条）、独占禁止法（24条）、不正競争防止法（3条）、特許法（100条）、著作権法（112条）等で用いられている[17]。②の「除去」はドイツ民法1004条の"Beseitigung"の訳として用いられている（ヨーロッパ民法典に関する研究グループ案6：301条[18] 2項も同様の考え方を採用している）。

　実際の例との関係では両者の考え方には相違はない。①侵害の「停止」においては、侵害行為の停止と（侵害行為の結果として生じた）侵害状態の停止の双方が含まれる[19]。例えば、名誉毀損の記事が記載されている雑誌が図書館で閲覧可能な状態におかれ続けている場合、侵害状態があるといえるのであり、図

---

15) Picker, Der negatorische Beseitigungsanspruch, 1972, S. 50 f.（川角由和「翻訳　エドアルト・ピッカー著『物権的妨害排除請求権』(2)」龍谷法学37巻3号〔2004年〕926頁以下）ピッカーの学説及びそれに対する批判について、大塚直「生活妨害の差止に関する基礎的考察(6)」法協104巻9号（1987年）1325頁。

16) Picker, a. a. O., S. 89.（川角由和「翻訳　エドアルト・ピッカー著『物権的妨害排除請求権』(4)」龍谷法学38巻1号〔2005年〕262頁）

17) 不正競争防止法、特許法、著作権法の各条は2項で侵害の停止・予防に必要な措置を請求することができる旨を定める。なお、加藤雅信「〔連載〕日本不法行為法リステイトメント⑽――差止」ジュリ889号（1987年）90頁も「停止」・「予防」の語を用いている。

18) 「6：301条　防止の権利
　(1) 防止の権利は、次の場合に限り認められる。
　(a)賠償が十分な救済策にはならないこと、及び、
　(b)損害の原因について帰責性のある者が損害発生を防止することが、（その他の点で）合理的であること。
　(2) 物又は動物が危険発生源である場合において、危険にさらされた者が危険を回避することが合理的には不可能である場合、防止の権利には、危険発生源を除去させる権利を含む。」（Schmidt-Kessel, Reform des Schadenersatzrechts, Bd. I, 2006, S. 226.）

書館からの回収が「侵害状態の停止」として請求される場合がある[20]。名誉毀損発言がネットに残されている状態も「侵害状態の停止」の対象となりうる。

もちろん、これらの例は②の侵害の「除去」にも該当する。研究会では「除去」の方が上記の事例に対する措置を命ずる語として適切であるとの意見が有力に主張された。ただ、他方で、「除去」の語を用いるときは、ドイツ民法の下で行われている、侵害の「除去」と損害の「原状回復」の概念整理についての激しい対立や議論がそのままわが国に移行する可能性がある。この点、改正試案では原状回復を名誉・信用毀損の場合に限定したため、それほど深刻な問題にはならないであろうが、問題が生ずる可能性はないわけではない。侵害の「停止」と損害の「原状回復」とであれば効果の相違はある程度明確であり、できれば避けるべき概念整理に伴う紛糾を、あまり引き起こさずにすむのではないか。また、上記の継続効を基準として判断することとの関係でも、「停止」の方が適合的であると考えられる[21]。

第3に差止の要件をどうするか。これについては2つの問題がある。

まず、主観的要件を必要とするか。この点については、解釈論とは異なり立法論であること、体系上も「第2節　差止」の問題であり、「第1節　損害賠償」とは別のものと考えられることから、一般原則たる709条からの自由度が増すことになる。研究会案では、主観的要件は特に必要ないとの結論を採用した。利益侵害に対する差止については何らかの歯止めが必要となるが[22]、上

---

19) Canarisによれば、物権的妨害排除請求については、より細かい議論がなされる。すなわち、妨害について①行為責任に基づく場合と、②状態責任に基づく場合（例えば、土地の前所有者が埋めた有害廃棄物を土地の現在の所有者が除去しなければならないこと）とがあり、①行為責任に基づく場合においてはさらに、i 現在の行為による妨害の場合と、ii 過去の行為による妨害の場合に分かれる。その上で、① ii は、1）妨害が現在も継続的に存在している場合（例えば、他人の土地に建築用木材を保管する場合）と2）妨害は継続していないが、妨害原因が継続的に存在している場合（例えば、他人の土地に廃材を遺棄する場合）とに分かれる。① ii 2）については物権的妨害除去の対象としない見解もあるが、Canaris は、除去のために費用がかかることは① ii 2）も① ii 1）も① i も同じであり、これらは法的に平等に扱うべきであるとする（Larenz/Canaris, Lehrbuch des Schuldrechts, Bd. II, Halbband 2, 13. Aufl., 1994, S. 675 ff.）。
20) 大塚・前掲注3）518頁。
21) なお、仮に「停止」のみとすることに問題があるとすれば、不正競争防止法3条2項等を参照して、727条の各項について「停止又は予防、及びいずれかに必要な行為」とすることも考えられる。

記のように一般原則からの自由度が増していることから、(すぐ後に触れるように) 違法性に相当するものを要求することによりこの問題に対処しようとしたものである (改正試案 727 条 3 項)。

次に、違法性についてどう考えるか。これについては、(i)ドイツ法において物権に対する侵害があるときは違法性阻却事由が問題となるにすぎないという構成[23]を人格権侵害の場合にも推及し、他方、(ii)権利侵害に至らない利益侵害の場合には、——通常の不法行為の損害賠償ですらそうである[24]のと同様に——違法性を要求するという「法益の 2 段階構造」[25]を採用した (改正試案 727 条 2 項・3 項)。人格権侵害の場合には「社会生活上容認すべき限度にあること」は抗弁として問題となるに過ぎないことになる (いわゆる「受忍限度抗弁説」[26]を採用。727 条 2 項)[27]。さらに、(iii)生命、身体、自由の侵害の場合には受忍限度を問題とすることは適当ではないため、抗弁事由を特に挙げていない (727 条 1 項)。もっとも、一般論としての違法性阻却事由がまったく認められないわけではない。このように、(i)〜(iii)の場合で要件事実が異なることになる[28][29]。

---

22) この点について、予見可能性を、利益侵害の差止の要件を絞るために用いると考えることもできるが、研究会の多数は、違法性に相当するものを要件とすれば足りるとの議論であった。本稿では、「研究会」による試案の提示という「立法論」を行う観点から、不法行為の侵害の差止について侵害者の故意過失は不要としたことをお断りしておく。ちなみに、この点については、差止が請求された時点で被告が侵害について予見可能となるところから、差止について過失が不要ということに意味が乏しいことが指摘されている (新美育文「差止めについての立法をどのように考えるか」椿寿夫ほか編『民法改正を考える』(2008 年) 日本評論社、347 頁。

23) 原島・前掲注 3) 98 頁以下が強調されたところである。

24) 最判昭和 63・2・16 民集 42 巻 2 号 27 頁、最判平成 17・11・10 民集 59 巻 9 号 2428 頁、最判平成 18・3・30 民集 60 巻 3 号 948 頁、最判平成 19・3・20 判時 1968 号 124 頁など。

25) 前掲注 3) の各説参照。

26) 大塚直「要件事実論の民法学への示唆(3)」大塚直ほか編著『要件事実論と民法学との対話』(商事法務研究会・2005 年) 80 頁。

27) 改正試案 727 条 3 項は、同条 2 項にない「違法」の語を用いている。両者の平仄を合わせるには、同条 3 項について「自己の生活上の利益その他の利益を社会生活上容認すべき限度を超えて侵害され、又は侵害されるおそれがある者は……」とする必要がある。なお、名誉権、プライバシー権の侵害に対する事前差止については、表現の自由との関係で、2 項の要件事実のあり方が適当か否かについては、なお検討を要すると考えられる。

第 I 部　日本民法典の改正

4　原状回復の規定の仕方、差止との関係

　損害賠償については上記のように原則は金銭賠償であるとする考え方を採用したため、名誉毀損・信用毀損の場合の原状回復措置は、損害賠償とは別のものとして扱った（728 条）。もっとも、原状回復は元来、ドイツ法及びフランス法では損害賠償の一種として扱われてきたし、わが国でも現行民法 723 条についてはそのように解されてきたところから、本改正試案でも、故意又は過失を要求した[30]。

　原状回復の事例としては、謝罪広告等が挙げられるが（728 条。もっともその合憲性については議論があるため、条文に明示することが適切かについてはさらに検討を要する）、例えばテレビで名誉毀損報道がなされた場合、後日訂正する場合はこれに当たるであろう。この場合は、テレビの報道によって損害が発生し（侵害は継続していない）、それを回復することとみるべきである。噂が広まり続けることはありうるが、それは社会通念上（加害者によって）停止可能な侵害行為ないし侵害状態とは言い難いため、侵害の継続とは言えないからである[31]。

---

28)　なお、損害賠償（「709 条正案」）については、特に違法性の概念は導入していない。また、改正試案では、「権利侵害＋違法性阻却事由」と、「利害侵害＋違法性」の二元論は、損害賠償については明確に打ち出されていないが、差止については打ち出したことになる（なお、大塚直「権利侵害論」内田貴＝大村敦志編『民法の争点』〔有斐閣・2007 年〕266 頁参照）。

29)　差止については、ほかにも、複数者の行為の差止についての規律、不法行為の幇助者の行為の差止についての規律（文化審議会著作権分科会法制問題小委員会司法救済ワーキングチーム『文化審議会著作権分科会法制問題小委員会司法救済ワーキングチーム検討結果報告』〔平成 18 年 7 月〕参照）など、検討を要する残された問題は少なくない。第 1 節の規定をどの程度準用するかという問題である。

30)　もっとも、これに対し、ドイツでも、名誉毀損については、行為者自身による撤回によってのみ危険を封じ込めることができるところから、過失は必要ないとする見解が学説上主張されており、注目に値する（Picker, a.a.O., S. 90.〔川角訳・前掲注 16）260 頁〕, Larenz/Canaris, a.a.O., S. 677）。被害者の救済を強化する観点からは重要な議論である（真実と信じるについて相当の理由があっても、原状回復を命じうるということになる）。仮にこの見解をとると、原状回復についても差止についても過失を必要としないことになり、名誉毀損に関して両者の区別をする実質的な理由はなくなることになる。魅力的な議論ではあるが、ここでは従来のわが国の判例学説に従った。本文に触れたように、被害者自身や第三者が原状回復をすることができる場合には金銭賠償を支払わせれば十分であり、これに対し加害者が自ら原状回復をしないと被害者に対する十分な救済ができない場合には加害者に原状回復を命ずる必要があるという考え方をとると、原状回復と金銭賠償とは主観的要件について同じものとしないと説明がつかなくなるであろう。

他方、名誉毀損物件の回収、碑文中の一部の削除、看板の撤去等は、社会通念上（加害者によって）停止可能な侵害状態があると言えるため、侵害の継続があり、差止の問題となるとみられる。なお、差止と原状回復が重複するケースは残る。例えば、新聞等の紙媒体による名誉毀損の訂正記事・取消文の掲載は、侵害の継続効の停止であり差止であるとともに、損害の原状回復の面を有していると考えられる[32]。

Ⅲ　危険物質等に関連する責任

1　改正試案723条は、危険物質等の保持・放出者について、責任の厳格化を認めた上で、2つの抗弁を規定した。もっとも、本条は「709条副案1」（現行民法709条と同様のもの）を前提としており、「709条正案」が生命・身体侵害に関して、侵害者が損害の発生を防止するのに必要な注意をした場合について証明責任を転換している（中間責任）ことから、これを前提とするときは意味のない規定となっている。

2　そこで、以下では個人的に、「709条正案」を前提としつつ、723条については別案を提起することにしたい。

> **別案723条**　「発火性、爆発危険性、刺激性、発癌性、感染性、生殖毒性、催奇性その他の危険性を有する化学物質又は微生物（以下「危険物質等」という。）を内部において製造、加工、処理、又は貯蔵する施設の保有者は、施設から生じる環境への影響により、他人の生命又は身体を侵害したときは、これによって生じた損害を賠償する責任を負う。ただし、施設の保有者が、その危険物質等を製造、加工、処理、又は貯蔵した時における科学又は技術に関する知見によってはその危険性を認識することができなかった場合には、この限りでない。」

本条に関して問題となる点は、①本条の必要性（特別の危険）及び現行の規定との関係、②連結点をどこにおくか、③正常操業を含むか、④損害を限定するか、⑤免責規定をどうするかなどである[33]。

---

31)　Picker, a.a.O., S. 89 f.（川角訳・前掲注16）261頁）。
32)　以上について、大塚・前掲注3）517頁以下。

第Ⅰ部　日本民法典の改正

①従来の公害責任、近時のアスベスト被害、（因果関係について問題はあるが）杉並病などの化学物質過敏症の発生等に鑑みると、1990年に制定されたドイツ環境責任法[34]にみられるように、危険性のある化学物質の放出・事故による侵害を、特別の危険によるものととらえ、危険責任の規定をおく必要性があると考えられる。特別の危険があることを明らかにするため、どのような危険性が対象となるかを具体的に定める[35]とともに、侵害を生命・身体侵害に限定した。わが国には既に大気汚染防止法、水質汚濁防止法に無過失損害賠償責任の規定があるが、両法の趣旨を環境経由の侵害全体に拡張し（ほかに、土壌を経由する侵害が考えられる）、また、両法で限定されている有害物質を「危険物質等」に拡張したものである。両法の無過失損害賠償責任規定を一般原則とした規定をおくことになる。施設の支配と、危険物質等の事実上の支配との双方を理由とすることになる。本条の提案にあたっては、特にPECL.（ヨーロッパ不法行為法原則〔2006年11月〕[36]）3：26条を基礎として参照し、大幅に修正している。

②連結点については、ⅰ施設への連結（ドイツ環境責任法）、ⅱ施設又は物質への連結、ⅲ施設及び物質への連結の3通りの考え方があるが、本提案ではⅲを採用した。ⅱを採用した場合、危険物質等の占有者に無過失損害賠償責任を課することになるが、危険物質等の占有者に対してその潜在的リスクの情報を確実に伝える仕組みは現行法上完備されているわけではない（化学物質については化学物質安全性データシート〔MSDS〕の交付が義務づけられているが、一定規模未満の施設は対象とならない）。特に消費者が危険物質等を占有している場合にこのよう

33) この種の危険責任に関しては、橋本佳幸『責任法の多元的構造——不作為不法行為・危険責任をめぐって』（有斐閣・2006年）159頁以下が詳しい。本章も同書の議論をふまえさせていただいている。

34) ドイツ環境責任法と比較した、この提案の特色は、第1に、生命・身体への侵害の場面に限定していること、第2に、因果関係の推定規定がないこと、第3に、加害者の免責規定をおいたことの3点にある。

35) 危険性については、ハザード（有害性）でみることになる。リスクは地域によって暴露可能性が異なることもありうるため、ここでは取り上げていない。対象物質を判定する際に参照すべき関連個別法としては、いわゆる公害法の対象物質のほか、化学物質審査法の第1種・第2種特定化学物質、廃棄物処理法の特別産業廃棄物・特別一般廃棄物などが挙げられる。

36) 翻訳として、ペーター・シュレヒトリーム編（半田吉信ほか訳）『ヨーロッパ債務法の変遷』（信山社・2007年）315頁。

な厳格な義務を課することは、不可能を強いることになるかもしれない。また、危険物質等を取り扱っていない施設を含めた施設保有者一般に厳格な責任を課する理由はない。ドイツ環境責任法でも対象施設をリストアップすることによって施設に連結しているのであり、実質的には対象施設を決定する際に、危険物質等についても考慮されていると考えられる。これらの観点から、本条では施設と物質の双方を連結点とすることとした。

③事故の場合に限るか、正常操業に伴う放出（狭義の公害の発想に近い）の場合を含むかについては、事故の場合に限ると頻度が極めて少なくなることから、正常操業の場合を含めないわけにはいかないと考えた。ドイツ環境責任法１条も同じ趣旨である。環境経路を通じていれば製造等に伴うあらゆる場面を含めてよいとしたのである。

④損害については、現行の大気汚染防止法、25条、水質汚濁防止法19条に倣い、生命又は身体の侵害の場合に限定した。この点、ドイツ環境責任法１条、PECL. 3：206条は財産的損害も含めているが、わが国では現行民法及び特別法とあまりに乖離するので、本条の適用範囲を一挙に広げることには慎重にならざるをえない。

⑤免責規定については、製造物責任法における開発危険の抗弁に対応する抗弁のみを規定した。この点に関して、「709条正案」でも過失の証明責任は転換されているが、本条では被告は、科学・技術の水準に関して予見可能性に相当するものがなかったことについてしか抗弁を主張できないことから、「709条正案」以上に厳格な責任が課されていることになる。

なお、本条と改正試案722条１項の「危険な設備」との関係については、第１に、そもそも本条の「施設」は、施設自体が危険なわけではなく、722条１項の「危険な設備」には当たらない[37]と考えられること、第２に、改正試案722条１項が設備の設置・管理の欠陥に着目しているのに対し、本条は、設備の設置・管理の欠陥を要求しておらず、危険物質等を扱う施設からの環境への影響が問題とされていることが異なる。

また、環境への影響があることを要件とするため、製造物責任法との重複はきわめて少ないと考えられる。

---

37) 川井健「工作物、営造物責任」ジュリ918号（1988年）90頁参照。

IV 共同不法行為と競合的不法行為

1 改正試案725条は共同不法行為者等の責任について定める。本条の特色は次の3点にあると言えよう。第1に、狭義の共同不法行為と競合的不法行為を分ける立場を採用せず、さらに、それ以外の場合を含めた関与者をすべて共同不法行為者として扱い、現行民法719条1項前段の「関連共同性」の概念もなくしていること（改正試案725条1項）、第2に、（第1点のようにきわめて広い共同不法行為の概念を用いたことと関連して）裁判所が寄与度の小さい者につき一部連帯責任を認めることができるとしたこと（同条4項）、第3に、共同不法行為とは言えるものの、明らかに主たる責任者をはずして、従たる共同不法行為者に請求がなされているケースでは、裁判所の裁量で、まず主たる責任者の財産に対して執行したうえでなければ、従たる共同不法行為者に請求できないとしたこと（同条5項）である。

第1点には後に触れることにして、第2点は、大気汚染防止法25条の2、水質汚濁防止法20条にある考え方であるが、裁判官の裁量によって、寄与度の小さい者についてより一般的に共同不法行為の一部連帯責任化（必要的競合の場合には分割責任となる[38]ため、〔一種の〕分割責任化といってもよい）を認めることになる。さらに、両法と比べ、寄与度が「著しく小さい」の「著しく」という語が省かれたこと、寄与度以外の事情を含めて「一切」の事情を考慮するとされたことの2点で裁判官の裁量が拡大している[39]。

第3点は、本改正試案の独自の特質を示すものであり、執行の際の連帯責任の徹底に抗しようとするものと見られる[40]。具体的には、ディープ・ポケッ

[38) 大塚直「原因競合における割合的責任論に関する基礎的考察」星野英一先生古稀祝賀『日本民法学の形成と課題(下)』（有斐閣・1996年）884頁参照。

39) ちなみに、ジュリ連載不法行為法研究会「日本不法行為法リステイトメント」では、一般には、寄与度が「小さいと認められる者があるときは、裁判所は、その者の損害賠償の額を定めるについて、その事情を斟酌することができる」としつつ（722条の3第1項）、共同不法行為については、寄与度が「著しく小さいとき」に「損害賠償の額を定めるについてこれをしんしゃくすることができる」（719条の2第2項）とされている（淡路剛久「共同不法行為」ジュリ898号〔1987年〕86頁、能見善久「裁量減額」ジュリ905号〔1988年〕97頁。その後出された、能見「共同不法行為」ジュリ918号〔1988年〕93頁〔第719条の3、第722条の2〕も同様である）。

ト理論のように、責任の程度とは関係なく、資金を有する者の責任を追及する立場を容認しない姿勢を示している。もっとも、研究会では、この点に反対し、加害者・被害者間の処理としては複数の加害者の関係は通常の連帯責任として扱い、加害者の責任の主従については加害者間の内部関係の処理として扱えば十分であるとする見解も主張された。

さらに、第3点の研究会案（本条5項）については、その方向性が仮に支持されるとしても、不真正連帯債務としつつこのような処理をすることは可能か、という問題がある。すなわち、現行民法では催告・検索の抗弁は保証債務には認められているが（452条・453条）、連帯保証（454条）、連帯債務では認められていないことからすると、不真正連帯債務についてこれを認めることは適当かという批判がありうるであろう。加藤雅信教授はこの点について、責任の主従関係が極めて明確な場合には、請求を受けた副次的責任者はまず主たる責任者に催告・検索すべきことを抗弁として主張できるとする不真正連帯債務論を展開されている[41]。伝統的な通説からすると、本条5項は、（広義の）共同不法行為の効果を、伝統的な不真正連帯債務と保証債務の中間的なものと捉えていることになる。

2　本条は以上のような趣旨に基づくものであるが、いくつかの点で別の議論もありうるであろう。特に上記の第1点、第2点に関わる部分を扱っておきたい。

まず、改正試案は725条1項においては、各行為者と損害との因果関係も、関連共同性も要件とされていないのであるが、そのような単なる関与者がなぜ連帯責任を負わされ（う）るのか、という問題がある。共同不法行為の成立について各行為者の個別的因果関係を要求している最高裁の立場、個別的因果関係を関連共同性で代替する考え方を示している有力説の立場のどちらに比べても連帯責任の効果を及ぼす範囲を広げているからである[42]。

特に、改正試案の725条1項が関連共同性について言及していない点については、下級審裁判例・有力説において、加害者間に主観的な関係又は客観的な

---

40)　（広義の）共同不法行為の場合に主たる責任者の責任と従たる責任者の責任を区別する方法としては、ほかに、従たる責任者の責任を一部連帯とすることが考えられる（東京地判昭和53・8・3判時899号48頁〔東京スモン訴訟判決〕）。改正試案725条4項はその趣旨を含んでいる。

41)　加藤雅信『新民法大系Ⅲ債権総論』（有斐閣・2005年）464頁。

緊密な一体性があることを、(個別的因果関係が認められなくても) 連帯責任を認め、寄与度減責を認めない効果と直結させてきたことを軽視しているのではないかという議論を生ずるであろう。

さらに、改正試案は、(現行民法719条に比べて) 効果の点で、連帯責任について (緩和も含めた) 裁判所の裁量強化の方向を打ち出している。これは上記の特色第2点、第3点に関わる点である。被害者と加害者のバランスを考慮した現実的な対応として評価すべきであるとも思われるが、他方で、被告が自己の寄与度を主張した場合にいかなる場面で減責されるかが明らかでなく、どのような場合に全部責任となり、どのような場合には割合的責任となるかについてある程度明らかにしておく必要がある[43]との議論は生ずるであろう。また、第2点は上記のように大気汚染防止法25条の2、水質汚濁防止法20条にある考え方であるが、これらの規定は、四日市判決 (津地四日市支判昭和47・7・24判時672号30頁) におけるような事実的因果関係を擬制し寄与度減責を認めない「強い関連共同性」の考え方が存在することを前提としているのであり、その議論は取り入れずに、裁判所の裁量で寄与度をしんしゃくする議論のみを取り入れるのは均衡を失するとの意見もありうるであろう。

3　このような議論に応えることが仮に必要とすると、複数者の不法行為について、いくつかの場合分けをすることが考えられる。以下、研究会の審議の経過で提案し、その後個人的に修正した別案に触れておきたい[44]。

第1は、各自の行為と損害 (全損害) との間の事実的因果関係 (個別的因果関係) は明らかでないが、各自の行為の間には関連共同性がある場合 (狭義の共同不法行為の場合) である。この場合には関連共同性が個別的因果関係を代替する役割を果たすものと考えられる。もっとも、寄与度減責を認めるか否かについては、類型化する必要が生ずる。これを「第1の場合」とする。

---

42)　個別的因果関係の必要を問題とすれば、下級審において四日市判決 (津地四日市支判昭和47・7・24判時672号30頁) 以来問題になってきた個別的因果関係の証明の困難をどう克服するか、という論点が重要となるが、改正試案では裁量の余地を広げたため、この問題は健在化しない。

43)　金銭賠償の部分を裁判官の裁量に委ねる (平井宜雄『損害賠償法の理論』〔東京大学出版会・1971年〕490頁) べきか否かという問題についてはかねて議論があるが、全部責任か割合的責任かという点は賠償範囲の問題であり (四宮和夫『不法行為』〔青林書院・1987年〕415頁、大塚・前掲注38) 885頁。なお、大塚・同858頁参照)、裁判官の裁量に当然委ねられるべき議論とは言い難いのではないか。

第2は、各自の行為と損害（全損害）との間の事実的因果関係（個別的因果関係）が明らかでないが、その証明の負担を緩和することが必要となる場合である。2つの場合がある。

1つは、複数の者のうち誰かの行為が損害（全損害）を引き起こしたが、どの者の行為がそれを引き起こしたかが明らかでない場合（加害者不明の場合）である。複数の者の行為の間には関連共同性はない。これを「第2の場合」とする。

もう1つは、複数の行為者が被害者に損害の一部を加えたことは確かであるが、その範囲が明らかでない場合（寄与度不明の場合）である。各自の行為の間に関連共同性はない。これを「第3の場合」とする。

(1) 第1の場合は、主に現行民法719条1項前段に対応する。

加害者の間に「関連共同性」がある場合には、個別的因果関係は必要ではなく共同行為と損害との因果関係があれば足り、また、加害者は全部責任を負うことが適切であると考えられる。「強い関連共同性」（主観的関連共同性又は強い客観的関連共同性）がある場合については、加害者どうしに緊密な一体性があるところから、寄与度減責は認められないのに対し、「弱い関連共同性」しかない場合については、寄与度減責が認められる。下級審裁判例（大阪地判平成3・3・29判時1383号22頁〔西淀川公害第1次訴訟判決〕、横浜地判川崎支判平成6・1・25判時1481号19頁〔川崎公害第1次訴訟判決〕）及び有力説[45]の立場である。規定にする上での明確化の必要から、主観的関連共同性がある場合と客観的関連共同性しかない場合に分けると、以下の規定のようになろう[46]。加害者どうしに客観的な緊密な一体性がある場合については、2項の問題となるが、裁判所による

---

[44] 複数者の不法行為においては、a 各行為の因果関係の証明の困難、b 共同行為者の中に無資力者がいる場合の賠償請求権の実際上の実現困難の可能性（を避けること）（＝連帯責任とすること）の2点が重要である（中村哲也「共同不法行為論の現状と課題——最判準則と学説の乖離の検討から」法政理論40巻3＝4号〔2008年〕2頁参照）。別案の規定は、以下の立場に立つことになる。加害者も基本的には自己の発生させた範囲での損害についての責任（自己責任）しか負わないのであり、それ以上の責任を負うのは、①関連共同性という特別の実体法上の理由がある場合と、②訴訟上因果関係の証明の負担を緩和する必要がある場合のいずれかに限定されるべきである。

[45] 淡路剛久「共同不法行為——因果関係と関連共同性を中心に」石田喜久夫・西原道雄・高木多喜男先生還暦記念論文集（中）『損害賠償法の課題と展望』（日本評論社・1990年）335頁以下。

[46] 淡路・前掲注39) 86頁、能見・前掲注39) ジュリ905号92頁と同趣旨である。

減免責を認めない趣旨である。

> **別案725条1項（主観的共同関係にある共同不法行為）**「数人が共同する意思をもってした行為によって他人に損害を加えたときは、共同行為と因果関係を有する全損害について各自賠償責任を負う。
> **別案725条2項（客観的共同関係にある共同不法行為）**「前項の場合を除き、数人が共同の行為によって他人に損害を加えたときは、共同行為と因果関係を有する全損害について各自賠償責任を負う。ただし、各行為者が、自己の行為が損害の原因とならなかったこと、又は損害の一部しか発生させなかったことを証明した場合には、裁判所は、その責任を免除し又は減じることができる。」

(2) 第2の場合は、現行民法719条1項後段に対応するが、若干変更して以下の規定を提案したい。

> **別案725条3項（加害者不明の場合の責任）**「複数行為者のうちいずれの者がその損害を加えたかを知ることができないときは、各行為者は全損害について賠償の責任を負う。ただし、自己の行為が損害の原因とならなかったこと、又は損害の一部しか発生させなかったことを証明した行為者は、責任を免れ又は減じられる。」

現行民法719条1項後段と同趣旨であるが、原告には被告らのうちいずれかの者が損害を加えたことを主張立証させる一方、自己（被告）にとって有利であり、自己の行為が損害の原因とならなかったことを主張立証しやすい被告には減免責の主張立証をさせるのが適切であり、条文上も、このような主張立証の過程や要件事実を規定するのが適当であると考えた[47]。本項は、「複数行為者のうちいずれの者がその損害を加えたか知ることができないとき」について、事実的因果関係を一応擬制している点（もっとも、本証による抗弁としてただし書がある）に特質がある[48]。

---

47) この点については、現行民法719条1項後段に関して、因果関係の推定規定かが争われている。上記の提案は、主張立証の過程や要件事実を規定するのが適当であると考えたものであり、推定規定とする学説と親近性があるが、厳密には推定ではない。719条1項後段は、因果関係解明不能のリスクを誰に負担させるかについて、加害者にそれを負担させる趣旨であるからである（四宮・前掲注43）795頁）。
48) 本項は、淡路・前掲注39）86頁（第719条の3）、能見・前掲注39）ジュリ918号93頁（第719条の4）と同趣旨である。

(3) 第3の場合である、「寄与度不明」の場合（①必要的競合の場合、又は②分別し難い複数損害の場合[49]）については、現行民法719条1項後段を類推適用する見解が有力に唱えられ[50]、下級審裁判例で採用するものが少なくない（西淀川公害第1次訴訟判決、川崎公害第1次訴訟判決）。この場合に関しては、因果関係についての被害者の立証の困難は、「加害者不明」の場合と異ならないことを理由とする。典型的な例は、都市型の複合大気汚染である。

ただ、このケースについては、加害者の責任を頭割りの分割責任とすべきであるという別の説[51]があるように、全部責任を原則とする有力説は、被害者による因果関係の証明が困難である場合にその負担から解放するために、被害者に有利な地位を与えるという態度決定をしていることになる。分割責任説に対しては、「寄与度不明」のケースは多いと思われ、それを頭割りにした場合に、加害者の一部が無資力となる事例も多くなることをどう考えるか[52]、という問題が残るといえよう。

このように考えると、以下の規定になろう[53]。

---

49) 例えば、交通事故と医療事故の競合のような事例である（四宮・前掲注43）797頁）。
50) 前田達明『不法行為帰責論』（創文社・1978年）297頁、澤井・前掲注3）359頁、内田貴『民法II——債権各論〔第2版〕』（東京大学出版会・2007年）502頁、大村敦志『基本民法II——債権各論〔第2版〕』（有斐閣・2005年）254頁（但し、弱い関連共同性を必要とされる）、大塚・前掲注38）881頁。
51) 四宮・前掲注43）797頁、能見・前掲注48）93頁。寄与度不明の場合に全損害の賠償責任を負わせるのは適当でないとの考え方である。能見・前掲注48）93頁第719条の4第3項は、「数人の行為者が被害者に損害の一部を与えたことは確かであるが、その範囲が明らかでない場合には、各行為者は平等の割合をもって損害を賠償する責任を負う。ただし、これと異なる範囲の損害を与えたことが立証された場合は、この限りでない」とされる。PET 3 : 105 も、「複数の活動がある場合において、その活動のどの1つもが損害の全体またはいかなる確定可能な損害の部分の原因にもなっていないことが確実なときは、損害に（ごく僅かでも）寄与した蓋然性を有する活動は、損害の中の均等な割合を惹き起こしたものと推定される」とする（European Group on Tort Law, Principles of European Tort Law, Text and Commentary, 2005, p.4.）。この説は確かに重要な問題点を含んでいるが、本稿では加害者の一部の無資力の危険の方を重視した。
52) 確かに各自が全額について責任を負うべきものとすると、自己の行為の危険性の及ばないことの明らかな損害に対しても責任を負うことになるという問題はあるが、「寄与度不明」の場合にも、頭割り以上に寄与をしている可能性もあること、被告は自らの「寄与度」について原告よりは証明しやすいと考えられることなどを指摘できよう。

第 I 部　日本民法典の改正

別案 725 条 4 項（寄与度不明の場合の責任）「複数行為者が被害者に損害の一部を加えたことは確かであるが、その範囲が明らかでない場合には、各行為者は全損害について賠償の責任を負う。ただし、自己の行為が損害の原因となった範囲を証明した行為者は、責任を減じられる。」

53）　この規定は、競合的不法行為について、原則として全部責任としつつ、被告が抗弁として損害の可分性及び自らの行為の事実的因果関係が及ぶ損害部分を主張立証できたときは減責を認める平井説（平井宜雄『債権各論 II』〔弘文堂・1992 年〕208 頁）と（寄与度不明の点については）裏腹の関係にあり（平井・同 211 頁参照）、（別案 725 条 4 項本文については）証明責任は逆転していることになる。周知のように、競合的不法行為の効果を全部責任とするか割合的責任とするかについては学説上議論がある（割合的責任を基調とするものとして、四宮・前掲注 43）422 頁、前田・前掲注 50）298 頁、能見善久「共同不法行為責任の基礎的考察(3)」法協 95 巻 3 号〔1978 年〕524 頁〔競合的不法行為の効果は分割責任から全部責任までさまざまな場合があるとされる〕、大塚・前掲注 38）884 頁〔割合的責任を基調とし、ただ、「寄与度不明」の場合に 719 条 1 項後段を類推適用する考え方を用いて、競合的不法行為のほとんどの場面について各行為者に原則として全部責任を課しつつ被告の寄与度減責を認めることができ、またそれが適切であると解した〕。なお、橋本佳幸「不法行為における過失相殺」鎌田薫ほか編著『民事法(3)債権各論』〔日本評論社・2005 年〕384 頁以下参照）。深く立ち入る余裕はないが、一言しておくと、見過ごされがちなのは、競合的不法行為とは「基本型不法行為の要件をすべて具備している」場合とされ、「訴訟法上、損害（の一部）につき事実的因果関係の及ぶことが立証されればそれだけで十分であって、原告は立証負担を果たしたことになり賠償義務が成立する」とされるが（平井・前掲 208 頁）、解釈論としてのこの見解については、第 1 に、「基本型不法行為要件」を具備するのであれば、賠償を求める全損害について事実的因果関係があることを原告が立証すべきであり、このような考え方は一種の「規範創造」ではないか（潮見佳男『不法行為法』〔信山社・1999 年〕434 頁）。第 2 に、上記の「基本型不法行為要件」とは、因果関係については各自と損害との間の事実的因果関係にすぎず、賠償範囲（平井・前掲では不法行為の効果の問題となる）についてまで証明されているわけではなく、種々の要因（相当性）によって各自の賠償範囲が異なってくれば（さらに、前田・前掲注 50）296 頁、300 頁は、各自はその責任の範囲でのみ責任を負うとされ、それは因果関係のみでなく、行為の違法度の問題とされる）、競合的不法行為の効果は当然に全部責任を原則とすることにはならず、競合的不法行為の効果は分割責任、一部連帯、全部責任までさまざまな場合があることになるのではないか（能見・前掲、前田陽一『債権各論 II 不法行為法』〔弘文堂・2007 年〕126 頁）。競合的不法行為は 709 条の行為が重なっているからわざわざ規定をおく必要がないとの指摘もあるが、そうではなく、むしろ、上記の「規範創造」をいかに説明するか、効果が分かれる点をいかに規定するかという問題を生ずるのであり、特に後者の問題から、競合的不法行為自体について規定をおくことはきわめて難しいというべきであろう。

(4) なお、ほかに、教唆・幇助について現行719条3項、改正試案725条3項と同じ規定をおくことが適切である（別案725条5項）。

V 結びに代えて

　改正試案には、ほかにも、定期金賠償の導入、責任弁識能力を欠く者の衡平責任、使用者責任、除斥期間等[54]、現行民法とは異なる考え方を取り入れた点は少なくない。

　全体として、判例の動きをふまえた穏健な規定が少なくないが（715条・716条2項の被害者の素因の部分・同条3項・718条1項ただし書・同条2項・728条）、709条・721条・723条のように、判例の動向から一歩ないし大幅に踏み出したものもある。

　不法行為法改正試案全体の特色としては、第1に、被害法益を区分し、特に生命・身体侵害を重視し、特別に扱っていること（709条・723条）、第2に、差止に関しては、権利侵害とそれに至らない利益侵害との区別に配慮しつつ対処したこと、第3に、無過失責任立法が諸外国に比べて立ち遅れているとの認識の下に、過失責任の中間責任化（709条正案・723条）、中間責任の無過失責任化（718条1項）を行ったこと、第4に、裁判所の裁量に委ねた規定が少なくないこと（721条2項・725条4項・5項）である。第4点については、特に広義の共同不法行為の連帯責任に対しては寄与度減責についての裁判所の裁量拡大の方向が打ち出されているし（725条4項。なお、同条5項も関連する）、また、異常な自然力・被害者の素因[55]などでも過失相殺の規定が準用され、裁判所の裁量に委ねられており（716条2項）、全体として、原因競合の分野では寄与度減責についての裁量の余地が広げられているとみられる。

　多くはすでに触れた点と関連しているが、第1点に関しては、「709条正案」について、生命・身体侵害一般について中間責任とするのが適当か、一定の危険な業務（例えば、生命・身体に損害を及ぼすおそれのある業務）に携わる者のみに

---

54) これらについては、加藤・前掲注1) 96頁以下参照。
55) なお、716条2項にいう「素因」とは、判例（最判平成8・10・29民集50巻9号2474頁、最判平成12・3・24民集54巻3号1155頁）と同様、個体差を超えた素因のみを指す趣旨である。厳密には、同条同項は「個体差を超えた素因」とするのが適当である。

関する、生命・身体侵害についての中間責任とするのが適当か、という問題がありうるであろう。研究会では、「709条正案」について、責任保険と結びつかない場合にリスクの分配としてこのような責任のあり方は適当か、行動の自由を害するおそれがないかという議論も提起された（個人的には、この議論に傾く）。

　第2点は、ドイツでいう準ネガトリア請求権に対応するものを民法典のどこで扱うかという問題であり、すぐれて体系的な議論である。改正試案では、権利侵害に至らない利益の侵害に対する差止を民法典のどこで扱うかという問いに対する1つの回答を示したことになる。

　第3点は個別的問題はあるものの、（上記の709条の議論はともかくとして、それ以外は）大まかな傾向については異論が少ないのではないか。

　第4点のうち、原因競合の場合に寄与度減責の裁量の余地を広げることは学説上も有力な方向ではあるが[56]、異論は生ずるであろう。素因については、原因の一部が被害者の領域に属するという考え方を採用するか否か、素因を有する被害者の行動の自由をどう見るか、加害者間の原因競合については、被害者が必然的に部分的な救済しか得られなくなるわけではないことをどう見るか、他方、加害者の一部が無資力である場合の危険をどう見るかなど、多くの検討を深めるべき課題がある。上述した別案は、加害者間の原因競合のケースに関して、寄与度減責を認めるか否かについてより明確な場合分けをしようとしたものである。

---

56) 判例は、①被害者の素因と加害行為の競合について割合的責任を認めるが（ただし、過失相殺を類推する）、②加害者間の原因競合の場合には、割合的責任を認めない傾向がある。③自然力と加害行為との競合については、当然のことながら、不可抗力の場合は免責されるが、不可抗力とは言えない場合については、必ずしも明確な姿勢が示されていない（大塚・前掲注38）858頁以下。自然力との競合については、最近のものとして、石橋秀起「営造物・工作物責任における自然力競合による割合的減責論の今日的意義——裁判例の分析をふまえて」立命館法学317号〔2008年〕163頁以下）。改正試案は、①については判例と同様であり、②については基本的には連帯であるが（725条1項。なお同条2項）、寄与度が小さいときの寄与度減責について裁判官の裁量に委ね、③については異常な自然力に限り割合的責任とする（ただし、裁判官の裁量あり）立場を示した。

第Ⅱ部　世界に見る民法改正の諸問題

第6章　日本民法典の改正にあたって

第1節　日本民法改正試案提示の準備のために

加藤雅信

Ⅰ　日本民法・財産編の改正をめざして
Ⅱ　「民法改正国際シンポジウム」の開催にあたって
Ⅲ　民法典の基本構造
　　——国際シンポジウムを終了しての中間総括

Ⅰ　日本民法・財産編の改正をめざして

　現在、世界的に民法典改正の動きが進行中である。わが国も、その例外ではない。わが国では 2006 年 10 月に「民法(債権法)改正検討委員会」が発足し、現在、債権総論と契約法、そして民法総則のうちの法律行為と消滅時効の部分を中心に改正案を検討している。これは形式としては学界有志の自発的な研究会というかたちをとっているが、法務省民事局のメンバー若干名も参加しており、2009 年 3 月には「改正の基本方針(改正試案)」を策定した。
　この委員会の発足に先立つこと 1 年前、2005 年の 11 月に、日本の民法学者約 20 名をもって、「民法改正研究会」が発足した。この研究会は、各国の民法改正について比較法的な研究を行うとともに、それらをふまえながら、民法の財産法の全面改正案の提示を目的としている（ただし、取引実務界からのヒアリングを必要とする担保法の部分の改正試案作成は、現在、ファイナンス・リースを除き未着手である）。この研究会メンバーのうち約半数は「民法(債権法)改正検討委員会」のメンバーを兼ねており、私自身もその一人であるが、この 2 つの研究会ないし委員会は、独立してそれぞれの作業を行っている。
　この民法改正研究会の研究結果は、すでにその第 1 段階の成果を発表することができる段階にいたっている。そこで、まず研究成果のうちの比較法的研究

第Ⅱ部　世界に見る民法改正の諸問題

部分を発表するために、世界各国 —— 具体的には、ドイツ、フランス、オランダ、ヨーロッパ民法典、中国、台湾、韓国 —— の立法担当者や立法関与者が一堂に会したシンポジウム、すなわち「民法改正国際シンポジウム —— 日本・ヨーロッパ・アジアの改正動向比較研究」を2008年3月1日、2日に開催した。初日は、各国ごとに、現在における民法改正の状況とそこにいたる民法制定時からの歴史が報告され、2日目は、民法改正にあたってもっとも中心的と思われる諸問題につき、各国の報告者が基調報告をし、日本側として研究会メンバーがそれにコメントを加えるかたちでの報告がなされ、その後、フロアーも交えた活発な討論が繰り返された。さらに、2日目の最後には、民法改正研究会が検討している民法改正の具体案が、—— 財産編の冒頭の「第1編　総則　第1章　通則」と、財産編の最終章となる「第3編　第6章　不法行為」の2章につき ——、それぞれの部会の改正条文提案とその解説というかたちで紹介され、その後、活発な議論が展開された。シンポジウムは、日・英・仏・中の同時通訳付きであったので、外国からの参加者も、これらの討議に積極的に参加された。

　会場は、両日とも120名の定員がほぼ一杯となる盛況であった。参加者は民法研究者が中心ではあったが、社会的にも開かれたシンポジウムとなり、国会議員、元最高裁判事や司法行政の責任者、民法改正担当官庁の責任者や担当官、日本弁護士連合会・司法制度調査会民事部の責任者や単位弁護士会の法制委員会関係者等にも参加していただくこととなり、新聞の予告記事に加え、テレビやラジオの放映・報道もなされ、一定の社会的反響も呼ぶことができた。

　研究会のもう1つの成果である、民法改正の全体像の提示は、2008年10月12日、13日の日本私法学会のシンポジウムにおいてなされた。

　そして、2008年3月1日、2日に開催された国際シンポジウムの既発表原稿と、その半年後に開催される日本私法学会シンポジウムの準備原稿を、ジュリスト誌の紙面を借りた連載特集として、発表させていただいた。

　それは、最終的に、私法学会シンポジウム当日、会場で配布された『民法改正試案』作成の準備作業としての意味をもつものであった。

　連載の具体的内容は、巻末656頁の初出一覧にまとめて示したが、ジュリスト1353号（4月1日号）から1360号（8月1日・15日合併号）までが、国際シンポジウムにおいて発表されたものであり、1361号（9月1日号）に掲載された「特集『日本民法典財産法編の改正』」が日本私法学会における報告準備原稿で

〔加藤雅信〕　　　　第6章　第1節　日本民法改正試案提示の準備のために

ある。

　ここでは、研究会の活動目的と活動内容の一般的な紹介ともなるので、まずⅡで、国際シンポジウムの「開会の辞」を掲載し、Ⅲで、民法典の基本的あり方を考えることにする。ただわれわれの研究が最初に収斂していった方向は、さきにも述べた2008年秋の日本私法学会配付資料において示した『日本民法改正試案』掲載の具体的条文案とその解説であることはもちろんである。

Ⅱ 「民法改正国際シンポジウム」の開催にあたって

1 はじめに

　尊敬する各国を代表する法律家の皆さま、ようこそ日本に、またこのシンポジウムにおいでいただきました。民法改正研究会を代表いたしまして、皆さまのご参加を心から歓迎いたしますとともに、心から感謝申し上げたいと思います。また、年度末のお忙しいなか、本日のシンポジウムにご参加いただきました会場の先生方に対しましても、心から御礼申し上げたいと思います。本当にありがとうございました。

2 ヨーロッパの民法典は、今

　皆さまご存じのとおり、現在、ゲストスピーカーの先生方のお国はもちろんのこと、世界各国で民法の大改正が進行しており、日本もその例外ではありません。その具体的状況は、今日の先生方のご報告から明らかとなると思いますので、いま、ここでそれを述べることはいたしませんが、19世紀、20世紀初頭の各国民法の立法時とくらべますと、現在、グローバリゼーションの進行のもと、世界各国は相互影響下のもとにあります。民法典もその例外ではありません。

　これは、単なる文化的な相互影響の枠を超えるものであります。経済的な取引圏の拡大は、そこにおける法の統一を要求します。このことは、国際的な流通性が高い手形・小切手等について、各国の主権を超えて、ジュネーブ統一手形法や国際手形条約等が成立し、それに次いで国際的流通性が高い動産につき、国際動産売買国連条約が成立していったものの、国際的流通性が低い不動産等については物権法の国際的統一の動きがないといった状況をみれば明らかです。

　世界経済の緊密化は、世界的な法のハーモナイゼーションを要求しています。

第Ⅱ部　世界に見る民法改正の諸問題

それがもっとも典型的にあらわれているのが、EU統合によって市場の統合が進行しているヨーロッパの状況です。近時の状況だけみても、ドイツでは債務法の改正が行われましたし、フランス民法についても債務法の改正案が提案されています。もっと長いスパンでは、オランダでは、1970年の改正家族法を皮切りに、民商二法を統一した新民法典の10編のうち8編が施行されています。

また、それぞれの国を離れ、ヨーロッパ全体をみても、1989年のヨーロッパ議会の決議を嚆矢として、その後の種々の段階を経ながら、ヨーロッパ民法典成立のための胎動が始まっています。各国の主権との闘いがどういう結果を導くことになるかは、慎重に検討する必要があるとしても、かりにヨーロッパ民法典が成立した場合に法の統一がはかられることが当然として、かりに現実の法律としては成立しなくても、ヨーロッパ民法典を考えていくことが、法のハーモナイゼーションを促進していく効果は見逃すべきではないと思います。

以上のようにみますと、世界でもっとも法のハーモナイゼーションが進行している地域はヨーロッパであるというべきだと思います。このような状況につき、ドイツの状況をカール・リーゼンフーバー先生に、フランスの状況をピエール・カタラ先生に、オランダの状況と、そして、国の枠を超えたヨーロッパ民法典の状況を特別な問題としてアーサー・ハートカンプ先生にお話しいただきます。

3　東アジアの民法典は、今

東アジアの状況は、ヨーロッパとは若干違います。この地域には、EUに対応するような共同体の動きは進行していません。東南アジアにはASEANがありますが、本日のシンポジウムに集まった先生方の母国はASEANに加盟しているわけではありません。拡大ASEANの動きはありますが、これがどのように現実化していくのか、あるいはいかないのか、これは将来の問題で予断を許しません。

しかし、政治枠組みとは別に、経済は生き物のように成長を遂げつつあります。日本の貿易状況をみますと、日本の輸入相手国の第1位は、2001年まではアメリカでしたが、2002年以降は中国となっています。日本の輸出相手国の第1位は依然アメリカですが、2006年の貿易統計をみますと、日本の輸出におけるアメリカのシェアは22.5％ですが、中国、韓国、台湾の総計は28.9％、

これに香港を加えると34.5％となります。すでに、東アジア経済圏内の域内取引きは、北太平洋経済圏内の域内取引きをボリュームにおいて圧倒しているのです。

　経済の一体化が法の統一を要求し、法の統一がさらにその法域内での経済の活性化をもたらすという循環があることは、だれにも否定できません。そうであるとしたら、たとえ政治枠組みとしての東アジア共同体のような政治権力は存在しなくても、東アジアでも、経済の緊密化が法のハーモナイゼーションを要求し、法のハーモナイゼーションが東アジア経済圏の活性化をもたらすという図式が成立するはずです。

　この地域でも民法典は大きく変動しています。中国では物権法が成立し、不法行為等、一部に残された分野はありますが、民法典全体の完成は間近となっています。韓国でも民法典改正が模索されています。台湾では民法典全体の改正作業がひととおり行われたといえる状況にまできています。このような状況を中国については梁慧星先生と渠濤先生に、韓国については尹眞秀先生と金祥洙先生に、台湾については詹森林先生にお話しいただくことになります。

4　世界の民法典は、今

　いまは、ヨーロッパ、そして東アジアという、地域にそくしてお話ししました。しかし、話はそれにとどまりません。15世紀から17世紀にかけての大航海時代に、ヨーロッパの人たちは、この東アジアの地域を、ファー・イースト、極東と呼んでいました。その頃の東アジアは、ヨーロッパからみれば何か月も船で航海してたどり着く地の果てだったはずです。

　しかし、今日のシンポジウムにいらっしゃったヨーロッパの先生方は、半日の飛行で日本にお着きになったと思います。ヨーロッパと東アジアの物理的距離は、この5世紀の間、変わったわけではありません。それにもかかわらず、時間的距離と経済的距離はきわめて近いものとなりました。ヨーロッパにとって、東アジアはもはや珍しい香辛料や絹を求めるだけの地ではありません。ヨーロッパ―東アジア間の取引きも、そして投資も、どんどんその量を増しています。いまや、経済は世界的に緊密化しており、法のハーモナイゼーションも世界的に求められる時代となってきています。

第Ⅱ部　世界に見る民法改正の諸問題

5　結　語

　もちろん、各国の文化も伝統も違います。国情も、国民の生活のあり方も違います。それぞれの社会と国民の生活を規律するという民法の性格を考えますと、単純な法の統一は不可能です。しかし、違いは違いとして残したまま、共通項を相互に見いだしていくハーモナイゼーションの努力は可能だと思います。そのように考えて、われわれ民法改正研究会は、それぞれの国で民法の改正を担当したり関与したり、あるいは批判している著名な法律家たちをお招きし、世界の法のハーモナイゼーションを一歩だけでも進めるための試みとして、今回の「民法改正国際シンポジウム」を企画いたしました。この意を汲んで、このシンポジウムに参加してくださったゲストスピーカーの先生方や、この会場にいらっしゃってくださった先生方に、まずは心から感謝の意を述べたいと思います。

　また、このシンポジウムを後援してくださった学習院国際交流基金、財団法人社会科学国際交流江草基金、日本私法学会、比較法学会、法務省、日本弁護士連合会、NHK、読売新聞にも心からの感謝の意を述べさせていただきたいと思います。

　最後に一言、民法改正研究会についてご紹介しておきたいと思います。われわれの研究会は、2005年の11月に、日本の民法学者約20名をもって発足しました。それ以来、各国の民法改正の状況を検討するとともに、日本民法財産法編の改正作業を進めてきました。これは、2008年10月の日本私法学会において、『日本民法改正試案』として発表されます。まだ最終案ではありませんが、現段階でも既存の民法財産法編の条文の約8割が改正ないし修正されています（ただし、担保法の改正作業は今回は行っておりませんので、担保法を除く財産法の話です）。

　今回の改正試案の提示にあたって、私たちは、もちろん国際的ハーモナイゼーションにも留意しましたが、民法典の条文を使う人たちの多くは、国際民事紛争ではなく国内民事紛争を解決するために民法典を使うことが多いので、国内状況が民法改正を必要とするか否か、国内状況からみてどのような改正が望ましいのか、という視点を忘れないよう、心がけてきました。

　ただ、抽象的に改正方針だけ述べてもイメージが湧きにくいと思いますので、プログラムには記してありませんが、このシンポジウムの最後に、民法財産法

編の冒頭規定となる「第1編第1章　通則」と民法財産法編の最終章となる「第3編第6章　不法行為」の改正条文を、具体的にお示ししたいと考えています。各国を代表する民法学者の先生方や、この会場にいらっしゃってくださった先生方のご意見を賜ることができればと願っております。

では、この2日間にわたりますこのシンポジウムが成功裡に終わり、ご参加いただいた先生方にご興味いただけるものになることを祈念いたしまして、私の開会の辞に代えさせていただきます。

民法改正研究会を代表して
加 藤 雅 信

Ⅲ　民法典の基本構造──国際シンポジウムを終了しての中間総括

当然のことながら、われわれの研究は現在進行中であり、現在は総括をできる段階ではない。ただ、国際シンポジウムは終了したので、このシンポジウムの基本枠組みとかかわる点をここで総括しておく。

世界の民法典は、ローマ法に端を発したヨーロッパから影響を受けている国が多数である。そのローマ法の影響は、ユスティニアヌス法典（ローマ法大全）の3部構成のうち、学説彙纂（ディゲスタ、またはパンデクタエ）の影響を受けたドイツ民法型のパンデクテン式か、法学提要（インスティトゥティオネス）の影響を受けたフランス民法型のローマ式の、いずれかの形式を踏むものがほとんどであった。

ところが、オランダ民法典は、これらとはまったく別の10編構成を採用した。詳しくはハートカンプ教授の論稿〔**本書第15章**〕に示されるが、その第2編の法人法は、会社等の営利法人と非営利法人を区別することなく規定している。また、その第8編は、かつては商法典に含まれていた運送法を規定しており、保険契約は第7編の各種契約のなかの一種として規定されている。さらに、まだ成立していない第9編は「知的財産」、第10編は「国際私法」について規定することが予定されている。当然のことながら多くの国で民法として取り扱われている内容は他の各編に規定されており、オランダ民法典はあたかも「私法総合法典」といった感がある。このオランダ民法典は、ローマ法的な法体系観から独立した法典であって、筆者のみるところ、ルーズリーフ的編纂によっ

第Ⅱ部　世界に見る民法改正の諸問題

て私法の集大成化をめざすもののように思われる。

　このオランダ民法典が民商2法の統一をはかるものであることは明らかであるが、これとは別のかたちで民商2法の統一をはかる法典もある。台湾の「中華民国民法典」がそれで、パンデクテン式の5編構成をとりながら、「第2編債」のなかの「第2章 各種の債」という各論に、民事契約の各節に加えて、交互計算、経理人及び代弁商、仲介、仲買、倉庫、運送、匿名組合、各種証券等、商法的性格をもつ契約も規定することによって、民商2法の統一をはかっている（なお、付言するに、「タイ民商法典」も類似の構成によって、民商2法の統一をはかっている。すなわち、「タイ民商法典」は6編構成であり、第2編を債権関係、第3編を典型契約とすることにより、ドイツ型のパンデクテン式よりも1編多い構成となっている。そして、この第3編の典型契約のなかに、民事契約と種々の商事契約を規定し、また、中華民国民法典には規定されていなかった保険、手形及び小切手、パートナーシップ及び会社をも第3編に規定することで民商2法の統一をはかっている）。

　日本民法の改正にあたって、その編別構成をどのように考えるべきかについては、次回簡単に述べるし、民法、商法──そして、消費者法（ないし消費法）──との関係をいかに考えるべきかについては、カタラ教授〔**本書第7章第1節**〕と磯村保教授〔**本書第7章第2節**〕が詳論するので、ここではこれ以上の検討は避けることとする。ただ、今回のシンポジウム参加国は、その民法典の編別構成においてもきわめて変化に富んだ国々であり、民法典の構成のあり方を再考させられた2日間であった。民法典の構成以外の、個別の論点については、次章以下の論稿に譲ることとする。

　ここでは、各国からご参加いただいたゲストスピーカーの方々、シンポジウム当日ご参加いただいた方々、そしてⅡの最後に紹介した後援をいただいた諸団体に心からの謝意を述べることにしたい。また、最後になるが、必ずしも軽いとはいいかねるこれまでの研究活動に熱心にご参加いただいた研究会会員各位、とりわけ事務局として研究のみならずシンポジウム事務についてもひとかたならぬご尽力をいただいた事務局の岡孝教授、平林美紀准教授、宮下修一准教授、そして会場校の側からご尽力を厭われなかった奥冨晃教授に深甚なる謝意を表する次第である。

第2節　日本民法改正試案の基本方向
——民法財産法・冒頭と末尾（「第1章　通則」「不法行為」）の例示的検討

加 藤 雅 信

Ⅰ　はじめに　　　　　　Ⅴ　「第3編　債権　第6章　不法行為」
Ⅱ　民法改正の基本方針　Ⅵ　結びにかえて
Ⅲ　民法典の基本構成　　　　——ひらかれた民試改正試案起草のために
Ⅳ　総則　第1章　通則

Ⅰ　はじめに

　日本民法典が施行されたのは1898年（明治31年）のことであり、本2009年は施行後111年目である。この間、戦後の家族法の改正を除けば、民法典は大改正をへることなく、財産法はその骨格を維持してきた。2004年には、民法の現代化のための改正がなされ、表現は一新されたが、その内容が変更されたわけではない。

　この一世紀余りの間に、日本社会は大きく変容し、現行民法典に規定された法制度の一部の条文は、現在の社会との適合性を失ってきた。このことは、物権法に規定された「永小作権」の制度や「相隣関係」の規定の一部をみれば明らかであろう。また、ヨーロッパ諸国やアジア諸国の状況をみても、世界各国で民法典の改正作業がひろく進行中である。

　このような状況のもとで、われわれは、2005年に「民法改正研究会」を立ち上げ、アジア・ヨーロッパ諸国の民法改正状況を比較法的に研究するかたわら、日本民法典財産法各編の改正を考え、「日本民法改正試案」の起草を試みてきた。

　民法改正研究会のこの2種の作業のうち、比較法的研究を総括すべく開催されたのが、2008年3月1日、2日の「民法改正国際シンポジウム」であった。また、研究会作業のもうひとつのテーマである「日本民法改正試案」の具体的条文案は、2008年10月の私法学会シンポジウムにおいて示された。

第Ⅱ部　世界に見る民法改正の諸問題

　3月1日、2日の国際シンポジウムは、基本的に比較法的研究が中心とするものではあったが、第2の作業である民法改正試案についても、世界各国において民法改正作業をリードしている著名な民法学者、また、お集まりいただいた民法改正に強い関心を抱いておられるわが国の関係者の方々に、現在検討中の日本民法改正試案の具体的イメージを示したいと思い、その一端を例示的に紹介した。

　具体的に例示したのは、われわれが起草している財産法の改正の冒頭部分、すなわち「第1編 総則 第1章 通則」と、財産法の末尾の「第3編 債権 第6章 不法行為」とであった。ただ、この2つの章の条文案は、あくまで部会案にすぎず、本年5月から開始される研究会の全体会議における議論によって修正される余地を残している。この意味では、ここに示す条文案は、あくまで部会案であり、研究会全体にとっては暫定案であることをお断りしておきたい。

Ⅱ　民法改正の基本方針

　民法改正研究会の改正基本方針は、「民法改正は、国民のために行われる」ということである。まず、民法によって規律されるのは、国民の生活であることを肝に銘じる必要がある。また、民法典を直接利用する頻度がもっとも高いのは法曹を含むひろい意味の法律家である。民法の改正による国民や法律家の混乱は、最小限にとどめなければならない。

　ただ、民法典の改正は、現在の国民、現在の法律家のためばかりでなく、未来の国民、未来の法律家に役立つものであることも重要である。その意味では、現在の民法のかたちや内容を単に維持することよりも、はじめて民法を目にする者にとってのわかりやすさも重要であろう。

　しかしながら、さきに述べた国民や法律家の混乱を最小限にするためには、学説的な意味しかもたない改正は行ってはならない。われわれ研究会メンバー約20名は、すべて民法学者であるが、学者のための民法改正におちいらないよう、自戒しなければならないと考えている。

　さらに、3月2日の国際シンポジウムにおいて、リーゼンフーバー教授が紹介した「壊れていないものを修理するな（"If it ain't broke, don't fix it."）」という、20世紀前半のアメリカ政府高官の言葉は、示唆的であった。リーゼンフーバー教授は、この言葉を「健全な立法上の格言」と評価する一方、論稿の

注では、この言葉に対し、「原状維持論者を激励する典拠となった "has become a source of inspiration to anti-activists"」と評価する向きもあることも紹介しているので[1]、微妙なバランスが要請されていることは当然である。ただ、「壊れてもおらず」、「不便でもなく」、国民や法律家が痛痒を感じていないものを、学説的見地から改正を試みることは避けるべきであろう。このわれわれの民法改正試案では、永小作権や相隣関係の一部の規定のように現在壊れかけている条文と、不便な──国民が理解するにあたって、またこれから法を学ぶ者にとっての不便をも含め──規定のみを改正するよう努めたつもりである。

また、この民法典改正作業が、「民法改正研究会」というかぎられたサークルのなかにとどまるものであってはならない。そこで、われわれが改正試案を提示したあとにあっても、いったん提示したわれわれ自身の見解に過度にとらわれることがないように、今後示す改正試案は、すべての関心をもつ者にとって開かれたものであらねばならないと考えている。

そのための具体的手続きとして、まず本改正試案の全体を示す私法学会において私法学会会員の意見を伺い、それを取り入れるとともに、その後においても、広く研究者、実務に携わる法律家、国民の方々の意見に耳を傾け、まずは暫定的な中間試案として示すことになる「日本民法改正試案」を、さらにより多くの人々の間で練り上げ、国民の共有財産に育てていきたいと考えている。なお、後述するように、2008年の国際シンポジウムにおいても、試行的に、われわれの民法改正試案を開かれたものにするための実験的な試みが行われたことをおことわりしておきたい。

III 民法典の基本構成

次に、「民法典の基本構成」について述べることとする。本書157頁において、世界的にみると、民法典が編纂方法としては、フランス民法に代表されるローマ式、ドイツ民法に代表されるパンデクテン式、必ずしもユスティニアヌス法典(ローマ法大全)の伝統にとらわれずに私法の総合法典化を試みるオランダ民法のような方向があり、また、パンデクテン式をとりながら民商2法の統

---

[1] 本書268頁注100)、訳注2)(初出は、カール・リーゼンフーバー=渡辺達徳訳「債務不履行による損害賠償と過失原理」ジュリスト1358号〔2008年〕155頁注100)。

第Ⅱ部　世界に見る民法改正の諸問題

一をはかっている台湾その他の例もあることを述べた。ただ、この点の詳細は第1節に譲ることとする。

　日本民法改正試案の提示にあたり、民法改正研究会は、現在の5編構成、すなわち、総則、物権、債権、親族、相続というパンデクテン式を維持し、現行民法典の枠組みを変更しないこととした*。

　ただ、編別のレベルでは現行の5編構成を維持したが、章以下のレベルでは、必要な場合には、現行法の構成にかなりの変更を加えた部分もある。

　　＊　パンデクテン方式を維持するという点では、研究会では異論をみなかったが、こう考えるにいたった理由は、研究会メンバーにおいても、各人各様であった。そこで、以下では、加藤の個別的見解を述べておくこととする。

　　　現行法の編別構成を維持する理由は、現在の国民や法律家の混乱を避けるということとともに、このパンデクテン式構成、とりわけ、物権と債権の対比という構成を高く評価するからである。現行パンデクテン方式のもとでは、物権は、所有権、抵当権等、重要な権利を規定しながら、それは修正できない画一的な権利として存在している（物権法定主義）。したがって、基本的な権利である物権の取引きにおいては、○○権の譲渡といえば、取引対象の内容はすべての取引当事者に画一的に、またただちに理解されることになる。

　　　これは、取引の迅速をもたらす一方、ある種の硬直性をともなう側面もある。しかし、物権法ではこの種の画一性を堅持する一方、他方、債権法においては、契約自由の原則のもとで、当事者は自由に権利義務の内容を設定することができる法制が採用されている。ここでは、創意工夫をいくらでもこらすことができる反面、債権の相対性のもとに、それを主張することができる相手は、契約相手に限定されることになる。

　　　つまり、画一性を確保することによる取引の迅速性と、当事者間の創意工夫を全面的に認める契約自由の原則とを組み合わせたのが、物権・債権対置の基本構造の社会的意味なのである。これは、権利関係の画一性・取引の迅速性の確保と市民の創意工夫を重視する柔軟性とを組み合わせた法制として、現代社会において今後とも維持されるべきものと考える次第である。

IV 総則 第1章 通則

1 はじめに

このIVとVでは、国際シンポジウムでも示した、民法財産編の冒頭の章と末尾の章につき、条文案を提示するとともに、その改正趣旨について、ごく簡単に、解説することとしたい。

2 綱領規範と紛争解決のための実定規範（一般条項）

(1) 綱領規範と実定規範の区分

現行民法は、第1編総則の第1章が「通則」と題されており、2か条からなりたっている。第1条は、「基本原則」との表題のもとに、第1項が私権の公共福祉適合性、第2項が信義誠実の原則、第3項が権利濫用を規定している。そのうえで、第2条は「解釈の基準」と題され、個人の尊厳と男女の平等を謳っている。

【別表1】民法改正草案（部会案）・総則編第1章（サンプル）

現行法対応条文			改正条文	
第1編 総則		第1編 総則		
第1章 通則		第1章 通則		
なし	新設	1条 趣旨	1条：この法律は、個人の尊厳を尊重し、私人の自律的な法律関係の形成及び両性の本質的平等を基礎とする人間関係の形成を旨として、私人間の法的関係を規定する。	
なし	新設	2条 民法の基本理念	2条①：財産権、人格権、その他の私権は、これを侵してはならない。	
1条1項	修正		2条②：私権は、公共の福祉と調和しなければならない。	
1条3項	移動	3条 基本原則	3条①：（現行1条3項に同じ）権利の濫用は、これを許さない。	
1条2項	修正		3条②：権利義務の発生、権利の行使及び義務の履行は、信義誠実の原則に従う。	
なし	新設		3条③：自己が以前に表示した事実及び先行する自己の行為に反する主張は、これをしてはならない。	
なし	新設		3条④：不法をなした者は、その事項につき裁判所に救済を求めることができない。	
なし	新設	4条 自力救済の禁止	4条：自力救済は、これを許さない。ただし、緊急やむを得ない事情が存在し、かつ、必要な限度を超えない場合は、この限りでない。	

この現行の「通則」に規定された2か条の性格をみると、第1条第1項および第2条は、綱領規範であって、具体的な紛争解決規範としての意義に乏しい。これに対し、第1条第2項及び第3項の信義誠実と権利濫用とは、綱領規範としての性格と、紛争解決規範としての性格を兼ね備えたものとなっている。要するに、現行民法典の第1編の第1章の「通則」には、綱領規定と紛争解決規範とが混在しているのである。

これに対し、今回提示した日本民法改正試案の「通則」は、綱領規範と紛争解決を目的とする実定規範の区別を明らかにした。

具体的には、最初に綱領規定として2か条を置き、第1条の表題を「趣旨」、第2条の表題を「民法の基本理念」とした。そのうえで、第3条と第4条の2か条に一般条項的性格を有する紛争解決を目的とする実定規範を規定することとした。

(2) 一般条項

第3条の「基本原則」には、一般条項として、権利の濫用・信義則・禁反言（エストッペル）・クリーンハンドの原則についての4項を置くこととした。そのうえで、第4条は、「自力救済の禁止」について規定している。

なお、現行規定は、信義則・権利濫用の順に規定されているが、民法改正試案では、3項と4項とに規定される禁反言とクリーンハンドの原則が、信義則の具体化としての性格も有していることに鑑み、権利濫用を先に規定したうえで、信義則に続いて、これら2つの一般条項を規定した。

第4条の「自力救済の禁止」の規定は、判例法理を条文化したものである。

なお、一般条項としてしばしばあげられるものとして、これら以外に「事情変更の原則」と「権利失効の原則」がある。この事情変更の原則を規定することで、潜在的な法的紛争を無用に掘り起こす可能性があるので、ここに規定することはしなかった（ただ、契約法の規定については、債権法部会では以上とは異なる見解も示されている）。

また、「権利失効の原則」は、判例が抽象的に言及することはあるものの、それによって権利主張を封じた事例は存在しないことに鑑み、規定することはしなかった。

3 民法典の冒頭規定

現行民法典は、冒頭規定の第1条第1項で「私権は、公共の福祉に適合しな

ければならない」と規定しており、これは、社会国家の原理を謳ったものと理解されている。次の4に述べるように、現行民法の冒頭規定において民法の基本精神として社会国家の原理を謳うことは、現行民法典の実体をあらわしていない、と考える。そこで、われわれの日本民法改正試案においては、冒頭規定として、民法全体を見渡すことができる綱領規定を置くことを考えた。

現行民法典の第2条は、「解釈の基準」と題され、「この法律は、個人の尊厳と両性の本質的平等を旨として、解釈しなければならない」と規定している。しかし、この表題にかかわらず、現行第2条の規定が具体的な解釈論のなかで「解釈の基準」として用いられることは稀である。むしろ、この規定は戦後の昭和22年改正のさいに、その改正の精神を謳いあげた規定としての性格が濃厚であるように思われる。

そこで、日本民法改正試案の冒頭規定としては、この2条の精神規定を承継したうえで、かつ民法典全体を見渡せるものがふさわしいであろう。そこで、市民法としての民法典にふさわしく、「個人の尊厳の尊重」が民法典全体を基調として貫き、主としては財産法にかかわる「私人の自律的な法律関係の形成」と、家族法に限定されるわけではないが主としてはそれにかかわる「両性の本質的平等を基礎とする人間関係の形成を旨」とする、「私人間の法的関係を規定」するものが民法であると、冒頭規定で謳うことにした。

なお、わが国の6つの法典の冒頭規定をみると、憲法は冒頭規定性を明示した条文を置いていないが、商法・会社法、民事訴訟法が「趣旨」または「趣旨等」という規定となっており、刑法が「国内犯」、刑事訴訟法が「この法律の目的」となっている。そこで、他の私法関係の法典との平仄を合わせ、冒頭規定の表題を「趣旨」とすることとした。

4 市民国家の原理と社会国家の原理

さきに述べたように、現行民法典は、冒頭規定の1条1項で「私権は、公共の福祉に適合しなければならない」と規定し、社会国家の原理を謳っている。他方、憲法は、その29条1項で「財産権は、これを侵してはならない」とし、2項で「財産権の内容は、公共の福祉に適合するやうに、法律でこれを定める」と規定する。憲法は、市民国家の原理を謳ったうえで、その修正原理としての社会国家の原理を宣言しているのである。

日本国家の実体としては、憲法が規定しているような構造であるにもかかわ

らず、現行民法典が、その冒頭規定で社会国家の原理のみを表明するのは、バランスを失している、というべきであろう。そこで、日本民法改正試案においては、新2条1項において、「財産権、人格権、その他の私権は、これを侵してはならない」として、所有権を含む財産権の不可侵を基調とする市民国家の原理を謳うこととした。そのうえで、2条2項で、その修正原理としての社会国家の原理を規定したのである。

なお、この社会国家の原理の規定の文言については、研究会では若干の議論がなされた。現行民法の第1条第1項は昭和22年の改正のさいに追加されたものであり、当初、「私権ハ公共ノ福祉ニ遵フ」と規定されていたが、平成16年の民法の現代語化にさいし、「私権は、公共の福祉に適合しなければならない」と改められた。昭和22年当初の条文の文言はもちろんのこと、平成16年に改正された条文の文言も、あたかも、公共の福祉が私権の上位に位置するかのような印象を与え、公が私権に優先するかのようにみえる。しかし、日本民法改正試案においては、公が私権に優先するという印象を与えるべきではない、との意見が研究会では有力であった。そこで、私権と公共の福祉とが上下関係に立つのではなく、対等の価値として存在することを明示するために、改正試案では、「私権は、公共の福祉と調和しなければならない」と規定することにした。

ただ、現行民法第1条第1項の社会国家の原理についての規定を——民法の冒頭規定として位置づけることなく、かつ文言を修正したうえで——承継すること自体は、総則部会において、別段、異論はなかった。これは、現行規定を継承することを当然視していた側面があろうかと考える。ところが、3月1日、2日の国際シンポジウムにおいて、オランダのハートカンプ教授は、このような内容の規定はヨーロッパの民法典にはみられないと述べ、若干の違和感を表明し、続いてドイツのリーゼンフーバー教授も類似の意見を述べた。とくに、リーゼンフーバー教授は、会議終了後には、現行民法典が冒頭規定にこのような文言を置いていることは、ナチズム的なコミュニティーが個に優先する全体主義的思潮との連想を生みかねないのではないか、との疑念を表明した。

筆者自身、第2次世界大戦の敗戦直後になされた、連合軍占領下での日本民法の改正が、ナチズム発想そのものとの連続性のうえに行われたとはまったく考えるものではない。しかしながら、この規定が、かりにヨーロッパの法律家に一般に違和感を与えるものであるとしたら、昭和22年の改正にさいしこの

文言が導入された背景に、東洋的な、公私の別をつけ、私は公に尽くす、という伝統的な感覚が当時の改正担当者たちにあり、それがヨーロッパの法律家たちにある種の違和感を生んだ可能性もありうるところであろう。また、この違和感は、われわれの研究会における、本項についての文言修正意見と一脈、相通ずるものがあるように思われる。

5 人格権

現行民法典には、人格権は規定されていない。世界的にみても、包括的な一般的人格権をはじめてひろく承認したのが20世紀初頭のスイス民法であることを考えれば、それに先立って制定された現行日本民法が人格権規定を欠くのは、無理からぬところである。しかし、現代社会を反映した新民法典においては、人格権についての明文での承認が欠かせないと考える。

ただ、人格権の紛争解決のための実定規範性が発揮されるのは、損害賠償と差止めが中心であろう。そこで、改正民法では、人格権にかんする規定を、新2条1項に綱領規定のかたちで置くとともに、末尾の不法行為の章に紛争解決のための実定規範として損害賠償と差止めとの関連でも人格権を規定することとした。

ここで、3月1日、2日のシンポジウムにおける議論について若干述べておくこととしよう。

民法改正試案第2条は、1項で財産権の不可侵を規定し、そのうえで、2項で社会国家的な公共の福祉との調和を謳うかぎりでは問題がないと思われる。

しかしながら、1項で人格権の不可侵、2項で公共の福祉との調和を謳うのは、全体として人格権の尊重を弱いものとする可能性はないか、との意見がシンポジウムにおいて中田裕康教授より提起された。

筆者個人は、人格権のなかにも、不可侵性が強い生命・身体・自由のような絶対的人格権と、自己情報、名誉、プライバシー、氏名、肖像等の、その保護に一定程度の利益較量的判断をともなうことになる相対的人格権とでは、法的保護の態様が異なると考えている[2]。相対的人格権が、憲法21条にもとづく表現の自由、また報道の自由との調和等、すなわち公共の福祉との調和をはかる必要があることは否定できない。また、絶対的人格権についても、実定法が刑罰による生命侵害、自由の侵害を認めている以上、公共の福祉とまったく無関係に保護されることもできないと考える。

ただ、中田教授が強調したように、"公共の福祉"それ自体は幅広い概念なので、無制約的に人格権と"公共の福祉"との調和が強調されることがあってはならず、憲法の議論等を参照しつつ、慎重な吟味をする必要があろうと考えるので、今後とも試行錯誤を続けていくこととしたい。

また、別の論点となるが、中国民法の起草にさいし、この人格権をいかに扱うべきかは、大きな争点の一つであり、民法のなかに人格権についての独立の章を設けるべきである、との立場もある。このような人格尊重視路線につき、台湾および韓国のゲストスピーカーは強いシンパシーを示したのに対し、ヨーロッパのゲストスピーカーたちはほとんどシンパシーを示すことがなかった。いわゆる民事的概念としての「人格権」は、東洋諸国においては人権保護の延長としてとらえられているのに対し、ヨーロッパにおいては損害賠償等の前提概念としての法技術的概念の一つとしてとらえられている、というのが今回のシンポジウムで受けた印象であった。

V 「第3編 債権 第6章 不法行為」

1 不法行為法の構成

現行民法典は、不法行為法の規定として、16か条の規定を並べるに止まる。これに対して、民法改正試案では、「第1節 損害賠償」「第2節 差止め」としたうえで、さらに前者につき「第1款 総則」「第2款 抗弁等」「第3款 特殊な不法行為等」という構成を採用して、不法行為法の章の透明性を高めることに努めた。

次に、具体的に不法行為についての改正試案を示すことにしよう。

---

2) 加藤雅信『新民法体系V 事務管理・不当利得・不法行為（第2版）』（有斐閣・平成17年）189頁以下、218頁以下。なお、改正提案709条・副案2においては、このような観点から、絶対的人格権である生命・身体につき無過失責任（第1項）、自由——と所有権等の物権等——につき過失責任（第2項）、相対的人格権につき過失責任＋違法侵害（第3項）と分けて規定している（なお、第4項は、害意による侵害に対してのみ保護される、債権その他の相対権・相対的利益について規定している）。

【別表2】民法改正草案（部会案）・債権編第6章不法行為（サンプル）

現行法対応条文		改正条文	
第3編　債権		第3編　債権	
第5章　通則		第6章　不法行為	
なし		第1節　損害賠償	
なし		第1款　総則	
709条	修正	709条 不法行為による損害賠償	709条①：他人の生命、身体を侵害した者は、これによって生じた損害を賠償する責任を負う。ただし、侵害した者が損害の発生を防止するのに必要な注意をしたときは、この限りでない。
709条	修正		709条②：故意又は過失によって、他人の自由、所有権若しくはその他の権利又は法律上保護される利益を侵害した者は、これによって生じた損害を賠償する責任を負う。
		（709条・副案1）	709条：（現行709条に同じ）故意又は過失によって他人の権利又は法律上保護される利益を侵害した者は、これによって生じた損害を賠償する責任を負う。
		（709条・副案2） 新設	709条①：他人の生命、身体を侵害した者は、これによって生じた損害を賠償する責任を負う。 709条②：故意又は過失によって、他人の健康、自由、所有権又はその他の権利（ただし、本条第三項及び第四項に掲げる権利を除く。）を侵害した者は、これによって生じた損害を賠償する責任を負う。 709条③：故意又は過失によって、他人の名誉、プライバシー、氏名、肖像その他人格権を違法に侵害した者は、これによって生じた損害を賠償する責任を負う。 709条④：害意をもって債権その他の利益を侵害した者は、これによって生じた損害を賠償する責任を負う。
710条	修正	710条 財産権以外の損害の賠償	710条①：他人の財産権、人格権、その他の利益の侵害のいずれであるかを問わず、前条の規定により損害賠償の責任を負う者は、財産以外の損害に対しても、その賠償をしなければならない。
711条			710条②：（現行711条に同じ）他人の生命を侵害した者は、被害者の父母、配偶者及び子に対しては、その財産権が侵害されなかった場合においても、損害の賠償をしなければならない。
722条	修正	711条 損害賠償の方法	711条①：損害賠償は、金銭によってその額を定める。
なし		新設	711条②：不法行為による損害の賠償は、その損害額にその損害発生の時から第〇〇条〔現行民法404条に相当する規定〕の定める利息をつけて支払わなければならない。

第Ⅱ部　世界に見る民法改正の諸問題

なし		新設	711条③：第一項の損害賠償については、裁判所は、被害者からの申立てに基づき相当と認めるときは、定期金で支払うことを命じることができる。この場合において、裁判所は、被害者からの申立てに基づき相当の担保の提供を併せて命じることができる。
なし	第2款　抗弁等		
712条	712条 責任弁識能力	修正	712条①：加害行為をした者が未成年者であるためにその加害行為について責任を弁識するに足りる能力（以下「責任弁識能力」という。）を備えていなかったときは、その者は、損害賠償の責任を免れる。
713条		修正	712条②：加害行為をした者が精神上の障害を有するためにその加害行為について責任弁識能力を備えていなかったときも、前項と同様とする。ただし、加害者が精神上の障害による責任弁識能力の欠如を、故意又は過失によって一時的に招いたときは、この限りでない。
720条1項	713条 正当防衛及び緊急避難	修正	713条①：他人の不法行為に対し、自己又は第三者の権利又は法律上保護される利益を防衛するために、やむを得ず不法行為者に対して加害行為をした者は、損害賠償の責任を免れる。
720条2項		修正	713条②：急迫した危難から自己又は他人を防衛するために、やむを得ず加害行為を行った者については、裁判所は、当該危難と加害行為の状況を考慮し、その損害賠償責任を軽減又は免除することができる。この場合において、当該の危難が不法行為によるものであるときは、被害者からその不法行為者に対する損害賠償の請求をすることを妨げない。
なし	714条　正当行為及び相手方の承諾	新設	714条①：法令又は社会的に正当とされる行為によって、他人に損害を与えた者は、その損害を賠償する責任を免れる。
なし		修正	714条②：相手方の承諾を得た行為によって、その者に損害を与えた者は、その損害を賠償する責任を免れる。ただし、その承諾が公の秩序又は善良の風俗に反する場合には、この限りでない。
なし	715条 名誉毀損の免責事由	新設	715条：事実を摘示して他人の名誉を侵害した者は、その行為が公共の利害に関する事実に係り、その目的が専ら公益を図ることにあったと認められる場合において、その事実が真実であることの証明があったときは、責任を免れる。その事実が真実であることの証明がない場合において、侵害者が真実であると信じることにつき相当の理由があったときも、同様とする。

722条2項	716条 過失相殺等		716条①：（現行722条2項に同じ）被害者に過失があったときは、裁判所は、これを考慮して、損害賠償の額を定めることができる。
なし		新設	716条②：前項の規定は、不法行為による損害の発生又は拡大に社会的動乱、異常な自然力又は被害者の素因の寄与があった場合に準用する。
なし		新設	716条③：第一項の規定は、被害者と生計を一にする親族又は被害者の支配領域ないし管理下にある者の過失によって損害が発生し又は拡大した場合に準用する。
724条	717条　不法行為による損害賠償請求権の期間の制限		717条①：（現行724条前段に同じ）不法行為による損害賠償の請求権は、被害者又はその法定代理人が損害及び賠償義務者を知った時から三年間行使しないときは、時効によって消滅する。
724条		修正	717条②：不法行為による損害発生の時から二十年を経過したときは、損害賠償請求権は消滅する。
なし	第3款 特殊な不法行為等		
715条1項	718条 使用者等の責任	修正	718条①：ある事業のため他人を使用する者は、被用者がその事業の執行について第三者に加えた損害を賠償する責任を負う。ただし、第三者が、被用者の行為が使用者のために行われたものではないことを知り、又は重大な過失によってこれを知らなかったときは、この限りでない。
なし		新設	718条②：前項の規定は、ある事業のために、他人に自己の名を用いることを許諾した者について準用する。
715条2項		修正	718条③：使用者に代わって事業を監督する者（以下「代理監督者」という。）も、第一項の責任を負う。ただし、代理監督者が被用者の選任及びその事業の監督について相当の注意をしたとき、又は相当の注意をしても損害が生ずべきであったときは、この限りでない。
715条3項		修正	718条④：第一項及び第二項の規定に基づき損害の賠償をした使用者、代理監督者又は被用者は、自己の負担部分を超える部分につき、他の者に対しその負担部分につき求償権を行使することができる。
716条	719条 注文者の責任		719条：（現行716条に同じ）注文者は、請負人がその仕事について第三者に加えた損害を賠償する責任を負わない。ただし、注文又は指図についてその注文者に過失があったときは、この限りでない。
714条1項	720条 責任弁識能力を欠く者の監督義務者等の責任	修正	720条①：第七百十二条の責任弁識能力を欠く者を監督する法定の義務を負う者は、責任弁識能力を欠く者が第三者に加えた損害を賠償する責任を負う。ただし、監督義務者がその監督義務を怠らなかった

第Ⅱ部　世界に見る民法改正の諸問題

			とき、又は、その義務を怠らなくても損害が生ずべきであったときは、この限りでない。
714条2項		修正	720条②：監督義務者に代わって責任弁識能力を欠く者を監督する者も、前項の責任を負う。
なし	721条 責任弁識能力を欠く者の衡平責任	新設	721条①：第七百十二条（責任弁識能力）の規定にかかわらず、裁判所は、加害行為の態様、責任弁識能力を欠く者の資産状況その他を考慮して、責任弁識能力を欠く者に損害の全部又は一部を補償する塡補責任を負わせることができる。
なし		新設	721条②：前条に基づき責任弁識能力を欠く者の監督義務者等が損害賠償責任を負うときは、その監督義務者等と前項の損害塡補責任を負う責任弁識能力を欠く者は、連帯して責任を負う。この場合において、裁判所がその裁量によりいずれかの責任が優先することを定めることを妨げない。
717条1項	722条 土地の工作物等の占有者及び所有者の責任	修正	722条①：建物その他の土地の工作物又は危険な設備（以下「工作物等」という。）の設置又は管理に欠陥があることによって他人に損害を生じたときは、その工作物等の占有者又は所有者は、被害者に対してその損害を賠償する責任を負う。ただし、占有者が損害の発生を防止するのに必要な注意をしたときは、この限りでない。
なし		新設	722条②：航空機、鉄道又は船舶は、前項の危険な設備とみなす。
717条2項		修正	722条③：第一項の規定は、樹木の栽植又は支持に欠陥がある場合について準用する。
713条3項		修正	722条④：前三項の場合において、損害の賠償をした者は、損害の原因について他にその責任を負う者があるときは、その者に対して求償権を行使することができる。
なし	723条 危険物質の保持者の責任	新設	723条：危険な化学物質又は微生物（以下「危険物質等」という。）を保持又は放出する者は、その危険物質等の保持又は放出によって他人の生命又は身体を侵害したときは、これによって生じた損害を賠償する責任を負う。ただし、当該危険物質等を保持若しくは放出した時における科学若しくは技術に関する知見によってはその危険性を認識することができなかったとき、又はその危険物質等の管理につき相当な注意をしたときは、この限りでない。
718条1項	724条 動物の占有者及び所有者の責任	修正	724条①：動物の占有者又は所有者は、その動物が他人に加えた損害を賠償する責任を負う。ただし、動物の種類及び性質に従い相当の注意をもってその管理をし若しくは他人に管理をさせたとき、又は相当の注意をしても損害が生ずべきであったときは、この限りでない。

718条2項			724条②：（現行718条2項に同じ）占有者に代わって動物を管理する者も、前項の責任を負う。
719条1項	修正	725条 共同不法行為者等の責任	725条①：不法行為による損害の発生に複数の者が関与したとき（以下「共同不法行為」という。）は、各自が連帯してその損害を賠償する責任を負う。
	修正		725条②：不法行為による損害が複数の不法行為者のうちいずれの者によって加えられたかを知ることができないときも、前項と同様とする。
719条2項	修正		725条③：不法行為を教唆した者及び幇助した者は、共同不法行為者とみなす。
なし	新設		725条④：前三項の場合において、裁判所は、共同不法行為者の損害発生についての寄与の程度その他一切の事情を考慮して、寄与が小さい者につき連帯して損害を賠償する範囲を限定することができる。
なし	新設	（連帯責任の例外―正案にするか副案にするか検討中）	725条⑤：第一項から第三項の規定にかかわらず、損害賠償の請求を受けた者が、共同不法行為者間に損害発生についての寄与の程度又は責任の軽重に明白な差があること、主たる共同不法行為者に弁済をする資力があること、かつ、執行が容易であることを証明したときは、裁判所は、一切の事情を考慮して、まず主たる共同不法行為者の財産について執行をしなければならないことを命ずることができる。
なし	新設	726条　他の法律の規定の適用	726条：本章に基づく損害賠償については、本法のほか、自動車損害賠償保障法、製造物責任法その他の法律を適用する。
なし	新設	第2節　差止め 727条　差止め	727条①：自己の生命、身体、又は自由を侵害され、又は侵害されるおそれがある者は、相手方に対しその侵害の停止又は予防を請求することができる。
なし	新設		727条②：自己の名誉、信用その他の人格権を侵害され、又は侵害されるおそれがある者は、相手方に対しその侵害の停止又は予防を請求することができる。ただし、その侵害が違法性を欠くものであるときは、この限りでない。
なし	新設		727条③：自己の生活上の利益その他の利益を違法に侵害され、又は侵害されるおそれがある者は、相手方に対しその侵害の停止又は予防を請求することができる。
723条	修正	728条 謝罪広告等の特則	728条：名誉、信用その他の人格権の侵害があった場合において、加害者に故意又は過失があるときは、裁判所は、被害者の請求により、損害賠償に代えて、又は損害賠償とともに、謝罪広告その他の適当な原状回復措置を命ずることができる。

第Ⅱ部　世界に見る民法改正の諸問題

2　差止め

　研究会においては、現行民法典には規定されていない差止めの規定を新設することについては、異論をみなかった。ただ、その体系的位置づけについては、議論が分かれ、3つの考え方が示された。
　その第一は、「第1編　総則」に差止めについて一般的に規定すべきであるという立場であり、その第二は、総則で差止めについて言及したうえで、「第2編　物権」に物権的請求権を置くとともに「第3編　債権」の不法行為の章にそれ以外の差止めを規定するという立場であって、その第三は、第1編には差止めについての規定を置かず、第2編と不法行為の章にそれぞれを規定するというものであった。研究会の各部会での検討の結果、本改正試案においては第3案を採用することになった。
　ただ、差止めおよび4の不法行為一般については、研究会メンバーの大塚直教授が2008年10月の私法学会で報告をしているので、ここでは詳細な説明は割愛することにする。

3　過失責任・無過失責任

　現行民法は、その709条において、過失責任の原則を謳っている。不法行為部会においても、基本的にこの原則を維持することで、意見の一致をみた。ただ、保護法益の重大性によって、加害者の主観的要件に程度の差を設けるかどうかという点については、考え方が分かれた。その結果、不法行為の基本規定である709条をめぐって、6つの案が提案された。以下ではこのうちの3つの案を説明することとする。
　この3つの案は、生命・身体のような重大な法益にかんして過失責任の原則を維持するか否かについて立場が異なっている。第一は、このような重要な法益にかんし無過失責任とする立場であり、第二は、過失の立証責任を転換する立場であり、第三は、これらの法益についても過失責任を堅持する立場である。不法行為部会では、最終的に第二の立場を部会の正案としたうえで、第三の立場を副案1、第一の立場を副案2として、示すこととした。
　生命・身体侵害について、過失の立証責任を転換する案を部会の正案とした理由は、これが中庸を得た立場であるということに加え、無過失責任を採用すると、民法の責任の方が、自動車損害賠償保障法や製造物責任法よりも厳格となり、それらの特別法の改正も必要になるのに対し、部会正案の内容であれば、

それらの特別法とのバランスも維持されるからである。具体的には、民法が過失の立証責任を転換しているのに対し、自賠法や製造物責任法は、過失の立証責任を転換したうえで、抗弁の内容をより厳格にしたことになる。

なお、第一の無過失責任を主張する立場は、この問題を意識し、当初から、副案として提案されたものであり、いわば現行法体系を離れて、抽象的なあるべき姿を述べたものに止まることを付言しておきたい（その具体的内容については、注2）参照）。

4 改正不法行為法の特徴

(1) はじめに

では、うえに述べた不法行為の基本枠組み以外の、本民法改正試案の特色を述べることにしよう。

(2) 遅延利息の問題

不法行為の損害賠償につき遅延利息が問題になることは、現行民法典の不法行為の章には条文はないが、債権総論に債務不履行が規定されている以上、債権各論である不法行為にそれが適用されることは当然視されてきた。この点は改正試案でもべつに変わることはなく、新711条2項に遅延賠償を規定したのは単に確認的な規定を置いたにすぎない（このような観点から、2項不要論もある）。

ただ、特殊不法行為的問題ではないが、新711条2項が引用する「第○○条〔現行民法404条に相当する規定〕」は、現行民法のように5%という固定金利ではなく、変動金利制をとっている。すなわち、債権法部会の利息債権についての部会案は、2項からなりたっており、「①利息を生ずべき債権（以下「利息債権」という。）の利率につき、別段の意思表示がないときは、その利率は、基準利率による」、「②基準金利は、別に法律に定めるところによる」とされている。そして、その解説には、「なお、第2項にもとづきなされるであろう公示は、日銀の見解等をふまえて、主務官庁がすることになるであろう」として、「法定利率と市場利率の一致」が述べられている。不法行為訴訟にかぎられないが、市場利率と法定利率の乖離は、債権者や債務者の、訴訟遅延戦術や、不公正な結論をもいとわない早期解決戦術をまねき、訴訟遅延や公正なあるべき裁判の阻害要因となってきた。さらに、こと不法行為にかんしては、中間利息控除が社会実態と乖離する結果、損害賠償額が適正を欠くことになる等、多く

の問題を生んだ。この問題を憂慮した幾多の下級審裁判例は、中間利息の控除にかんしては法定利息の不適用を判示したが、最高裁判所はそのような取扱いを認めなかった[3]。このような問題は、本改正試案によれば、法定利率と市場利率とが一致することになり、解消することとなる。

(3) 定期金賠償の導入

現在、定期金賠償は民事訴訟法第117条に規定されているだけで、民法典には規定されていない。それに対し、今回の民法改正試案は、定期金賠償を新711条3項に規定することとした。

生命身体被害の場合の定期金賠償は、被害実態にそくした紛争解決を可能とする一方、他方で賠償義務者の資力を確保しうるか否かという問題を生むこととなる。そこで、改正試案においては、「被害者からの請求に基づき」、「裁判所が相当と認めるとき」にのみ認められるものとしたうえで、裁判所が必要と認めるときには損害賠償義務者に対し、担保供与義務を課すこととした。

(4) 抗弁等

損害賠償請求に対する抗弁として、「責任能力」、「責任無能力」等の用語を避け、「責任弁識能力」の表題のもとに、現行民法典では2か条に規定されている未成年者と精神上の障害を負う者についての規定を1か条にまとめることとした。

また、正当防衛と緊急避難については、現行民法典では、刑法におけるそれらの概念と食い違う概念が採用されていたが、改正試案では民法と刑法における概念の差異をなくすこととした。また、緊急避難の場合には、全面的免責のみならず、賠償義務の軽減もありうることとした。

さらに、現行民法典では規定されておらず、判例や学説によって認められている、「正当行為」および「相手方の承諾」についても、正面から抗弁事由として民法に新714条として規定することとした。

また、新715条は、「名誉毀損の特則」について規定したが、これは、判例法上認められている違法性阻却事由を規定したものである。

過失相殺については、新716条3項で被害者側の過失について規定した。こ

---

[3] 最判平成17年6月14日民集59巻5号983頁。この判例以前の多くの下級審裁判例については、加藤雅信『新民法体系Ⅲ 債権総論』（有斐閣・平成17年）36頁参照。

れは、被害者と生計をともにする家族の過失、被害者のお雇い運転手の過失等がある場合に、過失相殺を認めている日本の判例をリステイトした条文である。

また、損害発生についての、異常な自然力の寄与、被害者の素因の寄与等があった場合に、わが国の判例は賠償額の減額を認めているが、その点については、新716条2項にやはり判例をリステイトする規定をおくこととした。

損害賠償の期間の制限については、1項が3年間の短期消滅時効、2項が20年間の除斥期間という期間制限のかたちで規定した。これにともない、現行民法典における「時効の停止」を除斥期間に準用しうるか否か、等の問題が発生するが、その点に対応する規定は民法総則の時効の箇所におかれている。なお、2項の規定の仕方については、研究会において、「加害行為の時から二十年を経過したときは、損害賠償請求権は消滅する。ただし、その加害行為より相当の期間が経過した後に損害が発生したときは、その損害が発生した時からこの期間を起算する。」とすべきであるという意見も有力であった。

なお、抗弁事由の配置の仕方については、違法性阻却事由、責任阻却事由の順に規定すべきではないかとの意見も討議の過程で提出された。ただ、わが国のこれまでの不法行為法学においては、我妻説や加藤（一郎）説にみられるように、「責任能力」を「過失」の前提として、抗弁ではなく、不法行為の要件として、重視する学説も有力であった。このような伝統を考慮し、抗弁としては、まず責任弁識能力についての規定をおき、その後に違法性阻却事由についてのいくつかの抗弁を規定し、さらに過失相殺、期間制限の順に規定することとした。

また、抗弁「等」と規定した理由は、過失相殺等は、抗弁として主張される場合と、間接事実として主張される場合との双方がありうることを考慮したためである。

(5) **特殊な不法行為等**

特殊な不法行為についても、改正試案ではこれまでの民法典とはいくつかの点で異なっている。

まず、使用者責任については、無過失による免責の抗弁を報償責任を負うべき使用者については認めず、基本的に無過失責任とすることとした。使用者の責任を定めた新718条1項の但書は、取引的不法行為をめぐる判例法をリステイトしたものである。これに対し、代理監督者については、そもそも報償責任

としての基礎を欠くので、無過失による免責の抗弁を認めることとした。

次に、特殊な「不法行為」の概念をはみだす問題であるが、新721条は「責任弁識能力を欠く者の衡平責任」を裁判所の裁量により認めることができると規定した。このような責任は、近時のヨーロッパ諸国でも認められることは珍しくないが、それらの国では、この種の衡平責任は、「責任弁識能力を欠く者の監督義務者等の責任」に劣後するものとされるのが通例である[4]。これに対し、改正試案の721条2項は両者を連帯責任としたうえで、状況によっては裁判所が裁量的に一方の責任の優先性を認めることができるものとした。

また、工作物責任についても、722条は、第1項において土地の工作物ではない危険な設備についても占有者に中間責任、所有者に無過失責任を認め、第2項で、それを航空機、鉄道、船舶にも適用されるものとした。

現行の工作物責任についての民法第717条は、占有者の責任を優先し、優先者が無過失の抗弁の立証に成功した場合に、所有者が無過失責任を負うという構造になっている。そのため、占有者に過失があり、その占有者が無資力である場合に被害者は救済を受けることができないという問題があった。改正試案では、占有者と所有者の責任を並列的なものとして規定したので、このような問題は解消した。

実は、明治民法の起草にさいしても、起草者が"他人に特別な危険を及ぼす、鉄道、その他の運送業、製造業等については、故意・過失がなくてもその事業から損害が生じたならば必ず賠償しなければならないという義務を特別法で負わせる"、すなわち無過失責任を定めるということには、"われわれにおいても少しも反対ではない"と述べたうえで[5]、その前提のもとに、不法行為についての現行民法典は、過失責任主義を原則としたのである。その後の民事法体系のなかで、自動車については自動車損害賠償保障法が制定され、責任が厳格化されたし、製造業についても、製造物責任法が制定され、民法起草者がありうべき姿であると考えていた責任の厳格化がはかられた。

しかし、民法起草者が予期していた鉄道や、その後に発展した航空機等の運送業については、責任の厳格化をはかる特別法が規定されていないので、明治

---

4) フォン・バール著=窪田充見編訳『ヨーロッパ不法行為法(1)』(弘文堂・平成10年)87頁以下、とくに97頁参照。

5) 穂積陳重発言・法務大臣官房司法制度調査部監修『法典調査会 民法議事速記録五』(商事法務研究会・昭和59年)301頁。

民法の起草者の遺志を継ぐべく、今回の民法改正試案でそれをとりいれたものである。

また、危険物の保持者についても、責任の厳格化を認めたうえで、製造物責任法における開発危険の抗弁に対応する抗弁を規定することとした。

以上の危険責任関連の規定は、主として大塚教授の提案にかかわるところが多く、大塚提案には今回紹介した以上の内容も含まれているが、それらについては、2008年秋の私法学会で報告された。

動物についての責任も、現行民法典は動物の占有者についてのみ重い責任を課しているのに対し、新724条は動物の占有者と所有者の双方に重い責任を認めている。

最後に共同不法行為についてであるが、一部の学説が主張している寄与度が小さな共同不法行為者の分割責任という考え方は採用しなかったが、一部連帯という考え方を採用したのが新725条3項である。

さらに、共同不法行為とはいえるものの、明らかに主たる責任者をはずして、従たる共同不法行為者に請求がなされているようなケースでは、裁判所の裁量で、まず主たる責任者の財産に執行をしたうえでなければ、従たる共同不法行為者に請求できない趣旨の規定が、新725条4項である。これについては、研究会で賛否両論あり、正案にするか副案にするか、現在検討中である。

これは、判例でも、京阪電車置き石事件等において、電車転覆の原因となった置き石をした少年も、話には加わったものの最終的には置き石を止めた少年も、一律に連帯責任を課せられたケースがあった[6]。また食品公害等において、直接の原因者の責任追及は途中で放棄し、ディープポケットとして、国や地方公共団体の監督権限の不作為にもとづく責任その他の責任が追及されたケースも過去に存在している[7]。これらは、不法行為における本来の責任者の責任を希釈化するものであろう。この点に着眼して新725条4項のような規定をおくべきであるという考え方と、それは共同不法行為者間の求償の問題として処理すべきであるという考え方が、研究会でも双方存在している。

(6) 他の法律の適用

---

6) 最判昭和62年1月22日民集41巻1号17頁。
7) 加藤雅信編著『製造物責任法総覧』(商事法務研究会・平成6年) 87頁以下 (加藤雅信執筆)、643頁以下 (久世表士執筆)。

第Ⅱ部　世界に見る民法改正の諸問題

　新726条は、自動車損害賠償保障法、製造物責任法の適用について言及している。これは、改正民法試案が、法体系の透視性をよくするために、一定のインデックス機能を果たすようにしたい、との考え方にもとづくものである。したがって、不法行為法以外においても、同種の規定がおかれている。

　ただ、行政法的色彩が強い法律に損害賠償の規定がおかれているような場合には、それらの法律には言及していない。

　なお、私法的性格を有する特別法として、失火責任法がある。しかし、不法行為部会としては、民法改正と同時に失火責任法を廃止すべきであると考えたので、インデックス機能をもつ本条には規定しないこととした。失火責任法は、木造建築の多いわが国の特徴から、失火免責という西洋諸国にはない慣習が、明治時代に議員立法により法制化されたものである[8]。しかし、現代では、非木造建築の割合が増加するとともに、防火体制も整えられているので、失火責任法の社会的意義は、失われているように思われる。

　したがって、民法改正にさいし、「附則〇条（廃止法律）：明治三十二年法律第四十号（失火ノ責任ニ関スル法律）は、廃止する。」との1か条をおくべきであると考える。

Ⅵ　結びにかえて——ひらかれた民法改正試案起草のために

　以上、部会案であって、研究会全体会議での承認を得る前の案をあえて紹介したのは、このシンポジウムにおいて、参加していただいた方々にわれわれの改正作業の具体的イメージを抱いていただくためでもあるが、それ以上に、この日本民法改正試案をひらかれたものにするためであった。

　本節Ⅱの「民法改正の基本方針」においても、この改正試案をひらかれたものにするために、われわれが提案する「日本民法改正試案」につき、まず私法学会で学会員の意見を伺い、その後もひろく研究者、法律家、国民の方々の意見を伺いたいと述べたが、その先行的な試みとして、今回の国際シンポジウムでも「アンケート」を試みてみた。そのアンケートの冒頭には、次のように記されていた。

　「このアンケートは、今回の民法改正国際シンポジウムにおいて、皆さまに

---

[8] 澤井裕『失火責任法の法理と判例』（有斐閣・平成元年）3頁以下。

〔加藤雅信〕　　　　　　第6章　第2節　日本民法改正試案の基本方向

　お示しした改正草案部会案につき、皆さまのご意見をうかがい、今後の民法改正研究会の改正作業に参考にさせていただくためのものです。できれば、記名にてご意見をうかがいたいと考えておりますが、匿名希望の方は、匿名のままでも結構です。

　寄せられたご意見を参考に、改正試案を修正したり、その他変更を加えたりした場合には、この改正試案を最終的に発表するさいに、その旨をお名前とともに記したいと考えております（ただし、私法学会の段階では、必ずしも最終案として発表するものではなく、その後のいろいろな方々の意見を寄せていただくために、基本的に個人名を示さないという方針をとっております。したがいまして、学説的に突出した新説的なご意見についてはお名前を付けさせていただきますが、通常はその段階では個人名を付けない方針であることをご了承いただければと思っております）。

　もちろん、最終段階でも、紙幅の制約が予想されますので、すべてのご意見を収録できるわけではないことは、あらかじめおことわりしておきたいと思います。ただ、研究会が、とりいれたい、あるいは参考にしたい、と考えたご意見につきましても、「①意見収録を望まない。②匿名でのみ意見収録を許可する。」とお書きの方のご意見は、最終段階での民法改正試案を公刊するさい、①については記載しませんし、②については匿名の意見として掲載させていただくつもりです。この記載がない場合には、お名前を記したうえご意見が公刊される可能性があることをご了承ください。

　そのような前提で、ご意見をお寄せいただければ幸いです。この紙の表から裏にかけて、ご自由にご意見を記入していただければと存じます。紙がたりない場合には、事務局にお申し出いただければ、追加の紙を配布させていただきます。」

　類似の試みは、今後とも繰り返していきたいと考えている。この国際シンポジウムにおいて、国の内外から数多く寄せられた意見としては、さきに中田教授の意見を叙述の便宜上別の箇所で紹介させていただいたが、それ以外にも、われわれの提示した条文案に対する修正意見等も含め、貴重な意見が数多く寄せられた。

　実は、本節Ⅳに示した条文案は、その修正意見のひとつをとりいれたものである。この修正意見は、民法改正試案第3条第4項のクリーンハンドの原則をめぐって寄せられた。3月2日に国際シンポジウムの席上配布されたわれわれ

の当初の改正試案は、次のようなものであった。
　「3条④：裁判所に救済を求める者は、法を侵してはならない。」
　この提案に対し、この文言だと、法律家はともかく、「一般の人々は、提案を読んで、『裁判所へ提訴したいなら、犯罪を犯してはならない。交通事故を起こしてはならない』という意味を考えてしまうであろう。規定するとすれば、『法に反した行為による事柄については、裁判所に救済を求めることができない』とでもすべきであるが、これでも十分に限定されていない」との意見が、瀬川信久教授から寄せられた。また、「法を侵す」という規定の仕方についても、瀬川教授と研究会メンバーの鹿野菜穂子教授から疑問が呈された。
　これらの意見を受け、国際シンポジウムの後、われわれは第3条第4項を「不法をなした者は、その事項につき裁判所に救済を求めることができない」と改めることにした。
　さらに、不法行為については、道垣内弘人教授より、民法第711条3項の定期金賠償につき、「§711Ⅲのような定期金賠償の規定を置き、快復とか再婚とかを考えるならば、『裁判所は、定期金の支払いを命じる前提となった事情が喪失したときは、その後の賠償を免ずることができる』というのがないとうまく目的を達成できないと思う」との意見が寄せられた。まことにもっともな指摘であり、なんらかのかたちの事情変更にもとづく賠償打ち切り措置を命ずる判決を可能とする制度を——①定期金賠償判決を解除条件付きとするか、②その場合に、判決に付される解除条件を明確にする必要があるが、そのようにすると定期金賠償の柔軟性が損なわれないか、③かりに定期金賠償判決を解除条件付きにした場合に、一時金賠償の途を選んだ者について、解除条件と類似の事情が発生することもありうるので、定期金賠償と一時金賠償とのアンバランスが生じることをいかに考えるか、④現在の損害賠償訴訟では、生命侵害等の場合に、口頭弁論終結時に将来発生する損害も認定しうることが前提とされているが、定期金賠償につき後発的な事情を考慮することが既判力理論との整合性を保ちうるか、等々多様な問題点を考えながら——導入していきたい。国際シンポジウム終了後本稿脱稿時までに不法行為分科会が開催されていないので、うえに述べたのは個人的意見にとどまるが、重い宿題ながら、今後の課題としたいと考えている。
　以上に紹介した以外にも、種々の観点から多くの意見が寄せられている。たとえば、——部に所属・肩書等が不明な方がいるので、紹介はすべて「氏」

で統一させていただくが——、民法改正の必要性の根拠（滝沢聿代氏、山岡真治氏）、比較法的研究の必要性（園田章子氏）人格権概念の明確化（中山布紗氏）、事情変更の原則の条文化（匿名希望）、失火責任法の廃止に賛成（大石正明氏）、差止請求権の条文化に賛成（瀬々敦子氏）、謝罪広告の違憲性の検討（詹森林氏）等、多様かつ貴重なご意見をいただいているが、紙数の制約からすべてを紹介しきれないのが残念である。ただ、われわれは、われわれの能力の限界のなかで民法改正作業を行っていることを常に自覚している。今後ともこのような建設的な意見を寄せていただければ、それらをとりいれて、より良い日本民法改正試案を練り上げていきたいと願っている。

　秋に、われわれの日本民法改正試案が公表された暁には、そしてその後も、民法典に関心をもつ多くの方が、より良い改正試案をつくるためのご意見を寄せてくださることを願うこと切である。

第7章　民事総合法典としての民法と市民法としての民法

第1節　民法・商法および消費法

ピエール・カタラ／野澤正充（訳）
Pierre Catala

　　I　民法と商法　　　II　民法と消費法

I　民法と商法

　(1)　商法典は、民法典の3年後である1807年に公布された。しかし、1804年からすでに、起草者は、商事に適用される規範の特殊性およびその相対的な自律性を認識していた。民法典1107条は、そのことを、次のように明らかにしている。すなわち、「契約は、固有の名称を有する場合であれ、有しない場合であれ、この章の目的である一般原則に服する」（第3編第3章　契約又は約定債権債務関係一般）。また、「一定の契約に特有の規範は、それぞれの契約に関する章の下に定められている。商取引に特有の規範は、商事に関する法律によって定められる。」

　民法典1107条は、ローマ法の格言である「特別法は一般法を破る」の適用例と解され、特別規定は一般規定を破ると規定している。したがって、売買や賃貸借など、各種の契約に特有の規定は、商取引を対象とする規定と同じく、その固有の領域においては、民法典の一般規定に優先する。ただし、民法典の一般規定が強行的性格を有しているときは、この限りでない。

　この点につき、改正草案は、1804年の方式を正確に再現している。すなわち、1103条がその位置を維持し、第1項は変更されていない。第2項は、新しい法分野の増加を反映して、単純にその内容を充実させた。すなわち、「一定の契約に特有の規範は、それぞれの契約に関するこの法典の各章に規定される。また、とりわけ人体、無体財産権、商取引、労働関係および消費者の保護に関する契約に特有の規範は、他の法典および法律によって定められる」。

(2) 民法典は、商取引（transactions commerciales）に特有の規範をも対象とする。これに対して、改正草案は、商取引（opérations commerciales）という語を用いている。「契約および約定債権債務関係」という章において使用されるこれらの表現は、当然に商事契約を意味するものである。しかし、商法は、商取引（transactions et opérations commerciales）に限定されない。商法は、それを超えて、たとえば、商事会社のさまざまな形式や、倒産に瀕した企業に適用される手続である司法上の更生および清算などにも及ぶ。

さらに、2003年には、通貨金融法典が発効した。この法典は、通貨、金融商品と貯蓄商品、銀行取引およびその他の金融サービス、そのサービスの提供者、管理監督機関などの領域において、商法を補完するためのものである。

商法典とは別の、これらの新しい立法の集積は、今日では、商法典とともに「取引法」と称されるものを構成している。そして、取引法に特有の規範が、その全体として、民法典1107条に服することは、明らかである。これらの規範は、原則として、民法典の一般規定に優先する。しかし、取引法は、それ自体で完結し、民法とは相互に無関係な2つの法典として共存しているので、完全に自律的な法システムである、ということにはならない。たとえ特別法が増加したとしても、民法は、特別法が対象としないあらゆる問題について、参照されるものだからである。

(3) 集団的手続または証券取引のように、商法が完全にその特殊性を示す分野を別にすれば、民法と商法との間には、3つの主要な接点が存在する。契約、法人および債権の取引である。

1　契　　約

(4) たとえば、贈与のように、本質的に民事の性質を有する契約が存在する半面、仲買契約や為替取引のように、常に商事の性質を有する契約が存在する。しかし、他の多くの契約は、当事者の属性、取引の目的物または意図に従って、その性質上、民事または商事となりうる。

契約が商事であると性質決定されることは、以下のような重要な結果をもたらす。まず、その証明は、あらゆる手段によってなされ、商事裁判所の管轄となり、かつ、商事の通則である10年の時効が適用される。これらの一般的な規定は、すべての商行為に適用されるものの、商行為のみにとどまる。商行為のほか、商事契約の制度は、民法の一般的な規定に従う。

(5) 商事契約の有効性は、合意、能力、目的、原因に関する民法典の規定に服する。同様に、契約締結前の交渉段階、申込みと承諾、前契約は、民事取引におけると同じく、商取引においても問題となる。

これらのすべての点において、債務法改正草案は、取引界に直接に関係し、議論を引き起こすであろう多くの改革を含んでいる。たとえば、申込者が、一定の期間は申込みの効力を維持することを約した場合における、その申込みの効力が挙げられる。この場合において、申込者が早期に申込みを撤回したときに、申込みの名宛人は、契約の締結を主張することができるか、さもなければ、損害賠償を請求できるであろうか。同様の問題は、契約の予約および優先契約条項に関しても生じる。議論すべきもう1つの問題は、契約の各当事者がその相手方に対して負う情報提供義務の拡大に関するものである。ここでは、合意の信義に基づく情報の概念と、その情報を他方当事者に隠すことへのサンクションが、契約の無効と被害者への金銭賠償とのいずれであるかが論じられている。

改正草案は、合意の瑕疵の領域を拡大している。詐欺的な沈黙による契約の無効を認め、かつ、第三者による詐欺が、一定の要件の下に同様の効果を生じうることを認める。強迫についても、多くの議論がなされた。改正草案1114－3条によれば、当事者の一方が窮迫ないし依存の状態において契約を締結し、他方当事者がその契約から明らかに過大な利益を得ようとして、その脆弱状態につけ込んだ場合には、強迫となる。この規定は、「経済的強迫」に対するサンクションを認めるものである。この経済的強迫は、商法に由来するものであり、それが珍しくも、民法典に組み込まれたのである。より正確には、この概念が現れたのは、競争規制においてであり、次いで、商法典L.422－6条2項(b)に規定されることとなった。同条によれば、製造者はすべて、「相手方に不当な取引条件ないし債務を課すために、相手方が陥っている依存関係、相手方の購買力または販売力につけ込むという」行為によって生じた損害を賠償しなければならないとされる。　契約の目的に関しては、改正草案は、継続的ないし分割的な履行を伴う長期間の契約において、債権者による一方的な代金額の決定を認めた破毀院の判例を採用した。ただし、改正草案は、この判例に対して、次の点を付加している。すなわち、代金額が高すぎると考える債務者の求めに応じて、債権者に、その請求する代金額が適正であると説明する債務を負わせたのである。

(6) 一般的な有効要件と同様に、契約の一般的効力は、民事におけると同じく商事においても適用される。この点については、「トーテム」を成す2つの条文が適切な場所に置かれ、同じメッセージを発している。すなわち、1134条は、契約の債務的効力を規定し、1165条は、契約の相対的効力とその第三者に対する対抗力とを規定している。ただし、改正草案は、これらの契約理論の重要な基盤を否定せずに、契約理論に顕著な柔軟性をもたらしている。最も注目すべき2つのものは、再交渉義務と一方的な解除権である。

再交渉は、長期間の契約に関する。すなわち、長期間の契約において、当事者の一方が、経済的な状況の変化によって、破綻の危機に瀕することがある。この場合において、危機に瀕した当事者は、元の条件での契約の履行が含むリスクを証明することによって、裁判官に対し、契約の再交渉を命ずるように請求することができる。再交渉は、あらゆる契約上の交渉と同じように、信義誠実に従ってなされなければならず、その結果、契約を存続させることを可能とするような、個別の債務の改訂に達することができよう。しかし、交渉が挫折したときは、契約が解約され、当事者間では、協議ないし裁判による勘定の整理がなされることとなる。再交渉を選択することによって、改正草案は、不予見を原因とする裁判官による契約の改訂を、断固として排除したのである。

民法典によれば、当事者の一方がその義務を果たさない場合には、双務契約の解除は、裁判所に請求されなければならない。すなわち、満足を受けられない債権者は、契約に適合的な履行を請求するための訴権か、または、損害賠償とともに契約の解除を求めることを可能とする訴権のうちの1つを有する。改正草案は、この選択に、第3の選択肢を付加する。すなわち、原告は、債務の履行を請求するか、契約の解除を請求するか、または、損害賠償を請求するという選択権を有する（1158条）。

ただし、改正草案は、同じ1158条において、満足を受けられない債権者が、債務者に対して、合理的期間内に債務を履行するよう催告し、その期間内に履行がなされないときは、債権者自らが契約を解除する権利を認めている。この一方的な解除の権限は、債務を履行しない相手方の非難されるべき懈怠によって不利な状況に置かれた債権者が、提訴の費用を負担しないですむという点で、債権者を利するものである。債務の不履行が契約の解除を正当化するものではないことを証明するために、裁判官に提訴することができるのは、債務を履行しない債務者である。したがって、提訴の負担が、債権者の有利に転換されて

いることとなる。
　上述したことはすべて、民法または商法の法人および自然人にかかわる。

2　法　人

　(7)　法人は、民法と商法という2つの規律の間の第2の接点である。非営利団体や組合のように、民事の性質を有する法人が常に存在する半面、合名会社、有限会社、株式会社のように、必然的に商事の性質を有する法人も存在する。商事会社の特殊性は、商事契約の特殊性よりも、より明確に示される。各種の商事会社は、それぞれに特有の制度を有し、その規定の多くは、公序に関する。同様に、不動産業、自由業または農業などの多様な民事会社が存在し、そのそれぞれが、特別な規則に従っている。しかし、この極端な違いを超えれば、民法典は、共通の骨組み、すなわち、会社のすべての領域を見下ろす屋根を建造している。民法がその真の役割を見出すこのマトリックスな構造においては、民法上の法人と商法上の法人とが再び一緒になる。
　実際に、次の2つの合流地点が存在する。1つは、すべての会社に共通するものであり、もう1つは、すべての法人に共通するものである。
　第1のものは、1804年以来、民法典に存在している。それは、第3編第9章であり、今日では、1978年1月4日の法律による改正の結果、「会社」という表題がつけられている。その第1節は、一般的な規定（1832条～1844条の17）を含み、1832条には、有名な定義が規定されている。これらの条文は、規約、適用されうる法律、期間、設立者、法人格、出資、集団的決定、利益の分配および損失の分担などに関する本質的な規定である。それらの条文は、無数に枝分かれしている法律上の係争点の、共通の幹となるものである。
　民法と商法とが出会う第2の地点は、債務法改正草案の中に位置する。それは、会社に共通の幹よりも、より一般的なものである。というのも、法人の法的性質がどのようなものであっても、そのすべてに関するものだからである。すなわち、契約当事者の能力については、4つの条文（1123条～1125条の1）しか規定していない民法典の現在の款を大きく充実させるために、包括的な改正の機会が望まれていた。改正草案が採用された場合における、民法典に規定される新しい款は、「契約当事者の能力及び他人の名義で行為する権限」と題され、24の条文を含むものとなる。
　権利能力と行為能力が規定された各パラグラフにおいては、民事か商事かを

問わず、法人一般を規定する1つの条文が存在する（1116-3条・1118-4条）。他人の名義で行為する権限に関しては、その権限が、法律、司法または合意によるものであるかを問わずに、1119条から1120条の2が、代理の一般理論を規定している。これらの規定は、代理人および本人の権限、債務と責任の範囲を定めている。そして、その規定は、ある特定の法人に特有の規則がこれらの規定に優先しないあらゆる場合に適用される。というのも、このようなことが、現行民法典1107条に規定された債務法の機能だからである。

3　債権の取引

(8)　民法と商法が合流する第3の場面は、債権の取引の節である。この節は、銀行業務の主要な手段の1つを規定している。金融財産の流通は、民事と商事の区別なく、抽象的な法形式、すなわち、債権の譲渡、変更または消滅という法形式によって行われる。その取引の多くは、三者間でなされる。具体的には、債権譲渡、弁済による代位、更改と指図であり、第三者のためにする契約も、これに加えることができよう。

民法典においては、これらの取引が分散されて、十分に発達していない。すなわち、債権譲渡は、売買のヴァリエーションの1つとして、売買契約の章に規定されている。また、弁済による代位は、弁済の章に入れられ、弁済に付随する制度とされている。更改および指図は、債務の消滅方法の中に規定されている。

このような分散的かつ縮減的なヴィジョンに対して、改正草案は、4つの取引を1つの章にまとめている。そして、それぞれの取引が大きく加工され、新しい特性と効果とを付与されている。この部分は、改正草案の最も革新的なものの1つである。

(9)　将来債権の譲渡は、不確実なものであっても、可能であり、制限はない。債権譲渡は、書面による証書、場合によっては電磁的記録を要し、この証書の作成が、債権譲渡を第三者に対抗可能なものとする。債務者に対しては、債権譲渡が単なる通知によって知らされ、執達吏の行為という裁判外の行為は不要となる。さらに、2つの新しい条文が、譲受人に移転される担保と、債務者が譲受人に対抗できる抗弁とを規定している。

この点については、弁済による代位も、新しい規定によって充実している。すなわち、代位した債権者に対する担保の移転と債務者による抗弁の維持であ

〔ピエール・カタラ／野澤正充(訳)〕　第7章　第1節　民法・商法および消費法

る。さらに、弁済による代位は、それが債務者の行為によって生じたときに、新しい規定が加えられている。すなわち、民法典では、このような代位は、債権者の同意によってのみなされる。これに対して、改正草案は、代位が、債権者の同意なしに、債務者の行為のみによってなされうることを規定している。ただし、債務が履行期にあること、または、期限が債務者の利益に付されていることが要件となる。

　更改は、民法典においては、定義されていない。しかし、改正草案では、その定義がなされている。更改の領域は、瑕疵ある債務関係を有効な債務関係に換えるために利用されうるよう広げられている。すなわち、二重の有効性の要件は不完全な法律行為を意思によって適法とする法技術を認めることによって、放棄されたのである。

　最後に、指図は、民法典がその自律性を疑問としているが、改正草案では、明確に更改から区別されている。指図は、銀行取引における最も重要な手段の1つであり、新しいはずみをつけるような立法的措置をすべきものであった。要点のみにとどめるが、改正草案の規定は、2つの主要な着想によって特徴づけられる。一方では、指図人、被指図人と相手方の三当事者間において、指図によって創設される権利と消滅する債務とを明確に決定した。他方では、規定された条文の多くは、指図が当事者間でその注文に合ったものとなるように、当事者に対して、（条文とは）異なる解決を取り入れる権能を認めている。

II　民法と消費法

　(10)　消費法は事業者と消費者の関係に適用され、事業者と消費者が自然人であるか法人であるかは問わない。ここにいう事業者とは、製品の製造ないし販売、または、役務の提供を、反復かつ計画的に行う者である。また、消費者とは、職業的な用途のためでなく、財産を取得しまたは役務を利用する者である。あらゆる財産および役務は、消費の目的となりうる。さらに、消費法は、その目的によっても特徴づけられる。その目的とは、消費者を保護することである。

　商法と異なり、消費法は、近年における法的な創造物である。その歴史は、第二次世界大戦後に始まり、生産と販売の持続的な発展がそれに伴う消費の増大をもたらして、繁栄が回復された、というコンテクストにおいてのみ、認められるものである。フランスにおける消費法は、まず、1970年代以降に、売

第Ⅱ部　世界に見る民法改正の諸問題

買、与信、住居、広告、消費者の情報などに関する特別法として現れた。そして、1993年7月26日の法律は、存在した条文をまとめて、L. 111－1条からL. 562－1条までを4つの編とする消費法典を作成した。その法律の部分は、R. 112－1条からR. 551－1条を含む規則の部分によって補われている。そして、消費法典は、1993年以降、その多くがヨーロッパの影響を受けている新しい条文によって重くなり、大きな法典となっている。

　EUの27の国々では、今日では、4億以上の消費者人口を有し、世界で第3の域内市場を形成している。それゆえ、市場内において流通する製品と役務の総量は、膨大である。しかし、各国内の消費法の不均衡が、製品や役務の自由な流通を妨げ、かつ、EUの加盟国間の平等を害する結果となりうる。それゆえ、ヨーロッパの諸機関は、ヨーロッパの消費法を調整し、あるいは統一することまでもが、その目的とされたのである。そして、その目的のために、多くの指令が作成され、かつ、加盟国の国内法へと転換された。しかし、完全な統一には、未だ遠いというのが現状である。

　消費法が異質なものの混成である、というのは事実である。その主要な手段である契約によって、消費法は、何よりも民法の一部門となるにしても、刑法が、商法、行政法または手続法という他の構成要素とともに、消費法においては重要な位置を占めている。したがって、消費法の統一には、長期の、しかも多大な努力が必要とされよう。

　⑾　消費契約は、商事契約と同じく、契約の締結および履行に関する民法典の一般的な規定に従う。すなわち、消費契約の有効要件は、合意、能力、目的および原因である。また、消費契約の効果は、契約の債務的強制力および契約の相対的効力の原則に服する。これらの規制のサンクションは、契約の無効または解除であり、必要に応じて損害賠償が認められる。

　しかし、消費契約は、商事契約と異なり、民法典の規定のほかにも、多くの特別な規定に服する。消費法は、形式主義の再生によって特徴づけられる。この形式主義は、ナポレオン法典の起草者によって意図された意思主義とは、正反対のものである。

　形式主義は、とりわけ、契約締結前の段階において重要である。契約上の信義則があらゆる交渉に課している契約当事者の一般的情報義務は、消費法においては、他の法分野では見られない程度にまで発展している。すなわち、申込者の同一性と資格、提供される製品または役務の質、潜在的な危険と提供され

る担保、代金額の確定、引渡しと支払の方法および期限などに関する情報が問題とされる。そして、この形式主義の最たるものは、一定の契約において、契約する者の手書きによる記載を要求することである。

　主に消費契約に用いられる電子取引の進展は、契約締結前の形式主義を、とりわけ合意の形成において増大させている、との興味深い指摘がなされている。すなわち、契約締結前には、申込みの内容および承諾の情報処理方法が問題となる。そして、法は、インターネットの利用者のミスと電子取引市場が不誠実な者に機会を与えることを心配しているのである。

　(12)　契約の厳密な意味での締結に加えて、消費法は、契約の締結の周囲、とりわけ広告と販売方法を、厳格に規制している。すなわち、虚偽の広告には、厳しいサンクションが与えられ、かつ、比較広告も規制されている。また、販売方法に関しては、電子またはその他の方法による隔地者間の売買および訪問販売が、特別な予防策によって取り巻かれている。たとえば、契約の締結を遅らせる熟慮期間や、契約からの離脱を認めるクーリング・オフの期間である。

　(13)　契約の履行について、消費法は、民法典の規制に加えて、買主に引き渡された財産の契約適合性に関する特別な注意を払っている。すなわち、売主は、契約上の担保責任に加えて、適合性の一般的な債務の債務者となる。そして、売主は、物の引渡しから6か月以内に明らかとなった、あらゆる適合性の欠如についての責任を負うことになる。また、販売された商品は、人の健康および安全に関する現行法令に適合していなければならない。

　消費者は、引き渡された物についての売主の詐欺を、刑事上罰している。詐害や偽装に関しても同様である。また、消費法は、脆弱状態の濫用および不当条項について、民事上のサンクションを科している。

　(14)　最後に、消費法が民法の契約法に与えるであろう影響について考えてみよう。この影響は、すでに、欠陥のある製品による製造者の責任に関して認められている。すなわち、1999年5月19日の法律は、EC指令を転換して、民法典に、製造物責任を規定する1386条の1から1386条の18を組み入れた。

　また、控えめではあるが、判例は、情報提供義務および経済的強迫の概念を民事契約にも広げる方向で、徐々に進展している。改正草案は、この進展を、民法典において承認することを提案している。さらに、改正草案は、不当条項が交渉されなかった場合には、その条項が無効となりうることを提案している。改正草案は、民法に、付合契約の概念を通して、脆弱状態の濫用と経済的依存

の概念を拡張することをも目的としている。しかし、経済界と金融界は、これに対して、断固として反対している。

第2節　民法と消費者法・商法の統合についての視点
　　　——カタラ論文に寄せて

磯　村　　保

　Ⅰ　は じ め に　　　　　　　　Ⅳ　消費者法・商法の民法への取り込み
　Ⅱ　特別法規定の一般法化の可能性　　　の可能性
　Ⅲ　一般規定の補充性原則

Ⅰ　は じ め に

　カタラ先生のご報告は、一般法としての民法と特別法である消費者や商法の関係を取り扱うものであるが、それはとりわけ、フランスの現行民法典や債務法改正草案との関係を中心に論ずるものであった。しかし、その背景にある視点は、より一般的に、民法と消費者法・商法の関係のあり方についても貴重な示唆を含むものといえる。私のコメントにおいては、フランス法における個別的な問題点よりも、民法と消費者法や商法の関係をどのように考えるべきかという、より普遍的な問題に焦点を当て、日本民法の改正を検討する際に、これらの関係をどのように考えるべきかを検討するためのいくつかの視点を提示することとしたい。

　あらためて指摘するまでもなく、日本法においても、民法は私法の一般法であり、他に特別の私法ルールが存在しないかぎり、私法上の法律関係に一般的に適用される。このことは、(1)民法と商法の関係について、（厳密さを欠くことを恐れずにいえば、）商人間における商取引を主たる対象として定められた商法の規定は民法の規定に優先すること、および、商法や商慣習に特別のルールが存在しないかぎりは、民法の一般原則によること（商1条2項）を意味する。また、(2)民法と消費者法の関係についても、事業者と消費者に関する特別の私法規定は民法の規定に優先すること、および、そのような特別規定がないかぎり民法の一般原則が適用されることを意味する。

　このような一般法・特別法の関係は一見自明のものであるように思われるが、

より仔細にみると、なお検討すべき問題点が少なくない。以下においては、大きく3つの問題点を取り上げることとしたい。第1は、消費者法や商法において特別規定とされているルールが、民法の一般原則としての性格を持ちうるかどうか（特別法規定の一般法化の可能性）に関する問題であり、第2は、特定規定がない場合に一般規定が補充的に適用されること（一般規定の補充性原則）の意味内容に関わる問題であり、第3は、消費者法や商法の特別規定を、特別規定としての性格を維持したまま民法典の中にサブ・ルールとして取り込む（民法典への取り込みの可能性）ことの当否に関わる問題である。

II　特別法規定の一般法化の可能性

まず最初に、消費者法や商法の規定が、現在の体裁によるかぎり民法の一般規定に対する特別規定とみえる場合であっても、そのような規定を民法の一般規定そのものとして取り込むことができないかどうかを検討することが必要である。

たとえば、消費者契約について、重要事項の不実告知を理由として消費者契約法4条1項1号によって認められる取消権は、現行法の体系において、故意を不可欠の要件とする民法96条の詐欺取消しに対して、不実告知について故意を必要としない点で消費者契約法上の特別ルールとなっている。しかし、不実告知に基づく意思表示にあっては、重要な事実を告知され、この事実を真実であると信じて意思表示を行った者は、それが真実ではなかった場合、誤った事実を告知した相手方によって惹起された錯誤に基づいて意思表示をしたといえる。このような場合、意思表示の一般ルールとしても、相手方の不実告知によって錯誤に陥った者の保護を錯誤を惹起した不実告知者の保護に優先させて、錯誤者に取消権を認めること、あるいは錯誤無効の主張を認めることには十分な理由があると考えられる。そうだとすれば、このような場合に認められる消費者契約法上の取消権を、民法の一般規定に取り込むことが合理的ではないかと考えられる。

同様に、承諾期間を定めない申込みの承諾適格について、民法524条と商法508条の規定の体裁は異なっており、前者においては相当期間が経過しても撤回可能性が生ずるとされるにとどまるのに対して、後者によれば相当期間の経過によって承諾適格自体が失われる。しかし、民法の一般ルールとしても、撤

回可能ではあるがなお承諾可能な申込みを認める必然性があるかどうかは疑問であり、この場合、端的に、商法508条のルールを民法の一般規定として取り込むことが考えられる。

　これらは、フランス民法改正草案において、商法上のルールであった経済的強迫が一般規定として取り込まれたのと同様に、特別法の規定を民法の一般原則として取り込む可能性を示す若干の例にすぎない。民法の改正に際して、特別規定が真に特別規定にとどまるべきか、本来一般規定としての性格を有しうるルールが特別法の中に置かれているにすぎないのかを慎重に判断することが必要である。

Ⅲ　一般規定の補充性原則

　次に、特別規定が存在しない場合には一般規定が適用されるという原則についても、いくつかの留意が必要である。

　第1に、特別規定が存在しないことから、民法の一般原則によるべきものとされる場合にも、一般規定を適用する場面において、適用されるべき事情の特別性を考慮することが少なくない。たとえば、信義則上の説明義務違反が問題となる場合において、そのような義務の根拠規定が一般規定として民法典の中に置かれるとしても、消費者契約が問題となる場面と、そうではない場面、とくに商人間における取引の場面とでは、自ずから、説明義務が認められる範囲に相違が生じうる。すなわち、規定そのものは一般規定としての性格を備えるものであっても、そのルールの適用にあたっては、各適用場面の事情、とくに当事者間の人的関係を考慮することが必要となる。これと同様に、詐欺取消しにおいて、詐欺の要件の1つである欺罔行為の違法性が認められるかどうかについても、商人間の契約であるか、消費者契約であるかどうか等はその判断如何に大きな相違をもたらしうる。これらの場合においては、商人間の契約であること、消費者契約であること自体から、定型的・画一的に異なるルールが適用されるわけではないという限定において、一般規定の適用があるというにとどまっている。

　第2に、特別規定がないことから、民法の一般規定をそのまま適用してよいかどうかが問題となりうる。たとえば、いわゆる代理権濫用事例について、判例は民法93条ただし書の類推適用理論によって代理行為の有効性を判断し、

代理行為の相手方が代理権が濫用されたことについて悪意または有過失であった場合、代理行為を無効とする。これに対し、とくに商法学者から、心裡留保規定の類推が仮託的構成にすぎないとする理論的批判とともに、相手方が軽過失がある場合に代理行為の効力が否定されることは、代理人を介した商人間の取引において代理行為の効力が否定されるのは相手方が悪意ないし重過失がある場合に限られるとする商法の諸規定（商24条・26条、会社14条・15条等参照）と均衡を失するとの批判が加えられている。この批判を回避する1つの可能性は、心裡留保におけるただし書の要件自体を再検討し、心裡留保による表意者は、相手方が悪意または重過失の場合に限って意思表示が無効であったと主張することができるとするように改めるものである。しかし、現行規定を前提としても、そのただし書を商事代理権濫用について類推適用する場合には、商事代理の特別性を考慮して、ただし書の要件を悪意または重過失に限定するべきであるとの解釈論も存在する。

　これは、一見すると、代理権濫用に関する限定的な議論のようにみえる。しかし、この考え方は、意思表示規定が商人間の取引においても民法の一般原則どおりでよいかどうかが疑問となりうることを示唆する点で、より普遍的な広がりを持ちうるように思われる。現行法においても、電子消費者契約について、民法95条ただし書の適用が排除されており、重過失がある場合には錯誤無効の主張が認められないとする意思表示規定の一般ルールが電子消費者契約という特別の場面において修正されている。翻って、商人間の取引において、錯誤に陥った商人の無効主張が非商人間の取引と同じ要件の下で認められるべきかどうかは、議論の余地がありうるように思われる。民法95条自体についても、重大な過失を軽過失に近づけて解釈すべきであるとの考え方も主張されているが、少なくとも商人間の取引において、重過失ある錯誤者を保護する必要性は相対的に乏しいように思われる。そうであれば、民法95条もそのまま商取引にも適用してよいかどうかを再検討する余地がある。この点で、現行フランス民法の解釈論および改正草案における「宥恕されうる錯誤（erreur excusable）」が民事取引と商事取引において同じ内容なのか、あるいは実質的判断は異なりうるのかについて、カタラ先生のご教示を得ることができれば幸いである。

　第3に、一般規定のルールからみた場合に、特別規定の内容が一般的ルールを前提とし、その特別規定となっているかどうかを検討すべき場合がありうる。その一例として、名板貸責任（商13条、会社9条）の問題をあげておきたい。こ

れらの規定によれば、名板貸しを許容した商人・会社Aは、名板貸しを利用して契約を締結した商人・会社Bと連帯して、Aが事業者であると信じた相手方Cに対して、債務を弁済する責任を負う。これは、少なくともその文言上、実際の行為者であるBが契約の当事者となることを前提に、Aも履行の責任を負うとする構造となっている。しかし、契約当事者の確定に関する一般原則によれば、この場合、相手方Cが自分の契約の相手方であると信じたのはBではなくAであり、しかもA自身がその商号の使用を許諾している以上、Aが契約当事者となるべきものであるとともに、実際の行為者であるBは、Cとの関係において、B自身が契約当事者であったことを主張できず、したがってまたCに対して履行請求をすることができないと考えられる。商法上の名板貸責任の規定が、この原則を転換して、Bが当然に契約当事者となることを前提としているのはこの一般原則と矛盾するものであり、名板貸責任の規定のあり方そのものを見直す必要があるように思われる（これと類似する問題は、商法504条の商事代理についても存在する）。

IV 消費者法・商法の民法への取り込みの可能性

　最後に、大きな3番目の問題として、特別法の規定、とりわけ消費者法や商法の規定を、その特別規定としての性格を残しながら、民法典の中に取り込むことの問題点を検討する。
　民法典自身が、いわゆるパンデクテン体系を採用し、共通するルールを可能なかぎりまとめて規定し、そのような共通原則を前提として、個別的な規定を各論的に規定するという体制をとっている。たとえば土地賃貸借契約については、民法総則・債権総則・契約総則の諸規定を段階的に前提とし、かつ賃貸借契約の一般的ルールを前提としたうえで、土地賃貸借契約について必要な規定を個別的に設けている（民602条・603条・605条等）。このような構造からすると、現在、特別法として独立に規定されている借地借家法の諸規定のうち、少なくとも借家法に関する諸規定については、賃貸借契約の特別ルールとして、民法典の中に取り込むことも十分に可能と考えられる（借地関連規定については、借地権が地上権である場合と賃借権である場合の双方を含むものであり、問題はより複雑である）。
　では、消費者法の諸規定や商法の諸規定を取り込む場合にも、これと同じよ

うに考えることができるだろうか。これについては、借家関連規定が民法の特別法であるという意味と、消費者法や商法の規定が民法の特別法であるということの意味の相違に留意することが必要となる。すなわち、借家関連規定は、賃貸借契約の中の部分領域に属する特別の問題を規律する法であり、立法技術的に、民法の賃貸借の節の中にこれらを取り込むことは比較的容易である。これに対し、たとえば消費者契約法は、事業者・消費者という契約当事者の属性の相違に着目し、両者間に存在する情報格差を基軸として、民法に対する特別規定を置くものである。したがって、その一部は、民法総則の意思表示規定に関する特別規定であり、他は、不当条項規制として、債権総則や典型契約の中に置かれるべき規定である。このように、消費者契約に関する特別規定は、民法のある特定の分野に限られるものではなく、多様なレベルで横断的に存在する。これに加えて、一定の契約類型に関する新たな特別ルール、たとえばEUの国内法やヨーロッパ契約法についての立法提案におけるように、消費者売買に関する特別規定を新たに設けるとすれば、それらは売買契約の箇所で規定を置く必要があるが、そのような特別規定は売買契約についてのみで足りるのか、請負契約、賃貸借契約、委任その他の役務提供契約についても、それぞれ消費者契約に関する各則的な特別のルールを設ける必要がないかどうかを検討することが必要となる。

　このようにみると、借家関連規定のような特別法とは異なり、消費者法の諸規定は、民法を横断する性格を有しており、民法の中にこれらを取り込むことは、消費者法関連規定の分断をもたらし、民法典の著しい肥大化を招く危険をはらむものといえる。また、私法的規制と業法的規制とが混在してきた消費者保護関連法（その典型例として、特定商取引法や割賦販売法）のうち、私法的規制を民法の中に取り込むことになれば、私法規定と連動してきた業法的ルールの規定の仕方についてもあわせて検討することが必要となる。

　他方において、事業者ないし商人ではない一般市民にとって、日常的に関わる私法的取引の大部分が消費者契約であるともいえ、これらに関する規定が私法の一般規定である民法の中に含まれていることには、大きな意義がある。

　したがって、消費者法の民法への取り込みについては、そのメリットとデメリットを慎重に勘案しながら、どのような規定をどのような形で取り込むことができるか、各論的に詰めていく必要がある。

　商人間の特別法といえる商法を民法の中に取り込むことについても、業法的

規制の問題を別とすれば、民法と消費者法の関係と共通するところが少なくない。ここでも、どのような規定をどのような形で取り込むかについて検討が必要となるほか、消費者法と商法をともに民法に取り込もうとする場合には、事業者・消費者と商人・非商人という対立軸の不一致にも注意が必要となる。多くの場合には、事業者と商人は重なり合うとしても、前者は情報格差、後者は主として営業をキー概念とする区別であり、たとえば、売買法において、事業者売主と商人としての売主に認められる特別のルールが置かれるべきであるとすれば、それら相互の関係がどうなるのかについても、十分な検討が必要となる。

　以上のとおり、私のコメントは、わが国において一般法である民法の中に特別法である消費者法や商法の規定を取り込もうとする場合に問題となりうる視点のいくつかを示したものにとどまるものであるが、今後民法の改正を考えるにあたって、何らかの参考となれば幸いである。

　＊　本論文は、2008年3月2日の「民法改正国際シンポジウム──日本・ヨーロッパ・アジアの改正動向比較研究」におけるコメントのために作成した草稿を修正したものであるが、時間の制約から、当日の口頭コメントにおいては本論文の内容の一部を省略したことを付記する。

第3節　消費者の撤回権
──韓国法の視点から

尹　眞秀／金　祥洙 (訳)
Yune Jinsu　　Kim Sangsoo

I　序　論
II　消費者の撤回権が認定される場合
III　理論的な争点

I　序　論

　消費者の撤回権（cooling off）とは、消費者が契約を締結した後の一定期間内には特別な事由がなくても、その契約から離れることができるようにする制度をいう。これは、契約は守らなければならない（pacta sunt servanda）という法の基本原則に対する例外であるが、消費者が慎重に契約を締結しない場合にその契約から解放される途を与えるために、消費者保護の側面で各国で認定されている制度である。

　韓国では、民法上に一般的な消費者の撤回権を認めていないが、特別法で一定の場合、すなわち割賦取引、訪問販売、電話勧誘販売、多段階販売および通信販売に限って消費者の撤回権[1]を認定している。しかし、これに対しては、韓国ではまだ判例がそれほど出されておらず、学者の議論もさほどない実情にある。

　以下では、IIで韓国法上の撤回権を認定している法の規定を紹介し、IIIではこれをめぐる争点について簡略にふれることにする。

II　消費者の撤回権が認定される場合

1　割賦取引

　韓国で消費者の撤回権をはじめて認めたのは、1991年に制定された割賦取

---

[1]　韓国法では、一般的に申込みの撤回という用語を使用しているが、後からみるように申込みの撤回というのが正確なものであるかについては議論がある。

引に関する法律である。この法では、割賦取引について消費者の撤回権を認定している。

A 割賦取引の概念

この法で認めている割賦取引は、次の2つである（法第2条第1項）。

(1) 動産の買主または用役の提供を受けた者（「買主」）が動産の売主または用役の提供をする者（「売主」）に動産の代金または用役の代価（「目的物の代金」）を2月以上の期間にわたって3回以上分割して支払い、目的物の代金の完済の前に動産の引渡しまたは用役の提供（「目的物の引渡しなど」）を受けるとする契約

(2) 買主が信用提供者（売主・買主との各約定に従って目的物の代金に充当するために信用を提供する者）に目的物の代金を2月以上の期間にわたって3回以上分割して支払い、その代金の完済の前に目的物の引渡しなどを受けるとする契約

B 適用されない場合

ただし、割賦取引であるとしても、この法が適用されない場合がある。

(1) 性質上この法を適用することが適当ではないため公正取引委員会が関係行政機関の長と協議して大統領令で定める目的物（法第2条第1項但書）

これに該当するものとしては、農・水・畜・林・鉱産物、医薬品、保険[2]、有価証券、手形および債務証書、会計監査、買主の注文によって個別的に製造・提供される目的物がある（割賦取引に関する法律施行令第2条）。

(2) 買主が商行為を目的として割賦契約を締結する場合（法第2条2項）

大法院の判例は、「買主が商行為を目的として割賦契約を締結する場合」とは、買主が信用提供者の与信により買い受けた物件を別の消費者に販売する目的で物件を割賦で購入した場合のみを意味するのではなく、自己の消費だけを目的とする場合でない営利を目的として割賦契約を締結する場合を意味するとして、原告が広告物製作業を運営するために機械を割賦取引の方法により買い受けた場合には、この法が適用されないと判示された。

---

[2] しかし、生命保険の場合には、割賦取引に関する法律制定前である1980年代から保険会社の約款によって保険契約者の撤回権が認定されている。

C　買主の撤回権

買主は、契約書の交付を受けた日[3]、契約書の交付を受けなかった場合には目的物の引渡しなどを受けた日から7日以内に申込みを撤回することができるが、その撤回権の行使は、かかる7日の期間内に撤回の意思表示が記載された書面を発送することによって行われる。その撤回は書面を発送した日に効力を生ずる（法第5条）。

信用提供者のいる場合には、買主は信用提供者に撤回期間内に撤回の意思表示が記載された書面を発送しなければならず、これを発送しないと信用提供者の割賦金支払請求に対抗しえなくなる（法第7条）。

D　撤回権の排除

買主の撤回権が排除される場合としては、次の2つの場合がある。

1番目に、最初から撤回権がない場合である。法第5条第1項但書は、目的物の性質または契約締結の形態に照らして撤回を認定することが適当でない場合として大統領令で定めるものに対しては、撤回を認定しないものと規定しており、それによってこの法施行令第4条は、使用によってその価値が著しく減少する恐れがあるもの[4]、設置に専門人力および付属資材などが要求されるもの[5]、割賦価格が10万ウォン以下である割賦契約[6]については、撤回権を認定していない。

2番目に、買主に責任のある事由によって目的物が滅失または毀損された場合がある。

E　撤回の効果

買主が申込みを撤回すれば、買主は目的物を返還しなければならず、売主はすでに支払われた割賦金を同時に返還しなければならない[7]。目的物の返還に必要な費用は売主が負担しなければならず、売主は買主に違約金または損害賠

---

[3] 法第4条によれば、割賦契約は書面によって締結しなければならないが、その契約書にはとくに買主の撤回権とその行使方法に関する事項を記載すべきと規定されている。

[4] 船舶、航空機、建設機械、自動車、冷蔵庫および洗濯機、別々に密封された音盤・ビデオ物およびソフトウェアなどである。

[5] 冷凍機、電気冷房機、ボイラーである。

[6] クレジットカードを使用して割賦取引をする場合には、割賦価格が20万ウォン以下の割賦契約である。

第Ⅱ部　世界に見る民法改正の諸問題

償を請求することができない（法第6条第3項）。

F　強行規定性

このような撤回権に関する第5条と第6条の規定は、片面的強行規定としてこれより買主に不利な割賦契約の内容は効力がない（法第12条）。

2　訪問販売および電話勧誘販売

訪問販売などに関する法律は、訪問販売、電話勧誘販売および多段階販売に対して消費者の撤回権を認定している。ここでは、まず、訪問販売および電話勧誘販売についてふれることにする。

A　訪問販売および電話勧誘販売の概念

訪問販売とは、財貨または用役の販売を業とする者（「販売業者」）が訪問の方法によってその営業所・代理店その他国務総理令の定める営業場所（「事業場」）以外の場所で消費者に勧誘して契約の申込みを受けるかまたは契約を締結して[8]、財貨または用役を販売することをいう（法第2条第1号）。

そして、電話勧誘販売とは、電話を利用して消費者に勧誘して契約の申込みを受けるかまたは契約を締結するなどの方法により、財貨などを販売することをいう（法第2条第2号）。

ただし、事業者が商行為を目的として財貨などを購入する取引（法第3条第1項）[9]、保険契約の締結のための取引（法第3条第3項第1号）、個人が独立した資格で供給する財貨などの取引として大統領令で定める取引（法第3条第3項第2号）[10]に対しては、訪問販売などに関する法律が適用されない。

7）　すでに用役が提供された場合には、売主がすでに提供した用役と同一の用役の返還やその用役の代価またはその用役によって得られた利益に相当する金額の支払を請求することができない（法第6条第2項）。したがって、この場合には、買主はすでに提供された用役の代価を支払う義務がない。

8）　勧誘が事業場以外の場所で行われたときは、申込みや契約の締結が事業場であっても変わらない。

9）　しかし、事業者であるとしても、事実上消費者と同じ地位で別の消費者と同一の取引条件で取引する場合には、この限りでない（法第3条第1項但書）。

10）　これに該当するものとしては、訪問販売員をおかない訪問販売業者が加工されない農産物・水産物・畜産物・林産物や訪問販売業者が直接生産した財貨などを訪問販売する場合がある（法施行令第5条）。

B　消費者の撤回権

　訪問販売または電話勧誘販売の方法により財貨などの購買に関する契約を締結した消費者は、契約書[11]の交付を受けた日から 14 日以内[12]に申込みの撤回をすることができる（法第 8 条第 1 項第 1 号）[13]。さらに、消費者は、財貨などの内容が表示・広告の内容と異なって履行された場合には、当該財貨などの供給を受けた日から 3 月以内、その事実を知った日から 30 日以内に申込みを撤回することができる（法第 8 条第 3 項）。

　割賦取引の場合とは異なって、申込みの撤回を必ず書面によってすべきではない[14]。しかし、申込みの撤回を書面でする場合には、書面を発送した日にその効力を生ずる（法第 8 条第 4 項）。

C　撤回権の排除

　次の場合には、申込みの撤回をすることができない（法第 8 条第 2 項）。
(1)　消費者に責任のある事由により財貨などが滅失または毀損された場合[15]
(2)　消費者の財貨などの使用または一部消費によってその価値が著しく減少した場合
(3)　時間の経過によって再販売が困難であるほどに財貨などの価値が著しく減少した場合
(4)　複製が可能である財貨などの包装を毀損した場合
(5)　その他取引の安全のために大統領令で定める場合[16]

　しかし、先の(2)、(3)、(4)の場合には、訪問販売者などがそのように申込みの

---

11)　訪問販売者などは、申込みの撤回などに関する事項が記載された契約書を消費者に交付しなければならない（法第 7 条第 2 項参照）。
12)　契約書の交付を受けたときより財貨などの供給が遅れてなされた場合には、財貨などを供給されたまたは供給が開始された日から 14 日である。
13)　契約書の交付を受けなかった場合、訪問販売者などの住所などが記載されてない契約書を交付された場合または訪問販売者などの住所変更などにより契約書の交付を受けた日から 14 日の期間内に申込みの撤回などをすることができない場合には、その住所を知った日または知りえた日から 14 日以内に申込みの撤回をすることができる（法第 8 条第 1 項第 2 号）。
14)　しかし、書面によりしなければならないとする主張もある。権五乗『消費者保護法〔第 5 版〕』（2005 年）204 頁。
15)　ただし、財貨などの内容を確認するために包装などを毀損した場合には、この限りでない。

撤回が不可能である事実につき、消費者が容易に知ることができるようなところに明記するか、または試用商品を提供する方法で申込みの撤回などの権利行使が妨害されないように措置しない場合には、そのような場合に該当しても申込みを撤回することができる（法第8条第2項但書）。

D　撤回の効果

撤回の効果は、だいたい割賦取引の場合と同様である。ただし、いくつかの差異が存する。

まず、割賦取引の場合のように訪問販売者が消費者の財貨返還と同時に代金を返還すべきであるのではなく、財貨などの返還を受けた日から3営業日以内に代金を払い戻すことができる（法第9条第2項）。そして、割賦取引の場合には、買主が信用提供者に撤回の意思表示をすべきであるが、訪問販売の場合に消費者がクレジットカードなどで財貨の代金を支払ったときには、訪問販売者などが当該クレジットカードなどの代金決済手段を提供した決済業者に対して財貨などの代金の請求を停止または取り消すべきことを要請しなければならず、訪問販売者などが決済業者からすでに代金の支払を受けたときには、遅滞なくこれを決済業者に払い戻すか、または払戻しに必要な措置をとらなければならないと規定している（法第9条第3項ないし5項）。

そして、割賦取引の場合とは異なって、財貨などが使用または一部が消費された場合には、訪問販売者などが消費者にそれに相当する金額の支払を請求することができる（法第9条第8項）。

3　多段階販売

訪問販売などに関する法律は、多段階販売についても規律している。

A　多段階販売の概念

多段階販売とは、販売業者が特定人に自己が供給する財貨などを消費者に販売するか、または消費者の全部もしくは一部を当該特定人の活動と同じ活動をさせれば一定の利益（後援手当て）を得ることができると勧誘して、販売員の加

16）これは、消費者の注文によって個別的に生産される財貨などに対して申込みの撤回などを認定すると、訪問販売者または電話勧誘販売者に回復できない重大な被害が予想される場合として、事前に当該取引に対して別途にその事実を告知して消費者の書面（電子文書を含む）による同意を得た場合をいう（法施行令第11条参照）。

入が段階的に行われる多段階販売組織を通じて財貨などを販売することをいう。

B 消費者および多段階販売員の撤回権

訪問販売における消費者の撤回権に関する規定は、多段階販売の場合にも準用される（法第17条第1項）。それだけでなく、消費者に販売をする多段階販売員自身も多段階販売業者に財貨などの在庫を過大に保有するか、または再販売が困難な程度に財貨などを毀損した場合などを除き、販売業者と契約を締結した日から3月以内に書面により当該契約に関する申込みの撤回などをすることができる。このように多段階販売員の撤回権を認定することは、多段階販売員も消費者としての地位を兼ね備えているからである。

その撤回の効果もだいたい訪問販売の場合と類似する（法第18条）。

4 通信販売

電子商取引などにおける消費者の保護に関する法律は、通信販売における消費者の撤回権を規定している。ここでの通信販売とは、郵便・電気通信などの方法によって財貨または用役に関する情報を提供し、消費者の申込みによって財貨または用役を販売することをいう（法第2条第2号）。

消費者の撤回権の要件、行使方法および効果などは、だいたい訪問販売の場合と同様である（法第17条、第18条）。ただし、撤回期間が訪問販売でのような14日ではなく7日である（法第17条第1項）。そして、ほかの撤回権の場合と異なって、返還に必要な費用は、通信販売業者でなく消費者が負担すべきであると規定されている（法第18条第9項）。

Ⅲ 理論的な争点

1 「申込み」の撤回なのか

消費者の撤回権を認定している法律は、すべて消費者がその申込みを撤回することとして規定している[17]。これは、相手方の購買勧誘を申込みではなく申込みの誘引であるとし、消費者の意思表示を申込みであると解するからである。しかし、相手方の購買勧誘を申込みであると解すべきとする主張もあり、また状況によっては相手方の購買勧誘が申込みにあたり、消費者の意思表示は

---

17) 日本の「特定商取引に関する法律」第9条、第24条も申込みの撤回と規定している。

承諾にあたる場合もありえるという主張もあるから[18]、法が一律的に申込みの撤回であると規定しているのは再考の余地がある[19]。

2 撤回権の性質

契約が成立するとしても消費者が撤回権を行使しえる間は、その契約が確定的に有効であるとはいえない。このような場合に、その契約の効力については流動的無効（schwebend unwirksam）であるとする見解と、流動的有効（schwebend wirksam）であるとする見解が対立しているが、後者の見解がやや優勢のように見受けられる[20]。

3 取引の類型によって差異を認定すべきか否か

現行法律は、その取引の類型に従って撤回権に関する規定の要件と効果について別々に取り扱っている。とくに、割賦販売の場合と異なる類型の取引は、その規定形式などで相当の差異がある。そのため、その内容を統一的に規律することが果たして適切なのかにつき議論されている[21]。

主に議論されていることは、現在7日または14日に区分されている撤回期間を単一化すべきか、割賦取引におけるのと同様に撤回意思の通知方法として書面を要求することが合理的であるか、撤回期間の起算点、撤回の効果とくに返還費用を誰が負担すべきかなどの点である。しかし、必ず統一的に規定すべきなのか、統一的に規定するとすればいかなる方向ですべきかについては、議論が分かれている。

4 撤回権の排除について

現行規定に対して批判の多い部分は、撤回権の排除事由についてである。

1番目に、はじめから撤回権を認定しない範囲があまりにも広すぎるとする

---

[18] この点については、南孝淳「電子商去来 등에서의 消費者保護에 関한法律에 関한 및 가지 争点」羅岩 徐敏教授定年紀念『民法学의 現代的 様相』（2006年）407頁以下参照。

[19] 2001年改正されたドイツ民法第355条は、消費者が期間内に撤回をすればそれは契約の締結を志向する意思表示（Willenserklärung）にそれ以上拘束されないと規定している。

[20] 高炯錫「特殊去来에 있어서 消費者의 請約撤回権에 関한 研究」民事法学第29号（2005年）331頁〜332頁参照。

[21] この点については、金大圭「消費者撤回権의 統一的 規律方式에 関한 小考」中央法学第6集第3号（2004年）327頁以下参照。

主張がある。とくに、割賦取引の場合に冷蔵庫および洗濯機、家庭用電気冷房機などに対して撤回権を認定しないことに対しては、これらが消費者が割賦で購入する代表的な商品であるにもかかわらず、これらに対して撤回権を認定しないとなれば撤回権を設けた趣旨が半減すると述べる[22]。そして、金額が少額の場合に撤回権を認定しない場合にも、現金で取引した場合（10万ウォン未満）とクレジットカードを利用した場合（20万ウォン未満）を区別するのは、合理的ではないとする主張もある[23]。

また、事後的に撤回権を排除する場合の中で、「複製の可能な財貨などの包装を毀損した場合」（訪問販売などに関する法律第8条第2項第4号、電子商取引などにおける消費者の保護に関する法律第17条第2項第4号）に対しては、消費者がすでに複製をした後に撤回権を行使することを防ぐための規定であるが、複製危険への露出と何の関係もない包装を毀損する場合まで撤回権を排除することは不当であるから、包装の毀損とは複製の危険に全面的に露出する最後の段階の包装を故意に開封することであると解すべきとする主張もある[24]。

---

[22] 権五乗・前掲注14) 188頁、金大圭・前掲注21) 348頁〜349頁。
[23] 高炯錫・前掲注20) 350頁、金大圭・前掲注21) 349頁など。
[24] 呉炳喆「電子商去来消費者保護法第17条第2項第4号의 請約撤回権排除条項의 問題点」民事法学第39-1号（2007年）173頁以下。

第4節　消費者の撤回権・考
　　　　――尹眞秀論文に寄せて

河上正二

　Ⅰ　はじめに　　Ⅲ　最後に
　Ⅱ　個別の論点

Ⅰ　はじめに

　尹教授の報告をうかがう限り、韓国における消費者の撤回権に関するアプローチは、基本的に、日本法におけるそれに非常に近いものといえよう。すなわち、民法典には一般的な消費者撤回権に関する規定を持たず、特別法によって、割賦販売・訪問販売・電話勧誘販売・多段階販売（マルチ）・通信販売という販売形態に着目する形で撤回権を規定するにとどまる。
　いわゆるクーリング・オフ制度には、「状況関連型」と「取引対象関連型」のものがあり得るが[1]、日本法の場合は、特別法によってカバーされている領域（業態）が、韓国法よりもやや広く、また特定継続的役務提供・店舗外での宅地建物売買・店舗外での保険契約・会員権取引・特定商品預託取引・商品投

---

1) 丸山絵美子「クーリング・オフの要件・効果と正当化根拠」専修法学論集79号1頁（2000年）以下。クーリング・オフに関する文献は、河上正二「クーリングオフについての一考察――『時間』という名の後見人」法学60巻6号（1997年）1178頁以下を参照。その後のものとして、尾島茂樹「クーリング・オフに関する規定の日英米独比較――統一的な消費者信用法制の視角から」クレジット研究24号（2000年）170頁、鶴藤倫道「事業者・消費者間の電子商取引へのクーリング・オフ導入の可否」神奈川法学35巻3号（2002年）1頁、山本弘明「ドイツにおける消費者保護撤回権（クーリング・オフ権）の現状」国際商事法務30巻6号（2002年）743頁、右近潤一「消費者保護のあり方に関する一考察――クーリング・オフにより保護すべき消費者の利益と経済構造の危殆化」同志社法学55巻4号（2003年）1149頁、川地宏行「通信販売における情報提供義務とクーリングオフ」専修法学論集89号（2003年）57頁、坂東俊矢＝圓山茂夫「〈実践消費者法〉民事ルールとしてのクーリング・オフと特商法」法教316号（2007年）79頁などがある。

資契約・不動産特定事業契約・投資顧問契約・海外先物取引受託など、業態というよりも、取引対象の特異性に着目したものが相当数存在する（なお、通信販売では、実務慣行として行われているのみで、ごく最近まで立法化されていなかった）。同時に、「適用除外商品」も、韓国の方が比較的多いのではないかとの印象を受けるが、いずれも相対的なものであって、本質的な差ではない。

　ちなみに、2001年の債務法改正の結果、ドイツ民法典（BGB）には、355条以下に、14日間の「消費者撤回権」という一方的な形成権の行使と、その法律効果に関する一般的規定が導入された。韓国・日本と異なり、消費者取引に関する諸規定とともに、クーリング・オフ権に関する一般規定を民法典に組み込んだわけである。それらの諸規定は、BGB 355条1項1文によって、法が消費者に撤回権を認める場合に広く適用され、同356条により、消費者の撤回権は、一定要件の下で、制約のない契約上の取戻権に代えられる。こうして2週間の間、消費者契約は浮動的有効状態（schwebend wirksam）に置かれるわけである（Vgl. Palamdt/Grüneberg 335 Rn.4）。また、ドイツ民法典には、特殊な販売方式の場合の撤回権として、訪問販売取引（BGB 312条）と通信販売契約（BGB 312d条）の場合が組み込まれている（訪問販売における撤回権は、対価が40ユーロを超えないときおよび現物売買については適用除外とされている）。他方、民法典の外では、外国語会話教室や通信補助教育等に関する通信教育保護法4条が、BGB 355条に従った消費者撤回権に結びつけられている（その意味では、民法典にクーリング・オフのプロトタイプを置いたというのが正確かもしれない）。

　将来の立法に向けて、いかなる方向に向かうのが望ましいかは容易に決しがたい。契約成立を強行的に減速するクーリング・オフ制度は、その介入正当化原理として市民法上の基礎を見いだすことが可能であるとしても[2]、民法における契約の成立要件・有効要件の原則的立場を維持するとした場合、やはり例外的事態と考えねばなるまい。市民社会の基本法となる民法典の中で、どこまで状況依存的あるいは特定取引対象に限定された個別例外的ルールを組み込むことが適当かは、立法政策として慎重に決すべき問題である（EU域内市場での

---

[2]　河上・前掲注1）は、顧客側の契約締結時における判断能力の制約という観点から民法との接合を図ることを試みたものである。ただ、「消費者」を未成年者・制限行為能力者と同じレベルで論ずることは困難である。強いて言えば、貸金等根保証契約における法人と自然人を区別した取扱いに近く、分類のレベルでは民法上の契約総則あたりで商人間取引（BtoB）・消費者取引（BtoC）が並ぶ形になるのが素直であろうか。

法統合という要請を受けたドイツ債務法改正の帰結と日本法・韓国法の置かれている状況の違いは大きい）。消費者法の民法への取り込みの可能性と問題点については、既にピエール・カタラ教授の報告およびこれに対する磯村保教授の周到なコメントによって論じられて〔本書第7章第2節〕おり〔本書第7章第1節〕、ここでは立ち入ることを控えたいが、法の体系的一貫性とルールの一覧性、そしてサブ・ルールの一体性がしばしばトレード・オフの関係に立つことだけは指摘しておきたい。

II　個別の論点

尹報告が理論的争点として述べるところは、いずれも興味深い論点を含んでいる。簡単にコメントを加えよう。

1　申込みの撤回

韓国のクーリング・オフ制度が事業者の購買勧誘を常に「申込みの誘引」と性格づけ、消費者の撤回を一律に「申込みの撤回」と表現している点は、「契約不成立」をもたらす1つのロジックとして理解できないではない。しかし、実際には、事業者から確定的な「申込」内容が提示され、消費者として、何の留保もなく最終的「承諾」をなすことを余儀なくされる場面もあり得るとすると、ここでは「契約の解除・解消」も射程に入れておくことが望ましい。日本法におけるクーリング・オフ規定のように「申込みの撤回または契約の解除」と併記するか、ドイツ法のように、申込みあるいは承諾の「意思表示に拘束されない（＝失効する）」とするのが適切ではないかと思われる。

2　クーリング・オフ権の性質

クーリング・オフ権の性質については、日本においても、必ずしも定説があるわけではない。むしろ立法者は、この問題に深入りすることを意識的に避けてきたようにも見える。筆者自身は、基本的には、浮動的に有効な申込みの意思表示や契約を、形成権としての撤回権行使によって遡及的に効力を失わせるものと理解しておくのが適切と考えている。これは、ちょうど制限行為能力者の契約取消権に近い。つまり、消費者を、一定の状況下において「『時間』という名の後見人」が付された制限行為能力者になぞらえて、その取消権のアナロジーで法律効果を説明することができるのではないかと考える次第である。

クーリング・オフ権の性質如何は、厳密には、顧客からの目的物の引渡請求権の発生の有無、受領物の保管上の注意義務の程度、目的物滅失にともなう危険負担の所在等にも関わり、議論の余地がないではないが、これらの点は、解釈論でカバーできないほどの問題ではない。もし、具体的な効果に関するデフォルトルールを設けるとすれば、無条件の（何らの負担なしの）契約的拘束からの解放を目指す制度であることに鑑み、強行的ルールとして規定しておく必要がありそうである。

3 クーリング・オフの対象・内容

　取引類型・業態ごと、あるいは取引対象商品ごとに撤回権の有無や内容に差違を設けるべきか、統一的規律に服せしめるべきかは実際上かなり重要な問題である。日本の場合、撤回期間は取引類型や契約内容によってかなりのばらつきがある。これは、介入の根拠や背景となる事情が異なることを反映した結果であるが、熟慮期間の長さの合理性は多分に感覚的なものである。それにしても、取引類型や業態による制約を度外視して、消費者契約一般のルールとして消費者撤回権・消費者取消権を考えることは、現時点では困難というほかない。結局のところ、多様な取引形態や対象商品に配慮して、実質的介入根拠を要件化しようとすれば、主観的・個別的判断の可能な評価規範が不可避となり、画一的な処理が困難となり、クーリング・オフのもつ利点が減殺されかねないからである。さしあたり、割賦販売や不招請店舗外取引といった取引類型および特殊業態を念頭においた客観的規律で対処しつつ、それらをプロトタイプとした上で、個別の取引事情を反映させた特別規定で微調整するのが実際的であろう。

　日本法における撤回期間は、現在のところ、割賦販売・訪問販売・電話勧誘販売・特定継続的役務が 8 日間、連鎖販売・業務提携誘引販売が 20 日間、特定商品預託・海外先物取引が 14 日間、商品投資契約・投資顧問契約が 10 日間といった具合いにまちまちであり、撤回後の原状回復についても若干の差違がある。顧客に対する撤回権付与の目的がどこにあるのか、単に消費者を不意打ち的状況から離脱した後に再考させるだけなのか、視認困難性あるいは評価困難性ゆえに一定の体験期間を要するからなのかなど、与えられるべき期間の意味も異なってこよう。ただ、クーリング・オフ制度によって、あらゆる課題の克服を期待する必要はなく、基本的に、事業者による「強引な勧誘」によって

いったんは押し切られたかに見える契約から消費者を解放して、今一度冷静に再考するチャンスを与えるという目的を主目的とするなら、原則として、一定期間（10日あるいは14日程度か）を定めておいて、例外的場合のみを特別規定で補充する方式でもよいのかもしれない。取引の仕組みや対象商品についての顧客による正確な理解や情報獲得の機会確保まで考慮に入れる場合には、事業者の情報提供義務などと並んで延長された情報収集期間や体験期間を考えることになろうか。

　ちなみに、これまで日本法においてクーリング・オフによる介入の根拠とされてきたところは、およそ次のようなものである。すなわち、①「不意打ち的勧誘」であること（顧客に事前の心の準備・商品に関する情報収集の機会がないこと）、② セールスマンによる心理的な追込み（強引な説得・脅し・巧みな心理操作）によって「顧客の商品購入意思が不完全」であること、③ 消費者と事業者間の情報の偏在と商品特性あるいは取引の仕組みの複雑さに起因して商品の適正な評価・対価的判断が一般に困難であること（取引の複雑性・不確実性・視認困難性など）、④ 取引の場の密室性ゆえに発生しやすい顧客の不利益（例えば、比較購買が不可能であり、不当な影響力行使が容易な環境であること、詐欺・強迫などの立証が困難であること）、が挙げられる。さらに、⑤ それが高額被害に結びつき易いこと（商品に内在するリスクの大きさ）、などが、介入を促進させる要因となっている。かりに一般ルールを立てるとすれば、こうした要素が反映される最大公約数的要件で、できるだけ客観的指標となるものが探られねばなるまい。

4　撤回権の排除をめぐって

　消費者の撤回権が排除される場合についても議論すべき点が多い。日本でも、従来は「指定商品制」がしかれており、その間隙をぬうように悪質な業者による不当勧誘があり、しばしば「いたちごっこ」を演じてきたことはよく知られている。指定商品制は速やかに撤廃し、例外的にクーリング・オフのできない場合を定める方向を模索すべきものと考える（最近、特定商取引に関する法律及び割賦販売法の一部を改正する法律が成立、公布され〔平成20年6月18日法律第74号〕、指定商品制の撤廃に向けて大きく前進した）。日常的な「ご用聞き」や安価な現実売買を除いて、基本的に、不招請の店舗外取引に関しては、すべてにわたって撤回権付与が望ましいように思われる。

5 問題点

最後に、韓国の訪問販売におけるクーリング・オフ制度について、若干気のついた点を指摘しておきたい。

第1に、訪問販売・電話勧誘販売について、消費者の撤回権が「複製可能な財貨の包装を毀損した場合」が挙げられており（C(4)）、そのただし書きで、「財貨などの内容を確認するために包装などを毀損した場合には、この限りでない」とされている。その趣旨は理解できないではないが、果たしていかなる目的で包装を毀損したかが争われた場合、客観的判断が可能なのか疑問である。シュリンク・ラップの毀損をクーリング・オフ権排除の事由とする例は、日本のソフトウェア取引でもしばしば見られるところであるが、複製可能性と商品内容確認とを切り離すことも技術的に可能であり、このような形での適用除外規定には合理性が乏しいように思われる。

第2に、撤回の効果として、「財貨などが使用または一部が消費された場合」に、事業者がそれに相当する金額の支払を消費者に請求できるとされている点（法9条8項）である。撤回不可能となる「1単位の商品」の定め方如何では、クーリング・オフが事実上意味を持たなくなる可能性があることに十分注意すべきである。しかも、消費者にとって有益となる消費と、そうでない「押しつけられた利得」があり得ることを考えると、少なくとも後者については清算の必要がないのではあるまいか。その意味では、「一部の消費」の認定については厳格であるべきであり、精算対象となる1ユニットについても限定的に解することが必要である。

III 最後に

消費者契約と直接に関係するものではないが、韓国での近時の民法改正（2007年家族法改正）において、協議離婚手続をあらため、家庭裁判所において当事者の離婚意思の確認に際して熟慮期間制度を導入したことは興味深い。すなわち、養育すべき子女がいる場合は3か月、そうでない場合には1か月を過ぎないと離婚意思の確認を受けられないというものである（836条の2）。これは、個人にとって重要な意思決定を確認するには慎重でなければならず、当事者に熟慮のための一定の「時間」を確保するという発想が、なにも消費者契約に限られたことではないことを示している点で、示唆的である（離婚の時以上に、

結婚時にこそ熟慮期間が必要であるとの冗談は、一部の方には通じなかったようであるが)。行為能力者といえども、生身の人間の判断能力には不完全さが伴うことを正面から受け止めた制度設計は、これまで必ずしも一般的ではない。しかし、等身大の人間の意思を直視するとき、こうした配慮にはそれなりの合理性が含まれているように思われる。その意味では、消費者（＝事業者として活動するのではない「自然人」）の一般的撤回権は、それが過剰介入とならない注意を怠らねば、基本ルールとして十分な意味があろう。問題は、民法典が、それを組み込むにふさわしい場を提供できるかどうかである。

　消費者契約が直面している問題の多くは、民法の基本原理と深い関わりを持ち、誰もが消費者となり得ることを考えれば、広い意味での「民法」が消費者法の受け皿の中核となることは不自然でない。しかし、私法領域の問題に限った場合にも、多様なレベルで、しかも体系横断的に問題となる消費者契約上の特別ルールについて、民法典が全て扱うには限界があり、かえって消費者法を分断するおそれもある。その意味では、消費者契約法あたりを、いわば「中二階」に据えて、消費者基本法を軸にした消費者法という特別法を包括的にまとめるのが、消費者法関連規定のまとまりとしても現実的な行き方ではなかろうか（フランス消費者法典が参考になろう）。いずれにせよ、一般法化の可能なルールを慎重に選別して民法に受け皿を用意することが必要である。ことを、消費者契約における消費者の撤回権に限った場合にも、民法上の契約法に共通のルールとしてふさわしいものの構築は容易でなく、その利害得失を十分に検討して制度設計する必要がある。

　＊　本稿は、2008年3月2日の「民法改正国際シンポジウム――日本・ヨーロッパ・アジアの改正動向比較研究」におけるコメントのために作成した原稿に加筆修正を加えたものである。

第8章　物権変動法制

第1節　中国の物権法制定と物権変動法制

渠　　濤
Qu Tao

I　はじめに　　　　　　　　　IV　物権変動制度を構成する種々の制度構造
II　制度の概観　　　　　　　　V　結びに代えて
III　制度制定の理由——立法の背景

I　はじめに

「中華人民共和国物権法」（以下は「中国物権法」と称す）は、中国民法典立法[1]の一環として、長すぎた懐胎の末、ようやく2007年3月16日に成立した。この物権法は、民事単行法の形をとり、5編構成で計247条からなるものであり、同年10月1日に施行されている。

物権法は、民事法の中で最も重要な制度の1つである。とりわけ、民法財産法の分野においては、債権法に比べて、自国の政治制度と社会事情に密接にかかわるので、立法過程においてイデオロギー絡みの激しい議論が必至であり、また、法技術的な制度の取捨に関する議論も予想されよう。イデオロギー関係の議論は、中国物権法に長すぎた懐胎と難産をもたらしたが、法技術的な制度設計に関する議論は、終始、物権変動の制度設計に関する問題に集中しており、これが中国の物権変動制度をバラエティに富むものにしている。

本稿は、いくつかの視点から、まず、中国物権法の成立前の制度的状況を敷衍して論じ、また、立法過程における議論を交えながら、さらに内容によって、中国物権法の母胎である最初の学者試案と対照しつつ、中国物権法が規定する物権変動制度の全容を浮き彫りにしたい[2]。

---

[1]　中国民法典の立法については、拙稿「中国における民法典審議草案の成立と学界の議論(上)(下)」ジュリ1249号、1250号（2003年）を参照されたい。

第Ⅱ部　世界に見る民法改正の諸問題

Ⅱ　制度の概観

1　基本的な制度の枠組み

中国物権法においては、物権変動に関する制度を3つのレベルに分けて定めている。

まず、第1編「総則」において、基本原則として、物権変動に関する公示の原則規定が設けられている。つまり、「第6条（公示原則）：不動産物権の設定、変更、譲渡および消滅は、法律の定めに基づき登記をしなければならない。動産物権の設定および譲渡は、法律の定めに基づき交付をしなければならない」とされている。

次に、第2章「物権の設定、変更、譲渡及び消滅」において、第1節には不動産の登記による物権の変動、第2節には動産の引渡しによる物権変動、第3節にはその他の原因による物権変動がそれぞれ定められている。

そして、第2編「所有権」、第3編「用益物権」、第4編「担保物権」には、それぞれの個別制度における物権変動に関する各則的な規定が、さらに設けられている。

2　目的物別の制度的枠組み

(1)　不動産物権変動

不動産物権変動については、2種類の制度が置かれている。1つは、6条の公示原則をふまえて定めた制度、すなわち、登記効力要件主義に基づいて構成された制度（9条[3]・14条[4]）などであり、もう1つは、その例外として、登記対抗要件主義に基づいて構成された制度（129条[5]、158条[6]）などである。前者

---

2)　中国物権法立法過程における物権変動制度をめぐる議論の詳細については、拙稿「中国における物権法の現状と立法問題」比較法学（早稲田大学）34巻1号（2000年）、孫憲忠（鄭芙蓉訳・松岡久和監修）「中国物権法制定に関する若干の問題(1)(2)」民商130巻4・5号、6号（2004年）、拙稿「中国における物権法の進捗と問題」内藤光博＝古川純編『東北アジアの法と政治』（専修大学出版局・2005年）243頁以下などを参照されたい。

3)　第9条（不動産登記の効力――効力発生要件主義）：不動産物権の設定、変更、譲渡および消滅は、法に基づいて登記をしてその効力を生じ、登記をしなければ、その効力は生じない。但し、法律に他の定めがあるものは除く（1項）。法律による国家所有に属する自然資源は、その所有権の登記を要しない（2項）。

は、主に建設用地使用権と都市部の建物所有権、不動産担保物権などに適用される制度であり、後者は、農村の土地請負権と宅地使用権、地役権、動産担保などに適用される制度である。

(2) 動産の物権変動

動産の物権変動について、一般動産は引渡しを効力要件とし (23条[7])、大型動産 (担保を含む) は登記を対抗要件としている (24条[8])。そして、引渡しに関しては、簡易引渡し (25条[9]) や占有改定 (26条[10]、27条[11]) なども定めている。

3 行為別の制度的枠組み

行為別の枠組みとしては、物権法は、法律行為による物権変動のほか、事実行為による物権変動[12]と公権力による物権変動[13]が定められている。

---

4) 第14条 (不動産物権変動の効力発生時期): 不動産物権の設定、変更、譲渡および消滅は、法律の規定に基づいて登記を必要とするものは、不動産登記簿にその内容を記載した時より、その効力を生じる。

5) 第129条 (請負土地の登記の効力): 土地の請負経営権者が土地請負経営権を交換または譲渡した時、当事者が登記を要求する場合は、県級以上の登記機関に土地請負経営権の変更登記を申請しなければならない。登記をしなければ、善意の第三者に対抗することはできない。

6) 第158条 (地役権の成立): 地役権は、地役権契約の効力が生じた時に成立する。当事者が登記を要求する場合には、登記機関に地役権の登記を申請することができる。登記のないものは善意の第三者に対抗することはできない。

7) 第23条 (引渡しの効力発生要件): 動産物権の設定および譲渡は、引渡しの時より、その効力を生じる。但し、法律に他の定めがある場合は除く。

8) 第24条 (登記の対抗要件): 船舶、飛行機および自動車などの物権の設定、変更、譲渡および消滅は、登記をしなければ、善意の第三者に対抗することはできない。

9) 第25条 (簡易引渡し): 動産の物権が設定または譲渡される前から権利者がすでに当該動産を占有している場合は、その物権の効力は、法律行為の発効時より生じる。

10) 第26条 (占有改定): 動産の物権が設定または譲渡される前に、第三者が法に基づき当該動産を占有した場合には、引渡しの義務者は、第三者に対する占有物返還の請求権を譲渡することをもって引渡しに代えることができる。

11) 第27条 (占有改定): 動産の物権が譲渡された時、双方が譲渡人により当該動産の占有が継続されることを約定した場合には、物権の効果は、その約定の発効時より生じる。

第Ⅱ部　世界に見る民法改正の諸問題

Ⅲ　制度制定の理由——立法の背景

1　物権法成立以前の物権変動制度の実態

　物権法成立以前は、市場経済の導入により、取引が活発化したことから、取引関係の契約法の整備を進める一方、財産権の帰属関係を規律する物権的な制度の整備も進められていた。とりわけ、90年代初頭に不動産市場が形成されつつある段階から、不動産関係の実定法が数多く現れている[14]。しかし、急ピッチで展開している不動産市場とそれに追いつかない立法の立ち遅れとの間の矛盾から、問題も数多く現れている。

(1)　厳格な登記効力要件主義を採用した[15]ことにより惹起された問題

　中国では、裁判官の水準に対する考慮もあるが、より基本的には広い国内の各地でできるだけ同じ基準による法的判断を実現させるために、実定法上以外のものを根拠とする裁判官の自由裁量は、原則として許されていない。しかし、不動産物権変動の案件において現行法に従って登記を絶対視すれば、真の公平性を失する判断が下される恐れがあることが容易に予想される。

　まず、都市部の状況に沿っていえば、現実に毎日高騰している不動産の売買利益を最大化することを企んで、デベロッパーをはじめ一般の法人や個人も不動産を二重売買していることはその典型的な例である。住宅の売買の現状としては、売買契約をした後に、代金の支払と占有の引渡しが先行し、登記は、すぐにできないどころか、特に1990年代半ばから2000年初期までの間は数年かかるケースもあった。これは、急増する登記事務の量と登記を担当する行政機

---

12) 第29条（相続等による物権変動の効力発生時期）：相続または遺贈により物権を取得した場合には、その効力はその相続または遺贈が開始した時より生じる。
　　第30条（事実行為による物権変動の効力発生時期）：家屋を合法的に建築し、または取り壊すなどの事実行為により、物権の設定または消滅を生じた場合には、その効力は当該事実行為が成就した時より生じる。
　　第31条（前3条により発生した物権変動に対する制限）：上記第28条から第30条までの規定により物権を取得した者は、その不動産を処分するときに、法律の規定による登記を必要とする場合、登記をしなければ、物権の効力を生じない。
13) 第28条（裁判等による物権変動の効力発生時期）：人民法院および仲裁委員会による法律文書または人民政府による収用の決定などにより、物権の設定、変更、譲渡および消滅を生じた場合には、その効力は法律文書または人民政府の収用の決定などが発効した時より生じる。

〔渠　濤〕　　　　第 8 章　第 1 節　中国の物権法制定と物権変動法制

関の定員およびその職員の業務水準が対応できなかったことが原因と考えられる[16]が、結果的に、デベロッパーなどが悪用する隙を提供することとなったのである。この類型の紛争案件に対して厳格に効力要件主義を貫徹すると、デベロッパー側の勝訴になりかねないし、現実にそのような判決もあらわれている[17]。

このような状況を改善するため、最高人民法院は 2003 年 4 月に「商品建物[18]売買契約紛争案件の審理に関する法律適用の若干問題についての解釈」という司法解釈を公布した[19]。これ以降は、この問題は基本的に解消し、上記のような類型の案件でデベロッパーの行為を詐欺と認定し敗訴とした判決もあらわれている[20]。

次に、農村土地関係の請負権と宅地使用権については、厳密な登記効力要件主義を採用する実質的必要性に乏しいし、実務上もその実行可能性が疑われる。

---

14) これらの実定法を敷衍すれば、主に以下のものがあげられる。

第 1 に、土地利用関係の制度および土地利用の権利を目的物とする取引関係の制度については、主に以下の法律および行政法規により確立された。①主に都市部にある国有土地に対する私的使用権の制度としては、「土地管理法」（1986 年成立、1988 年・1998 年・2004 年改正）、「国有土地使用権出譲転譲条例（国有土地使用権の設定および譲渡に関する条例）」と「外国商人による大面積土地の開発に関する条例」（いずれも国務院による。1990 年成立）、「都市不動産管理法」（1994 年成立、2007 年改正）、「土地登記規則 14」（国務院土地管理局、その後の国土資源部による。1989 年成立、1995 年改正）、および国務院所属の各部署により制定された林野・草原・養殖用の水面などの登記条例ないし規則などがあげられる。②広い意味の土地（国有）の使用制度としては、「森林法」（1979 年試行、1984 年成立、1998 年改正）、「水法」（1988 年成立、2002 年改正）、「漁業法」（1986 年成立、2000 年・2004 年改正）、「草原法」（1985 年成立、2002 年改正）、「海域使用管理法」（2001 年成立）、「鉱産資源法」（1986 年成立、1996 年改正）があげられる。③主に農村部にある集団所有の土地に対する私的使用権の制度としては、「農村土地請負法」（2002 年成立）があげられる。④土地使用権を目的物とする取引制度としては、上記①と②にあげた諸制度も関係するほか、1999 年に成立したいわゆる統一「契約法」にも規定が設けられている。

第 2 に、担保物権制度としては、1995 年に成立した「担保法」には、人的担保と物的担保の制度が設けられている。

第 3 に、都市部に集合住宅およびオフィスビルの個人所有の制度およびそれと管理業者との関係の制度としては、「物業管理（ビル管理）条例」（2003 年成立、2007 年改正）、「業主（区分所有者）大会規程」（2003 年成立）などがある。

第 4 に、土地と建物の収用の制度としては、「都市部家屋折遷（建物の収用）管理条例」（2001 年成立）がある。

反対に、それを貫徹すると、種々の問題が引き起こされると思われる。
(2) 法全体の体系性の欠落により惹起された問題
　実定法の具体的な規定からも明らかなように、不動産の内容によって登記機関も、従うべき法律規定も異なっている[21]。このように、登記機関がまちまちで、種々の登記が従う法令もさまざまであることは、不動産市場の発展に非常に不利であり早急に統一する必要があることは、学者の研究論文でしばしば指摘されたところである[22]。確かに、鉱物、海域、草原、森林など、それぞれ特徴があるので、完全に統一することは不可能であると考えられるが、少なくとも現在の不動産市場でもっとも大きなシェアを占める都市部の土地と建物の登記を統一することは必要であろう。この点、上海市では統一した機関で統一した登記条例で行っているが、北京では、一時的に、それぞれ異なる登記条例に基づいて行われるものの、登記機関は統一していたが、現在、登記機関が再び分かれている。
(3) 基本的な制度の不存在
　物権関係の法制度は存在するものの、基本的な制度は存在していないため、不動産市場にとっては、不都合な問題に数多く直面せざるを得ないことは容易に想像できる。

2　学界における物権変動制度の立法をめぐる議論[23]
　前述したように、物権法立法過程において、立法技術のレベルでの議論は物

---

15) 実定法においては、形式上、不動産に対して登記を要求する法令の嚆矢は1986年成立した「土地管理法」とされているが、事実上、民事関係のレベルでの不動産変動に対して登記の具備を要求した最初の法令は、「国有土地使用権出譲転譲条例（国有土地使用権の設定および譲渡に関する条例）」である。この条例は、25条に不動産の移転に関して、また、35条に不動産の抵当に関してそれぞれ「登記しなければならない」という規定を設けている。これによって、2つの原則が確立している。1つは、不動産の設定、移転および変更の場合に登記を効力発生要件とする原則であり、もう1つは、「房地同走」の原則すなわち、家屋と土地はそれぞれの不動産として取り扱われるが、その一方が移転される時は他方も一緒に移転しなければならないという原則である。この2つの原則は、その後に成立した。物権法が成立するまでは物権的な制度の基本とされた「城市房地産（都市部不動産）管理法」および不動産取引の関係行政条例に承継されている。なお、登記の効力の発生時期に関してより具体的な規定が置かれたのは、1995年に成立した「担保法」からである。「担保法」では、一般抵当財産を不動産に想定して登記効力要件主義を採用し、またその他の財産の担保に登記対抗要件主義を採用している。

権変動の制度設計に集中していた。議論は、モデルの取捨をめぐって展開されていたが、具体的な内容を紹介することを捨象し、主な見解だけを以下あげておく。

① 意思主義と形式主義の結合したスイス型の制度を採用する意見——慧星、陳華彬（多数説）
② 物権行為理論に基づいたドイツ型の制度を採用する意見——牛振亜、孫憲忠（有力説）
③ 意思主義と対抗要件主義のフランスや日本のモデルを採用する意見——渠濤（少数説）

---

16) 中国において不動産の登記機関は、行政機関である。ちなみに、現在各行政機関に散在する不動産登記機関およびそれらの登記制度を統一させるためには、行政機関の行政権力の再分配が必要である。この点については別稿に譲る。
17) このような案件は、1審判決に多発していた。筆者は中国で参加した実務関係の案件討論会や学者の研究会ではかなり出会ったが、本稿の執筆に当たり、中国の法律分野においてもっとも権威的なサイトである「北大法意（データーベース）」と人民法院網を検索したところ、意外に1件も上がってこなかった。この点について、1審判決が裁判例としてあげられていない可能性もあるが、実態把握として、今後さらに調べる必要があると考えている。とりあえず1例として、柳経緯総主編・黄健雄＝丁麗貞主編『「房地産法」案例精解』196頁以下（厦門大学出版社・2004年）を参照されたい。
18) この「商品建物」の原語は「商品房」で、「商品家屋」とも訳せそうである。中国では、市場に流通できる建物としては、ほぼ3種類に分けられる。第1がこの「商品房」で、完全に商品として流通できるものである。第2は、いわゆる「経済適用房」と称する経済的に困難のある者を対象に建設し販売するもので、土地使用権がなく流通について一定の制限がある。第3は、もともと国家から割当の形で「賃貸」していた住宅が都市住宅制度改革の実施によって私有化された住宅用建物であり、これについても流通に諸々の制限がある。
19) 「商品建物売買契約紛争案件の審理に関する法律適用の若干問題についての解釈」6条：当事者は、商品建物の予約販売契約が法律、行政法規に基づいて登記登録の手続の未履行を理由に、契約の無効を確認するものに、支持を与えない（1項）。当事者は、登記登録の手続の完遂を商品建物の予約販売契約の効力発生の条件と約定した場合、その約定に従う。但し、当事者の一方は主債務をすでに履行し、また相手方がそれを受領した場合は除く。
20) この類型の最新判決としては、「甘粛判決：『一屋二売』案、デベロッパー70万元の賠償（内訳：30万元の還付、30万元の賠償、9.5万元の利息）を」人民法院網（http://www.chinacourt.org/html/article/200801/04/281361.shtml）、余嵐＝安鍵「遅れてきた建物の権利証書」人民法院網（http://www.chinacourt.org/html/article/200802/02/286038.shtml）参照。

IV 物権変動制度を構成する種々の制度構造

1 不動産物権変動における土地と建物の関係

中国では、物権関係の制度が最初にあらわれて以来、一貫していわゆる「房地同走」の原則——すなわち、建物と土地はそれぞれの不動産として取り扱われるが、その一方が移転される時に他方も一緒に移転するという原則——を貫いてきた[24]。物権法はこれを承継している[25]。

2 不動産物権変動における主物と従物の関係

主物・従物の定義に関する規定は、最初の学者試案にはあらわれている[26]が、成立した中国物権法には存在しない。主物と従物に関係のある条文は、

---

21) たとえば、担保法42条：抵当関係の登記部門は以下のものである。①地上の定着物のない土地使用権を抵当にする場合は、土地使用権証書を発行した土地管理部門である。②都市部の不動産または郷（鎮）、村の企業の工場など建物を抵当にする場合は、県以上の地方人民政府に指定された部門である。③立木を抵当にする場合は、県以上の林業主管部門である。④航空機、船舶、自動車を抵当にする場合は、運輸手段の登記部門である。⑤企業の設備その他の動産を抵当にする場合は、その財産の所在地にある工商行政管理部門である。同旨は「城市房地産（都市部不動産）管理法」61条から63条およびそのほかの不動産登記関係の条例などにもみられる。

22) この点に関しては、拙稿・前掲注2）「中国における物権法の現状と立法問題」を参照されたい。

23) 物権変動制度の立法をめぐる中国の学界の議論については、同上論文および拙稿「不動産物権変動制度研究與中国的選択」法学研究（1999年第5期）の参照文献を参照されたい。

24) たとえば、「城市房地産（都市部不動産）管理法」32条：不動産が譲渡または抵当権の設定をする時、建物の所有権と当該建物が占めている範囲内の土地使用権をあわせて譲渡または設定する。そのほか、「担保法」36条などにも同旨の規定が設けられている。

25) たとえば、第146条（建設用地の移転と地上物）：建設用地使用権が譲渡、交換、出資または贈与された場合には、当該土地に付着する建築物、工作物およびその付属施設も同時に処分されるものとする。第147条（地上物の移転と建設用地）：建築物、工作物およびその付属施設が譲渡、交換、出資または贈与された場合、もしくは抵当に供された場合、当該建築物、工作物およびその付属施設が占める範囲内の建設用地使用権も同時に処分されるものとする。そのほか、164条、182条、183条にも同旨の規定が設けられている。

26) 梁慧星案の14条、王利明案の11条、12条参照。

115 条である[27]が、現行「民法通則」の施行にあたって最高人民法院が出した司法解釈の内容を写したものである[28]。一方、主物と従物の関係について最高人民法院発「担保法適用に関する若干問題の解釈」62 条[29]と 63 条[30]および「城市房地産（都市部不動産）管理法」52 条[31]は、より詳細な規定を設けている。中国物権法 178 条の「現行『担保法』と本法との間に不一致があった場合には、本法を適用する」という規定と照らし合わせて考えれば、日本でも主物と従物に関して議論されているような問題は、今後、中国の実務上でも発生するのではないかと思う。

3　物権変動の公示原則

過去の物権関係の制度は公示を要求したが、動産と不動産をまとめて公示する原則を定める規定はなかった。この意味で、物権法が体系的に基本制度を設立した意義は大であるといえよう。

しかし、公示方法のうち、慣習法上の公示方法を如何に位置付けるかが中国物権法施行後の大きな課題の 1 つであるように思われる。実は、中国では地方、民族によって慣習上の公示方法が種々存在している。これらの公示方法には、日本において判例上認められている「明認方法」に類似するものもある[32]。

---

27) 第 115 条（主物譲渡時の従物の帰属）：主物が譲渡された時は、従物は、主物と同時に譲渡される。但し、当事者間に他の約定がある場合を除く。
28) 最高人民法院発「関於貫徹和執行民法通則若干問題的意見（民法通則施行における若干問題に関する意見）」87 条：附属物を有する財産は、その附属物が財産の所有権の移転に伴って移転する。但し、当事者間に他の約定があり、かつその約条が違法でない場合は、その約定に従って取り扱う。
29) 担保法司法解釈 62 条：附合、混合、加工により添付されたもので、抵当物から分離できない（もちろん、分離したら価値の激減も含む＝筆者の理解）場合、添付されたものは抵当物の所有権者の所有に属する時は、その抵当権の効力が及ぶ。反対の場合には、及ばない。
30) 担保法司法解釈 63 条：抵当権設定前に従物として存在した場合には、その抵当権の効力が及ぶ。反対の場合には及ばない
31) 「城市房地産（都市部不動産）管理法」52 条：不動産抵当の契約が締結された後に、土地に新たに増設した家屋は抵当財産に属さない。抵当不動産が競売される必要のある時、土地に新たに増設した家屋と抵当財産と合わせて競売することができる。但し、土地に新たに増設した家屋を競売して得た利益に対しては、抵当権者は優先弁済の権利を有しない。
32) この点については、拙稿「中国物権法立法における慣習法の位置付け」比較法学（早稲田大学）36 巻 2 号（2003 年）を参照されたい。

第Ⅱ部　世界に見る民法改正の諸問題

4　登記効力要件主義を中心とする制度の構造

登記効力要件主義の適用範囲は、主に不動産に限られており、不動産の原始取得（7条・9条・14条および関係行政法関係の規定）、建設用地（139条[33]）、担保物権の一部（詳細は後述）などである。これらは過去の制度を承継しているが、新設の制度として、登記が効力要件であることを保障するために、登記簿の公信力[34]、登記機関の実質的審査[35]、登記に関する責任[36]などが定められている。

しかし、登記関係の法制度と登記機関の現状からみれば、今後はかなり問題になると一般的に指摘されている。

5　登記対抗要件主義を中心とする制度の構造

登記対抗要件主義の適用範囲は、大型動産（24条）、農村土地請負権（129条）、地役権（158条）、担保物権の一部（後述）である。このうち、大型動産と農村土地請負権については過去の制度を承継したが、その他は新設した制度である。

---

[33]　第139条（建設用地使用権の登記）：建設用地使用権を設定する者は、登記機関に建設用地使用権の登記を申請しなければならない。建設用地使用権は、その登記をした時に成立する。登記機関は建設用地使用権者に建設用地使用権証書を交付しなければならない。

[34]　第16条（不動産登記簿の証拠とする資格）：不動産登記簿は、物権の帰属およびその内容の根拠となる（1項）。不動産登記簿は、登記機関により管理される（2項）。第17条（不動産権利証書と不動産登記簿との証拠とする場合の効力関係）：不動産権利証書は、権利者が当該不動産の物権を有することを証明するものである。不動産権利証書に記載された事項は、不動産登記簿と一致しなければならない。その記載が一致しない時は、不動産登記簿の記載に誤りがあったことが証拠により確実に証明された場合を除き、不動産登記簿を正しいものとする。

[35]　第12条（登記機関の責務）：登記機関は下記の責務を履行しなければならない。①申請者より提出された証明書類、その他の必要書類を審査すること、②登記に関連する事項について申請者に口頭で確認すること、③関連事項の登記を事実通り、滞りなく行うこと、④法律または行政法規が定めたその他の責務（1項）、登記機関は、登記を申請した不動産の関係状況に更なる証明を必要とすると認めた時は、申請者に書類の補充を求め、また、必要な場合には現地査察を行うことができる（2項）。

[36]　第21条（登記に関する責任）：当事者が虚偽の書類を提出して登記を申請したことにより他人に損害を与えた場合には、その賠償の責任を負わなければならない（1項）。登記の誤りにより他人に損害を与えた場合には、登記機関がその賠償の責任を負わなければならない。この場合、登記機関は、損害賠償に応じた後、登記の誤りにつき責任を有する者に求償することができる（2項）。

このように、中国物権法は不動産の物権変動について2種類の制度を並立させたものとなっている。

　もっとも、この129条と158条が登記対抗要件主義を採用した立法理由に、共通することとして、取引の範囲が限られるので、公示の必要性も低いことがあげられる。また、農村土地請負権の場合は、基本的にいわゆる「熟人社会」で設定されるものであり、そして、個々の村から政府所在地までの地理的な関係、農村土地請負の内容の多様性（農業、林業、水面利用の繁殖など）と登記機関の不統一性、登記を要する件数と登記を担当する行政機関の職員数との関係などに鑑み、実質上の必要性が低いばかりではなく、実務上の実行性にも欠けるものであるといわざるを得ない。

6　効力要件と対抗要件の交錯する構造——担保物権関係の公示について

　物権法は、不動産および不動産用益物権に設定した抵当権（187条[37]）、および権利証書の引渡しによる移転ができない財産に設定した質権（224条[38]・226条[39]・227条[40]）については、登記を効力発生要件としているが、動産抵当については登記を対抗要件（188条[41]・189条[42]）としている。一方、一般動産質

---

[37] 第187条（不動産抵当における登記の効力）：本法第180条第1項第1号から第3号に定められた財産または第5号に定められた建築中の建築物に抵当権を設定した時は、抵当の登記をしなければならない。抵当権は登記した時に設定されるものとする。

[38] 第224条（権利質の成立）：当事者は、為替手形、小切手、約束手形、債券、預金証書、倉庫証券および貨物引換証に質権を設定した時は、書面による規約を締結しなければならない。その質権は、権利証書が質権者に引き渡された時に設定されるものとする。権利証書がないものは、関係機関に質権の登記をした時に質権が設定されるものとする。

[39] 第226条（指図証券を目的とする権利質）：当事者は、基金の持分または株式を質入れした場合には、書面による契約を締結しなければならない。基金の持分または証券の決算登記の機関で登記した株式を質入れした場合には、その質権は証券の決算登記の機関で質権設定の登記をした時に設定されるものとする。その他の株式を質入れした場合には、工商行政管理の機関で質権設定の登記をした時に設定されるものとする（1項）。

[40] 第227条（知的財産権の権利質）：登録済みの商標専用権、特許権、著作権などの知的財産権による質入れは、当事者間で書面による契約を締結しなければならない。この場合、質権は、関係主管機関に質権設定の登記をした時に設定されるものとする（1項）。

[41] 第188条（動産抵当における登記の効力）：本法第180条第1項第4号、第6号に定められた財産または第5号に定められた建造中の船舶または航空機に抵当権を設定した時は、抵当権は、抵当契約が効力を生じた時に成立する。登記をしていない時は、善意の第三者に対抗することができない。

権および権利証書の引渡しによる移転ができる財産的権利に設定した質権については、引渡し（212条[43]・224条[44]）を効力要件としている。

7 善意取得の構造

善意取得は、物権関係の重要な制度として各国に存在するが、そのほとんどは、動産を対象にしているものである。これに対し、中国物権法106条は、動産と不動産とをあわせて規定しており[45]、いささか奇妙であるようにも思われるが、これについての権威的な説明と解釈は以下のとおりである[46]。

すなわち、善意取得に関する106条規定は、もともとの草案では、2つの条文で、2ヵ所に分けて規定していた。1つは、不動産登記の公信力についての規定であり、もう1つは、所有権の特別取得の部分に置かれた動産の善意取得

---

[42] 第189条（生産用動産の抵当における登記の効力）：企業、個人工商業者または農業生産経営者が本法第181条に定められた動産に抵当権を設定した場合は、抵当権設定者の住所の所在地にある工商行政管理機関に登記をする。抵当権は抵当契約の効力を生じた時に成立する。登記をしていない時は、善意の第三者に対抗することができない（1項）。本法第181条の規定に基づいて抵当権を設定した者は、正常な経営活動により妥当な金額で抵当財産を取得した買受人に対抗することができない（2項）。

[43] 第212条（質権の成立）：質権は、質権設定者が質物を引き渡した時に設定されるものとする。

[44] 第224条（権利質の成立）：当事者は、為替手形、小切手、約束手形、債券、預金証書、倉庫証券および貸物引換証に質権を設定した時は、書面による規約を締結しなければならない。その質権は、権利証書が質権者に引き渡された時に設定されるものとする。権利証書がないものは、関係機関に質権の登記をした時に質権が設定されるものとする。

[45] 第106条（善意取得）：処分権を有しない者が不動産または動産を譲受人に譲渡した場合には、その不動産または動産の所有者はそれを取り戻す権利を有する。（但し、）譲受人は、法律に他の規定がある場合を除き、下記に掲げた事情に適した場合は、当該不動産または動産の所有権を取得する。①譲受人が当該財産を善意で譲り受けた時、②合理的な価格で譲渡された時、③譲渡した不動産または動産が、法律の定めにより登記を要するとされるものについては登記された時、登記を要しないものについては譲受人に引き渡された時（1項）。譲受人が前項の規定に基づいて不動産または動産の所有権を取得した場合は、元の所有者は、無権原で処分をした者に対し、その損失の賠償を請求することができる（2項）。当事者がその他の物権を善意で取得した場合には、前2項の規定を準用する（3項）。

[46] 2007年8月31日東京大学で開催された国際シンポジウム「中国物権法を考える」（中日民商法研究会と東京大学社会科学研究所および東京大学大学院法学政治学研究科との共同開催で、東京大学創立130周年の記念行事と中日民商法研究会第6期大会を兼ねて開催されたもの）における日本人学者の質問に対する梁慧星教授の回答を参照。

についての規定であった。それに後から、この動産の善意取得に不動産も追加されて、動産と不動産両方の内容を含めることになった。そうすれば、この2つの条文が矛盾するので、立法機関は総則にあった公信力に関する条文を削除した。こうして、一般教科書でいう不動産登記制度の公信力制度と動産の善意取得制度を合わせた106条が生まれたわけであるという。

8 物権変動と原因行為との区分の構造

上記で考察した不動産登記の効力、登記機関の実質的審査、登記に関する責任などをあわせてみれば、中国の物権変動制度はドイツ法の物権行為理論に基づく立法であるという理解もありうる。しかし、この点について肝心なのは、まず、本法15条[47]に定められた、物権変動と原因行為との区分の原則[48]を内容とする規定を看過してはならないということである。次に、これに関連して、142条[49]の規定にある「反証[50]」の意味を考えると、これは、まさに債権契約をもって、登記簿の記載を否定することを意味するものであると考えられる。したがって、中国物権法における物権変動制度は、ドイツモデルを採用して制度設計したというよりも、立法段階における学界の主流意見に基づいてスイスモデルを採用したものと、筆者は理解する。

V 結びに代えて

第1に、中国はいまだ社会の大変革に挑戦している最中であり、社会事情が錯綜し複雑である。「法は社会の落し子」である以上、このような社会的な事情にあわせて、物権変動制度も錯綜し、バラエティに富んだ構造を呈している。

---

47) 第15条（物権変動と原因行為との区分の原則）：当事者間において締結された不動産物権の設定、変更、譲渡および消滅に関する契約は、法律に他の規定があるか、または契約に他の約定がある場合を除き、その契約の成立した時より効力を生じる。物権登記をしていないものも、契約の効力を妨げない。

48) 物権変動と原因行為の区分に関する最初の体系的な研究は、物権変動制度をドイツ型にすると主張した孫憲忠教授である。孫憲忠「物権変動的原因與結果的区分原則」（法学研究〔1999年第5期〕）参照。

49) 第142条（建設用地における地上物の帰属）：建設用地使用権者が建造した建築物、工作物およびその付属施設の所有権は、建設用地使用権者に属する。但し、証拠により反証がなされたものは除く。

50) 前掲注46) における孫憲忠教授の報告を参照。

この意味で、むしろ、このような構造こそ、法の本来の姿であるといえよう。

　第2に、登記や民事執行法などの物権法関連の制度が不備であるため、物権法の施行に支障をきたすであろうとよく指摘されている。しかし、実際には、直ちに大混乱が起きるほどの問題ではないように筆者は考える。登記制度を例にとってみれば、土地、建物、林野、草原、養殖用の水面などの登記機関はまちまちであるが、そのそれぞれが業務執行に従うべき規定がまったくなくて勝手に行っているというわけではない。問題の所在は、登記機関の統一と統一した登記法制定[51]だけに集約される。

　第3に、このような構成は、大まかにまとめると、効力要件を原則とし、対抗要件を例外として、さらに物権変動と原因行為と区別する原則を敷かれているというものになるが、学者の意見が大いに参照されていることがうかがわれる。しかし、登記効力要件、および物権変動と原因行為との区別の点は、前述した学者の意見であるが、登記対抗要件は先述した学者の意見の内容と異なるものであることを付言しておく。

---

51)　統一の不動産登記法制定の動きはみないものの、臨時措置として、各種の登記規則といったものが新たに登場している。たとえば、物権法の施行に合わせて国土資源部は、この「土地登記規則」を基礎にして制定された「土地登記弁法」は2007年12月31日に公布され、2008年2月1日から施行されている。そのほか、国家工商行政管理局の「動産抵当登記弁法」（2007年10月17日公布、当日から施行）、中国人民銀行の「掛売債権の質入れに関する登記弁法」（2007年9月30日公布、同年10月1日から施行）があらわれている。

第2節　物権変動法制立法のあり方
——渠濤論文と日本法

横山美夏

I　はじめに　　　　Ⅲ　不動産善意取得制度
Ⅱ　登記の効力

I　はじめに

　2007年3月16日に成立した中華人民共和国物権法（以下、中国物権法という）は、物権変動、とりわけ不動産物権変動につき、とてもユニークな制度を採用している。以下では、本書の渠濤教授による論文をもとに、中国物権法における不動産物権変動法制につき若干の検討を行うとともに、日本法の改正に際して得られる示唆について考えてみたい。

Ⅱ　登記の効力

　1　中国物権法は、不動産物権変動につき登記効力要件主義を原則とする（中国物権法9条[1]。以下、同法の条文は数条のみで示す）[2]。中国法は、売買による所有権移転について引渡主義を採用しており（中国契約法133条[3]）、民法通則72条にも同様の規定がある[4]。したがって、9条は、不動産の所有権移転に

---

1) 条文につき、本書223頁注3）（初出は、渠濤「中国物権変動制度の立法のあり方」ジュリ1357号〔2008年〕143頁注3））参照。以下、本書第8章第1節に条文の紹介があるものについては、それを参照する。
2) ただし、相続のほか遺贈による物権の取得は、相続または遺贈の時からその効力を生じる（29条）。
3) 契約法133条「目的物の所有権は目的物の引渡の時から移転する。但し法律に別段の定めがあり又は当事者が別段の約定をした場合は、この限りでない。」（塚本宏明監修『逐条解説　中国契約法の実務』〔2004年・中央経済社〕186頁）

つき、これらの規定に対する特別の規定と位置づけられる。

中国物権法は、登記を効力要件とすると同時に、物権変動の公示がなされるべきことを規定しており（6条[5]）、これらをあわせて、登記を基礎とする不動産取引の安全が目指されていると理解できる。また、渠濤教授は、効力要件主義に関連して、中国では、各地でできるだけ同じ基準で法的判断を実現させるため、裁判官の自由裁量が原則的に許されていないことを指摘している。このことからすると、登記を基準とする画一的処理の必要性もまた、登記が不動産物権変動の効力要件とされた理由の1つと考えられる。

2　注目されるのは、中国物権法が効力要件主義を原則としながら、用益物権である請負経営権の譲渡や地役権の設定など一定の場合につき、例外的に対抗要件主義を採用していることである（129条[6]・158条[7]）。その際、これらの規定は、対抗できない第三者を善意の第三者に限定している。渠濤教授によれば、これらの権利は、登記による公示の必要性が低く、その実効性も欠くものだという。そのような場合について、対抗要件主義を採用することは、確かに、悪意の不法占拠者などによって物権が侵害された場合における物権的請求権（34条～36条[8]）の行使を可能にするというメリットがある。また、登記なくして対抗できない第三者を善意者に限定することは、多重売買の弊害を防ぐことにつながると考えられる。反面、対抗要件主義によれば、登記を基準とする画一的処理ができなくなるだけではなく、法文上、第三者の客観的範囲が明示

4）　民法通則72条「財産所有権の取得においては、法の定めに違反してはならない。契約またはその他の合法的な方法にしたがって財産を取得する場合、財産所有権は財産の引渡しのときに移転するが、法に別の定めがあるか、または当事者に別の約定がある場合は除く。」（中国研究所編『中国基本法令集』〔1988年・日本評論社〕139頁）

5）　6条「不動産物権の設定、変更、移転及び消滅は、法律の規定に従い登記をしなければならない。動産物権の設定及び移転は、法律の規定に従い引き渡さなければならない。」（鈴木賢ほか『中国物権法　条文と解説』〔2007年・成文堂〕18頁）

6）　本書223頁注5）（初出は、渠・前掲注1）143頁注5））参照。

7）　本書223頁注6）（初出は、渠・前掲注1）143頁注6））参照。

8）　34条「不動産又は動産が権原なく占有された場合、権利者は原物の返還を求めることができる。」

35条「物権が妨害された場合、又は妨害される可能性がある場合、権利者は妨害の排除又は危険の除去を求めることができる。」

36条「不動産又は動産が毀損された場合、権利者は修繕、作り直し、交換又は原状の回復を求めることができる。」（鈴木ほか・前掲注5）24頁）

されていないため、具体的にどのような者が本条の第三者にあたるかは、解釈の余地がある。さらに、第三者を善意者に限定しながら、裁判官によって結論が異なるという事態を完全に回避することは困難であろう。善意かどうかの判断は、画一的に行うことができず、裁判官の認定に委ねざるを得ないからである。

このように、効力要件主義を原則とする一方で、登記がなくても物権変動を認めることの弊害が少なく、公示を要求することが実効的でない場合について、対抗要件主義を組み合わせる中国物権法は、非常に現実的かつ実用主義的な立法であるといえる。日本では、不動産物権変動における効力要件主義と対抗要件主義は2項対立的に論じられており、2つを組み合わせるという発想はこれまで存在しなかった。これに対して、中国物権法は、効力要件主義と対抗要件主義を場面によって使い分けており、立法としてそのような方向性がありうることを示している点で、参考になる。

3　翻って日本法をみると、日本民法177条は、登記なくして対抗できない物権変動および第三者の範囲について何の限定もしておらず、それらは解釈に委ねられている。そして、判例は、登記なくして対抗できない物権変動について無制限説に立つ一方で、第三者の範囲については、類型によっては第三者の登場した時期によって第三者を限定するなどの方法によって第三者の範囲を画するほか、とりわけ背信的悪意者排除論により、個別の事案につき妥当な結論を導くべく柔軟な解決を図ってきた。不動産物権変動に関する判例は、理論的には一貫しないと批判されながらも結論において支持されることが間間あるが、そのような判例によって形成されてきた日本の不動産物権変動に関する法もまた、実用主義的な側面を有するといえるかもしれない。

とはいえ、日本民法の規定が将来もこのままでよいかどうかは、なお検討の余地がある。対抗要件主義は、少なくとも理論的には登記なしに物権変動が生じることを原則とするのであるから、どのような政策的判断および理論的根拠に基づいて、どのような物権変動原因につき、いかなる第三者に対抗できないとするかは、それ自体が重要であるとともに、その基準を明確にする必要がある。登記なくして対抗できない物権変動および第三者の範囲についてはなお議論のあるところだが、将来も対抗要件主義を維持するのであれば、それらの基準を、民法および不動産登記法に明文化することが検討されてもよいのではないだろうか。

第Ⅱ部　世界に見る民法改正の諸問題

4　では、さらに進んで、中国法のように効力要件主義を採用することはどうか。興味深いのは、広大な国土をもち、登記制度の整備が課題とされる中国が、渠濤論文にもあるように、過去に効力要件主義の弊害を経験しているにもかかわらず、物権法において効力要件主義を原則としたことである。そこには、登記を基準とする不動産取引の安全確保という実際的な観点のほか、中国において登記がこれまで果たしてきた役割および、不動産物権変動システムと国家との関係に関する中国における考え方が影響を及ぼしているのではないかと考えられる。

そして、不動産物権変動に国家がどのようにかかわるかは、中国法のみならず日本法についても問題となる。不動産は重要な財産であり、とくに土地は公共財としての性質をもつから、共産主義社会のみならず資本主義社会においても、国家が登記制度を通じて不動産の権利変動をチェックすべきであるという考え方は十分に成り立ちうるからである。もちろん、登記を効力要件主義とすることは、直ちに国家介入主義を意味するものではない。しかしながら、不動産物権変動法制の制度設計は、そこに国家がどうかかわるかをまったく考えずに行うことはできないであろう。したがって、日本法の改正に際しては、不動産取引の安全など、個別的・実際的な問題のほか、物権変動システムをどのような思想に基づいて構築するかという視点も必要となろう。

実際、日本民法の起草者は、登記をするかしないかは勝手であるとして、不動産物権変動の公示義務さえ否定したが、その後、意思主義が採用されてから100年を経た今日でも、わが国においては、登記済証に土地所有権が化体されているとみなし、これを紛失すれば所有権を失うかのように思う人々が少なくない。このような社会において、行政が管轄する登記所における登記を物権変動の効力要件とすることは、物権は国家のお墨付きによって初めて移転するとの誤解を与える可能性があるのではないだろうか。その意味で、日本では、国家による何らの介入なくして物権が変動するという物権変動システムを保持することは、不動産物権変動の主役は個人であるというメッセージを包む点においても、重要な意義があるように思われる。

Ⅲ　不動産善意取得制度

1　比較法的に見た中国物権法のもっともユニークな点は、動産のみならず

不動産についても善意取得制度を認めていることにある（106条[9]）。草案では、善意取得制度と並んで不動産登記の公信力に関する規定があったが、公信力の規定は削除された。渠濤教授によれば、この善意取得制度は、不動産登記における公信力制度と動産の善意取得制度をあわせたものであるという。

　106条は、善意取得の成立要件として、譲受人の善意（①）のほか、「合理的な価格で譲渡された」こと（②）、さらに、登記を要する場合には登記を、そうでない場合には譲受人に引き渡されたこと（③）をあげる。譲受人の無過失は条文上要求されていないが、②および③の要件は、善意取得の成立を、客観的に見て取引上正当に保護されるべき者に限定させる機能をもつものと解される。

　2　他方、106条は、不動産に関する善意取得についても登記を備えた者からの譲受人であることを要件としていないのが目をひく。これが、占有や契約書の存在など、権利者らしい外観に対する信頼を善意取得によって広く保護する趣旨だとすれば、それは、中国物権法が登記を原則として効力要件とし、不動産取引において登記による公示を重要視していることと、理論的にも政策的にも整合的かどうかが問題になりうる。というのも、効力要件主義は、登記を基準とする不動産取引の推進という考え方と親和的であるのに対し、信頼の対象を登記に限定しない善意取得制度は、原理的には、登記を基準とする不動産取引という発想と緊張関係に立つからである。もちろん、登記制度が全国にあまねく整備されていない中国の現状を考えれば、前主が登記名義人でない場合にも、合理的な価格で目的物を取得した善意の譲受人を保護する実際上の必要性があることは十分想像できる。とはいえ、このような善意取得制度の採用は、登記を促進するインセンティヴの減少につながりかねないだけに、登記を基準とする不動産物権変動法制の実現の妨げとならないのか、疑問がないわけではない。

　いずれにしても、新しい中国物権法の意義を真に理解するには、同法が実際にどのように運用されるかをみることが必要である。わが国における不動産物権変動法制を考察する上でも大いに参考になるものとして、今後の動向に注目したい。

　＊　本稿は、2008年3月2日の「民法改正国際シンポジウム——日本・ヨーロッパ・アジ

---

[9]　本書223頁注45）（初出は、渠・前掲注1）148頁注45））参照。

第Ⅱ部 世界に見る民法改正の諸問題

ァの改正動向比較研究」におけるコメントのために作成した原稿に加筆修正を加えたものである。

第9章　債務不履行論

第1節　債務不履行による損害賠償と過失原理[原注]

カール・リーゼンフーバー[訳注1]／渡辺達徳（訳）
Karl Riesenhuber

I　はじめに
II　ドイツ契約法における過失原理
III　その他の契約法領域における帰責性と責任の制限
IV　比較考察
V　評価に向けた考察

I　はじめに

　契約法において最も論争の多い理論的問題の1つは、不履行による損害賠償は過失責任と厳格責任のどちらに基礎を置くべきか、ということである。この論戦は、ある程度の感情および確信に導かれることがしばしばある。過失原理は、その支持者からは基本的な倫理上の進歩として賞賛されているものの、反対陣営からは、時代遅れであり、かつ、有用性を欠くとの批判を浴びている。もっとも、活発な議論とは裏腹に、広く見解の一致が見られるのは、出発点が異なるにもかかわらず、諸々の事例の結論は、実務上、法域が異なっても同じことになることがしばしばだ、ということである。このことは、それぞれのアプローチが、法の伝統と法文化に深く根ざしており、また、広範に影響の及ぶ

原注）　本稿は、2008年3月2日、東京で開催された「民法改正国際シンポジウム──日本・ヨーロッパ・アジアの改正動向比較研究」のために提出されたものである。報告者は、本稿の草案作成段階におけるヒュー・コリンズ（Hugh Collins）、ロニー・ドムレーゼ（Ronny Domröse）、シュテファン・グルントマン（Stefan Grundmann）、フローリアン・メスライン（Florian Möslein）およびユルゲン・シュミットーレンチュ（Jürgen Schmidt-Räntsch）の有益なコメントと助言、並びにアレクサンダー・ユクサー（Alexander Jüchser）およびシュテファン・ヴィヒャッリィ（Stefan Wichary）による調査援助および本主題につき多角的に行われた議論に謝意を表したい。

訳注1）　カール・リーゼンフーバー教授のプロフィールについては、はしがきを参照。

体系的意味を備えていることを示すものである。

　過失責任と厳格責任は、しばしば画一的かつ純粋な教理であるように思われるが、より詳細に観察すると、その一方から出発する法体系も、それと「相対立する」原理を実質的には受容していることが判明する。過失原理が実際に意味するところについて、より識別され、かつ現実的な見取り図を得るために、以下では、まず、ドイツ契約法の実例を若干詳しく考察しよう（Ⅱ）。次いで、報告者は、その他幾つかの異なるアプローチを採用する法体系および規定の体系を瞥見することにしよう（Ⅲ）。それは、若干の比較考察（Ⅳ）の基礎としてである。このことが、評価に向けた考察（Ⅴ）を行うための背景を提供することになろう。

Ⅱ　ドイツ契約法における過失原理

　過失原理に従う場合、契約違反に対する責任（もちろん不法行為も同じであるが、ここではそれ以上立ち入らない[1]）は、過失を要件とする。すなわち、債務者が責任を負うのは、不履行が自己の過失に基づく場合であり、かつ、こうした場合に限るのである。この原理は、債務不履行による損害賠償に関する基本原則を定めるドイツ民法典（以下「BGB」という）280条1項（なお、286条1項・4項〔履行遅滞について〕・311a条2項〔原始的不能について〕も同じ）[2]・276条1項に明示

---

[1]　不法行為法における過失原理については、E. v. Caemmerer, Das Verschuldensprinzip in rechtsvergleichender Sicht, RabelsZ 42 (1978), 5-27; K. Larenz, *Richtiges Recht* (Munich: 1979), pp. 106-113; K. Zweigert & H. Kötz, *An Introduction to Comparative Law*, trans. T. Weir, 3rd ed. (Oxford: Clarendon, 1998), pp. 495-528, 529-645, 646-684.

[2]　BGB 311a条に定める債務者の責任に関して言及されるべき要点は、もちろん、義務違反よりもむしろ債務者が原始的不能を看過したことである。その適切な理論構成については、議論が多い。C.-W. Canaris, Grundlagen und Rechtsfolgen der Haftung für anfängliche Unmöglichkeit nach § 311a Abs.2 BGB, in: St. Lorenz, A. Trunk & H. Eidenmüller, C. Wendehorst & J. Adolff (eds.), *Festschrift für Heldrich zum 70. Geburtstag* (Munich:. H. Beck, 2005), pp. 11-38（原則としての不履行における過失責任）; D. Looschelders, *Schldrecht Allgemeiner Teil*, 5th ed. (Cologne, Berlin, Bonn, Munich: Carl Heymanns, 2007), paras. 655-661（原理として過失責任）; S. Grundmann, Der Schadensersatzanspruchaus Vertrag, AcP 204 (2004), 569, 580-585（実務における厳格責任）.

されている[3]。故意に、または不注意により行動したとき、その債務者には過失がある。故意とは意図的行為であり、過失とは合理的注意を尽くすことを怠ることと定義される（BGB 276 条 2 項）。過失原理は、1900 年施行の BGB の要素を成しており[4]、最近の 2002 年における債務法を現代化する法律（債務法現代化）も、従来は厳格責任の規律を受けてきた原始的不能および権原の不存在を理由とする責任を過失に服させることにより、この原理をむしろ強化している[5]。

原理というものの特徴は——ある 1 つの規定とは異なり——、絶対的な規律をすることではなく、むしろ、他の諸々の原理との均衡を保たなければならないことである[6]。このことは、過失原理にもあてはまるのであって、その結果、BGB の中には過失責任という原則規定を制限したり修正したりする相当数の規定が見出される[7]。そこで、こうした規定を体系的に検討することとしよう。

---

[3] 本節で引用される BGB の規定の大部分の翻訳〔訳者注：BGB の英語訳〕は、ドイツ法アーカイブ (German Law Archive) http://www.iuscomp.org/gla/ (G. Thomas および G. Dannemann の訳による) から得られる。

[4] その根源については以下を参照。L. Enneccerus & Lehmann, *Recht der Schuldverhältnisse*, 13th ed. (Tübingen: Mohr Siebeck, 1950), § 43; B. Windscheid & T. Kipp, *Lehrbuch des Pandektenrechts*, Vol. ll, 9th ed. (Frankfurt a. M.: Rütten & Loening. 1906), § 265 (pp. 101-108); R. v. Jhering, Das Schuldmoment im Römischen Privatrecht-Eine Festschrift, in: id., *Vermischte Schriften Juristischen Inhalts* (reprint of the edition of 1879 Aalen: Schentia, 1968), pp. 155-240, 契約上の債務については特に pp. 205-210。H.-P Benöhr, Die Entscheidung des BGB für das Verschuldensprinzip, *TRG* 46 (1978), 1-31（イェーリンク〔v. Jhering〕による歴史的分析の批判的評価につき pp.6-8）.

[5] *Bundestag-Drucksache* 14 / 6040, p. 131 を見よ。

[6] C.-W. Canaris, *Systemdenken und Systembegriff in der Jurisprudez-entwickelt am Beispiel des deutschen Privatrechts*, 2nd ed. (Berlin: Duncker & Humblot, 1983), pp. 53, 55-58, 113-116; R. Dworkin, *Taking Rights Seriously* (Cambridge/Massachusetts: Harvard University Press, 1978), pp. 26 sq.; K. Riesenhuber, *System und Prinzipien des Europäischen Vertragsrechts* (Berlin: de Gruyter, 2003), pp. 12-18.

[7] 以下の文献も参照。E.v. Caemmerer, Das Verschuldensprinzip im Vertragsrecht in rechtsvergleichender Sicht, *NUCL* 1 (1983), 1-13; K. Larenz, *Lehrbuch des Schuldrechts-Erster Band: Allgemeiner Teil*, 14th ed. (Munich: C. H. Beck, 1987), § 20 I (*pp. 276-279); W. T. Schneider, Abkehr vom Verschuldensprinzip?* (Tübingen: Mohr Siebeck, 2007), pp. 49-287.

第Ⅱ部　世界に見る民法改正の諸問題

1　一般規定としての過失の要件：その適用範囲

　BGB 276条に定める過失の要件は、一般規定（*lex generalis*）である。いいかえれば、この要件は、すべての種類の契約違反に適用される原則的規定である。この要件は、給付義務の不履行についても、また、契約の履行またはドイツ債務法に基づき債務者が債権者および一定の程度において第三者に対しても負う（BGB 311条2項：第三者のために保護効を伴う契約）完全性保護に関する様々な付随義務（BGB 241条2項）の不履行（ないしは違反）についても、等しく適用される。ただし、一般規定としての BGB 276条は、「より厳格な、または軽減された責任の基準の存在が示されていない限りにおいて」適用されるにすぎない（BGB 276条1項1文）。特別規定（*leges speciales*）は一般規定を排除し得るのであって、実際に、BGB がより厳格な、または軽減された責任を定めている多くの場面が存在している。

a）　より厳格な責任基準

　まず、これにあてはまるのが、給付義務に関するケース、例えば、売却された物品の給付請求である。この債務の根拠は約束であり、それ以上の帰責は必要とされない[8]。履行義務の重要性は、次の2つの理由により、とりわけ過小評価することができないものである。第1に、ドイツ法は、特定履行を原則的な法的救済として許容しており（BGB 241条1項を参照）[9]、かつ、この法的救済は、実務上もまた特筆すべき重要性を持つことである。第2に、債務者が（BGB 275条・313条に定める不能またはフラストレーションのどちらかにより）自己の給付義務から解放されない限り、不履行は、あらゆる実務上の事例において過失を構成し、したがって、当該債務者に損害賠償の責めを負わせることである[10]。

8）　C.-W. Canaris, Die Einstandpflicht des Gattungsschuldners und die Übernahme eines Beschaffungsrisikosnach § 276 BGB, in: E. Bucher, C.-W. Canaris, H. Honsel & T. Koller (eds.), *Norm und Wirkung–Beiträge zum Privatund Wirtschaftsrecht aus heutiger und historischer Perspektive–Festschrift für Wolfgang Wiegand zum 65. Geburtstag*, (Bern and Munich: Stämpfli and C. H. Beck, 2005), p. 250; S. Grundmann, in: F. J. Säcker & R.Rixecker (eds.), *Münchener Kommentar zum BGB*, 5th ed. (Munich: C. H. Beck, 2007), § 276 para. 24 sq.

9）　R. Zimmermann, *The New German Law of Obligations–Histrical and Comparative Perspectives* (Oxford: Oxford University Press, 2005), pp. 43 sq. のみを参照。

10）　C.-W. Canaris, 前掲注8）, pp. 201, 250 sq.

ただし、不履行に基づく法的救済でさえ、過失を要件としないことがかなり多い。すなわち、追完（BGB 439条・635条・662条・675条）、代金減額（BGB 437条・441条・536条1項・638条）および契約解除（BGB 323条）は、過失と無関係に行使することができる。ここに列挙した法的救済は、機能的にみて幾分かは損害賠償を求める権利と等しいことに注意が必要である。すなわち、追完は、機能的にみて、不履行の主たる目的物に関する損害賠償を埋め合わせるものであり、かつ、売主がその費用を負担する。代金減額は、例えば売却された物品の価値減少分を塡補するものである。また、解除は、支払済み契約代金の返還をもたらす。こうした法的救済が過失と無関係であることの根拠は、一方では、債務者が無過失であったとしても不当な負担を課すものではないことであり、他方では、こうした法的救済は、それ自体が交換的正義（*iustitia commutativa*）の要件である等価性原理を維持するという、債権者の基本的利益を保障するものだ、ということである[11]。とりわけ、過失を要件としない解除は、契約は守らなければならない（*pacta sunt servanda*）を根拠とするものともいえる。なぜなら、相手方が契約に違反した場合に一方当事者を契約に拘束しておくのは、極めて公平に反すると思われるためである[12]。

　もっとも、過失の要件は、とりわけ売買における損害賠償請求については、依然として原則である。しかし、それとともに、（若干の）特別規定が個別の契約類型のために異なった規定を置いている。使用賃貸借契約において、賃貸人は、契約時から存在した瑕疵につき損害賠償の厳格責任を負い（BGB 536 a条・536条3項）、これと同じことは用益賃貸借にもあてはまる（BGB 581条）。旅館主は、宿泊客により持ち込まれた物に対して、無過失責任を負う（BGB 701条）。また、BGB 670条は、本来は受任者により支出された費用の償還につき定めるものであるが、損失補償の機能を持つものであり、そこでは過失が要件とされていない。

　債務者が遅滞に陥ると、当該債務者は、契約上享受することのできたいかなる責任上の優遇をも受けられなくなり、すべての過失の態様につき責めを負う

---

11) S. Grundmann, 前掲注8), § 276 para. 27.
12) C.-W. Canaris, Die AGB-rechtliche Leitbildfunktion des neuen Leistungsstörungsrechts, in: M. Habersack, P. Hommelhoff & U. Hüffer (eds.), *Festschrift für Peter Ulmer zum 70. Geburtstag am 2. Januar 2003* (Berlin: de Gruyter, 2003), pp. 1073, 1090.

に至る。さらに重要なのは、債務者は、履行が履行期に行われたとしても損害が生じたであろう場合でない限り、偶発的事件のケースにおいても不履行の責めを負うことである（BGB 287条）。この規定は、最初の遅延につき債務者に過失があることを考慮したものである（BGB 286条4項）。その結果、当該債務者は、それ以上の過失の有無と関係なく、偶発的事件のリスクを負担すべきものとされる。

最後に留意すべきは、BGB 278条に定める債務者の代位責任（債務法現代化による影響を受けていない）は、過失原理に基づくのでなく、むしろ、厳格責任の一例を成している、ということである。実際に、民法典制定者が考えていたところによれば、契約上の約束とは、債務者に使用された補助者が適切に行動するという保証の引受け（assumption of a guarantee）と理解されるべきものである[13]。1つ加えることのできる理由付けとして、債務者は、苦楽をともに受け入れるべきだ、ともいえる。すなわち、債務者は、労働の分配から利益を得るのであるから、（債権者でなく）債務者が、そこに内包されるリスクを負担すべきだ、ということである[14]。

b) 軽減された責任の基準

加重された責任基準とは異なっており、より軽減された責任基準の例も存在する。とりわけ、無償契約において、債務者は、故意および重過失についてのみ責任を負う（BGB 521条・599条）。また、債権者が遅滞に陥った場合、債務者は、故意および重過失についてのみ責任を負う（BGB 300条1項）。さらに、連邦労働裁判所（BAG）および連邦通常裁判所（BGH）により確立した判例によれば、従業員の契約違反を理由とする責任の有無は、過失の程度に依存する。すなわち、従業員は、故意および重過失については全責任を負い、「通常の（normal）」過失については部分的な責任を負うが、軽過失については免責される（BGB 619 a条をも参照）[15]。

---

13) *Motive zu dem Entwurfe eines Bürgerlichen Gesetzbuches für das Deutsche Reich,* vol. 2-Recht der Schuldverhältnisse (Berlin & Leipzig: Guttentag, 1888, reprint 1983), p. 30. なお、K. Larens, 前掲注7）, § 20 I (P. 278); R. v. Jhering, 前掲注4）, p. 207 をも見よ。

14) S. Grundmann, 前掲注8）, § 278 para. 3. また、BGH, 27 June 1985 -case Ⅶ ZR 23/84, *BGHZ* 95, 128, 132 をも見よ。K. Larenz, 前掲注1）, p. 111 は、この原則の根拠を交換的正義（*iustitia commutative*）の原理の中に見出している。

2 デフォルト・ルールとしての過失要件
a) はじめに

しかし、過失原理はさらに制限される。なぜなら、それは「より厳格な、または軽減された責任の程度が明示されず、または、他の債務の内容、とりわけ損害担保若しくは調達リスクの引受けから推断されない限り」、適用されるにすぎないためである。過失原理は、言い換えれば、デフォルト・ルール（ius dispositivum）にとどまり、合意による修正に委ねられている。過失の要件に関する明示の合意は頻繁に行われるものではないが、BGB 276条1項1文は、「その他の債務の内容から推断」され得るにすぎない黙示の合意をも認めている。そして、実務上の重要性を持つ2つの例、すなわち損害担保および調達リスクの引受けに、特に言及がなされている。

b) 損害担保の引受け

損害担保の引受けは、従来から——すなわち債務法現代化の前から——個別の契約類型において部分的に認められていた。例えば、「保証された性質」に関するBGB旧463条1文が、それである[16]。今や、BGB 276条1項1文は、問題をより広範に規律する。債務者が損害担保を引き受けた場合には、厳格責任を負うのである。とりわけ、売買契約および仕事を完成させる契約においては、第三者による広告を含めて、広告を通じても損害担保が引き受けられることがあり得る[17]。

c) 調達リスクの引受け

もう1つの、より厳格な責任の基準は、調達リスクの引受けにみられる。これが問題となるのは、例えば、種類物の売買においてしばしばみられるような、売却の時点において売主が物品を取得していないケースである。この場合、調達リスクの引受けは、故意または過失と同じ性質を持ち、それと同様に帰責のための1つの標準を構成する。BGB 276条1項1文は、調達リスクに特段の

---

15) BAG (Great Senate), 27 September 1994 –case GS 1/89, *NZA* 1994, 1083.
16) より詳しくは、S. Lorenz & T. Riehm, *Lehrbuch zum neuen schuldrecht* (Munich: C. H. Beck 2002), para. 175 を見よ。
17) H. P. Westermann, in: F. J. Säcker & R. Rixecker (eds.), *Münchener Kommentar zum BGB*, 5th (ed. Munich: C. H. Beck 2007), § 434 para. 22; K.Riesenhuber, *Europäisches Vertragsrecht*, 2nd ed. (Berlin: de Gruyter 2006), para. 733.

言及をしているが、それは、損害担保の引受けとは別の1つの観点を強調するというだけでなく、むしろ、調達義務は、通常、調達リスクの引受けと解釈されるという、1つの*解釈規定*を定めるものである[18]。このことは、とりわけ、種類物を供給する旨の合意は、債務者の調達リスクを引き受けたという、（抗弁の余地はある）*推定*をもたらすことを意味している[19]。しかし、特定物が問題となる場合においても、債務者は、調達リスクを引き受けることがあり得る。

さらに、金銭支払債務については、債務者は、支払が可能であることを引き受けていたものと推定される[20]。それは、メーディクス（Medicus）が「およそ人は金銭を保有しなければならない」（法律上の問題としては、すべての人が所要の資金を持つべきものと推定される）と説くとおりである[21]。金銭支払債務以外にも、このことは、不履行が債務者の支払不能に起因する場合にあてはまる[22]。

d）　合意に対する制限

当事者がより厳格な、または軽減された責任基準につき合意するというのは、もちろん、当事者が自由に個々の標準を定めること、例えば、責任を特定の注意義務の基準に限定したり、損害賠償額の上限を定めたり、厳格責任に拡大したりすることである。ただし、そこには当事者の契約自由の限界がある。特に、責任を軽減する基準について、そのことはあてはまる。すなわち、当事者は、故意による責任を免れることができない（BGB 276条3項）。その根底に横たわる理論的根拠は、いかなる者も相手方の気まぐれに服するべきではない、ということである。標準的な契約条項の制限が、実務上いっそう重要であり、かつ、特別な――そして、いっそう厳格な――コントロールに服する[23]。

---

18)　C.-W. Canaris, 前掲注8), pp. 214–220.
19)　S.Grundmann, 前掲注8), § 276 papa. 178; D Medicus, *Schuldrecht I–Allgemeiner Teil*, 17th ed.（Munich: C. H. Beck 2006), para. 349.
20)　*Bundestag-Drucksache* 14 / 7052, p. 184; C.-W. Canaris, Die Reform des Rechts der Leistungsstörungen, *JZ* 2001, 499,519.
21)　Dieter Medicus, "Geld muss man haben"–Unvermögen und Schuldnerverzug bei Geldmangel, *AcP* 188（1988), 489–510.
22)　BGH, 28 February 1989 –case LX XR 130 / 88, *BGHZ* 107, 92, 107; BGH 17 December 1998 –case V ZR 200 / 97, *BGHZ* 140,223,240.
23)　S. Grundmann, 前掲注8), § 276 para. 183–186.

3　客観的標準としての過失要件

過失原理は、過失が客観的標準として定義されるゆえに、さらに縮減される。すなわち、「適切に引き受けられた注意義務の標準を遵守しない者には過失がある」。ただし、それは客観的に定義された適切な標準であるにとどまらない。これに加えて、裁判所は、過失を判断するために客観的分析を加えてきたのであって、そこで考察されているのは個人の知識や能力でなく、当該職業人の類型的な知識や能力である[24]。言い換えれば、債務者は、自分自身が契約違反を予見することができず、かつ、これを回避することができなかったとしても、過失の責めを負う可能性がある[25]。

こうした判例の背景にある理論的根拠は、市場における取引がいっそう高い信頼の程度を要求している、ということである。市場取引に携わる者は、自分の個々の相手方たる個人が通常期待される注意義務の標準を尽くすことができ、かつ、尽くすであろうことを信頼し得て然るべきである。こうした客観的標準は、当事者が競合する申込みの性質について検討する手間を省かせ、申込みを容易に比較可能なものにすることができる[26]。また、一方での過失という観点と、他方での客観的責任または損害担保という視点との重要な妥協も、見出されるところである[27]。

4　過失要件の推定：立証責任

最後に、過失の立証責任は債務者にある。言い換えれば、過失は推定される。1900年施行のBGBは、このことを不能と遅滞についてのみ明らかにしていたが（BGB旧282条・285条）、裁判所は、一定の契約違反の事例についても同じ理を認めてきた。2002年改正の立法者は、これを一般的規定とした。それは、契約違反による損害賠償について定める中心的規範であるBGB 280条1項2文（BGB 286条4項・311a条も同じ）の否定的文言のとおりである。すなわち、

---

24) その例として、BGH, 11 April 2000 –case X ZR 19/98, *NJW* 200, 2812, 2813 を見よ。S. Grundmann, 前掲注8), § 276 paras. 55 sq.
25) （不法行為法の）例として、BGH, 9 June 1967 –case VI ZR 11/66, *JZ* 1968, 103 を、E. Deutsch による解説とともに見よ。
26) S. Grundmann, 前掲注8), § 276 paras. 55 sq.; K. Larenz, 前掲注7), § 20 Ⅲ (p. 286); D. Looschelders, 前掲注2), para. 516.
27) 客観的基準を指向する展開に対する批判的解説として、K. Larenz, 前掲注7), § 20 Ⅲ (p. 286).

債務者に帰責事由がない場合には、当該債務者は、損害賠償を支払う責めを負わない。その理論的根拠付けは、責任を判断するための当該状況は債務者の領域に属し、したがって、債権者に過失の立証をさせるよりも、債務者に無過失の立証をさせるほうが適切と思われるところにある[28]。この考え方は技術的に見て過失原理を逸脱するものではないが、実務上は過失原理を超えた効果をもたらす。債務者に過失がなかったものの、裁判所でその証明ができない場合には、当該債務者は、結果的に厳格責任に服することになる。

5 過失責任と厳格責任の要素に基づく協働システムとしてのドイツ契約法

このように、ドイツ契約法は、純粋に過失を基礎とする体系ではなく、むしろ、過失の要素と厳格責任の両要素を組み合わせている。両者を区別するアプローチによれば、過失原理は依然として原則たる地位にあるが、それは多くの例外に服している。言い換えれば、ドイツ債務法は、一方における過失原理と、他方における他の諸原理、特に信頼原理との均衡を図っている[29]。立法上の例外は、特定の契約類型または事実状態に関する当事者の一般的利益を考慮に入れている（上記1）。また、デフォルト・ルールとして、過失の要件は、より厳格な、または軽減された帰責の方法に関する合意に委ねられている（上記2）。

2つの体系的観点が、特に強調するに値する。第1の観点は、すでに瞥見されたところであり（上記1a）、さほど繰り返して述べるには及ばない。ドイツ法において、契約（より一般的には債務すべて）は、債権者の履行利益および完全性利益を保障するために、そして、一定の程度において第三者の完全性利益を保障するために、多数の付随義務を発生させる。過失原理は、債権者がこうした付随義務違反を理由として損害賠償を請求する場合に、基本的な重要性を持つ。第2に留意されるべきは、ドイツ法において、損害賠償とは完全な損害填

---

28) その例として、BGH, 17 February 1964 –case Ⅱ ZR 98 / 62, *BGHZ* 41, 151, 155 を見よ。J. Prölss, *Beweiserleichterungen im Schadensersatzprozess* (Karlsruhe: Verlag Versicherungswirtschaft, 1966); K. Larenz, 前掲注7), § 24 Ⅰ b (pp. 371 – 376); H. Unberath, *Die Vertragsverletzung* (Tübingen: Mohr Siebeck, 2007), pp. 329 sq. なお、E. A. Posner, The Simple Economics of Fault in contract Law（未公刊；2008）は、同じ理由付けが不法行為においてもあてはまるであろうこと、および、これが説明され得るのは恐らく歴史的に見てのことにとどまるであろう旨を指摘する。

29) 優れて要約として、K, Larenz, 前掲注7), § 20 Ⅰ (pp. 276 – 279) を見よ。

補と定義付けられていることである。回復可能な損害は限定されているが、契約の締結時点において予見可能な損失に制限されていない[30]。したがって、全体像としては、過失の要件は責任範囲を画するものであるが、ひとたび債務者が責任を負うとなれば、債権者に対して完全な損害塡補をしなければならない。

III その他の契約法領域における帰責性と責任の制限

次いで、その他の契約法領域における帰責性について一瞥することにしよう。ここで報告者が試みるのは、完全な比較考察ではなく、概要にとどまるものである[31]。

1 若干の比較考察

コモン・ローは、通常、正反対の見解すなわち厳格責任の主たる支持者として引用される。実際に、この原理はしばしば強い語調で表現される。エドモンド・デイヴィース卿 (Lord Edmond Davies) による次のような格言が、つとに有名である。曰く、「契約違反を理由とする損害賠償請求との関係において、被告が自己の債務を履行しなかった理由は、原則として重要でなく、かつ、自己が最善を尽くしたという主張が何の防御にもならないのは、自明のことである」と[32]。これを言い換えれば、「契約は絶対であり、(……) 契約違反の責任において過失は何の機能も果たさない」[33]。しかしながら、厳格責任原理もまた、多数の法性決定と例外に服するのである[34]。とりわけ裁判所は、黙示の条件を用いて、債務者の責任を合理的注意という標準に限定してきた[35]。サービス提供契約に関しては、その責任原理が「1982 年物品供給およびサー

---

30) E. v. Caemmerer, Probleme des Haager Einheitilichen Kaufrechts, *AcP* 178 (1978), 121,146.
31) 詳しくは、G. H. Jones & P. Schlechtriem, Breach of Contract, *Int. Enc. Comp, L* 15 (1999), 129–147.
32) *Rainieri v. Miles* (H.L.) [1981] A.C.1050,1086. 歴史的背景については、D.J.Ibbetson, *A Historical Introduction to the Law of Obligations* (Oxford: Oxford University Press, 1999), pp. 87–94.
33) B. Nicholas, Fault and Breach of Contract, in: J. Beatson & D. Friedmann (eds.), *Good Faith and Fault in Contract Law* (Oxford: Clarendon, 1995), p. 337.

ビス提供法」(SGSA 1982) 13条の中に法文化されており、同条によれば、「サービスを提供する契約において、サービス提供者が事業を遂行する中で行動する場合には、当該サービス提供者は合理的な注意および技術を用いてサービスを行うという黙示の条件がある」。ある評者は、次のように結論付けている。曰く、「このように、過失は契約違反を理由とする責任に関する伝統的コモン・ロー概念から欠落しているというが、それは、過失が事実上『契約』の意味の中に組み込まれているがゆえにすぎない」と[36]。体系的なコンテクストに沿っていえば、不履行による損害賠償は、原則として、契約締結時に予見可能な損失に制限されることに留意されるべきである[37]。さらに記憶に留めておかなければならなのは、コモン・ローが通常の法的救済として特定履行を認めないことである。このことは、われわれのコンテクストにおいても重要である。なぜなら、もしも特定履行が援用可能な法的救済でなければ、当事者は、2次的な法的救済である損害賠償にいっそう重きを置くことになると考えられるためである[38]。

日本の契約法は、多くの点のにおいてドイツの法および主義の影響を受けているのみならず、英国、アメリカおよびフランス法の影響をも受けている[39]。その民法典は、必ずしも明瞭とはいえないところもあるが、契約責任は、金銭債務の不履行に基づく損害賠償（日本民法419条3項）、および後に確立された判

---

34) 詳しくは、G. H. Treitel, Fault in the Common Law of Contract, in: M. Bos & I. Brownlie (eds.), *Liber Amicorum for the Rt. Hon. Lord Wilberforde* (Oxford: Clarendon, 1987), pp. 185–210; M. Schmidt-Kessel, *Standardsvertraglicher Haftung nach englischem Recht–Limits of Frustration* (Baden-Baden; Nomos, 2003), pp. 215–291 および 293–357.

35) B. Nicholas, 前掲注33), pp. 341–346; M. Schmidt-Kessel, 前掲注34), pp. 293–357.

36) B. Nicholas, 前掲注33), p. 345; M. Schmidt-Kessel, 前掲注34), p. 213.

37) その基礎は、Hadley v. Baxendale [1854] 9 Exch. 341 である。

38) H. Unberath, 前掲注28), p. 334.

39) 例えば、以下の文献を参照。Z. Kitagawa, *Rezeption und Forbildung des europäischen Zivilrechts in Japan* (Frankfurt a. M., Berlin: Metzner, 1970); G. Rahn, *Rechtsdenken und Rechtsauffassung in Japna–Dargestellt an der Entwickung der modernen japanischen Zivilrechtsdogmatik* (Munich: C. H. Beck, 1990), pp. 23–306; H. Oda, *Japanese Law*, 2nd ed. (Oxford: Oxford University Press, 1999), pp. 12–33, 127–131.

例による使用者責任に関する重要な例外を伴いつつも、原則として過失を要件としている（日本民法415条）[40]。英国およびフランス法の影響を受けて、民法典は、損害賠償を予見可能な損失に限定しているが（日本民法416条2項）、その後の判例法は、ドイツにおける完全賠償主義を受け入れている[41]。

　フランス契約法は、伝統的にフォート原理（faute）に従っているが、このことが法典に明示されているわけでない[42]。手段債務（*obligations de moyens*）と結果債務（*obligations de resultat*）の区別に基づいて、裁判所は、異なる責任の標準と立証責任のための異なる手法を採用してきたが、事実上、前者を過失責任に、そして後者を厳格責任に服させている。企図されている債務法改正は、この方針に沿っている[43]。草案は、1158条および1340条において、不履行の場合における債務者の損害賠償責任につき定める。1349条に定義された*不可抗力*（force majeure）だけが、一般的な免責をもたらす。1352条において定義されたフォートは、特別な契約責任の要件にすぎず、通常の契約責任の要件とはされていない。しかしながら、草案は、同時に、*結果債務*と*手段債務*の区別を取り入れている。1149条によれば、*結果債務*を負う債務者は厳格責任を負い、不可抗力が唯一の拠りどころとなり得る免責である。一方、*手段債務*を負う債務者は、これと対照的に、一定の目的に到達するために通常必要とされる注意を払うことにつき責任を負い、その責任は、当該債務者がこういた注意を尽くしていなかったことの証明に左右される。こうして、フォートは責任の通常の要件ではない一方、フォートの観念は、債務の客観的範囲を定めるために存在している。

　イタリア契約法は、フォート原理に従っているが、幾つかの制限を認めている[44]。原則として、債務者はフォートにつき責任を負うが、当事者は特段の定めをすることができる。ただし、立証責任は債権者でなく債務者にあり、ま

---

[40] Z. Kitagawa & K. Pilny, Verträge, Haftung und Kreditsicherheiten, in: H. Baum & U. Drobnig (eds.), *Japanisches Handels-und Wirtschaftsrecht* (Berlin: de Gruyter, 1994), pp. 134 sq.; H. Oda, 前掲注39), pp. 171, 174.

[41] Z. Kitagawa & K. Pilny, 前掲注40), p. 323; Z. Kitagawa, 前掲注39)(1970), pp. 39 sq., 72 - 75; H. Oda, 前掲注39), pp. 175 sq.

[42] W. T. Schneider, 前掲注7); さらに、B. Nicholas, *The French Law of Contract*, 2nd ed. (Oxford: Clarendon Press, 1992), pp. 31 sq., 50 - 56.

[43] 改正作業については、P. Catara, *Avant-projet de réforme du droit des obligations et de la prescription* (Paris: La Documentation francaise, 2006).

た、使用者責任は厳格責任である（イタリア民法1228条）。

オランダ契約法のコンセプトは、ドイツ法のアプローチと極めて類似するように思われる。損害賠償請求は、不履行が債務者の責めに帰せられることを要件としている（オランダ民法6：74条）。法または契約に特段の定めのない限り、原則として、この帰責は過失を前提としている[45]。使用者責任は厳格責任であり（オランダ民法6：76条。なお6：77条をも見よ）、それは、債務者が遅滞に陥っている間に生じた不能における債務者の責任と同様である（オランダ民法6：84条）。また、ビジネス実務に照らして債務者が不履行のリスクを負担すべき場合にも、厳格責任が適用される（オランダ民法6：75条）。その反面、債権者遅滞の間に履行の（一部）不能が生じた場合には、債務者は、そのリスクを負わない（オランダ民法6：64条）。

2　ECの立法

ECの立法は、従来、過失責任と厳格責任のいずれかの方向を推し進めることはしてこなかった。もっとも、客観的な構想に向けた慎重な傾向を認めることができるとはいえる[46]。多くの指令が不履行を理由とする法的救済を取り扱っているが[47]、あるものは特定の契約類型（パック旅行指令〔90/314/EEC〕）のみに関わり、またあるものは完全賠償を定めることなく（支払遅滞指令〔2000/35/EC〕や債権譲渡指令〔97/5/EC〕がその例）、また損害賠償をまったく射程としないものがある（消費者売買指令〔99/44/EC〕がその例）、といった具合である。過失の概念は、詳細には調整されてきておらず、各加盟国の法に委ねられている[48]。

ECの立法が法的救済を明示していない場合には、それは加盟国により決定されるべきである。この報告との関係において特筆すべきは、差別禁止の原理

---

44)　S. Grundmann, in: id. & A. Zaccaria (eds.), *Einführung in das italienische Recht* (Frankfurt a. M.: Recht und Wirtschaft, 2007), p. 223; A. Zaccaria, 前掲 p. 177.

45)　W. Mincke, *Einführung in das niederländische Recht* (Munich: C. H. Beck), 2002, para. 245; M. Pellegrino, Subjektive oder objective Vertragshaftung?, *ZEup* 1997, 41. 43.

46)　K. Riesenhuber, 前掲注 17), paras. 862 – 876.

47)　詳しくは、K. Riesenhuber, 前掲注 17), §§ 25 – 30, 責任原理の評価につき paras. 862 – 876 を見よ。

48)　支払サービス指令前文 No. 33 を参照。

について、EC 裁判所は、指令の効果的な国内法転換は、過失と関わりのない厳格責任を要求すると解していることである[49]。同裁判所の説示によれば、指令は、差別が生じればそれ以上の要件を付加することなく、常に制裁を科すよう求めている。とりわけ、差別を受けた被害者の十分な保護を実現するために立証責任の転換（上記Ⅱ 4 を参照）で足りるとは考えられていない。しかしながら、その理由付けが指令の文言およびその社会政策上の目標に基づいていることに照らすと、それが契約法における不履行にまで及ぼされ得るかは疑わしい[50]。実際のところ、労働者の安全および健康に関する指令（89/391/EEC）5 条 1 項に基づく使用者の責任に係る最近の判決において、EC 裁判所は、別様の解釈をしている。入念な分析を経て裁判所が示したところによれば、使用者の責任を不可抗力のケースに制限する加盟国のオプション（指令 5 条 4 項）は、反対に（e contrario）、当該使用者の（刑事または民事）責任が厳格責任でなければならないことを正当化するものではない、とされる[51]。

3　国際物品売買契約に関する国際連合条約（CISG）

国際物品売買契約に関する国際連合条約は、損害担保（guarantee）という英米契約法のアプローチに従って[52]、不履行を理由とする損害賠償につき厳格責任を定めている[53]。このことは、契約の解除（CISG 49 条・64 条）または代金減額（CISG 50 条）だけでなく、損害賠償請求（CISG 45 条 1 項 b 号・61 条 1 項 b 号・74 条〜77 条）についてもあてはまる。CISG 79 条は、不可抗力（force majeure）の場合の免責について定めるにとどまる[54]。

ただし、このアプローチの厳格さは、CISG 74 条が回復可能な損害額を限定する点において、部分的に緩和されている。契約締結時が基準時と考えられて

---

49) Judgement of 8 November 1990 –case C-177/88 *Dekker*, ECR [1990] I-3979 para. 24; Judgement of 22 April 1997 –case C-180/95 *Draehmpaehl*, ECR [1997] I-2195 paras. 17-19.
50) これと異なる見解として、S. Grundmann, 前掲注 8 ）、§ 276 para. 31 を見よ。
51) Judgement of 14 June 2007 –Case C-127/05 *Commission vs. United Kingdom*, [2007] ECR I-4619 paras. 39-51.
52) M. Müller-Chen, in: P. Schlechtriem & I. Schwenzer (eds.), *Kommentar zum Einheitlichen UN-Kaufercht*, 4th ed. (Munich: C. H. Beck 2004), Art. 45 CISG para. 23.
53) H. Stoll & G. Gruber, in: P. Schlechtriem & I. Schwenzer (eds.), *Kommentar zum Einheitlichen UN-Kaufrecht*, 4th ed. (Munich: C. H. Beck, 2004), Art. 79 CISG para. 1 を見よ。

いることにより、CISG は、損害担保としての契約概念に従う結果となる。こうした限定を置かないドイツ法モデルと比較するならば、CISG は、契約違反時において過失ある債務者を有利に扱うことになる[55]。

4 ヨーロッパ契約法原則（PECL）[56]、共通の準拠枠組草案（DCFR）[57]、国際商事契約原則（PICC）[58]

PECL（ランドー原則：Lando-Principles）、DCFR および PICC は、CISG のモデルに従っているが、そこには諸々の修正が伴っている。

不履行は、それが免責されない限り（PECL 8：101条、DCFR Ⅲ-3：101条）、不履行を被った当事者に損害賠償請求権を与え（PECL 9：501条、DCFR Ⅲ-3：701条、PICC 7.4.1条）、ここで認められる免責とは不可抗力に限られる（PECL 8：108条、DCFR Ⅲ-3：104条、PICC 7.1.7条）[59]。PICC 7.4.1条注釈は、明確に次のような指摘をする。すなわち、「不履行を被った当事者は、単に不履行を立証するだけで足りる。例えば、約定された物を受領していない、といったことである。特に、これに加えて不履行が不履行当事者の過失によるものであることを立証する必要はない」。

ただし、PICC 5.1.4条は、結果債務と手段債務の間に区別を設け、後者を最善努力義務と特徴付けている。この努力とは、当該状況において同種の合理人により払われるべき努力を指す。PECL にはこうした規定がないものの、その起草者らは、当事者が契約を自分たちにふさわしいかたちで自由に締結するこ

---

54) M. Pellegrino, *ZEuP* 1997,41,49 sq. は、CISG 79条が過失の観点を考慮に入れる余地を大幅に残していると指摘する。

55) C.-W. Canaris, 前掲注 8), p. 252.

56) O. Lando & H. Beale (eds.), *Principles of European Contract Law Part 1 & 2* (Dordrecht; Kluwer, 1990); O. Lando, E Clive, A. Prum & Zimmermann (eds.), *Principles of European Contract Law Part 3* (Dordrecht: Kluwer, 2003). ヨーロッパ契約法原則の条文テキストは、http://frontpage.cbs.dk/law/commision_on_european_contract-law から得られる。

57) C. v. Bar, E. Clive & H. Schulte-Nörke (eds.), *Principles, Definitions and Model Rules of European Private Law-Draft Common Frame of Reference (DCFR)-Interim Outline Edition* (Munich: Sellier European Law Publishers, 2008). そのテキストは、http://www.law-net.eu から得られる。

58) そのテキストは、注釈および設例とともに、http://www.unidroit.org/english/principles/contracts/principles 2004 /integralversionprinciples 2004-e.pdf から得られる。

59) R. Zimmermann, Konturen eines Europäischen Vertagsrechts, *JZ* 1995,477,481.

とを想定していた[60]。その結果、過失は不履行を理由とする損害賠償の法的な要件ではないものの、当事者は、結果的には義務が過失のみを包含するように定義付けることができる。なお、コモン・ロー裁判所の例に従って（上記1）、裁判所が黙示の条件（PECL 6：102条、PICC 5.1.2条）を利用して過失の要素を注入できることについては、議論の余地がある。

回復可能な損害の範囲に関していえば、ここに掲げた法原則は、CISGのモデルに従っている。すなわち、「不履行の当事者は、契約締結時において、自己の不履行から生じるであろう結果として予見し、または予見することができたであろう損失についてのみ責任を負う」（PECL 9：503条、DCFR Ⅲ-3：703条：なお、PICC 7.4.4条も同旨）。しかしながら、PECLおよびDCFRにおいて、不履行が故意または重大な過失による場合には、この制限は適用されない（PECL 9：503条、DCFR Ⅲ-3：703条）。すなわち、カナーリスが指摘するとおり、過失原理が「慎ましく」かつ「去勢された」かたちで裏口から忍び入っており、そこでは「通常の」過失に基づく責任は除外されている[61]。PICCは、こうした修正を定めていない。それに代えて、PICCの起草者らは、「予見可能性概念の限定的解釈」を擁護する[62]。すなわち、過失の要素が予見可能性判断の中に組み込まれるのである。「このテストとは、通常の*注意深い*（diligent）人が不履行の結果として何を合理的に予見し得たか」ということである[63]。

Ⅳ　比較考察

専門家の中には、不履行における厳格責任に向けた国際的潮流を認めている者もある。すなわち、「現代の法発展において、過失原理は後退している」と[64]。しかし、果たしてそうであろうか。確かに、ランドー原則、DCFR、ユ

---

60) O. Lando, Non-Performance (Breach) of Contract, in: A. Hartkamp, M. Hesselink, E. Hondius, C. Joustra, E. du Perron & M. Veldman (eds.), *Towards a European Civil Code*, 3rd ed. (*Nijmegen: Ars Aequi Libri*, 2004), p. 509.
61) C.-W. Canaris, 前掲注8), pp. 252 sq.
62) PICC 7.4.4条注釈。
63) PICC 7.4.4条注釈。
64) R. Zimmermann, *JZ* 1995,477,481を見よ。〔この報告における英語訳は、報告者による。〕

ニドロワ原則および CISG は、いずれも厳格責任に従うように見える。しかし、これら法原則の中で、CISG は、限られた重要性を持つにすぎない。すなわち、CISG は、1つの取引局面のための契約類型である国際商事売買を規律するにとどまる。しかし、さらに重要なのは、過失の退潮が見出されるのは形式的な分析をする場合にとどまり、機能的分析によれば、実質的な過失要素についてもっと異なった構図が描かれることである。われわれの比較考察によれば、厳格責任アプローチに従う法制度は、責任を限定すべき他の手段を採用していることが示される。実際に、われわれは、過失が玄関から入るのを拒絶されても、裏口から忍び入ることを繰り返し観察している。他方において、多くの法体系——とりわけヨーロッパ大陸のそれ——は、依然として過失を原則と考えているのであって、そこには特にオランダ民法典が含まれている（この法典は、最も近代的に成熟した民法典と評価されることがしばしばである）。そして、ドイツ民法典は協働的アプローチに従いつつ、最近の債務法現代化において、説得力を込めて過失原理の存在を改めて明らかにしたのである。

　かくして、過失原理は、1つの原理として絶対的なかたちで君臨するものでなく、他の責任原理と均衡を保ちつつ力を発揮するものではあるが、活力を持ち、正当なものであると考えられる。厳格責任と過失責任は、単に異なる出発点を持つにすぎず、修正ないしは多くの例外の余地を残す分析が成り立つ原則であることが判明する。したがって、多くの専門家が、実務上の帰結はしばしば同一に帰すると考えているとしても、決して驚くにはあたらない[65]。以上のとおり、理論的概念としては相対立するにもかかわらず、過失原理も損害担保原理も、厳格に、そして例外を認めずに適用するのでない以上、この2つの体系は、収斂する傾向にある。

V　評価に向けた考察

　さて、ここで競合するアプローチを評価するために若干の考察を加えることとしよう。

---

65) E. v. Caemmerer, *NUCL* 1 (1983), 1,10, 同・*AcP* 178 (1978), 121,142; K. Larenz, 前掲注1), pp. 105 sq.; P. Schlechtriem, Rechtsvereinheitlichung in Europa und Schuldrechtsreform in Deutschland, *ZEuP* 1993, 217, 228 – 230; R. Zimmermann, 前掲注9), p. 50; B. Nicholas, 前掲注33), pp. 337 sq.

1　価値判断：過失原理の倫理的基礎

過失原理には倫理的基礎がある。ドイツの法律文献の中で、このことを恐らく最も適切に解説したのは、カール・ラーレンツであった。

「過失が論じられるのは、人が個人として、その作為または不作為を理由として責任を負うと解され得る場合に限られる。人が非難されるのは、特定の状況下において当該人が別様な行動をとることができ、かつ、そうすべきであったがゆえにであり、また、もしも当該人が必要な注意、配慮または誠意を尽くしていれば適切に行動できたにもかかわらず、違法に行動したがゆえである。一方における異なった行動をとる能力という意味での自由と、他方における義務違反が、過失の要素を構成する。ある人の行為およびその結果につき過失がある場合に、根本的な倫理的規範に従って、その人には個人として責任があるというのである。この意味において、ある人が責任を負うと解されるということは、それと同時に、当該人が人であると認められ、かつ、当該人の存在が倫理と法の規範に従うものであることが肯定されることを意味している[66]。」

そして、ラーレンツは、私的自治、自由、自己責任および「倫理的個人主義」の観念といった基本原理に立脚した過失原理につき民法総則の教科書の中で議論を展開し、これをドイツ民法の基盤を成すものと考えている[67]。これと同じく、カナーリスは、過失原理は厳格責任原理よりも倫理的に優ると説き、その理由について、人の自己責任原理に裏付けされたものだとしている[68]。カナーリスは、過失原理が私法の歴史において最も重要な倫理的進歩の1つであると考えている[69]。

第2の倫理的基礎として、過失原理は、しばしば個人の自由保護を担保する

---

66) K. Larenz, 前掲注7), § 20 I (p. 276);（この報告における英語訳は、報告者による。）

67) K. Larenz, *Allgemeiner Teil des Deutschen Bürgerlichen Rechts*, 7th ed. (Munich: C. H. Beck, 1998), § 2 (pp. 33–48).

68) C.-W. Canaris, 前掲注8), p. 251; 同・前掲注2), p. 22. さらに、St. Lorenz, Schuldrechtsmodernisierung–Erfahrungen seit dem 1. Januar 2002, in: E. Lorenz (ed.), *Karlsruher Forum 2005-Schuldrechtsmodernisierung–Erfahrungen seit dem 1. Januar 2002* (Karlsruhe: Verlag Versicherungswirtschaft, 2006), p. 59 を見よ。

69) C.-W. Canaris, 前掲注8), p. 253. なお、R. v. Jhering, 前掲注4), pp. 176 sq., 199 sq. そのほか多くの箇所を参照。

ものと考えられている[70]。責任が別様に行動する可能性に基づくのであれば、個人は、相当の注意を払うことにより責任を回避することができる。過失を基礎に置く責任は、このように、厳格責任ほどには個人の自由を制約することがない。

ドイツ法において過失原理の範囲を画する対立的原理も、同じく倫理的基礎に基づくものである。すなわち、危険または調達リスク引受けの根拠は、私的自治ないしは個人自治およびその派生原理である契約自由にある。なぜならば、別様に行動することができなかった場合に、人が責任を負うべきでないことには議論がある一方、私的自治には、人が個人的過失にかかわらず責任を引き受けることが含まれるためである：すなわち、欲する者に損害は無きはずなり（volenti non fit iniuria）[71]である。それと同時に、人が自己の債務につき厳格責任を負うことを引き受けるよう合意する場合、当該人は、相当な予防措置を講ずること、すなわち保険に加入することができ、かくして自己の自由の範囲を効果的に確保することができるのである。

そのほか過失原理を制限するものは、信頼原理[72]という、契約自由と類似した倫理的価値を有し、また、多くの観点において契約自由および自己責任と複雑に絡み合ったものを基礎としている。特に、信頼原理は、客観的過失の定義の基礎を成している（上記 II 3）。

原理というものは、規則と異なり、その重要性に応じた性格付けを与えられる。それは、他の原理との比較衡量の過程において展開され、場合に応じてその効果を増幅させたり縮減させたりする[73]。したがって、ドイツ債務法が「純然たる」過失アプローチに従っていないという事実は、決して驚くべきことでなく、また、もちろんのこと、過失原理を台なしにするものでもない。それと同時に、ドイツの契約不履行法が主として過失原理に基づいており、倫理的基礎を持つというとしても、このことがもちろん、他の法体系が同様な倫理

---

70) その例として、Bydinski, *System und Prinzipien des Privatrechts* (Vienna & New York: Springer, 1996), pp. 189 sq.; E. Deutsch, Fahrlässigkeit im neuen Schuldrecht, *AcP* 2002, 889, 892, 893 を見よ。

71) C.-W. Canaris, Wandlungen des Schuldvertragsrechts-Tendenzen zu einer "Materialisierung", *AcP* 200 (2000), 273, 284.

72) K. Larenz, 前掲注 1), p. 104.

73) C.-W. Canaris, 前掲注 6), pp. 55 sq. なお, 注 6) の引用文献をも見よ。

的基礎に基づいてこなかったことを意味するのではない。実際に、ラーレンツの検討によれば、一方におけるドイツ法と他方における英国法は、それぞれ過失と損害担保という異なる出発点から契約責任の問題にアプローチしてきた。しかしながら、両者ともに一般規定からの振れ幅を認めるに至っており、それゆえ多くの場合において結果的には一致する。ラーレンツは、どちらのアプローチも等しく「正義の法」という原理の支配を受けるものとみなすことができると結論付けている[74]。

2　経済学的考察

a）効率的分配（efficient Distribution）

経済学的考察は、いずれかといえば多義的である[75]。支配的見解は、過失を基礎とする責任よりも厳格責任に好意的であって、これが効率性を促進するものと解している。この見解は、3つの関連問題と係わっている。すなわち、回避コストの最適レベル、関連コストに係る情報および取引の最適レベルである。

資源の最適な分配のために、（当事者双方すなわち債務者および債権者の）不履行から生じるコスト全額に及ぶまで、当事者は、不履行を回避するためのコストを甘受すべきである。過失の制度の下で、過失の経済学的定義（ラーンド・ハンドの公式〔Learned Hand-formula〕）[76]は、こうした到達点に至るために貢献するが、次のような障害を伴う。すなわち、(a)裁判官が、通常、関連コストに関す

---

74) K. Larenz, 前掲注1), pp. 105 sq.

75) ここではもちろん広範に渉る文献を詳細に検討することはできず、議論の主たる構成要素を概観しようと試みるにとどまる。過失をめぐる議論の多くは、契約よりも不法行為に焦点を当てている。例えば、以下の文献を参照。R. Cooter & Th. Ulen, *Law and Economics*, 4th ed. (Boston, Mass. [etc.]: Pearson Addison Wesley, 2004), pp. 320–347; H.-B. Schäfer & C. Ott, *Lehrbuch der ökonomischen Analyse des Zivilrechts*, 4th ed. (Berlin, Heidelberg & New York: Springer 2005), pp. 157–218. 〔不法行為と〕同じ考察がどの程度まで契約法にあてはまるかについては、必ずしも十分に解明されているわけではない。若干の限界については、E. A. Posner, 前掲注28）により考察されている。

76) *U. S. v. Carroll Towing*, 159 F. 2 d 169,173 (2 d Cir. 1947). この公式が実務に与えるインパクトに関する批判的評価として、R. W. Wright, Hand, Posner, and the Myth of the "Hand Formula", in: *Theoretical Inquiries in Law*, Vol. 4 （2003), No. 1, Article 4, http://www.bepress.com/til/default/vol 4 /issl/art 4 を参照。

る適切な、または十分な情報を持たないであろうこと、および(b)裁判官の*事後的*（*ex post*）判断は、あと知恵（hindsight）の利益に基づいており、その結果、潜在的に歪められていること、である。他方において、厳格責任は、関連する全事実をよりよく知っていた当事者の掌中にこの問題を委ね、*事前の*（*ex ante*）問題として扱うのである[77]。

　さらに説かれるのは、厳格責任が分配の効率レベルを促進することである。これを売買契約について考察しよう。売主が過失について責めを負うにとどまる場合、この売主は、偶然による不履行（自己の過失に起因しないもの）のコストを考慮に入れることがない。したがって、この売主は、効率的な回避コストの総額を負担することもなければ、生産コストは（生産および不履行リスクの）「全コスト」を反映することもない。関連リスクに対する買主の知識または評価に依拠する場合、このことは、適切でない取引レベルをもたらすことになろう。買主がリスクを過小評価すれば、この買主は過剰購入することになり、それと反対にリスクを過大評価すれば、過小購入することとなる。これに対して、売主が厳格責任を負う場合、この売主は、最適な回避コスト総額を負担し、かつ、生産価格は全コストを適切に反映することになって、効率的分配がもたらされる[78]。しかしながら、厳格責任を支持する説示は、寄与過失（または因果関係）の可能性を考慮に入れると、幾分か鮮明さを欠く。さらに、顧客のリスク評価の正確さに依拠するならば、厳格責任は、なお効率的結果を促進するために必要なものを、より備えているように思われる[79]。

　とはいえ、こうした分析については議論がある。すなわち、近年論じられてきたのは、厳格責任は、買主のための強制保険（これは結果的に価格の引上げをもたらす）、または、厳格責任の原則を交渉により排除する必要性を実際上もたらすゆえに、過失責任よりも劣っているということである[80]。

　より一般的にいえば、経済人（homoeconomicus）の前提に立脚すると、上に

---

77) S. Grundmann, 前掲注8), § 276 paras. 32.62 sq.
78) 詳しくは次の文献を参照。S. Shavell, Strict Liability versus Negligence, *J. Leg. Stud.* 9 (1980), 1,3‐5,8 sq. そのほか多くの箇所；R. Cooter & Th. Ulen, 前掲注75), pp. 323 sq.; H.‐B. Schäfer & C. Ott, 前掲注75), pp. 208‐210; P. Trimarchi, Die Regelung der Vertragshaftung aus ökonomischer Sicht, *ZPR* 136 (1972), 118‐138.
79) S. Shavell, *J. Leg. Stud.* 9 (1980), 1. 6. 8 sq.
80) E. A. Posner, 前掲注28).

みた経済学的モデル――そして、その帰結――は、とりわけ近年においては行動法学（behavioural law）および経済学的アプローチからの批判を被っている[81]。すなわち、〔こうしたモデルの〕過信は、債務者がリスクを過小評価する結果をもたらし、それは不当な低価格に帰着するということである。これと同じく、プロスペクト理論（prospect theorie）[82]に従うと、債務者が将来の損失を被る蓋然性を誤って判断する可能性がある。さらに、回避コストが金銭的条件の中に明示されていないと、債務者がこれ（機会コストの変則値）を無視する可能性がある。とりわけ、必要な情報を蓄積し、かつ、それを分析処理する能力が限られていることは、理性的行動の妨げとなるように思われる。こうしたバイアス、そしてそこから生じる歪みを考慮すると、厳格責任が意図どおりの分配効果をもたらすかどうかについて、疑問が持たれるのはもっともである。

いかなる場合においても留意されるべきは、このモデルは純粋な厳格責任体系を仮定しており、いかなる（any）過失の要素によっても薄められていないということである（以下3を参照）。

b）効率的紛争解決

上記と関連しつつ、それと別個の視点は、法的紛争の効率的解決である[83]。訴訟を回避し、またはこれを最小限にとどめるために、どちらのシステムが資するであろうか。ここでも、過失か損害担保かという理論的選択を考慮するのであれば、後者が好ましいように思われる。客観的な諸要因に基づくとき、責任を確定することは容易であり、債務者が訴訟に対して異論を呈する機会は、より少なくなる。しかし、注意しなければならないのは、強い指向性が妥当するのは純粋な厳格責任体系（「絶対責任〔absolute liability〕」）であっていかなる主観的法性決定にも服さないものが施行されている場合に限られる、ということである。この問題は、さらに考慮を深めるに値する。

3　純粋体系と複合体系

ここで論じてきた限りにおいて、多義的な結果がもたらされるように思われ

---

81) C. R. Sunstein, *Behavioral Law and Economics* (Cambridge: Cambridge University Press, 2000); H.-B. Schäfer & C. Ott, 前掲注75), pp. 65-71.
82) D. Kahnemann & A. Tversky, Prospect Theory-An Analysis of Decision under Risk, *Econometria* 47 (1979), 263-291.
83) その例として、P. Trimarchi, *ZHR* 136 (1972), 118,123 sq. を見よ。

る。なぜならば、倫理的考察は過失原理に与する議論と思われる一方、経済学的考察は、（確かに、型どおりには厳格責任に賛成する議論と理解されるものの）どちらとも解釈できる。しかしながら、注意が必要なのは、倫理的考察といっても純粋に過失を基礎とする責任を擁護するのでなく、同時に、それと対立する他の責任要素、（同じく倫理的基礎を有する）私的自治および信頼原理といったものを許容し、ひいてはそれを要請するということである。そして、実際に、ドイツ法だけでなく、ここで考察された他の法制度も、複合的アプローチというかたちで、不履行を理由とする責任を規律する異なった諸原理を認める必要性を感じ取ってきた。厳格責任を原則とするとき、当該法体系は、何らかの過失の要素、またはその他の責任を制限する仕組みを承認している。絶対責任という——いかなる過失要素その他の制限によっても限定されない——経済学的アプローチが前提とするように見受けられるものは[84]、実務上は現実的ではなかった。どの法体系であっても、当事者が自己の債務を最善努力条項（a best-efforts-clause）と法性決定することを認め、ひいては、契約における黙示の条項を発見する権限を裁判所に与えてさえいる。択一的にまたは重畳的に、厳格責任は、実務上、完全賠償でなく、填補の対象を予見可能な損失の賠償に限定することと手を携えて歩みを進めている。

　このように、諸々の法体系は、それぞれに異なる一揃いの責任原則を必要とする、それぞれに異なる正義の観念に対応している[85]。過失原理は、その倫理的基礎に基づいて、そこに固有の価値を有している。しかし、過失原理は、必要な微調整を行うための柔軟な道具立てとしても役立つ[86]。もっとも、過失は、それと異なるアプローチを許容する唯一の道具立てというわけではない。実際に、コモン・ロー圏の法律家は、黙示の条件という法知識が同じ目的に資するものと指摘している[87]。

---

84) 過失責任、厳格責任および絶対責任の区別については、B. Nicholas, 前掲注 33), pp. 340 sq. を見よ。
85) D. Medicus, Voraussetzungen einer Haftung für Vertragsverletzung, in: Jürgen Basedow (ed.), *Europäische Vertagsrechtsvereinheitlichung und deutsches Recht*, (Tübingen: Mohr Siebeck, 2000), p. 188; M. Pellegrino, *ZEuP* 1997, 41, 56 sq.
86) C.-W. Canaris, 前掲注 2), pp. 22 sq.
87) G. H. Treitel, 前掲注 34), pp. 209 sq.; B. Nicholas, 前掲注 33), pp. 341-346.

4 原則と例外

　かくして、分析のための最善の出発点を選択するという問題に立ち至ることになる。過失または損害担保はデフォルト・ルールであるべきか[88]。

　ここでも、倫理的考察が、確立され、かつ、突出した地位を占めている。正義の要請を実現し、かつ、公正で正義にかなった取引を保障することが、デフォルト・ルールの中心的機能の1つである[89]。倫理的考察は、このように過失原理を原則とすることを強く支持している。

　第2に、私的自治に基礎を置く法体系において、デフォルト・ルールは、当事者の*典型的な意図*をできるだけ厳密に反映するように設計されるべきである[90]。この基準は、もちろん、いずれかといえば相対的なものである。この基準は、さまざまな異なる取引類型または債務類型の区別を正当化する。また、この基準は、異質な法的伝統、法文化および体系的コンテクストを反映して、国ごとに異なる規定をもたらすであろう。この報告者が過失の基準に親近感を持ち、コモン・ロー圏の法律家が厳格責任を選ぶ傾向にあるという事実も[91]、一部には国内法が社会化されたところのものに負うといえよう。しかしまた、異なる契約類型および／または事実の状況に照らすと、評価は異なるであろうし、実際に、BGB 276条および英国コモン・ローは、出発点を異にし、また、道具立ても異にしているものの、上記に述べた観念を考慮に入れている。すなわち、サービス提供契約は、通常、合理的注意を要求するものと理解され、これに対し、金銭債務は、通常、損害担保と解釈されるとしても、それは驚くにあたらない。

　第3に、もう一度経済学的考察に立ち戻ろう。取引コストに視点を置くならば、デフォルト・ルールは、これまで検討してきたような当事者の「典型的」

---

88) デフォルト・ルールを制度設計するための基準については、争いが多い。その1つの考察として、近時の M. W. Hesselink, Non-Mandatory Rules in European Contract Law, *ERCL* 2005,44,46-66; R. Craswell, Contract Law: General Theories, in: B. Bouckaert & G. De Geest (eds.), *Encyclopedia of Law and Economics* (Cheltenham: Edward Elgar), 2000. なお、http://users.ugent.be/〜gdeegest/ 4000 book.pdf にても参照可。H.-B. Schäfer & C. Ott, 前掲注75), pp. 426-428.
89) C.-W. Canaris, 前掲注12), p.1082.
90) K. Larenz, 前掲注7), §61 (p.77).
91) その例として、G. H. Treitel, 前掲注34), pp. 209 sq. 他方、批判的評価として、B. Nicholas, 前掲注33), pp. 337-355.

意図を反映するように設計されるべきである（「多数決〔majoritarian〕」または「市場模倣〔market mimicking〕」のデフォルト・ルール：完全契約モデル）92)。また、それと別の経済学的問題は、どちらの原則が責任をよりうまく回避するかである。複合的体系を観察すると、勝算は五分五分と思われる。一方において、契約責任体系を差別化するためのコストは、訴訟をもたらすであろう複雑さの程度である。他方において、いかなる複合的体系も、個別事例を観察するための余地を残している。すなわち、予見可能性、黙示の条件、不可抗力（*force majeure*）または過失といったものである。そして最後に、過失を基礎に置く体系は、個別的観察のための余地を最小限にとどめるように構築することができる。それは、ドイツ法における客観的過失の基準が示すとおりである。

客観的要素と主観的要素の均衡に劣らぬ重要性を持つのは、ルールの明確さと裁判所における判断の予測可能性である。この観点において論じられてきたのは、「黙示の条件というアプローチは〔英国コモン・ローにより追求されてきたとおり〕、過失の役割分担をわかりにくくし、その体系的議論を減殺する欠点を持つ」ということである93)。

5 体系的考察

こうした一般的考察とは別に、立法者は、体系的連関をも考慮しなければならない。果たして、過失原理が従来は損害担保原理により規律されていた体系に導入された場合、またはその逆の場合における体系的連関とは何か。報告者は、日本民法94)そのほか自分にとって未知の法秩序における過失原理の体系的機能を調査しようとするつもりはない。それに代えて、この問題をドイツ法に即して要説させていただく。

ドイツ法によれば、債務は一連の付随義務を発生させる。こうした付随義務が債権者の完全性利益を保護する場合、それは、機能的にみて不法行為の準則と同じである95)。さらに、信義則（BGB 241条2項・242条）を根拠とするゆえに、こうした付随義務は、通常、特定のかたちで述べ尽くされたり当事者によ

---

92) もちろん、多数決デフォルト・ルールは、とりわけ「情報強制（information-forcing）」および「制裁（penalty）」デフォルト・ルール理論を包含する多数の競合理論の1つにすぎない。その1つの概説として、R. Craswell, 前掲注88）を見よ。
93) B. Nicholas, 前掲注33), p. 345.
94) 前掲注40) を見よ。
95) K. Zweigert & H. Kötz, 前掲注1), pp. 634 sq.

り合意されたりするのでなく、むしろ個々の事例における四囲の状況に基づいて裁判所により展開されていくことになろう。確かに、こうした付随義務に関していえば、過失原理は固有の役割を持ち、容易に置き換えの効くものではない[96]。

　さらに、過失原理から厳格責任に変更しようとするとき、責任を制限するという過失の機能を考慮に入れなければならないであろう。過失の要件を単に削除しても、実務上の要請に応えることはできず、むしろ、それに代えて責任を適切に制限するどのような道具立てを法体系が備えるか、という問題が生じることになろう。経験的にみて、いかなる法体系も、何らかの責任制限を定めている。もちろん、そのための道具立てはさまざまであるが、個々の異なる原則の要請を満たすか、責任を制限し、自由の余地を残そうとするものである。このように、責任に関する１つのアプローチから、もう１つのアプローチ（過失または厳格責任）へと変更することは、すべての限界を考慮に入れつつ、このことが好ましい包括的な責任基準をもたらすかについて全般的に研究を進めることを必要とする。例えば、コモン・ローが厳格責任を完全賠償主義と結びつければ過大な損害賠償をもたらし、これと逆に、ドイツ法の下で過失を基礎とする責任と予見可能性ルールを結び付ければ、賠償額は過小となるであろう。また、コモン・ローが特定履行を通常の法的救済として認めれば、厳格責任が妥当するケースは今以上に少なくなり、これと逆に、法的救済としての特定履行を欠くのであれば、過失原理はドイツ法において説得力を減ぜられることになろう[97]。

6　国際的考察

　最後に、「国際的潮流」の役割について一言付け加えておく。先に論じたとおり、過失原理は退潮傾向にあると考えられることがしばしばであり、論者の中には、契約法における厳格責任に向けた１つの潮流を認める者もある。われわれの比較考察は、それとは異なる見方を示唆しているが、さまざまな国際的またはヨーロッパの統一法の体制が、出発点として厳格責任を援用していることは認めなければならない。実際のところ、これは、問題となっている争点の

---

[96] K. Larenz, 前掲注１), p. 106 を見よ。さらに、M. Pellegrino, ZEuP 1997, 41, 53-56 を参照。

[97] 再度、H. Unberath, 前掲注 28), p. 334 を見よ。

第Ⅱ部　世界に見る民法改正の諸問題

賛成と反対（pros and cons）に向けた包括的研究のための十分な根拠である。しかしながら、国際的潮流との調和は、それ自体としては、国内法取引の規律を第1の役割とする法体系にとっての価値を持たない。立法者は、通過する列車に向かってとやかく言わないし、過ちをおかす多数派におとなしく追従しようとするわけでもない[98]。過失原理をめぐる論争は、ここで示されたとおり、いかにしても決着することができない（たとえ、経済学的意味においてもである）。過失原理は倫理的基礎の上にあり、かつ、経済学的および実務上の考察も、これを推奨している。過失原理は、それと異なった契約責任の体系であって、相対立する原理が入る余地のあるものをも見込んでいるのである。とりわけ、こうした異なるアプローチは、関連する諸問題に直接かつ率直に接近することを可能にする[99]。したがって、国際的潮流が異なる方向性を指し示すべきであるとしても、国内の立法者は、慎重に事を進める十分な理由がある。1つのアプローチからもう1つへの変更によって、確立した契約責任の体系および確立した取引実務を崩壊させるのは、軽率であるといえよう。すなわち、「壊れていないものを修理するな」[100] [訳注2]とは、健全な立法上の格言であるように思われる[101]。

　　　訳注）「民法改正国際シンポジウム」のためリーゼンフーバー教授により用意された本報告のオリジナル原稿は、A4判で29枚あり、同シンポジウムの会場で配布された資料「民法改正国際シンポジウム——日本・ヨーロッパ・アジアの改正動向比較研究」には、その全訳が掲載された。しかし、ジュリスト誌の連載において許される紙幅の関係上、シンポジウム実施後、リーゼンフーバー教授にお願いしてオリジナル

---

98) 後者は、わが国のコンテクストにおいて、C.-W. Canaris, 前掲注8）, pp. 180-183 により遠回しに言われるところである。
99) C.-W. Canaris, 前掲注2）, pp. 22 sq. をも見よ。
100) 米国カーター大統領時代の行政管理予算局（Office of Management and Budjet）高官であったトマス・バートラム（「バート」）・ランス（Thomas Bertram ("Bert") Lance）（1931年生）に由来する。ネイションズ・ビジネス誌1977年5月号の中で、「壊れていないものを修理するな」という彼の発言が引用された。J. Speake (ed.), *The Oxford Dictionary of Proverbs, 4*th *ed.* (*Oxford: Oxford University Press*, 2003) を参照。
訳注2）「民法改正国際シンポジウム」のために用意されたオリジナル原稿では、このランスの発言が、現状維持論者を激励する典拠となった旨が紹介されていた。
101) なお、S. Lorenz, *Neues Leistungsstörungs-und Kaufrecht-Eine Zwischenbilanz* (*Berlin: de Gruyter, 2004*), p. 35 をも見よ。

〔カール・リーゼンフーバー／渡辺達徳(訳)〕　　　第 9 章　第 1 節　債務不履行論

　原稿の分量を約 2 / 3 に圧縮していただいた。ここに訳出したのは、この圧縮版原稿である。なお、シンポジウムにおけるリーゼンフーバー教授による講演は英語で行われ、その原稿も英語で執筆されたものである。
　その後、シンポジウムにおける質疑等もふまえてリーゼンフーバー教授によりオリジナル原稿に改訂が加えられた英語原稿が、European Review of Contract Law 誌に掲載された（(2008) 2 European Review of Contract Law 119)。

第 2 節　債務不履行による損害賠償と過失原理
―― リーゼンフーバー論文と日本法

渡 辺 達 徳

Ⅰ　リーゼンフーバー報告の概要
Ⅱ　日本の債務不履行における損害賠償論と帰責事由、過失責任主義
Ⅲ　小　括――民法改正研究会における議論の紹介を兼ねて

Ⅰ　リーゼンフーバー報告の概要

　(1)　リーゼンフーバー教授による報告「債務不履行による損害賠償と過失原理」は、不履行による損害賠償の要件である帰責事由として過失責任主義が占める地位、その内容、機能などを、英国コモン・ローその他の外国法、ウィーン売買条約（CISG）を始めとする国際契約ルールと比較し、また、法の経済分析の視点をも取り入れつつ考察した上、現行ドイツ民法における過失原理の評価を示したものである。

　(2)　まず、本報告では、ドイツ契約法における過失原理の現状が詳細に示された。ドイツ民法（BGB）の給付障害法は、2002 年 1 月 1 日施行のいわゆる「債務法現代化」により大きく装いを改めた。現行 276 条は、①一般規定として過失原理を維持しつつ、②責任の加重・軽減が明示されたり、他の債務の内容から何らかの推断がなされたりする場合には、過失原理が排除されると定める。そして、②の例示として、②―Ⓐ損害担保の引受けと、②―Ⓑ調達リスクの引受け、を挙げている。

　すなわち、本報告によれば、義務違反に基づく損害賠償の要件につき定める 276 条において、過失原理は帰責事由の原則的地位を占めるものの、すでに同条の中に例外規定を内包している。また、BGB は、債務者の責任を加重したり軽減したりする多くの規定を置き、さらに、いわゆる社会生活上の義務の領域においては、過失の客観化が見られる。

　その結果、BGB は、過失原理を基礎に置きつつも、法律の規定または当事

者の意思による多くの例外を認めていることになる。すなわち、純粋な過失原理が貫かれているのでなく、他の責任原理との複合ないしは均衡が図られている。本報告においては、こうした法状況につき、過失原理はデフォルト・ルールであると評されていたことが興味を惹く。

　(3)　次いで本報告における検討の対象とされたのは、コモン・ローにおける損害担保の帰責原理である。それは、一見すると過失原理と無縁のように思われるが、実はそうではない。例えば、英国の判例上、当事者の責任を厳格責任とせず合理的注意義務にとどめるために、黙示の条件が用いられ、また、サービス提供契約においては、法律上、サービス提供者の注意義務は、合理的な注意および技術を用いることに限定されている。すなわち、英国法において、過失の判断は、契約の中に組み込まれていることが紹介された。コモン・ローの契約法における過失の機能が、こうした角度から分析される機会は、従来の日本では意外に少なかったのではないかと思われる。

　また、CISG その他の国際契約ルールは、基本的に損害担保のルールを原則とするが、ユニドロワ国際商事契約原則（PICC）は、債務者が合理的注意を尽くす義務のみを負う場面を認めており、また、CISG および PICC は、損害賠償の範囲を画するにあたって、契約違反当事者の予見可能性を考慮に入れている。すなわち、国際契約ルールにおいても、損害担保の原理と過失原理との協働が見られるとの分析が示された。

　なお、本報告は、最も成熟した現代の民法典としてオランダ民法典を挙げ、そこでは過失原理が依然として原則的地位を占めていることに注意を促している。

　この報告部分は、従来の日本において、CISG の採用する損害担保原理が強調される一方、PICC がいわゆる結果債務・手段債務の分類を条文に受容していることが認識され、過失原理と損害担保原理という２つの帰責原理の関係をどのように捉えるかにつき交わされている議論にとっても示唆深い。

　(4)　そして、本報告は、過失原理と損害担保原理という２つのアプローチを評価するための視点を６つ示している。すなわち、①過失原理の倫理的基礎、②経済学的考察、③純粋体系と複合体系、④原則と例外、⑤体系的考察および⑥国際的考察である。

　本報告は、とりわけ過失原理の倫理的基礎につき詳細な考察を加え、さらに、過失原理以外の帰責原理にも倫理的基礎は深く根付いていることを、印象深く

述べている。その上で、国内法たる民法典が、ただ1つの帰責原理——例えば過失原理——のみに拠って立つことはできず、複合的なアプローチが適切であること、また、ひとたび確立した原則的帰責原理から他に乗り換えることは、取引を混乱させ、法体系を破壊する懸念があること、国際的動向を国内法の考察に引き移すことには慎重であるべきこと、などが、周到な考察に基づき述べられ、結ばれている。

II 日本の債務不履行における損害賠償論と帰責事由、過失責任主義

(1) この問題は、近時、日本においても好個の検討素材とされている。このコメントでは、①何が帰責事由の内容を構成するのか、②帰責事由はいかなる場面で機能するのか、という考察の角度を設定するにとどめる[1]。①は要件、②は効果における帰責事由に着目するものであるが、相互に連関を持つものであって、考察の上では視線の往復を必要とするといえよう。

(2) まず、帰責事由の内容に関する議論は、過失責任主義の当然視と、その相対化の趨勢として括ることのできる問題である。すなわち、債務不履行における帰責事由を不法行為におけるのと同じく過失責任主義（故意・過失および信義則上これと同旨すべき事由）により説明する立場は、長く通説的地位を占めてきた[2]。これは、債務者の履行過程における主観的行為態様に着目した帰責判断

---

[1] リーゼンフーバー報告の整理および評価と、民法改正研究会における議論の状況を紹介する本コメントにおいては、近時、帰責事由をめぐって提起されている、より根本的な諸問題についてまで応接することができない。以下の文献の参照を乞うておく（なお、以下の脚注も、最小限のものにとどめざるを得ない）。特別座談会「債権法の改正に向けて——民法改正委員会の議論の現状(上)(下)」ジュリ1307号102頁、1308号134頁（ともに2006年）、小粥太郎「債務不履行の帰責事由」ジュリ1318号117頁（2006年）、シンポジウム「契約責任論の再構築」私法69号3頁（2007年）（特に小粥報告に関する質疑応答部分である27頁以下）、森田修「『新しい契約責任論』は新しいか——債権法改正作業の文脈化のために」ジュリ1325号210頁（2006年）（特に212頁以下）など。

[2] 我妻栄『民法総則』（岩波書店・1930年）13頁以下は、個人主義的民法の三大原則の1つとして「自己責任の原則」を挙げ、「個人は、他人の加害行為に対しては責任なく、唯自己の加害行為に対してのみ責任を負ふ、而してその自己の行為も自己の意思活動に因るもの・即ち自己の故意又は過失に基くものに限るという原則である」と説明した上、この原則は、「債権各論の『不法行為論』の中心を為すものであるが、債権総論の『債務不履行論』に於ても論ぜらるる」と説いていた。

である。しかし、近時、こうした理解にとどまらず、フランス法から示唆を得た結果債務・手段債務アプローチ、または過失責任と保証ないしは損害担保責任との併存アプローチが意識され、議論の深化を促しているのは周知のとおりである[3]。そこで参照されている法比較の素材は、コモン・ローのほか、CISG、PICC、ヨーロッパ契約法原則（PECL）などの国際的契約法準則である。

(3) こうした日本の議論の動向を考慮するとき、ドイツBGBが、債務不履行（義務違反）における債務者の責任を定めた一般規定である276条において、過失責任と、債務関係その他の内容から推知し得る責任（その例示として損害担保および調達リスクの引受けを挙げる）を併置したことは、興味を惹くところである[4]。現行の日本民法415条（なお、543条）は、債務者の「責めに帰すべき事由」の内容を具体的に示していないが、民法改正を念頭に置く場合、法文にこうした帰責事由の具体的内容を書き込むか否かは、1つの争点となろう。また、この場面において、過失責任と保証ないしは損害担保責任との2元構成を認めるとすれば、両者の関係（いずれかがデフォルト・ルールとなるのか）が、さらに問われることになる。

(4) 次いで、帰責事由の機能面に目を転ずると、「債務不履行における帰責事由」という伝統的な用語法からも判明するとおり、帰責事由は債務不履行の要件であり、①履行の強制、②損害賠償および③契約の解除という諸効果との関係で、帰責事由の要否が問題とされてきた。しかし、現在は、①は債権の効力の問題であって、帰責事由を伴う債務不履行の効果ではないことについて、共通の理解が得られているとみてよいであろう。そして、③についても、近時、

---

[3] 平井宜雄『債権総論〔第2版〕』（弘文堂・1994年）、吉田邦彦「債権の各種──『帰責事由』論の再検討」星野英一編集代表『民法講座別巻2』（有斐閣・1990年）1頁、森田宏樹『契約責任の帰責構造』（有斐閣・2002年）、潮見佳男『契約責任の体系』（有斐閣・2000年）、同『契約法理の現代化』（有斐閣・2004年）など。なお、契約の法的保障につき、第1次的に履行義務を、その変形として第2次的に損害賠償義務を認めるBGBと対置するかたちで、英米コモン・ロー上の契約が損害担保の本質を持つという分析を示したのは、M. Rheinstein, Die Struktur des vertraglichen Schuldverhältnisses im anglo-amerikanischen Recht, Walter de Gruyter, 1932 である。これを最も早く日本に紹介したのは、磯村哲「債務と責任」谷口知平＝加藤一郎編『民法演習III（債権総論）』（有斐閣・1958年）1頁（6頁）、同「債務と責任」谷口知平＝加藤一郎編『民法例題解説II（債権）』（有斐閣・1959年）1頁（5頁）であろう。

[4] その簡単な紹介として、拙稿「ドイツ債務法現代化における帰責事由──その内容及び機能について」判タ1116号22頁（2003年）。

債務者が債務の本旨に従った履行をしないことにより、契約の拘束から解放されることを望む債権者が、原状回復を求める限りにおいて、帰責事由は解除の要件でないという理解が、大勢を占めつつある（ただし、それに代えての要件論の全体像については、議論が続いている5））。その結果、帰責事由が機能するのは、債務不履行による損害賠償の場面であることが、浮彫りにされつつある。

(5) ただし、帰責事由が機能するのは、単に損害賠償「請求」の要件としてにとどまらない。過失相殺（418条）、解除権の消滅（548条）などにおいては、過失が当事者の利害の調整機能を果たすよう予定されている。また、受領遅滞（413条）の要件および効果を考える上でも、帰責事由との関係が問われるし、事情変更の原則の要件としても、判例は、当事者に帰責事由がないことを、その1つとして挙げている（最判平成9・7・1民集51巻6号2452頁）。このように契約責任の領域に限っても、帰責事由としての過失が機能する場面は広い。したがって、債務不履行における損害賠償ひいては契約法の問題群を規律する上で、過失概念の果たす機能が急速に縮小すると考えることは困難である6）。また、上記のような多様な機能場面との関係において、過失の内容にグラデーションが生じる可能性も念頭に置かれるべきであろう（例えば、過失相殺における「過失」が、損害賠償請求の要件としての「過失」と質的に同じであるとは即断できないといえよう7））。

---

5) 松岡久和「履行障害を理由とする解除と危険負担」ジュリ1318号138頁（2006年）。
6) こうした見方は、リーゼンフーバー教授の報告とも視点を共有するように思われる。それは、Zimmermann, Konturen eines Europäischen Vertragsrechts, *JZ* 1995, 477, 481が、「現代の法発展において、過失原理は後退しつつある」と立言したところに対するアンチ・テーゼといえよう。一方、ここでは、「損害賠償請求の要件としての過失原理」と、「その他の場面で機能する過失原理」という2つの問題群の存在が示されたことにもなろう。
7) 本文に掲げた最判平成9・7・1民集51巻6号2452頁の担当調査官は、「帰責事由」のほか「予見可能性」の概念も併せて、以下のように解説している。「事情変更の原則の適用要件としての『予見可能性』及び『帰責事由』は、同じ『予見可能性』及び『帰責事由』という言葉が他の法律効果が発生するための要件として用いられる場合（例えば民法416条2項の特別損害の賠償を請求するための要件としての『予見可能性』や同法415条の債務不履行による損害賠償を請求するための要件としての『帰責事由』）と比べると、質的に大きく異なるものであるといえよう」（『最判解民事篇平成9年度㈭』808頁〔817頁〕）〔野山宏〕。これは、効果との関連で帰責事由の内容が相対化することを示唆するものといえよう。

第Ⅱ部　世界に見る民法改正の諸問題

Ⅲ　小　括——民法改正研究会における議論の紹介を兼ねて

(1)　民法改正研究会においては、債務不履行の要件をどのような思想に基づいて、また、実務に受容されやすいかたちでどのように構築するかについて、すでに数次にわたり議論が重ねられている。そこでは、債務不履行の要件としての帰責事由の内容をどのように定め、どのように法文に書き込むか否かについて、現行415条に定める債務不履行の態様の規定振りとも関連付けつつ、具体的な条文試案の提示も含めた検討が行われてきた（一方、契約解除と帰責事由との関係については、詹教授の報告および鹿野教授のコメントに譲るが、契約解除の要件から帰責事由を外す限りにおいては、研究会内において一定の合意が得られている）。

(2)　まず、債務不履行の態様をどのように法文に規律するかについては、①現行415条に定める「債務の本旨に従わない履行」と「履行不能」という規定振りを基本的に維持する方向と、②債務不履行の態様としては「債務の本旨に従わない履行」という統一的類型を掲げたうえで、従来の不完全履行に該当する類型も含めて、追完の可否により不能か遅滞かに振り分けて効果を規律する考え方が提示されている。

①は、現行規定にも不履行の態様を把握する欠缺はなく、その限りにおいて維持するのが妥当であるとの判断に基づくものである。②は、「債務の本旨に従わない履行」という上位概念を承認したうえで、効果面では、遅滞か不能かが、損害賠償の性質上、遅延賠償か塡補賠償かという差異に結び付くことに着目し、法文上も、遅延賠償・塡補賠償という概念を受容するよう提案する（なお、②の立場は、不能と遅滞という分類を契約解除の要件論にも連動させ、催告解除と無催告解除との切分けを説明しようとする）。

(3)　次に、現行415条は、損害賠償の要件としての「責めに帰すべき事由」の内容に触れないが（伝統的に、これが過失責任主義により説明されてきた）、この規定振りを改めるか否かについては、研究会内でかなりの議論がある。そこでの意見の趨勢は、現行415条のとおり、「債務者の責めに帰すべき事由」という包括的な概念を示すにとどめるところに収斂しつつあるように思われる。もちろん、具体的な事案に即してそこに盛り込まれる内容は、故意・過失と解されることもあり、また、責任の加重・軽減が特約されたり、一種の保証ないしは損害担保が行われたりすることもある。しかし、「責めに帰すべき事由」とい

う文言が、そのすべてを包摂し得る以上、こうした規定の体裁を維持し、実務上は契約ないしは当事者意思の解釈に委ねることが妥当であるとの判断が、その根底にある。

　一方、帰責のために過失責任原理と損害担保責任原理が併存することを法文に受容し、現行BGB276条1項を1つのひな型として制度設計を試みるよう提案する向きもある。しかし、これに対しては、帰責事由の具体的内容を法文に書き込むことにより、かえって硬直な運用を招く弊はないか、損害担保の約束は契約の効力そのものであって、これを過失原理と並ぶ「帰責」と呼ぶのは妥当なのか、等々の疑問が提起されている。さらに、議論の過程において、結果債務と手段債務との区別を法文に受容することに注意を喚起する主張も行われており、今後も検討が重ねられることになろう。

　なお、帰責事由の立証責任については、法文上、債務者が無過失の立証をして自己の責めを免れる構成を明示することが、研究会においてはほぼ共通した理解となっている。

　(4)　コメンテータは、これまで民法改正研究会において重ねられてきた以上のような議論を振り返りつつ、リーゼンフーバー教授の報告に興味深く耳を傾けた。本報告が、1980年代の債務法改正鑑定意見に始まり債務法現代化として結実した法改正の経験をふまえ、その経緯を熟知した報告者によるものであることに照らすと、そこで紹介および分析されたすべての内容、そしてその結語には、重い意味が込められていることを実感するものである。

　＊　本稿は、2008年3月2日の「民法改正国際シンポジウム――日本・ヨーロッパ・アジアの改正動向比較研究」におけるリーゼンフーバー教授の報告に対するコメントのために作成した原稿を基礎としている。ただし、同教授の報告原稿が、ジュリスト誌に掲載されるにあたり2/3程度に圧縮されたため、本コメントも、それに対応するかたちで多少の修正を施した。

第10章　契約解除論

第1節　台湾の契約解除法制
―比較法的検討

詹　　森　林／鹿野菜穂子（訳）
Jan Sheng-Lin

Ⅰ　はじめに　　　　　　　　　Ⅳ　売買契約及び請負契約の解除
Ⅱ　当事者双方の合意に基づく契約の解除　Ⅴ　契約解除の効果
Ⅲ　履行義務違反に基づく契約の解除　　　Ⅵ　むすび

Ⅰ　はじめに

　台湾における支配的な法律実務及び学説によれば[1]、契約の解除[2]とは、契約当事者が、契約の効力を消滅させ且つ両当事者を契約前の状態に戻すために、その解除権を行使することを意味する。

　解除権の基礎は、当事者双方の合意又は法律の規定に見いだされる。

　解除権は、契約当事者の一方又は双方に認められる権利である。解除権を有する当事者は、この権利を行使することによって、一方的に、当事者間の契約関係の内容を変更するのである。

　解除権を行使するためには、解除権を有する当事者が相手方に対してその意思表示をすることで足りる。つまり、相手方の同意は必要とされないのである（台湾民法258条。以下、特に断らない限り引用条文は台湾民法の条文を指すものとする）。

---

1) 台湾最高裁2004年161判決参照。Sheng-Yan Sun, General Principles of the Law of Obligations（中国語），Vol.Ⅱ, 2006, p. 755.
2) 本稿で言及する解除（cancellation）は、ドイツ法における"Rücktritt"、PECL及びPICCにおける"termination"と同義である。しかし、スコットランドでは"rescission"、南アフリカでは"cancellation"という用語が、好んで用いられている。この点につき、Naude, Termination for Breach of Contract, in: MacQueen/Zimmermann (eds.), European Contract Law: Scots and South African Perspectives, 2006, p. 281, footnote 1 参照。

したがって、解除権は、ドイツ民法349条、ヨーロッパ契約法原則（PECL）9：303条1項[3]、及びユニドロワ国際商事契約原則（PICC）7.3.2条2項などにおけると同様、一方的な権利（形成権）なのである[4]。

台湾の最高裁及び学説の通説によれば[5]、契約の解除は、契約の効力を遡及的に消滅させる。最高裁1951年1020判決によれば、契約が解除された場合には、契約が無効であるのと同じ結果になるとされる。契約から生じていた権利義務は、解除の結果、遡及的に消滅するのである。このような解除の遡及効は、フランス法におけると同様であるが、ドイツ法及び国際契約法では異なる[6]。

契約の解除は、契約の解約（告知）（Kündigung）とは異なる。解約は、それが行使されれば、契約が遡及効なく解消されることを意味する。解約がなされる前に契約から生じていた義務は、解約によって何ら影響を受けず、契約当事者間で効力を維持するのである。解除と同様、解約告知も通常は、契約違反に起因する[7]。しかし、台湾民法は、いくつかの場合について、契約当事者の一方又は双方が何の理由もなく契約を解約できることを規定している[8]。

契約の解除は、意思表示の取消しとも異なる。契約の解除は、契約当事者の一方が約束した契約上の義務を履行することができず、その結果、その相手方が解除権を行使することが認められるという場合に関する。それ故、契約の解

3) Lando/Beale (eds.), Principles of European Contract Law, Parts I and II, 2000, p. 410：裁判所での行動は要求されていない。
4) フランス法では、債権者が不履行に基づき「解除（résolution）」をするためには、不履行をした当事者に対して通知するだけでは足りない。そうではなく、「解除（résolution）」は、裁判手続において求められなければならない。この点につき、Treitel, Remedies for Breach of Contract, A Comparative Account, 1988, s. 243 参照。同箇所では、さらに比較法的評価も加えられている。
5) 台湾最高裁1951年1020判決、及び1962年2829判決、Sheng-Yan Sun, supra (n. 1), p. 775; Chun-Tang Liu, General Principles of the Law of Obligations（中国語）, Vol. I , 2001, pp. 390 - 391 及び同箇所引用の諸文献参照。
6) Treitel, supra (n.4), s. 282; Zimmermann, The New German Law of Obligations, Historical and Comparative Perspectives, 2005, p. 73; Lando/Beale (eds.), supra (n.3), p. 420.
7) 例えば、不動産賃貸人が賃貸目的物の修繕を正当な理由なく行わない場合、又は賃借人が賃料の支払をしない場合には、相手方は契約を解約することができる（430条・440条1項）。また、雇用主がその労働に関する自己の権利を被用者の承諾なく第三者に移転した場合、又は被用者が雇用主の承諾なく自己の代わりに第三者を労務に従事させた場合には、それぞれ相手方は契約を解約することができる（484条）。

除原因は、契約が締結された後に生ずる（後述の 227 条・254 条・256 条・359 条及び 494 条）。これに対して、意思表示の取消しの場合は、契約当事者が、錯誤、不当威圧又は強迫の下で意思表示をなし、その結果、その意思表示を取り消して効力を消滅させることが認められるのである。それ故、取消原因は、当該意思表示がなされた瞬間から生ずる（88・89 条・92 条）。さらに、契約が解除された場合には、両当事者が原状回復義務を負う（259 条。下記に詳述）のに対し、意思表示の取消しの場合には、各当事者は相手方から受領していたものを不当利得の規律に従って相手方に返還することとされている（179 条）。

契約の解除は、解除条件の成就とも区別される。第 1 に、契約解除の場合には、解除の意思表示が必要であり、その意思表示が一方の当事者からその相手方に対して行われなければならない。しかし、解除条件の成就では、法律行為当事者のさらなる行動を必要とせずに、法律行為が効力を失うのである（99 条 2 項）[9]。第 2 に、台湾の最高裁及び権威ある学説によれば、契約の解除は、その効果として契約を遡及的に無効とするが、これに対して、解除条件の成就は、法律行為の効力につき遡及効を有しない[10]。最後に、解除条件が成就した場合には、既に給付されたものは不当利得の規律に従って返還されなければならないが（179 条）、これに対して、解除の場合は、前述の通り、給付されたものは 259 条で定められた原状回復の規律に服する[11]。

II 当事者双方の合意に基づく契約の解除

解除権は、契約当事者の合意を基礎として生じうる。明示的に規定されては

---

8) 例えば、注文者は、仕事の完成前は、いつでも請負契約を解約することができる。しかしこの場合、注文者は、請負人にその解約から生ずる損害を賠償しなければならない（511 条）。委任契約では、各当事者がいつでも契約を解約することができる（549 条 1 項）。旅行者は、旅行の完了前であれば、いつでも契約を解約することができる。しかし、その場合、旅行者はその解約から生じた損害を旅行業者に賠償しなければならない（514-9 条 1 項）。不確定な期間について継続的債務の保証がなされた場合、保証人は、債権者に対する通知によっていつでも保証契約を解約することができる（754 条 1 項）。
9) 台湾最高裁 1971 年 4001 判決を参照。
10) 台湾最高裁 1985 年 1354 判決参照。
11) 台湾最高裁 2007 年 299 判決参照。

いないが12)、双方の合意による解除権は適法であり、153条に定められた契約自由によって拘束力を持つ13)。双方の合意による解除権は、契約締結時であれ、契約締結後であれ、契約に入れることができる。

　また、双方の合意に基づく解除権は、契約当事者の一方に与えることもできるし、双方に与えることもできる。最高裁2007年583判決では、行政機関と私人との間で締結される契約であって、その内容が公益に関わるときには、契約により、行政機関にのみ解除権を与え、私人である契約当事者にはそのような解除権を与えないものとすることができるとされた。

　しかし、実際には、公共工事契約の当事者は、通常、一定の事情の下で両当事者に解除権が与えられる旨合意している。最も一般的な条項は、「建設業者の責めに帰することのできない事由により、契約締結の日から起算して6カ月経過後も建築を開始できない場合には、建設業者は契約を解除することができる」、「建設業者が、顧客の事前の同意なく、契約の何らかの部分を第三者に移転し又は譲渡した場合には、顧客は、予め通知することなく解除することができる」というものである。

　売買契約において、「買主が目的物の代金を支払わないときは、手付金は売主によって没収され、売主が目的物を引き渡さないときは、売主は手付金の倍額を買主に返還しなければならない」と約束された場合、両当事者が契約解除権を有するか否かは、事例ごとに解釈によって決せられる。

　最高裁1976年1933判決では、前記のような約束を伴う契約は、「契約違反が存する場合には、違反した当事者は相手方に対して損害を賠償しなければならない」とのみ解釈されうるのであって、「売主は受領した手付金の倍額を返還することによって契約を解除する権利を有し、物の引渡しを拒むことができる」とは解釈されえない、と判示された。しかし、最高裁2003年1676判決で

---

12) 旧ドイツ民法346条～361条は、直接的には、契約で留保された解除権について適用される規定であった。しかし、この旧ドイツ民法346条～356条は、法定解除権について準用されていた（旧ドイツ民法325条・326条・327条・462条・467条・634条1項及び4項参照）。債務法の現代化を経た2002年の新ドイツ民法346条～354条は、合意による解除権と法定解除権の両方に適用されうる。Hager, Das Rücktrittsrecht, in：Dauner-Lieb/Heidel/Lepa/Ring, Das Neue Schuldrecht, 2002, § 5 Rn 3, 15; Hager, Das geplante Recht des Rücktritts und des Widerrufs, in: Ernst/Zimmermann, Zivilrechtswissenschaft und Schuldrechtsreform, 2001, p. 429.

13) 台湾最高裁1997年3165判決参照。

は、買主と売主が契約で、「買主が最初に一定額の手付金（deposit）を支払うべき旨を合意した場合には、売主が履行できないときは売主はその手付金の返還に加えて買主に対して違約金を払わなければならず、買主が契約に違反したときは売主はその支払われた手付金を没収することができ、且つ、事前に通知することなく契約を解除することができる」とされた。つまり裁判所は、そのような契約は、売主は手付金の倍額を返還して契約を解除する権利を有し、同様に買主も既に支払った金額を放棄することによって契約を解除する権利を有する趣旨と解釈されるべきだと判示したのである。

当事者双方の合意に基づいて認められた解除の場合は、当事者によって合意された法律効果が生ずる[14]。その合意がない場合には、法定解除権に関する規定（257条～262条）が適用される[15]。

III 履行義務違反に基づく契約の解除

1 過失を要件とする原則

比較法的観点からは、過失を履行義務違反に基づく解除権のための要件とするべきか否かは、議論の多い問題である。フランス法では、過失が、解除という救済手段のために必要とされる[16]。ドイツ法では、ドイツ民法旧325条、326条は、解除を正当化するために過失（過責）の要件を置いていたが[17]、これに対し、ドイツ民法新323条は、ウィーン動産売買条約（CISG）のモデルに従って[18]、解除を違反当事者の側の過失の有無とは切り離している[19]。国際契約法においては、契約の解除は、過失原則と結びつけられていない（CISG 49条[20]、PECL 8:101条、9:301条、PICC7.1.7条4項、7.3.1条[21]）。

---

14) 台湾最高裁2004年32判決参照。
15) Sheng-Yan Sun, supra (n.1), p. 758.
16) Treitel, supra (n.4), s. 254.
17) Treitel, supra (n.4), s. 255, 258.
18) Schlechtriem, International Einheitliches Kaufrecht und neues Schuldrecht, in: Dauner-Lieb/Konzen/Schmidt, Das Neue Schuldrecht in der Praxis, 2003, pp. 71, 77.
19) Palandt-Grüneberg, 66. Aufl., 2007, § 323 Rn 1; Markesinis/Unberath/Johnston, The German Law of Contract, A Comparative Treatise, 2 nd ed. (2006), p. 420; Zimmermann, supra (n.6), pp. 67, 74.

台湾法の下では、履行義務違反に基づく契約の解除は、その違反が違反当事者の責めに帰すべき事由によるものである場合にのみ可能である。詳細は、以下に述べる。

2　履行不能

256条によれば、226条に定める場合には、債権者は契約を解除することができるとされている。226条は、以下のように規定する：「①履行が債務者の責めに帰すべき事由により不能となった場合には、債権者はそれによって生じた損害の賠償を請求することができる。②前項に規定する場合において、履行の一部が不能となり且つ残部の履行では債権者にとって何ら利益がないときには、債権者は残部の履行を拒絶し、債務全体の不履行による損害賠償を請求することができる」。

双務契約において、一方の当事者が履行をすることができないときでも、契約は自動的に縮小するのではない[22]。つまり、相手方が契約に基づく義務からの解放を欲する場合には、256条に基づいて契約を解除しなければならないのである[23]。256条に基づく契約解除の場合には、相手方は、履行のための猶予期間を設定する必要はない。なぜなら、この場合にはそのような猶予期間は無意味だからである[24]。

履行不能が債務者の責めに帰すべき事由による場合には、それが客観的不能（例えば、売却された商品が来訪者の過失によって滅失したことにより、売主の引渡義務が不能になった場合）であれ、主観的不能（例えば、他人の物の売買において、売主がその所有権を取得して買主に移転することができない場合）であれ、債権者は256条に基づいて契約を解除することができる[25]。

しかし、債務者の責めに帰することのできない事由による履行不能の場合に

---

20) Müller-Chen, in: Schlechtriem/Schwenzer, Kommentar zum Einheitlichen UK-Kaufrecht —CISG—, 4.Aufl., 2004, Art. 49 Rn 4.
21) PECL 及び PICC については、不履行当事者の主観的な過失よりむしろ、客観的に重大な違反が、「解除（termination）」（本稿にいう cancellation）の手段のための要素とされている。
22) 台湾最高裁 1998 年 1162 判決参照。
23) 台湾最高裁 1996 年 1579 判決参照。
24) Sheng-Yan Sun, supra (n.1), p. 768.
25) 台湾最高裁 1996 年 1389 判決参照。

は、債務者は、225条1項により、不履行責任を負わない。したがって、この場合、債権者は契約を解除することはできない[26]。これは、ドイツ民法新323条や国際契約法とは明らかに異なる。

　最高裁2002年637判決は、債務者の履行の一部のみが不能であるときでも債権者が契約全体を解除できる場合を具体的に示している。この事件では、原告が被告から未完成の2階建ての建物を購入した。被告は、いずれの階も商業使用に適していると約束した。しかし、建物が完成してみると、1階の約3分の1に当たる前方部分しか、商業使用に適していなかった。1階の残部及び2階は、居住目的でしか使用できなかったのである。行政当局は、問題となった建物の1階はその取扱いを商業使用に変更することができるが、2階は居住用として維持しなければならないとした。高等裁判所は、原告は2階部分の建物の契約のみ解除することができると判断したが、最高裁判所は、この判決を破棄し、原告は契約全体を解除することを妨げられないと判断した。

　しかし、最高裁2002年2261判決では、建物が建築前段階で売買され、その後、売主は建物と土地の所有権は買主に移転したが、スイミングプールと他の29の共用施設の利用権については契約で合意された通りに移転することができなかったという事案において、最高裁判所は、次のように判断した。すなわち、売主は契約上、当該共用施設の利用権を移転する義務を負っているが、これは契約の主要な義務を構成するものではない。したがって、契約上の義務の当該部分の不履行は、契約の主要な目的に影響を与えるものではない。契約の主要な目的は、建物と土地の所有権を移転することである、と。結局、最高裁判所は、当該買主は契約全体を解除して購入代金の返還を請求するための法的根拠を有していないと判断したのである。

3　履行遅滞

　債務者の履行遅滞も、債権者の解除権を基礎づける。これを定める規定は、254条と255条である。

(1) 履行のための期間を定めた後の解除（254条）

　254条は、次のように規定する。すなわち、契約当事者の一方が不履行に陥った場合には、相手方は相当の期間を定めてその期間内に履行するよう催告

---

[26]　台湾最高裁1955年415判決、2001年25判決参照。

しなければならない。その定められた期間内に履行がなされなかった場合には、相手方は契約を解除することができる。

履行不能の場合と同様、債務者の履行遅滞が債務者の責めに帰すべき事由によるものであることが、債権者の解除権のための要件である[27]。このことは、履行がないことが債務者の責めに帰することのできない事由によるものである限り、債務者は不履行に陥るものではないと規定する230条から導くことができる。これとは対照的に、ドイツ民法新323条、PECL 9:301条、及び PICC 7.3.1条の下では、たとえ履行遅滞が債務者の責めに帰すべき事由に基づくものではない場合であっても、相手方は、解除という手段をとることができるものとされている。

台湾の最高裁判所は、254条によれば債務者の履行遅滞は自動的に債権者の解除権を導くものではないということを、繰り返し強調してきた。債権者によって設定された付加的猶予期間が無益に経過してはじめて、債権者は契約を解除することができるのである[28]。

254条に掲げられている履行のための付加期間という一般的要件は、ドイツ民法旧326条及び新324条と対応している[29]。

これに対して、国際契約法では、CISG 49条1項a、64条1項a、PECL 9:301条1項、及び PICC7.3.1条が、不履行に陥った当事者の重大な契約違反（fundamental breach of contract）(CISG) 又は重大な不履行（fundamental nonperformance）（PECL 及び PICC) を、不履行による解除権を債権者に与えるための要件としている。これらの場合、最後通告の手続は必要とされない[30]。しかし、CISG 49条1項b、64条1項b、PECL 9:301条2項、8:106条3項、及び PICC7.1.5条3項の下では、重大でない履行遅滞も、不履行にある当事者に履行のための付加的な猶予期間を与えることによって、重大な不履行に高められて解除権をもたらしうるということが注目される[31]。

---

[27] 台湾最高裁1991年2786判決。
[28] 台湾最高裁1942年2840の判例。台湾最高裁2001年1352判決、2006年852判決、2006年1908判決及び2007年771判決。
[29] ドイツ法における履行のための猶予期間の要件について、及び比較法的考察については、Treitel, supra (n.4), s. 245 参照。
[30] Schlechtriem, Internationales UK-Kaufrecht, 1995, Rn 106 f., 111 f.; Staudinger/Otto (2004) § 323 Rn A 11 ff.; Schwinger/Fountoulakis, International Sales Law, 2007, p. 369.

254条の定める不履行にある債務者に対してなされる催告において、債権者は、当該猶予期間の経過後は履行の受領を拒絶する旨を宣言しなくてもよい。このことは、ドイツ民法の旧326条1項とは異なっており、新323条1項と類似している[32]。

また、債権者によって設定される付加期間は、相当なものでなければならない[33]。この期間が相当か否かは、事案ごとに判断される。その際、一般的な社会通念が考慮される。債権者が付加期間を何ら設定しなかった場合には、契約を解除することはできない。しかし、台湾最高裁判所民事大法院（Great Senate for Civil Matters）の1985年決定（resolution）〔訳注：具体的事件から離れた抽象的法律判断〕により、債権者によって設定された猶予期間が相当な長さではなく、あるいは短すぎる場合であっても、履行期から相当な期間が履行のないまま経過したときには、債権者は契約を解除することができるとされた[34]。ここで示された見解は、PECL 8 : 106条3項、PICC7.1.5条3項、及びドイツ民法の旧326条と新323条に関するドイツの法実務に対応している[35]。

台湾最高裁2006年2096判決によれば、遅滞していた履行が債務者によって

---

31) Zimmermann, supra (n.6), p. 74; Lando/Beale (eds.), supra (n.3), pp. 376–377；Naude, supra (n.2), p. 282. 明らかにこれと異なる見解として、Markesinis/Unberath/Johnston, supra (n. 19), p. 422参照。ここでは、履行の期間の設定は、重大でない違反を重大な違反に変更するものではないとされている。同様に、Müller-Chen, in: Schlechtriem/Schwenzer (eds.), Commentary on the Convention on the international Sale of Goods (CISG), 2 nd ed., (English) 2005, Art 49 para. 16も参照。ここでは、引渡し、支払及び受領という3つの主要な契約上の債務の場合のみ、付加期間の設定により契約の解除が導かれるとされる。つまり、より深刻でない契約違反は、付加期間の設定によって契約の解除原因にまで高められることはありえないとされるのである。

32) ドイツ民法において、「拒絶の警告を伴う期間の設定（Fristsetzung mit Ablehnungsandrohung）」という要件を放棄した理由については、Schlechtriem, Schuldrecht, Allgemeiner Teil, 5.Aufl., 2003, Rn 428を参照。そこでは、この要件は非法律家には知られておらず、解釈上の問題を引き起こしていたと説明されている。

33) 台湾最高裁1946年35の判例。

34) 台湾最高裁2001年1231判決によれば、同じ原則は、双方で合意された解除権の場合にも妥当するとされる。

35) Staudinger/Otto (2004) §323 B 66, B 67; Palandt/Grüneberg, 66. Aufl., 2007, § 323 Rn 14; Markesinis/Unberath/Johnston, supra (n. 19), p. 426. これに対して、短すぎる履行期間を定めた通知は、南アフリカ法の下では無効であり、スコットランド法の下でも同様である。Naude, supra (n.2), p. 287.

第Ⅱ部　世界に見る民法改正の諸問題

行われ、且つ債権者によって受領された場合には、債権者は、契約に別段の定めがない限り、もはや履行遅滞に基づいて契約を解除することはできないとされていることも、ここで指摘しておこう。

(2)　履行のための期間を定めずにする解除（255条）

255条によれば、契約の性質又は当事者の意思表示により、定められた時期に履行をしなければ契約の目的を達することができない場合において、当事者の一方がその定められた時期に履行をしないときは、相手方は、前条で定めた催告をすることなく契約を解除することができるとされている。本条で言及されている契約は、「絶対的定期契約（the contract of absolute fixed time）」と呼ばれている[36]。新しいドイツ民法は、323条2項2号において、いわゆる定期行為における契約の解除について規定している。

台湾最高裁判所は、255条に定められた「絶対的定期契約」の証明について非常に狭い解釈を採用している。最高裁2003年314判決では、本条の文言が「定められた時期に履行をしなければ契約の目的を達することができない」とされていることから、当事者間においてその期限を厳格に遵守することについての合意がなければならない、とされた。これに加えて、最高裁判所は、両当事者が期日の重要性を認めていたものでなければならないとする。したがって、請負契約において、請負人は建物の建築を40日以内に完成させなければならないという合意があったとしても、請負人がその期限を遵守することの重要性を明示的に承認していなかったときには、注文者には255条に基づく解除権は認められない[37]。売買契約において、当事者が、売主は特定の期日までに取引を完了させなければならない旨合意していたにすぎない場合も、同様である[38]。これらの場合における不履行は、債権者の255条に基づく解除権を正当化するものではない[39]。

255条に基づく契約の解除を主張する債権者は、当該不履行に絶対的定期の本質的要件が存することにつき立証責任を負う[40]。

---

36)　絶対的定期契約に関する比較法的議論については、Treitel, supra（n.4）, s. 246参照。
37)　台湾最高裁1956年1718の判例。
38)　台湾最高裁1975年177の判例。
39)　台湾最高裁2006年3038判決。
40)　台湾最高裁2007年1220判決参照。

4　不完全履行

　2000年5月5日に施行された改正227条1項は、債務者の責めに帰すべき事由による不完全履行の場合は、債権者は履行遅滞又は履行不能に関する規定に従って権利を行使することができると規定する[41]。

　本条によれば、債務者の不完全履行の場合における解除権は、2つの類型に分かれる。

　第1の類型は、補完又は補正されうる不完全履行の場合である[42]。この場合には、履行遅滞に関する規定（254条）が準用される。換言すれば、債権者は、相当な期間を定めることによって、債務者に、不完全履行を補完し又は補正するための第2の機会を与えなければならない。この相当な期間が無益に経過した後にはじめて、債権者の解除権が生ずるのである。

　もう1つの類型は、不完全履行が補完又は補正されえない場合である[43]。この場合は、履行不能に関する規定（256条）が類推適用される。その結果、債権者は、履行のための猶予期間を定めることなく、直ちに契約を解除することができる[44]。

　台湾最高裁判所の見解によれば、債権者の解除権を導くのは、主たる契約債務の不完全履行だけではない。保護義務、衡平法上の義務、あるいは情報提供義務などの付随義務の違反が[45]、そのような違反が主たる義務の履行を不可能にし[46]、又は債権者の利益及び契約目的の達成を損なう[47]限りにおいて、

---

[41] 旧227条は、債務者が履行をなさず、又は不完全な状態での履行をする場合には、債権者は、裁判所に、履行の強制及び損害賠償請求を申し立てることができると規定していた。本条における（「債務者が」）不完全な状態での履行をする」という一節が、積極的不完全履行の場合を意味するのか否かについては、激しく議論が闘わされた。Tze-chien Wang, Entwicklunglinien und Reform des chinesisch-taiwanesischen Schuldrechts, AcP 186, 1986, 365, 390 ff.

[42] 例えば、売主が、購入された機械を引き渡したが、この機械の安全且つ効果的な使用方法について買主に説明をしなかった場合である。この場合、説明をしなかったことは不完全履行である。しかし、これは、必要な説明を買主にすることによって補完又は補正することができる。

[43] 先の注で述べた例において、必要な説明がなされなかったことにより、引き渡された機械が爆発して灰になったときには、補充的な説明はもはや買主の役に立たない。

[44] 台湾最高裁1995年2887判決及び1999年1100判決参照。

[45] Markesinis/Unberath/Johnston, supra (n. 19), pp. 129-130; Treitel, supra (n. 4), s. 368参照。

[46] 台湾最高裁2006年804判決。

債権者の解除権を基礎づける。比較法的な観点からは、ドイツ民法新324条における類似の規定が注目に値する。同規定は、双務契約において、債務者が241条2項に定められた義務に違反した場合において、もはや債権者にその契約の維持を合理的に期待することができないときには、債権者は契約を解除することができると定めている[48]。

5 事前の違反又は確定的で真剣な履行拒絶の場合における解除

コモンローでは、一方の当事者に事前の違反があった場合において、それが深刻又は重大なものであるときには、相手方は履行期前に契約を解除することができる。一方の当事者がその履行義務を明確且つ絶対的に拒絶した場合にも、同じ規律が適用される[49]。

ドイツ民法新323条4項の下では、解除の要件が満たされることになることが明らかな場合には、債権者は履行期前に契約を解除することができる。これは、債務者の事前の違反によって正当化される解除の場合である[50]。さらに、同条2項1号は、債務者が真剣に且つ確定的に履行を拒絶する場合に、債権者に契約解除権を認めている。同項3号は、各当事者の利益を衡量の上、直ちに解除することを正当化するような特別の事情が存する場合には、債権者に解除権が認められるとする。これらの場合には、債権者は、履行のための期間を定めることなく契約を解除することができるのである[51]。

国際契約法についてみると、CISG 72条[52]、PECL 9:304条[53]及びPICC

---

47) 台湾最高裁2002年2380判決。
48) 新ドイツ民法324条で引用されている241条2項に基づく義務、及び324条と323条(特に同条5項)との違いについては、Staudinger/Otto (2004) §324, Rn 11, 14参照。
49) Treitel, supra (n.4), s. 279; Treitel, The Law of Contract, 22 th ed. 2003, p. 860; Atiyah, An Introduction to the Law of Contracts, 5 th ed. 1995, p. 402; Farnsworth, Contracts, 3 th ed. 1999, §8. 20, p. 600.
50) Zimmermann, supra (n.6), p. 75; Emmerich, Das Recht der Leistungsstörungen, 6. Aufl., 2005, §19 Rn 16–17. 同箇所には、ドイツ法に関するさらなる参考文献が掲げられている。
51) 前述の通り、ドイツ民法323条2項2号は、いわゆる定期行為における契約の解除について規定しており、債権者は予め履行のための期間を定めることなく契約を解除することができるとされている。ドイツ民法新323条に定められた全ての例外は、旧326条の下で承認されていたことに若干の修正を施したものである。Zimmermann, supra (n.6), p. 71, footnote 175. 同箇所にはさらなるドイツ法参考文献が掲げられている。

7.3.3条も、一方当事者の事前の違反により、履行期前の相手方の解除権が導かれうることを定めている。

さらに、中国契約法94条2号[54]は、履行期の到来前に相手方がその主たる債務を履行しない旨を明示し又はその行動によって黙示的に示した場合における、一方当事者の契約解除権を規定している[55]。

台湾では、民法は事前の違反について明文で規定していない。多数の学者は、英米法、ドイツ法及び国際契約法における事前の違反の理論に基づいて、次のように主張する。すなわち、債務者の事前の違反又は確定的で真剣な履行拒絶の場合には、債権者は、履行のための期間を定めることなく、履行期前において契約を解除することができる、と[56]。それにもかかわらず、最高裁判所は、債務者は履行期を徒過した後にのみ責任を負うのであり、したがって、事前の違反は義務違反を構成するものではなく、この段階で債権者のなした解除は根拠を欠くとする。さらに、履行期経過後の債務者による確定的で真剣な拒絶についても、最高裁判所は、255条が適用される場合でない限り、そのような拒絶は254条で定められた履行遅滞と異なるものではなく、したがって債権者は履行のための付加期間を定めた後にはじめて契約を解除することができるとする[57]。この点に関連し、台湾の最高裁判所はさらに別の判決において、履行期前における債務者の確定的で真剣な拒絶は債務の積極的違反を構成するものでもないとしていることを、ここで指摘しておこう[58]。

---

52) Hornung, in: Schlechtriem/Schwenzer (eds.), supra (n. 31), Art. 72, paras. 26-29; Münchener/Huber, 4. Aufl., 2004, Art. 72 Rn 2 f.
53) Lando/Beale (eds.), supra (n.3), p. 417.
54) 中国契約法は、1999年3月15日に公布され、1999年10月1日に施行された。
55) Ge Yunsong, Study on the Rule of Anticipatory Breach of Contract (中国語)、2003, pp. 187-228; Lee Yongiun, Contract Law (中国語), 2 nd ed., 2005, pp. 674-676; Han Shiyuan, Contract Law (中国語), 2004, pp. 487-495. 94条2号に加えて、中国契約法108条は、契約当事者の一方が、その契約債務を履行しない旨を明示的に表示し又は行動によって黙示的に示した場合には、相手方が、前者が履行期より前に契約違反に対する責任を負うことを求めることができると規定している。
56) Sheng-Lin Jan, Positive Breach of Non-conforming Performance—Developments of the Resolutions and Decisions of the Supreme Court (中国語), 34 Taiwan Law Journal (May 2002), pp. 33-36. 同箇所には、さらなる台湾法の参考文献が掲げられている。
57) 台湾最高裁2000年1871判決、2004年2497判決。
58) 台湾最高裁1994年2410判決。

第Ⅱ部　世界に見る民法改正の諸問題

Ⅳ　売買契約及び請負契約の解除

　前述の履行義務違反に基づく契約の解除とは別に、売買契約及び請負契約については、解除の特別規定が置かれている。ここでは、解除権は、売買目的物又は完成した仕事の瑕疵から生ずる。

　ドイツ民法旧462条に従って、台湾民法359条は、前五条の規定により売主が瑕疵に基づき責任を負う場合には、買主は、その選択により契約を解除し又は代金の減額を請求することができると規定している。しかし、当該場合の諸事情により、契約の解除が明らかに不公正であるときには、買主は代金の減額のみを請求することができるとされている。

　同様に、台湾民法494条は、ドイツ民法旧634条に従い、請負人が前条1項で定められた期間内に瑕疵を修補せず、若しくは前条3項の規定に従って瑕疵の修補を拒絶する場合、又は瑕疵の修補が不能な場合には、注文者は契約を解除し又は報酬の減額を請求することができると規定している。しかし、瑕疵が重大でない場合、又は契約で定められた仕事が建物の建築若しくは土地上のその他の仕事である場合には、注文者は契約を解除することができないとされている。

　ドイツ法においてそうであるように[59]、売買目的物（359条）又は仕事（494条）の瑕疵に基づく解除は、売主又は建設業者の過失に依拠しない[60]。

　台湾最高裁判所は、359条による買主の解除権に関して、以下のような重要な判断を下した。

1　買主は、本条で認められた解除権の行使に先立って瑕疵の修補のための猶予期間を定めることは要求されない[61]。
2　354条に定められた文言とは異なり[62]、危険が買主に移転する前に売買目的物の瑕疵が明らかになり、売主が瑕疵の修補を要求されたのにこれを

---

59)　Palandt-Weidenkaff, 66. Aufl., 2007, § 437 Rn 22; Ehmann, Modernisiertes Schuldrecht, 2002, § 7 Ⅱ, S. 192; Raab, Der Werkvertrag, in: Dauner-Lieb/Heidel/Lepa/Ring, supra（n. 12）, pp. 261, 269, Rn 23.

60)　Mao-zong Huang, Law of Obligations（中国語）, Vol. Ⅰ, 2003, p. 425; Chun-Tang Liu, Kinds of Obligations（中国語）, Vol. Ⅰ, 2003, p. 32, Vol. 2, 2004, p. 42.

61)　台湾最高裁1980年2383判決。

拒絶した場合でも、買主は、359条に基づいて解除権を行使することができる。危険の移転前にその瑕疵が修補できないものであることが明らかになったときも、同様である[63]。
3 359条に基づく買主の契約解除権は、365条に定められた消滅時効に服する[64]。しかし、この期間が満了した後でもなお、買主は、不完全履行からなる積極的違反の規律に基づいて、契約を解除することができる（227条）。なぜなら、瑕疵ある目的物の引渡しは、そのような積極的違反を構成しうるものであり、そこから生ずる解除権は365条には服さないからである[65]。

494条に基づく注文者の解除権については、台湾最高裁判所によって示された以下の見解に注意が払われなければならない。
1 494条では、契約で定められた仕事が建物の建築又は土地上のその他の仕事である場合には、仕事に瑕疵があっても注文者は解除という手段を用いることはできないと規定されている。しかし、最高裁判所は、1994年3264の判例で、本条による注文者の解除権の排除は、建物の構造上の安全性に影響しない瑕疵に限定されるのであり、瑕疵が建物の崩壊の危険をもたらす場合には、注文者は解除権の行使を妨げられないとした。

---

62) 354条は、次のように規定する：「物の売主は、373条の規定に従って危険が買主に移転する時において、その売却した物に、価値を破壊し又は減少させるような質的な瑕疵がないこと、及びその物が通常の用法に適し又は当該売買契約で定めた用法に適していることを、保証しなければならない。しかし、その減少の程度が重要でないときには、そのような減少は瑕疵とはみなされない。売主は、危険が移転する時においてその物が保証された性質を持つことも、保証しなければならない」。
63) 台湾最高裁1995年2758判決、1996年1306判決、1997年1303判決、2000年1710判決、2003年2360判決。Sheng-Lin Jan, Seller's Liability for Warranty before the Transfer of Risk—Comments on the Decisions of the Supreme Court（中国語）, National Taiwan University Law Journal, Vol. 22 No. 1, (Dec. 1992), pp. 419–439.
64) 365条は次のように規定する：「売買目的物の瑕疵から生じる買主の解除権又は代金減額請求権は、買主が356条に従って売主に通知した日から6カ月以内に行使しないとき、又は引渡しの日から5年が経過したときには、時効により消滅する。6カ月に関する前項の規定は、売主が瑕疵を故意に隠蔽したときには適用しない」。
65) 台湾最高裁1998年2302判決、2002年1588判決。最高裁判所の見解は、厳しく批判されてきた。この点につき、Sheng-Lin Jan, supra (n. 56), pp. 41–43及び同所に掲げられたその他の台湾法の文献を参照。

2 494条は、仕事の瑕疵が請負人の過失に基づくものであるか否かに関わらず、注文者に請負契約を解除する権利を認めている。しかし、仕事の瑕疵が請負人の責めに帰すべき事由による場合には、注文者は、494条に基づいて解除権が認められることに加えて、277条に規定されている不完全履行という積極的違反の規律に従って契約を解除することもできる[66]。

V 契約解除の効果

1 履行義務からの解放

契約解除の中心的効果は、履行義務からの解放である。このことは、相手方の不履行に基づき契約を解除した当事者にのみ妥当するのではなく、違反した当事者にも妥当する。解除より前になされた給付については、その返還を請求することができる。259条は、契約が解除された場合には、各当事者は、法律又は契約に別段の定めがない限り、相手方を原状に復させる義務を負うと規定している[67]。この点について、台湾民法は、ドイツ民法346条[68]及び国際契約法（PECL 9:305条-9:309条[69]、PICC7.3.5条-7.3.6条[70]）で定められているのと同じ規律を採用しているのである。

---

[66] 台湾最高裁1998年261判決。
[67] 259条は次のように規定する：契約解除の場合には、各当事者は、法律又は契約に別段の定めがない限り、以下の規定に従って、相手方を原状に復させなければならない。
　(1) 各当事者は相手方から受領したものを返還しなければならない。
　(2) 受領したものが金銭であるときは、受領時以降の利息を付さなければならない。
　(3) 受領された給付が役務又は物の使用であるときは、その利益が返還されなければならない。
　(4) 返還されるべきものから利益が生じたときは、その利益も返還されなければならない。
　(5) 返還されるべきものにつき、必要費又は有益費を支出したときは、返還の時において相手方に利益の存する限度で、その費用の償還を請求することができる。
[68] Zimmermann, supra (n.6), p. 71; Markesinis/Unberath/Johnston, supra (n. 19), p. 419.
[69] 特に、PECL 9:305条1項の第1文を参照：「契約の解除は、将来の履行を実現する義務及び受領する義務から両当事者を解放する」。Lando/Beale (eds.), supra (n.3), p. 419 も参照。
[70] 特に、PICC7.3.5条1項参照：「契約の解除は、将来の履行を実現する義務及び受領する義務から両当事者を解放する」。

2　解除と損害賠償

　国際契約法（CISG 45条2項[71]、PECL 8：102条[72]、及びPICC7.3.5条2項[73]）の下でも、ドイツ民法新325条[74]の下でも、契約の解除は、違反により生じた損害の賠償請求を妨げない。換言すれば、契約の解除と損害賠償請求は併用することができるのである[75]。

　台湾では、260条が、解除権の行使は損害賠償請求権を妨げないと規定している。それ故、契約の解除は、債権者がその義務違反から生じた損害の賠償を請求することを妨げるものではない。

　しかし、台湾最高裁判所のリーディングケースでは[76]、当事者が相手方の不履行に基づき解除権を行使した場合には、解除前に生じた損害の賠償のみを請求できると判断されていることを、ここで指摘しておかなければならない。最高裁判所の説示によれば、その理由は、請求することの認められる損害賠償は、契約が解除される前に生じた「古い」救済に限定されるからだとされる。これに対して、解除から生ずる「新しい」救済は、260条に該当しないとされるのである。

　これらの判例の下では、売主の不履行又は履行遅滞に基づいて契約を解除し、それに代わる商品を購入した買主は、契約代金とその代替取引における代金との差額を請求することはできない[77]。同じことは、買主の違反が原因で契約

---

71) CISG 45条2項は、買主は、他の手段による権利を行使することによって、損害賠償を請求するいかなる権利も奪われることはないと規定する。
72) PECL 8：102条は、次のように規定する：矛盾しない法的手段は併存する。特に、当事者は、他の手段による権利を行使することによって、損害賠償を請求する権利を奪われることはない。Lando/Beale (eds.), supra (n.3), p. 363 も、契約を解除する当事者は、例えば損害賠償の請求をすることもできるとする。
73) PICC7.3.5条2項は、不履行による損害の賠償請求を妨げるものではないと規定している。
74) ドイツ民法新325条は、双務契約における損害賠償請求権は、解除によって排除されないと規定している。Markesinis/Unberath/Johnston, supra (n. 19), p. 420; Pohlmann, Vom Verzug zur verspäteten Leistung?, in: Duner-Lieb/Konzen/Schmidt, supra (n. 18), pp. 286-289 参照。ドイツ債務法における解除と損害賠償との関係については、Medicus, Das Schuldrechtsmodernisierungsgesetz-Weiterentwicklung oder Systemwechsel?, in: Dauner-Lieb/Konzen/Schmidt, supra (n. 18), pp. 63-64 参照。
75) 比較法的な評価については、Treitel, supra (n.4), s. 287-288 参照。
76) 台湾最高裁 1966年1188 及び 1966年2727 の判例。
77) 台湾最高裁 1982年115 判決。

を解除し、その代わりの売買を行った売主が、それによる損害を被っている場合にも妥当する。この場合にも、売主は、その生じた損害につき賠償を請求することはできないのである[78]。

これらの判例は、学説によって議論され、批判されてきた。その理由は、この判例の見解からの実際の帰結は、明らかに不公正であり、損害軽減ルールに明らかに反しており、しかも債権者の利益保護にとって全く不十分だということにある[79]。前述の新しいドイツ法及び国際契約法の規定を参考にして、この判例が速やかに変更されることが望まれる[80]。

VI　むすび

要約すると、台湾民法の下における契約解除の要件及び効果は、以下の通りである。
1　約定解除権は、当事者双方の合意又は法律の規定に基づいて認められる。民法には明文の規定がないが、双方によって合意された解除権は、当事者に対して拘束力を有し、別段の定めがない限り、法定解除権について定められた同じ規定が適用される（II）。
2　法定解除権は、契約上の履行義務の違反から生じ、ここには、履行不能、履行遅滞及び不完全履行が含まれる。これらに基づく解除の場合、その違反が、債務者の責めに帰することのできる事由によることが要件とされており、この点、新ドイツ民法、CISG、PECL、及び PICC と異なる。付随的ないし副次的な義務の違反も、その違反が主たる義務の履行又は契約目的の達成を不可能とするほどに重大なものであるときには、解除権を導きうるということが、強調されなければならない（III 1-4）。

---

78) 台湾最高裁 1988 年 1983 判決。
79) Sheng-Lin Jan, Compensation for Damages due to Delay in Performance—Comment on the Decision of the Supreme Court 1989（中国語）, No. 636, FT Law Review, Vol. 50（April 1990）, pp. 22,24; We-Lin Ma, Commentary on Articles 242-267 Civil Code（中国語）, 1995, Article 260, s. 38-43.
80) CISG 75 条も参照：「契約が取り消され、取消し後合理的期間内に合理的な方法で買主が代わりの物を購入し、又は売主がその物を再び売却したときには、損害賠償を請求する当事者は、契約代金とその代替取引の代金との差額並びに 74 条の下で回復できるその他のいかなる損害をも、回復することができる」。

3　ドイツ法及び国際契約法とは異なり、台湾最高裁判所によれば、事前の違反及び確定的で真剣な履行拒絶それ自体は、猶予期間の要件を不要とするものではなく、解除権を発生させるものでもない（Ⅲ5）。

4　売買契約又は請負契約においては、売買目的物又は完成した仕事の瑕疵も、買主又は注文者に法定解除権をもたらしうる。この場合は、履行義務違反から生じる解除とは異なり、しかし新ドイツ民法及び国際契約法とは一致して、解除は売主又は請負人の過失に依拠しない（Ⅳ）。

5　ドイツ法及び国際契約法におけると同様、台湾民法では、契約解除の第1の効果は、当事者を履行義務から解放することである。したがって、当事者は既になした給付の返還を相手方に請求することができると定められている（Ⅴ1）。

6　新しいドイツ債務法及び国際契約法におけると同様、不履行があった場合に債権者は、解除権と損害賠償請求権の手段を併用することを妨げられない。しかし、非常に疑問があり激しく議論されているところの台湾最高裁判所の判例法によれば、この明文で認められている解除と損害賠償請求の併用は、解除前に生じた損害の賠償請求に限定される。つまり、債権者が解除後に被った損害の賠償は排除されるのである（Ⅴ2）。

第2節　契約解除法制と帰責事由
───詹森林論文と日本法

鹿野菜穂子

I　はじめに
II　債務不履行解除における帰責事由の要件
III　改正の方向（その1）
　　───帰責事由から切り離された新たな解除法制
IV　改正の方向（その2）
　　───帰責要件を前提とした従来の解除法制の修正
V　今後の検討

I　はじめに

　詹教授のご報告は、債務不履行解除および瑕疵担保解除を中心に、台湾における解除法制を取り扱うものであった。そこでは、2001年のドイツ民法改正のほか、ヨーロッパ契約法原則（PECL）、ユニドロワ国際商事契約原則（PICC）、ウィーン売買条約（CISG）などの国際的な契約法準則も紹介され、それらと比較しながら、台湾民法の解除に関する規定の内容と、それをめぐる判例・学説の状況が紹介されるとともに、その問題点も指摘された。
　全体として、台湾の解除制度と日本の解除制度ないしその伝統的解釈との間には共通点が多く、そのいずれも、改正前のドイツ民法理論の影響を強く受けているように見受けられた。特に、台湾では、近年の国際的潮流とは異なり、債務不履行による解除について、その不履行が債務者の責めに帰すべき事由によるものであることを要件としており、この点、日本民法の現行規定およびその伝統的解釈と一致している。
　台湾では、近年の民法改正（2000年施行）において、不完全履行規定の追加等が実現したところであるが、その際、この帰責事由の要件は変更されなかった。そして少なくとも現在は、債務不履行解除と帰責事由との関係につき直ちに抜本的見直しが図られる状況にはなく、解除を帰責事由と切り離したドイツの新制度の運用状況などを注視しながら、さらなる改正の要否につき検討して

ゆく予定だとのことであった。しかし、後述のとおり、日本では、まさにこの帰責事由の要件が、いまや解釈上大きな批判にさらされており、民法改正の検討においても、この問題を避けることはできない。

そこで、ここでは債務不履行解除の要件としての帰責事由に焦点を当て、日本の議論を簡単に確認するとともに、本章第1節において詹教授からもご紹介のあった近時の国際的動向をも踏まえながら、日本の解除法制につき考えられる改正の方向性と、それに関連する問題点を指摘することとしたい。

II　債務不履行解除における帰責事由の要件

台湾におけると同様、日本でも、伝統的な判例・通説によれば、債務不履行により契約を解除するためには、その不履行が債務者の責めに帰すべき事由によることが必要と解されてきた。

履行不能による解除については、日本民法543条ただし書で、条文上、帰責事由の要件が定められている。一方、履行遅滞による解除を定めた541条には、直接的には帰責事由の要件は定められていない。しかし、判例・通説は、543条との均衡、及び、解除も損害賠償と同様、債務不履行の場合における債務者の責任を規定したものだという理由から、541条に基づく履行遅滞による解除の場合も、債務者の帰責事由が要件だと解してきた[1]。不完全履行についても同様である。

これに対して、近時の学説においては、帰責事由の要件を不要とする見解が、有力に主張されている[2]。つまり、解除は、あくまでも債権者を契約の拘束力から解放する制度であるから、債務者の帰責事由にかかわりなく認められるべきだとして、解除を帰責事由から切り離す国際契約ルールやドイツ民法の新しい制度の考え方を支持する見解である[3]。そして、現行民法の解釈としても、

---

1) 我妻栄『債権各論㊤（民法講義V 1）』（岩波書店・1954年）156頁、松坂佐一『民法提要　債権各論〔第5版〕』（有斐閣・1993年）57頁、三宅正男『契約法（総論）』（青林書院新社・1978年）187頁等。
2) 内田貴『民法II 債権各論〔第2版〕』（東京大学出版会・2007年）89頁、近江幸治『民法講義V 契約法〔第3版〕』（成文堂・2006年）80頁、潮見佳男『債権総論I〔第2版〕』（信山社・2003年）430頁以下等。辰巳直彦「契約解除と帰責事由」林良平＝甲斐道太郎編『谷口知平先生追悼論文集(2)』（信山社・1993年）331頁も参照。

少なくとも履行不能以外の債務不履行による解除については、条文では帰責事由は明記されていないことから、帰責事由と切り離して解除の要件を構成するべきだと主張されてきた。また、判例が過失主義をとっているという理解に対しても、一部で疑問が呈されている。

日本民法の改正において、債務者の帰責事由から完全に切り離された解除法制を採用すべきか否かは、1つの根本的な問題である。これについては、2つの異なる方向性が考えられ、民法改正研究会でも検討してきた。以下、その要点をご紹介する。

Ⅲ 改正の方向（その１）
―― 帰責事由から切り離された新たな解除法制

1つの方向性として、CISG 49条、PECL 8：101条、9：301条、PICC7.3.1条、ドイツ民法新 323条、324条などと同様、債務者の帰責事由を要件としない解除制度を導入することが考えられる[4]。その根拠は、解除は、債務者に制裁を加えるのではなく、債権者を契約の拘束力から解放する制度であるから、債務者の帰責事由にかかわりなく、契約で目的とされた給付が得られない債権者には解除が認められるべきだというものである。現行民法は543条で履行不能による解除につき債務者の帰責要件を明文で規定していること、および危険負担に関する規定が存在することから、現行民法の解釈としてはこの主張には限界があったが[5]、民法改正における新たな解除制度の枠組みとしては、この方向性は十分検討に値しよう。この立場からは、さらにいくつかの点が問題となる。

第1に、この帰責事由不要説からは、解除の新たな要件として、CISG 49条

---

3) 学説状況について、潮見・前掲注2) 431頁以下、近江・前掲注2) 79頁以下、辰巳・前掲注2) 336頁以下、渡辺達徳「民法541条による『契約解除』と帰責事由(1)(2・完)」商學討究44巻1＝2号（1993年）239頁、3号（1994年）81頁、山本敬三「契約の拘束力と契約責任論の展開」ジュリ1318号（2006年）94頁以下、松岡久和「履行障害を理由とする解除と危険負担」ジュリ1318号（2006年）139頁等参照。
4) 辰巳・前掲注2) 339頁・346頁以下、潮見・前掲注2) 432頁以下、内田・前掲注2) 88頁～89頁、近江・前掲注2) 79頁以下。この他、前掲注3) の諸文献も参照。
5) 内田・前掲注2) 103頁、近江・前掲注2) 88頁は、危険負担との区別という観点からも、現行法の解釈としては、履行不能の場合には債務者の帰責事由が必要だとする。

1項a、64条1項a、PECL 9:301条1項や、PICC7.3.1条におけると同様、「重大な契約違反」ないし「重大な不履行」を要求すべきことが提唱されうる[6]。すなわち、解除制度は、契約で目的とされた給付を得られない債権者に、契約の拘束力からの解放を認めるものであるから、たとえ債務不履行があっても、契約目的をなお達成できる場合には解除を認める必要はなく、契約目的を達成することができない場合、つまり重大な契約違反がある場合に限り、解除を認めれば足りるとされるのである。既に、日本民法では、瑕疵担保による解除については、契約目的を達することができないということが要件とされており（570条・556条1項・635条）、付随的債務の不履行による解除についても、判例は[7]、契約目的を達することができない場合に限り認められると解する傾向にあるが、これらは、重大な契約違反の場合に解除を認めるという考え方に連なるということができる。

第2に、催告解除の位置付けである。重大な契約違反の場合に限り解除が認められるとすると、催告解除も、重大な契約違反という統一要件に組み込むことが考えられる。すなわち、履行期に履行がないことそれ自体が重大な契約違反を直ちに構成しない場合であっても、催告にもかかわらず履行が行われないという要件が加わることにより、重大な契約違反を構成し、解除を正当化することがあると考えられるのである[8]。もっとも、軽微な付随的債務の不履行などについては、催告という要件が加わってもなお、解除を正当化する重大な契約違反とは認められず、損害賠償による解決のみを導くことになろう。

第3に、この問題は、危険負担制度の見直しにも波及する。すなわち、解除につき債務者の帰責事由を不要とする立場によると、契約締結後、債務者の責めに帰することのできない事由により債務者の履行が不能になった場合には、債権者は契約を解除でき、これにより両当事者の債務は消滅する。これは、債権者の解除の意思表示を通して、危険負担における債務者主義と対応した結果

---

6) 潮見・前掲注2) 433頁以下、山田到史子「契約解除における『重大な契約違反』と帰責事由（2・完）」民商110巻3号（1994年）88頁以下、能見善久「履行障害」『債権法改正の課題と方向』別冊NBL 51号（1998年）132頁以下等。
7) 大判昭13・9・30民集17・1775、最判昭43・2・23民集22・2・281参照。
8) CISG 49条1項b、64条1項b、PECL 9:301条2項、8:106条3項、PICC7.1.5条3項参照。この点につき、山本敬三『民法講義Ⅳ−1 契約』（有斐閣・2005年）182-183頁も参照。

を認めることになる。しかし、そうすると、解除と危険負担は実際上同じ機能を有することになるから、両者を併存させる必要はなく、統合すべきなのではないかという問題が生ずる。そして、両制度の統合を考える際、債務からの解放を当事者の選択に委ねる解除制度の方に一元化すべきだとするなら、危険負担制度は廃止されるべきことになる[9]。もっとも、危険負担制度を廃止することとした場合、536条2項の趣旨を引き継いで、相手方の不履行（履行不能）につき主な原因のある当事者は、その相手方の不履行を理由に解除をすることができないとすること、その場合、不履行につき原因のある当事者（相手方の履行を不能ならしめた当事者）は給付を受ける権利を失い、その相手方は反対給付を受ける権利を失わないが、利益償還義務は残るとすることなど、いくつかの利益調整規定を設ける必要性についても併せて検討されるべきであろう。

　第4に、瑕疵担保による解除についても、再検討が迫られる。債務不履行による解除につき、債務者の帰責事由を不要とし、重大な契約違反という新たな統一要件を立てる立場によれば、その限りで、債務不履行解除と瑕疵担保解除との要件上の差はほとんどなくなる。それでもなお、瑕疵担保による解除につき、債務不履行解除の特則を置く意味があるとすれば、売買目的物の引渡後、あるいは、請負人の仕事の完成ないし完成物の引渡後は、解除権の行使が、特別の期間制限に服するものとすること、土地工作物の請負については、仕事完成後は、当該工作物が建て替えざるを得ないような極めて重大な瑕疵を有する場合等に限り解除を認めるという形で解除の要件を加重すること、などの点であると考えられよう。

Ⅳ　改正の方向（その2）
―― 帰責要件を前提とした従来の解除法制の修正

　上記のような、帰責要件と全く切り離された新たな解除法制の導入という考え方に対し、他方で、少なくとも一定の場合には、帰責要件を存続させるべきだという方向性も考えられる。これは、一方で危険負担制度を、その債権者主義は目的物の引渡後の滅失・損傷の場合にのみ適用されるという形での修正を加えて、存続させることを前提とする。そしてそうすれば、多くの場合、この

9）　潮見・前掲注2）344頁以下、山本・前掲注7）176－177頁参照。

修正された危険負担制度と、帰責要件と結びついた解除制度との組み合わせで、妥当な解決が図られるのであり、債務者に帰責事由がないにもかかわらず債権者に解除を認めることが必要且つ妥当と認められるのは、ごく限られた場合に過ぎないことになるのではないかという考えに基づく[10]。

これによれば、第1に、債務者の帰責事由によることなく債務が履行不能となった場合には、危険負担が問題となり、危険負担の原則である債務者主義によれば、解除するまでもなく、債務者の債務も債権者の反対債務も共に消滅するのであるから、債権者に契約の解除を認める必要はないということになる。これに対し、例外的に危険負担の債権者主義が適用される場合には、債務者の債務のみ消滅し、債権者の反対債務は存続することになるが、このような事態は、この見解の前提とする新たな危険負担制度の下では、目的物が引渡後に滅失・損傷した場合に生じるにすぎない。そして、そもそも目的物が債権者に引き渡されてその支配下に入った後に滅失・損傷した場合には、それによる不利益を無過失の債務者に負担させることは妥当ではなく、したがってこの場合には債権者に解除を認めるべきでもないので、問題はないとされる[11]。

第2に、債務者の帰責事由によらずに履行遅滞となった場合については、帰責事由を要件とせずに解除を認めることにも一定の意味がありそうである。なぜなら、債権者が給付を得ていないのに、債務者に帰責事由がなければ契約から離脱できないとすることは、債権者に履行遅滞の危険を負担させて契約に拘束することを意味し、債権者の保護に欠けるからである[12]。もっとも、履行遅滞が、給付の一部のみにかかるときは、後述の通り、解除による契約拘束力からの解放を認める必要性は必ずしも存在しない。したがって、履行遅滞については、債務が全部又は重要な部分につき未履行である場合に限り、債務者の帰責事由を要件とすることなく、契約を解除することが認められるべきだとされる。なお、不完全履行が問題とされる場合については、一部不能又は一部遅滞の場合として取り扱えば足りる。

第3に、重大な不履行を契約解除の要件とすることは、この立場からも支持されうる。すなわち、債務不履行が軽微な場合には、損害賠償の請求は認めら

---

[10] 加藤雅信『新民法大系Ⅳ 契約法』（有斐閣・2007年）74頁以下。
[11] 加藤・前掲注9) 75頁。
[12] 藤岡康宏ほか『民法Ⅳ 債権各論〔第3版〕』（有斐閣・2005年）40頁〔磯村保〕、加藤・前掲注9) 75頁。

れるとしても、契約の解除による拘束力の否定まで認めるべきではない。このことは、既に、付随的債務の不履行や一部不履行に関して、「契約の目的を達することができない」ときに限り解除が認められるとしてきた従来の判例・学説の見解とも基本的に一致する。追完可能な債務不履行の場合は、原則として、催告を経てはじめて、重大な不履行を構成し、解除を導きうるものと考えられる。

　第4に、危険負担制度については、この立場からは前述の通り、修正を加えて存続すべきだとされる[13]。債権者主義の適用は、目的物が債権者に引き渡された後に滅失・損傷したという場合に限定される。そして一般的に、全部又は一部の履行不能が債務者の帰責事由によらない場合は危険負担、帰責事由による場合は債務不履行により損害賠償・解除の規定が適用される。

　第5に、瑕疵担保による解除については、従来通り、売主や請負人の過失を要件とすることなく行使できるものとする。ただし、債務不履行と瑕疵担保の関係一般については、別途検討を要することになろう。

V　今後の検討

　以上、あるべき解除法制について、2つの異なる考え方を紹介した。筆者自身は、解除を帰責事由から切り離す前者の考え方に共感を覚えるものであるが、研究会では、現段階〔2008年3月〕では未だ最終的な決着に達しておらず、後者の、解除に債務者の帰責要件を残し、危険負担制度を修正しながら存続させる考え方についても、他の制度との整合性を図りながらさらに検討していく予定である。

　なお、Ⅲでは、解除に帰責要件を不要とした場合における危険負担制度廃止の可能性を示唆した。しかし、ドイツ民法の新しい制度などでは、解除を帰責要件と切り離しながらも、危険の移転に関する規定が残されており、帰責事由を不要とすることが直ちに、危険に関わる規定の全面的廃止ということにはならない可能性もある。ドイツの新たな制度の下での危険に関わる規定の存在意義も踏まえた上で、今後の日本民法における解除と危険負担との関係について

---

[13]　加藤・前掲注9）65頁、75頁。このような危険負担の考え方は、現行法の解釈論としても、従来から主張されていた（半田吉信『売買契約における危険負担の研究』〔信山社・1999年〕159頁以下、167頁以下参照）。

第Ⅱ部　世界に見る民法改正の諸問題

は、なお慎重な検討の必要があるものと思われる。

　＊　本稿は、2008年3月2日の「民法改正国際シンポジウム―――日本・ヨーロッパ・アジアの改正動向比較研究」における詹森林教授のご報告に対するコメントのために作成した原稿を基礎としている。ただし、ここでは紙幅の制約から、当日配布資料に載せたコメント原稿を半分以下に圧縮したため、台湾との制度比較の大部分を削り、日本民法の改正に向けた議論を中心にさせて頂いたことを、お断りしておきたい。

第11章　債権譲渡論

池 田 真 朗

Ⅰ　はじめに
Ⅱ　民法改正自体の基本思想
Ⅲ　民法という法典の性格付け
Ⅳ　各論1——債権譲渡禁止特約の問題
Ⅴ　各論2——判例法理の進展を取り込む追加的改正
Ⅵ　各論3——特別法や特例法を取り込む改正：動産債権譲渡特例法の影響
Ⅶ　各論4——理論的な不整合（説明の困難さ）を除去する改正
Ⅷ　各論5——将来債権譲渡についての規定
Ⅸ　各論6——取り込みが遅れている規定の追加——債務引受と契約譲渡
Ⅹ　通知型対抗要件システムの維持か改変か
Ⅻ　まとめと展望

Ⅰ　はじめに

　債権譲渡は、1970年代前半までは、物権変動などと比較すると判例・学説の蓄積も少なく、さしたる注目度もない分野であったが、この四半世紀に非常に大きな展開を遂げ、今やわが国の民法典の中でも、屈指の重要分野に成長したと言ってよい。その急激な展開は、債権譲渡自体が、危機に瀕した譲渡人が苦しまぎれに行う多重譲渡や差押と競合する取引から、資金調達のために事業者等の正常な経済活動の中で頻繁に行われる取引に大きく転換したことによって起こっている[1]。

　したがって、2008年から2009年にかけて大きな盛り上がりを見せることになったわが国の民法（ことに債権法）改正論議[2]の中でも、債権譲渡規定をどう扱うべきかは非常に重要な論点となった。しかしながら、債権譲渡については、後述するように、その議論の立脚点をどう取るかによって、おそらく改正提案

---

[1]　池田真朗「債権譲渡に関する判例法理の展開と債権譲渡取引の変容——危機対応取引から正常業務型資金調達取引へ——」川井＝田尾編『転換期の取引法——取引法判例10年の軌跡』（商事法務・2004年）295頁以下参照。

がまったく異なってしまうと思われる。

筆者は、2008年7月までの議論を踏まえて、「民法（債権法）改正論議と債権譲渡規定のあり方」[3]と題する論考を発表した。その後、わが国では、いくつかの学者グループの検討結果が公表されたところであるが、ここではまだ、それらについての具体的な論評や方向性の提示は避け、右論考にその後の改正論議の展開を加えて、世界の動向にも言及しつつ、考えられる発想とその選択肢を広く摘示して考察を加えることとしたい[4]。

II 民法改正自体の基本思想

まず、民法改正というそのこと自体の意味づけないし基本思想であるが、現時点でも論者によってかなりの見解の相違があるように思われる。つまり、①

---

2) 2008年10月の日本私法学会では、二つの学者グループ（加藤雅信上智大学教授をリーダーとする民法改正研究会と金山直樹慶應義塾大学教授をリーダーとするグループ）が民法改正をテーマに報告を行った。財産法全体を対象とした前者の試案は、『日本民法改正試案・仮案（平成20年10月13日案）』（有斐閣、私法学会会場限定販布品）および「日本民法改正試案・仮案（平成21年1月1日案）」（判例タイムズ1281号〔2009年〕39頁以下）として発表された（民法改正研究会については序文参照）。時効をテーマとした後者のそれは、金山直樹編『消滅時効法の現状と改正提言』（別冊NBL 122号）として発表されている。また、法務省のメンバーも加わった民法（債権法）改正検討委員会（座長・鎌田薫早稲田大学教授）は、約2年半にわたる検討作業を終えて2009年4月29日に民法〔債権法〕改正検討委員会編『債権法改正の基本方針』（別冊NBL 126号〔2009年〕）を発表したところである。同委員会は、2006年10月に組織されたもので、全体で36名の学者と法務省関係者で構成されていた。同委員会の紹介文としては、内田貴「いまなぜ『債権法改正』か」NBL 871号〔2007年〕16頁以下、872号〔2008年〕72頁以下、同「債権法改正の意義」NBL 872号1頁ほかがある。なお、同委員会の全体会議の議事録は、ホームページに公開されるが（アドレスは、http://www.shojihomu.or.jp/saikenhou/）本稿執筆時点（2009年4月）ではまだ公開は最初の3分の1程度のものにとどまっている。

3) 池田真朗「民法（債権法）改正論議と債権譲渡規定のあり方」慶應義塾大学法学部編・慶應義塾創立150年記念法学部論文集『慶應の法律学・民事編』（慶應義塾大学法学部・2008年12月）25頁以下。なお筆者は、この論稿の概要にあたるものを「債権譲渡の見直しの発想と選択肢」として、法律時報臨時増刊『民法改正を考える』（2008年9月）239頁以下に発表している。

4) 具体的には本章のIIからXの前半までは基本的には前注3）に掲記の拙稿「民法（債権法）改正論議と債権譲渡規定のあり方」と重複するが、IとX後半、およびXIは、前稿に修正を加え、また新たな文章を書き加えている。

現在運用上の不都合が具体的にあるとされる部分を修正する、というレベルにとどめるべきという意見もあるし[5]、②特段不都合がなくても、判例学説の（少なくとも確立した判例法理の）進展があるならばそれを取り込み、法律の可視性を上げるべきであるという意見もある。③さらに、現在不都合はなくても、今後10年、20年を見据えて、あるべき姿をこの機会に立法すべきという積極論もあろう。この③の立場と重複するかもしれないが、④世界的な立法動向や、国際的立法提案にできるだけ合わせる方向で改正を考えるべき、という議論もある。

筆者としては、現時点では極力これらの諸見解に公平に対処したいが、ただ、民法という、市民生活にとってもっとも身近な、私法の基本法を扱うにあたっては、（筆者は、そもそも民法の大部分の規定は、市民社会の取引形態や市民感覚を法が吸い上げて規定とするものと考えているので）もっぱら学者の知的関心のみを先行させた改正論議には、与しがたいという感覚を持っている。学者は、あくまでも謙虚に、民法の使い手であり対象者である市民のために、民法改正の議論をするべきである。

いずれにしても、これら基本思想の違いによって、債権譲渡の部分の議論は大きく変わってくる。つまり、上記①のような発想からすれば、そもそも規定の見直しの是非なり必要性の有無という段階から検討されるべきであるが、他方、判例や学説の進展を取り入れるとか、国際動向に合わせるということになれば、直ちにかなりの改正案の提示が可能になると思われるのである。

III 民法という法典の性格付け

さらに、具体的な改正論議に入る前にもうひとつ論じておかなければならないことは、民法典そのものの性格付けである。つまり、民法典は、あくまでも市民生活の基本的一般的な規範と性格付けられるべきものなのか、それともも

---

[5] 2008年3月1日・2日に上智大学において開催された「民法改正国際シンポジウム——日本・ヨーロッパ・アジアの改正動向比較研究」（民法改正研究会主催。筆者が司会を務めた）でも、ドイツのリーゼンフーバー教授から、「壊れていないものを修理するな」という考え方が紹介された（本書268頁注100）〔初出は、カール・リーゼンフーバー（渡辺達徳）「不履行による損害賠償と過失原理」ジュリ1358号〔2008年〕155頁注100〕〕。

第Ⅱ部　世界に見る民法改正の諸問題

はや取引社会を整序するための規範と割りきってよい存在になっているとみるのか、ということである。債権譲渡について具体的にいえば、親子間の債権を兄弟間で譲渡するような債権譲渡をも念頭に置いてルールを考えるのか、そのような形態は捨象して、もっぱら資金調達手段や決済手段としての債権譲渡をイメージしてルール作りをすればよいのか、という問題である（ことに、債権譲渡に関しては、企業の資金調達においても、基本的に民法の債権譲渡規定（およびその特例法）の対象となるという法状況[6]があり、本質的に取引法の色彩が強い分野となっているという特殊性がある）。

　このいずれに立つかによって、個々の立法案はまた大きく異なることになるのである。そしておそらくはこの民法典全体の性格付け（ないしは債権譲渡固有の状況の勘案）の問題が、債権譲渡においては立法案の最終的選択に決定的な影響を与えるように思われる。

　なお、右の議論は、民法の取引法化、商事化という問題として把握されているが、もう一方で、本来民法が扱う、市民としての自然人も、「消費者という色のついた人」が主となり、「取引の世界に登場する登場人物が、多くの場合、商人か消費者かという色つきの人になったとき、民法の想定する人の意味も変化せざるを得」ないという見解が示されている[7]。しかし、この点についても、世界的にもなお両論があるのであり、前掲の2008年3月の民法改正国際シンポジウムでは、オランダ代表のハートカンプ教授は、消費者法や商法までも民法典に取り込もうとするオランダ民法典の立場を説いていたが、前掲のフランス債務法改正案をまとめた本人であるフランス代表のカタラ教授は、なお民法がニュートラルなものであるべきことを強調し、民法典に消費者法を決して取り込まず、商事法的な処理ともはっきり区別するという同教授の見解（そしてそれは現在までのフランスの立法の方向性でもあり、フランスは民法典とは別に「消費法典」（消費者法典ではない）を有している）を明瞭に述べている[8]。

6）　資産担保証券を発行しての債権流動化等は、もちろんそれぞれの商事分野の法律の規制に服することになるが、資金調達目的であっても指名債権の譲渡それ自体は商行為法の問題にならず（商法501条以下参照）、ただ会社がその事業のためにする指名債権譲渡は会社法5条によって商行為となるのみでありかつ会社法等では指名債権譲渡に関する特段の規定がなく、結局、企業等が指名債権を譲渡する場合は、対抗要件等全般について民法および動産債権譲渡特例法の規定によって規律されることになる。

7）　内田貴・前掲論文NBL 872号74頁。

IV 各論1——債権譲渡禁止特約の問題

　もし、現在運用上の不都合が具体的にあるとされる部分を修正する、というレベルにとどめるべきという意見に立つとすると、債権譲渡分野は全体にそれほど大きな不都合があるわけではない、という議論も成り立たないわけではない。ただ、現在の条文で実務において最も問題とされているのは、民法466条2項の譲渡禁止特約である。これが、前述した企業等の資金調達取引にとって大きな阻害事由になっていることは、盛んに議論されているところである。
　すでに拙著に詳細に紹介しているように[9]、そもそも世界的にもこのような明文規定を置く国は従来から大変少数派であり（明治民法制定当時からヨーロッパの主要国ではドイツ民法、スイス債務法くらいであり、梅謙次郎ら起草委員もその事実を正確に認識していた）、加えて今日の国際的傾向も、アメリカ統一商事法典UCCや、ユニドロワ国際商事契約原則2004（第9.1.9条）のように全面的に譲渡禁止特約の効力を否定するものから、UNCITRALの国連国際債権譲渡条約（2001年成立、未発効）のように対象債権に限定を加えつつ効力を否定するもの（同条約9条）等、否定例が多数であるということは間違いないからである（なお、PECL 11：301条では、将来の金銭債権の譲渡については譲渡禁止特約の効力が制限されるが、その

---

8) 　前記民法改正国際シンポジウム報告資料で、カタラ教授は、自ら編纂した改正草案について、「まず何よりも、その核心は、民事法に特有の考え方を示すことである。すなわち、一般性と中立性という機能における民事法の優位を復活させることである。民法典は、すべての市民に対して、分け隔てなく適用される。（中略）消費者の保護のように、問題となっている法的状況と、商業的な利益のように、求められている社会的な利益に応じて、契約的な均衡をより効率的ないし安全な方向に調節するのは、民法典以外の法律である。民法典にとって、債務法編は、もっとも一般的な規定を置くところでなければならず、特別法の個別的な利益を包含しつつ調節する、現実に即した普通法を規定するものである」と記述している（本書第14章参照〔初出はピエール・カタラ（野澤正充訳）「フランス──民法典から債務法改正草案へ」ジュリスト1357号（2008年）136頁以下。ちなみにハートカンプ教授の論文については、本書第15章参照〔初出は、アーサー・S・ハートカンプ（平林美紀訳）「オランダにおける民法典の公布」ジュリスト1358号（2008年）134頁以下）。なお筆者はシンポジウム終了後、カタラ教授にこの点が同教授の明確な基本コンセプトであることを直接確認した。さらに、筆者は未見であるが、フランスでは2008年7月に、新たに司法省による民法（契約法部分）改正草案が発表されたとのことである。

9) 　池田真朗『債権譲渡法理の展開』（弘文堂・2001年）304頁以下。

第Ⅱ部　世界に見る民法改正の諸問題

他の場合は債務者が譲渡に同意するか、譲受人が特約について善意無過失でなければ譲渡禁止特約が有効としている[10]が、これについては、もっぱらファクタリングにおける債権譲渡の安定性を狙ったものと説明されている)[11]。

　もっとも、そこで問題になるのが、前述の民法典の性格づけである。商事分野ないし取引法分野を視点の中心においた議論では、かなり説得的に譲渡禁止特約の否定ないし制限を語れるとしても、基本法たる民法の世界では、このような特約を保護すること自体は契約自由の観点から許容されるべきであり、また実際に多様な取引形態がありうるのだから、禁止特約を有効とする規定を残しておいてもよい、という議論も強い。すなわち、譲渡禁止特約の資金調達取引上の弊害は明らかであるとしても、条文として削除するとか、積極的に効力否定の規定をおくまでには至らない、という議論である。一般法としての民法という位置づけからすれば、結局このような見解が優位を占めることになることは十分に予想できる。

　しかしながら、仮にわが民法466条を現状維持するとなると、おそらくはわが国固有の不適切な問題が残るように思われる。というのは、わが民法466条1項2項は、本来の規定からすれば、契約の相対効を定めたものとして、文字通り譲渡禁止特約を知らない善意の第三者にはこの特約は効果がない、と適用範囲を比較的限定できたはずなのであるが、判例が（預金契約における譲渡禁止特約の存在の公知性などを理由に掲げつつ）重過失は悪意と同視しうるという論法で善意要件を「善意無重過失」と置き換えた（最判昭和48・7・19民集27巻7号823頁）ところから、現在のわが国では、現実には結局譲受人が一定レベルの調査をしないと（重過失を認定されて）譲渡禁止特約を対抗されてしまう可能性が高い、という誤った方向でこの規定を処理することが確立してしまった。こ

---

10)　ヨーロッパ契約法原則（PECL）については、債権譲渡を含む第Ⅲ部の翻訳として、オーレ・ランドー他編、潮見佳男＝中田邦博＝松岡久和監訳『ヨーロッパ契約法原則Ⅲ』（法律文化社・2008年）があり、本稿のテーマに関しては、藤井徳展「ヨーロッパ契約法原則（PECL）における債権譲渡法制──債権譲渡による資金調達という視点を中心に据えて(1)（未完）」大阪市立大学法学雑誌53巻4号〔2007年〕369頁以下が詳細に紹介している。

11)　内田貴「ユニドロワ国際商事契約原則2004──改訂版の解説(2)」NBL 812号〔2005年〕73頁。もっともPECLは内田論文も紹介するように、消費者取引をも射程に含んでいると考えられるので、国際間の商事取引を適用対象とするユニドロワ原則などよりも譲渡禁止特約の有効な場面を多く認めるのも当然といえよう。

こに問題の根本がある（その結果、譲受人に調査義務を課すごとき裁判例まで見られることは、本来の規定の趣旨から遠く離れるものであって非常に遺憾である）[12]。したがって、この問題点を重視するならば、現行債権譲渡規定を全体にそれほど不都合がないと見る立場からも、民法466条2項の表現には何らかの修正が加えられるべきという議論が提示されることに合理性がある。

　さらに、もうひとつの検討を加えておこう。確かに金融取引の一部などで、相手方が変更されては困る取引などがあることは広く認められているのであって、一律に譲渡禁止特約の効力を否定する明文規定を置くことは行き過ぎであるという見解に従うにしても、現行規定の466条1項（債権の譲渡性を宣明した規定）のみを残し、2項の規定を全面的に削除した場合はどうなるか。要するに、禁止特約を当事者間で結ぶことは契約自由として可能であるとしても、その特約の対外効についてはまったく特別規定がない、という状態にするのである。

　実はこれが現在のフランス民法典の債権譲渡規定における形態である。つまりフランス民法は、譲渡禁止特約に関しての明文規定を持たない。その場合は、どのような結論になるのか。特別の規定がなく、一般論としての合意の相対効の原則が優先するとなれば、譲渡禁止特約は、もちろん締結当事者間では有効であっても、債務者は、譲渡禁止特約について悪意の、つまり実際には禁止特約を結んだ段階でそれに関与していたような譲受人に対してでなければ、譲渡禁止特約を対抗できないはずである。そして、フランスの近年の破毀院の判決は、まさにその理を明らかにしている[13]。

　したがって、わが国でも、民法466条の1項を維持しつつ2項を削除すれば、（解釈論に委ねられる部分は残るのだが）善意の第三者が保護される場面は相当に増えることになろう。そのような観点からすれば、この466条2項削除案も一案

---

[12]　池田真朗・判批・金法1748号〔2005年〕36頁、同・判タ1241号〔2007年〕37頁以下参照。たとえば大阪地判平成15・5・15金法1700号103頁は、「調査義務」を措定し、その「調査義務」が尽くされなかったことを重過失としている（池田・判タ1150号〔2004年〕89頁）。加えていえば、同判決の事案では、債務者は早々に供託をしていて、譲渡人の管財人が、譲渡人と譲受人との間の取引基本契約書に譲渡禁止特約が存在していたことを（同契約書を管財人が探し出してきて）主張している（同・判タ1150号94頁、1241号43頁参照）。本来債務者の利益保護のために付されたはずの譲渡禁止特約が、このような用いられ方をしていることに対しても、何らかの立法上の対処が必要であろう。

第Ⅱ部　世界に見る民法改正の諸問題

として検討の対象になるべきである[14]。ただし、このような形態の立法は、結局その後の解釈に委ねる部分が大きくなるため、利用者の予測可能性は低くなり、その意味では好ましい立法とは言えないという批判が当然になされよう。そうすると結局、右のフランス破毀院判例の論理を一般化したような、「譲渡禁止特約は、譲受人が譲渡の時にその存在を知っていたことを債務者が証明した場合に限って対抗しうる」というような規定を明文で置くことも考えられるわけである[15]。

V　各論2──判例法理の進展を取り込む追加的改正

民法467条の債権譲渡の対抗要件については、昭和49（1974）年以来、わが国の判例法理は大きく進展した。つまり、最判昭和49・3・7民集28巻2号

---

13) Cass.com. 21 nov. 2000, D. 2001, p. 123. 事案はダイイ法の事案。譲受人金融機関が、譲渡禁止特約のある原契約の締結当事者になっていないのであれば、債務者は譲受人に譲渡禁止特約を対抗できないとしたもの。債務者が譲受人に譲渡禁止特約を対抗できるとしていたパリ控訴院の裁判例 CA Paris, 26 janv. 1996, Dalloz Affaires 1996, p. 352, RJ com. 1996, p. 188, note Grua; RTD com. 1996, p. 310, obs. Cabrillac を否定したものである。ただし学説には、なお譲渡禁止特約の有効性を肯定する議論もある。

14) ちなみに、2006年に発表されたカタラ教授による「フランス債務法および時効法の改正草案」では、譲渡禁止特約そのものに関する明文規定は存在しないのだが、本文で後の7に掲げるように、「債務者は書面で譲渡人に対する全部または一部の抗弁を明示的に放棄して承諾したのでなければ、負債に内属するすべての抗弁を譲受人に対抗しうる」とする趣旨の規定を置く中に、「債務の移転不可能性を含め」という文言を入れている（カタラ草案1257条。この移転不可能性 intransmissibilité が債務の性質によるものを指すのか、禁止特約によるそれを含むのかは未確認である）。

15) 譲受人が知っていたことの立証責任は債務者にあることになる。このような規定をしようとするのは、たとえばヨーロッパ私法学者アカデミー（イタリア・パヴィア大学）によるヨーロッパ契約法草案（いわゆるパヴィア草案、2002年公表）である。同草案121条4項は、「合意による禁止は、譲受人が譲渡の時にその事実を知っていたことを、債務者が証明した場合に限り、譲受人に対抗できる。この場合において、禁止は譲受人が債務者に対して権利を取得することを妨げるが、譲渡人に対する権利の取得は妨げられない」とする（Gaz.Pal, Recueil Janvier-Fevrier 2003, Doctrine, p. 262 より翻訳。同草案は、フランス語で起草されている）。なおパヴィア草案については、平野裕之教授の翻訳紹介がある。解説部分は平野「ヨーロッパ契約法典草案（パヴィア草案）第一編(1)」法律論叢76巻2・3号75頁以下、本章該当部分は、「同論文(2)・完」法律論叢76巻6号115頁以下を参照。

174頁によって二重譲渡の優劣基準についてはいわゆる到達時説が確立している。さらに、最判昭和55・1・11民集34巻1号42頁によって、その基準で決まらない通知同時到達の場合は同順位譲受人は全員が債務者に対して全額の請求をしうる立場に立つとされ、さらに最判平成5・3・30民集47巻4号3334頁は、そのようなケースで債務者が供託をした場合は、譲受債権額（ないし被差押債権額）に応じて按分されるとした。この3判決で、我が国の一連の二重譲渡優劣基準の判例法理は確立したと考えてよい。

そうすると、ここまでの判例法理の進展は、（債権譲渡の対抗要件主義という基本的な条文構造を維持するのであれば）条文に追加的に記載しておいたほうが、民法のユーザーたる市民の側の可視性（予測可能性）を高めるということはいえる。したがって、そのような判例法理の到達点を改正の機会に条文として民法典に含ましめるということもひとつの発想であり、現に、日本の民法学者グループ[16]の支援によって起草され2007年12月に公布されたカンボジア民法典は、まさにそのような規定になっている（カンボジア民法504条）[17]。このような立法提案もありうるものと考えてよい。各国の立法案でも、「複数譲渡があった場合の優劣基準」を条文に掲げるものは多い。

VI　各論3
——特別法や特例法を取り込む改正：動産債権譲渡特例法の影響

さらに、ここでは詳論しないが、民法改正にあたって、特別法や特例法を取り込むかどうかも問題になる。これも考え方によるが、おそらく、一般には、借地借家法や製造物責任法など、それぞれの領域の確立した特別法を民法に取り込むということには手をつけない、という方針を考えるのが妥当ではないかと思われる。ただ、中でも特例法と名づけられているものは、民法の条文の適用そのものに特例（代替措置等）を定めるもので、民法改正にかなり近い性格を持っている[18]。そうすると、この特例法の部分についてこの機会に民法典に

---

16)　森嶋昭夫名古屋大学名誉教授を中心とする。
17)　公布済みであるが、本章執筆時点では未施行である。同法典の日本語版については、新美育文明治大学教授と櫻木和代弁護士（日本カンボジア法律家の会）のご教示を得た。
18)　池田真朗「現代語化新民法典の誕生」池田編『新しい民法——現代語化の経緯と解説』（有斐閣・2005年）5頁。

取り入れるという改正案が立つことはそれなりに理由がある。この観点からすると、債権譲渡の部分では、動産債権譲渡特例法の規定を取り込むことの是非・必要性が論じられることになろう。具体的には、従来の民法467条2項の対抗要件（確定日付ある通知）を代替しうる動産債権譲渡特例法上の債権譲渡登記による対抗要件具備を、民法典の中に併記すること等が考えられるわけである（なお後述Ⅹ、ⅩⅠも参照）。

Ⅶ 各論4──理論的な不整合（説明の困難さ）を除去する改正

次に、これは実務上の不都合とはそれほど深刻な関係がないが、日本民法に特有な理論的問題（説明の付けにくさ）という観点からの改正議論も考えられる。それは、いわゆる異議をとどめない承諾について規定する現在の468条の、「前条の承諾」という用語法にある。これは学説の法律行為論が「作ってしまった」難点ともいえるのであるが、前条すなわち467条に規定される対抗要件としての「通知」および「承諾」は、それによって権利移転を生ずるものではないので（権利移転は債権譲渡契約で生じており、その事実を知ったことを伝えるという意味での対抗要件具備によって権利移転が起こるものではない）、法律行為を構成する意思表示ではなく、観念通知（準法律行為）とされ、しかし意思表示の規定が準用される、というのが現在のわが国での定説である。そのため、468条の「前条の承諾」も観念通知であって、意思表示としての債務承認や抗弁放棄（あるいは対抗事由主張の放棄）ではないというのが通説である（ただし筆者の二重法定効果説では、債権譲渡の承諾は、観念の表示の場合も債務承認などの意思表示である場合もあり、468条ではそのいずれについても同じ法的効果が与えられるということになる）[19]。そうすると、債務者は、意思表示でない、譲渡の事実を知ったという単なる観念表示によって、譲渡人に対して有していたあらゆる抗弁を喪失するという強大な効果が発生することになりその根拠が疑問である、という批判が従来から有力に展開されてきている[20]。

実際、この異議をとどめない承諾は、フランス民法のacceptation sans réserveを引いているので（ボアソナードの考えていたacceptationは、意思表示にあた

---

19) 池田真朗『債権譲渡の研究〔増補2版〕』（弘文堂・2004年）418頁。
20) 星野英一『民法概論Ⅲ』（良書普及会・1978年）210頁等。

るものであったと思われるのだが[21]、当時のフランスにはドイツ法流の法律行為の概念がない）、訳せば「無留保承諾」ということで、「異議をとどめない」という明示的な表現をつける必要はないというのが通説なのであるが、わが国の今日の実務は、（ある意味で賢明に）債務者の抗弁を切断したい場合には「異議をとどめず承諾します」というような文言を要求している。

　問題は、「承諾」という用語の日本民法典の中での意味にある。つまり、代表的な用例である契約総論の場面（521条以下）での承諾は、もちろん、申込みとあいまって契約を成立させる「意思表示」である。そうすると、このような基本的な重要用語について、同一法典の中で意義を異ならせるということが、法典のわかりやすさという意味で適切かどうか、ということになるのである。この観点から手当てをするとなると、思い切って債権譲渡の通知・承諾という概念について、対抗要件としての「承諾」を別の用語に置き換えるという提案がありうる（一例として「了知」「了解」など）。そしてそのような提案をする場合には、さらに468条については、①「了知」「了解」というような観念通知で抗弁が切れるという特殊規定としてなお存続させるか、②観念通知で抗弁が切れるというのは国際的には通用しがたい規定なので、もはやそのような規定は維持せず、意思表示としての承諾（債務承認や抗弁放棄を含む）によって抗弁が切れるという当然の規定に作り直すか、という二つの方向が考えられるのである（この後者はかなり有力な考え方であって、抗弁放棄の規定を置くことは UNCITRAL 国際債権条約等、いくつかの立法例に見られるものである）。そうでなければ、もう「承諾」はすべて意思表示を表すものとし、467条の債権譲渡の対抗要件としての承諾は、「観念通知でも足りる」と説明する（したがって468条の「前条の承諾」は、前掲の二重法定効果説の説くように、意思表示の場合も観念通知の場合もあってよい）、と割り切ったほうがよい。

　ちなみに、前掲のフランスのカタラ草案では、債務者は書面で債権譲渡を承諾する場合には譲渡人になしえた抗弁を譲受人に対して主張することを明示的に放棄しうるという規定を置き（1257条1項）、そのような承諾 acceptation がない場合は債務者はすべての抗弁を譲受人に対抗しうると規定している（1257条2項）[22]。これならばかなり明瞭である。

21）　池田・前掲『債権譲渡の研究〔増補2版〕』374頁
22）　Pierre Catala, Avant-projet de reforme du droit des obligations et de la prescription, 2006, p. 132.

第Ⅱ部　世界に見る民法改正の諸問題

なお、この問題は、後述のように債務引受や契約譲渡の規定を新設することになれば、さらに検討の必要性が高くなる。債務引受における債権者の「承諾」、契約譲渡における相手方の「承諾」は、もちろんいずれも観念通知ではなく意思表示であるはずであり、これらを「同意」とか「承認」などと言い換えて債権譲渡の対抗要件の承諾と区別するか、それともこちらは承諾のままで債権譲渡の用語のほうを上述のように変えるか、という議論が不可避となる、ということである。

Ⅷ　各論5——将来債権譲渡についての規定

本稿の冒頭にも述べたように、現代の債権譲渡は、資金調達目的の取引として広く行われている。そして、その形態の債権譲渡にとって、最も重要といってよいのは、集合的な将来債権の譲渡である。これも民法の性格付けをどのように捉えるかによってかなり変わる問題ではあるが、取引法的色彩を無視するのでなければ、将来債権譲渡に関する規定を民法典にどう盛り込むかは必ず論じなければならない問題となろう。そのことは、各国の立法草案等も如実に示している。

わが国でもすでに判例法理は複数年にわたる先の時点までに発生する将来債権の譲渡を認めている（最判平成11・1・29民集53巻1号151頁。さらに、特定性について識別可能性でよいとした最判平成12・4・21民集54巻4号1562頁やその後続の判例については、別稿参照）[23]。したがってこの問題も、一部は、確立した判例法理の条文への取り込み、というカテゴリーの問題になる。ただ、判例がかならずしも明らかにしていない要素もあり、そこまでを書き込むことの是非は、十分に議論する必要があろう[24]。

---

[23]　池田・前掲「債権譲渡に関する判例法理の展開と債権譲渡取引の変容」川井＝田尾編『転換期の取引法——取引法判例10年の軌跡』305頁以下参照。

[24]　将来債権譲渡の権利移転時期の問題などがこれにあたる。池田真朗「将来債権譲渡担保における債権移転時期と譲渡担保権者の国税徴収法24条による物的納税責任」金法1736号（2005年）8頁、道垣内弘人「将来債権譲渡担保における債権移転時期と国税徴収法24条による譲渡担保権者の物的納税責任」金法1748号〔2005年〕30頁、潮見佳男「将来債権譲渡担保と国税債権の優劣」NBL856号〔2007年〕11頁以下（とくに15頁）、その他池田真朗「判批」金法1812号〔2007年〕30頁以下等、最判平成19・2・15民集61巻1号243頁の諸評釈を参照。

この点に関連して、将来債権譲渡契約の当事者が変更になった場合の効力も問題になる。また、担保のための債権譲渡と一般の（真正）譲渡を規定し分ける必要があるかどうかも議論されるべき課題ではあるが、これを区別しないのが UNCITRAL 国際債権譲渡条約[25]等の方向性である。

IX 各論6
―― 取り込みが遅れている規定の追加：債務引受と契約譲渡

現在日本民法典には存在しないが、第二次大戦後に作られた諸外国の民法典にはまず存在するのが普通、というものが、債務引受と契約譲渡の規定である。わが国では、これらが問題になった判例も出ており（たとえば最判平成8・7・12民集50巻7号1918頁は、契約上の地位の移転のひとつであるゴルフ会員権譲渡のケースで、対抗要件具備は債権譲渡の対抗要件で足りるとしたもの）[26]、さらに債務引受の現代金融実務での活用例としては、手形レスの一括決済取引の中の併存的債務引受方式などもある[27]。債務引受と契約譲渡の民法典への取り込みは、あまり議論が盛んとは思われないが、諸外国の現代の民法典と比較すれば、必須の議論のはずである（筆者はすでに1998年の日本私法学会シンポジウムでこれらについての立法試案を発表している）[28]。

---

[25] 国連国際債権譲渡条約第2条は、第1文で、譲渡を権利の移転と定義して、第2文で、「負債またはその他の義務の担保としての権利の設定は、移転とみなす」と規定する。同条約の条文（英文）とその翻訳については、慶應義塾大学大学院国際債権流動化法研究会訳・小堀悟監訳「「国際取引における債権譲渡に関する条約」草案」NBL 722号〔2001年〕37頁以下参照（タイトルには草案とあるが、これがそのまま条約正文となっている）。

[26] 預託金返還請求権を主たる価値内容とするゴルフ会員権の譲渡などの場合にはこれでもよいかもしれないが、本来契約譲渡には、二面契約でできる債権譲渡の要素と三面契約ないし債権者の意思表示としての承諾が必要な免責的債務引受の要素が並存すると考えれば、債権譲渡の対抗要件での代用では理論的に不十分なことは明らかである。池田真朗「判批」民商116巻6号〔1997年〕132頁以下参照。

[27] 池田真朗「債務引受と債権譲渡・差押の競合――一括決済方式における債権譲渡方式と併存的債務引受方式の比較を契機に」法学研究77巻9号〔2004年〕1頁以下。

[28] 池田真朗「契約当事者論――現代民法における契約当事者像の探求」『債権法改正の課題と方向――民法100周年を契機として』別冊NBL 51号〔1998年〕147頁以下、とくに立法提案は174頁以下。また最近の論考として、野澤正充「契約当事者の地位の移転の立法論的考察(1)」立教法務研究1号〔2008年〕1頁がある。

第Ⅱ部　世界に見る民法改正の諸問題

X　通知型対抗要件システムの維持か改変か

1　問題提起

　今回の債権法改正議論でそこまで論じることが適切かどうかはさておいて、ひとつの非常にドラスティックな改正発想として、通知型対抗要件主義の見直しというものが考えられうる。これは、日本民法が物権・債権の両者にわたって、権利移転の基本構造としてフランス民法型の対抗要件主義を採り、かつ指名債権譲渡については、これまた完全にフランス型の債務者をインフォメーション・センターとする通知型（正確には通知・承諾型）対抗要件を採用してきたことを考えると、非常に重大な問題であり、論じること自体が適切かどうかは留保したうえで、「考えられうるひとつのモデル」として紹介するものである。それは、債権譲渡を徹底して取引法ルールと見た場合には、多数債権の譲渡に際しての個別債務者への通知という発想自体が合理性のないものとならざるをえない、ということから、通知・承諾型対抗要件システムを放棄するという考え方である。英米法でもイギリス法には一部通知型の伝統があるものの、アメリカの学者・実務家には、このような通知型対抗要件に対する批判が比較的強いようである[29]。もっとも、ここでしっかり考えなければならないことは、たとえばアメリカ合衆国はわが国における民法典を持たないことである。彼らが日本民法の債権譲渡規定と比較する対象は、契約書のファイリングによるパーフェクション（とりあえず一種のゆるやかな対抗要件と呼んでおく）を規定するUCC統一商事法典[30]なのであるから、すでに取引法の世界に完全に入り込んでの議論なのである。したがって、たとえば生前贈与目的で成立させた親子間の債権を兄弟間で譲渡するケース、などというものは、そもそもがほとんど考慮の対象ではないということに注意しなければならない。先述のカタラ教授の民法観などからすれば、およそ容認しがたい考え方ということになる。

　いずれにしても、わが国でも動産債権譲渡特例法（当初は債権譲渡特例法）においては、債務者への認識付与というメリット（債務者にとっては、通知型対抗要

---

[29] 筆者が1995年から2001年にUNCITRALの国際債権譲渡条約作業部会で日本政府代表を務めた際のアメリカ代表の一人であったハリー・シグマン氏は、その後慶應義塾大学や九州大学の招きで何度か来日しているが、たとえば同氏は通知システムの不合理性を強く批判する。

件は、移転情報が自分自身のところに集まるという意味で保護に厚いものである）を捨てて登記型対抗要件を採用したわけであり、これはUCCのファイリングシステムにも、国際債権譲渡条約のオプションの中の登録型優先決定方式にも適合性が高い[31]。さらに言えば、2008年12月施行の電子記録債権法は、発生と譲渡に効力要件主義を採用して、電子記録債権内部での二重譲渡防止を図っている[32]。債権譲渡における通知型対抗要件からの全面的な訣別ということは、現在の債権譲渡登記（法人の有する金銭債権の譲渡に限定）でどこまで拡張してカヴァーできるか、親族間の譲渡などでは登記よりも通知・承諾のほうが負担が軽くまた簡明ではないか、等の点に関する検証を経なければならないため、現時点ではにわかに賛成しがたいが、将来の改正提案として考えられないものではない。ここでも、本章Ⅲで述べた、「民法という法典の性格付け」の問題が、判断についての決定的な要素ということになろう。

2　フランス・カタラ草案の検討

　右に述べたように、フランスと日本は、これまで指名債権譲渡について、通知・承諾型の対抗要件システムを採用してきた。沿革的には、フランス民法1690条の規定が、ボアソナード旧民法財産編347条を経由して日本民法467条に継受されたことが明瞭な形で論証できる[33]。

　しかし、この、債務者をインフォメーション・センターとする対抗要件の構

---

30) 対比的に言うなら、UCCはいわば一種の登録型対抗要件主義ということになろう。詳細は、たとえば角紀代恵「UCC登録制度の史的素描―新たな債権譲渡の対抗要件の構築のために」金法1448号〔1996年〕22頁以下、同「債権流動化と債権譲渡の対抗要件(1)～(4)」NBL595号〔1996年〕6頁以下、597号〔1996年〕24頁以下、598号〔1996年〕53頁以下、599号〔1996年〕33頁以下。なお、比較的早い時期にUCC第9編を検討した論文として、小山泰史「アメリカ法における浮動担保と売買代金担保権の競合(1)(2)・完」民商105巻6号〔1992年〕816頁、106巻1号〔1992年〕57頁等がある。

31) 1998年に、UNCITRALの議場で、わが国の当時の債権譲渡特例法制定を紹介したところ、ただちにいくつかの質問があったが、通知型対抗要件の国である日本が登録型対抗要件を採用したことそれ自体には、高い評価を受けた。池田・前掲『債権譲渡法理の展開』140頁等参照。

32) 池田真朗「電子記録債権法の展望と課題」池田真朗＝小野傑＝中村廉平編『電子記録債権法の理論と実務』（別冊金融商事判例）（経済法令研究会・2008年）9頁以下参照。

33) 池田・前掲『債権譲渡の研究〔増補2版〕』10-104頁参照。

造は、以前からその不完全さやフィクション性が指摘されてきている（債務者が譲り受けようとする者からの問い合わせに正確に答えない可能性があるばかりか、債務者には回答義務はない、等）。ただし、そのことはもともと十分勘案した上で、なおこの対抗要件システムには、債務者に情報を集める構造のゆえに、債務者の保護を最も簡易に果たせる等の利点もあることも、また忘れられてはならない。しかしながら、民法のいっそうの取引法化の観点から、債権譲渡自体の確実性、効率化を重視するのであれば、より合理的な方向が模索されることになろう。

　この点、フランスでは、フランス民法1690条の要求する対抗要件がわが国のそれに比して相当に重いものであるため（条文上、通知は執達吏による送達、承諾は公正証書による承諾である。またわが国の民法467条1項にあたる、対債務者権利行使要件のみについての要件緩和の規定もない）、すでにダイイ法などによって、債権譲渡取引の促進のために通知を簡略化する試みがされてきたのは周知の通りである[34]。このような歴史的背景のもとで、先述のカタラ草案が（譲渡禁止特約についてはすでに言及したが）、対抗要件システムについてどのような改正提案をしたのかをここで考察しておこう。

　カタラ草案は、第4章「債権に関する取引」の第一節「債権譲渡」において、以下のような規定を置く[35]。

第1251条
債権譲渡は、売買、贈与、またはその他の特定名義によって譲渡人が自己の債権の全部又は一部を第三者たる譲受人に移転する約定である。

第1252条

---

[34] 1981年制定のダイイ法では、金融機関が譲受人になる職業債権（1984年の改正後は譲渡人が法人ならば債権に限定なし）の譲渡においては、執達吏による送達（signification）は必要がなく、譲受人たる銀行が明細書に日付を入れるだけで対抗力を生じ、かつ債務者善意の状態をなくすための通知は無方式の通知（notification）でよいことにした。ダイイ法については、前掲注33）の『債権譲渡の研究』319頁以下で若干の紹介をしたが、詳細は山田誠一「金融機関を当事者とする債権の譲渡および質入れ—フランスにおける最近の動向」金融法研究7号58頁以下、及同資料編(6) 50 - 69頁。なお池田・前掲『債権譲渡法理の展開』87頁以下等も参照。

[35] カタラ草案については、最近もいくつかの紹介文献があるが、草案条文を仏和対訳としたものとして、Cartwright, Vogenauer and Whittaker," Reforming the French Law of Obligations, Comparative Reflections on the Avant-projet de reforme du droit des obligations et de la prescription ('the Avant-projet Catala'), Hart Publishing 2009 がある。ここでの引用条文は同書754頁以下。

既発生の、または発生すべき債権は譲渡しうる。将来債権の譲渡の場合は、証書は、時期の到来の時に譲渡債権の特定を可能にする要素を含まなければならない。

第1253条

債権譲渡は、書面でなされなければ無効であり、公正証書（公署証書）が要求される場合はそれに従う。

第1254条

当事者間では、反対の約定のある場合を除き、証書の作成は、それだけで債権の移転をなすのに十分である。

その時点から、債権の移転は第三者に対しても完了したとみなされ、手続き（対抗要件）なしに第三者に対抗しうる。第三者から譲渡の日について異議を申し立てる場合、日付の正確さについての証明は譲受人に課され、譲受人はすべての証拠方法を用いることができる。

第1254―1条

しかしながら、将来債権の移転は、当事者間でも、第三者に対しても、その発生の日にのみ起こる。

第1254―2条

債権譲渡は、譲渡人又は譲受人からの、紙又は電子媒体による通知がなければ、債務者に対して対抗できない。

第1254―3条

同一の債権についての複数の譲受人間の紛争では、日付の先の者が優先する。日付の証明はすべての証拠方法によることができる。

第1255条

反対の約定がなければ、債権譲渡はその債権に付属する保証、先取特権、抵当権等を包含する。譲受人はそれらを他の手続きなしに利用できる。

（以下略）

すなわち、カタラ草案は、債権譲渡の第三者対抗要件としては、書面の作成で十分であるとし（ただし第三者との係争の場合の立証責任は譲受人にある。第1254条）、また対債務者権利行使要件としては、譲渡人又は譲受人からの紙又は電子媒体による通知があればよいとして（第1254―2条）、現行民法典の規定を大幅に緩和したのである。二重譲渡の場合の優劣基準は譲渡の日付の先後であり、

その先後はすべての証拠方法で証明しうる（第1254―3条）。そして、これらの提案は、フランス民法1690条の要件を緩和するのみで、別にそれ以外の新規の登記方法等を採用しようとするものでもない。

そうすると、今回のカタラ草案では、確定日付型の通知型対抗要件による明確かつ画一的な優劣決定機能はほとんど放棄されている（念のためにいえば、現行フランス民法1690条では、執達吏の作成する送達証書も、公証人の作成する公正証書も、日本民法でいう確定日付を当然に含むものである）。このような規定に修正すれば確かに債権譲渡取引の促進は図られようが、その分、対抗要件主義のメリットである明確かつ画一的な紛争処理機能は大幅に弱まると思われる。仮にこのような改正が実現した場合を考えると、現実にこれで実務が機能するのか、紛争が多発しないか、等、相当に疑問も感じられる（カタラ草案の提案内容は、現行1690条の厳格すぎる対抗要件への反動でもあり、具体的には前述のダイイ法の発想の発展でもあろうが、実際、これまでの1690条の下では、通知を執達吏の送達とするために、内容証明郵便での通知等が認められているわが国のような二重譲渡事案が多発することはなく、「通知同時到達」などという紛争はまったく考えられない[36]という安定性は存在したのである）。様式の緩和の要請と紛争防止の要請は明らかに二律背反となるのであり、そのどこに最適な調和点を見出すのかは、やはり債権譲渡取引の位置付け、そして民法典の性格付けにかかってくることになろう。

なおフランスでは、すでに述べたように、他にも民法改正案の提示がなされつつある。債権譲渡についても、司法省案など他の改正案とその情報が出そろったところで、改めて「フランスの選択」を見極めたいと考えている。

XII　まとめと展望

以上見てきたように、この四半世紀で刮目すべき発展を遂げた債権譲渡分野は、民法典の性格付けや債権譲渡取引の実務での用いられ方等をどう評価のうちに取り込むかによって、改正案が大きく変わってくる。本章では、なるべく

---

36) かつて筆者がストラスブール大学のシムレール教授に質問した際の回答は、そのような問題はフランスでは生じ得ないので、そういう問題が生じる国で考えていただきたいというものであった。「シムレール教授『債権譲渡から契約譲渡へ』『新たな人的担保』」のうち池田真朗「債権譲渡論・契約譲渡論」法律時報66巻12号〔1994年〕98頁参照。

客観的にさまざまな可能性に言及したつもりである。

　さて、上記ⅡからⅪの内容は、基本的に2008年7月までの状況をもとに執筆したものであるが、現段階（2009年4月末）では、債権譲渡規定に関しては、二つの民法改正提案が公表されている。本書の民法改正研究会の「日本民法改正試案」に示されたものは、筆者の提案を基礎に検討されたもので、最終的にも筆者の意見も相当に反映されているが、基本的には通知・承諾システムを維持したままで、これまでの判例法理をリステイトした部分も多い、比較的穏当な提案である。現行法と異なる部分としては、①譲渡禁止特約については明文規定を置かない〔本章に解説したような解釈問題になる〕、②債務者の承諾については承諾と了知表示の双方を規定する、③動産債権譲渡特例法登記について民法にも取り込んで規定する、④複数譲受人がある場合の法律関係を条文化し、その内容はほぼ判例法理と同様とするが、ただし判例と異なり同順位譲受人又は差押債権者からの按分額の請求を認める、⑤異議をとどめない承諾については、債務者の抗弁の規定に作り変え、異議をとどめない旨を明示したときは、対抗事由の主張を放棄する旨の意思表示とみなす、等である[37]。これに対して、2009年4月29日に公表された民法（債権法）改正検討委員会の「債権法改正の基本方針」は、①金銭債権の譲渡については第三者対抗要件を債権譲渡登記に一本化し、②対債務者権利行使要件についても、承諾を外して通知のみとする、かなりラディカルなものである（その他同方針では、③譲渡禁止特約に反する譲渡も有効とする〔ただし債務者はこの特約をもって譲受人に対抗できる〕、④異議をとどめない承諾の規定は廃止して、抗弁放棄の規定を置く）[38]。こちらについては、筆者は委員会原案の作成作業にはまったく関与しておらず、全体会議ではいくつかの反対や懸念を表明している[39]。この委員会案の評価の詳細については今後別稿で論じることとしたい。

　さて、債権譲渡取引は、今後もさらに発展を続けることが見込まれる。たとえば中小企業の資金調達を考えると、不動産担保貸付や個人保証に限界があるのが明白な以上、貸借対照表の費目からも明らかなように、流動資産、つまり

---

37)　『日本民法改正試案・仮案（平成21年1月1日案）』第360条から第473条（判例タイムズ1281号87-88頁）参照。
38)　提案内容は、前掲『債権法改正の基本方針』別冊NBL 220頁以下。
39)　前掲注2）に記したアドレスに、今後全体会議の議事録が逐次公表されるので参照願いたい。

第Ⅱ部　世界に見る民法改正の諸問題

売掛債権や在庫動産を活用した資金調達の進展は、必須かつ必然の方向である[40]。しかし、わが国におけるそれら流動資産の資金調達への活用は、アメリカ合衆国と比較すると未だ非常に遅れている[41]。他方、大企業の債権流動化等を考えると、クレジット債権、リース債権などでは、債務者が一般の個人消費者というケースもかなり想定され、個人情報保護の問題等まで視野に入れておく必要がある。加えて、それらの対極にある個人間の債権譲渡をどう扱うか。そこまで登記で一本化するとなると、手間や費用の問題をはじめとして、オンライン化する場合における個人の同定のための国民総背番号制の問題まで、議論は拡がらざるを得ない。このように諸状況を勘案していくと、債権譲渡は、やはり民法の全分野の中でも、改正論議に最も時代感覚と広い視野を必要とする分野なのではないかと感じられるのである。

40)　池田真朗「ABL 等にみる動産・債権担保の展開と課題──新しい担保概念の認知に向けて」伊藤進先生古稀記念論文集『担保制度の現代的展開』（日本評論社・2006 年）275 頁以下、同「ABL の展望と課題──そのあるべき発展形態と「生かす担保」論」NBL 864 号〔2007 年〕21 頁以下等参照。

41)　中小企業庁の資料によると、2000 年代に入った段階で、平成 12（2000）年に米国では債権・動産という流動資産を資金調達に活用する比率が約 13％ であったのに対し、わが国では（1999 年の資料で）わずかに 1％ であった（中小企業庁・中小企業債権流動化研究会報告書「債権の流動化等による中小企業の資金調達の円滑化について」（2001 年）10 頁）。売掛金等の債権や棚卸資産を含む動産を担保対象とする ABL（アセット・ベースト・レンディング）は、我が国では開始後日が浅いが、米国ではすでに、取引残高が 2005 年末には米国企業（非金融事業）の借入残高全体の 20％ を占めるに至っているという（高木新二郎「アセット・ベースト・レンディング普及のために──米国での実態調査を踏まえて」NBL 851 号〔2007 年〕81 頁以下）。

第Ⅲ部　世界に見る民法典の制定とその改正

第 12 章　日本民法典の編纂と西洋法の導入

加 藤 雅 信

Ⅰ　日本民法典の制定
Ⅱ　継受法の選択
　　——その 1、大陸法の継受かイギリス法の継受か
Ⅲ　日本民法制定史・略述
Ⅳ　継受法の選択
　　——その 2、大陸法内での選択・ドイツ法かフランス法か
Ⅴ　日本民法学における継受法の理解
Ⅵ　日本民法制定史にみる、ヨーロッパ法の影響
Ⅶ　日本民法典制定の政治・外交的背景
Ⅷ　結　語

Ⅰ　日本民法典の制定

　日本民法は、後述するように、5 編構成をとっており、前 3 編が財産法、後 2 編が家族法となっている。この日本民法典は、財産法の前 3 編が 1896（明治 29）年に公布され、家族法の後 2 編が 1898（明治 31）年に公布され、その全体が 1898（明治 31）年に施行された。
　周知のように、この日本民法は、西洋から法の継受をしたものであり、先行する奉行裁判等の伝統的な日本法の規範内容と——意図的に——断絶されたものであった。また、法の継受の対象がドイツ法かフランス法かが、近時、議論の対象となっている。本稿は、この 2 点を検討するが、叙述の便宜上、継受対象の問題から論じることにしよう。

Ⅱ　継受法の選択——その 1、大陸法の継受かイギリス法の継受か

　「ローマは、3 度世界を征服した。1 度は政治により、2 度は教会により、

第Ⅲ部　世界に見る民法典の制定とその改正

3度はローマ法の継受によって」という言葉は、イェーリングによるものであるが、日本も、そのローマ法によって征服された地のひとつである。

「ローマ法の継受」が直接なされたのはヨーロッパ諸国においてである。ただ、そのヨーロッパ法制は、その後、日本のみならず、アジア、アフリカ、ラテンアメリカ諸国のほとんどに継受されており、シャリーアの支配するイスラム世界その他の例外はあるが、現在は、世界の法系は、基本的にヨーロッパ法系のもとにある。

世界的にみた場合、ヨーロッパ法の継受は、2つの途をとって行われた。ひとつは、植民地支配にともなうヨーロッパ法の継受であり、他は、国の独立性を維持したまま、自主的にヨーロッパ法を継受した例である。国の数でみれば、植民地化にともなう法の継受の例が圧倒的に多く、自主的なヨーロッパ法の継受は、日本、トルコ、イラン、タイ、中華民国等々、それほど多いわけではない。

ヨーロッパ法系は、大きく大陸法と英米法に分かれる。ただ、非ヨーロッパ諸国がいずれの法系を継受するかは、前段に述べた植民地化にともなう法の継受か、自主的な法の継受かという問題と密接に関連している。前段に、自主的にヨーロッパ法を継受した国として、5つの例をあげた。これらの国は、すべて大陸法を継受しており、英米法を継受した例はない。

これは、判例法として発展した英米法と、法典のかたちで法が規定された大陸法との、法の透視力の差異にもとづくものと思われる。大陸法は、法典の文字を読むことによって、一応その骨格を把握しうるのに対し、英米法は、法を全体的に把握するのが困難である。そのため、裁判官等の法を体得した人間による人的支配が司法の分野でも可能である植民地には英米法は伝播した。また、そのような地域や独立国になっても、英米法の法系にとどまることが多かった。しかし、自主的な法の継受の場合、透視性の悪い英米法は敬遠された。

日本における法の継受も、その例外ではなかった。日本が法典編纂を行った19世紀末、世界はパックス・ブリタニカの時代であり、イギリスは世界最強の先進国であった。また、政治・外交的にも、日英関係は親和性が強く、西洋列強のなかで治外法権の撤廃に最初に応じたのもイギリスであり、日英同盟が結ばれたのも、日本民法典が施行された4年後の1902（明治35）年であった。また、日本民法典制定以前も、1880（明治13）年の専修学校（現、専修大学）の設立を皮切りに、各種の法律専門学校の設立が相次いでおり、その相当数にお

〔加藤雅信〕　　　第12章　日本民法典の編纂と西洋法の導入

いては英法教育が行われていた[1]。明治のこの時期には、いわゆる英法学派と呼ばれた法律家たちの集団は、日本の法曹界ではかなり有力であり、後述するボアソナード民法典を「法典論争」を通じて葬り去るだけの力をもっていた。このように日本全体としてのイギリスへの親和性、法曹界における英法学派の有力性をもってしても、日本に判例法としてのイギリス法を継受しようとする動きはおこらなかったのである[2]。ここに判例法と制定法の透視力の違いがあらわれているというべきであろう（なお、日本民法起草過程において、それほど数多くはないイギリス法の参照にさいして、インド契約法のような成文法化されたかたちでのイギリス法の考え方のエッセンスが参照されることが少なくなかったことも付言しておきたい）。

Ⅲ　日本民法制定史・略述

　日本政府は、民法典の編纂作業を1870（明治3）年に開始した。その当時、ヨーロッパでもっとも有力な民法典はフランスのナポレオン法典であった。

　日本民法制定作業の第1段階では、ヨーロッパの民法の翻訳路線が採用された。1870年の民法典編纂作業の中心となった江藤新平は、フランス民法の翻訳によって日本民法を制定すればよいと考えており、「誤訳も亦妨げず、唯速訳せよ」[3]、あるいは「仏蘭西と記してある処を帝国又は日本という文字に直す位なことて直ちにやって仕舞った方か宜しからう」[4]とまで述べている。ただ、このような翻訳による民法制定路線は、江藤が征韓論に破れて下野することによって終焉を迎えた。

　その次の第2段階でとられた方策が、お雇い外国人によるヨーロッパ型の民法の制定であった。具体的には、パリ大学からボアソナードが招聘され、立法

---

1) その具体的状況については、加藤雅信編修代表・池田真朗ほか『日本民法施行100年記念　民法学説百年史』（三省堂・1999年）12頁以下、14頁以下参照。
2) 日本法に対するイギリス法の影響をもっとも丹念に検討したと思われる五十川論稿は、「イギリス法は、わが国の民事法の立法事業について、顕著な影響を及ぼしてはいない」と述べる（五十川直行「日本民法に及ぼしたイギリス法の影響〈序説〉」加藤一郎先生古稀記念『現代社会と民法学の動向(下)』〔有斐閣・1992年〕25頁以下、52頁以下）。
3) 穂積陳重『法窓夜話』（有斐閣・1916年）209頁。
4) 磯部四郎「民法編纂ノ由来ニ関スル記憶談」法協31巻8号（1913年）149頁（ただし、原文のカタカナをひらがなに改めた）。

作業にあたることになった。ボアソナードは、1879（明治12）年に民法の起草を開始し、1890（明治23）年には、フランス民法典の影響が強い旧民法（いわゆるボアソナード法典）が公布され、3年後の施行が予定された。

ところが、旧民法公布の1年前に、その当時、帝国大学法科大学（現、東京大学法学部）の卒業生からなる法学士会——それは英法学派の中核の一つであった——は、「法典編纂ニ関スル法学士会ノ意見書」を政府等に建議し、民法典の実施を延期すべきことを説いた。これが法典論争の発端となり、ボアソナード民法典は、いったん施行延期となり、最終的には施行されることなく終わった。

この点については、法律家内部の問題としては、英法学派と仏法学派の対立という色彩が強く、「英仏両派の論陣は其旗色甚だ鮮明で、『イギリス』法学者は殆ど皆延期論を主張し、之に対して『フランス』法学者は殆ど皆な断行論であった。唯独り富井木下の両博士が『フランス』派であり乍ら、超然延期論を唱へられて居ったのが異彩を放つていった位である」といわれている[5]。これは、ボアソナードの手によるフランス法型の民法典が施行されると、英法学派の法律家たちは職業的な危機に瀕することになるという背景があった、といわれている。「法典論争」とは、この法律家たちの職を賭した戦いに端を発し、それが後述する国民の保守層のナショナリスティックな反発と結びついたものだったのである。

この法典実施が延期された状況のもとで、第3段階ともいうべき、日本人の手によるヨーロッパ型民法の制定が模索されることとなった。すなわち、ボアソナード法典の施行延期が決定された翌年の1893（明治26）年には、法典調査会が設置された。

この法典調査会が設置されたさいの政府の基本方針は、ボアソナード法典の「根本的改修」であることと、法典の体裁をボアソナード法典のとったフランス民法型のローマ式ではなく、ドイツ型のパンデクテン式を採用するというものであった[6]。

法典調査会の起草委員には、梅謙次郎、富井政章、穂積陳重の3名が任命された。これは、当時の国家的行事であり、「故伊藤公は、当時内閣総理大臣の

---

5) 穂積・前掲注3) 340頁。
6) 福島正夫編『明治民法の制定と穂積文書——「法典調査会穂積陳重博士関係文書」の解説・目録および資料』（民法成立過程研究会・1956年）111頁以下、穂積・前掲注3) 360頁。

劇職を帯びて居らるるにも拘はらず、……（日清戦争が始まるまでの）一年間程は毎回議事に御出席に相成り、又法典調査会の事務に付ても、親しく指導監督の労を執られ」たと、故伊藤公爵追悼会演説では述べられている[7]。このように、総理大臣自らが法典調査会に親しく出席したのは、後に述べるように日本民法の制定が、政治・外交的に、その当時の日本の国運を賭した事業であったからである。

　この法典調査会による民法典編纂は順調に進行し、本稿冒頭に述べたように、財産法3編が1896年に、家族法2編が1898年に公布され、ともに同年に施行されたのである。

IV　継受法の選択──その2、大陸法内での選択・ドイツ法かフランス法か

　さきに、日本における、また他の諸外国における外国法の継受にさいし、大陸法が選択され、イギリス法の継受という方針はとられなかったことは、IIに述べた。

　では、日本がヨーロッパ大陸法を継受するにさいし、大陸法の内部ではどのような法選択がなされたのであろうか。

　さきにIIIで検討したところからは、第1段階の、ヨーロッパ民法典の翻訳路線がとられた時点でも、第2段階の、お雇い外国人による日本民法の起草がはかられた段階でも、継受のモデルとされたのは、フランス民法典であった。この当時、ヨーロッパにおいてもっとも進んだ民法典がフランス民法典であったことを考えれば、これは、ごく自然な選択であったというべきであろう。

　ところが、ボアソナードが日本民法典の起草にあたっていた最中の、明治10年代後半に異変が起きることとなる。この間の事情につき、大久保教授は次のように述べる[8]。

　「……駐日フランス公使シャンキェヴィッツ（Sienkiewicz）は、本国への長文にわたる政治外交報告（明治19年3月13日付）の中で、次の点を指摘している。／……伊藤伯爵は、先年、憲法調査のため渡欧し、ドイツをモデルとするべき

　7）　梅謙次郎「伊藤公と立法事業」国家24巻7号（1910年）964頁以下。「（日清戦争が始まるまでの）」は、別の箇所における演説者の言。

　8）　大久保泰甫「岐路となった若き日の二つのでき事　司法省法学校首席卒業とフランス留学決定」法時70巻7号（1998年）48頁以下参照。

第Ⅲ部　世界に見る民法典の制定とその改正

であるという強い信念をもって帰国した。このたび、その伊藤を内閣総理大臣とする新内閣が成立したが、この内閣は、『対外政策については、非常に奇妙な一つの措置（une mesure assez étrange）を除いては、まだ目立ったことはしていない。その措置とは、すなわち、20名程の日本の青年が――その中の何人かはフランス語とフランス法の教育を受け、また他の者は、外国語にかんしては、英語しか解さないのだが――、法学を学ぶためにドイツ留学の命令を受けたのである』。「少なくとも明治18年12月の内閣制度創設の何カ月前から（実は更に早くからであろう）、山田顕義（司法卿、ついで司法大臣）が伊藤博文の強い影響ないし圧力を受けたのか、司法省からの留学生については、たとえフランス法を学んだ者であっても、まずドイツに派遣するという基本方針ができていたということである」。明治10年代後半には法律学の分野では「滔々たるドイツ留学の潮流」ができあがっており、日本の西洋の法律学に対する関心は、フランスからドイツへと大きく転回をとげていたのである。

それに加えて、ボアソナード民法の草案が最初に当時の内閣総理大臣伊藤博文に上申されてから8カ月後の1886（明治19）年の末に、ドイツ人のお雇い外国人であったロェスレルは、伊藤博文に次のように具申している[9]。個人の平等や家族関係をみると、フランス民法は民主主義的性格を有するのに対し、ドイツ民法はこれと反対に保守的性格をもち、君主政体または貴族政体にもっとも適しており、封建制度の後をついで施行した場合に、一国の政治上の基礎を強固にするにたりる。一国の民法は、その国民の性情に適合すべきであり、新奇に走り、人民の思想、感情と乖離する民法を施行するならば、社会の擾乱をかもすにいたるであろう。いまボアソナード民法を施行するのは急奔にすぎ、暴裂なる反論を招くであろう。

その当時、ドイツ民法第1草案の起草が進行しており、1888（明治21）年にはこの第1草案が公表された。事実上、日本民法のモデルとすべき対象はフランス民法典にかぎられていた時代から日本政府はモデル法の選択の自由をもつにいたったわけである。この段階にいたり、当時の日本政府の首脳であった伊藤博文らは、天皇制という君主政体への適合性という観点から、フランス民法よりはドイツ民法を選択したと思われる。

---

9)　「民法ニ付ロェスレル氏意見」伊藤博文編『秘書類纂法制関係資料上』（1969年、〔秘書類纂刊行会、復刻原本1934年〕）115頁以下。

〔加藤雅信〕　　　第12章　日本民法典の編纂と西洋法の導入

　その結果が、明治10年代後半からの日本の法律学の分野における、留学先がフランスではなくドイツへと変わった「滔々たるドイツ留学の潮流」であり、また、法典調査会にかんする基本方針が、ボアソナード法典の「根本的改修」であり、また、民法典の編別を、フランス民法型のローマ式ではなく、ドイツ民法型のパンデクテン式を採用するというものになったことの背景であると思われる。

　ただし、日本民法典は、ドイツ民法典とは債権編と物権編の順序が入れ替わっており、総則・物権・債権・親族・相続という5編構成になっている。その理由につき、民法起草者は、当時のドイツ民法第1草案が債務法・物権法の順に規定しているのとは異なり、ザクセン民法のように、総則・物権・債権・親族・相続との順にする方針をとるのが「自然ノ順序ナリト信ス」と述べている[10]。

V　日本民法学における継受法の理解

　日本民法典に対する外国法の影響については、日本民法制定直後から、日本民法典はドイツ法の強い影響を受けたものと理解されていた。
　3人の民法起草者たちの見解をみてみよう。
　まず、梅博士は、「我新民法と外国の民法」を比較して、ドイツ第1草案を「古今独歩の美法典」と絶賛し、「新法典が尤も模範とせしは此草案に在るなり」と述べている。梅博士は、フランスに留学しそこで博士号を取得しているが、フランス民法典については次のように述べる。「編纂の体裁其宜しきを得ず其規定亦細目に渉り頗る膠柱の嫌なきに非ず是れ新民法が主として範を此法典に取らざりし所以なり」[11]。
　また、富井博士も、ドイツ民法は「近世法典中の完璧とも称すへきものにして其草案は我民法制定の際にも最も多く参酌せられた」と述べている[12]。
　さらに、穂積博士は、次のように述べる。「日本民法典は、比較法学の成果

---

10)　梅謙次郎・富井政章・穂積陳重の3起草委員作成、内閣総理大臣伊藤博文にあてた「法典調査規定」（福島編・前掲注6）114頁）。
11)　梅謙次郎「我新民法ト外国ノ民法」法典質疑録8号（1896年）669頁以下。ドイツにかんしては677頁以下、フランスにかんしては671頁以下（ただし、原文のカタカナをひらがなに改めた）。
12)　富井政章『民法原論第一巻総論(上)』（有斐閣書房・1903年）序3頁。

であるということができるかもしれない。一見したところでは、新民法典はドイツの新しい民法典を綿密に型どったもののようにみえるかもしれないし、その趣旨を述べたものを私もしばしば読んでいる。ドイツ民法の第一、第二草案から起草委員会が非常に貴重な資料を与えられたことは事実であり、それらの草案は委員会の審議に大きな影響を与えることとなった。しかし、民法典に採用されている原理や規範を子細にみてみると、文明世界のいたるところから資料が集められ、あらゆる国の法の原理や規範が、採用するだけの価値がありそうなときには遠慮なくとりいれられていることが明らかとなるであろう。ある分野ではフランス民法典の規範がとりいれられ、他ではイギリスのコモン・ローの原則がとりいれられている、等。他にも1881年スイス連邦債務法、1889年の新スペイン民法典、モンテネグロ財産法典、インド相続法やインド契約法、ルイジアナや下カナダ州（ケベック州──筆者注）、そして南米諸国の民法典、ニューヨーク州民法典草案その他が、民法典の立案者達に資料を提供してきたのである」[13]。

以上のようにみると、梅博士および富井博士は、ドイツ民法草案を絶賛し、日本民法はそれを模範にした、あるいはもっとも多く参照したと述べ、富井博士は、日本民法典を「比較法学の成果」としながらも、ドイツ民法の影響の大きさを認めている。

民法の起草者以外の見解をみると、起草委員補助であった仁井田益太郎博士は、「大体ドイツ法思想で民法は出来た訳ですけれども、偶にはフランス法への考への入った所がある」と述べている[14]。

このような理解のもと、日本民法典はドイツ民法典の影響下にあるものとながらく考えられており、これに疑いを抱くものはほとんどいない状況が続いていた。

ところが、1960年代半ばに、これに対する疑問を呈する論稿があらわれた。その論者は次のように述べる。「四半世紀前まで、日本の法律家達の間に一つの神話が支配していた。それは、日本民法典は、ドイツ民法典、より正確にはその第一及び第二草案をモデルとした、というものである」[15]。しかし、日本

---

13) N. HOZUMI, LECTURES ON THE NEW JAPANESE CIVIL CODE 22 (1912).
14) 仁井田益太郎＝穂積重遠＝平野義太郎「仁井田博士に民法典編纂事情を聴く座談会」法時10巻7号（1938年）24頁。
15) 星野英一「日本民法典及び日本民法学説におけるG・ボアソナードの遺産」前掲注

民法の財産法の部分に「系譜的に連なるものは、ドイツ民法（草案）よりはフランス民法である」[16]。そして、このような考え方は、その後、一部に強い影響を与えるにいたった。

　以上のように論陣を張るにさいし、論者は、若干の事例的考察とともに、梅博士が、ドイツ法と「尠くも同じい位の程度」にフランス民法またはフランス民法からでた他の法典が参考にされている[17]、と述べていることをその論拠にあげている。

　梅博士が、上記のような言葉を述べたことは事実であるが、それはフランス民法百年記念式の開会の辞という祝賀の場において述べられたものである。祝典の場においては祝典の対象を褒め称えるのが一般的であることを考えると、また、同じ梅博士が、ニュートラルな場所においては、ドイツ民法を絶賛し、フランス民法の編纂の体裁等を批判し、日本民法典が模範としたのはドイツ民法第一草案であると言い切っていることをも考えると、祝典の場におけるこの言葉はフランス法の影響の強さの論拠となりうるか否かは疑問であると筆者は考える。なお、論者が指摘するように物権変動その他日本民法典にフランス法の影響を受けた箇所があることは事実であるが、民法の起草委員たちが示唆するように、ドイツ、フランスのいずれの影響をより多く受けたかという相対的視点が問題なのであり、いくつかの例を示すだけでは、フランス民法の系譜に日本民法があるとはいえないであろう。

　なお、梅博士は、フランス民法の編別を批判的にみているが、どの点を問題視するのか、明確に述べているわけではない。ただ、サヴィニーが、物権・債権峻別論の立場からフランス民法典を評し、「ナポレオン法典には、この両概念（物権と債権）はどこにも定義されていないのみならず、フランス人はこれらの基本概念を一般論としてまったく知らず、この不知が想像以上に、法典全体のうえに暗い陰を落している」[18]と述べていることを考えると、次のような推測をすることも可能ではないかと思われる。梅博士らの起草委員は、「物権・債権」を対置するパンデクテン体系のもとに日本民法を起草しようとしていた

　2）加藤古稀(下)59頁。
16）　星野英一「日本民法典に与えたフランス民法の影響」同『民法論集(1)』（有斐閣・1970年）71頁、89頁（初出は、1965年）。
17）　梅謙次郎「開会ノ辞及ヒ仏国民法編纂ノ沿革」仏蘭西民法百年記念論集（法理研究会・1905年）3頁（ただし、原文のカタカナをひらがなに改めた）。

のは、フランス民法式の「人・物・行為」というローマ式の体系を評価しなかったからであり、それゆえに、ドイツ民法草案を高く評価し、日本民法の範をフランスに求めようとはしなかったのではあるまいか。

　以上のように考えると、伊藤博文らの当時の政府首脳が、フランス民法は民主的性格をもっており、ドイツ民法のほうが天皇制という君主形態に適合すると考え、法学徒のドイツ留学を推進し、フランス法型のボアソナード民法典を否定するかたちでドイツ型の新民法典を導入しようとしたことと、また、梅博士や富井博士ら民法起草者らのドイツ民法典草案に対する高い評価とが相まって、ドイツ民法典草案に範をとった日本民法典が起草された、と思われる。日本民法典は、比較法学の成果という側面をもち、フランス法その他諸外国の法典等も種々の箇所で影響を与えたが、日本民法にもっとも強い影響を与えたのはドイツ民法典草案であって、一部に説かれるように日本民法がフランス民法の系譜にあるとはいえないと考える。

VI　日本民法制定史にみる、ヨーロッパ法の影響

　以上略述したところから、明治初期からの30年弱にわたる民法制定史のなかで、その起草方法において、ヨーロッパ民法典の影響が徐々に直接的ではなくなっていった歴史を読み取ることができるであろう。

　具体的にいえば、さきにも述べたように、日本民法の制定については、大きく3段階に分けて、方針変更がなされたことがわかる。

　その第1の段階は、江藤新平らが採用したフランス民法典直訳路線であった。そこでは、ヨーロッパ法典の咀嚼よりは、外観としての民法典の衣をまとい、日本が西洋法を採用した外観をつくることに重点がおかれた。それは、前述した「誤訳も亦妨げず、唯速訳せよ」という江藤の言葉に、象徴的にあらわれている。

　第2の段階は、ヨーロッパ人の手による日本民法の制定であった。これは、前述したように、フランス人法学者による起草であったために、英法学派の法律家の職業的な危機感を招くにいたった。また、それと同時に、西洋人の手に

---

18)　筏津安恕『私法理論のパラダイム転換と契約理論の再編——ヴォルフ・カント・サヴィニー』（昭和堂・2002年）191頁。

よる日本法の起草という事実が、日本国民の保守層に激烈な反発を招き、保守的な学者から「民法出テ、忠孝亡フ」という論文が公刊されたり[19]、国粋主義的な政治家からの、外国人の起草した民法が日本の法律となるのは「本邦末代ノ恥辱」という発言を生むこととなった[20]。いわゆる「法典論争」とは、法律家内部の職業的利益をめぐる争いと、日本内部での欧化推進勢力と保守的ナショナリズムの衝突の、2つがドッキングしたものであった。

第3の段階は、日本人自身の手による日本民法典の起草である。(i)外国民法翻訳路線、(ii)お雇い外国人の手による日本民法の起草路線、を経て、この(iii)日本人の手による日本民法の起草路線、という段階にいたって、はじめて日本民法典の制定は、実を結んだことになる。

しかし、この第3段階にいたっても、日本民法典の規範内容は、西洋法の移植であり、日本的な要素はなかった。

江戸時代の日本は、大坂（現、大阪）を中心に、為替手形が発達しており、世界的にみても優れた送金システムが構築されていた、といわれる。

江戸時代においては、行政と分離した司法制度は存在していなかった。しかし、民事事件は出入物（でいりもの）と呼ばれ、刑事事件は吟味物（ぎんみもの）と呼ばれ、奉行が管轄していた。これらの奉行裁判は、ケースロー的なものであったが、日本の近代法の制定にさいし、ケースローとしての奉行裁判の内容が顧みられることもなかった。

このような、民法典をはじめとする日本近代法の制定にさいしての、徹底した伝統法の無視の背景を以下で検討することとしよう。

VII 日本民法典制定の政治・外交的背景

VIの末尾に簡単に述べたように、日本民法典は、過去の歴史と断絶するかたちで、西洋法を移植することによって成立した法典である。その西洋型の民法典の導入、より一般的にいえば、西洋法制の導入は、明治政府の悲願であった。その理由は、民法典を含む西洋法制の導入は、当時の政府にとっては、近代

---

19) 穂積八束「民法出テ、忠孝亡フ」法学新報5号（1891年）227頁以下。
20) 村田保「法制実歴談」法協32巻4号（1914年）146頁。この村田氏は、1892（明治25）年の第3回帝国議会に民法商法施行延期法律案を提出した貴族院議員であった。

化政策の推進を目的とするものである以上に、主眼は、条約改正を目的とすることにあったからである。

　時代を江戸時代までさかのぼると、黒船来たるといわれたアメリカのペリーの浦賀来航は1853年であり、翌年には日米和親条約が締結され、その他の西洋列強も日本と同様の条約を締結した。1858年に徳川幕府は日米修好通商条約を締結し同年には他の西洋列強との間にも同様の通商条約が締結された。これらの通商条約は、日本の関税自主権を認めず、諸外国の領事裁判権を認めた不平等条約であった（なおその当時、日本のみならず、19世紀半ばに、アジアで植民地化されず保護国となることもなかったペルシャ〔現、イラン〕、清、シャム〔現、タイ〕等も、関税自主権を奪われ領事裁判権を容認する不平等条約を締結していた）。

　明治政府にとって、この不平等条約の改正は西洋列強と対等の国際的地位を獲得するための政治的悲願であった。ただ、その当時の西洋列強の目からみた日本は、自国民を日本の裁判権のもとに置きうるような"文明国"からほど遠いものであった。西洋列強の目からみれば、自国民を日本の裁判権に服させるためには、いかなる司法組織のもとで、いかなる法規範によって裁判されるのかが明確でない以上、不安感が残るのは、ある意味では致し方ないことであった。

　そこで、日本の不平等条約の改正の要求に対し、西洋列強が要求したのが、西洋型の裁判所制度の整備と、西洋型の法典の編纂であった。

　そのような状況を反映して、1871（明治4）年には東京裁判所が設置され、1875（明治8）年には、大審院・上等裁判所・府県裁判所という一貫した裁判機構の体系が整備された。また、さきにも述べたように、1870（明治3）年には、民法編纂作業が開始されたのである。

　この民法典の編纂が政治的必要にもとづくことは、民法起草者たちも強く意識していたところであった。このことは、梅博士の「当時の時勢は、吾人の宿望たる条約改正将に行はれんとし、而して法典なくば之は行はれず」という言葉[21]、富井博士の「法律学の進歩未だ充分ならざる現時に於て、短期間に此の如き立法事業の成りたるは、主として政治上の必要に原因せるものなることを忘るべからず」という言葉に如実にあらわれている[22]。

---

21) 岩田新『日本民法史——民法を通じて見たる明治大正思想史』（同文舘・1928年）41頁。

22) 富井政章『民法原論(1)』（合冊板、有斐閣書房・1910年）61頁（ただし、原文のカ

また、歴史の現実をみても、後に検討するように、民法典等の法典整備が条約改正のために必須であったことは明らかである。ただ、法典整備は、条約改正のための必要条件ではあったが、十分条件ではなかった。

政治と外交には、パワーポリティックスの要素があることは否定できない。不平等条約から利益を享受している西洋列強にとっては弱小国からの不平等条約改正の要求を受け入れるだけの必然性はなく、日本が侮ることができない国力をつけ、なんらかの利用価値等が発生して、はじめて日本の不平等条約改正の声に耳を傾ける必要を感じるのである。

この意味では、明治政府のとった富国強兵路線は、治外法権の撤廃という観点からもきわめて適合的なものであった。明治初頭、清の北洋艦隊の圧倒的優位のもとで、琉球帰属、台湾出兵、朝鮮問題等、外交交渉においても清に苦杯を喫することが多かった日本にとって、海軍力の増強は火急の課題ともいえる問題であった。それを解決すべく明治天皇の御内帑金下賜と国民の建艦寄付運動等によって建艦を続けた日本の海軍力は、日清戦争直前には極東において相当なものとなっていった。他方、この時期に、ロシアはシベリア鉄道の建設の開始に踏み切った。このシベリア鉄道が完成した暁には、ロシアはヨーロッパロシア駐在の軍隊を極東に鉄道輸送することが可能となり、極東におけるイギリスとロシアの軍事的バランスが崩れることになる。そこで、イギリスは対露政策上、国力を増強してきた新興国日本を利用することに国際政治上意味を見いだすにいたったのである。その結果、1894（明治27）年に、日清戦争勃発のわずか9日前、日本とイギリスとは、治外法権を撤廃させた新条約の調印をすることになった。そして日英通商航海条約をはじめとする列強15カ国との新条約が発効し、治外法権が撤廃されたのは1899（明治32）年のことであった。なお、民法典が施行されたのはその前年のことである。この間の状況を子細にみてみると、治外法権撤廃を定めた改正条約については、別の外交文書で、民法、商法等の法典が完全に実施されなければ、その条約の実施を延期することが定められていた[23]。

ここに、民法典の編纂事業と不平等条約の改正とが表裏一体の関係にあったことが、如実に示されているというべきであろう。

　　タカナをひらがなに改め、濁点および句読点を付した）。
23)　仁井田ほか・前掲注14) 16頁。

VIII 結　語

　民法典の編纂は、不平等条約改正の前提条件として西洋的法制度を導入し、西洋列強に対し自国民を日本の裁判権に服することへの不安感を解消させるために行われた。

　そのためには、日本の伝統法との連続性を絶ちきり、純粋に西洋的な法制度を導入することが重要であった。したがって、伝統法に対しては、この当時の政府は否定的な態度を崩そうとはしなかった。

　たとえば、日本の建造物は、西洋諸国とは異なり、その当時ほとんど木造であり、家屋それ自体が類焼を招きやすいもので、延焼の範囲もひろくなりがちであった。そのため、社会的には、失火防止のための強い規制が働くとともに、もらい火は、一種の災難として、失火者免責という慣習が伝統的には存在していた。もちろん、西洋諸国にはこのような慣習は存在していない。

　この慣習は、明治の法制度整備期に、刑法附則（1881〔明治14〕年）の第5章「賠償処分」に承継された。しかしこのような慣習は、民法典の施行のさいに削除された。それを復活したのが失火責任法であったが、その制定は、議員立法によるものであり、当時の政府や民法起草者たちは非西洋的な同法の制定に抵抗したのである[24]。

　明治期の日本における民法典の制定が、西洋型法制度の導入に終始せざるをえなかったことを物語る一コマである。

24）　加藤雅信『新民法大系Ⅴ　事務管理・不当利得・不法行為〔第2版〕』（有斐閣・2005年）387頁。

第13章　ドイツ民法典——その背景と発展および今後の展望[原注)訳注1)]

カール・リーゼンフーバー／宮下修一（訳）
Karl Riesenhuber

I 背　　景　　　　　IV 近時の改正
II BGB の特徴　　　　V 全体の動向
III 法改正と判例による発展　VI 今後の展望
　　——概観

I 背　　景

　ドイツ民法典（BGB）の歴史は、既に繰り返し語られてきた[1)]。また、その歴史は日本において特によく知られている。日本の法律家はその発展を詳細に

原注）　本論文は、2008 年 3 月 2 日に東京で開催された「民法改正国際シンポジウム——日本、ヨーロッパ、アジアの改正動向比較研究」のために提出したものである。文献の引用は代表的なもののみにとどめたが、(a)英語で資料入手が可能なもの、及び(b)重要な論稿を優先的に引用した。私の助手として文献引用に当たって尽力してくれたステファン・ヴィヒャッリー（Stefan Wichary）氏と法学部生のアクレサンダー・ロース（Alexander Roos）氏に謝意を表したい。

訳注1)　本章の翻訳にあたっては、民法改正研究会のメンバーである磯村保教授（神戸大学）、松岡久和教授（京都大学）、渡辺達徳教授（東北大学）から、訳語や本稿の内容について貴重なご教示とご助言を賜った。とりわけ、磯村教授からは、翻訳全体にわたってきわめて詳細なご教示とご助言をいただいた。この場を借りて深甚なる謝意を表する次第である。なお本章の元原稿は、ドイツ語ではなく、英語で執筆されたものである。また、原注をすべて掲記した関係で、訳注は最小限にとどめた。

1)　詳細については、以下の文献を参照。F. Wieacker, *A History of Private Law in Europe*, trans. T. Weir (Oxford: Clarendon Press, 1995), pp. 371–386; K. Kroeschell, *Rechtsgeschichte Deutschlands im 20. Jahrhundert* (Göttingen: Vandehoeck & Ruprecht, 1992), pp. 11–17; id., *Deutsche Rechtsgeschichte 3 (seit 1650)*, 2nd ed. (Opladen: Westdeutscher Verlag, 1993), pp. 190–202. 近時のものとして、R. Zimmermann, *The New German Law of Obligations-Historical and Comparative Perspectives* (Oxford: Oxford University Press, 2005), pp.5–24; F.Sturm, Der Kampf um die Rechtseinheit in Deutschland-Die Entstehung des BGB und der erste Staudinger, in: M. Martinek & P.L. Sellier (eds.), *100 Jahre BGB-100 Jahre Staudinger* (Berlin: Sellier & de Gruyter, 1999), pp. 13–38.

追究し、また、とりわけ第1草案と第2草案を、日本民法典の発展に示唆を与えるものの1つとして用いたからである[2]。

　ドイツ民法典は、18世紀および19世紀におけるヨーロッパ法典化の動きの中で遅れて生まれてきた子である[3]。統一的な民法典を求める主張は、とりわけ、解放戦争後の1814年にティボー (Anton Friedrich Justus Thibaut) によって明確に唱えられたが、周知のように、サヴィニー (Friedrich Carl von Savigny) は、法典化を行うためにはまだ時代は熟していないと考え、これに激しい批判を加えた[4]。サヴィニーの批判の結果、法典化の動きはおよそ60年間停滞することとなったが、これにより、学問的発展、とりわけ「歴史学派」の発展が可能となった[5]。1871年のドイツ帝国の統一の後、法典化への動きがあらためて活発化し、また1873年のラスカー法 (Lex Lasker) によってドイツ帝国の立法権限の基盤が確立した時点で、法典化の計画は、かくして確固たる知的な基礎に拠ることが可能となった。もっとも、このような法典化計画が依拠することのできた法文化の共有財産の存在にもかかわらず、1874年に設置され、最も中心的なメンバーとしてヴィントシャイト (Bernhard Windscheid) とプランク (Gottlieb Planck) が加わっていた第1委員会は[6]、1887年に第1

2） 例えば、以下の文献を参照。Z. Kitagawa, *Rezeption und Fortbildung des europäischen Zivilrechts in Japan* (Frankfurt: a.M., Berlin, 1970); id., in: Z. Kitagawa & K. Riesenhuber, *The Identity of Japanes Civil Law in Comparative Perspective* (Berlin: de Gruyter, 2007), pp. 11–56; G. Rahn, *Rechtsdenken und Rechtsauffassung in Japan-Dargestellt an der Entwicklung der modernen japanischen Zivilrechtsdogmatik* (Munich: C.H. Beck, 1996), pp. 23–306; H.P. Marutschke, Einführung in das japanische Recht (Munich: C.H. Beck, 1999), §§ 4, 5, 8 (pp. 33–58, 87–102); H. Oda, *Japanese Law*, 2 nd ed. (Oxford: Oxford University Press, 1999), pp. 12–33, 127–131; T. Oka, Einige Bemerkungen über den Einfluss des deutschen Rechts bei der Entstehung des Entwurfs zum japanischen BGB und bei seiner Beratung, in: I. Schwenzer & G. Hager (eds), *Festschrift für Peter Schlechtriem zum 70. Geburtstag* (Tübingen: Mohr Siebeck, 2003), pp. 141–152.

3） F. Wieacker, n.1 above, pp. 257–275; R. Zimmermann, n. 1 above, pp.5 sq.; id., Codification: History and Present Significance of an Idea, *ERPL* 3 (1995), 95 ff.

4） 両者の原典は、以下の文献に再録されている。H. Hattenhauer (ed.), *Thibaut und Savigny-Ihre programmatischen Schriften* (Munich: Vahlen, 1973).

5） F. Wieacker, n.1 above, pp. 279–329; R. Zimmermann, n. 1 above, pp.8–11.

6） 委員会における彼らの役割は、あまり明確ではない。この点については、以下の文献を参照。K. Kroeschell, n.1 above (1992), p. 11.

草案を公表するまでに優に 13 年間の歳月を費やした。第 2 草案は 1895 年に公表され、連邦参議院に提出されたが、第 3 草案として 1896 年に可決され、1900 年 1 月 1 日に施行されるに至ったのである。

II　BGB の特徴

　1900 年に施行された BGB は、若干保守的でパターナリスティックな要素を残してはいるものの、19 世紀の自由主義の伝統に堅く根ざしたものである[7]。その内的体系 (inneres System) は、ベーム (Franz Böhm) が「私法社会」(Privatrechtsgesellschaft) と適切に名付けた理念に基づいている[8]。私的自治 (Privatautonomie)、契約の自由、私有財産制、遺言の自由 (Testierfreiheit)、さらに家族という「私的組織」が、このような社会モデルの特徴であり、本法典の基本的な原理を形成している。これと拮抗する原理が、債務編の冒頭に置かれた著名な BGB 242 条に明示されている信義誠実の原則であるが、これは、本法典の判例による発展のための強力な基礎となった（特に III 2 (1)以下を参照）。

　民法典の外的体系 (äußeres System) は、19 世紀におけるドイツ的法思考の学問的伝統である「パンデクテン体系」(Pandektensystem) に基づいている[9]。

---

7) F. Wieacker, n. 1 above, pp. 380-383; K. Kroeschell, n. 1 above (1992), pp. 18-21.

8) F. Böhm, Privatrechtsgesellschaft und Marktwirtschaft, *ORDO* 17 (1966), 75-151. 私法社会の理論については、以下の文献を参照。C.-W. Canaris, Verfassungs-und europarechtliche Aspekte der Vertragsfreiheit in der Privatrechtsgesellschaft, in: P. Badura & R. Scholz (Hrsg.), *Wege und Verfahren des Verfassungslebens–Festschrift für Peter Lerche zum 65. Geburtstag* (Munich: C.H. Beck, 1993), S. 873-891; W. Zöllner, *Die Privatrechtsgesellschaft im Gesetzes-und Richterstaat* (Cologne: Otto Schmidt, 1996). さらに、最近の文献として、K. Riesenhuber (ed.), *Privatrechtsgesellschaft* (Tübingen: Mohr Siebeck, 2007). 日本の視点から論じたものとしては、以下の文献を参照。A. Ebihara, Deregulierung in der Wirtschaft-die Wiedergeburt einer "Privatrechtsgesellschaft"?, in: Kitagawa/Murakami/K.W. Nürr/Th. Oppermann/Shiono (Hrsg.), *Regulierung–Deregulierung–Liberalisierung: Tendenzen der Rechtsentwicklung in Deutschland und Japan zur Jahrhundertwende* (Tübingen: Mohr Siebeck, 2001), pp. 289-296.

9) F. Bydlinski, *System und Prinzipien des Privatrechts* (Vienna & New York: Springer, 1996), pp. 117-119; K. Kroeschell, n. 1 above (1992), pp. 17 sq. パンデクテン体系は、最初はハイゼ (Heise) によって展開された。G.A. Heise, *Grundriß eines Sys*

すなわち、民法典は (1)総則、(2)債務、(3)物権、(4)親族、(5)相続の5つの編に分かれている。

民法典の最も顕著な特徴は、その学問的かつ体系的な概念である。市民の法典というよりもむしろ学者の法典として、BGBは、専門的な言語表現、抽象化と一般規定への強い志向、相互参照を必要とする複雑なシステム、および一般規定と特別規定の相互作用によって特徴づけられる。したがって、BGBは、第1編の総則を含むだけではなく、とりわけ債務編（BGB 241条～432条）および物権編においても、総則的規定を含んでいる[10)][11)]。このような立法技術は、過度に形式的で無味乾燥なものであるとしてしばしば批判されてきたし、BGBの表現は、確かに詩人に霊感を与えるものではない[12)]。しかしながら、BGBは概念的な明晰さと体系的な一貫性という利点を備えている。さらに、おそらくは、法典を社会的・技術的な状況の変化に適合可能なものとしているのは、このような抽象性である[13)]。抽象化は、単なる立法技術というだけではなく、BGBの基本的かつ特徴的な理論的原理の1つでもある。したがって、権利の変動は債務から切り離され、また代理人の権限はその基礎をなす法律関係から切り離されている。ここにおいても、このような原則は、しばしばきわ

---

tems des gemeinen Zivilrechts, 3rd ed. (Heidelberg: Mohr and Winter, 1819; reprint Goldbach: Keip, 1997).

10) BGB 873条～902条は、土地の権利に関する総則規定である。また、BGB 1113条～1190条の抵当権の規定も総則と考えられる。

11) 総則の価値と長所については、以下の文献を参照。K. Larenz & M. Wolf, *Allgemeiner Teil des Bürgerlichen Rechts*, 9th ed. (Munich: C.H. Beck, 2004), § 1 paras. 69–80 (with reservations K. Larenz, *Allgemeiner Teil des Bürgerlichen Rechts*, 7 th ed. [Munich: C.H. Beck, 1988], § 1 IV c [pp. 29–31]; Bydlinski, n. 9 above, pp. 119–134; P.Koschaker, *Europa und das römische Recht* (Munich & Berlin: Biederstein, 1947), *pp.* 279–281. 批判的な評価については、以下の文献を参照。D. Medicus, *Allgemeiner Teil des BGB*, 8th ed. (Karlsruhe: C.F. Müller, 2002), § 5 (pp. 16–19); F. Wieacker, n. 1 above, pp. 376 sq., 385 sq.; K. Zweigert & H. Kötz, *An Introduction to Comparative Law*, trans. T. Weir, 3rd ed. (Oxford: Clarendon Press, 1998), p. 146.

12) スタンダール（Stendhal）が「その調子（文体）をまねるために（"*pour prendre le ton*"）」毎日読んだと明言したフランス法の文言とは対照的である。この点については、以下の文献を参照。K. Zweigert & H. Kötz, n. 11 above, p. 91.

13) K. Schmidt, *Die Zukunft der Kodifikationsidee–Rechtsprechung, Wissenschaft und Gesetzgebung vor den Gesetzeswerken des geltenden Rechts* (Heidelberg: C.F. Müller, 1985).

めて不自然であると批判される。しかしそれは、取引をより信頼度の高いものにするという実際的な目的に資するものである。

　包括的な一連のルールを規定することを意図した体系的な概念が一般的正義（および平等原理）に資するためのものであるのに対し、一般条項は安全弁となり、個別ケースの事情を考慮することにより、法典を個別的正義に向けるものとなる[14]。BGB には、そのような一般条項がいくつか含まれている。最も有名なのは BGB 242 条の信義誠実の原則（このほか BGB 162 条及び 226 条）であるが、BGB 138 条及び 826 条にいう良俗もその例である。

III　法改正と判例による発展——概　観[15]

　民法典は、その制定当初以来、重要な変化、すなわち法改正および判例による発展を経験してきた。本論文で、これらのすべてを詳細に論じることはできない（末尾の付表を参照されたい）。実際のところ、時間の制約もあるので、せいぜい概略を説明することにとどまらざるを得ない。そこで、特に債務法に焦点を絞って、いくつかの重要な変化に注目することをお許しいただきたい。以下では、BGB の 5 つの編についてそれぞれ考察することにしたい。

> ※　以下の説明では、ナチ体制期における、BGB を含めた法システムの曲解と法全体の道具主義（インストルメンタリズム）を広く検討から除外していることを明らかにしておきたい。たしかに、この時期のドイツ法の歴史を矮小化したり、無視するべきではない。しかしながら、ナチのイデオロギーを反映したこの時期の法改正や判例による発展に関する限りは、その後、1945 年以降は廃止されているし、長年続いている法伝統の一部を形成してもいない[16]。同様に、かつての東ドイツ（DDR＝ドイツ民主共和国）における私法の発展についても、本論文では割愛する[17]。

---

14)　C.-W. Canaris, *Systemdenken und Systembegriff in der Jurisprudenz-entwickelt am Beispiel des deutschen Privatrechts*, 2nd ed. (Berlin: Duncker & Humblot, 1983), pp. 147-154.

15)　この点を概観したものとして、例えば、以下の文献を参照。J. v. Staudingers (found.), *Kommentar zum Bürgerlichen Gesetzbuch-BGB-Synopse 1896-2005* (Berlin: Sellier & de Gruyter, 2006); F.J. Säcker, in: id. & R. Rixecker (eds.), *Münchener Kommentar zum Bürgerlichen Gesetzbuch*, vol. 1: Allgemeiner Teil, 5th ed. (Munich: C.H. Beck, 2006), Einleitung paras. 8-22. また、20 世紀前半における発展について論じたものとして、以下の文献を参照。F. Wieacker, n. 1 above, pp. 409-430.

第Ⅲ部　世界に見る民法典の制定とその改正

1　総　　　則[18]

総則における唯一の立法上の変化は、2002年の債務法の「現代化」の過程で全面的な修正を見た消滅時効法に関するものである（後述2を参照）。元々の規定に含まれていた多様な相違は、実体的には正当化されないことが明らかとなり、しばしば時代遅れであり、実務における適用が困難と思われる区別を招いていた[19]。

> ※　他の変更は、個別的なものにすぎない。成人年齢は、1975年に21歳から18歳に引き下げられた。BGB 138条2項における暴利の禁止は強化された。2002年には、原則として行為能力を制限されている者に、少額に限って日常の用に供する物や役務の取引を認めるBGB新105a条が追加された。精神的に障害のある者の必要性に配慮することを意図したこの規定の当否については争いがある。すなわち、この規定は実際上の効果がほとんどなく、むしろ象徴的な価値の道具であるとの批判がなされている。

学説のレベルでは、信頼原理がさまざまな形で承認されていることには言及しておく必要がある。例えば、それが明らかに見られるのは、契約の解釈（BGB 133条及び157条／意思主義から表示主義への移行）[20]、行為や正しく信頼に基礎を置く代理権の承認[21]、最も重要な概念である信頼責任の発展[22]において

---

16)　ナチ期におけるドイツ私法の変質については、リュータース（Rüthers）によるスタンダードな説明を参照。B. Rüthers, *Die unbegrenzte Auslegung–Zum Wandel der Privatrechtsordnung im Nationalsozialismus*, 6th ed. (Tübingen: Mohr Siebeck, 2005). 簡潔な概説として、K. Kroeschell, n.1 above (1992), pp. 70–117; id., n.1 above (1993), pp. 268–281.

17)　例えば、以下の文献を参照。K. Kroeschell, n.1 above (1992), pp. 152–194; id., n.1 above (1993), pp. 281–293; G. Otte, Das BGB im ZGB der ehemaligen DDR, in: M. Martinek & P. Sellier (eds.), *100 Jahre BGB–100 Jahre Standinger* (Berlin: Sellier & de Gruyter, 1999), pp. 209–219.

18)　概説として、以下の文献を参照。D. Medicus, n. 11 above, § 6 (pp. 19–21).

19)　この点を概説したものとして、以下の文献を参照。S. Lorenz & T. Riehm, *Lehrbuch zum neuen Schuldrecht* (Munich: C.H. Beck, 2002), paras 19–46.

20)　K. Larenz & M. Wolf, n. 11 above, § 24 paras. 24–32.

21)　K. Larenz & M. Wolf, n. 11 above, § 48; W. Flume, *Allgemeiner Teil des Bürgerlichen Rechts, vol. II–Das Rechtsgeschäft*, 4th ed. (Berlin, Heidelberg, New York, London, Paris, Tokyo, Hong Kong, Barcelona & Budapest: Springer, 1992), pp. 828–836 (with a critical discussion).

22)　C.-W. Canaris, *Die Vertrauenshaftung im deutschen Privatrecht* (Munich: C.H. Beck, 1971).

である。

　私法全体における重要性を考慮して、総則に関わるものとして言及されるべき判例の発展は、1949年のドイツ憲法、すなわち基本法上の基本権が私法に及ぼした影響である[23]。基本権は、BGBが12条でごく端緒的にのみ認めていた一般的人格権を承認することに寄与した[24]。また、基本権は、私法の分野で差別に対する保護を発展させるためにも用いられた[25]。近時、連邦憲法裁判所は、交渉力に格差があるために契約上の交換が不均衡であったと判断されたケースに介入した[26]。そのような発展は、幅広く支持を集めている。しかしながら、それぞれの判決で示されている結論には異論がないかもしれないが、裁判所は、理論的な根拠を欠いたままその判断を下しているという重大な批判も存在する[27]。

2　債　務　法[28]

　債務法では、数多くの変化が生じた。立法的な介入によって特別規定のニーズが満たされる一方で、判例による発展によって、民法典における数多くの欠缺が相当程度埋められてきた。

(1) 契約上の義務、その限界と履行障害(債務不履行)法

　早くも1904年に、不能と遅滞とを区別する履行障害(債務不履行)法が、お

---

23) C.-W. Canaris, Grundrechte und Privatrecht, *AcP* 184 (1984), 201-246; id., *Grundrechte und Privatrecht-Eine Zwischenbilanz* (Berlin: de Gruyter, 1999); J. Neuner (ed.), *Grundrechte und Privatrecht in rechtsvergleichender Sicht* (Tübingen: Mohr Siebeck, 2007).
24) BGH, 25 May 1954 -case I ZR 211 / 53, *BGHZ* 13,334,336-339 -*Schacht-Leserbrief*; BGH, 14 February 1958 -case I ZR 151 / 56, *BGHZ* 26,349,354-359 -*Herrenreiter*; BGH, 19 September 1961 -case VI ZR 259 / 60, *BGHZ* 35,363,336-369 -*Ginseng*.
25) K. Riesenhuber, Privatautonomie und Diskriminierungsverbote, in: K. Riesenhuber & Y. Nishitani (eds.), *Wandlungen oder Erosion der Privatautonomie?* (Berlin: de Gruyter, 2007), pp. 24-32. 日本の視点から論じたものとして、以下の文献を参照。A. Onaka, Diskriminierungsverbote im Japanischen Privatrecht-Gleichbehandlungsprinzip und Privatautonomie im Arbeitsvertragsrecht, ibid., pp. 63-69.
26) BVerfG, 19 Oktober 1993 -case I BvR 567, 1044 / 89, *BVerfGE* 89,214,228-235.
27) W. Züllner, Privatrecht und Gesellschaft, in: K. Riesenhuber (ed.), *Privatrechtsgesellschaft* (Tübingen: Moht Siebeck, 2007), pp. 53-74.
28) この点を概説したものとして、以下の文献を参照。D. Medicus, *Schuldrecht I-Allgemeiner Teil*, 17 th ed. (Munich: C.H. Beck, 2006), paras, 41-49 a.

そらく誤った見方ではあるが、不完全なものと考えられた[29]。シュタウプ (Herman Staub) の著名な論文に従い[30]、裁判所は、積極的債権侵害の理論を、不能と遅滞に関する制定法の規定を補う、新たな債務不履行のカテゴリーとして発展させた[31]。BGB 242条の信義誠実の原則という一般条項（および特別規定であるBGB 618条）に基づいて、裁判所は、履行利益と債権者の完全性利益の双方を守ることを義務づける付随義務を承認した[32]。また、契約締結上の過失の理論——それはイェーリンク (Rudorf v. Jhering) の業績にルーツを見いだせるが[33]、法典化の際にはそれ自体は承認されなかった[34]——によって、契約上の義務は、契約締結前の段階に拡張された[35]。第三者に対する保護効を伴う契約の理論によって[36]、契約上の保護という傘は、第三者に対してもシェルターを提供した。そしてこれに続く最後のステップとして、契約締結上の過失と保護効の理論が、有名な野菜片 (vegetable-leaf) 事件において結合され、契

29) K. Kroeschell, n. 1 above (1992), pp. 21 sq.
30) シュタウプとその影響に関する近時の文献として、Th. Henne, R. Schröder & J. Thiessen (eds.), *Anwalt-Kommentator-Entdecker-Festschrift für Hermann Staub zum 150. Geburtstag am 21. März 2006* (Berlin: de Gruyter, 2006).
31) F. Wieacker, n. 1 above, p. 412,418; G.H. Jones & P. Schlechtriem, *Breach of Contract, International Encyclopedia of Comparative Law, Vol. VII-Contracts in General, Ch. 15* (Tübingen: Mohr Siebeck, Dordrecht: Martinus Nijhoff & Boston: Lancaster, 1999), para. 201.
32) 保護義務 (Schutzpflichten) については、以下の文献を参照。C.-W. Canaris, Schutzgesetze-Verkehrspflichten-Schutzpflichten, in: id. & U. Diederichsen (eds.), *Festschrift für Karl Larenz zum 80. Geburtstag am 23. April 1983* (Munich: C.H. Beck 1983), pp. 27 – 110, in particular pp. 84 – 90.
33) R. v. Jhering, Culpa in contrahendo-oder Schadensersatz bei nichtigen oder nicht zur Perfection gelangten Verträgen, *JherJb* 4 (1861), 1 – 112.
34) もっぱら以下の文献を参照。*Motive zu dem Entwurfe eines Bürgerlichen Gesetzbuches für das Deutsche Reich, vol.2-Recht der Schuldverhältnisse* (Berlin & Leipzig: Guttentag, 1888, reprint 1983), pp. 178 sq. = B. Mugdan (ed.), *Die gesammten Materialien zum Bürgerlichen Gesetzbuch für das Deutsche Reich, vol. 2-Recht der Schuldverhältnisse* (Berlin: R. v. Decker's, 1899; reprint Aalen: Scientia, 1979), pp. 97 sq.
35) RG, 7. Dezember 1911 -case VI 240 / 11, *RGZ* 78,239 -*Linoleum-Role*; BGH, 22 February 1973 -case VII ZR 119 / 71, *BGHZ* 60,221; see further C.-W. Canaris, Die Vertrauenshaftung im Lichte der Rechtsprechung des Bundesgerichtshofs, in: Id., A. Heldrich, K.J. Hopt, K. Schmidt, C. Roxin & G. Widmaier, *50 Jahre Bundesgerichtshof-Festgabe aus der Wissenschaft, vol. I-Bürgerliches Recht* (Munich: C.H. Beck, 2000), pp. 129 – 197.

約が締結される前であっても契約法のルールによって第三者の保護が認められた[37)][訳注2]。このような発展の実務上の重要性は、たとえ理論的な基礎に異論の余地を残しているとしても、決して過小評価することはできない[38)]。とりわけ、契約前の段階で関与した専門家の責任は、契約締結上の過失という道具および保護効の理論に基礎を置くものである。

また、信義誠実の原則を根拠として[39)]、裁判所は、契約上の義務の限界を発展させてきた。第1次世界大戦後の過度のインフレーションに対応して、裁判所は、古くからの学説に基づいて行為基礎の障害に関する理論を採用し[40)]、

---

36) BGH, 25 April 1956 –case VI ZR 34 / 55, *NJW* 1956,1193,1194 with note by K. Larenz; BGH, 22 January 1968 –case VIII ZR 195 / 65, *BGHZ* 49,350,355. J. Gernhuber, Drittwirkungen im Schuldverhältnis kraft Leistungsnähe–Zur Lehre von den Verträgen mit Schutzwirkung für Dritte, in: *Festschrift für Arthur Nikisch* (Tübingen: Mohr Siebeck, 1958), pp. 249 – 274; id., Gläubiger, Schuldner und Dritte-Eine Kritik der Lehre von den "Verträgen mit Schutzwirkung für Dritte" und der Rechtsprechung zum "Haftungsausschluß mit Wirkung für Dritte", *JZ* 1962,553 ff.; K. Larenz, *Lehrbuch des Schuldrechts–Erster Band: Allgemeiner Teil*, 14 th ed. (Munich: C.H. Beck, 1987), § 17 II, III (pp. 224 – 232); J. Gernhuber, *Das Schuldverhältnis* (Tübingen: Mohr Siebeck, 1989) § 21 (pp. 510 – 541). See also K. Kroeschell, n. 1 above (1992), pp. 214 sq.

37) BGH, 28 January 1976 –case VIII ZR 246 / 74, *BGHZ* 66,51,56 et sq. その発展は、カナーリスによって先取りされた。C.–W. Canaris, Ansprüche wegen "positiver Vertragsverletzung" und "Schutzwirkung für Dritte" bei nichtigen Verträgen–Zugleich ein Beitrag zur Vereinheitlichung der Regeln über die Schutzpflichtverletzungen, *JZ* 1965,475 ff.

訳注2) 「野菜片 (vegetable-leaf) 事件」の内容は、円谷峻『新・契約の成立と責任』(成文堂・2004年) 62頁以下で紹介されている。

38) 特に、以下の文献を参照。C.–W. Canaris, n. 32 above; E. Picker, Positive Forderungsverletzung und culpa in contrahendo–Zur Problematik der Haftungen "zwischen" Vertrag und Delikt, *AcP* 183 (1983), 369 – 520; id., Gutachterhaftung–Außervertragliche Einstandspflichten als innergesetzliche Rechtsfortbildung, in: V. Beuthien, M. Fuchs, H. Roth, G. Schiemann & A. Wacke (eds.), *Festschrift für Dieter Medicus: zum70.Geburtstag* (Cologne,Berlin,Bonn&Munich:Heymann,1999),pp. 397 – 447.

39) 一般的な背景については、以下の文献を参照。F. Wieacker, *Zur rechtstheoretischen Präzisierung des § 242 BGB* (Tübingen: Mohr Siebeck, 1956); id., *Gesetz und Richterkunst* (karlsruhe: C.F. Müller,1958); K. Larenz, Kennzeichen geglückter richterlicher Rechtsfortbildung (Karlsruhe: C.F. Müller, 1965), pp.8 sq. *et passim*. さらに、歴史的観点に立つものとして、K. Kroeschell, n. 1 above (1992), pp. 49 – 51.

その理論によって対価関係が後になって過度に不均衡になった契約を調整することが可能になった[41]。

※ このような法律を超えた（praeter legem）判例による発展は、すべて2002年の債務法の現代化によって民法典の中に取り込まれた。これについては、後述する（Ⅳ 2）。

(2) 損害賠償

損害賠償法における多様な変化のうち、ここでは、最も最近の法改正のみを指摘するにとどめる[42]。2002年の第2損害賠償規定改正法では、BGB 253条で規定されていた、非財産的な損害賠償についての一般的制限が廃止された。従来は、不法行為請求権のみが精神的苦痛に対する損害賠償を発生させたが（かつてのBGB 847条）、そのような損害賠償は、現在では契約の不履行を理由としても可能となった。

判例による発展においては、賠償可能な損害の範囲を拡大する傾向が看取される[43]。「規範的損害概念」を用い、かつ、政策的考慮をしたうえで、裁判所は、従来は賠償請求が不可能であったケースにおいて損害賠償を認めた。例えば、所有者が実際に車を貸したか否かにかかわらず、損害を受けた車が車庫の中にあった期間の車の賃貸に要する費用に関する損害賠償である。

(3) 消費者保護

第1に、消費者保護に関するかなりの数の特別法が、債務法、時には契約の成立に関するルールにも影響を与えている。今日の消費者保護に関する法律の中で最も古いものの1つは、BGB自体よりもさらに古い、1894年の割賦販売法である。それは、後に（1987年のEC指令を国内法化した[44]）1991年に制定され

---

40) B. Windscheid, *Die Lehre des römischen Rechts von der Voraussetzung* (Düsseldorf: Buddeus, 1850); P. Oertmann, *Die Geschäftsgrundlage–Ein never Rechtsbegriff* (Leipzig & Erlangen: Deichert, 1921); K. Larenz, *Geschäftsgrundlage und Vertragserfüllung–Die Bedeutung "veränderter Umstände" im Zivilrecht*, 3rd ed. (Munich: C.H. Beck, 1963).

41) RG, 21 June 1933 –case I 54 / 33, *RGZ* 141,212,216 sq; RG, 2 April 1935 –case III 228 / 34, *RGZ* 147, 286, 289. この点については、以下の文献も参照。F. Wieacker, n.1 above, pp. 412 sq.; K. Kroeschell, n.1 above (1992), pp. 49–51; id., n.1 above (1993), pp. 263 sq.

42) さらに、F. Wieacker, n.1 above, pp. 418 sq.; H. Lange, Schadensersatz, 3rd ed. (Tübingen: Mohr Siebeck, 2003), pp. 22–25. を参照されたい。

43) K. Kroeschell, n.1 above (1993), pp. 216 sq.

〔カール・リーゼンフーバー／宮下修一（訳）〕　　第13章　ドイツ民法典

た消費者信用法によって取って代わられた。

　1976年に制定された普通契約約款規制法は、1993年のEC不公正約款規制指令[45]に従い1996年に改正されているが、従来は学説による発展や判例によるコントロールにゆだねられていた20世紀契約法の根本的なチャレンジの1つである[46]。この法律は、圧倒的な数の裁判所の判決、さらに相当数に及ぶ学問上の言及や論評に反映されているように、実務上大きな影響を及ぼしてきた[47]。

　それに加えて、ECの立法に基づいて、訪問販売（1986年制定の訪問販売法、1985年の訪問販売指令[48]）及び通信販売（2000年の通信販売法、1997年の通信販売指令[49]及び2002年の金融商品に関する通信販売指令[50]）という特殊な販売方法が規制

---

44) Council Directive 87 / 102 /EEC of 22 December 1986 for the approximation of the laws, regulations and administrative provisions of the Member States concerning consumer credit, OJ 1986 L 42 / 48.

45) Council Directive 93 / 13 /EEC of 5 April 1993 on unfair terms in consumer contracts, OJ 1993 L 95 / 29.

46) 萌芽的なものとして、以下の文献を参照。H. Großmann-Doerth, *Selbstgeschaffenes Recht der Wirtschaft und staatliches Recht* (Freiburg: Wagner'sche Universitätsbuchhandlung, 1933; reprinted and discussed in: U. Blaurock, N. Goldschmidt & A. Hollerbach [eds.], *Das selbstgeschaffene Recht der Wirtschaft–Zum Gedenken an Hans Großmann-Doerth* [Tübingen: Mohr Siebeck, 2005]); L.Raiser, *Das Recht der allgemeinen Geschäftsbedingungen* (Hamburg: Hanseatische Verlagsanstalt, 1935). 議論の発展に関する研究として、以下の文献を参照。P. Ulmer, H.E. Brandner & H.-D. Hensen (eds.), *AGB-Recht,* 10 th ed. (Cologne: Otto Schmidt, 2006), Einleitung paras. 3 – 38; K. Kroeschell, n. 1 above (1992), p. 63; id., n. 1 above (1993), pp. 257 – 259.

47) 例えば、広範囲にわたるコンメンタールとして、以下の文献を参照。P. Ulmer, H.E. Brandner & H.-D. Hensen (eds.), n. 46 above; M. Wolf, W. Lindacher & Th. Pfeiffer (eds.), *AGB-Recht* (Munich: C.H. Beck, 2008).

48) Council Directive 85 / 577 /EEC of 20 December 1985 to protect the consumer in respect of contracts negotiated away from business premises, OJ 1985 L 372 / 31.

49) Directive 97 / 7 /EC of the European Parliament and of the Council of 20 May 1997 on the protection of consumers in respect of distance contracts, OJ 1997 L 144 / 19.

50) Directive 2002 / 65 /EC of the European Parliament and of the Council of 23 September 2002 concerning the distance marketing of consumer financial services, OJ 2002 L 271 / 16.

の対象となっている。

　一定の典型契約が、債務法の各論に新たに導入され、規定が設けられている。すなわち、1979年の改正で、BGB 651a条～651k条としてパック旅行に関する特別ルールが導入された（1990年のEC指令よりも先行するものである）。最後に、ECの立法によって、消費者売買法の改正を余儀なくされた（1999年の消費者売買指令）。

> ※　民法典とは別に定められていた消費者保護法は、消費者売買指令の要求をBGBに国内法化する2002年の債務法現代化法によって、BGBの中に取り込まれた。2002年法については、以下のⅣ2でより詳細に述べることにしたい。

(4)　賃貸借法

　立法上の改正が繰り返し行われている2つ目のものが、賃貸借契約である[51]。2度にわたる世界大戦で甚大な被害を被った結果として居住空間についての規制が行われた。これは、本質的にこの分野においては契約の自由を排除し、締約強制、契約終了に対する保護、さらに賃料に関する立法上のコントロールを認めるものである[52]。1960年代になって初めてこのような制限が緩和され、市場メカニズムと賃借人の社会的保護の要素を融合した社会的賃貸借法に取って代わられた。ただし、契約の自由に対する制限は、依然として少なくない。すなわち、

　　──賃貸人は、原因がある場合にのみ契約を解除することができる。
　　──特に、賃料を増額する目的の解除は違法である。
　　──代わりに、賃料額は、その地域で比較した賃料（地域に一般的な比較賃料）に基づいて調整される。

　この分野の発展はBGBの枠外において幅広く生じており、民法典上のルールは数多くの特別法上の保護に取って代わられていた。消費者保護の場合と同様に、このような特別法は、賃貸借の私法的部分に関する限りで、2001年の賃貸借法改正法で民法典に取り込まれた[53]。

---

51)　この点を概説したものとして、以下の文献を参照。W. Schilling, in: K. Rebman, J. Säcker & R. Rixecker (eds.), *Münchener Kommentar zum BGB, vol. 3: Schuldrecht-Besonderer Teil*, 4th ed. (Munich: C.H. Beck, 2004), Vorbemerkung vor §535 paras. 61–74.

52)　もっぱら、以下の文献を参照。K. Kroeschell, n. 1 above (1992), pp. 54 sq.

(5) 雇用法

BGBには、完備した雇用契約法はまったく含まれていなかったし（616条～619条を参照）、「労働者階級」の利益に向けた考慮が十分になされていないと当初から批判がなされていた。20世紀における雇用法の発展は、例えば被用者の責任の限定[54]のような重要な理論は民法典上の道具を用いて立案されたにせよ、主として民法典の枠外で起こったものである。雇用法を独立した法典として立法化することは繰り返し考えられてきたし、最近では1990年のドイツ再統一後に試みられたが、最終的には実現しなかった[55]。雇用法の大部分は、このように民法典の枠外で規定されているが、例えば、労働時間法、連邦休暇法、パートタイム及び有期労働法、さらに、労働者の安全、または未成年者や妊娠した女性、母親、障害者のような特別なグループの労働者に対する保護に関する非常に多くの法律がある。

このような労働契約に関する規定のうちの多くは、EC法に起源を有するものである。BGBの2つの主要な改正も、同様にEC指令に基礎を置くものである。第1に、不平等禁止ルールが、1975年と1976年に出されたEC指令を国内法化するものとして、1980年にBGBに取り込まれた[56]。これらのルールは、（これもEC法の要求に応じて）何度も変更または改正されてきたし、最近で

---

53) 例えば、以下の文献を参照。M. Häublein, in: F.J. Säcker & R. Rixecker (eds.), *Münchener Kommentar zum BGB, vol. 3: Schuldrecht-Besonderer Teil,* 5 th ed. (Munich: C.H. Beck, 2008), Vor § 535 paras. 41–48.

54) さしあたり、以下の判例を参照。BAG, 27 September 1994-case GS 1 / 89, *NZA* 1994, 1083 =*NJW* 1995, 210. 詳細については、W. Blomeyer, in: R. Richardi & O. Wlotzke (eds.), *Münchener Handbuch zum Arbeitsrecht,* 2 nd ed. (Munich: C.H. Beck, 2000), § 59 paras. 23–71.

55) 近時の発展については、以下の文献を参照。T. Giese, Die Gesetzentwürfe der Länder für ein Arbeitsvertragsgesetz, *NZA* 1996, 803–809. さらに、以下の文献も参照。U. Preis, Das Arbeitsrecht in der Gesetzgebungskrise, in: W. Kohte, H.-J. Dörner & R. Anzinger, *Arbeitsrecht im sozialen Dialog-Festschrift für Hellmut Wissmann zum 65. Geburtstag* (Munich: C.H. Beck, 2005), pp. 45–60.

56) Council Directive 75 / 117 /EEC of 10 February 1975 on the approximation of the laws of the Member States relating to the application of the principle of equal pay for men and women, OJ 1975 L 45 / 19, and Council Directive 76 / 207 / EEC of 9 February 1976 on the implementation of the principle of equal treatment for men and women as regards access to employment, vocational training and promotion, and working conditions, OJ 1976 L 39 / 40.

は、独立した立法、すなわち、詳細については後述するⅣ1で論じるが、2006年の差別禁止法に移された。第2に、BGB 613 a 条は、事業譲渡に関するルールを含んでいる。この規定は、EC指令[57]に基づき、雇用関係は、譲渡を受けた者に移転する旨を定めている。

(6) 不法行為および製造物責任

不法行為法もまた、主として理論的レベルに関してではあるが、かなりの変化を遂げてきた。保護の範囲に関しては、裁判所は、とりわけ一般的人格権（上述した1を参照）および、異論が多いものではあるが、営業権（設立され稼働中の営業に対する権利）[58]を承認した。また、判例・学説は、1つの分析道具として、安全のための予防措置を講ずる義務（取引安全義務〔Verkehrssicherungspflichten〕）を発展させ、これを一般公衆に対する損害を防止するために適切な予防措置を講ずるという個人の義務であると定義している[59]。

製造物責任の分野では、裁判上および立法上の発展が見られる。製造物の欠陥という特定の事実問題に直面した裁判所は、立証責任を転換することで原告の手助けをした[60]。その後、立法者は、1985年のEC指令[61]を国内法化して製造物責任法を制定した。

---

57) Council Directive 77 / 187 /EEC of 14 February 1977 on the approximation of the laws of the Member States relating to the safeguarding of employees' rights in the event of transfers of undertakings, businesses or parts of businesses, OJ 1977 L 61 / 26.

58) 特に、以下の判例を参照。BGH, 26 October 1951 –case ⅠZR 8 / 51, *BGHZ* 3,270, 279 – 282; BGH, 28 November 1952 –case ⅠZR 21 / 52, *BGHZ* 8, 142, 144. 詳細な批評として、以下の文献を参照。K. Larenz & C.-W. Canaris, *Lehrbuch des Schuldrechts Band II/2–Besonderer Teil 2. Halbband*, 13 th ed. (Munich: C.H. Beck, 1994), § 81 Ⅱ (pp. 544 sq.) and § 81 Ⅳ (pp. 560 sq.).

59) Chr. v. Bar. Verkehrspflichten: richterliche Gefahrensteuerungsgebote im deutschen Deliktsrecht (Cologne, Berlin, Bonn, & Munich: Heymann, 1980); C.-W. Canaris, n. 32 above, pp. 77 – 81.

60) 特に、以下の判例を参照。BGH, 26 November 1968 –caseⅥ ZR 212 / 66, *BGHZ* 51, 91, 104 sq.–Hühnerpest. この点に関する文献として、K. Kroeschell, n. 1 above (1992), pp. 208 sq.

61) Council Directive 85 / 374 /EEC of 25 July 1985 on the approximation of the laws, regulations and administrative provisions of the Member States concerning liability for defective products, OJ 1985 L 210 / 29.

3　物権法

　物権法に関する第3編は、上述したところとは対照的に、長年にわたってあまり変化が見られない[62]。しかしながら、BGBにおける物権法が、とりわけ環境保護の分野において、現在においては広範にわたって公法的な要素に取って代わられているという事実を看過すべきではない[63]。

※　立法上の変化は、地上権法を含む。これについてBGBにはごく不十分な規定のみが含まれていたが、早くも1919年にはBGBから独立した形（地上権令）で立法が行われた[64]。1951年の住宅所有権法は、集合住宅における区分所有権の創設を可能とした（従来は、BGB 93条および94条によってこれが不可能であった）[65] [66]。さらに、BGB 906条にいうイミッシオーンに対する保護は、公法上の要請に適合させるために修正された。また、BGB 90条の「物」に関する一般的な定義は、動物に関する特別規定——なんらかの実質的な価値を付加するというよりも、むしろ法律家ではない人の感覚を和らげることを目的とした象徴的な法——により補完された。

※　判例上は、金融担保の道具として担保のための譲渡（物の譲渡担保および債権譲渡担保）は、言及するに値する。その発展は、物権法定主義に反して認められ、民法典におけるかなり脆弱な実定法上の根拠規定（BGB 158条2項・216条1項・455条・930条）に基づくものである[67]）。さらに、例えば、所有権留保買主や譲渡担保権者の期待権は、所有権類似の物権として承認された[68]。

---

62)　M.E. Rinne, in: K. Rebman, J. Säcker & R. Rixecker (eds.), *Münchener Kommentar zum BGB, vol. 6: Sachenrecht*, 4 th ed. (Munich: C.H. Beck, 2004), Einleitung paras. 23-25.
63)　例えば、以下の文献を参照。M.E. Rinne, n. 62 above, Einleitung vor § 854 BGB para. 25.
64)　K. Kroeschell, n. 1 above (1992), pp. 52 sq.; F. Baur & R. Stürner, *Sachenrecht*, 17 th ed. (Munich: C.H. Beck, 1999), § 29 paras. 28-44.
65)　BGB 1093条の居住権は相続できず、譲渡することもできない。さらに慣習によれば、居住に限定される（商業利用はできない）。
66)　F. Wieacker, n. 1 above, p. 425; F. Baur & R. Stürner, n. 64 above, § 29 paras. 5 sq.
67)　F. Baur & R. Stürner, n. 64 above, § 56. これに対するものとして、以下の文献を参照。K. Kroeschell, n. 1 above (1992), p 22; id., n. 1 above (1993), pp. 197 sq.
68)　F. Baur & R. Stürner, n. 64 above, § 59 paras. 32-48; K.Kroeschell, n. 1 above (1992), pp. 51 sq., 218.

第Ⅲ部　世界に見る民法典の制定とその改正

4　親族法

親族法——それは、もともと家父長的な家族モデルに基礎を置いていた——は、何年にもわたって実質的に大きく変化したが、ここで取り上げることのできるものはそのごく一部であり、とりわけ1945年以前の変化（例えば1938年の婚姻法[69]）については触れていない。

※　最も顕著な変化は、平等な取扱いに関わるものである[70]。1957年法は、男女の平等な取扱いを確保することを企図するものであった[71]。そして、憲法（基本法6条5項）における言明に従い、非嫡出子の地位と権利に関する規定は改善された[72]。

※　離婚法は、かなり変化が見られる。とりわけ、1976年法では、離婚の有責主義が廃止され、破綻主義がそれに取って代わることになった[73]。

※　2001年の生活パートナーシップ法（Lebens partnerschaftsgesetz）は、同性愛のパートナーシップの法的な形式として登録生活パートナーシップ制度を導入したものである[74]。

※　過去50年間の社会の発展によって、婚姻しないカップルの数が増加している。そのようなカップルの意図は婚姻をしないというものであるため、親族法は、形式的にはこのような状況に適用され得ない（もちろん、親子関係を除く）。とはいえ、そのような関係が破綻すると、パートナーは、賠償や不当利得返還を求めることもしばしばである。これらの状況の解決は裁判所にゆだねられ、裁判所は債務法上（不当利得）および物権法上の救済手段により援助の手を差しのべた[75]。

5　相続法[76]

相続法は、親族法とは対照的に、きわめて安定したものである。

※　遺言に関する1938年法では、遺言法、とりわけ遺言の方式に関して改正がなされた。

---

69)　F. Wieacker, n. 1 above, pp. 423 sq.

70)　K. Kroeschell, n. 1 above (1992), pp. 221–225; F.W. Bosch, Entwicklungslinien des Familienrechts in den Jahren 1947–1978, *NJW* 1987, 2617–2630.

71)　J. Gernhuber & D. Coester-Waltjen, *Familienrecht*, 5 th ed. (Munich: C.H. Beck, 2006), § 6; F. Wieacker, n. 1 above, p. 426.

72)　J. Gernhuber & D. Coester-Waltjen, n. 71 above, § 5 paras. 56–64.

73)　より詳細については、以下の文献を参照。J. Gernhuber & D. Coester-Waltjen, n. 71 above, § 24 paras. 18–25; K. Kroeschell, n. 1 above (1992), pp. 223–225.

74)　J. Gernhuber & D. Coester-Waltjen, n. 71 above, § 42.

75)　J. Gernhuber & D. Coester-Waltjen, n. 71 above, §§ 43, 44.

76)　H. Lange & K. Kuchinke, *Erbrecht*, 5 th ed. (Munich: C.H. Beck, 2001), § 2.

〔カール・リーゼンフーバー／宮下修一（訳）〕　　第13章　ドイツ民法典

　それらのルールは1953年にBGBに取り込まれた。親族法における変化（上述の**4**参照）は、相続法にも影響を及ぼした（例えば、非嫡出子の権利）。相続税は、間接的に相続法に影響を与えた。1949年憲法の下で、連邦憲法裁判所は、遺言の自由を強調した（基本法14条・2条1項）。

　しかしながら、相続法の実質的な改正を求める声はしばしば聞かれ、実際に、既に1969年には議会は、連邦政府に既に改正を行うように求めていた[77]。現政府は、2008年1月30日に相続法の改正を行うことを公表した[78]。その目標として宣言されているのは、遺言の自由を強化すること、遺留分権利者に対して相続人の地位を強化すること、法律を簡潔化・現代化すること、および相続についても2002年の消滅時効に関する新たなルールと調和した消滅時効制度を導入することである[79]。

IV　近時の改正

　近時における2つの法改正には、それぞれにそのインパクトの広がりと深さの点で、特に注目するべきである。

1　2006年の差別禁止法

　おそらくドイツ私法の改正で最も広範な影響をもつのは、2006年の差別禁止法（一般的平等取扱法／Allgemeines Gleichbehandlungsgesetz, AGG）である[80]。本法は、さまざまな差別禁止に関するEC指令を国内法化したものであるが、いくつかの点で、EC指令の求めるところを超えるものとなっている。この法律は、人種及び種族的出身、宗教及び信念、身体障害、年齢または性的同一性

---

77)　H. Lange & K. Kuchinke, n. 76 above, pp. 31–36.
78)　プレス・リリース（報道発表）を参照。このプレス・リリースについては、以下のウェブページで入手可能である。http://www.bmj.de/enid/b2ed34ceac0ee23eb856c2aa85ebe6cf,bd13f9636f6e5f6964092d0934393833093a095f7472636964092d0934323738 / Pressestelle/Pressemitteilungen_ 58.html.
79)　政府草案：*Entwurf eines Gesetzes zur Änderung des Erb-und Verjährungsrechts.* を参照。この政府草案は、以下のウェブページで入手可能である。http://www.bmj.de/files/-/ 3013 /RegE%20Gese%20Zur%20Änderung%20des%20Erb-%20und%20Verjährungsrechts.pdf. 遺言の自由を強化しようとする目標は、遺言者の権利を、遺留分権利者の相続人からの廃除に限定しようとする別の目標との間でせめぎ合っているように思われる。

に基づく差別を禁止する。その適用範囲は、雇用分野（AGG 6 条〜 18 条）に限られるのではなく、私法関係をすべてカバーするものである（AGG 19 条〜 21 条）。

BGB は、当然のことながら、EC 法の影響の下に、1980 年以来、BGB 611 a 条と 611 b 条に差別の禁止を規定していた（上述のⅢ 2 (5)を参照）。しかしながら、これらの規定は、性に基づく差別のみを禁止し、また雇用関係にしか適用されないという点でその射程が限られていた。一般私法（例えば、売買契約や役務提供契約）においては、差別の禁止は、BGB 138 条と 826 条に基づいてのみ可能であり、ここでは被害者が不利益を受けたことが前提となっていた[81]。しかしながら、2000 年の EC 人種差別禁止指令及び 2004 年の EC 性差別禁止指令は[82]、差別禁止原理の射程を拡大し、一般契約法の分野にも影響が及ぶものであった。これらの指令による必要性を超えて、ドイツ差別禁止法は、私法関係における宗教、身体障害または性的同一性に基づく差別をも禁止している。

差別禁止原理を一般契約法の範囲にまで拡大することは、政治学の分野でも法学の分野でも激しい論争を引き起こした。一方では私権におけるブレイクスルーであるとして賞賛する声があった反面、他方では個人の自由に対する不当な侵害であるという批判もなされた[83]。差別を是認する者はいないが、——雇用市場を別として——差別が、市場が十分に注意を払わない社会的問題といえるのかどうかは疑わしい。差別の禁止は、それが行為者の動機に立ち入るものであることも考慮すれば、契約自由の原則に対するきわめて広範な侵害である。

---

80) 特に詳細なコンメンタールとして、以下の文献を参照。G. Thüsing, in: F.J. Säcker & R. Rixecker (eds.), *Münchener Kommentar zum BGB, vol. 1/2: AGG* (Munich: C. H. Beck, 2007). さらに、以下の文献も参照。in S. Leible & M. Schlachter (eds.), *Diskriminierungsschutz durch Privatrecht* (Munich: Sellier European Law Publishers, 2006).

81) 詳細については、以下の文献を参照。K. Riesenhuber, n. 25 above, pp. 24–32.

82) これらの指令については、以下の文献を参照。K. Riesenhuber & J.-U. Franck, Das Verbot der Geschlechtsdiskriminierung beim Zugang zu Gütern und Dienstleistungen, *EWS* 2005, 245–251; K. Riesenhuber, Das Verbot der Diskriminierung aufgrund der Rasse oder der ethnischen Herkunft sowie aufgrund des Geschlechts beim Zugang zu und der Versorgung mit Gütern und Dienstleistungen, in: Stefan Leible/Monika Schlachter (Hrsg.), *Diskriminierungsschutz durch Privatrecht* (Munich: Sellier European Law Publishers, 2006), pp. 123–140.

2 2002年の債務法の現代化[84]

　第2の重要な改正は、2002年の債務法現代化法である[85]。司法大臣は，既に1977年に債務法改正のための委員会を設置し、この委員会は、1990年に最終報告を提出して、特に履行障害（債務不履行）法の改正を提言した[86]。この最終報告書は一定の関心を呼んだが、改正プロジェクトを（部分的に）実施する引き金となったのは、ECの消費者売買指令であった。司法省は、消費者売買法を改正する必要性に迫られて、「大きな解決」を選択した。すなわち、司法省は、民法典とは別の法律の形で指令を国内法化するよりも、この機会を利用して、履行障害（債務不履行）法の改正をより広範に行うことを選択したのである。

　改正の主な目的は、次のとおりである。
　　——履行障害（債務不履行）法の再構成と簡略化
　　——判例によって形成されたルールの民法典への取込み

---

83) 特に、以下の文献を参照。E. Picker, Antidiskriminierung als Zivilrechtsprogramm?, *JZ* 2003, 540–545; id., Antidiskriminierungsprogramme im freiheitlichen Privatrecht, in: E. Lorenz (ed.), *Karlsruher Forum 2004–Haftung wegen Diskriminierung nach derzeitigem und zukünftigem Recht* (Karlsruhe: Verlag Versicherungswirtschaft, 2005), pp. 7–115; K.Riesenhuber & J.-U. Franck, Verbot der Ceschlechtsdiskriminierung im Europäischen Vertragsrecht, *JZ* 2004, 529–538.

84) この点の詳細については、以下の文献を参照。R. Zimmermann, n. 1 above; C.-W. Canaris, Die Neuregelung des Leistungsstörungs-und des Kaufrechts–Grundstrukturen und Problemschwerpunkte, in: E. Lorenz (ed.), *Karlsruher Forum 2002–Schuldrechtsmodernisierung* (Karlsruhe: Verlog Versicherungswirtschaft, 2003), pp. 5–100; S. Lorenz & Th. Riehm, n. 18 above. 実務上の影響に関する評価については、例えば、以下の文献を参照。S.Lorenz, Schuldrechtsmodernisierung–Erfahrungen seit dem 1.Januar 2002, in: E. Lorenz (ed.), *Karlsruher Forum 2005–Schuldrechtsmodernisierung–Erfahrungen seit dem 1. Januar 2002* (Karlsruhe: Verlag Versicherungswirtschaft, 2006), pp.5–138. 日本の視点から論じたものとしては、以下の文献を参照。Y. Shiomi, Modernization of German Civil Law and Japanese Civil Law Interpretation, in: Z. Kitagawa & K. Riesenhuber (eds.), *The Identity of German and Japanese Civil Law in Comparative Perspectives* (Berlin: de Gruyter, 2007), pp. 57–90.

85) 改正の概要については、以下の文献を参照。K. Kroeschell, n. 1 above (1993), pp. 212–214; D. Medicus, Zum Stand der Überarbeitung des Schuldrechts, *AcP* 188 (1988), 162–182.

86) Federal Minister of Justice (ed.), *Abschlussbericht der Kommission zur Überabeitung des Schuldrechts* (Cologne: Bundesanzeiger, 1992).

第Ⅲ部　世界に見る民法典の制定とその改正
　——消費者保護法の民法典への統合
　——消滅時効法の改革
　本論文では、改正のいくつかの側面についてごく簡単にコメントするにとどまる。
　最も重要な理論的な変化は、やはり履行障害（債務不履行）法の改正であった。一方で不能と遅滞とを区別し、他方で個々の契約類型について担保責任を定めるという形式を採る BGB のアプローチは、つとに過度に複雑であるとして批判されてきた。このようなアプローチは、改正により、BGB 280 条に定められる義務違反の概念に基づく統一的アプローチに取って代わられることとなった。とりわけ、売買契約の不履行に関する救済は、履行障害（債務不履行）の一般規定との調和が図られている。また不能（BGB 275 条）および遅滞（BGB 286 条）の概念は共に民法典に残ってはいるものの、これらの役割は変化した。
　新しい概念によって、積極的債権侵害の理論（上述したⅢ 2(1)を参照）を無用なものとした。法を超えて（praeter legem）形成された他の法理は、法典の中に取り込まれた。特に挙げておきたいのは、契約締結上の過失（BGB 311 条 2 項及び 3 項 2 号）、付随義務の承認（BGB 241 条 2 項）、債務の第三者効（BGB 311 条 3 項 1 号）、行為基礎の障害（BGB 313 条）である（上述したⅢ 2(1)を参照）。
　消費者保護法の民法典への統合は、たしかに、法典の外観を著しく変えることになった。しかしながら、立法者は重要なルールの大部分を実質的には変更しておらず、消費者保護法の統合が私法それ自体をそれほど変えたというわけではない。判例によって形成された法理と特別法の民法典への統合は、法の透明性を高め、その体系的な一貫性を強化するものである。

V　全体の動向

　原理的レベルに関しては、基本権の影響（上述したⅢ 1 を参照）および社会国家原理（基本法 20 条 3 項）は、おそらく 20 世紀における私法の発展において広範な影響力を及ぼしたということができる[87]。判例による発展についても法

---

87)　詳細については、以下の文献を参照。J. Neuner, *Privatrecht und Sozialstaat* (Munich: C.H. Beck, 1999); C.–W. Canaris, n. 22 above; also F. Wieacker, n. 1 above, pp. 427 sq.

改正についても、その多くは、私法の形式的アプローチに「社会的正義」の要素を持ち込んだ、社会国家原理の表現と見ることができる。その典型例は、行為基礎に関する一連の判決から明らかとなる実質的な等価性の原理である（上述したⅢ2(1)を参照）。さらに、20世紀後半において、消費者保護の発展は私法における社会的な考慮を顕著に示す例である。債務法の発展に関しては、その発展は、「実質化の傾向」と適切に評されている[88]。

Ⅵ 今後の展望

最後に、BGBの将来の発展へ向けた展望はどうであろうか。もちろん、本論文では、将来を予言するようなことはできない。しかし、上述した最近の発展のいくつかを取り上げて、その可能性を概観することはできる。

近年、ドイツ民法典に強い影響を与えているものの1つが、ヨーロッパ化である[89]。これは、第1に、形式的な影響である。ECは規則や指令を公布し、これらはメンバー国の法の一部となり、あるいはこれに従って国内法を整備することが必要となる。ドイツ契約法および不法行為法の最も重要な改正が、EC指令を契機としたものであることは既に見たとおりである（上述したⅢ2(3)(6)を参照）。このような発展は終わりはなく、将来も続いていくものである。消費者保護と雇用規制の主要な部分が既にEC法によってカバーされているとしても、統合と調整のプロセスが予想される[90]。このように、より首尾一貫したアプローチの必要性が従前から主張されてきた。例えば、撤回に関する種々の権利を調整することが期待される[91]。他の分野において、EU委員会は、当

---

88) このような契約債務法については、C.-W. Canaris, Wandlungen des Schuldvertragsrechts–Tendenzen zu einer "Materialisierung", *AcP* 200 (2000), 273 – 364. See also the contributions in: K. Riesenhuber & Y. Nishitani (ed.), *Wandlungen oder Erosion der Privatautonomie?* (Berlin: de Gruyter, 2007).

89) 特に、以下の文献を参照。S. Grundmann, *Europäisches Schuldvertragsrecht* (Berlin: de Gruyter, 1999); id., *European Company Law* (Antwerpen & Oxford: Intersentia, 2007); K. Riesenhuber, *Europäisches Vertragsrecht,* 2 nd ed. (Berlin: de Gruyter, 2006); D. Leipold, Deutsches Bürgerliches Recht und Europäisches Zivilrecht in Gegenwart und Zukunft, in: Z. Kitagawa & K. Riesenhuber (eds.), n. 2 above, pp. 153 – 195; S. Lorenz, The Present and Future Role of the German Civil Law in Europe, ibid., pp. 197 – 221.

初の立法の修正を検討している。例えば、不公正取引条項に関する EC 指令に従った判例によるコントロールが、消費者契約における個別合意にも拡張されるべきであるかどうかについて議論がある[92]。

しかし、ヨーロッパ化は、EC 立法という形式的レベルについてのみ生じるものではない。ヨーロッパ化はそれ以外の形でも生じ、将来は競争規制を通じてメンバー国の国内法典にも一層影響を及ぼすことになろう[93]。近い将来制定されるであろう、「ローマ I 条約─規則（Rome I -Regulation)」によって[訳注3]、私人が、ヨーロッパ契約法原則ないしその後継である「共通参照枠

---

90) 雇用差別法に関する近時の EC 指令として、Directive 2006 / 54 /EC of the European Parliament and of the Council of 5 July 2006 on the implementation of the principle of equal opportunities and equal treatment of men and women in matters of employment and occupation, OJ 2004 L 204 / 23, provides an example.

91) 例えば、以下の文献を参照。K. Riesenhuber, System and Principles of EC Contract Law, *ERCL* 1（2005), 297 - 322.

92) F. Ranieri, Die Privatrechtsgesellschaft und die Angleichung des Europäischen Vertragsrechts. Ein rechtsvergleichender Rückblick und eine rechtspolitische Diagnose, in: K. Riesenhuber (ed.), Privatrechtsgesellschaft (Tücbingen: Mohr Siebeck, 2007), pp. 355 - 378; K. Riesenhuber, Wandlungen oder Erosion der Privatautonomie?, in: id. & Y Nishitani (eds.), Wandlungen oder Erosion der Privatautonomie (Berlin: de Gruyter, 2007), pp. 8 sq., 12 sq. On the issue as such, see again C.-W. Canaris, n. 8 above, pp. 873 - 891.

93) 競争規制については、もっぱら以下の文献を参照。E.-M. Kieninger, *Wettbewerb der Privatrechtsordnungen im Europäischen Binnenmarkt-Studien zur Privatrechtskoordinierung in der Europäischen Union auf den Gebieten des Gesellschafts-und Vertragsrecht*（Tübingen: Mohr Siebeck, 2002); S. Grundmann, Wettbewerb der Regelgeber im Europäischen Gesellschaftsrecht-jedes Marktsegment hat seine Struktur, *ZGR* 2001, 783 - 832; id., Regulatory Competition in European Company Law-Some Different Genius ?, in: G. Ferrarini, K.J. Hopt & E. Wymeersch（eds.), *Capital Markets in the Age of the Euro-Cross-Border Transactions, Listed Companies and Regulation*（London, The Hague & Boston: Kluwer Law International, 2002), pp. 561 - 595; K. Riesenhuber, *System und Prinzipien des Europäischen Vertragsrechts*（Berlin: de Gruyter, 2003), pp. 187 - 195.

訳注3）「ローマ I 条約」については、中西康「アムステルダム条約後の EU における国際私法──欧州統合と国際私法についての予備的考察」国際法外交雑誌100巻4号（2001年）535頁、高杉直「ヨーロッパ共同体の契約外債務の準拠法に関する規則（ローマ II）案について──不法行為の準拠性に関する立法論的検討」国際法外交雑誌103巻3号（2004年）367頁、シュテファン・ローレンツ（潮見佳男訳）「現在および将来のヨーロッパ民法の中でのドイツ民法」民商134巻2号（2006年）178頁等を参照。

組（common Flame of Reference）」[94] [訳注4]を適用可能な法として選択することができることになる[95]。結果として、国内の契約法は、このような国際的制度と競争関係に立つことになる。これにより新しい理念と概念によって相互に得るところが多くなると予想される。

　将来の課題は、私法社会の諸原理（上述したIIを参照）をこれ以上の侵食からいかにして守るかということであろう。20世紀が形式から実質へ、すなわち実質化（materialisation）への発展であったとすれば、おそらくは、形式に内在する価値を強調することが今後ますます重要となる。実質的な観点に立ち入って検討しようとすると、必ずそのような検討は煩雑で、押し付けがましいものとなり、不可避的に、個人の自由をより制約することになる。「手続化」、すなわち規則ないし管理の手段としての手続を強調することは、実り多いもう1つの選択肢であるといえる[96]。

　方法論の問題としては、経済理論と行動理論を利用することが、個々の判決のための道具というよりは、主として立法を行う手段としてではあるが、おそらくより重要なものとなるであろう[97]。とりわけ契約法においては、法と経済学の分野が、消費者の認識の不十分さに対する理解を深め、立法的な保護による介入を正当化することが期待される[98]。

---

94)　さしあたり、以下の文献を参照。Chr. v. Bar, E. Clive & H. Schulte-Nölke (eds.), *Principles, Definitions and Model Rules of European Private Law-Draft Common Frame of Reference (DCFR)-Interim Outline Edition* (Munich: Sellier European Law Publishers, 2008). この論稿は、以下のウェブページで入手可能である。www.law-net.eu.

[訳注4]　「共通参照枠組（Common Flame of Reference）」については、本書45頁以下（初出は、岡孝「民法改正の国際的動向　ドイツ債務法」ジュリ1362号〔2008年〕28頁以下）、本書467頁（初出は、アーサー・S・ハートカンプ〔廣瀬久和訳〕「ヨーロッパ民法典への動向」ジュリ1361号〔2008年〕154頁以下）、ローレンツ・前掲訳注3）引用文献を参照。

95)　この点については、以下の文献を参照。M. Gebauer, Parteiautonomie im deutschen und europäischen Internationalen Vertragsrecht, in: K. Riesenhuber & Y. Nishitani (eds.), n. 88 above pp. 263 sq.; Y. Nishitani, ibid., pp. 277-280.

96)　さしあたり、同様のアプローチをとるものとして、G. Bachmann, Optionsmodelle im Privatrecht, *JZ* 2008, 11-20. 同論文では、契約自由と強制的な法との間の折衷的な途として、（さまざまな段階の）選択可能なルールモデルを追求する可能性が強調されている。

第Ⅲ部 世界に見る民法典の制定とその改正

97) ドイツの法律文献のうち、特に、以下のものを参照。H. Eidenmüller, *Effizienz als Rechtsprinzip*, 3 rd ed. (Tübingen: Mohr Siebeck, 2005); S. Grundmann, Methodenpluralismus als Aufgabe–Zur Legalität von ökonomischen und rechtsethischen Argumenten in Auslegung und Rechtsanwendung, RabelsZ 61 (1997), 423–453; H.-B. Schäfer/C. Ott, *Lehrbuch der Ökonomischen Analyse des Zivilrechts*, 4 th ed. (Berlin, Heidelberg, New York, Barcelona, Hong Kong, London, Milan, Paris, Singapore, Tokyo: Springer, 2005).
98) C.R. Sunstein, *Behavioral Law and Economics* (Cambridge: Cambridge University Press, 2000); H. Eidenmüller, Der homo oeconomicus und das Schuldrecht–Herausforderungen durch Behavioral Law and Economics, JZ 2005, 216–224; Chr. Engel, M. Englerth & J. Lüdemann (eds.), *Verhalten und Recht* (Tübingen: Mohr Siebeck, 2006).

〔カール・リーゼンフーバー／宮下修一（訳）〕　　　　　第13章　ドイツ民法典

───────◇付表：ドイツ民法典（BGB）の改正と改革◇───────
アレクサンダー・ロース（Allexander Roos）作成〔宮下修一（訳）〕

年月日 ※（　）は施行日	最も影響を及ぼした民法典の編別	法　　律	概　　要	官　　報 （RGBl. 又は BGBl.）
第1次世界大戦終了まで、ドイツ民法典（BGB）は、あまり重要ではないいくつかの法律を除いてほとんど改正されなかった。				
1908・4・19 (1908・5・15)	第1編　総則	社会法	BGBにおける文言の初めての修正；72条に影響	Imperial Gazzette, RGBl. 1908, p. 151
1919・1・15 (1919・1・22)	第3編　物権法 （補完法）	地上権令	地上権法において現実にそぐわない条項の補完；旧法1012条～1017条等に影響	RGBl. 1919, p. 72, 81
1919・8・11 (1919・8・14)	すべての編	ヴァイマル（ワイマール）帝国憲法	文言の修正はなされなかったが、BGBのいくつかの条項は、新憲法の下で新たな解釈がなされた（例えば、旧法23条、33条、43条、44条、61条、80条、839条等）。	RGBl. 1919, p. 1383
1924・12・12 (1924・12・20)	第3編　物権法 （補完法）	貨幣法改正のための第2次命令	旧法609条、702条、965条、971条、973条、974条、1813条、1822条に影響	RGBl. 1924 I, p. 775
1930・3・25 (1930・4・11)	第1編　総則	破産における付託手続に関する法律	42条、53条、1980条に影響	RGBl. 1930 I, p. 93
1935・2・26 (1935・4・1)	第1編　総則	和議法に関する命令	53条、1980条に影響	RGBl. 1935 I, p. 321, 339
1938・7・6 (1938・8・1)	第4編　親族法	婚姻法	帝国全領内における婚姻法の統一／後に、管理委員会法（1946・2・20）で代替	RGBl. 1938 I, p. 807, 817
1938・7・31 (1939・8・4)	第5編　相続法	遺言法	相続における遺言もしくは契約の問題	RGBl. 1938 I, p. 973, 980

365

第Ⅲ部　世界に見る民法典の制定とその改正

1939・7・4	第4編　親族法（補完法）	失踪法	失踪法改革法により改正（1951・1・15, BGBl. 1951 I, p. 63）	RGBl. 1939 I, p. 1186, 1190
1946・2・20（1946・3・1）	第4編　親族法	婚姻法修正命令（管理委員会法16号）	1353条に影響	RGBl. 1946 I, p. 77, 93
1949・5・23（1949・5・24）	すべての編	ドイツ憲法（基本法）	BGBにおける約175カ条の条文に影響	Federal Gazette, BGBl. 1949, p. 1
1950・9・12（1950・10・1）	第1編　総則	裁判所の構成、民事司法、刑事手続及び費用法の分野における法を再統一するための法	209条に影響	BGBl. 1950 I, p. 455, 501
1953・3・5（1953・4・1）	第5編　相続法	民事司法の分野における法を再統一するための法	ナチスのイデオロギーを持つ遺言法の廃止及び1059a条〜1059c条等の改正	BGBl. 1953 I, p. 33
1957・6・18（1958・7・1）	第4編　親族法	男女同権法	基本法旧117条1項に基づく平等化。婚姻財産の分割は、夫婦財産制における法原則となった。	BGBl. 1957 I, p. 609
1959・12・22（1960・6・1）	第3編　物権法	営業法改正法	906条に影響（さらに、1994・9・21（1994・10・1）の物権法改正法も参照〔BGBl. 1994 I, p. 2911, 2924〕）	BGBl. 1959 I, p. 781, 782
1961・8・11（1962・1・1）	第4編　親族法	親族法改正法	夫婦及び養子縁組に関する原則の修正	BGBl. 1961 I, p. 1221
1965・8・10（1965・10・1）	第1編　総則	土曜日における期間満了に関する法律	193条に影響	BGBl. 1965 I, p. 753
1969・7・27（1970・1・1）	第2編　債務法（補完法）	病気の場合における賃金支	616条に影響	BGBl. 1969 I, p. 946, 952

366

			払の継続及び健康保険法制度の変更法		
1969・8・19 (1970・7・1)	第4編	親族法	嫡出子及び非嫡出子の平等化法	憲法上の要求／基本法6条を参照	BGBl. 1969 I, p.1243
1969・8・28 (1970・1・1)	第3編	物権法	(公正) 証書作成法	公証人の証書作成独占に関する127a条の制定	BGBl. 1969 I, p.1513, 1520
1972・1・15 (1972・1・19)	第2編	債務法 (補完法)	事業所組織法	613a条に影響	BGBl. 1972 I, p.13, 40
1973・5・30 (1973・7・1)	第3編	物権法	BGBその他の法律の修正法	土地売買、地上権設定などは、公証人によって登記されなければならない。	BGBl. 1973 I, p.501
1974・7・31 (1975・1・1)	第1編	総則	成人年齢変更法	年齢は21歳から18歳に引き下げられた。	BGBl. 1974 I, p.1713
1974・12・18 (1975・1・1)	第2編	債務法	第2住居賃貸借関係(不当)解約保護法	564b条、565条に影響	BGBl. 1974 I, p.3603
1976・6・14 (1977・7・1)	第4編	親族法	第1婚姻法及び親族法改正法	破綻主義の立法化及び有責主義の排除、年金の平等／1587a条以下参照	BGBl. 1976 I, p.1421
1976・7・2 (1976・7・8)	第4編	親族法	養子縁組法	後に、2002・12・22の養子縁組代理禁止法によって改正された。	BGBl. 1976 I, p.1749
1976・12・9 (1977・4・1)	第2編	債務法	普通契約約款規制法	普通契約約款規制法及び破産法改正法によって改正されている(1996・7・19, BGBl. 1996 I, p.1013, 及びEC指令93/13/EWG)。	BGBl. 1976 I, p.3317, 3323
1979・5・4 (1979・10・1)	第2編	債務法	旅行契約法	現行651a条以下参照；EC指令(90/314/EWG (1994・6・24,	BGBl. 1979 I, p.509

367

第Ⅲ部　世界に見る民法典の制定とその改正

				BGBl. 1994 I, p. 1322))により改正されている。
1979・7・18 (1980・1・1)	第4編　親族法	親の配慮(世話)の権利の新規制法	約80カ条の条文に影響	BGBl. 1979 I, p. 1061
1980・8・13 (1980・8・21)	第2編　債務法	職場における男女平等取扱い及び事業譲渡の場合における請求権維持法	現行611a条、611b条、612条3項、613a条	BGBl. 1980 I, p. 1308
1986・2・20 (1986・4・1)	第4編　親族法	財産分与及び扶養改正法	1361条、1361b条、1568条～1579条、1629条、1668条に影響	BGBl. 1986 I, p. 301
再統一――1990・10・3：BGBの適用範囲が(再統一された)ドイツ連邦共和国の全域に拡大				
1990・8・20 (1990・9・1)	第1編　総則	民法における動物の法的地位改善法	90a条の制定	BGBl. 1990 I, p. 1762
1990・9・12 (1992・1・1)	第4編　親族法	成年者に対する後見及び保護法改正法	修正法(1998・6・25, BGBl. 1998 I, p. 1580及び2005・4・21, BGBl. 2005 I, p. 1073)により改正	BGBl. 1990 I, p. 2002
1993・12・16 (1994・4・1)	第4編　親族法	姓名(名字)法再編法	結婚した夫婦が同じ姓を称する義務の廃止	BGBl. 1993 I, p. 2054
1997・12・16 (1998・7・1)	第4編　親族法	親子関係改正法	監護、扶養、遺産(相続法)の場面における嫡出子と非嫡出子の1969年平等化法の実現／基本法6条5項参照	BGBl. 1997 I, p. 2942
1998・5・4 (1998・7・1)	第4編　親族法	婚姻法再構成法	1300条～1320条に影響	BGBl. 1998 I, p. 833
1998・6・9 (1998・6・16)	第3編　物権法	ユーロ通貨施行法	1092条、1105条に影響	BGBl. 1998 I, p. 1242
2001・2・16	第4編　親族法	生活パート	2002・7・17の連	BGBl. 2001 I, p. 266,

〔カール・リーゼンフーバー／宮下修一（訳）〕　第13章　ドイツ民法典

(2001・8・1)			ナー法	邦憲法裁判所の決定を参照	269
2001・6・19 (2001・9・1)	第2編	債務法	賃貸借法改正法	535条～597条に影響	BGBl. 2001 I, p.1149
2001・11・26 (2002・1・1)	第2編	債務法	債務法の現代化	施行以来BGBに影響を与えた最も重要で技術的な改革。EC消費者売買指令が、その起草を決定的に動機づけることになった。司法大臣は、債務法改正のために、1984年に委員会を設置した。約200ヵ条の条文が修正・改正された。	BGBl. 2001 I, p.3138
2002・4・9 (2002・4・11)	第4編	親族法	子の権利の改善法	1596条、1600条、1618条、1666a条、1713条に影響	BGBl. 2002 I, p.1239
2002・7・15 (2002・9・1)	第1編	総則	財団法人法現代化法	法人の許可のための一般的な要件	BGBl. 2002 I, p.2634
2002・7・19 (2002・8・1)	第2編	債務法	第2損害賠償規定改正法	2001・11・26の債務法の現代化との関連で参照	BGBl. 2002 I, p.2674
2002・7・23 (2002・8・1)	第1編	総則	上級地方裁判所における弁護士代理法改正法	105a条等の制定	BGBl. 2002 I, p.2850
2004・4・23 (2004・4・30)	第4編	親族法	父性の否認及び子の近親者による交渉権規定改正法	1592条、1600a条、1600b条、1600e条、1618条、1685条に影響	BGBl. 2004 I, p.598
2004・12・2 (2004・12・8)	第2編	債務法	通信販売規定改正法	2001・11・26の債務法の現代化との関連で参照	BGBl. 2004 I, p.3102
2004・12・9 (2004・12・15)	第1編	総則	消滅時効規定改正法	2001・11・26の債務法の現代化との関連で参照	BGBl. 2004 I, p.3214
2006・8・14 (2006・8・18)	第2編	債務法	差別禁止法	さまざまなEC差別禁止指令を国内法化したものであ	BGBl. 2006 I, p.1897

第Ⅲ部　世界に見る民法典の制定とその改正

			るが、いくつかの点では、法が自ら要求したものを超えてさえいる。	
2007・2・19 (2009・1・1)	第4編　親族法 （補完法）	戸籍法改正法	電子的管理の導入	BGBl. 2007 I, p. 122
2007・12・28 (2008・1・1)	第4編　親族法	財産分与及び扶養法改正法	配偶者と子の間の優先権の相当大幅な変更／1607条等に影響	BGBl. 2007 I, p.3189
BGBとその補完法は、20以上に及ぶEC指令を国内法化したものである。			
国際私法（抵触法）としてのローマⅠ・Ⅱ・Ⅲ・Ⅳ規則の影響にも注意する必要がある。			

〈参考文献〉

- H. Heinrichs, in: O. Palandt (found.), *Bürgerliches Gesetzbuch*, Einleitung margin number 9 et sq. (67th ed. Munich; C.H.Beck, 2008).
- F. J. Säcker, in: F. J. Säcker & R. Rixecker (eds.), *Münchener Kommentar zum BGB*, Einleitung (5th ed. Munich: C.H. Beck, 2006).
- T. Repgen, H. Schulte-Nölke & H.-W. Strätz, in: J. v. Staudinger (found.), *Kommentar zum Bürgerlichen Gesetzbuch-BGB-Synopse 1896-2005* (Berlin: Sellier & de Gruyter, 2006).
- R. Zimmermann, *The New German Law of Obligations-Historical and Comparative Perspectives* (Oxford: Oxford University Press, 2005).
- M. Reimann & J. Zekoll, *Introduction to German Law*, (2nd ed. The Hague: Kluwer Law International, 2005).
- K. Zweigert & H. Kötz, *An introduction to comparative law*, trans. T. Weir (3rd ed. Oxford: Clarendon Press, 1998).
- F. Wieacker, *A History of Private Law in Europe*, trans. T. Weir (Oxford: Clarendon Press, 1995).

訳注）本表は、ドイツ語ではなく英語で執筆されたものであるが、法律名については原則として英語表記によりながらドイツ語表記も確認した上で翻訳を行った。なお、1990年以前に立法された法律の名称については、山田晟『ドイツ法律用語辞典〔改訂増補版〕』（大学書林・1993年）824-842頁および873-891頁を参照した。

第14章　フランス民法典
――債務法改正草案への動き

ピエール・カタラ／野澤正充 (訳)
Pierre Catala

Ⅰ　はじめに　　　　　　　　Ⅲ　主な新しい規定
Ⅱ　契約のモデルと技術的な改革

Ⅰ　はじめに

　(1)　共和暦12年風月30日、『フランス民法典という表題の下に民事法の集合を1つの法典とする法律』は、ナポレオン・ボナパルトによって署名され、かつ、国璽が押印された。この時から12か月という期間は、立法者にとって、1804年の法典——これは未だナポレオン法典とは呼ばれていなかったが——を構成する36の法律を採択するには、十分なものであった。

　この12年という年は、1つの時代に終わりを告げるものであった。この年は、革命暦の最後の年であり、その風月30日は、冬の最後の日であった。すなわち、この日は、革命暦に代わるグレゴリオ暦では、春の第1日目を告げる3月21日に相当する。歴史の偶然、あるいは、運命の目くばせであろうか……。フランス法にとって永久に記念すべきその日は、混乱した過去という冬を閉じて、2世紀にわたって続く春の始まりとなるものであった。というのも、民法典は、私たちの現在を示すものとして、常に存在しているからである。民法典の200周年記念は、民法典の威光とそれが成文法の国々において及ぼしている影響力とを示すものであった。

　(2)　民法典の持続力は、偶然によるものではない。民法典の存在理由は、風月の法律の表題に、すでに示されていた。大革命は、国王たちの領地であったフランスの王国を、フランス国民のもの、すなわち、1789年以降に人権を与えられた人々の祖国に変えた。1804年、民法典は、この人々の財産に新しい権利をもたらした。民法典は、アンシャン・レジームにおける法的な細分化を終わらせ、かつ、革命期の法律の裂け目を手当てした。すなわち、民法典は、

少し前に、政教条約（Concordat）がフランスをその固有の文化と共存させたように、フランスをその権利と共存させた。すべてのフランス人のために、1つの法典にまとめられた、民事法の集大成である民法典は、一挙に、「統一」(unité)と「総体」(totalité)という二重のメッセージを発している。

(3) 民法典の主要な部分からは、以下のような、いくつかの結論が引き出される。

まず、市民の全体を規制しなければならないため、民法典は、最も一般的な権利を規定している。それゆえ、民法典の周りには、今日では特別法および特別な法典に無数に存在する部門別の法律が配置される。しかし、この枝は、木の幹に寄生してはならない。なぜなら、枝は、幹から生じるものだからである。民法典は、私法の中心であり、その構成要素の上に存在する。ジャン・カルボニエ学部長の表現によれば、民法典は、いわばフランスの民事の憲法である。

起草者は、諸国の歴史を尊重し、かつ、最も多くに相応しいように、ローマ法と慣習法、王令、教会法の伝統および大革命期の規定など、あらゆる遺産から（制度を）汲み上げた。もっとも、これらの源泉を混ぜることは、多くの場合に不可能であるので、起草者は選択をしなければならなかった。すなわち、ローマ法からは所有権と相続を、慣習法からは契約と夫婦共通財産制とを、教会法からは嫡出子の優位を、そして、中間法からは1789年の大原則である自由、平等、博愛を取り入れた。

このようにして、至高の意思と結集された英知とから生み出された1804年の法典は、一般的に適用され、かつ、期待された鎮静効果を生ぜしめることができた。

(4) しかしながら、民法典の永続性の主たる原動力を見いだすことができるのは、その本質以上に、その表現形式の側面においてである。というのも、民法典は、あらゆる立法者に対して、法律を作る技術について、無比の例を提供しているからである。ポルタリスの『民法典序論』には、今日においてもなお損なわれていない、一般的に法律に妥当する、すばらしい数頁がある。（その概要は、以下のとおりである）。

民事法は、その目的において一般的でなければならず、かつ、その表現形式において没個性的でなければならない。諸原則を規定することは、法律には不可欠であり、法律は、その諸原則のきわめて重要な適用を規定する。法律を補

〔ピエール・カタラ／野澤正充（訳）〕　第14章　フランス民法典

うために、その細部を検討しなければならないとしても、規定がそのために必要なものを与えるであろう。そして、それを行うのは、行政の管轄であり、立法の管轄ではない。いずれにしても、これらの諸原則は、法律家が解釈に関して参照し、かつ、裁判官が第4条に規定されているように、あらゆる問題に対する答を見つけるために、かなり広範なものである。

　さらに、法律は、本質的（essence）にも、また本来的（nature）にも、強制的なものではない。法律は、個人の意思に対して自由な空間を空けているのであり、その空間は、合意と一方的な法律行為の領域において広げられている。民事法の多くは、補充的である。ただし、公序との境界は、時に応じて変化する。

　最後に、民法典は、博識な人を想定したものではなかった。民法典は、市民によって理解されなければならず、そのために、単純かつ明瞭な言葉で起草されなければならなかった。民法の起草者たちは、それを遵守した。そして、起草者は、すべての人の記憶の中に、いくつかの偉大な条文を、記念碑として刻印した。たとえば、第371条、第544条、第815条、第1134条、第1156条、第1382条、第2279条であり、これらはどれもが、常に指標となるものである。

(5)　この指摘はすべて、古びたものとなってはいない。すなわち、民法典は、自由と平等の下に紛争を調整し解決する機能、強行規範と補充規範との間の適正な配分を決めること、そして何よりも、法を作りかつ起草する技術の点において、私法の中心であり、かつ、頂点に位置する。1804年の作品は、未だに参照すべき立法のモデルである。

　しかし、今日では、多くのしわが民法典をくぼませ、その高齢をとがめている。そのしわというのは、方法や用語ではなく、人の社会の変化にあり、その変化は、この2世紀の間にかつて経験しなかった速度と深度をもって生じたものである。これらの変化は、人事法、家族法および家族の財産法、すなわち、相続、恵与、婚姻制度において、民法典の徹底した改正をもたらした。これに対して、契約法と債務法とは、驚くべき安定性を示し、1804年に制定された269か条のうち、238か条が存続している。

　債務法を規定する民法典第3編第3章の長寿については、2つの補足的な説明ができよう。第1に、民法典の周囲に、さらには第3章の外ではあるが民法典の中にも、契約法が増加したということがある。第2に、債権債務に関する

第Ⅲ部 世界に見る民法典の制定とその改正

法典の部分は、人事や家族に関する部分と同じような多くの分量の、公序に関する規定を含んでいないということがある。その多くが一般的な用語で書かれた補充規定は、裁判官および学説が独創的な解釈をするのに好都合な空間を開いていたのである。したがって、契約法および債務法の周辺と内部の現代化は、一方では立法が、そして他方では判例が行ってきたのである。

それでもなお、長い間、債務法の徹底した改正が必要であると認められてきたことには変わりがない。たとえば、ケベック民法典、オランダ民法典およびドイツ民法典では、その改正がなされた。そして、民法典の 200 周年記念が、2006 年にフランスの政府刊行物として公刊されて 6 か国語にも翻訳された『債務法改正草案』のための引き金となったのである。

(6) この草案の一般的な理念は、(従来の民法典と) 断絶するのではなく、適合的な改正を強く進めることにある。その理念は、維持した部分と新しくした部分とを数量化した、以下の数字に表れている。

(民法典の) オリジナルヴァージョンでは、契約と合意による債務の章は、279 か条から成っていた。これに対して、改正草案では、406 か条を数え、30% の増加となっている。1804 年の 279 か条のうち、改正草案では、113 か条が同じであり、他の 69 か条が、修文を経て、その本質を維持している。それゆえ、文言の一致と内容の忠実さとを加えれば、継続性を示す条文は、総計で 182 か条に達することになる。改正草案の 407 か条との関係では、改正された部分が 55% であるのに対して、継続した部分が 45% である。この点は、家族法の改正とは全く異なる。というのも、ジャン・カルボニエ学部長によって行われた家族法の改正においては、1804 年に、民法典第 1 編の 5 つの章に規定された 287 か条のうち、9 か条しか維持されなかったからである。

上記の 55% を占める新しい規定を概観すると、21% に当たる 84 か条が、真の立法的な創作であり、34% に当たる 140 か条が、民法典に現在規定されている概念または作用に、多少なりとも本質的な変更を加えたものであり、これを厳密な意味での改正と性質決定することができる。結局、改革は、現に存在するものを壊すことなく、維持の上に新しいものをもたらしたのである。

これらの数字は、合意による債務から民事責任へと目を転じると、明らかに異なる。すなわち、民事責任においては、5 か条だったものが 67 か条となり、1300% の増加となっている。この増加は、契約責任の不法行為責任への接近、判例の立法的な容認および新しいものを取り入れる必要性の高さなどの、さま

ざまな要因の複合によるものである。

　さらに、民事法の伝統との継続性やそれへの忠実さは、改正草案の形式にも現れている。すなわち、法典の目次は、慎重さをもってのみ変更された。そして、明らかに偉大な巨匠であった1804年の民法典の起草者たちの立法のスタイルを、できる限り尊重するように努めた。この点に関しては、ジャン・カルボニエ学部長が『法律についてのエッセー』で述べた、次の言葉を引用することとしよう。「一定の不変の形式、すなわち、一定の典礼の枠組みは、法律の内容に変化の自由を保証するために、有効な手段である」。

　(7)　以上のことを前提として、改正草案のスケッチを把握するために、さらに草案の核心に入って行かなければならない。まず何よりも、その核心は、民事法に特有の考え方を示すことである。すなわち、一般性と中立性という機能における民事法の優位を復活させることである。民法典は、すべての市民に対して、分け隔てなく適用される。すなわち、民法典は、共和制的な平等さによって、最上位の者から最下位の者までのため息を引き受けるのである。消費者の保護のように、問題となっている法的状況と、商業的な利益のように、求められている社会的な利益に応じて、契約的な均衡をより効率的ないし安全な方向に調節するのは、民法典以外の法典や法律である。民法典にとって、債務法編は、最も一般的な規定を置くところでなければならず、特別法の個別的な利益を包含しつつ調節する。現実に即した普通法を規定するものである。したがって、民法典は、特別な規定や合意がない場合において、裁判官の適正な拠り所となるものであり、法的な理性の共通の基盤であり続けるであろう。

　フランスでは、かつてないほど特別法が増加したために、普通法にとっては常に適切な場所が必要であり、この普通法の場所は、民法典の中に存在すると考えられる。では、法システムにおけるこの普通法の規定は、どのようなものか？　ジェラール・コルニュ学部長の表現を借りれば、それは、補充的な性質を有するものである。この点に関して、現行の第1107条の規定を拡張した改正草案第1103条は、次のように明確に規定する。すなわち、債務法編は、契約各則の特別規定によって破られる契約の一般規定を置くものである。

　これもジェラール・コルニュ学部長の言葉であるが、普通法は、その包蔵している潜在能力によって、すなわち、債務法のみならず、すべての私法の領域に影響を及ぼしうる能力によって価値を有するものである。それゆえ、改正草案は、契約関係のあらゆる道具立ての理念的なものを提示している。すなわち、

交渉、契約の締結と履行、さらには解釈、性質決定、適法性、適合性ないしはサンクションである。これは、契約とその責任についての法の主要な流れを描くものであり、契約法の文法ともいうべきものである。これによって、改正草案は、個別の契約や契約責任に特有な制度に関する特別な規定を尊重しつつ、そのすべてを超越するものとなっている。したがって、民法典は、商法と消費法とを含む民法の他の法分野と競合している。

II　契約のモデルと技術的な改革

(8)　法システムにおける民事法の機能を確定すると、その内容を明確にすること、すなわち、モデルを提示することが次の課題となる。これは、次のような選択を前提とする。すなわち、契約を多かれ少なかれ自由なコンセプトで捉えるか、あるいは、契約を多かれ少なかれ社会的なものとして捉えるか、との調整である。もっとも、その選択は、全くの自由になされるものではない。というのも、民法典は、今日では、超国家的かつ憲法的な規範に服しているからである。

改正草案は、全体的にみると、依然として、形式主義から解放された意思の権能に基礎づけられていて、民法典のリベラルなモデルに忠実である。次の2つの条文が、その原則を明確に認めている。すなわち、第1101条の1は、「法律行為は、法的効果を生じる意思的な行為である」と規定する。また、第1127条は、「合意は、原則として、当事者の意思の合致のみで完全である。ただし、一定の形式が要求されるときは、この限りでない」と規定する。このように、意思主義に忠実であることを宣言することによって、民法は、消費法にしばしば現れ、かつ、多くの個別契約を制約する形式主義への傾向に抵抗しているのである。

したがって、典型契約を時に制約する強行法規を尊重しつつ、その典型契約を自由に形作るのも、また、新しい非典型契約のタイプを創造するのも、当事者に委ねられる。さらに、当事者の意思は、多くの指標によって標識が設置された風景の中に広がるであろう。というのも、改正草案は、民法典の概念に、30ばかりの新しい定義を付け加えているからである。その新しい定義は、とりわけ、契約（基本合意、片務予約、枠〔組〕契約、付合契約など）、債務（情報提供義務、与える債務、手段債務と結果債務、代替債務〔obligation de valeur〕、自然債務、任意

債務など)、および取引(債務引受け、債権譲渡、指図など)に付されている。これらの規定は、厳密な意味では規範でなく、分析と性質決定のための的確な道具を作るものである。すなわち、定義規定は、法的安定性と法学教育とに資するものである。

　契約締結の自由と契約内容の自由は、契約を改訂する自由とそれを終了させる自由にまで延長することは当然である(1134条)。契約の改訂の問題は、とりわけ、継続的契約に関して重要であり、かつ、困難である。というのも、継続的契約における均衡は、新しい状況の出現によって妨げられることがありうるからである。また、意思の権能は、証拠(1289条)、損害賠償(1382条以下)および時効(2235条)に関する合意の有効性において顕著である。改正草案の端から端まで、意思主義が徹底されていることが明らかである。

　当事者の双方の意思に認められた権能と同じように、その一方の意思にも、一定の権能が付与されている。この一方の意思は、第1101条の1に規定された片務行為の定義にその根拠を有する。そして、その権能は、申込みと承諾の意思表示に認められた効果、債権者に対してのみ契約の代金額を決定する権限を与えた場合(1121条の4と1121条の5)、または、債務不履行の場合における解除の意思表示(1258条)において認められる。

　(9)　しかし、改正草案による自由に対する敬意は、草案が、信義誠実(bonne foi)、表示された言葉の尊重および契約正義などの一定の契約倫理について、強く配慮していることを覆い隠すものであってはならない。

　信義誠実(の原則)は、契約の交渉と履行において、明示的に採用されている(1104条および1134条)。また、信義則は、情報提供義務(1110条)、第三者の詐欺(1132条の2)および脆弱状態につけ込んだ強迫(1114条の3)の背後には、黙示的に認められる。さらには、不当条項に関する規定(1122条の2)、および、当事者の一方の支配的な影響の下に結ばれた契約は、他方当事者の有利に解釈しなければならないとの解釈規定(1140条の1)の背後にも、信義則が認められる。民事責任に関しては、改正草案は、明らかに、債務者の故意または重過失によって重くなった責任を認め(1366条)、かつ、その場合の責任排除ないし責任制限条項を無効としている(1382条の2)。

　表示された言葉の尊重、すなわち、契約に対する信頼の尊重は、民法典第1142条によって規定された準則の反対解釈において、明示的に認められる。改正草案においては、債務の目的が、与える債務、なす債務、またはなさない

債務のいずれであっても、債務者に履行義務（exécution en nature）が課される。その直接の帰結が、片務予約の効力に関する次の点である。すなわち、受益者が片務予約に同意の意思表示をするまでの間は、諾約者は、予約を撤回して、契約の成立を妨げることはできない。したがって、諾約者が第三者との間で締結した契約は、予約の受益者に対して対抗できない。改正草案は、破毀院によって採用された残念な解決を覆した（1106条）。同様の効果は、第1106条の1によって規定された優先契約条項（pacte de préférence）においても認められる。

　しかし、債務の本旨に従った履行が、債務者に対して、非常に重い負担を課す場合もありうる。たとえば、新たに生じた事情が当初の給付の均衡を崩す場合である。このような場合において、現代の良心は、たとえ契約の継続が公的利益を害することなく、私的な利益を脅かすにとどまるとしても、契約正義がその契約の改訂を命じることを認める。すべては、新しい事情に契約をどのような方法によって合わせるかを、明らかにすることにかかっている。改正草案は、契約が当事者のものであることを考慮して、ハードシップ条項によるものであっても、当事者に交渉をさせる旨の司法的な決定によるものであっても、当事者自身による契約の再交渉権を認めるものである。

　(10)　当事者の自由と一定の契約の倫理との間で探求された均衡に加えて、改正草案に規定された契約類型は、「一貫性（cohérence）」（体系的に矛盾のないこと—訳者注）に対する配慮によって特徴づけられる。契約の締結においては、一貫性は、本質的要素の概念をめぐって形成される。本質的要素は、錯誤（1112条の1および1112条の2）に関しては物または人の本質的な属性、目的の本質的要素（1121条）、および、黙示的ではあるが、原因における本質的要素（1125条）として規定されている。この一貫性の原則は、同様に契約の解釈（1137条・1141条）、および、その性質決定（1142条・1142条の1）にも浸透している。

　この一貫性の原則は、サンクションを伴う。目的の本質的要素ないし現実の原因と両立しない条項は、書かれなかったものとみなされる（1121条・1125条）。それは、活力のない判例に元気を回復させるものとなる。すなわち、裁判官が契約の本質的な要素を無視すれば、その判決は、（契約の）変質を理由として破棄されることとなろう（1141条）。

　他の一貫性は、無効に関して現れる。絶対無効か相対無効かという無効の性質決定は、保護される利益の性質に基づく。目的や原因の不法性は、公的な利

益が問題となるので、契約の絶対無効を導く。これに対して、目的や原因の不存在は、私的な利益が問題となるので、相対無効のサンクションしか課されない（1122条・1124条の1）。

他の例を挙げよう。契約の遡及的消滅によって生じた原状回復に関する新しい節は、これまで判例が明確ではなかった領域において、共通かつ一貫した枠組みを組み込んだ。

以上の、自由、倫理、改正草案の契約類型を特徴づける一貫性が、（改正草案の）主要な点である。

Ⅲ　主な新しい規定

非常に多くの革新的なものがあるため、以下では、最も目立つものを選択しなければならない。

まず、契約の基盤の著しい強化を指摘することができる。

民法典は、新しく成立した契約にしか関心がなかった。すなわち、新しい契約の生育力を試し、かつ、その将来の経過を規定したが、そうした配慮は、その形成（過程）までにはさかのぼらなかった。ところで、経験的には、契約を締結する前の段階において多くの突発的な出来事が生じ、これに対して、実務家および裁判官は、法の欠缺を補わなければならなかったといえよう。いくつかの公証人の学会は、契約の締結が結婚における身分証書と同じようなものでしかなく、すべては前契約において行われている、ということを考える機会を与えている。

この領域に関しては、改正草案は、確固たる実務と判例とを受け継ぎ、それを法典化することによってさらに強化している。申込みと承諾は、成文法に挿入され、一方的行為として定義されて、その重要な役割も明示されている。しかし、提示されている視野は、より広いものである。すなわち、基本合意、契約の予約、優先契約条項などの、将来の契約への道程を画する準備的合意をも含む、あらゆる交渉が視野に入れられている。契約の履行中にも絶えず機能する信義則の要請が、この道程を、あらゆる点において、平坦なものとしているのである（1134条・1135条の3）。

契約準備段階が終わり、承諾の時にまさにその承諾によって、契約が締結される。その方法は、電子商取引におけるヨーロッパの規定と両立しうるもので

ある（1107条）。

　契約の有効要件を規定する次の章は、民法典の4つの要件、すなわち、合意、能力、目的、原因の4つを維持している。合意と目的については、能力と原因におけるよりも、より著しい修正を行っている。しかし、この章における主な改革は、能力と関連して、他人の名において行為する権原を認めたことである。改正草案は、第1119条から第1120条の2において、代理の一般理論に磨きをかける機会を得た。代理人に付与された権限の限界を定め、かつ、その濫用の場合におけるサンクションを統合したこれらの規定は、代理によって関係を有する三者の法的安定性を高めることを目的としている。この点において、改正草案は、ランドー委員会によるヨーロッパ契約法原則と合致する。しかし、ヨーロッパ契約法原則は、契約によって付与された権限のみを制限するのに対して、改正草案は、合意による代理、司法による代理および法定代理を含む一般理論を提示することによって、より広範なものとなっている。

　(11)　他の革新的な部分は、権利の実現における最も優れた効率性に存する。訴権によることが義務づけられた過程を経ることなく、探求された結果を手に入れることは、明らかに権利の実現を早める手段であろう。すなわち、債務不履行の場合において、契約を一方的に解除する権限を債権者に認めることである。この権限は、債権者に時に認められる、その給付の代金を債権者自らが決定する権利と同様である。ただし、当然のことではあるが、その片務主義は、バランスウェイトによる均衡が図られていなければならない。同様の考えは、当事者の一方に、その同意なくして他方当事者によって譲渡された契約から手を引くことを認めることとなる（1165条の5）。また、弁済の提供と履行の催告とを伴う供託手続も同様の考えに基づく。というのも、供託によって、債務者は、民法典に規定される現実の提供のために身動きができなくなる代わりに、短期間で免責されることとなるからである（1233条以下）。密接に関連する債務の自動的な相殺が認められることを正当化するのも、同様の考えに基づくものである。

　さらに、たとえば、債権者代位権を行使する原告に優先権を与えることによって（1167条の1）、あるいは、債務不履行に遭遇した債権者に提供される（救済手段の）選択肢の数を増やすこと（1158条）などによって、訴訟そのものの効率性の増大を探求することもできよう。

第15章　オランダ民法典の公布[訳注1]

アーサー・S・ハートカンプ／平林美紀（訳）
Arthur S. Hartkamp

Ⅰ　オランダ民法典公布の背景
Ⅱ　民法典の編別（諸編）及びその編纂の特色
Ⅲ　民法典公布以降の改正の歴史
Ⅳ　現在及び未来の民法典改正の見通し
Ⅴ　翻　訳

Ⅰ　オランダ民法典公布の背景

　オランダでは18世紀の終わりまで、法は、ゲルマン法に起源をもち地域（region）ごとに異なる慣習法、州（provincial）や地方の権威によって発せられるオルドナンス、そして、地域的な法に大きな相違や不十分さがある場合はいつでも、普通法（ius commune）としてのローマ法との組み合わせによって形成されていた。グロティウスが『オランダ法学入門（Introduction to Dutch Jurispru-dence）』(1631年) で示しているように、民法と商法との間に区別はなかった。このグロティウスの著書は初めてオランダ私法の姿を包括的に示したものであって、そのオランダ私法は、当時、大まかにいえば、ガイウスの『法学提要』とユスティニアヌスの『法学提要』からなっていた。
　私法に関する最初の法典化は、ナポレオンの時代に始まった。1809年に、

　訳注1）　アーサー・S・ハートカンプ教授は、1992年（平成4年）に東京大学法学部において開催された「日蘭法学シンポジウム」においても、オランダ民法典の制定経緯及び内容に関する講演を行っている（アーサー・S・ハートカンプ〔曽野裕夫訳〕「オランダ私法の発展——ヨーロッパ的視座に立って」民商109巻4＝5号（1994年）623頁以下、同「オランダ新民法典における裁判官の裁量」民商109巻4＝5号（1994年）647頁以下参照）。2008年3月1日今回の「民法改正国際シンポジウム」におけるハートカンプ教授の報告は、その後の動向及び今後の更なる改正の見通しについても触れたものとなっている。
　翻訳に当たっては、上記の曽野教授による訳文からだけでなく、廣瀬久和教授（東京大学）、磯村保教授（神戸大学）、五十川直行教授（九州大学）を初めとして、民法改正研究会のメンバーである先生方から、訳語や内容について、多大なご教示及びご助言を賜った。

「民法典」が存在するに至った。これは、ルイ・ナポレオン王、すなわちナポレオン皇帝の弟の命令によるものであった。この最初の法典は、フランスのナポレオン法典から非常に強い影響を受けながらも、決して同一ではなかったが、オランダがフランス帝国に併合された後、2年を経て、その著名な先例（すなわちフランスの法典）に取って代わられた。フランスの法典はオランダがフランスの支配から解放された（1813年）後も、かなりの効力を保ち続けたのである。なぜなら、オランダが自らの民法典を創るには四半世紀以上を要し、オランダの民法典が効力をもつようになったのは1838年のことであったためである。また、このオランダの法典は、大部分がナポレオン法典を基礎としていた。フランス時代の伝統は、他にも、民法と商法とを2つの法典に分けている点にもみられる。1838年には、商法典も、民事訴訟法典と同様に発効した。

　19世紀後半のオランダにおける私法の発展を、ここで詳細に追うことはできない。その特徴は、ほとんどすべてにわたる立法の機能不全、学説と——非常に狭い範囲ではあるが——裁判所による民法典の規定の過度に厳格な解釈、そして、判決及び影響力の大きいオランダの民法注釈書にみられるフランスの法的思考の影響の強さである。しかし、19世紀の終わりと、とりわけ20世紀の最初の10年には、変化の兆しがはっきりとするようになった。ドイツとスイスの法典化の結果として、ドイツ法に対する興味が増した。ドイツ法は、学説だけでなく、オランダの最高裁判所による制定法の条文解釈にも影響した。

　この時期に生じた他の主たる出来事は、社会的・経済的弱者である契約当事者の保護という観点を有する法律に取り入れられつつあった変化の必要性を、立法者たちが自覚したことである。1907年に、労働契約に関する包括的な新しい規制が民法典に導入され、順次、未成年者法（juvenile law）、不動産賃貸借法、農地賃貸借法、割賦販売法に関する規制がこれに続いた。しかしながら、オランダの立法者たちが法典の全般的な部分——物権法と債務法——を現代的な基準に適合させることはできなかったし、そうすることを望んでもいなかった。

　ついに、第2次世界大戦後、民法典の改正作業が始まった。最も重要な問題のうち、最初の52のフェーズについて、特に何らかの政治的な意味を有している問題は、後に続く政策に関して拘束力ある助言を獲得するという観点で議会に付託された。この作業は、当初予期されていたよりもずっと長い時間がかかった。1992年にようやく、法典の中心的な部分が発効した。すなわち、財産法の総則部分、物権法、そして、売買や委任のようないくつかの重要な各種

契約とともに、債務法の総則を含む諸編である。他のいくつかの編はこれに先行したが（人法及び家族法〔1970年〕、法人法〔1976年〕、そして、運送法〔1991年〕）、その他の編は遅れた（とりわけ、相続法〔2003年〕）。現段階では、ほとんどすべてのオランダ私法が再度法典化されている。

Ⅱ　民法典の編別（諸編）及びその編纂の特色

1　新しい法典は、その構造においてもそれがカバーする広大な内容においても独創的である。新しい法典が、従来の民法典及び商法典に取って代わった。こうして、私法のこれら2つの部門は、フランス時代以前のオランダにおいて通例であったように融合したのである。このようなアプローチの点で、新しい法典は、スイスやイタリアの法典の例に倣ったものではあるが、いくつかの側面でこれらの先例を越えている。

第1に、新しい法典は、まさに、商法全体をカバーする意図で作られている。すなわち、第2編で会社法が、第8編では運送に関して前分野にわたる規定（航空運送、道路運送、鉄道運送、海上運送、内水運送）が法典には含まれている。

第2に、工業所有権及び知的所有権に関する法分野を、第9編に併合しようと企図されている。

第3に、数ある中でも特にケベック州の新民法典に触発されて、オランダの国際私法の法典化を含む法典を、第10編として付け加える決断をした。

最後に、消費者立法が民法典に含まれている。一方で、このことは、民法と商法の融合によって可能になった。つまり、融合の結果として、問題となった対象が民法か商法のいずれかの範囲に入っていれば、あるいは、2つのうちのどちらに帰属するのかが実際に明らかでない場合に、もはや法典の外へ当該行為を区別する必要がなくなったのである。他方で、このアプローチは、社会的・経済的に弱い立場にある人々を保護するために重要な各種の法律を法典に取り込もうとするオランダの伝統を維持している。

2　新しい法典の構造に関して、その興味深い特徴の1つは、「財産法の総則的部分」（第3編）に捧げられる編を創ったことである。本編は、問題となるさまざまな権利を扱う諸編に先行している。それらの権利とは、組み合わされて人の資産を構成するものであって、対世的権利（物的権利、不動産、動産）、対人的権利（債権、請求権）、そして知的財産権・工業財産権である。この第3編

は、法律行為、代理、そして訴権の時効に関する規定を含む一方で、有体物と無体物の双方に適用する規定（所有権の移転、占有など）を含んでいる。しかしながら、体系化が極度にされているわけではない。というのも、例えば、会社における持分は第2編（法人）で扱われているし、船舶に関する物的権利は運送法との関係で第8編で扱われている。それでは、民法典の構成について、より詳細に論じることとしよう。

　3　民法典は10編に分かれている。そのうち、現時点で（2008年）、8編が発効している。これら各編については、次のとおりである。

(1)　**第1編：人法及び家族法**

　第1編は、人法と家族法であって、婚姻、婚姻財産、離婚及び養子縁組が含まれる。本編は、すでに1970年に発効していた。興味深いのは、離婚法が独立して1971年に現代化されている点である。このことが示すのは、新しい民法典を創ることは、立法を通じた法の発展の障害にはならないということである。反対に、現代的で体系的な法を全体として採用することは、熟成した、すなわち裁判官が創った法によって育ちすぎた法典化よりも容易であるといえよう。1971年以降、他にも多くの重要な改正がこの分野でされている。あるオランダの法律家たちによれば、1970年は、人法と家族法における真の改正がオランダで始まった記念すべき年であるという。

(2)　**第2編：法人法**

　社団、会社法、財団を規定する。本編は、あらゆる法人に適用される総則規定から始まっている。

(3)　**第3編：財産法総則**

　体系的な視点からすると、本編は、オランダ民法典独自の特色を有している。本編に含まれるのは、全体としての財産法に関連するいくつもの問題である。第1に、本編は、法律行為という概念に適用される（第2章）。すなわち、一般的有効要件（合意、能力）、有効な合意の外観を信頼した善意者の保護、条件及び期限、法律に反してなされた法律行為の効力、無効行為の転換及び一部無効、瑕疵ある合意、債務者の詐欺、法的救済の諸形式、追認（ratification and confirmation）である。第2に、代理法が本編に置かれている（第3章）。さらに、有体物及び無体物は、同等の存在であると考えられている。その結果として、これら2つのカテゴリーに関連するルールが同一の編に一緒に置かれたのである。それゆえ、伝統的には物権法の一部として扱われてきた問題の非常に多くが、

第3編に移動された。例えば、有体物及び無体物の移転に関する規定（第4章）、占有（第5章）、共有（オランダ語で"gemeenschap"）（第7章）であり、また、客体として有体物及び無体物がありうる場合の物的権利、すなわち、用益権（第8章）、質権及び抵当権（第9章）、先取特権、そして、留置権（第10章）である。また、「財産（property）」や「物（things）」の一般的な定義、果実、物の構成要素、分割された権利などと同様に、一般的な規制に関係するもの、とりわけ、登記された不動産のための公的な登記簿に関する諸規定がある（第1章）。最後に、第3編は、訴権に関する一般規定を含んでいる（第11章）。とりわけ、これらの規定、原告の利益のために義務を果たす責任を負う者に対する判決を獲得する権能に関係する。すなわち、特定履行に関するルール、被告が履行すべき責任を負っている法律行為をすることに代えることができる判決についてルール、そして、訴権の時効である。

(4) **第4編：相続法**

フランス民法典では、相続法は、財産を取得する1つの方式と考えられているため、その第3編に含まれている。古いオランダ民法典はこの体系に従った。それが、相続法が（古い民法典では）第2編（物に関する法。所有権を含む）に置かれた理由の1つであった。新しいオランダ民法典は、この考え方を廃棄した。その理由は、その考え方が一面的なものであったためである。実際には、所有権が相続人に承継されるだけではなく、他の物的権利、占有、人的権利、工業所有権及び知的所有権、そして債務も同様に承継される。相続法は、全体として、被相続人の財産に関係する。そこで、独立した編（第4編）の問題とし、財産法総則と、さまざまな種類の財産に関する権利を含む諸編との間に位置づけたのである。

これらの権利は、その対象に従って並べられている。有体物に関する権利、人的権利、そして、知的創作物に関する権利（伝統的には、工業所有権及び知的財産権と呼ばれたもの）である。

(5) **第5編：物的権利**

これらのカテゴリーのうち最初のもの、すなわち、有体物に関する権利あるいは物的権利が第5編に置かれている。本編は、動産、不動産、法定地役権、約定地役権その他の物的権利（フランスの法典には知られていないが、古典的なオランダ法に由来するもの）を含む。前述したように、いくつかの物的権利は、それが有体物に限定されないので、第3編に移されている。これらの権利は、この

「属（genus）」から「切り離された諸権利」と呼ばれている。つまり、第5編の物的権利は、1つの「種（species）」なのである。

(6) **第6編：債務法総則**

債務法は、第6編から第8編に並べられている。第6編には、債務法の「総則部分」が含まれ、本編は5つの章からなる。

第1章「債務法総則」は、すべての債務にその発生原因を問うことなく適用する諸規定を含んでいる。そこで、例えば、自然債務、連帯債務や複数債権者、条件付き債務、期限の利益、債権者遅滞、債務者の履行及び債務者の不履行に基づく効果、そして、相殺に関する節がある。また他にも、損害賠償に関する節があり、これは、契約不履行の法的効果と不法行為の法的効果が調和されたことの帰結として、契約責任にも非契約責任にも適用される。さらに、一定額の金銭を支払う債務に関する一節もある。そこで注意が払われているのは、名目主義（ノミナリズム）、郵便上の（または電子的な）金銭の移動による弁済、一定額の金銭の支払における遅滞に対する法定利息、そして、外国通貨による債務のルールである。

第2章「債権・債務の移転及び債権放棄」には、債権移転の帰結に関する諸規定（債権譲渡自体については、第3編第4章の箇所にある）、代位、債務及び契約の引受け、その他の問題が含まれる。

第3章は、不法行為に捧げられている。本章は、自己の不法行為（未成年者や精神的・身体的障害を有する者による違法行為を含む）に対する責任のみならず、他人（未成年者、被用者、独立した請負人）や物（例えば、瑕疵ある動産及び不動産、危険物質、欠陥製品、そして動物）に対する責任にも関係する。

第4章は、不法行為や契約以外の原因から生じる義務に関する諸規定、すなわち、事務管理（negotiorum gestio）、非債弁済（solutio indebiti）、不当利得に対する一般訴権を含む。1838年の法典では、オランダ法は不当利得に対する訴権を認めていなかった。オランダ最高裁判所の判決も同様で、フランスやベルギーとは異なっていた。これらの国々や近時の各国の法典化（とりわけ、ドイツ、スイス、イタリア）に追随し、次に掲げるような第6編の212条が一般規定として置かれたのである。「他人の損失において不当に利得した者は、合理的な範囲で、その他人が被った損害を自己の利得の限度で賠償しなければならない」。この「合理的な範囲で」という制限は、とりわけ、自己の合意なしに押し付けられた利得の返還を排除する意図である。事務管理は、不当利得法とは

別の節に置かれている。

　第5章は、契約法に関する総則規定に捧げられている。本章の各節では、契約の締結、一般的要件、契約の法的効果、そして、不履行に基づく双務契約の解除を扱う。解除は、不履行の場合に可能であって、債務者が損害について責任を負うか否か、不履行が不可抗力によるか否かに関係がない。解除は、──全体的にも、部分的にも──書面による単なる通知でなしうる。また、解除は遡及効を欠いている。

　第6編の最も重要な要素の1つは、法律関係における信義誠実の役割である。第6編2条では、信義誠実（債務法における信義誠実とは「合理性及び公正性」）が契約または他の原因から生じる義務を補うことができるだけでなく、それらを区別し、あるいはその適用を排除することができると、明確に書かれている。そしてこの条文では、「債権者及び債務者は、お互いに、合理性及び公正性の求めるところに従って行為しなければならない」とされ、同条2項が「法律の効力、慣習、又は訴権に基づき債権者及び債務者を拘束するルールは、当該状況において、それが合理性及び公正性の基準に照らして受入れがたいものであるときは、適用されない」と付け加えている。この規定は、契約から生じる債務だけでなく、あらゆる債務に適用される。この「制限的」機能は、このような制限的な意味で最初に（とはいえ、独占的にではなく）信義誠実の原則を採用した判例法に倣ったものである。そのケースは、債権者が自分自身の作為または不作為によって債務者に対する請求権を失ったというものであった。契約法における信義誠実の効果は、契約の法的効果に関する節に置かれたいくつかの条文で扱われる。第6編248条は、第2編2条で明らかにされたとおり、この原則（信義誠実）を契約に適用する。そして、第6編216条によれば、これらのルールは、財産上の性質を有する他のすべての複数者間の訴権に類推適用される（後述6参照）。同様のことは、第6編258条にも妥当する。この258条は、不予見性（im-prévision）の観点での問題を詳しく述べている。冒頭の文章は次のとおりである。「当事者の一方から請求があったときは、裁判官は、不予見性（契約の両当事者が、合理性及び公正性の基準に照らして、改訂されないかたちで維持されることを期待していなかったという性質を有すること）を理由として、契約の効果を改訂し、又は契約の全部若しくは一部を破棄することができる」。同様の規定が他の分野、例えば、遺贈や地役権で起草された。注意すべきは、「不予見性」という表現をその文字どおりの意味でとらえるべきではないという点である。

試金石は、当事者が何を予見し、または予見しえたのかとは関係ない。契約そのものが予見しないかたちで起こった出来事に十分準備しているかどうかが問われるのである。

(7) 第 7 編：各種契約

各種の契約は、3 つの連続するグループに並べられている。①物の移転をもたらす契約（売買、交換、消費貸借、贈与）または物の使用を許す契約（賃貸借、使用貸借）。②一方当事者が他方当事者のために引き受ける行為に関する契約（委任、パック旅行契約、寄託、労働契約、労働協約、請負契約、組合）。③その他の契約（保証契約、和解契約、為替手形及び小切手、保険契約を含む射倖契約）。私法全体を 1 つの法典に盛り込もうとする立法者の意図に従って、かつては別個の制定法で規制されていたいくつかの契約（例えば、土地の賃貸借や労働協約）や、1838 年の商法典のうち関連する部分が第 7 編に移され、または移される予定になっている。

現在まで、若干の各種契約が、暫定的に第 7 A 編に維持されているとともに、商法典に残されている。

(8) 第 8 編：運送法

本編は、かつては商法典に含まれていた海上運送や内水運送に関する法だけでなく、道路運送や航空運送に関する法も明らかにしている。注目すべきは、特色として、特に、運送契約に関する一般規定をともなった章があること、そして、移動に関する契約を定めた節があることである。

(9) 第 9 編：工業財産権法及び知的財産権法

もともとは、新しい法典の最後の編（第 9 編）が財産上の権利のうち第 3 のカテゴリー、すなわち、「知的創作物に関する権利」に捧げられることが企図されていた。これらの権利（当時は、特許権、商標権、著作権、商号）を含む制定法は、分裂して存在していた。私法の性質を有する規定が第 9 編に含まれることになっていたが、それに反して、行政法、民事訴訟法、刑法の性質を有する規定がそこかしこに置かれていた。その時以来、これらの権利に関する状況はドラスティックに変化した。法律の大部分が、ベルギーやヨーロッパ、あるいは国際的なレベルで統合され、調和した。そのため、今では当初の計画に沿って第 9 編を創ることが不可能である。おそらくは、国際的な立法によってはカバーされない類いのいくつかの一般規定に限定して、ある種の第 9 編が存在するようになるか否かが見守られている状況である。

〔アーサー・S・ハートカンプ／平林美紀（訳）〕　第15章　オランダ民法典の公布

⑩　第10編：国際私法
　最近、オランダの立法者は、国際私法という特殊な問題に関係する行為に対応する準備をしている。国際私法の問題は、これまでオランダにおいては、もっぱら判例法の問題と考えられてきた。この立法が、国際私法に関する一般規定を含む複数の節をともなって、新しい民法典の第10編に移されることが企図されているのである。
　4　オランダ民法典は、種々の重要な法源、すなわち、制定法、慣習、エクイティを整理して規定するルールを含んでいない。もともとは、序章がこの目的のために起草されていた。そこに置かれたルールは、例えば、任意規定は慣習またはエクイティによって破棄されるが、強行規定は破棄できない、というものであった。これらの（法源に関する）ルールは、学説で批判されて延期され、裁判所にゆだねられることになった。序章は、権利に関するルール、特に権利の濫用も含んでいた。これらの諸規定は、第3編の冒頭の章に移された。結果として、序章は全体として延期された。
　5　先に述べたことから明らかなとおり、新しいオランダ法は、時には重層的に、詳細なルールの前に総則的なルールを置くという型にかなり厳格に従って構成されている。このことが特に目立つのは、契約上の問題についてである。そこでは、関連するルールが、（もしあるなら）第7編及び第8編の中の適用可能ないくつかの節の中にだけでなく、それに加えて、第3編（例えば、意思及びその欠缺）、第6編第1章（債務法総則）と同章第5節（契約総則）に見いだされる。物権法では二層三層構造になりうるし（第3編と第5編）、同じことが相続法でも妥当する（第3編と第4編）等々、この点で、（オランダの）法典は、重大な違いがあるけれども、ある種、ドイツ民法典に似ている。すなわち、ドイツ民法典では総則部分が法典全体をカバーするが、オランダの新しい法典では、財産法に関してのみ総則部分がカバーするのである。
　6　総則的な部分に対して出された異議は、ルールが抽象的すぎるというものである。長所は、数少ないルールが秩序だったやり方で多くの異なった問題を規制する要請に応えているという点である。そのような結論に至るための方法は他にもある。スイスの立法は、近時発効した債務法の改正を要求されたものであったため、民法典に総則的な部分を含めることができなかったし、しようとしなかったが、民法典の序の中の7条で、契約の方式に関する債務法の規定等を他の民法関係にも適用できると定めている。イタリア民法典は、これと

389

比較しうべき規定（1324条）を有しており、それは、契約に関する法は、可能な限り、財産法における片務的な法律行為に適用できると定めている。オーストラリア民法典も、同様の規定を含む（876条）。この（立法）技術は、新しいオランダ民法典でも繰り返し用いられている。2つの例を挙げよう。法律行為に関する節は、すでに検討したとおり、財産法の中で法律行為のために起草されたものであるが、解釈によって、財産法によって支配されない法律行為に適用できるとされている（第3編59条）。強制力のある契約に関する規定は、解釈によって、他の複数の者による法律行為にも可能な限り適用されなければならない。つまり、例えば、信義誠実の原則は、物権法の点でも重要なのである（第6編216条）。

III　民法典公布以降の改正の歴史

1　先に述べたとおり（3⑴参照）、第1編（人法及び家族法）は、1970年に公布されて以来、幾度も改正されてきた。これらの改正の多くは、ヨーロッパ人権裁判所（1950年の人権及び基本的自由に関するヨーロッパ協定を基礎として設立された）の判例法に刺激されたものである。この協定には、この分野の法律にとって最重要な規定がいくつか含まれていた。例えば、8条（「すべての者は、個人生活、家族生活、その住居及び通信を尊重される権利を有する」）、12条（「婚姻年齢に達した男女は、婚姻し、家族を形成する権利を、この権利の行使を支配する国家の法に従って、有する」）、14条（「この協定に定められた権利及び自由の享受は、性別、人種、肌の色、言語、宗教、政治的その他の意見、国籍上又は社会上の出自、国家におけるマイノリティーとの関係、財産、出生その他の地位など、いかなる理由による差別なく、保障される」）である。協定が締結された当時、典型的な家庭生活は、男女間の婚姻と、そのような婚姻生活から生まれた子供によって構成されていた。しかしながら、20世紀も後半になると、新しい家庭生活のかたちが発展し、このことが、相続法に含まれる両親と子供の間の関係というシステム全体にも影響を与えた。裁判所は、上に示した条文に基づく保護をこれら新しい家族関係に拡張した（例えば、1979年6月13日の判決の中では、婚姻生活外で生まれた子供の法的地位が問題となった）。そのような変化の中でみられたことが、オランダ民法典第1編（人法及び家族法）の、改正そのものに準じるような変更をもたらしたのである。

2　第2編（法人）及び第3編、第6編、第7編（物権法、債務法、各種契約を

含む）も、その公布以来、幾度か改正されてきた。ここでも最も重要な変化の原因は私法のヨーロッパ化であり、この場合は、ヨーロッパ連合（以前は、ヨーロッパ〔経済〕共同体）の法律の影響下であったということである。指令が採用されて、構成国の制定法の中に取り込まれることになっていた。契約法や不法行為法では、これらの指令が主として消費者の保護に関係していた。例を挙げるかたちで述べると、パック旅行、パック休暇、パックツアーに関する90／314 EEC 指令、消費者契約における不公正条項に関する93／13 EC 指令[訳注2]、タイムシェアを基礎とした不動産利用権の購入者保護に関する94／47 EC 指令、遠隔契約における消費者保護に関する97／7 EC 指令、そして、消耗品売買及びその保証の一定の側面に関する1999／44 EC 指令がある。これらの指令は、新しい法典に付け加えられた主要なものである。すなわち、第7.1.9 A 節（タイムシェアを基礎とした不動産利用権の購入）、第7.1.10 A 節（遠隔契約）、第7.7 A 章（旅行契約）[訳注3]であって、他にもさまざまな指令が第7.1 章（消費者売買に関して）に付け加えられている。

IV　現在及び未来の民法典改正の見通し

　現在、更なる改正の見通しは存在しない。立法者が関心をもっている唯一の事柄は、民法典の残された部分を完成させることである。上で説明したとおり、それらの部分とは、第7編の各種契約の一部、第10編の国際私法、そしておそらく、第9編の知的財産法のうち一般的な性質を有するいくつかの規定である。学説には、消費者法に関するECの規制をすべて集めて民法典の1つの独立した編（第11編）にすることが望まれるのではないかという議論もある。この提案は、これらの規制が債務及び契約に関する第6編と第7編に併合されることによって、私法の一般法としての首尾一貫性と先見性とを妥協させようとして注意深くデザインしたにもかかわらず、第6編と第7編を崩壊させてしまうかもしれないという懸念に基づいている。しかしながら、私法の一般法から

　　訳注2）　93／13 EC 指令とオランダ民法典との関係について、鹿野菜穂子「不公正条項規制における問題点(1)——EU 加盟各国の最近の動きを手がかりに」立命館法学256号（1998年）1412頁以下、とりわけ1432頁以下参照。
　　訳注3）　条文の翻訳として、高橋弘「オランダ民法典中の（主催）旅行契約」広島法学24巻2号（2000年）213頁以下がある。

切り離された消費者法は、体系的に不透明な格別の類型を創ることになってしまうという反対論をある。そして、より重要なのは、独立した消費者法というかたちでは、さまざまな価値観が互いに影響を与えあって私法全体に浸透していくことを妨げてしまうということである。いずれにせよ、このような考え方が近い将来に実務的な影響力を勝ち得ているだろうということについては、今はまだ何らの兆候もない。

V 翻 訳 ^{訳注4)}

実践的な理由から、現在存在している民法典の翻訳を挙げておくこととする。

◇ 英語及びフランス語

　P.P.C. Haanappel and E. Mackaay, New Netherlands Civil Code, Patrimonial Law resp. Nouveau Code Civil Neerlandais, Le Droit Patrimonial, Deventer/Boston, 1990; 2nd edition in Netherlands Business Legislation (Kluwer Law International, loose leaf).

◇ ドイツ語

　F. Nieper and A. S. Westerdijk (Red.), Niederländisches Bürgerliches Gesetzbuch, in five volumes, München and The Hague/London/Boston, 1995 ff.

◇ スペイン語

　J. G. van Reigersberg Versluys, Derecho Patrimonial Neerlandes, Libros 1, 3, 5, 6 y 7 del Nuevo Codigo Civil, Malaga, 1996; Derecho Comercial Neerlandes, Libro 2, Las Personas Juridicas, Malaga, 1999; Derecho Comercial Neerlandes, Libro 8, Medios de Trafico y Transporte, Malaga, 2000.

　訳注4) 　オランダ民法典の各言語による翻訳文献の紹介は、ハートカンプ教授自身によるものである。

〔アーサー・S・ハートカンプ／平林美紀（訳）〕　　第15章　オランダ民法典の公布

◇ロシア語

Institut vostotsjno-evropejskogo prava i rossievedenija Lejdenskogo universiteta, Grazjdanskij Kodeks Niderlandov, Niderlandy, 1996.

◇中国語

A translation into Chinese in the course of preparation.

第16章　中国民法典の制定

梁　慧星／渠　　濤 (訳)
Liang Huixing　Qu Tao

Ⅰ 中国における民法典制定の背景　　Ⅲ 民法典の全体的構成をめぐる議論
Ⅱ 民事単行法の制定およびその特徴　Ⅳ 将来の中国民法典の構成についての予想

Ⅰ 中国における民法典制定の背景

　1954年、憲法の規定に基づき、全国人民代表大会（以下「全人大」と略す）常務委員会により民法起草グループが組織され、1956年に民法典草案が完成した。この草案は、総則、所有権、債権、相続の4編、計525条からなるものである。しかし、その後、反右派運動などの政治運動によりこの民法起草作業は中断した。この民法典草案は、1922年のロシア民法典をモデルとするものである。例えば、4編からなる体系を採用すること、親族法を民法典から除外する、「物権」概念の代わりに「所有権」概念を使用すること、「自然人」概念の代わりに「公民」概念を使用すること、訴訟時効のみを規定して取得時効を規定しないこと、社会主義公有財産に対して特別に保護すること、などはそれである。
　1962年、中国は3年の自然災害と「大躍進」、「共産風」などの著しい経済的な困難を経験した後、経済政策が調整され、商品政策と商品交換の発展を強調するようになった。この年、第2回の民法典の起草が始まり、1964年7月に「民法草案（試擬稿）」が完成した。起草者は、この草案にドイツ民法とも1922年のロシア民法典とも異なった3編構造を採用した。すなわち、第1編総則、第2編財産の所有、第3編財産の流通である。この草案は、親族、相続、不法行為を民法典から排除したほか、国家の予算関係、税収関係を民法典に入れ、かつ「権利」、「義務」、「物権」、「債権」、「所有権」、「自然人」、「法人」などの法律概念を一切採用しておらず、こうすることでロシア民法典の影響から脱却し、さらにブルジョワジー民法とも一線を画そうとするものであった。この草案には明らかに当時の国際的、国内的政治闘争の影響、とりわけ中ソ両党

の論戦の影響が見受けられる。

　1964年から全国で「社会主義教育運動（中国では「四清」という）」が始まり、第2回の民法典の起草は中断した。「四清」運動は1966年になって「文化大革命」にエスカレートした。「文革」期間中、各級人民法院、検察院、公案機関が撤廃され、国家全体が無政府状態に陥った。法律関係の大学および学部を含めた全ての大学の運営も停止され、中国の立法、司法と法学教育は10年もの長きにわたり中断されることになった。

　1978年、中国は「文化大革命」を経験した後、改革開放政策を実施し始め、単一の公有制を基礎とした計画経済から社会主義市場経済体制へと転換されることになった。これによって民法の地位と役割が重視されるようになった。1979年11月に民法起草グループが再度成立し、第3回の民法典の起草が始まった。1982年5月までに「民法草案」の4つの試案[1]が完成したが、その構成と内容は、主に1962年のソビエト連邦民事基本法、1964年のソビエト連邦ロシア共和国民法典および1978年に修正されたハンガリー民法典を参考にした。この後、経済体制改革が始まったばかりであり、社会全体が変動期にあることを考えると、すぐには完全な民法典を制定することが難しいと判断し、全人大常務委員会委員長彭真氏が民法起草グループの解散を決定した。これにより民法典起草作業は一時停止して、単行法の制定に替えられ、条件が整った時に民法典起草を再開することとなった。

　1990年代の後半、中国政府は2010年に中国の特色のある社会主義法律体系を完成させる方針を定めた。この構想によれば、憲法、民法、刑法、民事訴訟法、刑事訴訟法などの基本分類によって法典を制定することになっている。憲法、刑法、刑事訴訟法、民事訴訟法はすでに法典として完成しているが、唯一民法のみが法典として完成していない。民法に関していえば、「民法通則」と民事単行法しか存在しない。「民法通則」および民事単行法は、公民や企業の民事権利の保障、市場取引の秩序の規範化、社会の公平と正義の維持および社会主義市場経済発展の促進などの面では大きな役割を果たしたことは否めない

---

1)　「民法草案」の第四稿は、全部で8編43章465条、第1編民法の任務と基本原則、第2編民事主体、第3編財産所有権、第4編契約、第5編知的財産権、第6編財産相続権、第7編民事責任、第8編その他の規定である。この草案は正式な法律とはならなかったが、現行の「民法通則」、1985年の「相続法」はいずれもこの草案の相応する章を基礎としており、適切な修正審議を経た後に公布された。

が、「民法通則」は畢竟、民法典の地位を代替するものではなく、また最も重要な基本的な民事制度を欠いているため、市場経済と社会生活からの法制度に対する要求を満たすことができるものではない。

1998年3月、第8期全人大常務委員会副委員長王漢斌氏は民法典起草作業を再開させることを決定し、さらに9人の民法学者に民法起草グループを結成させ[2]、物権法草案と民法典草案の起草を依頼した。民法起草作業グループの第1回会議では3段階の起草計画を決定した。すなわち、まず、統一した契約法を制定し、市場取引規則を完備すること、また、この契約法は国際的な一致性[3]も重視すること。第2に、1998年から「物権法」の制定に取り組み、これをもって財産の帰属関係の基本的な規則を完備すること。第3に、2010年までに民法典を制定し、これをもって完全な法律体系を完成させるという目標を最終的に実現させることであった。

2002年1月、第9期全人大常務委員会委員長李鵬氏は民法典起草を早める指示を出した。同月、全人大常務委員会法制工作委員会は6名の学者にそれぞれ担当を分けて[4]、その年の内に民法典草案を完成させるよう依頼した。同年12月、「民法典草案」が完成し、同時に全人大常務委員会での1回の審議を経た後、マスコミに公開して意見徴収を行った[5]。しかしこの意見徴収に対して

[2] 民法起草工作グループの9人のメンバーは、中国政法大学教授江平、中国社会科学院法学研究所研究員王家福、北京大学教授魏振瀛、清華大学教授王保樹、中国社会科学院法学研究所研究員梁慧星、中国人民大学教授王利明、最高人民法院元経済審判副裁判長費宗禕、全人大常務委員会法制工作委員会元民法室副主任肖峋と元経済法室主任魏耀栄である。

[3] 契約法の起草は、1993年10月に始まり、同年10月に「契約法立法方案」を作成し、1994年1月に正式に起草が始まった。1995年1月「契約法建議稿」ができ、1998年正式な草案が完成し全人大常務委員会の審議に付され、1999年3月15日全人大第2回会議で採択され、同年10月1日から施行された。

[4] 中国社会科学院法学研究所研究員梁慧星は総則編、債権総則編と契約編、人民大学法学院教授王利明は人格権編と不法行為編、中国社会科学院法学研究所研究員鄭成思は知識財産権編、最高人民法院副院長唐徳華は民事責任編、中国政法大学教授巫昌禎は親族編と相続編、最高人民法院退職裁判官費宗禕は渉外民事関係法律適用編の起草を分担した。

[5] 「民法典草案（意見徴収稿）」は9編からなり、第1編総則117条、第2編物権法329条、第3編契約法454条、第4編人格権法29条、第5編婚姻法50条、第6編養子縁組法33条、第7編相続法35条、第8編不法行為法68条、第9編渉外民事関係法律適用法94条の1221条である。

法学界と法実務界では、草案の完成があまりに拙速であるため、積極的な反対をしめさなかった[6]。

2004年6月、第10期全人大常務委員会は、再度立法計画を変更し、「民法典草案」の審議、修正作業を中止し、ふたたび「物権法草案」の修正と審議に取り組むことを決めた。「物権法草案」は、全人大常務委員会の7回の審議を経て、2007年3月5日から開催された第10期全人大第5回会議の審議に提出、3月16日に採択され、同年10月1日から施行されることになった。それと同時に、もとの担保法にある担保物権の条文の効力を廃止した。

上述した中国民法典立法の歴史の考察を通じてまずいえるのは、「あらゆる法典化作業は成功にいたるために3つの条件を備えなければならない。すなわち、適当な時期、一定数の天才的な法学者、政治上の願望の3つを欠くことはできない」[7]ということである。このような条件を中国の現実に当てはめてみれば以下のことがいえよう。つまり、まず今日の中国は30年の改革開放を経験し、もとの計画経済体制から市場経済体制への転換が実現しており、国民経済が持続的に成長し、社会秩序が安定しているため、まさに民法典編纂の最もよい時期に恵まれている。次に、中国は文化大革命の沈痛な教訓を総括した後、民主、法治の途を歩み始めており、さらに社会主義法律体系建設の目標も立てており、民法典制定の政治的願望があることは疑いない。しかし、中国は1977年から法学教育と法学研究を再開し、現段階まで30年の期間しかたっていないため、法律科学の全体的な水準は発達した国と比べ、大きな隔たりがある。この点から見ると、中国民法典編纂はすでに第1と第3の条件を備えているが、第2の条件は、欠落しているといえる。

---

6) 筆者は2003年3月に開催された全国協商会議第10期のある会議で「民法典立法の任意性の建議に関する提案」を提出し、この草案は論理の混乱した支離滅裂な「開放式・ルーズリーフ式」の民法草案であるという見解を示した。そしてこの「開放式・ルーズリーフ式」の草案を廃棄し、別に法律委員会の下で学者、裁判官、弁護士からなる起草グループを組織し、論理に破綻がなく体系が整い、内容が進歩的で中国の現実に符合し国際的一致性のある民法草案を起草することを提案した。

7) パリ第一大学教授、元法務大臣ロベール・バタンテールの言葉。石佳友『民法法典化的方法論問題研究』（法律出版社・2007年）74頁より再引用。

II 民事単行法の制定およびその特徴

　1981年に「経済契約法」[8]が公布され、国内の企業法人の契約関係に適用された。「経済契約」という名称から見て明らかなように、この契約法は国家計画に基づく契約の締結および履行を強調しており、また行政機関に経済契約の効力を否認する権力を与え、さらに行政的な仲裁をもって経済契約の紛争に解決を与えている点などから見れば、この契約法がソ連経済法学理論の影響を強く受けていることがうかがわれる。

　1985年、「渉外経済契約法」[9]が公布された。この契約法は、対外貿易関係に適用されるものであり、この法的な性質からソ連の経済法学の理論を根拠にすることは不可能になる。この契約法は「経済契約」の概念にいささかソ連の経済法理論の痕跡が残っている以外は、基本的な構造、基本原則と内容は主に英米契約法および「国際統一売買法（CISG）」を参照したものである。

　1985年には「相続法」[10]が公布された。この法律の目的は人民の私有財産の相続権の保護であり、これによって相続案件の裁判に基準が提供された。当時は単一公有制の計画経済であり、ほとんどの人は私有財産らしいものをもっていなかったため、裁判所が審理する相続に関する案件もきわめて少なく、「相続法」の規定も簡単なもので条文が37条しかなかった。この法律は基本的に1964年のソビエト連邦ロシア共和国民法典と中国台湾地域で施行している「中華民国民法」を参考にしたものである。

　民事立法の中にある基本原則と基本制度は単行法によって規定すべきものでないことにかんがみ、1985年に「民法草案」の第4稿の総則編を基礎に「民法通則」の起草が開始された。この「民法通則」は1986年に成立し、1987年1月1日から施行されることになった[11]。民法典が制定されていない段階に

8）「経済契約法」は7章47条、第1章総則、第2章経済契約の締結と履行、第3章経済契約の変更と解除、第4章経済契約違反の責任、第5章経済契約紛争の調停と仲裁、第6章経済契約の管理、第7章附則からなる。

9）「渉外経済契約法」は7章43条、第1章総則、第2章契約の締結、第3章契約の履行と契約違反の責任、第4章契約の譲渡、第5章契約の変更、解除と終結、第6章争議の解決、第7章附則からなる。

10）「相続法」は5章37条、第1章総則、第2章法定相続、第3章遺言相続と遺贈、第4章遺産の処理、第5章附則からなる。

おいて、「民法通則」はその他の民事単行法と比較すると民事基本法の地位を占めるものであるといえる。「民法通則」の体系と内容は、主に1962年のソビエト連邦民事基本法、1964年のソビエト連邦ロシア共和国民法典および1978年改正のハンガリー民法典を参考にしている。しかし、注意すべきことは、改革開放と市場経済の発展からの要求を反映し、民法通則は発達した国と地域の民法制度も参照したことである[12]。

技術商品化政策の実行に適用し、科学技術の発達を促進し、技術市場の法律秩序を打ち立てるために、1987年6月23日、「技術契約法」[13]が公布された。この法律は、法人間、法人と公民間、公民間において技術開発、技術譲渡、技術諮問および技術サービスの提供により発生した契約関係に適用するものであるが、当事者の一方が外国の企業、その他組織あるいは個人との間の契約関係には適用しないものとされている。注意すべきことは、この法律によって個人間の技術契約関係が法の適用範囲内とされたことである（2条）。この点は大きな意義を有している。

この時期の民事立法、特に「経済契約法」と「民法通則」を代表とする立法は、ソ連と東欧社会主義諸国の立法と理論を継承したものである。これは国の門戸を開いたばかりで、政治上の制限が依然として存在していたからである。しかし、時間の推移に伴い、ソ連および東欧諸国の立法経験と民法、経済法理論では中国の改革開放政策と社会主義市場経済の発展の要求を満たせなくなっていった。特に1990年代に入ってから社会主義市場経済体制は経済体制改革の目標と定められ、政治上のタブーも漸次打破されていき、民法学者も中華民国時代の民法著作や台湾の民法著作、発達した国家の立法や判例学説を参考にするようになり、これによってその後の民事立法はソ連、東欧諸国の民法、経済法理論を参照するものから市場経済の発達した国や地域の民法を参照するも

---

11)　「民法通則」は9章156条、第1章基本原則、第2章公民（自然人）、第3章法人、第4章法律行為と代理、第5章民事権利、第6章民事責任、第7章訴訟時効、第8章渉外民事関係法律適用、第9章附則からなる。

12)　例えば「自由意思、公平、等価有償、誠実信用の原則」に関する規定（4条）、生命健康権、姓名権、肖像権と名誉権などの人格権に関する規定（98-101条）、精神損害賠償に関する規定（120条）などである。

13)　「技術契約法」は7章55条、第1章総則、第2章技術契約の締結、履行、変更と解除、第3章技術開発契約、第4章技術譲渡契約、第5章技術諮問契約と技術サービス契約、第6章技術契約争議の仲裁と訴訟、第7章附則からなる。

のへと転換した。

　1980年代後半から、中国経済生活の中でいわゆる「三角債」と金融機構の不良債権の問題が発生した。このような問題を解決し金融リスクを回避するため、1993年から「担保法」の起草が始まり、1995年6月30日に成立、同年10月1日に施行された[14]。「担保法」は人的担保（第2章、第6章）と物的担保（第3章-第5章）を合わせて定めたものである。この法律は不動産登記制度の不備と登記機構の不統一の制約を受けたが、その後の「三角債」の減少と回避および金融機構の不良債権の現象に大きな役割を果たしたといえる。

　現代化した市場経済の要求に対応し、取引規則の統一と国際的な一致性、3つの契約法鼎立の局面を回避するため、1993年から「統一契約法」の起草を始めた。この契約法は、1999年3月15日に成立、同年10月1日に施行され、同時に「経済契約法」、「渉外経済契約法」、「技術契約法」が廃止された。この契約法は、総論部分が8章、各則15章の計23章428条からなるものである。この法律は、典型的なドイツ民法概念体系を採用し、数多くの原則、制度および個々の条文は、直接ドイツ民法、日本民法、中国台湾地域の民法を採用している。そのほか、一部の重要な制度は直接、「国際商事契約通則（PICC）」、「国際統一売買法（CISG）」と「ヨーロッパ契約法原則（PECL）」と英米契約法も取り入れている。

　有体財産の帰属および利用に関する基本的な規則を管理し、現代化するために、1998年から「物権法」の起草が始まり、全人大常務委員会の7回の審議を経て、2007年3月16日第10期全人大第5回会議で採択され[15]、同年10月1日施行した。これによって「担保法」にある担保物権関係の規定も廃止された。「物権法」は典型的なドイツ民法の概念体系を採用しているが、物権変動はフランス民法の「債権合意主義」とドイツ民法の「登記効力発生要件主義」が結合した折衷主義を採用している。しかし、その主な内容はドイツ民法、フランス民法、日本民法、中国台湾地域の民法および中国マカオ地域の民法を参照している。

　中国最初の「婚姻法」は1950年に制定されたもので、改革開放が始まるま

---

14)「担保法」は7章96条、第1章総則、第2章保証、第3章抵当、第4章質、第5章留置、第6章保証金、第7章附則からなる。

15)「物権法」は5編19章246条、第1編総則、第2編所有権、第3編用益物権、第4編担保物権、第5編占有からなる。

では中国における唯一の民事法律であった。1980年2つ目の「婚姻法」が採択された。2001年に1980年の「婚姻法」が改正された。改正された「婚姻法」は6章51条からなる[16]。「1950年婚姻法」と「1980年婚姻法」はいずれもソ連婚姻家庭立法と法律理論の影響を深く受けているが、2001年改正の「婚姻法」は、発達した国の親族法をより多く参照している。

婚姻法の中の養父母養子関係規定の不足を補うために、1991年「養子縁組法」が制定された[17]。「養子縁組法」の内容は、民間の養子縁組の習慣を重視し、中国台湾地域民法典にある関係規定も数多く参照している。

Ⅲ　民法典の全体的構成をめぐる議論

1998年に民法典起草作業が再開されてから、民法学界においては、民法典の全体的構成に関して激しい論争が繰り広げられた。これらの議論をまとめると、以下のような4つの意見が挙げられる[18]。

1　「開放式・ルーズリーフ式」の構成

これは、前掲の民法起草作業グループの構成員の1人で、元裁判官費宗禕氏が1998年3月に開かれた起草作業グループの会議で提出した構成意見であり、その場で他の構成員であった江平教授と魏耀栄氏の賛同を受けている。この構成の主張は、当時中国は「民法通則」、「担保法」、「相続法」、「婚姻法」、「養子縁組法」があり、「統一契約法」の起草作業も完成が近く、また「物権法」の起草作業もまもなく開始する予定であることにかんがみ、「契約法」と「物権法」が成立した後、現行の「民法通則」、「相続法」、「婚姻法」および「契約法」、「物権法」などの民事単行法をかき集めて中国の民法典とならしめようと

---

[16]　「婚姻法」は6章51条、第1章総則、第2章結婚、第3章家庭関係、第4章離婚、第5章救済措置と法律責任、第6章附則からなる。

[17]　「養子縁組法」は6章33条、第1章総則、第2章養子縁組関係の成立、第3章養子縁組の効力、第4章養子縁組関係の解除、第5章法律責任、第6章附則からなる。

[18]　中国民法典構成の論争に関する出版物は、徐国棟『中国民法典起草思路論争』（中国政法大学出版社・2001年）、梁慧星『為中国民法典而闘争』（法律出版社・2002年）、柳経緯『当代中国民事立法問題』（アモイ大学出版社・2005年）、王利明『我国民法典重大疑難問題之研究』（法律出版社・2006年）、王衛国『中国民法典論壇（2002-2005）』（中国政法大学出版社・2006年）などがある。

するものである。したがって、民法典は厳格な論理関係を必要としないし、完全な体系的な構成を要求する必要もない。このようにして完成した民法典は、各部分が相対的に独立し、相互の間は開放的で緩やかな関係になる。この意見の基本的な特徴は、法律の理論性と体系性に反対し、明らかに英米法の影響が現れている点である[19]。

特に注意すべきなのは、いわゆる開放式・ルーズリーフ式の編纂構成の提案は、当時の全人大法制工作委員会の主任顧昂然氏の賛同を受けたため、この構成は2002年12月23日全人大常務委員会で第1回の審議を経て社会に公布された「中国民法典草案（意見徴収稿）」の中で完全に具現している。この「中国民法典草案（意見徴収稿）」は9編構成になっている。すなわち、第1編総則、第2編物権法、第3編契約法、第4編人格権法、第5編婚姻法、第6編養子縁組法、第7編相続法、第8編不法行為法、第9編渉外民事関係法律適用法である。そのうち、第3編契約法、第5編婚姻法、第6編養子縁組法、第7編相続法は、現行法をそのまま組み入れており、まさに徹底した「開放式・ルーズリーフ式」で編纂された民法典であるといえよう。

2　「フランス式3編制」を基礎とする構成意見

これは前掲のアモイ大学教授徐国棟氏により提出された意見である。この意見では民法典を2編構成とする[20]。すなわち第1編身分関係法、第2編財産関係法である。また各編を細分化して4つの分編とする。第1編の身分関係法は、第1分編自然人法、第2分編親族法、第3分編法人法、第4分編相続法となり、第2編財産関係法編は細分化して、第1分編物権法、第2分編債権法総則、第3分編各種契約、第4分編知識財産権法となる。このほか、法典の冒頭に序編を設け、法律行為、代理、時効などの規定を設けて「小総則」とする。さらに法典の最後に付属編を設けて、国際私法に関係する規定を設けるというものである。

この構成は以下の特徴がある。

第1は、「人法と物法」の構造をもってローマ法への回帰を実現したことである。すなわち第1編の身分関係法はローマ法の「人法」に対応し、第2編の財産関係法はローマ法の「物法」に対応する。第2は、フランス法を基礎とし

---

19) 徐国棟・前掲注18) 3－4頁参照。
20) 徐国棟主編『緑色民法典草案』（社会科学文献出版社・2004年）参照。

た点である。徐教授はフランス式の3編構成はローマ法の真髄を体現したもので、民法の「人法」的色彩を特に具現しているため、フランス式の3編構成を基礎に調整を加えて2編として設計すべきであると考えた。第3に、制度の重要性を基準とした点である。どの制度を民法典に入れるか、どの制度を民法典から除外するか、民法典の中でどの制度を前に、どの制度を後にするかは、制度の重要性を基準とすべきとする。例えば身分関係法は直接人間の尊厳と人権を体現するものであるため、財産法より重要で、第1編に置く。第1編の中では自然人が最も重要であるため、これを第1分編に置き、次に親族法を第2分編、法人法を第3分編に置く。そして本来相続法は財産法に属するが、身分関係を基礎とする財産法なので一般の財産法より重要であるため、第1編の第4分編におき、その重要性が前の3つの分編よりは低いが第2編の一般の財産関係法よりは高いことを表わす。第2編の財産関係法の内部では、物権法は債権法より重要であるため、物権法を第1分編として債権の前に置くべきとする[21]。

3 「ドイツ式5編構成」を基礎に法典の論理性を強調する構成意見

これは筆者の考えである。この構成は3つの要点が挙げられる。

第1に、中国の現実を踏まえた構成である。ここでいう中国の現実というのは以下のような状況である。まず国民の素質と裁判官の素質が一般的に低いため、体系性と論理性にかけた開放式の民法典を制定すると、人民がそれを理解し把握しにくい法律になるばかりでなく、裁判官もこれを適用し案件を審理することが難しく、裁判の公正性と統一性を保つことが難しいと考えられる。一方、中国がドイツ民法の概念体系と構成体系を継承していることにはすでに百余年の歴史があり、中国民法教育、理論研究、裁判官と弁護士の法律思考の基礎となっている。かつ中国の民事立法、とりわけ改革開放以降の立法は、例えば「民法通則」、「契約法」、「物権法」、「相続法」などいずれもドイツ式の概念、原則、制度と理論体系を取り入れている。

第2に、法律の論理性と体系性を強調している。民事関係の基本的な制度と共通する制度は民法典の中に置き、特殊な分野、特殊な関係の特別な規定、制度は、民法の特別法として民法典の外に置く。民法典の基本的な構成は、ドイ

---

21) 徐国棟・前掲注 18) 7-8 頁参照。

ツの5編構成と現行の「民法通則」を基礎とする。

第3に、20世紀以来の新しい立法経験、とりわけオランダとロシアとモンゴルの新しい民法典を参酌し、5編構成を基礎にして債権編を債権総則と契約と不法行為の3編に分ける。このように設計した民法典は、総則、物権、債権総則、契約、不法行為、親族、相続の7編構成となる。人格権に関する規定は総則に自然人の1章を設け、知的財産権と国際私法は民法典の外に置く[22]。

4 「ドイツ式の5編制」を基礎に重要性を強調する構成意見

これは前掲の王利明教授の主張である。王利明教授がこの構成を基に起草した中国民法典草案は8編からなる。第1編総則、第2編人格権、第3編婚姻家庭、第4編相続、第5編物権、第6編債権総則、第7編契約、第8編不法行為法である[23]。この構成意見の特徴としては以下のものがある。

第1に、パンデクテン体系を採用し、総則と各則を分けた構成にする。この点は、筆者が主張する7編構成と変わりがない。

第2に、各則の構成、順序は重要性を基準にしなければならない点を強調している。この点はアモイ大学の徐国棟教授の主張と同じである。王利明教授は、人格の尊厳、身分の価値、人格の完成性は最高の法益であり、これは財産権より重要な位置に置くべきだと考える。すなわち、人格権は財産権に優先する基本的な理念であるため、人格権は民事上の権利の部分の最初に置く。相続権は身分権と密接に関係する権利であるため、一般の財産権より優先する。そして婚姻家庭に関する規定は、人格権と同じ身分関係の範疇に属するものであり、両者は密接な関係を有するため、人格権の後に置くべきとする[24]。

第3に、不法行為法は債権と本質的な区別があることを強調している。すなわち不法行為責任は民事上の権利の救済措置であり、債権とは異なる制度である。各則の中でまず各種民事権利を列挙し、その後で民事権利における不法行為責任制度を規定すると、総則との対応関係が明らかになり、これにより完全な民事責任体系を構成することができる。このような構成は、論理上の順序にも合致するものである[25]。

---

22) 梁慧星・前掲注18) 44-45頁、同『中国民法典草案建議稿』(法律出版社・2003年) 参照。
23) 王利明『中国民法典学者建議稿及立法理由』(法律出版社・2005年) 参照。
24) 王利明・前掲注18) 50-51頁参照。
25) 王利明・前掲注18) 51-52頁参照。

第Ⅲ部　世界に見る民法典の制定とその改正

Ⅳ　将来の中国民法典の構成についての予想

　民法起草作業グループが決定した「３段階」立法計画に基づいていえば、その第１段階となる契約法の制定、第２段階の物権法の制定という目標はすでに実現している。第10期全人大常務委員会の立法計画では、次は「不法行為法」と「渉外民事関係法律適用法」を起草し、その後現行「民法通則」を基礎として「民法総則」を起草することになっている。しかし、この３つの立法計画を完成させるのにはおよそ６年から10年かかると考えられ、これらの立法計画が完成した後に、民法典の編纂を始めるとするならば民法典の完成は2015年から2020年の間になると思われる。
　将来の中国民法典の構成を予想するに当たり、以下の諸点が重要だと考える。
　第１、民法典はひきつづき民商合一主義[26]を堅持すること。
　第２、民法典はドイツ式の５編制構成を基礎に、総則と各則の構造[27]を採用すること。
　第３、民法典の総則編に規定する内容は、民法の基本原則、権利主体、権利の客体、法律行為、代理、時効、期間などであること。
　第４、民法典の各則は法律関係と権利の種類を基準とし、物権、債権、親族[28]、相続とに分けること。

---

26)　中国慎重末期に法制改革が進められた際は民商分立主義が採用され、民法典と商法典が別々に起草された。辛亥革命により帝政が倒され共和国が成立した後、1929年中国国民党指導者の南京政府が民法典を制定したが、この時は民商合一主義が採られた。1949年新中国成立後も民商合一主義は堅持された。現行の民法通則および新しく公布された契約法はいずれも典型的な民商合一主義の立法である。大多数の民法学者は民商合一主知の中国民法典を制定することに賛同しており、民法起草作業グループの意見も一致している。

27)　現在まで、中国の学界と実務界は、いわゆる「開放式・ルーズリーフ式」構成に賛同しており、「フランス式３編制」を基礎とする編成に賛同するものは少数である。

28)　ソ連の民法立法と理論の影響を受け、また計画経済体制下において家庭の経済的職能が喪失していたことから、以前の民法理論は家庭生活と経済生活は無関係であるとみなしていた。そのため、親族関係が民法の調整範囲にあることと親族法が民法の構成部分となることを認めず、「婚姻法」、「婚姻家庭法」と改称した。改革開放後、計画経済体制から市場経済体制への転換、社会主義市場経済の発展にともなって、家庭の経済的職能も日増しに強くなっていき、家庭生活と経済生活を無関係とする理論は放棄された。1986年制定された「民法通則」は適時に親族関係を民法の調整範囲に取り入れ、親族

第5、本来債権編の内容であるものは、債権総則、契約、不法行為法の3編に分けること[29]。

　第6、民法典に知的財産権編を置かず、現行の「特許法」、「商標法」、「著作権法」とともに民事特別法として扱い、民法典の外に置くこと。

　第7、「渉外民事関係法律適用法」は、民法典の最後の1編として組み入れること[30]。

　第8、人格権を設けずにその内容は総則編の自然人の中の1章として扱うこと[31]。

　いずれにせよ、将来の中国民法典はドイツ5編制の構成を基礎に、8編で構成されると考えている。すなわち、第1編総則、第2編物権、第3編債権総則、第4編契約、第5編不法行為、第6編親族、第7編相続、第8編渉外民事関係法律適用となる。そのうちの第2編、第3編、第4編、第5編、第6編と第7編の順序は変わる可能性もある。

　関係を調整するいくつかの基本原則を規定した。民法典の親族編は、現行の婚姻法と養子縁組法を基礎とするものになる。

29）　不法行為編は不法行為責任編と改称し、相続編の後ろ、渉外民事関係法律適用編の前に置かれる可能性もある。

30）　中国国際私法学界は、もともと単独で国際私法法典を制定することを主張していたが、立法機関に民法典の外に国際私法法典を制定する意向がないため、やむなく民法典の中に渉外民事関係法律適用編を設けることに賛同した。

31）　現段階では、大多数の民法学者は、人格権を独立した編として設けることに賛同していない。梁慧星「民法典本応単独設立人格権編」法制日報（2002年8月4日付）、尹田「論人格権的本質──兼評我国民法草案関於人格権的規定」法学研究（2003年第2期）、柳経緯「民法典応如何安排人格権制度」河南政法管理幹部学院学報（2004年第3期）参照。

第17章　台湾における民法典の制定(訳注1)

詹　森林／宮下修一 (訳)
Jan Sheng-Lin

I　台湾民法典公布の背景　　IV　民事特別法
II　台湾民法典編纂の特徴　　V　将来の民法典改正
III　台湾民法典の改正　　　　VI　結　論

I　台湾民法典公布の背景

　現行の台湾民法典は、もともとは、1911年に孫文（孫中山／孫逸仙〔Sun Yat-Sen〕）により主導された国民党が清王朝を打倒し、中国最後の王朝を終焉させ、民主的国家である中華民国が建国された後の、1929年から1931年にかけて公布、施行されたものである。

　ここで注意すべきは、前述した中華民国民法典は1930年代に公布され、かつ、効力を生じたが、1945年に第2次世界大戦が終結するまでは台湾領内では適用されなかったということである。その理由は、台湾が、清帝国が敗北した1895年の日清戦争後に植民地として日本に割譲されたことによる。50年後、1945年に連合国によって日本が敗北した後に、台湾は、中国に返還された[1]。

訳注1）　本章の元原稿は、2008年3月1日・2日に上智大学において開催された「民法改正国際シンポジウム——日本・ヨーロッパ・アジアの改正動向比較研究」の報告原稿として、英文で執筆されたものである。ただし、引用されている中華民国（台湾）民法の条文の翻訳に際しては、中文表記も参照した。台湾民法の全文は、台湾法務部（法務省）ホームページ上の「全國法規資料庫」で閲覧可能である（アドレスは、http://law.moj.gov.tw/Scripts/NewsDetail.asp?NO＝1 B 0000001 ＆FL＝〔2009年4月26日現在〕）。なお、訳注と付していないものは、すべて原注である。原注をすべて掲記した関係で、訳注は最小限にとどめた。また、原注に掲記されたホームページのアドレスは、原則として上記シンポジウム時点のものであるが、本稿校正時点（2009年4月26日）にアドレスが変更されていたものについては新たなアドレスを掲載することにした。訳注に掲記したホームページのアドレスは、いずれも上記本稿校正時点現在のものである。

第Ⅲ部　世界に見る民法典の制定とその改正

Ⅱ　台湾民法典編纂の特徴

　台湾においては、民法典は、私法の基礎であり、かつ、私法のもっとも重要な法源である。民法典には、以下の5つの編が含まれている。それは、総則（1条〜152条）[2]、債権（153条〜756-9条）[3]、物権（757条〜966条）[4]、親族（967条〜1137条）[5]、そして相続（1138条〜1225条）[6]である[訳注2]。

　本来、民法典は、1900年に制定されたドイツ民法典（BGB）の基本的な体系構造と相当数の本質的な内容を採用したものである。すなわち、台湾民法典の第1編および第2編に含まれる規定の大部分は、BGBにおいてそれらに対応する部分を文字どおり移植したものである。

　1900年のBGBに加えて、1898年の日本民法典、1881年のスイス債務法典、さらに1912年のスイス民法典の規定のいくつかが、台湾民法典の法典化において取り込まれた[7]。

　しかし、台湾民法典がドイツ民法典や日本民法典においてそれに対応する部分と異なっているのは、民法典とは別に商法典が存在しないことである[8]。結果として、商行為または商取引と非商行為または非商取引とを区別することができない。民法のみならずその他の法律にも、いわゆる「商人」だけに適用可能ないかなる特別規定も存在しない[9]。この点については、台湾民法典の起草

1）　台湾は、正式には清王朝の支配の下に置かれ、1683年に中国の福建省の一部となった。この点は次のホームページを参照（アドレスは、http://en.wikipedia.org/wiki/History_of_Taiwan）。
2）　1929年5月23日公布、1929年10月10日施行、1982年1月4日最終改正。
3）　1929年11月22日公布、1930年5月5日施行、1999年4月24日最終改正。
4）　1929年11月30日公布、1930年5月5日施行、2007年3月28日最終改正。
5）　1930年12月26日公布、1931年5月5日施行、2007年5月23日最終改正。
6）　1930年12月26日公布、1931年5月5日施行、2008年1月9日最終改正。
訳注2）　以上の注2）-6）の各最終改正年月日は、訳注1）で述べた「民法改正国際シンポジウム」開催時点のものである。その後、総則編及び親族編の行為能力に関する部分の改正（2008年5月23日公布／2009年11月23日施行予定）、さらに物権編の物権総則と所有権に関する部分の大幅な改正（2009年1月23日公布／2009年7月23日施行予定）が行われている。
7）　Tze-chien Wang, AcP 166 (1966), 343, 346 f.
8）　台湾と同様に、中国にも商法典は存在しない。韓国では、商法典と民法典が分かれて存在している。

者は、ドイツや日本のような「民法と商法の二元性」という形式は採用せず、むしろ、スイスのような「民法と商法の統一」という立法枠組みを考慮していた。それにもかかわらず台湾においては、「商法」という法律用語は、より広い意味で以下のような個別の商事立法を示すことがある。すなわち、会社法（中文表記：公司法）[10]、手形法（中文表記：票據法）[11]、海商法[12]、さらに保険法[13]である[訳注3]。

III　台湾民法典の改正

すでに述べたように、台湾民法典は1930年代に施行され、すでに70年以上にわたって効力を持ち続けている。この間、個人間の私法関係に重大な影響を与えてきた著しい政治的、社会的、経済的変動が存在した。このような変化に応じて、民法典も数多くの改正を経験してきた。

1　総則（第1編）の改正

第1編（総則）は、1974年から1982年にかけて改正されている。改正された規定は、1983年1月1日に施行された。いくつかの注目すべき点があるが、それは以下のとおりである。

1．私的分野にかかわる迅速な運用を促進するために、検察官が、死亡または禁治産の宣告を請求することを可能にする（8条及び14条）[訳注4]。
2．人格権の侵害をうけるおそれがある場合には、その防止を裁判所に請求することを可能にする（18条1項後段）。
3．信義誠実の原則が、あらゆる権利の行使またはあらゆる債務の履行にとっての基本概念として提示されている（148条2項）[14]。

9）ドイツ商法典（HGB）における「商人」及び「商取引」の概説については、次の文献を参照。Koedgen, Commercial Law, in: Ebke/Finkin (eds.), Introduction to German Law, 1996, pp. 124–130.
10）1929年12月26日公布、2006年2月3日最終改正。
11）1929年10月30日公布、1987年6月29日最終改正。
12）1931年1月1日公布、2000年1月26日最終改正。
13）1929年12月30日公布、2007年7月18日最終改正。
訳注3）　以上の注10）–13）の各最終改正年月日も、訳注2）と同様、「民法改正国際シンポジウム」開催時点のものである。その後、会社法（公司法）については一部改正（2009年1月21日公布）が行われている。

第Ⅲ部　世界に見る民法典の制定とその改正

2　債権法（第 2 編）の改正

　旧債権法は 1930 年に公布・施行されたが、その規定は、経済が急激に発展し、取引がますます複雑化してきた社会のニーズに合わないことが明らかとなってきた。そこで、1980 年初頭に、法務部（法務省）が主宰する委員会が設置され、その規定を修正する作業にあたることになった。おおよそ 20 年間にわたって繰り広げられた数多くの会議と議論を経て、1999 年 4 月に新債権法が公布された。さらに、新たな規定が、元来の債権法制定 70 周年記念日に合わせて、2000 年 5 月 5 日に公布された。

　要約すると、新法は、3 つの観点から簡潔に説明することができる。すなわち、契約法、不法行為法、損害賠償法である。

(1)　契約法

　①　すでによく知られていて、かつ、台湾の法律実務や文献でも取り扱われてきたドイツ法理論、すなわち「契約締結前の義務違反に関する責任」、「不完全履行」、「契約その他の取引の基礎の根本的な変更（行為基礎の変更──訳者注）」が、立法化された（245-1 条[15]、227 条[16]、227-2 条[17]）。

訳注 4)　訳注 2) で述べたように、2008 年 5 月 23 日に、民法総則及び親族法の行為能力に関する部分についての改正法が公布された（公布から 1 年半後の 2009 年 11 月 23 日に施行される予定である）。この改正により、「禁治産」の用語が「監護」と改められるとともに、日本の「保佐」に相当する「輔助」の制度（ただし、日本とはその内容が若干異なる）が新設されることになった。ただ本文では、訳注 1) で述べたように、本章の元原稿が「民法改正国際シンポジウム」の報告原稿であることに鑑み、原文の表記をそのまま維持した。上記改正後の条文については、台湾法務部（法務省）ホームページ上の「全國法規資料庫」で閲覧可能である（アドレスは、http://law.moj.gov.tw/Scripts/FLAWDET 08.asp?lsid＝FL 001351 & ldate＝20080523）。また、本稿脱稿後に、笠原俊宏「中華民國民法総則編及び親族編の改正（上）・（下）」戸籍時報 637 号 31-42 頁、638 号（以上、2009 年）14-26 頁に接した。同論稿では、上記改正につき、新旧の条文を対照したうえで改正理由の解説が加えられている。なお、本改正の具体的な内容については、岡孝「台湾における成年後見制度の改正について」岡孝＝沖縄眞已＝山下純司編『東アジア私法の諸相』（勁草書房・2009 年）1-17 頁を参照。

14)　改正前、信義誠実の原則は、債権法の中で規定されていた。そのことは、最高法院（最高裁判所）と法学者との間で、仮に当事者間の法律関係において実際には義務が生じない場合であってもこの原則が適用されるか否かについて激しい論争を招く結果となった。この点については、以下の判決と文献を参照。台湾最高法院判決 1972 年第 413 号、Tze-chien Wang, Is the principle of good faith only applicable to the obligational relationship? [Study on civil law doctrine and precedents], Vol.1, (Chinese), 1975, pp. 329-344.

② 債務者は、自らの債務不履行により債権者の人格権を侵害したときは、不法行為の規定に従って精神的な補償を受けるために損害賠償を請求することができる（227-1条）。

③ 「パック旅行契約」（514-1条～514-12条）、「合会契約（中文表記：合曾契約）」（709-1条～709-9条）18)訳注5)、「身元保証契約（中文表記：人事保證契約）」（756-1条～756-9条）19)を規制するルールが、立法化された。「パック旅行契約」の規定はBGB 651a条から651k条までを採用したものであるが、「身元保証契約」に関する規定は、まさに日本法に基礎を置くものである。これに対

---

15) 245-1条　①契約が締結されていない場合において、当事者の一方が、契約の準備又は交渉の際に以下の各号に掲げる行為をしたときは、その当事者は、過失なく契約が締結できるであろうと信じた相手方に生じた損害を賠償する責任を負う。
　(1) 相手方の照会に対して回答する際に、契約締結にあたって契約にかかわる重要な事項を故意に隠匿し、または、欺罔的な説明を行うこと
　(2) 相手方の秘密を知り、又は保有しており、相手方からその内容を保持するよう明確な指示があったにもかかわらず、それらを故意又は重大な過失により漏洩すること
　(3) その他、明らかに信義誠実に反する方法で行為をすること
　②前項の損害賠償請求権は、2年間行使しないときは、消滅する。
16) 227条　①債務者が責任を負うべき事由により不完全履行があったときは、債権者は、履行遅滞又は履行不能に関する規定に従って権利を行使することができる。
　②債権者は、不完全履行により生じた前項に定めたもの以外の損害の賠償を請求することができる。
17) 227-2条　①契約成立後に契約締結時には予見できなかった事情の変更があり、かつ、本来予定されていた契約の効果が公平を失することが明らかであるときは、当事者は、裁判所に対し、給付の増減またはその他の本来予定されていた効果の変更を請求することができる。
　②前項の規定は、契約によらずに生じた債権についても準用する。
18) 709-1条　①合会契約は、設立者が会員となる2人以上の者を勧誘し、かつ、そのすべての者が入札のための支払を行って、合会の基金に関して入札を行うことに合意した契約をいう。前段の合意が設立者と個別の会員となる者との間でのみなされたときも、合会は成立する。
　②前項の合会の基金に関する規定は、設立者及び会員が交付する入札に関するすべての支払に準用する。
　③入札のための支払は、金銭その他の代替可能物により行う。
訳注5）　合会契約とは、日本の「講」に相当するものである（英語表記では、contract of mutual bid association〔相互入札組合契約〕とされている）。この点については、民法改正研究会の代表で、2006年5月に台湾において民法改正動向ヒアリング調査を行った加藤雅信教授（上智大学）よりご教示を賜った。記して謝意を表する次第である。

413

して、「合会契約」の主な内容は、最高法院（最高裁判所）の判例や決定を若干修正して法典化したものである。

(2) 不法行為法

① 「他人の保護を図るために制定された法律に違反した者は、これにより生じた損害を賠償する責任を負う」ことが明示された（184条2項）。

② 「製造物責任」（191-1条）、「輸送手段（乗物）の運転に関する運転者の責任」（191-2条）、「危険な事業その他の活動に関する責任」（191-3条）が、法典に取り入れられた。しかしながら、これらの3つの条項に規定された責任は、いずれも、諸外国の立法[20]においてみられるような厳格責任とはされていないことに注意が必要である。むしろこれらの規定は、若干抑制のきいた「擬制責任」を規定しているものである[21]。

③ 次のような規定が、追加された。「他人の信用、プライバシー及び貞操を違法に侵害し、又は、重大な方法で他人のその他の人格的利益を違法に侵害した者は、その侵害の相手方に対して精神的な被害について、それに相当する金額を賠償しなければならない。」「重大な方法で、父、母、子若しくは夫婦の関係に基づく他人の家族に関する利益を違法に侵害した場合も同様とする。」（195条1項及び3項）

(3) 損害賠償法

① 「損害賠償をなすべきときは、債権者は、現物で原状回復することに代えて、その原状回復に必要な費用を賠償することができる」という規定も追加された（213条3項）。

② また、「損失を生じた事故と同一の事故により利得が生じたときは、そ

---

19) 756-1条 ①身元保証契約は、当事者の一方が、相手方の被用者がその将来の債務の履行により相手方に生じた損害を賠償する責任を負う場合において、それに代わって賠償責任を負うことを、当事者が合意した契約をいう。
②前項の契約は、書面でしなければならない。

20) 例えば、ドイツにおいては、輸送手段（乗物）の運転により生じた人身または財産上の損害を賠償する当該輸送手段（乗物）の所有者の責任は、厳格責任とされている。この点については、ドイツ道路交通法7条1項を参照。また下記の文献も参照。Vieweg, The Law Of Torts, in: Ebke/Finkin (eds.), supra (n.9), P. 215; Foster/Sule, German Legal System & Laws, 3 rd ed. (2002), P. 437.

21) 民法典191-1条とは異なり、台湾消費者保護法7条から9条は、欠陥商品に関する厳格責任を規定している。

の受領した利得は、請求のあった損害賠償額から控除しなければならない」という規定も追加された（216-1条）。

③　さらに、「寄与過失（被害者側の過失）の規定は、被害者の代理人又は被害者の代わりに義務を履行する者が過失によって損害の発生に寄与した場合にも準用する」という規定もなされた（217条3項）。

3　物権法の改正

改正された物権法は、2007年3月28日に公布され、6か月後の2007年9月28日に施行された^{訳注6)}。本改正の中心となる目的は、民法典を金融取引のニーズに合わせるために譲渡の権利を定める規定を現代化することにあった。「根抵当権（中文表記：最高限額抵押権）」に関する判例法の法典化は、改正における非常に重要な結果である。新しく、かつ重要ないくつかの規定を以下に引用しておく[22]。

1．根抵当権は、債務者または第三者の有する不動産に関して指定された最高限度額（極度額）を限度として設定される抵当権であって、債務者に対して一定の範囲内で債権者の有する不特定の債権を担保するために提供されるものをいう。根抵当権によって担保された債権は、特別な法律関係により生じる請求権、または流通可能な手段により生じる権利に限定される（881-1条）。
2．根抵当権者は、極度額の範囲内についてのみ、確定した原債権についてその権利を行使することができる。根抵当権者は、前段の債権に関する利息、遅延利息、違約金に関する権利についても、これらの項目と前段の債権の総額が極度額を超えない限りにおいてのみ行使することができる（881-2条）。
3．根抵当権により担保される債権が時効により消滅し、かつ、根抵当権者がその時効の完成後5年間抵当権を実行しなかったときは、当該債権は、以後、根抵当権により担保される範囲からは除外されるものとする（881-15条）。

訳注6）　その後の物権法改正の動向については、訳注2）および訳注9）の記述を参照。
22）　法務部（法務省）による公式な英語の翻訳は、ホームページで閲覧可能である（http://law.moj.gov.tw/Eng/Fnews/FnewsContent.asp?msgid＝3339＆msgType＝＆keyword＝undefined）。

4 親族法及び相続法（第4編及び第5編）の改正

家族と経済構造は現代社会において常に変化し続けているため、1930年代に法典化された民法典は、重要な社会的発展とペースを合わせることができない。さらに、台湾大法官会議（憲法裁判所）は、家族法のいくつかの規定が、憲法7条および22条で保障されている両性の平等および結婚の自由という基本原則に抵触しているという判決を下し、そのうえでこのような憲法違反の規定をしかるべく改正することを要求した[23]。結果として、急進的な改革が必要とされるというにとどまらず、強制されることになった。いくつかの基本的な改正を、以下で概観しておく。

1. 結婚の法律上の形式は、これまでは少なくとも2人の証人を伴い公開で結婚式を行うことになってきたし、2008年5月22日まではそれが維持される。しかしながら、2008年5月23日以降施行される規定では、有効な結婚の要件は、少なくとも2人以上の証人の署名がなされた書類を作成し、戸政機関（戸籍登記〔登録〕を行う機関——訳者注）に登記（登録）することになる。法定された方式に従わないときは、婚姻は無効となる（982条及び988条1号）。
2. 一夫一婦制を促進するために、重婚の効力は、これまでの「取消し」から「無効」へと変更された。しかしながら、当事者が善意かつ無過失により、両者の合意または確定した裁判所の決定によりなされた前婚の解消を信頼して結婚したときは、重婚は有効となる（988条3号）。
3. 婚姻財産管理制度（法定財産制）は、実質的な立法が行われた。妻の利益の保護が、両性の平等の原則に合わせて強化された（1017条～1030-4条）。
4. 実質的な理由により婚姻を維持することができない者は、その原因を他方の配偶者に帰することができない場合であっても、裁判所に対して離婚を許可するよう請求することができる（1052条2項）。
5. 父母は、子の出生を登記する前に、子がさしあたり父または母のいずれの姓を称するのかについて、書面で合意しなければならない。出生が登記された後であって、かつ、子が成人に達する前に、父母は、父または母の

---

[23] この点については、台湾司法院大法官の解説（242号、362号、365号、410号、452号及び552号）を参照。これらの解説とその他のすべての解説の英訳は、ホームページで参照可能である（http://www.judicial.gov.tw/constitutionalcourt/EN/p03.asp）。

いずれかの姓に変更するために書面で合意することができる。子が成年に達したときは、父母の書面による同意をもって父または母のいずれかの姓に変更することができる。前2文に記述したところに従って姓を変更することができるのは、一度のみである。しかしながら、以下の要件をみたし、かつ、子の姓がそれ自体不利な影響を与えていることの証明があったときは、父母の一方または子は、父または母のいずれかの姓に子の姓を変更するための司法上の決定をするよう請求することができる。その要件は、以下のとおりである。(1)父母が離婚したこと。(2)父母の一方または双方が死亡したこと。(3)父母の一方または双方の生死が3年間不明であること。(4)父母の一方が2年間以上扶養義務を履行しないこと（1059条）。

6．人身売買を防止するために、子の養子縁組は、裁判所による許可を受けなければならない。養子の相続権は、嫡出子と同様とする（1077条および1079条）。

7．未成年者の監護に関する規定は、「第一に父が権利を有する」という形から、「父母が平等に権利及び義務を有する」という形に一部変更された。未成年者にかかわる重要な事項に関する権利の行使につき両親の間で争いがある場合には、子にとって最善の利益となるような決定をするように、裁判所に請求することができる（1089条）。

8．相続人は、所定の期間内に、かつ、必要な形式に従って、自らが相続権を放棄し、または限定的に相続する（限定承認する）ことを宣言する場合を除いて、相続財産の範囲のみならず、その固有の財産の範囲に関しても、被相続人の有していた債務について責任を負う。しかし、2008年1月4日に施行される規定によれば、保証により生じた相続債務に関する相続人の責任は、保証による債務が相続の開始後に発生した場合には、相続財産の範囲に限定される（1148条2項）。さらに、2008年1月4日に施行される規定によれば、相続人が行為能力を有しない者（すなわち7歳以下の者または禁治産宣告を受けた者）、または行為能力が制限されている者（すなわち7歳以上20歳未満の者で禁治産宣告を受けていない者）である場合には、その責任は、同様に相続財産の範囲に限定される（1153条1項及び2項）[訳注7]。

訳注7）「禁治産」の用語については、前掲訳注2）を参照。

Ⅳ　民事特別法

　民法典に加えて、台湾における私法関係で重要な役割を演じている民事特別法が存在するが、その中でも、担保付動産取引法（中文表記：動産擔保交易法）、消費者保護法、区分所有共同住宅管理法（中文表記：公寓大廈管理條例）[訳注8]、そして信託法については、特に論じておく必要があろう。

　担保付動産取引法は、1965年に施行された。本法の特徴は、商行為でみられるニーズに合致しているというだけではなく、「条件付売買」、「動産抵当権」および「信託占有」という点でアメリカ法における新たな立法動向にも関連しているところである。

　消費者保護法は、1994年に公布、施行された。本法は、基本的な実務上の重要性を有する2つの部分からなる。すなわち、「製造物責任」と「約款」である。主にアメリカ法を関連するところであるが、「製造物責任」は、厳格責任として定義されている。「約款」に関連する部分、すなわち本法の下地になっている規定は、1976年のドイツ約款規制法（AGB-Gesetz）からほぼ全面的に継受したものである[24]。

　区分所有共同住宅管理法は、1995年に公布、施行された。日本、韓国、さらにその他の相当数のアジア諸国と同様に、台湾は、人口集中の問題に直面しており、共同住宅は、一般大衆にとって重要な居住空間となっている。結果として、高層の共同住宅が、台湾の都市の風景の主要な一部となっている。そこで、共同住宅の所有、管理、さらに処分に関する権利を規律するために民法に加えて特別法が必要となったのである。本法の主要な部分は、1951年のドイツ住居所有権法を参照している。

　信託法は、主として日本法と韓国法において直接関連した規定を取り込んだものであるが、1996年に公布、施行された。本法で注目すべきは、次の3点である。すなわち、(1)所有権と信託財産からの受益権を分離するという原則、(2)信託財産独立の原則、そして(3)信託財産公示の原則である。

　訳注8）　区分所有共同住宅管理法については、宇田川幸則准教授（名古屋大学）と岡孝教授（学習院大学）よりご教示を賜った。記して謝意を表する次第である。
　24）　ドイツ約款規制法の規定は、2002年の新たなドイツ債務法に取り込まれた（BGB 305条～310条）。

V　将来の民法典改正

　民法典第3編（物権）の規定は、所有権に関する規定（盗品および遺失物に関する所有権の取得、共同所有など）、利用権（用益物権）に関する規定（地上権、地役権、農用権など）を含めて、まもなく改正されると思われる[訳注9]。

[訳注9]　訳注2）で述べたように、その後、2009年1月23日に、物権総則と所有権に関する部分の改正法が公布された（公布から半年後の2009年7月23日に施行される予定である）。本稿校正時点（2009年4月26日）では、利用権（用益物権）の規定の改正は行われていない。なお、台湾民法典の第3編（物権）については、すでに公布された担保物権（本文Ⅲ3を参照）、所有権に引き続き、用益物権、占有の順で改正されることになっている。
　2009年1月23日の改正では、通則および所有権に関する規定がほぼ全面的に見直されているが、そのうち特に注目すべきものは、以下の4点である（詳細については、台湾法務部〔法務省〕ホームページ「法務部全球資訊網」に掲載されている総説明及び条文対照表〔改正理由等の説明が付記されている〕を参照〔アドレスは、http://www.moj.gov.tw/lp.asp?CtNode=11663&CtUnit=730&BaseDSD=7&mp=001（2009年4月26日現在）〕）。
(1)物権法定主義の拡張
　物権法定主義の過度の硬直化により社会の発展が妨げられることを避けることを理由として、韓国民法185条の規定にならい、物権が、法律のみならず慣習（ここでは、法律上の効力を有する慣習法を意味する）でも創設されることが明文化された（757条改正）。
(2)不動産に関する物権行為の要式行為性の確認
　従来は、不動産の物権の移転または設定は書面によりこれを行う旨を定めた760条の規定をめぐり、その書面が債権行為・物権行為のいずれに要求されるのかについて争いがあった。そこで、同条を削除し、法律行為による不動産物権の取得・設定・喪失・変更は登記を経なければ効力を生じない旨を定めた現行758条を1項としたうえで2項を新設し、前項の行為は書面によって行うとするという形で、書面で行わなければならないのは物権行為であることを明確化した。
(3)登記名義人の権利の適法の推定および登記の公信力の承認
　取引の安全を確保するという観点から、台湾の実務上すでに承認されてきた登記の公信力について規定が新設された（759-1条新設）。具体的には、ドイツ民法891条・スイス民法937条1項にならい、不動産物権を登記したものは適法にその権利を有する者と推定するとともに（新759-1条1項）、ドイツ民法892条・スイス民法973条にならい、不動産登記を信頼した善意の第三者が法律行為により物権変動の登記を経たときは、その物権変動の効力は、登記されていた物権の不実により妨げられないとされた（759-1条2項新設）。

第2編（債務法）が再び改正される必要があるかどうかは、いまだ判然としない。この点については、ドイツ債務法現代化における実際の効果と将来の進展を非常に注意深く観察を続けていく必要があろう。さらに、特別法に関する限り、電子商取引法と消費者信用法の制定がかなり高い確率で予想される。

VI 結　論

台湾民法典は、1920年代の終わりから1930年代の初めにかけて公布、施行された。民法典は、その形式と実質において1900年のドイツ民法典にならったものであるが、起草者は、スイス民法典および債務法典、さらに日本民法典をも考慮に入れていた。

台湾民法典は、過去70年間において数多くの重要な改正を経験してきたし、いまなお改革を経験し続けている。改正のプロセスにおいて、台湾は、国内の法理論と裁判所の判決に注意を払うだけではなく、外国の立法、学説そして実務を考慮している。それらのすべてが私法（大陸法）体系に属するドイツ法、日本法そして韓国法、そしてコモン・ロー体系に属するアメリカ法は、台湾民法典とその民事特別法の一部となってきたし、今後もそうなり続けるであろう。この意味で、台湾民法典とその民事特別法は、広範囲に及ぶ比較法の特徴を含むものであるといえる。

---

(4)動産の取得時効の要件の変更

　不動産の取得時効の要件と平仄を合わせることを理由として、動産の取得時効につき、現在は一律5年とされている取得時効期間を、占有開始時に善意・無過失のときは5年（768-1条新設）、それ以外のときは10年（768条改正）とした。また、不動産の取得時効については、通説に従い、従来の平穏（原文は「和平」）・継続に加えて、"公然"に占有することも要件とされた（769条・770条）。

　上記の記述については、銭偉栄教授（高岡法科大学）より賜った非常に詳細なご教示によるところがきわめて大きい。記して深甚なる謝意を表する次第である。

第18章　韓国の民法典の改正

第1節　韓国における民法典の改正
――第2次世界大戦後の動き

尹　眞秀／金　祥洙（訳）
Yune Jinsu　　Kim Sangsoo

Ⅰ　はじめに　　　Ⅲ　家族法の改正
Ⅱ　財産法の改正案　Ⅳ　結　論

Ⅰ　はじめに

　韓国の民法は、1958年2月22日に公布され1960年1月1日から施行されている。その後、家族法（親族・相続法）は何回か改正されたが、財産法は1983年に若干の改正がなされたにすぎない。しかし、法務部（法務省）は2004年、国会に全部で120個あまりの条文に及ぶ財産法改正案を提出した[1]。以下では、まず、最近国会に提出されている財産法改正案の内容に簡単にふれた後、引き続きその間の家族法の改正内容についても簡単に述べることとする。このような財産法改正案と家族法改正については、日本語で紹介されているだけでなく[2]、枚数の制限もあるので、以下では重要なものだけを選んで紹介することにしたい。

---

[1]　改正案は、大韓民国国会のホームページで閲覧することができる（http://likms.assembly.go.kr/bill/jsp/BillDetail.jsp/bill-id＝028850）。
[2]　日本語による韓国の民法改正に関する紹介としては、鄭鍾休「韓国民法の現代化(1)(2)」民商126巻2号155頁以下、126巻3号（2002年）279頁以下、梁彰洙「最近の韓国民法典改正作業」民商127巻4・5号（2003年）642頁以下（財産法に限定されている）がある。これらには、その当時までの状況がある程度詳細に紹介されている。より最近の簡略な紹介としては、高翔龍「民法改正の動向(5)韓国」内田貴＝大村敦志編『民法の争点』ジュリ増刊（有斐閣・2007年）41頁以下参照。

第Ⅲ部　世界に見る民法典の制定とその改正

Ⅱ　財産法の改正案

1　改正作業の経過[3]

　財産法の改正作業は、1999年2月に法務部の中に「民法改正特別分科委員会」（改正委員会）が設けられたことによって始められた[4]。改正委員会は、2001年11月に民法改正試案を完成し、同年の12月に公聴会を開いてこの改正試案に対する世論を取り入れた上、その一部を反映して2004年6月に改正案を確立した。この改正案は、130個あまりの条項に達する膨大なものであり、法務部は同年10月21日に国会に提出したが、その内容の膨大さのゆえか審議がほとんどなされなかった。結局、この改正案は2008年4月の第17代国会の会期終了とともに廃棄された。法務部は第18代国会に改めて改正案を提出することを目標に民法改正を推進するであろうと予想されている。

2　民法総則
(1)　法　人

　改正案は、法人に関する規定についても多くの改正をしたが[5]、その中でもっとも重要な事項としては、次の2つをあげることができる。

　1番目に、非営利法人は主務官庁の許可を得なければ設立しえなかったこと（許可主義）を主務官庁の認可を得れば設立できるようにした（認可主義。第32条）。これは、法人設立の自由を拡大するためのものとして、主務官庁の不許可に対しては従来争う方法がなかったが、改正案によれば主務官庁の不認可に対しては行政訴訟によって争えることになった。

　2番目に、法人でない社団と財団に対しては、その性質に反しない限り法人に関する民法の規定を準用するという条項（第39条の2）を新設した。これは、従来の判例と学説を明文化したものである。その他、財団法人を設立する場合に出捐財産が財団法人に帰属する時期に関する第48条が改正された。従来、

---

[3]　法務部審議官室編『民法（財産編）改正資料集』（2004年）が法務部が刊行した資料として、本文だけで1236頁に達する。
[4]　筆者もその改正委員の1人として加わった。
[5]　これについては、尹眞秀「法人에 관한 民法改正案의 考察」서울大学校法学46巻1号（2005年）65頁以下参照。

この点については韓国で多くの議論があった。

現行の規定によれば、出捐財産は財団法人の成立と同時に法人の財産になると規定されていたが、これは物権変動について成立要件主義を採択している韓国民法の基本体系と合わないというところが議論の対象となっていた。改正案はこの場合にも登記、引渡しなど一般的な物権変動の要件を満たすべきであると改正された[6]。

(2) **法律行為**

法律行為についてはいくつかの重要な改正があった。

1番目に、法律行為の解釈について民法に一般的な規定がなかったが、第106条を改正し、法律行為の解釈においては、表現された文言に拘らず当事者の真正の意思を明らかにすべきであり、法律行為は当事者が意図した目的、取引慣行その他の事情を考慮して信義誠実の原則に従って解釈すべきであるという規定を新設した。これは、およそドイツ民法第133条と第157条の規定を参照して、いわゆる自然的解釈、規範的解釈および補充的解釈の根拠を設けたものであると理解できる。

2番目に、錯誤に関する規定が改正された。従来、第109条は錯誤の中で法律行為の重要部分に錯誤のあるときに限って取消しができると規定していたため、文言上からはいわゆる動機の錯誤は含まないと解される余地があったほか、判例と学説は動機の錯誤も取消事由になると解していた。そこで、新設された改正案109条第3項は、当事者・物件の性質その他法律行為の動機に錯誤のある場合にも、その錯誤が取引の本質的な事情に関するものであるときには、第1項の規定を準用すると規定した。また、改正案第109条の2は、錯誤を理由として意思表示を取り消した者は相手方の信頼利益を賠償しなければならないと規定した[7]。

---

6) しかし、この改正案の表現方式についても多くの議論があった。詳細は、尹眞秀・前掲注5) 76頁以下参照。

7) 筆者は、改正委員会でこの改正案と異なって、いわゆる共通の錯誤、相手方が錯誤事実を知っていたときは、相手方が錯誤を誘発したときに限って取消しを認めるべきであると主張した（これについては、尹眞秀「民法上錯誤規定의 立法論的考察」心堂宋相現教授華甲紀念論文集『二十一世紀韓国民事法学의 課題와展望』〔2002年〕36頁以下、鄭鍾休・前掲注2)「韓国民法の現代化(1)」179頁の注68) など参照)。この主張は法院行政処などの一部の論者からある程度支持を受けたが、結果的には採択されなかった。

3番目に、従来の第137条は法律行為の一部分が無効のときには原則としてその全部を無効としたが、改正案第137条は法律行為の一部分が無効のときには原則としてその残りの部分は有効なものであると規定した。

(3) 消滅時効

消滅時効についてもいくつかの改正であるが、もっとも重要なものは、従来の判例を受け入れて義務者が提起した訴訟で権利者が応訴したことも消滅時効の中断事由に取り入れたことである（第168条第2項）。

3 物権法

物権変動については、従来は不動産登記法においてのみ規定があった仮登記に関する規定を新設（第187条の2）し、仮登記の以降になされた目的物に対する処分はその仮登記によって保全される権利を侵害する限度で効力を有しないと規定された。また、所有権の内容についての重要なものとしては、いわゆる境界侵害建築に関する規定を新設したことである。すなわち、改正案第242条の2は、建築された建築物が故意または過失なく隣地の境界を侵犯した場合、隣地の所有者やその他の権利者は一定期間内に異議を提起しなければ侵犯した建築物を認容しなければならず、ただ補償または土地の買受けだけを請求できると規定する。これは、ドイツ民法の規定を参照したものである。

地上権については、従来、判例において認められていたいわゆる慣習法上の地上権を明文化すると同時にその効力を弱化させた。これまで判例は同一人の所有であった土地と建物の所有権が別々になったときは、その建物のために慣習法に基づく地上権を認めたが、改正案第279条の2はそのような場合にその建物所有者のために存続期間を定めていない地上権設定契約が締結されたものとして推定し、当事者が反証をあげてその推定を覆すことができるだけでなく、その登記をしなければ地上権が成立しないものに改めた。

抵当権については、従来は1個の条文（第357条）だけであった抵当権について11個の条文を追加した（第357条の2ないし第357条の12）。その内容は、日本の民法と類似しているが、根抵当権を譲渡する場合には、日本民法とは異なって被担保債務とともに譲渡しなければならないとされた（第357条の5）。

4 債権法

(1) 保 証

保証契約については、保証人の保護のためにいくつかの規定が追加された。

重要なものとしては、保証は原則として書面によらなければならないこと（第428条の2）、債権者は主債務者が元本・利息その他の債務を3月以上履行しない場合または主債務者が履行期に履行しえないことを知るようになった場合には、保証人にこれを知らせなければならず（第436条の2）、根保証に関する規定（第448条の2ないし第448条の4）を新設したことである。

(2) 契約の解除および解止

改正案は、契約の解除および解止に関する重要な変化を含んでいる。

1番目に、債務者に債務不履行について故意または過失がなければ債権者が解除または解止することができない旨を明記した（第544条の2、第544条の3）。しかし、これは国際的な趨勢と逆行するものとして多くの批判の対象となった。

2番目に、改正案は学説上認めるべきであると主張されることが多かった事情変更を理由とする解除を認めた（第544条の4）[8]。しかし、この改正案は、事情変更のある場合に当事者間に契約修正に関する合意がなければ契約を解除または解止することができないと規定するだけで、裁判所に契約修正権を付与しなかったため、多くの批判を受けている。

(3) 売主の担保責任

改正案は、売主の担保責任の内容として従来の損害賠償、契約解除のほかに買主の代金減額請求権（第575条、第580条）と瑕疵補修請求権（第580条）を追加的に認めた。

(4) 旅行契約および仲介契約

改正案は、新たな類型の典型契約として旅行契約（第674条の2ないし第674条の9）と仲介契約（第692条の2ないし第692条の5）を追加した。これはドイツ民法を参照したものである。

(5) 未成年者の監督者の責任

これまでは、未成年者が起こした不法行為に対してその監督義務者は未成年者に責任能力のないときにのみ責任を負担し、未成年者に責任能力のあるときには責任がなかった[9]。しかし、これに対しては批判が多く、そのために改正

---

[8] 最近の大法院2007.3.29.宣告2004다31302判決は、韓国民法でも事情変更による解除が認定されうるという画期的な判決を言い渡した。ただし、当該事件では事情変更による解除の要件がないと判示された。

[9] しかし、判例はこの場合にも監督義務者自身の不法行為の要件が充足するときには、監督義務者の損害賠償責任を認めた。

案第755条は未成年者に責任能力がある場合にも監督義務者の損害賠償責任を認めた。とはいえ、改正案はその未成年者に弁済能力がある場合には、監督義務者の損害賠償責任がないものにしたのであるが、これに対しても多くの批判があった。

5 その他

民法改正案とは直接的な関連はないが、最近の韓国の憲法裁判所は不法行為法に関するすこぶる重要な決定を下しており、この決定は将来の立法において反映されるべきである。すなわち、憲法裁判所2007.8.30.宣告2004헌가25決定は、失火の場合には失火者に重大な過失があるときはに限って不法行為責任があると定める失火責任に関する法律は、被害者の損害賠償請求権を著しく制限するものとして違憲であるとしながらも、火災と延焼の特性上失火者の責任を制限すべき必要性があり、そのような立法目的を達成するための手段としては立法的に様々な方法がありえるから、単純違憲を宣告せずに憲法不合致を宣告して改善立法を促すことが相当であると判断した。

III 家族法の改正

1 家族法改正の経過

1958年に制定された民法の中の家族法部分は、男女差別的、家父長的要素を多く含んでおり、それによって民法が施行されてからまもなく家族法改正運動が繰り広げられた。そのため、2000年以前に1977年と1990年の2回にわたって重要な家族法の改正があり、2000年代に入っても2002年、2005年および2007年にかけてそれぞれ重要な改正が行われた。

このように頻繁に家族法が改正されるようになった重要な動因の1つは、憲法と家族法を調和させるべきとする点であった[10]。とくに、2000年代の改正の相当の部分は憲法裁判所の違憲決定を反映するためになされた。以下では、より最近のものである2000年代になされた家族法改正について簡単にふれることにする。

---

10) この点については、尹眞秀「憲法が家族法の変化に及ぼした影響」尹龍澤＝姜京根編『現代の韓国法——その理論と動態』（有信堂高文社・2004年）177頁以下参照。

2 2002年の改正

2002年1月14日になされた家族法の改正は、相続回復請求権の除斥期間の起算点といわゆる特別限定承認制度の創設をその内容とするものであった。

1番目に、従来の第999条は相続回復請求権の除斥期間をその侵害を知った日から3年、相続が開始された日から10年と規定していた。しかし、これに対しては、その侵害が相続が開始された日から10年後であればまったく相続回復請求権を行使しえなくなるという問題点があり、多くの批判があった。そのため、憲法裁判所200.7.19.宣言99헌가9などの決定は、「相続が開始された日から10年」という部分は違憲であるとして憲法不合致決定を言い渡した。それによってかかる第999条は改正され、相続回復請求権はその侵害を知った日から3年、相続権の侵害行為があった日から10年を経過すれば消滅するものと改正された。

2番目に、従来の法によれば、相続の限定承認や放棄をなしえる期間は相続開始があることを知った日から3月以内と制限されていた（第1019条第1項）。そのため、かかる期間が過ぎてから被相続人が多額の相続債務を負担していることを知るようになっても、相続人は相続債務を弁済しなければならなかった。ところが、憲法裁判所1988.8.27.宣告96헌가22などの決定は、第1019条第1項の期間内に限定承認や放棄をしないと単純承認をしたものとみなす第1026条第2号が違憲であると判断した[11]。それによって2002年の改正法は、第1019年第3項を新設して、相続人が相続債務の超過する事実を重大な過失なく第1項の期間内に知りえず、単純承認をした場合には、その事実を知った日から3月以内に限定承認をすることができると規定した。

3 2005年の改正

2005年3月31日の家族法改正は従来のどの改正よりも幅が広いだけでなく、従来の家族法の枠を大きく変化させるものであった。その主たる内容は次のとおりである[12]。

1番目に、従来の男女不平等の象徴的な存在であった戸主制度を廃止し

---

11) もともと第1019条第1項に対して（限定）違憲決定を下すべきであったという批判もあった。

12) これについては、高翔龍「韓国家族法の大改革」ジュリ1294号（2005年）84-91頁参照。

た[13])。

2番目に、従来の同姓同本禁婚制度（第809条）を廃止した。この規定はまた、父系血統主義を代表するものとして民法制定の当時から議論されてきたことであるが、憲法裁判所1997.7.16.宣告95헌가6などの決定がこの規定に対して憲法不合致決定を下したことにより、法が改正されたわけである。

3番目に、従来の父姓主義の原則を修正して、婚姻申告時に父母の協議があれば子女の姓と本を母の姓と本にならうことができるようにし（第781条第1項）、また子女の福利のために子女の姓と本を変更すべき必要があるときには、裁判所の許可を得てこれを変更できるようにした（第781条第6項）[14]。

4番目に、女性に対する6月の再婚禁止期間（第811条）を削除した。

5番目に、親生否認の訴えの提訴権者を夫だけでなく妻までに広げ、提訴期間も親生否認事由を知った日から2年以内とした（第846条および第847条）[15]。

6番目に、養子縁組となっても、養子と親父母との間に親族関係がそのまま維持される従来の養子制度のほかに、養子と従来の親父母との親族関係を終了させる親養子（完全養子）制度を創設した（第908条の2ないし第908条の8）。

4　2007年の改正

2007年12月21日の家族法改正は、主に離婚に関するものである。

1番目に、協議離婚手続を改善した。韓国では、協議離婚をするためには、家庭裁判所の離婚意思の確認を必要とするが、改正法はこれに熟慮期間制度を導入し、養育すべき子女のいる場合には3月、そうでない場合には1月が過ぎないと離婚意思の確認を受けられないようにし（第836条の2）、また養育すべき者のいる場合には養育者の決定、養育費用の負担、面接交渉権の行使の有無およびその方法について、協議または家庭裁判所の決定がなければ家庭裁判所

---

[13] この改正法が国会を通過する直前に憲法裁判所2005.2.3.宣言2001헌가9などの決定は戸主制度が違憲であるとしたが、この憲法裁判所の決定のために法が改正されたわけではない。

[14] この法改正があった後に、憲法裁判所2005.12.22.宣言2003헌가5・6決定は、改正前の民法が父姓主義の例外を著しくせまく認定しているという点で違憲であると判断した。

[15] 従来は、親生否認の訴えは夫だけが提起でき、その提起期間も夫が子女の出生を知った日から1年以内に提起しなければならなかったが、憲法裁判所1997.3.27.宣言95헌가14などの決定は、そのように提訴期間を制限したことが違憲であると判断した。

が確認を与えられないようにした（第837条）[16]。

2番目に、財産分割請求権を被保全債権とする。債権者取消権が可能であることを明文で規定した（第839条の3）従来、この問題については否定的な見解が多かったが、これを立法的に解決したものである。

その他にも、政府がもともと提案していた改正案[17]には、夫婦の一方が居住している住宅に対しては夫婦の他方が任意に処分できないようする規定、および配偶者の相続分を強化してその他の相続人より2分の1を加算することから全体相続財産の2分の1に変える内容が入っていたが、この部分は国会の審議過程で採択されなかった。

IV 結　論

以上にみてきたように、韓国の家族法は多くの変化を伴ってきたが、財産法はほとんど変化がなかった。ただし、政府は、財産法の大改正を計画しているものの、その改正がいつ行われるかは確かではない。このような財産法と家族法の差異は、家族法は財産法に比して憲法に敏感だからとも説明できようが、これまで財産法の改正が行われなかったことは、晩時之歎の感を拭えない。

---

16) その他に、面接交渉権の主体を従来の父母の一方から父母の一方だけでなく子に拡大したが（第837条の2）、これは国際児童権利条約を遵守するための条項である。
17) 筆者は、政府の家族法改正委員会の一員でもあった。

第2節　韓国における民法典の改正
——急展開を迎えた 2009 年を中心に

中 野 邦 保

Ⅰ　はじめに
Ⅱ　韓国民法改正前史
Ⅲ　韓国民法（財産法）改正の第1ステージ
Ⅳ　韓国民法（財産法）改正の第2ステージ
Ⅴ　2004 年改正案に対する批判回避の工夫
Ⅵ　民法改正手続——日本との相違
Ⅶ　民法改正の状況
Ⅷ　おわりに

Ⅰ　はじめに

　現在、ヨーロッパおよび東アジアを含む、世界各国で、民法典の改正が進行しており、わが国においても、民法改正のための準備作業が進んでいる[1]。
　隣国である韓国においては、1999 年に韓国民法（財産法）の全面的な改正作業が着手され、2004 年には、いったん国会に法案が提出されたものの、2008 年 5 月の段階で廃案となった。ところが、2009 年 2 月 4 日に、「2009法務部民法改正委員会」が発足し（以下、「民法改正委員会」という）、民法改正の試みが再び始動しだした。1999 年からなされた民法改正作業を韓国民法改正の第 1 ステージと呼ぶのであれば、2009 年 2 月から再始動した民法改正作業は、第 2 ステージということが許されるであろう。
　韓国と日本は、隣国ということだけではなく、両国の民法典は、その歴史的経緯から、「成文法国家では、他に例を見られないほど密接な相互関連をもつ」と指摘されている[2]。このことからすれば、韓国において、一度は失敗に終わった民法改正の試みが、どのようにして新たなスタートをきったのか、という民法改正のプロセスについて考察することは、今後、民法改正を経験することになるであろう日本にとって有益であると思われる。民法改正という国家的

---

1) 日本を含む、各国の民法典の改正状況等については、本書各章を参照されたい。
2) 鄭・後掲注 16)「韓国民法の現代化 (2・完)」333 頁。

第Ⅲ部　世界に見る民法典の制定とその改正

事業を実現するためには、民法とは何か、といった根本的な問いかけを含め、各国の民法典における個々の法制度・条文等を比較・検討し、それぞれの規定を吟味することはもちろんであるが、それだけではなく、どのようにして民法改正を実現させるか、という民法改正のプロセスについても検討する必要があろう[3]。

以上のことから、本節では、現地でのヒアリング調査に基づき、2009年2月の民法改正委員会の発足によって急展開を迎えた韓国民法典改正の動向につき、民法改正のプロセスを中心に紹介することとする[4]。

---

3)　この点につき、大村敦志「韓国民法の50年と日本民法の60年――2つの民法学と民法典の未来のために」ジュリ1322号（2006年）40頁以下参照。

4)　本節は、2009年3月31日から4月4日にかけて、加藤雅信教授とともに筆者が、韓国民法典の改正状況につき、ソウルを中心に行ったヒアリング調査の内容を紹介しようとするものである。この調査内容については、簡単には、加藤雅信＝中野邦保「急展開した『韓国民法典改正』と近時の動向」ジュリ1379号（2009年）138頁以下ですでに紹介しているが、本論文は、筆者の責任において行った文献調査をも含め、より詳細に韓国民法典の改正状況を紹介することを目的としている。なお、本論文においても、上記の連名原稿を一部利用していることをお断りしておきたい。

　本調査は、たくさんの先生方にお世話になっている。

　まずは、この調査をセッティングしてくださった鄭鍾休教授、インタビューのコーディネートをしてくださった金祥洙教授に、心から御礼申しあげたい。

　また、この調査にあたって、徐敏民法改正委員会委員長（忠南大学名誉教授）、李相泰同副委員長（建国大学教授〔民事法学会会長〕）には、ご多忙のなか、民法改正のこれまでの経緯と今後の見通し等につき長時間お話し頂き、梁彰洙大法官（最高裁判所判事〔1999年法務部諮問委員会・民法（財産法）改正特別分科委員会委員兼総括幹事、当時ソウル大学教授〕）には、第1ステージで中心的役割を担った法律家として、長時間にわたりお話しをして頂いた。さらに、今回、民法改正委員会の各分科会の、池元林教授（高麗大学〔第1分科会委員長〕）、李準珩教授（中央大学〔第1分科会委員〕）、権英俊助教授（ソウル大学〔第1分科会委員〕）、河京孝教授（高麗大学〔第2分科会委員長〕）、金奎完教授（高麗大学〔第3分科会委員〕）宋德洙教授（梨花女子大学〔第4分科会委員長〕）、尹眞秀教授（ソウル大学〔第5分科会委員長〕）、金祥洙教授（西江大学〔第5分科会委員〕）、鄭鍾休教授（全南大学〔第6分科会委員長、前韓国民事法学会会長〕）には、インタビューで貴重なご意見をお伺いした。そして、徐熙錫助教授（釜山大学〔第1分科会委員〕）、権澈助教授（成均館大学）、金賢珠氏（成均館大学法律日本語担当）には、通訳の労をとって頂き、李英俊博士（韓中日民商法統一研究所所長）にも種々お世話頂いた。なお、最後になったが、本調査を企画したのは、加藤教授である。これらの先生方に心からなる御礼を申し上げたい。

〔中野邦保〕　　　　　　　第18章　第2節　韓国における民法典の改正

II　韓国民法改正前史

1　韓国民法典の制定

　まず、韓国民法典の改正作業状況について紹介する前に、韓国民法典制定の歴史的展開について簡単に検討しておくこととする[5]。韓国民法典の制定史そのものは本節の直接のテーマではないが、後に取り上げる、民法改正に対する学界の関与の仕方と法院（日本の裁判所に相当する）の関与については、すでにこのときから見受けられるので、この点につき言及しておくこととする。

　日本統治下の時代においては、1910年8月のいわゆる「日韓併合」に基づき、1912年3月18日に公布され、同年4月1日から施行された「朝鮮民事令」（制令第7号）によって、民事法は、家族法その他のように日本民法が適用されないものもあったが（同11条）、財産法に関しては、基本的に日本民法が適用されていた（同1条）[6]。

　このように、日本民法が適用される、という「依用民法」と称される状態は、1945年の第2次世界大戦後、日本の植民地支配から解放され、アメリカ軍政が3年間実施された時代においても続いた。

　また、1948年8月15日に大韓民国が樹立した後も、同年7月に制定・公布された大韓民国憲法100条が、「現行法令は、この憲法に抵触しない限り、効力がある」と規定していたため、基本的には、従来の日本民法典が効力を有する法制度が採用されたままであった。

　もっとも、アメリカ軍政中の南朝鮮過渡政府のもとでも、1947年6月には、

---

[5]　本文で述べる韓国民法典制定に至るまでの経緯と制定過程における各界の動向については、鄭鍾休『韓国民法典の比較法的研究』（創文社・1989年）93頁以下、145頁以下（以下、鄭『韓国民法典』として引用する）のほか、同「韓国民法の制定と発展」新井誠＝山本敬三編『ドイツ法の継受と現代日本法――ゲルハルド・リース教授退官記念論文集』（日本評論社・2009年）35頁以下、高翔龍『韓国法』（信山社・2007年）123頁以下（以下、高『韓国法』として引用する）の叙述による。

[6]　具体的には、朝鮮民事令第1条が「民事ニ関スル事項ハ本令其ノ他ノ法令ニ特別ノ規定アル場合ヲ除クノ外左ノ法律ニ依ル」と規定していたことから、韓国においては、日本の民法、商法、民事訴訟法等の全部で23個の各種法律が適用されていたが、親族および相続については、第11条で、日本民法を適用せず慣習によると定められていた（高『韓国法』128頁以下参照）。

第Ⅲ部　世界に見る民法典の制定とその改正

当時の大法院長（日本の最高裁判所長官に相当する）の金用茂を委員長として、裁判官および検察官によって構成される「法典起草委員会」（後に「法制編纂委員会」と改称）が設置されるなど、民法典制定の動きは存在していた。そこでは、民法典の起草には至らないまでも、同委員会による「朝鮮臨時民法典編纂要綱」が作成されるなど、法典編纂のための具体的な作業は進められた。

その後、大韓民国樹立に伴い、民法典の制定は、政府主導のもと行われるようになった。具体的には、大韓民国樹立直後の1948年9月15日に、「法典編纂委員会職制」（大統領令4号）が公布され、当時の大法院長であった金炳魯を委員長として、「法典編纂委員会」が大統領直属機関として設置された。そして、民法典起草のために、ほとんど実務家からなる民法分科委員会が設けられ、同委員会は、「民法典編纂要綱」を作成し、民法を総則、物権、債権、親族、相続の5編に分け、各編ごとに責任委員と一般委員という職を設け、それぞれ起草作業に着手しだした。

ところが、このようにして、1948年12月15日から開始された民法典起草作業も、1950年6月25日に朝鮮戦争が勃発したため、中断せざるをえなくなった。その結果、民法典起草作業は、法典編纂委員会委員長であった金炳魯に一身に任され、遂行された[7]。その後、金炳魯単独で作成された民法草案は、法典編纂委員会の総会を経て、1953年7月4日に、同委員会の公式法案となり、同年9月30日に政府に提出され、用語法の統一その他条文の整理がなされた程度の審査を経て、1年後の1954年9月30日に、国務会議を通過し、同年10月13日に、政府案（民法案）として国会に提出された。

そして、政府に提出された本文1118条・付則32条からなる民法案は、同年

---

[7] なお、法典編纂委員会委員長の金炳魯は、単独でも民法典起草作業を続けた理由を、「何よりも、自国の法律を制定し、『日本法というものは一掃』しなければならないという、独立以来の社会世論が戦時中にも依然強かったからであった」と説明している（金炳魯発言『第26回国会定期会議速記録』30号〔1957年〕4頁〔この点につき、鄭『韓国民法典』161頁参照〕）。また、法典編纂委員会副委員長の李仁は、その後、国会に提出された民法案に対する審議が遅遅として進まないことから、それを促すために、"解放後12年、独立後9年経過したにもかかわらず、民法という3000万の国民の日常生活を規律する法律につき、日本の法律をそのまま使うことは、一種の屈辱であると言えましょう"と発言している（李仁発言『第3代国会 第2回国会定期会議速記録』1号（1957年）22頁〔この点につき、梁彰洙「最近の韓国民法典改正作業」民商127巻4＝5号（2003年）648頁注11）参照〕）。

10月28日に、国会の「法制司法委員会」に回付され、同委員会は、同年11月6日に、民法案の予備審査のための「民法案審議小委員会」を設置し、そこで民法案の全条文案の逐条審議がなされた結果、340項目を超える修正案が作成された。なお、1956年9月に発表された民法案審議小委員会の審議結果と修正案については、ソウル市内に所在する大学の教授らによる「民法草案研究会」から、財産編に対して、総計168項目に及ぶ『民法案意見書』(民事法研究会、1957年) が提出された[8]。

その後、民法案審議小委員会による修正案は、1957年10月11日に、法制司法委員会本会議に上程され、無修正で通過し、法制司法委員会修正案として、同年11月5日に、政府民法案とあわせて第26回国会本会議に回付され、民法案第1読会、民法案第2読会が行われた。なお、政府提出の民法案は、国会の閉会に伴い、1957年5月3日に一度廃案になったものの、国会の再開によって、同年6月17日に同じ民法案が再び提出されている。また、政府提出の民法案に対しては、この『民法案意見書』に基づき作成された玄錫虎議員ほか19人の議員による37項目にわたる修正案があるほか、5種の修正案が、法制司法委員会修正案とは別に、国会に提出され、それらの一部分は、民法典に反映された。

これによって決定された民法案は、1958年2月7日に政府へ移送され、政府は、同年2月22日に、これを法律471号として公布し、1960年1月1日より施行することとした。このようにして、本文1111条と附則28条の総計1139条からなる韓国民法典が制定された[9]。

以上のような韓国民法典制定過程については、大法院長を委員長として、事務家主導のもと法典編纂作業がなされていたことから、その当時から、法案の作成に司法部の関与をみてとることができ、実務家主導のもと作成された民法案に対して、学界から意見書が提出されていたことから、法律の制定に学界が

---

8) 『民法案意見書』に対する評価を含め、この点については、梁彰洙「韓国法における「外国」の問題——韓国民法学史の一齣を契機として」ジュリ1310号 (2006年) 140頁以下参照。

9) なお、現行の韓国民法典の具体的な内容については、鄭『韓国民法典』199頁以下、高『韓国法』135頁以下のほか、延基榮「韓国財産法の内容と課題」小島武司=車相範編『韓国法の現在 (下)』(中央大学出版部・1993年) 9頁以下、廣瀬克巨「現代韓国財産法の展開」本注引用書『韓国法の現在 (下)』49頁以下、李範燦=石井文廣編『大韓民法国法概説』(成文堂・2008年) 66頁以下 (李範燦執筆部分) 等参照。

積極的に関与する姿勢をみてとることができるであろう。

2　韓国民法改正の状況

その後、韓国民法典は、1960年1月1日の施行から現在（本稿脱稿時の2009年4月）に至るまで、家族法を含め、16回の改正がなされたが、「16回の民法改正のうち、財産法に関するものが4回、家族法に関するものが8回、その他、法令改正などによる法律・部処（省庁）・機関・団体の名称変更および用語整理等に関するものが4回であった。改正回数だけをみると、家族法改正が財産法改正に較べて4回多いにすぎないが、改正内容およびその幅からみれば、両者は比較にならないほどの差を呈している」。家族法改正が「家族法全般にわたる革新的なもの」であるのに対し、財産法改正は、「特別失踪、区分地上権、伝貰権、法人等に関するいくつかの規定および附則（経過規定）の改正に止まっていた」とされる[10]。

このように、韓国民法の改正は家族法に集中していたが、これは、韓国の家族法が、韓国の慣習である宗法制度を骨格とした家父長的性格を有するものであったため[11]、憲法裁判所によって数多くの違憲決定、憲法不合致決定が下され、戸主制度の全般、姓不変原則の修正、同姓同本禁婚制度の修正等、韓国家族法の近代化が図られたことによるものであった[12]。この種の家族法の改正は、韓国内においても、「『大改正』、『画期的な改正』、『一大変革』、さらには『革命的』な改正」として紹介されている[13]。

これに対し、韓国の財産法の改正は、4回行われたものの、「実質的な改正はただ1回」だけと評されるものであった[14]。

---

[10]　李勝雨（権澈訳）「韓国における最近の民法改正：家族法」ジュリ1362号（2008年）91頁注1）。

[11]　宗法とは、祖先祭祀を中心とする男系血統による結合体である同族組織を意味する宗族内の規律・規則をいう。このような同族組織は、古代中国に端を発し、朝鮮半島に伝来し、旧来の朝鮮の伝統的家族制度と融和したかたちをとり、朝鮮時代に、朝鮮的家族制度として定着した。この宗法制度の特色は、①父系的、②父権的、③父治的、④族外婚（同姓同本不婚制度）、⑤長子相続制であるとされる（金疇洙「講演　韓国家族法とその改正について」比較法学26巻1号〔1992年〕50頁。なお、宗法制度については、青木清「韓国法における伝統的家族制度について――宗法制度との関連を中心に」法政論集87号〔1981年〕287頁以下も参照）。

III 韓国民法（財産法）改正の第1ステージ

1 民法（財産法）改正の動き

　このような韓国財産法の平穏な状況を打ち破ったのは、法務部（日本の法務省に相当する）設置の「法務諮問委員会」のもとに、1999年2月1日に「民法（財産法）改正特別分科委員会」が設置され、民法改正作業が開始されたときであった[15]。同委員会は、李時潤委員長（当時、明知大学碩座教授・民事法学会会長）のもと、梁彰洙委員兼総括幹事（当時、ソウル大学教授）を中心とした13名の委員（実務家を中心に構成された民法典制定時とは異なり、大学教授11名と裁判官2名からなる〔委員会発足当時の委員数は11名〕）によって構成され、「民法総則・物権法分野の改正」を担当する第1小委員会と「債権法分野の改正」を担当する第2小委員会とに分かれて、民法改正作業に着手した。そして、同委員会は、韓国民法の総則・物権・債権編の総計766か条につき、改正の是非を検討した後に、発足からわずか3年弱の2001年11月16日に、「民法改正試案」を発表した[16]。

---

12) 韓国家族法の改正状況については、わが国においても詳細に紹介されている。たとえば、韓琫熙「韓国家族法の変遷史──1912年の朝鮮民事令以後」前掲注9）『韓国法の現在（下）』57頁以下、中川高男「韓国家族法の発展と日本の家族法」前掲注9）『韓国法の現在（下）』105頁以下、尹眞秀「憲法が家族法の変化に及ぼした影響」尹龍澤＝姜京根編『現代の韓国法──その理論と動態』（有信堂高文社・2004年）177頁以下、高翔龍「韓国家族法の大改革」ジュリ1294号（2005年）84頁以下、申榮鎬「2005年韓国民法改正の主要内容」戸籍時報589号（2005年）2頁以下（なお、同論文には改正された条文の翻訳が記載されている）、李（権訳）・前掲注10）91頁以下等がある。

13) 金・前掲注11）49頁。なお、本文の叙述は、1990年の家族法改正に関するものである。

14) 鄭鍾休「韓国民法改正試案について──債権法を中心として」岡孝編『契約法における現代化の課題』（法政大学出版局・2002年）157頁。

15) 1999年から開始した民法（財産法）改正の動きについては、梁・前掲注7）642頁以下、梁彰洙（権澈訳）「韓国の2004年民法改正案：その後の経過と評価」ジュリ1362号（2008年）84頁以下、鄭・後掲注16）「韓国民法の現代化(1)」155頁以下等参照。

16) 民法改正試案の具体的内容等については、梁・前掲注7）650頁以下、鄭・前掲注14）159頁以下、鄭鍾休「韓国民法の現代化(1)(2・完)」民商126巻2号163頁以下、126巻3号（以上、2002年）279頁以下等参照。

第Ⅲ部　世界に見る民法典の制定とその改正

　しかし、この民法改正試案に対しては、翌 2002 年の 5 月に、33 名の民法の教授を擁する「民法改正案研究会」が、会員 30 名の署名意見を条文別に整理した 421 頁にわたる『民法改正案意見書』を公表し、反対意見を表明した[17]。

　民法改正を推進するグループと反対するグループの評価については、論者の立場により評価が分かれるところであろうが、反対論者が法務部に提出した「民法改正案研究会『民法改正留保のための声明書』(2002 年 9 月 1 日)」には次のような一節がある。「民法改正案の問題点は国会審議において解決できるほどの簡単なものでない。それは、何よりも改正作業が閉鎖的かつ拙速に行われたためである。……より根本的には委員の委嘱そのものが学会の了解を得たものというよりは一部有力者の個人的好みに左右された」[18]。

　今回のヒアリングの対象者の多くは、この「閉鎖」性が、すなわち、少数の者のみによって改正作業が進行し、多くの学者がかやの外に置かれたことが、学界に大きな反対運動が起きた原因であると指摘した[19]。もっとも、このような人的構成については、当時、同委員会の第 2 小委員会委員長であった徐敏民法改正委員会委員長は、法務部からの予算がじゅうぶんになかったことから、少人数でやらざるをえなかった旨述べていることを付言しておく。

　このような反対意見があるなかで、法務部は、この民法改正試案をもとに公聴会や各界の幅広い意見の収集、立法予告等を行い、2004 年 6 月 5 日に、「民法改正案」を作成し、政府国務会議（日本の閣議に相当する）は、同年 10 月にそれを国会に提出した（以下、これを「2004 年改正案」という）。

　なお、後述するように、財産法全般にわたり 130 か条もの改正案が提示された 2004 年改正案は[20]、廃案になったとはいえ、2009 年に発足した民法改正委

---

[17]　宋德洙編（黄迪仁他 29 人共著）『民法改正案意見書』（三知院・2002 年）。この点につき、鄭・前掲注 16)「韓国民法の現代化(1)」160 頁以下、高翔龍「民法改正の動向（5）韓国」内田貴＝大村敦志編『民法の争点（ジュリスト増刊）』（有斐閣・2007 年）42 頁参照。

[18]　この声明書の内容を要約して紹介するものとして、鄭・前掲注 16)「韓国民法の現代化（2・完）」334 頁以下。

[19]　この点につき、鄭教授は、「民法改正委員会の人的組織に対する、漠然としたある種のルサンティマンが学界に無視できないほどの形を示し始め、数多くの長所を含むはずの改正試案をめぐって、前代未聞の分裂状態となった」と述べる（鄭・前掲注 5）57 頁）。

[20]　本書 422 頁以下（初出は、尹眞秀〔金祥洙訳〕「韓国の民法改正」ジュリ 1360 号〔2008 年〕129 頁以下）、高・前掲注 17) 42 頁。なお、鄭・前掲注 5) 57 頁は、「計 141 条が改正・廃止または新設を予定されていた」とする。

員会においても、そこで呈示された条文案あるいはそれに至るまでの各委員の個別提案等の部分については、最初の段階での検討対象となっている。そこで、2004年改正案の主な内容につき、簡単に紹介しておくこととする[21]。

まず、総則の分野においては、①人格権規定の創設（案1条の2）、②成年年齢を19歳に引き下げ（案4条）、③特別失踪（船舶沈没、航空機墜落）期間を6か月に短縮（案27条）、④法人設立に関し、許可主義から認可主義への転換（案32条）、⑤動機錯誤の新設（案109条の2）、⑥消滅時効の中断事由に関する規定の新設（案168条2号）等があげられる。

次に、物権編においては、①仮登記の実体法的効力規定の新設（案187条の2）、②境界侵犯建築物に対する撤去請求の制限（案242条の2）、③慣習法上の法定地上権の明文化（案279条の2）、④根抵当権関連規定の新設（案537条の2～12）等があげられる。

そして、債権編においては、①損害賠償の方法としての原状回復請求等の追加（案394条）、②保証契約の要式性（案428条の2、436条の2）、根保証人の保護（案448条の2～4）に関する規定の新設、③契約解除事由に関する3か条を1か条に統一した規定の新設（案544条の2）、④事情変更による契約解除権発生の規定の新設（案544条の4）、⑤買受人の代金減額請求または瑕疵修補請求に関する規定の新設（案575条～581条）、⑥安全配慮義務規定の新設（案655条の2）、⑦旅行契約に関する規定の新設（案674条の2～9）、⑧請負における注文者の保護強化（案668条）、⑨仲介契約に関する規定の新設（案692条の2～5）、⑩未成年者監督者の責任範囲の調整（案755条）等があげられる。

2　2004年改正案の頓挫

このようにして国会に提出された2004年改正案は、2005年6月に、国会の法制司法委員会専門委員会での検討報告書が提出されたものの、その後、国会での審議がまったく行われないまま3年が経過し、2008年5月下旬の第17代

---

21) 本文で紹介する2004年改正案の具体的内容については、本書422頁以下（初出は、尹〔金訳〕・前掲注20）129頁以下）、梁（権訳）・前掲注15）85頁以下、鄭・前掲注5）56頁以下、高・前掲注17）42頁以下、金祥洙「韓国法事情（46）（47）民法改正案について（上）（下）」国際商事法務32巻8号1126頁以下、32巻9号（以上、2004年）1273頁以下（なお、後者には、2004年改正案の主な条文の翻訳が記載されている）等による。なお、李聲杓「韓国民法改正案の現状と問題──担保法を中心に」総合政策論集6巻1号（2007年）13頁以下も参照。

国会議員の任期が満了した時点で、この改正案は廃棄された。これは、韓国憲法51条が「国会に提出した法律案その他の議案は、会期中に議決されないことを理由に廃棄されない。ただし、国会議員の任期が満了した場合には、この限りではない。」と規定しているためである[22]。

以上のように国会で審議されないまま廃棄に至った背景につき、今回のヒアリング調査では、次の2点を指摘する論者が多かった。第1に、このような130か条にもわたる膨大な量の改正は、国会が審議するには非常に負担が大きいものであった。そのうえ、第2に、学界においても、この2004年改正案に対する評価が完全に分かれていたなかで、国会議員たちは、民法改正を推進するだけのインセンティブをもつには至らなかった。なお、このような学界のなかでの見解の対立は、学界および法務部においてはきわめて重要な問題であったが、国民一般の関心を引くほどのものではなく、弁護士等々でも、この対立に関心を示さない者も相当数存在したという状況であった、とのことである。

IV　韓国民法（財産法）改正の第2ステージ

1　2009年民法改正委員会の発足—— 2004年改正案の廃棄直後の動き

2004年改正案は、結果的に、2008年5月末に廃棄されたものの、韓国における民法改正の動きは、2004年改正案が廃棄された直後から再開された。具体的には、同年翌6月に、韓国民事法学会は、「民法改正——何をどのようにするべきか」というテーマで学術大会を開催し[23]、韓国の民事法学会会長は、法務部に対し、民法改正の必要性を建議した。それに伴い、法務部は、民事法学会の会長団[24]と接触を開始し、翌7月に特別予算を申請し、9月に予算がおりることが確定した。そして、同年10月には、民法改正委員会の構成につき、法務部から会長団に委嘱があり、会長団は、まず、改正すべき分野のテーマを決め、論文検索等に基づき、同年12月に、専門の委員を予定定員の2倍

---

22)　高・前掲注17) 42頁、梁（権訳）、前掲注15) 86頁による。
23)　鄭・前掲注5) 58頁。同論文によると、この学術大会によって、「民法改正の歴史的な意義に対する民法学界と法務部との認識の間隔を顕著に狭めた」とされる。
24)　民事法学会には、常任理事が13名ほど存在するとされるが、会長団とは、そのうちの民事法学会会長、主席副会長、総務理事（＝事務局長）の3名を指すものである。法務部の接触は、当初から、常任理事会ではなく、この3名に限定されていた。

の人数の委員候補を法務部に推薦した。法務部は、翌月の2009年1月に、推薦された委員候補のなかから委員と委員長・副委員長を決定し、最終的な改正委員会の構成を定め、2009年2月4日に、「2009法務部民法改正委員会」が発足した。

このように、民法改正委員会は、韓国民事法学会と密接不離な組織体制をとっているが、韓国では、法務部が法律の制定にさいし学会に接触することは珍しいことではない。学会が法改正を建議し、法務部がそれを受け入れ法改正をすることは、これまで慣行的に行われてきた。たとえば、2004年改正案が作成された当初の1999年の段階でも、法務部は、今回同様、民事法学会の会長団に接触している。また、1977年、1990年、2005年等の家族法の大改正にさいしても、法務部は、家族法学会に接触し、委員の選任を委嘱している、とのことである。このように民法改正につき、学会の関与が非常に大きいことは事実であるが、民法その他の基本法の改正は、——議員立法を除けば——あくまで法務部の権限である。

2 民法改正委員会の改正計画と各分科会の構成と課題

民法改正委員会は、徐敏委員長（忠南大学名誉教授・元民事法学会会長）、李相泰副委員長（建国大学教授・現民事法学会会長）のもと、事務局を法務部におき、下記の図表に示すように[25]、4年間で民法全体が改正されるよう単年ごとに計

【年次別改正計画】

年次	改正段階	改正法律の内容
2009	民法全面改正Ⅰ	民法総則およびそれと関連する債権編（契約法）関連法制の整備
2010	民法全面改正Ⅱ	民法の債権総論およびそれと関連する不法行為法関連法制の整備
2011	民法全面改正Ⅲ	民法の物権編およびそれと関連する法制の整備
2012	民法全面改正Ⅳ	補完改正作業

---

[25] 本文に掲げた図表は、孟觀變「韓国における民法改正の動向と『保証人保護のための特別法』の制定」秋田法学50号（2009年）68頁によるものである。

画がたてられたうえで、6つの分科会構成を採用し、それぞれの分科会が与えられた課題につき改正作業を行っている。

また、第1フェーズとして、2009年中に改正が予定されている「民法総則およびそれと関連する債権編（契約法）関連法制の整備」については、各分科会のそれぞれ検討すべき課題と構成は下記の図表のようになっている。

【2009年：各分科会の課題と構成】

分科会	課題	委員長	委員
第1分科会	契約および法律行為（Ⅰ）	池元林教授（高麗大学）	全8名（1名は裁判官）
第2分科会	行為能力	河京孝教授（高麗大学）	全6名（1名は裁判官）
第3分科会	法人	金大貞教授（成均館大学）	全6名（1名は弁護士）
第4分科会	時効および除斥期間	宋德洙教授（梨花女子大学）	全6名（1名は弁護士）
第5分科会	担保制度（Ⅰ）	尹眞秀教授（ソウル大学）	全7名（1名は裁判官）
第6分科会	体系および長期課題	鄭鍾休教授（全南大学）	全2名

6つの分科会のうち、第1分科会が取り扱う「契約および法律行為」と、第5分科会が取り扱う「担保制度」は、それぞれ長期課題であり、2年ないし3年間の継続が予定されているのに対し[26]、第2分科会が取り扱う「行為能力」、第3分科会が取り扱う「法人」、第4分科会が取り扱う「時効および除斥期間」は、2009年中に終わることが予定されている短期課題である。法務部の計画するところでは、これらの課題については、2009年9月から12月までの定期国会において、法律として民法改正法の一部が成立することを予定している（このような計画が、どの程度の現実性をもつかについては、Ⅶで述べる）。したがって、この計画では、短期課題を取り扱う第2分科会から第4分科会は、担当課題に

---

[26] この点につき、後述する各分科会委員長の任期との関係で述べると、第1分科会の任務継続期間および分科会委員長の任期については、2年ということで、ヒアリング対象者の回答は一致していた。しかし、第5分科会については、尹眞秀第5分科会委員長が3年であることを明言したのに対し、その後にヒアリング調査を行った徐敏民法改正委員会委員長と李相泰同委員会副委員長は、2年であることを明言し、繰り返しお伺いしても、2年である、との回答は変わることはなかった。その後、尹眞秀第5分科会委員長に、この点につき再度お伺いする機会がなかったため、本文では、「2年ないし3年間」と記述した。

ついての条文案を作成した後には、新任・再任された委員の担当のもと、新たな課題につき検討することになる。

　また、第1分科会から第5分科会までは、各課題についての民法改正案を提出することが求められているが、第6分科会だけは、改正条文案の提示が求められているわけではない。2名からなる第6分科会は、委員長が前民事法学会会長の宛職であり、他の1名の委員が現民事法学会総務理事の宛職であり、もっぱら、全体を調整するのが、その役割となっている。

V　2004年改正案に対する批判回避の工夫

1　民法改正委員会の多数性と流動性の確保

　以上のようにして、組織・構成された民法改正委員会は、2004年改正案に対する批判を回避するべく、人的構成の面と、単年ごとに民法改正が進められる点において工夫がなされていると思われるので、この点につき、以下で紹介しておこう。

　徐敏民法改正委員会委員長と李相泰同委員会副委員長によると、今回の民法改正のための委員会の選定方式は、従来の慣行にのっとったものであり、基本形態を踏襲しているが、委員の数が37名（委員長・副委員長を含む）という多数になったことは異例である、とのことである。この点につき、推測するに、2004年改正案のさいの委員の人数が13名と少なく、かつ、委員の交代がなされなかったことが「閉鎖」的である、との批判を招いたことから、委員の人数を37名と大幅に増員したものと思われる。

　また、今回の民法改正委員会では、各分科会が担当する各課題についての審議が終了した後、新たな課題を担当することとなり、それに伴い委員の交代が予定されているため（ただし、再任もありうる）、最終的に民法改正に関与する委員の数は相当数にのぼるものと思われる。なお、民法改正委員会委員長については、とくに交代が予定されているわけではないが、民法改正委員会副委員長については、その時期の民事法学会会長の宛職とされており、交代が当然に予定されている。そして、その交代した前年度の民法改正委員会副委員長（すなわち、前民事法学会会長）が、前述したように、第6分科会の委員長になることが当然に予定されている。なお、分科会委員長の任期も、長期課題を取り扱う第1分科会と第5分科会以外の他の分科会は、すべて1年とされている。

このように、2004年改正案の不成立の原因となった「閉鎖性」という批判を回避するために、今回の民法改正においては、多数の学界人が関与することになるよう、慎重な制度設計が施されている。さらに、今回の改正委員会では、第4分科会委員長や、第1分科会委員長にみられるように、2004年改正案に対する反対意見を公表した『民法改正案意見書』の編者および論者等をも含めたかたちで構成されている点も、注意されたい。

2　漸次的な法案提出による民法改正法案の成立を目指して

また、今回の民法改正作業は、単年ごとの民法改正が計画されているが、この背景には、次のような要因があるものと思われる。2004年改正案の不成立の原因としてすでに紹介したように、膨大な数の法案改正が国会に提出されることによる国会の過剰負担という問題があることから、これを回避するために、民法改正案を小出しにするような、単年ごとの改正が計画されたものと思われる（なお、このような単年ごとの民法改正が計画された別の要因として、法務部の予算は1年ごとに決定されるので、1年ごとに具体的な成果を示すことによって、次年度の予算を獲得しやすくするための工夫がこらされていると考えられる）。

なお、このような民法改正の部分的な国会提出、部分的な可決を経て、民法全体を改正していくことは、民法全体との関係では、一部に矛盾が生じる可能性も否定できないように思われる。そこで、民法改正委員会委員長に対し、部分的な民法改正法を成立させながら、その施行を民法全体の改正が終わった段階で一律施行をすることにより、最後に矛盾を調整するという方式は考えていないのか、との質問をしたところ、その都度、部分的に施行するとの回答が返ってきたことを付言しておく。

VI　民法改正手続——日本との相違

1　法曹界の関与

前述したように、2004年改正案提出までの経緯と比較すると、今回は多数の学界人の関与があることは事実である。しかし、法曹界からは、この2009年の民法改正委員会には、第6分科会を除く各分科会に、1名ずつ、裁判所から推薦された3名の判事と韓国弁護士協会から推薦された2名の弁護士が参加しているにすぎない。

この点につき、法曹界からの批判はないのであろうか。この質問に対しては、民法改正委員会の立案手続の説明がその回答となったので、ここで、民法改正の手続について、一般的に説明しておくこととする。
　民法改正委員会は、まず、①各分科会で分科会案を作成し、②他の分科会との調整を目的として、分科委員長会議での「調律」が行われる。そのうえで、③民法改正委員会の最終案が確定され、④法務部案へと至る（この③と④は、基本的に同一案であり、日本で行われているように、法制審議会が「要綱案」として条文の体裁をとらない法案構想を提示し、法務省が具体的な法案作成を行うわけではない。韓国では、法律案に対する法務部の関与は一般に限定的であるが、ときに、③の委員会案が④の法務部案の段階で改定されることもある）。そして、この法務部案は、⑤法制処（日本の内閣法制局に相当する）の形式検査を経て、⑥政府案として国会に提出され、⑦国会での議決を経て、⑧公布される。
　以上の立法手続のうち、公式的な手続として必須なものは、③の民法改正委員会の最終案の作成と、④の法務部案の作成と、⑥の政府案の提出以下の手続である。
　ただ、①、②の段階を経た後の、③の民法改正委員会の最終案の作成は、実は、仮案作成と本案作成の2段階に分かれている。仮案は、民法改正委員会の内部的決定として作成されるものである。この仮案に対し、利害関係団体の意見として、弁護士会、法院、経済界の意見を聴取する。このような利害団体からの意見聴取の後に、一般的な公聴会等々が開催され、民法改正委員会の本案が作成され、④の法務部案に至ることとなる。
　このように、弁護士会、法院、経済界等を利害団体として、意見開陳の機会を本案作成の前に確保し、法曹界が法案作成に関与するための方策がとられている。なお、このような方策に加え、今回の民法改正委員会においては、法曹実務家5名のほかに、学界出身とされるメンバーのなかに司法研修を受けた研究者が6名いることからも、実務的な意見が法案に反映される可能性がある、とのことである。

2　法院行政処の関与

　また、以上のような法曹界の関与と関係し、日本とは異なる特徴を有する「法院行政処」（日本の最高裁判所事務総局に相当する）の関与につき、具体的な改正作業として検討が進んでいるとされる「成年後見制度」の改正状況を例に説

明しておくこととしよう（なお、各分科会の具体的な審議状況等については、次のⅦで紹介する）。

　成年後見制度をめぐっては、2004 年改正案では取り扱われていないが、2009 年に民法改正委員会が発足した以前には、①議員立法案、②いわゆる「法院案」と呼ばれる法院行政処が作成した法案、③法務部用益案（日本でいえば、法務省プロジェクトチーム案と呼ぶべきであろうか）の 3 案が存在していたとされる。

　ここで注目すべきことは、韓国では、日本の最高裁判所事務総局に相当する法院行政処が民法改正についての法案作成に関与している、ということである。三権分立の観点からすると、裁判所が立法に関与することは問題なのではないかと思い、この点につき質問をしたが、これに対しては、法案の成立が現実に成立するためには、最終的には政府案ないし議員立法案のいずれかによるのであるから、とくに問題はないと考えられている、との回答があった。

　また、成年後見に関する「法院案」が作成された以降ではあるが、現在では、裁判所が直接関与するのではなく、日本の「法曹会」に相当する機関の援助のもとで、裁判官が立法案を「研究」するというシステムがとられるようになった、とのことである。

　このような近時の若干の変化はあっても、日本でいえば、最高裁判所事務総局に相当する組織が、「法院案」と呼ばれる立法試案を作成し、それを法務部に提出したり、場合によっては、議員立法への働きかけをしていたとの事実がある。

　以上のような法院行政処の関与については、Ⅱで述べたように、これまで韓国において、大法院長が法典編纂委員会の委員長を務めるなど、裁判所が立法についての主体的な役割を担ってきたという歴史的経緯もあり、日本と韓国とでは、少なくともこの部分において、裁判所の立法に対する役割の認識が大きく異なっていることは否定できないであろう。

Ⅶ　民法改正の状況

1　改正の具体的状況——各分科会の状況

　最後に、各論的検討として、各分科会の進行状況につき紹介する。もっとも、第 6 分科会については、前述したように、委員長を含めた 2 名の委員会メン

バーで、「体系および長期課題」について全体の分科会の調整を行い、具体的な改正案を提出する予定となっていないことから、ここではその紹介を省略することとする[27]。

(1) **第1分科会——契約および法律行為**

第1分科会は、長期課題として設定されている契約および法律行為につき検討するが、具体的には、①契約総則（契約の成立等）の規定を民法総則に入れるべきか、②消費者概念および消費者保護についての規定、③電子取引契約に関する規定、④商法総則の規定を民法典に取り入れるべきか、⑤情報提供に関する一般的規定、⑥方式に関する規定等をどのように規定するべきか、といったことをも検討対象としている（なお、①から④の点については、編別をも超えた改正を視野にいれているためか、長期課題として検討することが決定されている）。これらは、2004年改正案では改正がなされなかった分野であることから、この意味で、今回は、2004年改正案よりも大改正を目指している、とのことである。また、

---

[27] 各分科会における具体的なインタビュー対象者等は、注4）で記述した通りであるので、ここでは、改正条文案に対する実務的観点あるいは比較法の対象と関係があると思われる、各分科会メンバーの職歴と留学先等について簡単に紹介しておく。
　まず、長期課題である「契約および法律行為」を取り扱う第1分科会は、委員長を含め8名からなるもので、一番メンバーが多いが、委員8名のうち、海外での修士号ないし博士号の取得者は、アメリカが2名、ドイツが1名、日本が1名で、司法研修院（日本の司法研修所に相当する）を修了している者は実務家を含め3名いる状況である。
　次に、短期課題である「行為能力」を取り扱う第2分科会は、委員長を含め6名からなるもので、委員6名のうち、海外での修士号ないし博士号の取得者は、ドイツが3名、フランスが1名、アメリカが1名で、司法研修院を修了している者は実務家1名という状況である。
　さらに、短期課題である「法人」を取り扱う第3分科会は、委員長を含め6名からなるもので、委員6名のうち、海外での修士号ないし博士号の取得者は、ドイツが3名、フランスが1名、アメリカが1名で、司法研修院を修了している者は実務家1名という状況である。
　そして、短期課題である「時効および除斥期間」を取り扱う第4分科会は、委員長を含め6名からなるもので、委員6名のうち、海外での修士号ないし博士号の取得者は、ドイツが1名、フランスが1名で、司法研修院を修了している者は実務家を含め3名いる状況である。
　最後に、長期課題である「担保制度」を取り扱う第5分科会は、委員長を含め7名からなるもので、委員7名のうち、海外での修士号ないし博士号の取得者は、ドイツが2名、日本が1名で、留学経験者はドイツが2名、アメリカが1名で、司法研修院を修了している者は実務家を含め3名いる状況である。

2004年改正案は、比較法の対象がドイツ民法に偏りすぎていたことから、近時のフランス債務法改正草案や、ヨーロッパ契約法原則（PECL）あるいは共通参照枠草案・暫定版（DCFR）等を参考にしている。なお、第1分科会では、2004年改正案も、他の国の民法典同様、1つの参考として取り扱っており、インタビュー直前に開催された分科会においても、錯誤の規定につき、2004年改正案では最終案にはならなかった個別の委員の案が、分科会において採用されることとなった。このように、2004年案をも参考にするが、決して、2004年改正案にとらわれるものではなく、場合によっては、2004年改正案の反対意見も検討対象となっている。

以上のように、第1分科会は、長期課題を担当していることから、2009年中に改正案を提出する必要はない。ただ、隔地者間の契約成立主義につき、発信主義ではなく到達主義を採用するなど、2004年改正案にとくに反対意見がないもの、あるいは2004年改正案の微修正にとどまるものについては、2009年中に、公聴会を2回程開き、また学会を開き、そこで確定されれば、他の分科会の提出時期にあわせて提出する予定で、2年間の期日通りに改正案を提出するのが目標である、とのことであった。

(2) **第2分科会——行為能力**

第2分科会は、成年後見制度の導入と成年年齢を19歳に引き下げることが主たるテーマである。成年年齢については、2004年改正案でも検討されていたことと、すでに選挙年齢が19歳に引き下げられたことから、それほど問題はなく、成年後見制度についても、前述したように、議論の蓄積があることから、民法改正委員会の委員長および何人かの他の分科会委員長の発言によれば、第2分科会が取り扱う行為能力については、2009年中に法案が成立する可能性が相当程度にあることを指摘していた。もっとも、第2分科会委員長は、これよりも慎重な態度で、次の諸点を問題点としてあげた。まず、禁治産者あるいは限定禁治産者といった制度を成年後見制度に変更するべきか、といった点については、成年後見制度のモデルを、日本のように多元化するべきか、あるいはドイツのように単一化するべきか、という問題があり、現在、その点につき議論している。また、それとともに、被後見人の身上保護の程度をどれくらいにするべきか、後見人の義務と権限につき、後見人の資格、報酬等をどうするべきか、後見人の監督制度をどのようにするべきかなどの問題もあり、この分野については、家族法の改正も必要となるので、その点に不確定要因があり、

議論するべき問題は多数存在する。

　以上のような事項につき、第2分科会は検討し、暫定的に本年8月末までに改正案を提出することができるよう、内部的には動いている。もっとも、親族法・相続法に関しても、多くの改正案を提出する必要が生じると思われることから、本年12月までにできるとまで確言できない。内部的には、とても難しいように感じているが、法務部としては、2009年12月末までの国会提出を求めているので、それを目指して検討を行っている。第2分科会は、本年12月にまで改正案を提出できるのではないかと期待されているが、実際に検討してみなければ、それまでに改正案を提出することができるかは不明である、とのことであった。

　(3)　第3分科会——法人

　第3分科会は、現行民法は法人設立につき許可主義を採用しているが、今後、認可主義にするべきか、それとも準則主義にするべきか検討している。この点につき、2004年改正案は、財団法人と社団法人とを区別することなく、認可主義を採用していたが、財団法人につき認可主義で法人設立を認めると、脱税や商法等の関係で問題がある。このことから、これまで、法人の目的を例示的に規定しているだけであったので、公益法人のように、もう少し、財団法人の目的を限定して設立を認めるべきである（財団法人の設立範囲を限定すべきである）と考えており、現在、それをどのようにして、民法典に規定するか検討している。

　以上が第3分科会の主たるテーマであるが、それ以外にも、法人の合併・分割あるいは権利能力なき団体等についても検討している。なお、前者については、2004年改正案で検討されてはいるが、具体的な改正案が提出されたわけではない。後者については、2004年改正案でも検討され、改正案が提出されるに至っている。

　以上のような検討対象につき、暫定的に、本年8月末までに試案をつくることが、内部的には決定しており、2009年中の改正案提出を目指している、とのことであった。

　(4)　第4分科会——時効および除斥期間

　第4分科会は、消滅時効および除斥期間といった権利行使の期間全般について議論している。時効に関する個々の条文をそれぞれ検討するのではなく、いわば、民法にある「期間」ないし「時間」に関するすべての規定をまとめて検

討し直したうえで、改正案をつくる予定である。具体的には、韓国民法は、消滅時効を総則で規定し、取得時効を物権法で規定しているが、はたしてそれでよいのか否か、時効期間を短縮すべきかどうか、時効の中断・停止をどのように取り扱うべきか、特別法に規定されている時効に関する規定を民法に取り入れるべきか、といったことにつき、現行民法典の条文に順序にしたがって逐条的に検討していく予定である。

また、2004年改正案との関係について述べれば、2004年改正案が提出されてから、フランス改正民法や共通参照枠草案・暫定版等において時効に関する規定が公表され、2004年改正案自体もはや現在の世界的趨勢にあっておらず、必ずしも十分に検討されたとは思えないような規定があることから、時効に関しては、2004年改正案から出発することなく、2004年改正案も、フランス民法、ドイツ民法等と同様、あくまでも1つの資料として、白紙からスタートする予定である。

このように、第4分科会は、時効等に関して大改正を目指しているので、各委員に個別にお願いしている検討結果が提出されてから集中的に審議を行い、本年6月の学会シンポジウムまでに、短期課題を取り扱う第2分科会と第3分科会と一緒に具体的な改正案を提出することができればと考えている。時効については短期課題となっているものの、あきらかに時間が足りないと思われるが、それでも、2009年中に法案を提出することを目標としている、とのことであった。

(5) 第5分科会——担保制度

第5分科会は、現在、保証につき検討している。韓国では、2008年に保証人の保護に関する特例法が制定されたが、そこで議論されているのは、保証人が保証契約を締結するさいに、主債務者は自分の主要情報について保証人に教えるべきとの情報提供義務を一般的に規定するべきか否かという点である。このような義務を、民法典で規定するべきか否かが現在検討されている[28]。

その他、今後の予定として、保証の検討が終了した後に、抵当権、抵当権に対する執行妨害、根抵当権、留置権、質権といった担保についての議論が続く予定である。また、保証について分科会全体で議論している間に、個別の委員が、2009年の8月までに、抵当権の効力、留置権、質権、保証の根保証に関する研究報告書を作成する予定となっており、その報告書が提出されてから、再度、分科会の議論がなされる予定である。

なお、同じ長期課題を取り扱う第1分科会は、2年間検討し、来年が法案提出目標となっているのに対し、第5分科会は、3年間検討し、再来年が法案提出目標となっているが、様子をみて、2年目に法案を提出することもありうる、とのことであった。

2　民法改正の見通し

最後に、民法改正の全体的な見通しについて、述べておくこととしよう。

民法改委員会の委員全体による会議は、発足時の2009年2月4日に1回だけ開催されているにとどまり、現段階（インタビュー時の2009年4月段階）では、各分科会が4回程度（月2回、各2時間程度）開催されているにとどまっている（ただ、夏季休暇中になると、より頻度が高くなる可能性がある、と述べた委員もいた）。このことからすると、法務部が設定した、2009年12月までに民法改正法成立、というのは早急であるとの感を免れない。

この点につき、インタビューを受けたそれぞれの分科会委員長および委員は、「それが目標である」と述べるにとどまっており、与えられた課題との関係で、目標達成が容易ではないとの印象を受けた。多くの関係者は、法案の作成は、デッドラインがあればできるほど簡単なものではない、という健全な認識をもっている。ただ、短期課題を与えられた各分科会が、その任務を全面的に本年中に達成することはできない場合にあっても、その任務の一部について、2009年中に民法改正法案が可決されることは確実ではないか、と思われる。

その理由は、以下の通りである。まず、各分科会は、主として、その与えられた課題と関連する2004年改正案の内容を吟味することから検討を開始している（ただし、その検討は、2004年改正案そのものに限定されてはおらず、最終案には採用されなかった不採用案にも及んでいる）。そして、各分科会においては、2004年改

---

28) なお、情報提供義務を規定することについて、第5分科会委員長は、加藤教授に対し、"法人と自然人とを同様に扱ってよいかという疑問もあるが、そのような情報提供義務を認めると、保証契約を締結する者がいなくなるのではないか"、との質問をし、意見を求めた。この点につき、加藤教授は、全面的な情報提供義務を規定するのは現実的ではないので、日本の判例等のように、信義則違反等によって処理するべきではないか、との見解を述べた。この加藤教授の回答に対し、第5分科会委員長より、この問題を医者の説明義務と同列に議論することができるのか、との再質問がなされたが、これについて、加藤教授は、保証人と債権者の間には利益相反状況があるのに対し、医者と患者との間には利益相反的状況はない、との回答をした。

第Ⅲ部　世界に見る民法典の制定とその改正

正案をそのまま維持する部分や、微修正にとどまる部分等が一定程度存在するようなので、これらの案が、委員長会議の調整を経て、民法改正委員会において最終案として確定された場合には、一度、法制処の検討を経ているだけに、政府案として国会に提出されることはそれほど困難ではないと思われる。なお、2004年改正案と民法改正委員会の関係について付言しておくと、2004年改正案は、各分科会において、スタート段階での検討対象となってはいるが、これが基本案とされているわけではなく、あくまでも議論の参考とする1つの案にすぎず、それ自体が拘束力をもっているわけではない。

　また、民法改正委員会が発足した2009年2月以前からかなり検討が進んでいる法案として、成年後見制度を、第1分科会関係者、民法改正委員会委員長および副委員長も言及していた。さらに、長期課題を取り扱う第5分科会の根抵当制度に関しても、民法改正委員会委員長は、これまでの判例の蓄積があり、2004年改正案でも検討されていたことから、2009年末までに法案が提出される可能性がありうる分野であると述べた。その他、第3分科会が取り扱う法人についても、昨年、一昨年に、一部の法律家が関与したかたちでの、企画財政部（日本の財務省に相当する）の先行した検討案が存在していることから、また、第4分科会が取り扱う時効および除斥期間についても、判例および判例研究が多数存在していることから、さらに、いずれも2004年改正案ですでに条文案が存在していたことから、本年中に法案を議決するようなスケジュールが組まれた、とのことであった。

　具体的に、どの分野について民法改正案の成立が可能であるかについては、部外者である筆者の予測しうるところではなく、また、検討がはじまって間もない現段階において予測するのは時期尚早であると思われる。ただ、多くの関係者とインタビューした結果、現段階でも、関係各位は2009年中に民法改正案が何も成立しないということはない、と考えていることはたしかである。

　したがって、法務部が、次年度以降の予算確保のために、単年度ごとに民法改正を進めていくという路線を採用したことは、少なくとも、一定程度の功を奏したものと思われる。ただ、民法全体の改正すべてが4年間で完了するか否かについては、「目標」が壮大であるだけに、予断を許さない、という印象はぬぐえない。

Ⅷ　おわりに

　現在、グローバリゼーションと現代社会への適合を図るための対応が民法典に求められ、民法典の改正については、世界的に、1つの周期を迎えている。このような状況のなか、本節では、韓国において、2009年2月に発足した民法改正委員会によって新たに始動しだした民法典改正の動向につき、その立法プロセスを中心に紹介した。日本でも民法改正の動きが本格化しだしていることからすると、様々な歴史的経緯があるものの、相互に関連性のある成文法典をもち、日本よりも先行したかたちで民法改正作業に着手している隣国の韓国が、どのようにして改正作業を進めていくのか検討することは有益であると考える。

　そして、このような検討ならびに両国の民法典の比較を通じて、それぞれの民法典の長所を相互に補完しあうことによって、それぞれの国が、よりよい民法典を作り上げていくことができれば幸いである。このようなことから、現在、韓国の民法改正と日本の民法改正との比較研究を行うべく、韓国政府または韓国民事法学会と日本の民法改正研究会が、本年秋に、共同シンポジウムを行うことが検討されている。

第IV部　世界における民法典のハーモナイゼーションを目指して

第19章　ヨーロッパ民法典への動向

アーサー・S・ハートカンプ／廣瀬久和（訳）

　　I　序　　　　　　　　IV　最近の進展
　　II　学術的活動　　　　V　結　論
　　III　契約法の諸原則

I　序

　欧州議会が、欧州委員会に対し、ヨーロッパ民法典の制定をめざして作業にとりかかるように初めて促したのは、20年近く前のことであった[1]。その第一歩は、統一に適した事項を選び出し、それらの検討に要すべきタイムスケジュールを提示する、ヨーロッパの優れた学者から成る準備委員会を創設することのはずであった。

　当時この欧州議会の決議は、欧州委員会によって採択されたわけではなかったが、その心理的影響は軽視されるべきではない。1956年のEU発足以来、EUの機関は、かなりの量の統一法を制定してきたが、これらの統一性は主に公的、行政的な性格のルールから成るものである。私法実体法に関するルールは限定的にしか導入されてこなかったし、それらは私法の統一に多く寄与するものとはなっていない[2]。

　こうした事態は、まず第1には、私法実定法が理事会指令によって発せられ、

---

1) 欧州議会1989年5月26日決議（Official Journal of the European Communities 1989, no. C 158 / 400）。その後、特に1994年5月6日決議（OJC 205 / 518）及び2000年3月16日決議（OJC 377 / 323）など、いくつかの決議がこれに続いた。
2) Peter-Chirtian Müller-Graf, 'Private Law Codification by Means other than of Condification', in A.S. Hartkamp *et. al.* (eds.), *Towards a European Civil Code*, Martinus Nijhoff Publishers/Kluwer Law International, 3rd ed. 2004, p. 77 ff. 参照。

各国における実施は、各国の立法者に委ねられており、立法者の出自は超国家的であっても、差異は容易に生じうるということに起因している。

第2に、選び出された事項が、営業上の場所から離れて交渉された契約、消費者信用取引、パック旅行契約等といったように、私法全域に散在していることにも起因する。消費者契約における不当条項、消費用動産の売主の義務といった契約法のより一般的な分野について指令が公布されるようになったのは、ごく最近のことである。

第3に、ほぼ全ての指令が消費者法を扱っていることにも起因する。無論、消費者法は重要な法分野ではあるが、私法全体としての法価値、法概念を必ずしも反映してはいない。いくつかの国においては、消費者法が上記のような性格のものであることが執拗に論じられ、そうした理由や他の理由から、関連する消費者法は国内の民法典の中に統合されていないのである。

そして、最後の理由として、共通の法的背景が欠けているため、指令の概念の枠組み、用語が不明瞭もしくは矛盾すらしており、統一された法制度の一部としての体を成していないことが挙げられる。

こうした背景にもかかわらず、欧州議会の決議は革命的なものであった。同時に、その趣旨は全く論理的で、説得力のあるものである。EC内の取引への法的制限を撤廃することがECの目的である。この目的からすれば、EC域内取引を制限する法の差異もまた撤廃されるべきことになる。ヨーロッパ内の他国で取引する際、ビジネスマンはヴォルテールが18世紀のフランスを旅したときに感じた「馬を変える度に法律が変わる」[3]というフラストレーションと同じものをしばしば感じるだろう。私法の中に点在するただ小さな島々を統一しても満足のいく解決にはならないのである。

最近まで、ヨーロッパにおける私法法典化の機は熟していなかった。政治的・経済的統合の達成度は、ヨーロッパの個々の国々がそれぞれの法典を制定した時の状況よりもずっと遅れていたし、アメリカ合衆国のような連邦の場合と比べても遅れていた。しかしながら、事態は急激に変化した。2000年前後になると、ヨーロッパは、少なくとも多くのヨーロッパ諸国は、単一のヨー

---

3) Ole Lando, 'Is Condification needed in Europe? Principles of European Contract Law and the Relationship to Dutch Law', in *European Review of Private Law*, 1993, p. 157 ff. (at p. 159). 参照。

ロッパ通貨の受け入れに向けて巨大な一歩を踏み出した。これは、我々に、新しい1つの国家という考え方がそれまで理解されていたよりも近いものであることを明らかにした出来事の1つであった[4]。

これらの諸状況の中で、今やヨーロッパ民法典について真剣に考える時が来ている。ヨーロッパのいくつかの国々の歴史は、政治的・経済的統合の後には民商法典の統一が行われることを示している。1802〜1807年にはフランスで、1866年にはイタリアで、1990年にはドイツで、それが起きている。そのほかオランダ（1809年）とギリシャ（1946年）の例がある。米国では、私法の重要な部分を網羅する統一商法典が50州中49州で採用されている。ヨーロッパでは、他の国家や連邦とはある種異なったやり方で全てのことが行われるが、最終的な結果が私法の実質的調和か統一であるべきことはここでも変わらない。ヨーロッパ法典の制定は、あるいはその準備ですら、それぞれの国にいかなる経済的負担ももたらすことなく、ヨーロッパ統一へ向けた重要な象徴的一歩を踏み出すこととなるであろう。

II 学術的活動

ヨーロッパ法典の起草は容易な仕事ではないだろう。まず、形式的種類の困難が存在している。現時点では、諸条約の中に十分な法的基礎があるとはいえないのである。欧州共同体の枠外での協定を準備するのは、現段階では理論上の可能性に過ぎない。なぜならいずれの加盟国もそのような方途をとることに積極的とはいえないからである。

また、より実質的な種類の問題もある。法典化の準備は、特に既存の判例法に依拠できないEUにおいては、きちんとした学術的準備の基礎をもってはじめて可能になる。そしてそれぞれの国内の法制度における経験は、法典化が時間のかかる事業だということを示している。ドイツでは民法典（BGB）のための学術的準備作業は、いわゆるパンデクテン法学という形で、19世紀の大半

---

[4] G.F. Mancini, 'The Role of the Supreme Courts at National and International Level: A Case Study of the Court of Justice of the European Communities', in *The Role of the Supreme Courts at National and International Level*, Reports of the International Association of Procedural Law, Thessaloniki 1997, Vol. III, p.1 ff. と比較せよ。

を費やした。オランダの最近の再法典化には40年以上かかっているが、まだ全てを終えたわけではない。革命期におけるフランス民法典の迅速な制定も、18世紀における学術的準備、特にポティエによる専門書 Traités ('*Treatises*') を考慮しないで説明しえないことである。

ヨーロッパ民法典への学術的準備作業は、異なる幾つかの筋道において行われるものと考えられよう。多くの準備作業が比較法の専門家によってなされる必要がある。理想的には、このタイプの著作物では、所与の法分野（例えば、契約法や不法行為法）について、「これらの分野では、ヨーロッパ諸国の法を通じて用いられる原則やルールの共通の蓄積が存在している、ということを示すことが試み」[5]られ、その意味においてそれらの分野をヨーロッパ共通法として扱うことになろう。勿論、現在のヨーロッパ情勢に鑑みれば、これらの著作物においては、ほとんどのアメリカの「国」レベルのテキストブックにおいて以上に国々の差異に注意が払われるべきところなのであるが、それにもかかわらず、こうした差異について、原則として元は1つであるはずの主題が単に地域色を帯びているに過ぎないというような形で扱われるきらいがある。こうした著作物のうち現在3冊が公刊されている。即ち Kötz, Von Bar, Schelechtriem というドイツの3教授による、それぞれ、ヨーロッパ契約法、ヨーロッパ不法行為法、ヨーロッパ不当利得法についての著作である[6]。

こうした著作物は、ロースクールにおける教育や、ロースクールのカリキュラムをよりヨーロッパ的な様式に再構築するために不可欠となろう。それは、今や真のヨーロッパ法曹の新しい種を育てていくうえで極めて重要である[7]。しかし、勿論、これらの目的達成のためには、別のタイプの著作も必要である。これに関して 'Contract Law Today, Anglo-French Comparisons', [8] 'The

---

5) Hein Kötz, 'A Common Private Law for Europe: Perspectives for the Reform of European Legal Education', in De Witte/Forder (eds.), *The Common Law of Europe and the future of legal education*, Kluwer Law International 1992, p. 31 ff., at 38.

6) Hein Kötz, *European Contract Law*, Vol. I (translated by Tony Weir), Clarendon Press Oxford 1997; Chirstian von Bar, *Gemeineuropäisches Deliktsrecht*, Band I und II, C.H. Beck 1996 und 1999 [*The Common European Law of Torts*, Vol. I and II, Oxford: Clarendon Press 1998 and 2000]; Peter Schlechtriem, *Restitution und Bereicherungsausgleich in Europa*, Band I und II, Tübingen: Mohr Siebeck 2000 und 2001.

Gradual Convergence'[9]そして 'Towards a European Civil Code'[10]といった書物を挙げることができる。こうした動きは、全体に、Zeitschrift für Europäishes Privatrecht（ZEUP、1993年より）、European Private Law Review（ERPL、1993年より）、あるいは Europa e Diritto Privato（1998年より）などの新しい法律雑誌により支えられている。

これに関連して、2つの非常に興味深い学術プロジェクトについてもさらに言及しなければならない。

その1つはトレント大学の Mauro Bussani 教授と Ugo atteino 教授による 'Common Core of European Private Law'（『ヨーロッパ私法における共通の核』）というプロジェクトである[11]。故 Schlesinger 教授[12]の有名なプロジェクトに触発され、若い世代を中心として相当数の学者たちから成るグループが、ヨーロッパ法の信頼できる「地図」を作り出そうとしている。

この作業は、共通のヨーロッパ法文化構築の一部と考えられており、そこにおいては、文化的多様性はドグマではなく資産とされる。また、この作業は、法統一についての議論のための適切な基礎構築の一部とも考えられている。このプロジェクトは、いかなる意味においても統一的解決を強制するものではなく、現在の状況を分析しようとするものであるが、それにもかかわらず、このプロジェクトは、法典化を敵視するものではなく、また、法典と文化は正反対で互いに他を排除するという考え方には反対するものである。ワーキンググループ（契約、不法行為、財産）は、事実重視のアプローチに基礎をおいて作業

---

7) 例えば Helmut Coing, 'European Common Law: Historical Foundations', in Cappelletti (ed.), *New Perspectives for a Common Law of Europe*, 1978, p. 31 ff. and 'Europäisierung der Rechtswissenschaft', NJW 1990, p. 937 ff; Kötz, 前掲注5）, p. 31 ff. 参照。Erasmus や Socrates のプログラムの重要性がここで強調されるべきは言うまでもない。

8) Harris/Tallon (eds.), Clarendon Press 1989 (original French edition LGDJ 1987).

9) Markesinis (ed.), Clarendon Press 1994.

10) Hartkamp/Hesselink/Hondius e.a. (eds.), Kluwer Law International, 3rd ed. 2004.

11) Mauro Bussani and Ugo Mattei, 'The Common Core Approach to European Private Law', *Columbia Journal of European Law*, Vol. 3, 1997 /8, p. 339 ff. 参照。

12) *Formation of Cotracts; a Study of the Common Core of legal Systems* (New York 1968).

を進めている。そして、回答者の属する法制度における全ての「法的形成要素」('legal formant') が考慮されていることを保証するために、回答を求めるにあたっては詳細な事例を含む質問表が送られている。このプロジェクトによるいくつかの研究結果は公刊されている[13]。

言及したいもう1つのプロジェクトは、Walter van Gerven 教授（Leuven/Maastricht）によって1994年に始められた 'Ius Commune Casebooks for the Common Law of Europe' (『ヨーロッパ普通法のための 'Ius Commune' ケースブック』）である[14]。

このプロジェクトは、裁判例その他の資料のコレクションを、注解、予備的コメント、比較法的概観を伴った形で、法の各主要分野において作成することを目的としている。裁判例は英、独、仏法、及び2つのヨーロッパ裁判所の判例法から主に採用されているが、その他の国のものであっても、それが独自のアプローチを示しているとか、主要な法制度に採り入れられている解決法に改善を加えたものであるというような場合には採用されている。このプロジェクトにおいて重要視されているのは、明らかに、統一ルールを作成するというよりむしろ既存の法の中に共通の解決やルールを見出すこと、もしくはそれらの間の相違に言及すること、それらの背景となる法的理由付けを分析、比較するところである。「ヨーロッパの諸法秩序間での合意の現存や合意の生成が、あるいは少なくとも『合意能力』が示されるような解決方法や法的推論に対しては、常にひいき目に見られる」[15]というわけである。

この第1期には、ケースブックは、不法行為[16]、契約法[17]、不当利得[18]の分野について準備されてきた。他の巻としては、たとえば行政行為に対する司

---

13) Reinhard Zimmermann, Simon Whittaker, *Good faith in European contract law*, Cambridge University Press 2000; James Gordley, *The enforceability of promises in European contract law*, Cambridge University Press 2001; Kieninger, Eva-Maria (ed.), *Security rights in movable property in European private law*, Cambridge University Press 2004; Franz Werro, Vernon Valentine Palmer, *The boundaries of strict liability in European tort law*, Cambridge University Press 2004; Ruth Sefton-Green, *Mistake, fraud and duties to inform in European contract law*, Cambridge University Press 2005.

14) Warter van Gerven, 'Casebooks for the common law of Europe. Presentation of the project', *ERPL* 1996, p. 67. 参照。同プロジェクトのホームページ (http://www.unimaas.nl/~casebook) も参照。

15) Van Gerven, 前掲注14), p. 69.

法審査や会社法について計画されている。いずれのケースブックのためにも、比較法についての関心と経験を有する、多くの法制度出身の研究者から成る編集委員会が立ち上げられている。

Ⅲ　契約法の諸原則

　もう1つの筋道が、上述したヨーロッパ議会の決議によって示されている。それは、ヨーロッパ諸国の異なる法制度についての慎重な比較に基づき規定案を提示することにより、将来のヨーロッパ法典に必要な礎を築くことを可能とするような、ヨーロッパの学者からなる委員会である。もちろん、そのような委員会は純粋に客観的で学問的な基礎に立って進められるべきであり、いかなる政治的、愛国主義的偏向もあってはならない。興味深いことに、契約法の分野[19]において、このような委員会について既にいくつかの経験が得られている。この四半世紀の間、2つの委員会がその分野において機能してきた。1つは純粋なヨーロッパ的、1つはよりグローバルな性質のものである。私の言及しているのは国際商事契約ユニドロワ委員会とヨーロッパ契約法委員会のことである[20]。

1　ユニドロワ委員会

　これらの委員会のうち最初に創設されたのは、1926年国際連盟により設け

---

16) Walter van Gerven/Jeremy Lever/Pierre Larouche, *Cases, Materials and Texts on National, Supranatinal and International Tort Law*, Oxford: Hart 2000.
17) Hugh Beale/Arthur Hartkamp/Hein Kötz/Denis Tallon (eds.), *Cases, Materials and Texts on Contract Law*, Oxford: Hart 2002.
18) Jack Beatson/Eltjo Schrage (eds.), *Cases, Materials and Texts on Unjustified Enrichment*, Oxford: Hart 2003.
19) この "Principles approach"(「諸原則アプローチ」)は契約法で始められたが、契約法に限定されているわけでない。ここでは The European Group on Tort Law により策定された *Priciples of European Tort Law. Text and Commentary* (Springer Verlag 2005) のみ挙げておこう。ただし、本稿では契約法に対象を限定する。これが、ヨーロッパ法制関係の中で、予見できる将来において取り上げられる可能性が最も高いテーマであるからだ(本文Ⅳ参照)。
20) A.S. Hartkamp 'Principles of Contract Law', in A.S. Hartkamp *et. al.* (eds.), *Towards a European Civil Code*, 前掲注2), pp. 125-143, 並びにそこに掲げられている脚注参照。

られた約 60 の加盟国から成る政府間組織であるユニドロワ（UNIDROIT：私法統一国際協会）である。最近まで、このローマに本部を置く協会は、その活動を専ら国際協定に向けていた。その最も著名な成功は、1964 年の国際商品売買に関するハーグ統一法である。これは後に、既に 70 か国において批准されている 1980 年のウイーン国際売買条約（CISG）制定への重要な発想の源となっている。

ところが、1980 年前後、協会は、契約法の総則的分野について拘束力のない法的文書策定の任を負ったワーキンググループを立ち上げた。そのグループは、様々なヨーロッパ大陸法の国々の出身者とともに、同協会の全世界的な使命に鑑みて、イギリス、アメリカ、カナダ、オーストラリア、ロシア、日本、中国、及びガーナを含む他の国々からの出身者の計 17 人で編成されていた。

1980 年から、ワーキンググループは 1 年に 1 回か 2 回、1 週間のセッションを行ってきた。1994 年、ワーキンググループは、作業の最初の部分を終え、同年、ユニドロワ理事会がこの成果を承認し、原則の公刊に同意した[21]。ユニドロワ理事会は、1996 年の会議において、他の事項について作業を続けるため、ワーキンググループを再召集することを決議した。この第 2 段階のワーキンググループの作業は、2003 年に終了した[22]。

ユニドロワ原則の条文として起草され、注釈と、関連する他の統一法に関する国際的法文書の引用が付されている。注釈には、その内容と範囲を示すために有用であると思われる各所に実例が挿入されているが、いくつかの限定的な例外を除き、各国家の法制度への言及はなされていない。

ユニドロワ原則は、前文と 10 章から成る。各章は、総則、成立、有効性、解釈、内容、履行、不履行、相殺、権利譲渡、期間制限についてである。

これらの章はあわせて 184 の条文から成り、原則の声明や柔軟なスタンダードから、より詳細な規定まで、多岐にわたっている。

2006 年、グループは、同原則に、多数当事者の債権債務、違法性、契約不成就の場合の巻戻しの効果（unwinding of failed contracts）、条件といった問題

---

21) *Principles of International Commercial Contracts*, UNIDROIT 1994.［曽野和明ほか訳、後掲訳注 2）参照］

22) *Principles of International Commercial Contracts*, UNIDROIT 2004.（第 1 部と第 2 部からなる統合版である。）M.J. Bonell, *An Internatinal Restatement of Cotract Law*（3rd ed.), Transnational Publishes Inc., 2005 参照。

に関する諸章を補足するために、作業を再開した。

2 ヨーロッパ契約法委員会

ヨーロッパ契約法委員会は2003年にその作業を終えた。委員会は全てのEU加盟国から集まった約20人のメンバーにより構成されていた。

メンバーは、各国政府によって選出されたのではなく、各国を公的な権限をもって代表するものでもなかった。彼らのほとんどが学者か実務家（あるいは兼任）で、独立して、またいかなる政治的指図をも受けずして、自由に物事を決断することができた。費用は一部はECにより、一部はその他の資金源によって賄われた。グループは1980年頃作業を開始した。何人かの学者がユニドロワとこのプロジェクトの両方に参加していたので、両グループの活動は相互に影響しあった。

ユニドロワ原則のように、ヨーロッパ原則も条文の形で起草され、注釈と、関連する他の統一法についての国際的文書の引用が付されている。注釈には、その内容と範囲を示すために有用であると思われる実例が各所に挿入されている。さらに注釈にはEU諸国の法制度への簡単な言及を含む注が付加されている。

ヨーロッパ原則は1995年に初めて公刊された[23]。その後Lando委員会が第2部（第1部への合体版として2000年に公刊された）[24]、第3部（2003年公刊）[25]の作成に着手した。

1995年に公刊されたヨーロッパ原則は、4章から成る。各章は、総則、契約条項と契約の履行、不履行と救済方法一般、及び不履行と特別の救済方法、である。第2部では、成立、代理人の権限、有効性、解釈についての章が付加された。さらに契約条項と契約の履行の章に換えて、契約内容と効果に関する章、履行に関する章の2つが置かれている。第3部においては、多数当事者、請求権の譲渡、新債務者の代位と契約の譲渡、相殺、時効、違法性、条件、及び利息の資産評価についての章が付加された。

---

23) Ole Lando and Hugh Beale (eds.), *Principles of European Contract Law, Part* I : *Performance, Non-performance and Remedies*, Martnus Nijhoff Publishers 1995.
24) Ole Lando and Hugh Beale (eds.), *Principles of European Contract Law, Part* I *and* II *Combined and Revised*, Kluwer Law International 2000.
25) Ole Lando, Eric Clive, André Prüm and Reinhard Zimmermann (eds.), *Principles of European Contract Law, Part* III, Kluwer Law International 2003.

現在、ヨーロッパ原則には、合わせると、198の条文を含む17章が存在し、ユニドロワ原則のように、一般的声明、柔軟なスタンダードからより詳細な規定まで、多岐にわたっている。

3　両原則の機能

上記で示唆したように、両原則は契約法に関する限り、ヨーロッパ民法典の学術的な準備となりうる。両原則の存在そのものが、ヨーロッパ、またそれを越えた種々の異なる法制度の間で合理的な妥協に達しうることを証している。この関係で、2つの原則が、単にそれら（付加された評釈も含め）が著された編集形式においてのみならず、実質的内容においても互いに類似していることは興味深い。さらに、非公式なものではあれ、今既に両原則は、ヨーロッパの立法組織による新しい法律の制定に向けた一般的背景と参照点を提供しているのである。

もちろん、両原則は、他の目的にも貢献している。両原則はモデル法として機能し、法改正に尽力する各国の立法者に着想を与えている。契約当事者は、原則の一部または全部を契約に取り入れることができる。国際取引の当事者は、原則を契約の準拠法として選択することも可能であり[26]、仲裁条項が含まれている場合には、両当事者または準拠法によって認められた仲裁者は、当該紛争の適切な解決のために、両原則に頼ることができる。これらのことは既に現実に起きている。さらに、両原則は、重要な学術的、教育的価値を有しており、ロースクールにおいて、各々の在住国の国内法とならんでヨーロッパ法を教える新しいカリキュラムを導入することを、魅力的なものにしている。

4　両原則の内容

両原則の内容について議論することは明らかに私の今意図するところではない[27]。しかし、原則の基礎となる基本的な考え方について、少し述べておきたいと思う。ユニドロワ原則については、あらまし以下のとおりである[28]。

---

26) Proposal for a Regulation of the European Parliament and the Council on the law applicable to contractual obligations (Rome I), COM/ 2005 / 0650 final, Article 3 para. 2.: The parties may also choose as the applicable law the principles and rules of the substantive law of contract recognised internationally or in the Community.（提案3条2項：当事者は、国際的にあるいは欧州共同体において承認されている、実体契約法の諸原則やルールをも、準拠法として選択できる。）

ユニドロワ原則は、一方では契約の自由に関係している。同原則は、契約の締結のための形式的要件や、有効な原因または約因として知られる要件を含んでいない。また、ユニドロワ原則は、円滑な交渉過程を推奨し、拘束力のある合意を推奨する。ハードシップ（hardship）[訳注1]が生じたとき、当事者に契約を無効化することを許さず、契約を状況の変化に適応させるよう再交渉するように促す。いくつかの規定においては、契約違反の場合ですら、契約解除は最後の手段であって、契約違反が深刻なものでなければ正当化されず、違反者が自らの不履行を治癒することで解除を阻むことができるようになっている。これらの考え方は全て、ユニドロワ原則を国際取引活動における実際上の必要性と期待に応えうるものとすることを目的としている。

しかし、ユニドロワ原則は、国境を越えた取引に公正で衡平な条件を提供することを意図したいくつかの別の考え方によって、バランスをとっている。その中で最も重要なのは、契約の締結から終了に至るまで、当事者が、信義誠実及び公正な取引の原則にしたがうべき義務があるということである。さらに、権利濫用に対する規定、矛盾行為（一方当事者が、相手方に了解せしめたところと矛盾する行為をし、その了解を信頼してこれに基づいて合理的に行動した相手方に損害をもたらすこと）に対する規定、契約交渉における不誠実な行為に対する規定、詐欺、強迫及び、相手方の依存、経済的困窮、経験不足につけこむことにより両当事者の義務に著しい不均衡をもたらすことに対する規定、一方当事者の責任を著しく不当に制限することに対する規定がある。

かなりの程度において、ユニドロワ原則について述べたことはヨーロッパ原則にもそのままあてはまる。しかし、相違点もある。それは主に、ユニドロワ

---

27) 両原則を比較するものとして A.S. Hartkamp 'The UNIDROIT Principles for International Commercial Contracts and the Principles of European Contract Law', *European Review of Private Law* 1994, pp. 341–357; M.J. Bonell, 'The UNIDROIT Principles of Internatinal Contracts and the Principles of European Contract Law: Similar Rules for the Same Purposes?', *Uniform Law Review* 1996, pp. 229–246; Roy Goode, 'International Restatements of Contract Law and English Contract Law', *Uniform Law Review* 1997, pp. 231–248; A.S. Hartkamp, 前掲注20), pp. 125–143; Bonell, 前掲注22), p. 335–359. 参照。

28) Bonell, 前掲注22), p. 87 ff. 参照。

訳注1) "hardship"は「事情変更」などと訳されることがあるが、曽野和明ほか訳『UNIDROIT 国際商事契約原則』（商事法務・2004年）に従い、「ハードシップ」とした。（同原則6.2.2条（ハードシップの定義）同書147頁以下参照）。

原則が国際商事契約に適用しうる一般ルールを明らかにするものであるのに対し、ヨーロッパ原則はEU内で締結される、事業者・消費者間の契約を含む、全ての契約のための契約法の一般的規定を提示しているという事実に由来する。

その一例は、個別に交渉されていない不公正な契約条項の取消しを認めるルールである（ヨーロッパ契約法原則4：110条）。このようなルールはユニドロワ原則においては欠如している。ユニドロワ原則が、免責条項が「著しく不公正」となる限度においてこれを禁じている（ユニドロワ原則7.1.6条）のに対し、ヨーロッパ原則は、免責条項を緩用することが信義誠実及び公正な取引の原則に反することになる場合には既にその時点で免責条項の効力を否定するのである。

IV　最近の進展

最後に、将来のヨーロッパ民法典に関係することになるであろういくつかの新しい展開について述べておきたい。

2001年欧州委員会は *Communication on European Contract Law*（『ヨーロッパ契約法に関する声明書』）[29]を公刊し、続いて、2003年 *Action Plan on Contract Law*（『契約法のアクションプラン』）[30]、2004年 *European Contract Law and the revision of the acquis* [訳注2]: *the way forward*（『ヨーロッパ契約法とEU現行法制の見直し：今後の進路』）[31]という声明を公表した。これらの文書から、委員会がどのような進路をとろうとしているのかはあまり明確ではない。3つの異なるプロジェクトが語られている。

第1の、またもっとも具体的なプロジェクトは、いわゆるEU消費者現行法制の改訂[32]である。これらの規範は、8つの指令において規定されており、そのうち、不公正取引条項と消費者売買についての指令がおそらく最も重要で

---

29) COM（2001）398 final.
30) COM（2003）68 final.
訳注2） "acquis"という言葉は本稿で数回出てくるが、特にEU法においては、主として"acquis communautaire"という表現で、EUの現時点における現行法制の総体の意味で用いられている。そこで、「（EU）現行法制」等と訳した。
31) COM（2004）651 final.
32) *Green paper on the review of the consumer acquis*, COM（2006）744 final.

ある。改訂は、指令をより首尾一貫したものとし、不必要な矛盾を削除し、またおそらくは、調和の程度を、加盟国が消費者保護レベルを上げる自由を有しているという最小限のものから、完全なものへと変化させようとしている。欧州委員会は、2009年の改訂作業完了をめざしているようである。

第2のプロジェクトは、共通の準拠枠組（Common Frame of Reference：以下「CFR」）の作成である。CFRの目的は、既存の欧州共同体現行法制の改良や、欧州共同体の（あるいは場合によっては各国内の）契約法分野における他の立法を支えることができる基本原則、定義、モデルルールを（ある書のガイドとか「道具箱」'tool-box' として）提示することである。CFRのための基礎は、ヨーロッパの学者のいくつかのグループ、特に1997年に創設された、オスナブリュックのVon Bar教授を議長とするヨーロッパ民法典のための研究グループによって築かれつつある。これらのグループは2007年末までに欧州委員会に対しCFRの草案を提示する予定になっている訳注3)。このCFRの草案は、ヨーロッパ契約法原則を少し改訂したバージョンを含むであろう。そして、さらに、動産担保、売掛債権、多くの特殊な契約、不法行為法、そして不当利得法といった国際取引や国際運送に関連する私法の他の部分をもカバーするだろう。後には、関係するEU内の実業界との協議を経た上で、この学術的準備作業を基礎にCFRを作成することが欧州委員会の任務となろう。欧州委員会は、自らの選択が契約法に限定され、CFRがヨーロッパ民法典になることはない旨を示唆している33)。

第3のプロジェクトは、いわゆる「選択的契約ルール（optional instrument）」の作成である。これは、当事者が、その契約に適用されるよう選択することができる契約ルールの一式になると考えられている。このルールは、事業者間のみならず事業者・消費者間の契約にも適用しうる、国内法の代わりとなるべきものであり、契約法の一般ルールとヨーロッパ指令により要求されている全ての消費者保護ルールの双方を含むことになろう34)。仮にこのような選択的契

訳注3) 本講演原稿脱稿後、ハートカンプ教授より、この草案が提出された旨の連絡があった。

33) *Second progress report on the Common Frame of Refernce*, COM（2007）447 final, p. 11; Hugh Beale, 'The future of the Common Frame of Reference', *European Review of Contract Law* 2007, p. 259.

34) Beale, 前掲注33) p. 271.

約ルールが生まれるとすれば、一般的契約法に関する限り、CFR がその発想の重要な源の1つとなることは明らかである。

V 結 論

ヨーロッパ契約法原則の明らかな目的の1つは、それが EU 加盟国の国内契約法制度に代わりうるヨーロッパ契約法典の基礎となるべきことであった。Ole Lando 教授のこの理想は、ヨーロッパ民法典の研究グループを立ち上げるにあたって Christian von Bar 教授をも鼓舞したことは明らかである。欧州委員会が、数年前、おそらくヨーロッパ議会の決議に触発されてヨーロッパ契約法に向けての諸声明を発表したとき、そのような法典が、契約法に関してのみだとしても、予見しうる将来において現実化するということが、にわかに可能性のあるもののように見えた。今の状況下では、これはもはや現実的な見込みではない。しかし、学術的な準備は続けられていくであろうし、多くのヨーロッパの学者たちはお互いの法制度に関心を持ち続けていくだろう。そのこと自体、ヨーロッパの経済、政治の統一の必然的結果として生じている法分野における極めて大きな変化が生じつつある明らかな証である[訳注4]。

訳注4） なお、本講演後、観点は異なるが内容的に重なる部分のある西谷祐子「欧州共同体における契約法統一への道程──『ヨーロッパ契約法原則』の意義と問題点」民商137巻4・5号（2008年）371頁以下が現われた。これも参照されたい。

第20章 「ヨーロッパ民法典への動向」が語るもの
―ハートカンプ論文に思う

廣 瀬 久 和

1 「ヨーロッパ民法典への動向」と題されたハートカンプ教授の本書（第19章）掲載論文では、1989年の欧州議会決議に始まるヨーロッパ民法典制定を目指した動きが、その後どのような道筋をたどりながら今日に至っているのか、特に2つの異質なタイプの道筋が取り上げられ、説かれている。以下筆者なりの整理・分析を交えながら要約しておく。

その第1が、様々なタイプの基礎的な学術的活動の試みである。この中には、ヨーロッパ諸国の私法の現状を質問票の回答分析等を通じ客観的・実証的いわば「地図」で示す作業を目指す現状分析型アプローチや、契約、不法行為、不当利得など民法の主要分野を取り上げ、多様に分かれているかに見えるヨーロッパ諸国の法制も実は元は1つのものに帰着する、というニュアンスを自ずと伝えている収斂型比較法アプローチなどが存在する[1]。

他方、第2のタイプは、ヨーロッパ民法典の中身としてのあるべき規定案を模索する実定法規志向型の学術的活動である。これを特に進めてきたのは、契約法領域に関する2つの「委員会」である。その1つめはユニドロワ委員会で、その成果は「ユニドロワ国際商事契約原則」（PICC）1994年版、2004年版に結実しており、2つめがヨーロッパ契約法委員会、所謂ランドー委員会であって、これも「ヨーロッパ契約法原則」（PECL）（1995年の第1部から2003年の第3部まで）という形で成果が公刊されている。ハートカンプ教授は、主としてこの第2の実定法規志向型の活動領域で、上記の両委員会の中心的メンバーとして大いに活躍してこられた[2]。それもあってか、本論文でもこのあたりに実質的なウエイトが置かれている観がある。この点は後に若干補足する。

そしてさらに論文の最後には、「最近の進展」として、欧州委員会のイニシ

---

1) ここやこの後で出てくる「何々アプローチ」という表現は筆者の独断を交えた創作であり、やや誇張されている面がある。

第Ⅳ部　世界における民法典のハーモナイゼーションを目指して

アティヴの下で進められつつある 3 つのプロジェクトが紹介されている[3]。それらのプロジェクトの中でも「共通準拠枠組み」(CFR) と「選択的契約ルール」(optional instrument) は、「ヨーロッパ契約法原則」(PECL) 等のルール体系を内容的に充実させるとともに、対象領域を拡大するもので、その意味では上述の第 2 の実定法規志向型の流れの延長に位置づけられよう。他方で、特に「共通準拠枠組み」(CFR) の草案を最近欧州委員会に提出したのが、第 1 の基礎的な学術活動の一端を担ってきたフォン・バール教授たちの研究グループであった。ここに至り、先に述べた第 1 と第 2 の二種の学術的活動の流れが合流し始めたと捉えることができそうである。そしてこうした動きを諸種の「声明」等でサポート、ないし、リードしてきたのが、少なくとも 21 世紀の前半までは欧州委員会であったということは、同論文から読み取れるところである。

　2　本論文には、以上の、筆者によるやや強引な要約からも、債権法や民法改正を検討しつつある我々にとって考えさせられる重要なメッセージが含まれてはいないであろうか。

　先ず、ハートカンプ教授自身が前半で言われるように、時間を掛けた学術的な準備活動こそが有意義且つ不可欠なわけである。それも本当は法適用の実態まで降り立った実証的、比較法制度的、また歴史的研究が、様々な国を対象に行われるべきなのであろう。先程の第 1 の学術的準備の重要性である。このあたりは、ヨーロッパには大変な蓄積があると同時に、各国の研究者をつなぐことでそれが可能である点が若干羨ましい感じがする。

　他方、実定法規志向型の学術的検討の重要性はわが国でも認識されているし、盛んに行われつつあると思う。しかし、ハートカンプ教授が、規範の内容についてもかなり詳しい解説を加えている「契約法の諸原則」以下の章では、単に個々の法制度における解釈論の得失が論じられるだけでなく、より根本的な考

---

2) それら以前にも、1977 年以来国連国際商取引法委員会 (UNCITRAL) のオランダ代表となり、1980 年ウイーン国連売買条約の策定にも携わっておられるし、また、オランダの民法典改正についてはさらに前の 1974 年以来、同国の法務省や最高裁の高官として起草に携わってこられたが、これらのことは、今回の論文には直接には出てこない。

3) この部分は、上の第 1、第 2 にいう、「これまでの道筋」とは時系列的な位置が後にずれているので、第 3 の道筋というように捉えられるべきものではない。ハートカンプ教授も別立てにされている。

〔廣瀬久和〕　　　第20章　「ヨーロッパ民法典への動向」が語るもの

え方の違いやそれらの交錯が極めて広い視野から取り上げられていることが見落とされてはならない（例えばⅢ4「両原則の内容」の節に垣間見られるように、「契約自由」の尊重についても、「契約の拘束力の持続」までも考慮した考え方と、他方における「契約における公正」重視の考え方とのバランスや、それらの特に後者と「信義誠実の原則」との関係が正面から議論されているのである）。我々の間ではややもすると、技術的で細かな解釈論をすることこそが法律の「専門家」たる証であり、根本問題の議論は素人のやること、といった風潮が、特に近年のロースクール改革とともに強まっているようにも感じられる。勿論そうした主張にも大切な側面はあるが、特に百年の計を考えるべき民法改正においては、もう少し視野を広く、また検討のレベルをより深く、掘り下げていく必要があるのではなかろうか。

　3　ハートカンプ教授とは、先ずユニドロワ作業部会でお目にかかり、議長役を見事にこなされるとともに、ローマ法にいたる深い学識にしばしば感銘を受けた（ローマ法の強迫についてドイツ語で書かれた "Der Zwang im Römischen Privatrecht"（1971）が同教授の博士論文である）。次には日蘭学術シンポジウムで、オランダ新民法典の錯誤規定とユニドロワ原則におけるそれとが何故似ているか（同教授が橋渡しをされたのである）、また、両者においてともに重視されている信義則の機能は、ユニドロワ原則とオランダ新民法典でどうして異なるのか（これについては、いつか改めて論じたいと思っている）、等多くのご教示を受けた。そして、ヨーロッパ私法を大学で講じられるに至った今、また新たなインスピレーションを教授はヨーロッパから我々に向けて発してくれているが、本論文もその一つである。同教授に心から感謝するとともに、こうした機会を与えて下さった方々にも厚く御礼申し上げたい。

　　　　　　　　　　　＊　　　＊　　　＊

　4　以上の諸点は、今回のシンポジウムにおいて公表したが、更に、次の2点を付け加えたいと思う。
　第1は、特にフランスのカタラ教授が、ヨーロッパ民法典の動きがEUの方で起きてもフランス民法典はそう簡単に変わらない、と会場で話しておられたことと関係する。また、ほかの機会でも、民法典はその国の独自の文化と深く関わっている、ECやEUによる画一化には馴染まないと述べていたドイツの学者もいた。おそらくヨーロッパ各国の民法学者、特に伝統的な解釈学の権威

をそれぞれの国内で担っている民法学者の中には、このような考え方の人がまだ多いかもしれないと推測されるのである。そうした学者たちの多くは、ウイーン条約やユニドロワ契約原則等の策定といった国際的なルール作りの場には必ずしも登場しない（これには、会議に用いられる言語の問題がからむようである）。ヨーロッパ契約法原則の策定も——中心となったランドー氏は勿論——ユニドロワ契約原則の策定に当たったメンバーの多くが委員となっていたから、ほぼ同様の状況が認められたのではないかと思う（講演者のハートカンプ氏は、オランダ国内でも民法典改正の立役者となるなどまさに国内実定民法学の権威としても活躍してきた。その意味では国際面と国内面をかけ持つ、いわば例外的な存在であった）。しかし、その後のヨーロッパの新たな動きの中で、次の世代の民法の専門家たちがどう判断し、関わっていくか、そこが1つの重要な見極めどころとなろう。これは、ヨーロッパだけの話でもなさそうである。日本における法文化がどうあるべきか、国際的動向をどう捉え、それに対してわが民法典がどういう姿勢で関わるのか、正面から議論がなされるべき時が来ている。

　第2は、ウイーン国連売買条約やユニドロワ国際商事契約原則は（ハートカンプ氏の論文でも触れられているが）、「商事」取引を年頭においたものであったという点である。これに対しヨーロッパ契約法原則は商事取引以外の一般の契約をも対象とした一般契約法のルール化のはずである。ところが、商事契約法と民事契約法の区別ないし位置付けはヨーロッパ契約法原則ではあまりクリヤーには出ていない。むしろ、全体としてそれはユニドロワ国際「商事」契約原則の延長線上に位置付け得るように思われる。そもそも例えば英（米）法では、歴史的にも民事契約法と商事契約法の区別が明確にはとられてこなかった（むしろ商事契約法が契約法全体の基となっている。merchantabilityなど具体的制度にもその特質が残っている）から、イギリス契約法から見ればこれは当然のことであろう。しかし、日常生活を含め、社会における契約全般を対象とすべき民法典の契約法がそれでいいかは一考に価する。例えばフランスでは、民法における一般契約法と商事契約法とにはかなり明確な区別が設けられてきた。そこには単なる法形式の問題には尽きない実質面や法思想（あるいは法文化）の側面が関わっているように私は考えている。

　また、わが国においても現行商法典の源にあるレースラー草案やその後の商法典中に存在する契約法とボアソナード草案に遡る民法典が前提とする契約法には質的違いが存在してきたと捉えられる。法教育が進められつつある日本で

も、今や一般の社会の中で例えば「契約」というもの、「帰責事由」あるいは「過失」というものにどのような意義を認めるべきか、それらには例えば日常生活での契約の場合と商事取引の場合とでは区別された内容が盛り込まれて然るべきなのか否か等、真剣に検討されるべきである。最早、民法は、裁判規範としての遠い存在では済まされなくなりつつある。また、効率が重視され大量取引が年頭に置かれる商人間の規範とも異なった、自分たちの身近な社会規範としての行為規範としての意味も求められているのではないか。

　上の点に関連して1つだけエピソードないし具体例を挙げておきたい。ユニドロワ原則の策定に携わったとき、債務不履行の要件の過失（あるいは帰責事由。以下同じ）はやめようという話が出た。ランドー氏が、かつては病気による不履行が過失と評価されるべきかどうか争われたが、商取引ではそういうことを抗弁として責任を免れるのはおかしいという趣旨のことを発言し、過失の概念を採り入れない点で大方の賛同を得た。しかし、一般社会の契約法規範としては、過失や帰責事由は、債務者の履行できない事情を勘案する上で依然として一定の積極的役割を担っているとも考えられる。ドイツが近時の債務法改正に当たっても、過失概念を残したことを、単に古い考え方を引きずったものというように捉えることは余りに単純な見方ではないか。もっといえば、おそらくどのような立場からも認めざるを得ないはずの「免責事由」の中身が問われているわけだ。何らかの非難可能性は考慮せざるを得ないなら、「過失」とか「帰責事由」という言葉を用いるかどうかはさて置き、それらの概念の主要な部分は依然として実質的に意味を持つことになり、それが社会規範との連続性をもたらすことにもなろう（近時注目されつつある、小中学生対象の「法教育」においても、契約（約束）さえ存在すれば不履行時の帰責事由を問題とせずに違約の法的責任を追及できるもの、と教えるべきものであろうか。それとも不履行の原因、特に約束した者の非難可能性を考慮すべきことも教えるべきであろうか。私は特に、為す債務については後者を配慮すべき余地は残されるべきものと考える）。また、例えば債務不履行による損害賠償を考えるに当たっては、効果としてどれだけ重いものを予定するかという問題とも関わらざるを得ない（例えば無過失責任を大幅に採用しているといわれるアメリカ契約法では賠償責任の範囲は存外狭いようである。また、日本の社会規範としても、何らかの不履行があればいくらかの償いは当然としても、帰責性が認められない場合には要求される償いの程度は低くなるはずである）。わが国における債権法改正に当たっても、こうした、民法典の社会規範としての意味、また、商取引規範との位置関

係が効果との関連も含めて問い直されてしかるべきではないか。

　以上の2点が、ハートカンプ教授の講演に接し、また前掲の論文を読んで筆者の頭に去来したものである。
　これらは、むしろハートカンプ氏の論文でも十分触れられたとはいえない点であるが、そこに光を当てておくことも、同氏の論文の素晴らしい価値を減ずることにはならず、特に現下の我々にとって意味がないわけではないと考え、蛇足ではあるが敢えて付け加えさせていただいた。ハートカンプ氏も許してくれると思う。いや、何故もっと前に話してくれなかったかと、また豊富な例を挙げながらさらに大きな面白い議論につなげてくれたことだろう。残念ではあるが、こうした議論の続きはまたの機会のお楽しみとしたい。

第21章　ヨーロッパ連合における民法典論議
――統一性と多様性の相克と調和

北 居　　功

I　はじめに
II　統一性と多様性の調和の模索
　　――水平レヴェル
III　統一性と多様性の調和の模索
　　――垂直レヴェル
IV　おわりに――法形成のプロセス

I　はじめに

　「法典」という用語自体、きわめて多義的であるとはいえ、近代ヨーロッパにおける制定法文化の巨大な所産を指して「法典」と呼ぶのが、本章で想定する「法典」の本来的な意味である[1]。この意味での法典こそ、近代ヨーロッパの特殊な地域と時代状況の中で現れた文化的所産でありながら、その後、世界を席巻するほど大きな影響を持つに至り、多くの国で、現代社会に必須のインフラストラクチャーの一つとなっている。本章の目的は、この法典の意義が現在のヨーロッパ連合（以下、EU）でどのような状況にあるのか、つまり、法典は新たな時代状況の中でいかなる意義を託されるのかを考察することにある。もとより、EUにはいまだ民法典は存在しないし、その計画が具体的にあるわけでもない。しかし、EUに民法典が必要ではないかとの議論はすでに数十年来提起されてきており、法典編纂の現代的な意義を検証する素材をそこに十分求めることが可能な状況といえるであろう。
　一方で、理念的なレヴェルでは、法典編纂とそれが象徴するある共同体アイデンティティとの関係が問題となる。法典編纂が、すでに確立された共同体アイデンティティを前提にして、その共同体でのルールを纏める法典が編まれてくるという限り、法典編纂は、当該共同体のアイデンティティを象徴する意味

---

[1] Franz WIEACKER, Aufstieg, Blüte und Krisis der Kodifikationsidee, in Festschrift für Gustav Boehmer, Bonn, 1954, S. 34.

を獲得することができた。ところが、ヨーロッパ民法典には、こうした従来型の枠組みが単純には当てはまらない可能性がある。ヨーロッパにある私法の調和・統一への必要性と各国の伝統的なアイデンティティの多様性とが相克する。各国の国境を凌駕する法典の編纂がどのようにして可能かという、いわば水平レヴェルでの法統一への模索の試みといえよう。

　他方で、技術的なレヴェルでは、ある共同体が政治的な統一体として統一された後に、法典が編纂されるという順序が一般的である。しかし、ヨーロッパ民法典は、ここでも政治的統一に先行して法典編纂が可能かどうかを問うていることとなる。いわば、国内法のレヴェルで見れば、完結した法体系に調和・統一される法規範がいかにして挿入され得るのかという、あるいは反面で、完結した国内システムから国際的な調和のルールだけがいかにして抽出されるのかという、いわば垂直レヴェルの統一性の問題が登場する。

　以下では、この理念——水平——レヴェルと技術——垂直——レヴェルでの法典編纂の視点から、ヨーロッパ民法典をめぐる統一性と多様性の議論を検討してみよう。

II　統一性と多様性の調和の模索——水平レヴェル

1　ヨーロッパ民法典のディレンマ

　かつてサヴィニーが提唱したとおり、民族ごとに固有の法があるという考え方は[2]、それ以前の自然法の普遍性を民族ないしは国民単位に解体する決定的な契機となった。まさに法典が、民族ないし国民ごとに存在する固有の法の総体を意味するようになったのは、ドイツ民法典にだけ当てはまるのではなく、むしろサヴィニー以後19世紀の法典編纂に当てはまる最大の特質ということができよう[3]。しかも、法典編纂が19世紀に獲得した国民国家のアイデンティティの象徴としての意義は、その後ヨーロッパの枠組みを超えて、世界的な規模へと広がることとなった。とりわけ1945年以来、50か国以上がその私法を法典化してきたとされ[4]、「法典編纂の熱狂（una frenesia di codificare）」と

---

[2] Friedrich Carl von SAVIGNY, Vom Beruf unserer Zeit für Gesetzgebung und Rechtswissenschaft, in (Hrsg.) Hans HATTENHAUER, Thibaut und Savigny, Ihre programmatischen Schriften, 2. Aufl., München, 2002, S. 61 ff.

も呼ばれる⁵⁾。ここには、20世紀においてもなお、法典が国民国家の統合の象徴となる機能をなお堅持している事実が看取されるであろう。
　これに対して、ヨーロッパ民法典をめぐる議論は、民族ないしは国民のアイデンティティを確認する手段とは全くかけ離れた地点から始まる。遅くとも1980年代には、ヨーロッパ共同体が経済法や会社法、保険法などの分野で法調整を進める中で、すでにヨーロッパ・レヴェルで一般私法の法典編纂を提言する見解が提唱されていた⁶⁾。すなわち、法適用はもとより、法原則を明瞭とすることが司法にとって有益であるだけでなく、ヨーロッパ市場における市民の地位を憲法的観点から確定するうえでも、一般民法典の制定が望ましいという。他方で、ヨーロッパ議会も、1989年にヨーロッパ民法典の編纂を求める決議を下して以来⁷⁾、4度にわたって同様の決議を繰り返してきた⁸⁾。これらの見解表明に明らかなとおり、ヨーロッパ民法典は、あくまでヨーロッパ共同体が目指す市場の統合という目標との関係で必要とされてきたのである。
　この間の事情は、ヨーロッパ議会とヨーロッパ理事会が1999年5月25日に公布した「消費動産売買の一定局面に関する欧州指令」(1999/44指令)の国内法置換をめぐる議論に如実に表れるであろう。この消費動産売買指令は、ローマ法以来の大陸ヨーロッパに伝統的ないわゆる瑕疵担保責任を債務不履行責任へと転換しつつ、それに基づく買主の権利の保護を図ることを内容としている⁹⁾。問題は、瑕疵担保制度を廃棄して債務不履行責任へと転換する方針を、どのような範囲で採用すべきかに関係する。ドイツでは、この指令に基づく瑕

---

3) すでにイェーリングが、「法学は国内法学へと格下げされており、学問上の境界は、法学では政治的な国境と一致している。つまり、学問にとって屈辱的で、不名誉な形である」として、近代各国で国内化する法学の傾向を「国別法学 (Landesjurisprudenz)」と軽蔑的に呼んだのは、つとに有名である。Rudolf von JHERING, Der Geist des römischen Rechts auf den verschiedenen Stufen seiner Entwicklung, Bd.1, 6. Aufl., Leipzig, 1907, S. 15.

4) Ewoud HONDIUS, Das Neue Niederländische Zivilgesetzbuch. Allgemeiner Teil, in (Hrsg.) Franz BYDLINSKI, Theo MAYER-MALY, Johannes W. PICHLER, Renaissance der Idee der Kodifikation, Das neue Niederländiesche Bürgerliche Gesetzbuch 1992, S. 52.

5) Rudolfo SACCO, Codificare: modo superato di legiferare? in Rivista di diritto civile, 1983, p. 120.

6) Walter TILMANN, Zur Entwicklung eines europäischen Zivilrechts, in Festschrift für Walter Oppenhoff zum 80. Geburtstag, 1985, München, S. 500 f.

瑕疵担保責任から債務不履行責任への転換方針を消費売買に限定して採用するなど、必要最小限度の消費者保護関連の国内法改正に止めるべきとする、いわゆる「小さな改正」の立場と、この転換方針を売買全体を含んで民法自体の改正まで及ぼし、債務法全体の改正をも図るべきとする、いわゆる「大きな改正」の立場とが対立した[10]。他方で、フランスでもまた、当該指令の国内法への置換をめぐって、消費法典での置換に止めるべきとする「限定置換論」と民法

---

7) Entschließung zu den Bemühungen um eine Angleichung des Privatrechts der Mitgliedstaaten vom 26. 5. 1989. in Rabels Zeitschrift für ausländisches und internationales Privatrecht, Bd. 56, 1992, S. 320., in ZEuP, Bd.1, 1993, S. 613 f., ABl.C 158. は、次のような内容である。

「ヨーロッパ議会は…以下の諸理由を考慮して、／A. 共同体は従来、数多くの個別問題の調和を行ってきたが、私法の全体領域の調和を行ってはこなかった。／B. しかしながら、個別問題の法律上の規則は、とりわけ統一的な行動の可決後には、共通の域内市場の必要性と目標設定に対応しなかった。／C. 共同体にとって重要な私法上の問題の調和のもっとも適切な可能性は、私法の包括的な分野の統一にある。／D. 現代の共通の私法は、直接的または間接的に、第三国、とりわけラテンアメリカ諸国と共同体との関係の拡張に貢献し得る。／E. 統一は、域内市場の実現にとって最も重要な私法の分野、たとえば債務法で可能であって、そこでは、当然のことながら、統一の可能性は汲み尽くされてはいない。／F. 条約と統一的行動の規定は、全体の範囲で、この目標を達成するために、対応する法的な基礎を含んでいる。／G. 加盟国に通用している異なる法典や私法の異なる体系の相互理解のために、さらに、一致を得られる業績を支援するために、共同体内での比較法研究の遂行はもちろん、まったく一般的に、法典化に向けた努力――倫理的にも実質的にも――を支援することが不可欠である。／H. 共通の私法は、あらゆる加盟国にとって利益のあるものであり、それを受け入れない共同体の加盟国にとってさえも、利益があるはずである。／I. 最初の段階で、加盟国は審査を行い、助言を求め、そして最後に、加盟国が統一努力に参加したいかどうかについて態度を表明することとなろう。／J. それに続いて、この統一企画への参画を決心した加盟国は、優位を占め、企画全体を計画する学者からなる委員会を設置することとなろう。／1. 私法にとっての統一ヨーロッパ法典の完成のために必要な準備作業を開始することを求め、そこでは、あらゆる加盟国が、相応の審議を経て、加盟国が計画された統一に参画したいかどうかを表明することが求められる。…」。

8) OJ No. C 158, 26 June 1989, p. 400; OJ No. C 205, 25 July 1994, p. 518; OJ No. C 140 E, 13 June 2002, p. 538; OJ No. C 76 E, 25 March 2004, p. 95.

9) 消費財売買に関するEC指令の詳細については、円谷峻「債務法の現代化と瑕疵責任」『取引法の変容と新たな展開・川井健先生傘寿記念論文集』（日本評論社・2007年）60頁以下を参照。

10) ドイツにおけるこの論争について概観するのは、半田吉信『ドイツ債務法現代化法概説』（信山社・2003年）24頁以下。

典の関連規定をも置換すべきとする「拡張置換論」との間で論争が展開された[11]。

興味深いのは、ドイツでは最終的に民法自体を改正する「大きな改正」が実現したのに対して、フランスでは、むしろ「限定置換論」に沿って消費法典の改正にのみとどまったという、両国での対照的な結末である。ちょうど20世紀から21世紀への世紀の変わり目に、期せずして生じた両国での「法典論争」は、いわばヨーロッパに普遍的な「ヨーロッパ民法典」への熱望ないし挑戦と、なお加盟各国に伝統的に存在する個別的な「国民国家民法典」への愛着ないし固執との相克・軋轢を反映するようにも映る。問題は、普遍的法典への志向と個別的法典への執着という、現在のヨーロッパが抱えるディレンマをいかにして克服するのかという点にこそあるといえよう[12]。

2　統一性と多様性の相克

ヨーロッパ民法典は、国境を跨ぐ取引にとって障害となる私法の相違を除去するための方策として提唱された。EU加盟国の私法の間に相違があるということ自体が取引障害を意味するため、取引障害を除去するには、EU全体で一つの私法しかないというのがもっとも望ましい姿となるであろう。それを象徴するのが、ヨーロッパ民法典である。しかし、こうしたヨーロッパ私法の統一は、すでにある加盟国の中での法伝統と矛盾を来すこととなる。反面、各国の法伝統や法文化を尊重することは、すなわち、取引障害の存在をある程度許容することとならざるをえない。つまり普遍的なヨーロッパ民法典を志向するか、それとも、伝統的な個別の国民国家法典に執着するかというヨーロッパ私法の問題は、実は、ヨーロッパ私法の統一性を志向するか、それとも、各国私法の多様性を尊重するのかというディレンマに還元できることとなる。

極端な立場を想定するなら、両極に、ヨーロッパ民法典に全面的に賛成する見解と、ヨーロッパ民法典を全面的に拒絶する立場が思い浮かぶ[13]。事実、ヨーロッパ民法典を全面的に拒絶しようとする立場も、決して少なくない。今

---

11) この論争の詳細については、馬場圭太「EU指令とフランス民法典」川角由和＝中田邦博＝潮見佳男＝松岡久和編『ヨーロッパ私法の展開と課題』（日本評論社・2008年）405頁以下を参照。

12) Pierre LEGRAND, Against a European Civil Code, in The Modern Law Review, Vol. 60, 1997, p. 44.

第Ⅳ部　世界における民法典のハーモナイゼーションを目指して

日でもなお、各国の法伝統と法文化との結合を根拠にして、欧州に共通の私法の構築に疑問を呈する見解が主張されており、もっとも声の高いピエール・ルグランは、それぞれの国民が、その法的な思考を決して放棄し得ないほど強力に、それ自身の「精神性」によって刻印されているため、共通ヨーロッパ民法典を期待することは、幻想でしかないと主張する[14]。また、イヴ・ルケットは、フランス民法がフランスの統一に必要であったのと同じように、ヨーロッパの統合にもヨーロッパ民法典が必要であるとのアナロジーは、フランス統一の前提条件を形作った歴史を無視する見解であるという。完全な法統一を求めるヨーロッパ連邦ではなく、国家連合の政治統一レヴェルでは、ヨーロッパの人々がそれぞれのアイデンティティと、それを支える民事制度を維持できる構想となるという[15]。まさにドイツの著名な比較法学者であるハイン・ケッツは、次のように述べている。すなわち、「そうした〔ヨーロッパにおける私法調和の〕必要性が肯定されるとしても、果たして本気で、フランス人が彼らのフランス民法典——ほぼ200年にわたるフランス法文化の古い記念碑——を欧州の法統一という祭壇のうえで犠牲に供し、イングランド人が彼らの民法の法典化を、ブリュッセルから受け入れる準備をすることができると考えられるであろうか」（〔　〕は筆者が挿入）[16]。

これに対して、むしろヨーロッパ民法典、少なくともヨーロッパ私法の調和を支持する見解は、法典の基礎をなすはずのヨーロッパに共通の法伝統・法文化を強調する。ローマ法の再生と教会法の註釈を通じて形成された中世ローマ法学は、ボローニャ法科大学のカリキュラム、ラテン語およびテキストを共有して、ヨーロッパの学識法曹に共通の法文化を形成した。いわゆる、ユス・コ

---

13) 双方の見解を簡潔に対比させて概観するのは、Ole LANDO, Die Regeln des Europäischen Vertragsrecht, in Peter-Christian MÜLLER-GRAFF, Gemeinsames Privatrecht in der Europäischen Gemeinschaft, 2 Aufl., Baden-Baden, 1999, S. 567 ff. 双方の見解を詳細に検討するのは、Stefan GRUNDMANN/Jules STUYCK (ed.), An Academic Green Paper on European Contract Law, The Hague/London/New York, 2002.

14) LEGRAND, op.cit., pp. 44 et seq.

15) イヴ・ルケット＝馬場圭太訳「我々はヨーロッパ民法典へと向かうべきか」川角＝中田＝潮見＝松岡編『ヨーロッパ私法の展開と課題』141頁以下。

16) Hein KÖTZ, Rechtsvergleichung und gemeineuropäisches Privatrecht, in MÜLLER-GRAFF, a.a.O., S. 149 f.

ムーネ（IUS COOMUNE）である[17]。もっとも、ローマ法を継受したヨーロッパ大陸にはユス・コムーネが妥当しても、イングランドのコモン・ローの伝統には限られた影響しか持たなかったとの理解もある。しかし、とりわけ17世紀を中心に、法学者がヨーロッパを縦横に往来した事実や、大陸のシヴィル・ローとイングランドのコモン・ローの融合する現象の存在から、イングランドも含むヨーロッパに共通のユス・コムーネを主張する見解が、有力に主張されている[18]。こうした見解によれば、ヨーロッパの法文化が分断されたのは、近代法典編纂が始まった18世紀末以来、たかだか200年の伝統に過ぎず、それ以前にあったもっと歴史のある、本質的なヨーロッパの共通文化の回復にこそ、ヨーロッパ民法典の基礎が見出されることとなる[19]。

　もちろん、ユス・コムーネは過去の歴史認識に過ぎず、現在および将来のヨーロッパ民法のあり方に直結するものではないとの批判も提起されよう。これに対して、少なくとも契約法の分野では、ヨーロッパの法学者の長年の努力によって、『ヨーロッパ契約法原則（Principles of European Contract Law）』が纏め上げられた成果自体が、その反論として提示されよう。その編集委員会を主催したオーレ・ランドーは、ヨーロッパの法律家が法的価値を共有しているとの認識を示したうえで、「契約法は、死んだ過去の古い遺物を保存するというよりも、あらゆるヨーロッパ人に共通する倫理、経済および技術の問題である」として[20]、ヨーロッパに共通する文化の形成を示唆している。ところが、こうした見解もまた、法典編纂の前提が欠けるとの痛烈な批判に出遭うことは

---

17) Helmut COING, Die Bedeutung der europäischen Rechtsgeschichte für die Rechtsvergleichung, in ders, Gesammelte Aufsätze zu Rechtsgeschichte, Rechtsphilosophie und Zivilrecht, Bd.2, 1982, Frankfurt am Main, S. 157 ff.; ders, Europäische Grundlagen des modernen Privatrechts——Nationale Gesetzgebung und europäische Rechtsdiskussion im 19. Jahrhundert, Opladen, 1986, S.9ff.
18) Reinhard ZIMMERMANN, Historische Verbindungen zwischen civil law und common law, in MÜLLER-GRAFF, a.a.O., S. 103 ff.; ders, Das römisch-kanonische ius commune als Grundlage europäischer Rechtseinheit, in JZ, 1992, S.8ff.; Jan SMITS, The Making of European Private Law, 2002, Antwerp/Oxford/New York.
19) Reinhard ZIMMERMANN, The German Civil Code and the Development of Private Law in Germany, in The New German Law of Obligations, Historical and Comparative Perspectives, New York, 2005, pp.5 et seq.
20) Ole LANDO, Culture and Contract Laws, in European Review of Contract Law, Vol. 3, 2007, p. 18.

避けられない。すなわち、「1980年代後半以来、共通ヨーロッパ私法に関する議論が大きく成長してきた。ヨーロッパの学術上の寝室では、ヨーロッパのユス・コムーネの夢だけでなく、ヨーロッパ民法典の夢さえも、夢見られることがある。そのような法典が、加盟国の間の架け橋を作り、共通ヨーロッパのアイデンティティを支援することができるものと考えられているのである。しかしながら、一般的に承認されているところでは、ヨーロッパ議会がそうした計画に乗り出すことを後押ししているとはいっても、そのようなヨーロッパ法典のためのいかなる法的基礎も存在しないのである」[21]。

こうして、ヨーロッパ民法典をめぐる問題は、経済次元から文化次元へ移行する。法典編纂の前提条件であるヨーロッパ・アイデンティティ問題はもちろん、経済次元での法典編纂論議では、市場統合に有利な要素が強調されることで、市場主義に制約を加える社会正義の観点が犠牲となる可能性もある[22]。いずれにせよ、法的拘束力を持つ伝統的な法典の意味でのヨーロッパ民法典をEU加盟国のすべてに強制して、ヨーロッパ民法を統一することは、激しい抵抗に出遭うことは必至であろうし[23]、そもそもヨーロッパ機関が持つ法定立権限からみても困難である。しかし、ヨーロッパ私法の調和を図らないまま、必要な分野についてだけ、必要な調和措置をとるという従来の方策では、それらの措置の間の首尾一貫性に欠け、ひいては俯瞰性や一般性にも欠けることとなる[24]。要するに、統一性と多様性との間で、いかにして適切なバランスを

---

21) Cees van DAM, European Tort Law and the Many Cultures of Europe, in Thomas WILHELMSSON/Elina PAUNIO/Annika POHJOLAINEN, Private Law and the Many Cultures of Europe, Alphen aan den Rijn, 2007, p. 79.

22) Thomas WILHELMSSON, Private Law in the EU: Harmonised or Fragmented Europeanisation? in European Review of Praivete Law, Vol. 10, 2002, pp. 84 et seq.

23) とりわけ、コモン・ロー諸国での法典継受の困難について強調するのは、J.H.M. van ERP, The Pre-Contractual Stage, in Arthur HARTKAMP/Martijn HESSELINK/Ewoud HONDIUS/Carla JOUSTRA/Edgar DU PERRON/Muriel VELDMAN (ed.) Toward a European Civil Code, 3 rd ed., 2004, p. 378; Chiristian TWIGG-FLESNER, The Europeanisation of Contract Law, Current Controversies in Law, London/New York, 2008, pp. 190 et seq.

24) 従来のEC指令による私法調和が必ずしも成功しなかった経緯と事情については、拙稿「EU契約法」庄司克宏編『EU法：実務篇』（岩波書店・2008年）235頁以下を参照。

図るのかということが課題となるのである。

3　共通参照枠（Common Frame of Reference）の展望

　統一性と多様性の調和を図る構想は多様に主張されているが、ここでは、ヨーロッパ委員会が提案する「任意選択的道具（optional instrument）」の構想を見てみよう。ヨーロッパ委員会が2001年以降、ヨーロッパ契約法の包括的な調和の措置を模索し始め、2003年の「アクション・プラン」で提示したのが、「共通参照枠（Common Frame of Reference）」である[25]。これは、従来のヨーロッパ共同体の立法活動によって構築されてきた現行共同体法（acquis communautaire）をより一貫したものとするための方策であり、諸概念や諸原則を統一するための参照枠である。すでに、2009年初頭には「共通参照枠草案（Draft Common Frame of Reference）」概要版が公表されており[26]、包括的な諸原則の体系的な纏まりを提示している。

　問題は、仮にこうした包括的な諸原則の体系として将来完成するとき、「共通参照枠」がいかなる機能を果たすのかにある。そこで少なくとも目論まれているのが、契約当事者がこの「共通参照枠」を自身の契約内容に取り込むことはもちろん、ヨーロッパ機関や各加盟国の立法者が立法に際してそれを参照し、さらに司法機関がそれに依拠した判断を下すことで、「共通参照枠」がヨーロッパへ浸透することである[27]。

　もちろん、共通参照枠は、それ自体ヨーロッパ民法典ではない。ヨーロッパ委員会は、そのような包括的立法権限を有しないため、あくまでそれに法的な拘束力を付与せず、当事者が任意に選択できる道具であるというに止めている[28]。しかし、当事者が契約条項を選択するに際しても、消費者が、インターネットの画面上のそのマークをクリックすれば、共通参照枠に規定される消費者保護措置を選択できる、いわゆる「ブルーボタン」構想が提示されてい

---

[25] ヨーロッパ委員会の活動の経緯と報告内容については、拙稿「EU契約法」『EU法：実践篇』246頁以下を参照。

[26] Christian von BAR/Eric CLIVE/Hans SCHULTE-NÖLKE (ed.), Principles, Definitions and Model Rules of European Private Law, Draft Common Frame of Reference (DCFR), Outline Edition, Munich, 2009.

[27] Communication from the Commission to the European Parliament and the Council; European Contract Law and the Revision of the Acquis: the way forward, COM (2004) 651 final.

る[29]。また、その選択方法が、当事者が積極的に合意するときにのみ当該規定が契約内容とされるのではなく（オプト・イン）、当事者が積極的に排除しない限り、当該規定が契約内容とされるように（オプト・アウト）、より拘束的であればなおさらのこと、共通参照枠の影響力は強まろう。さらに、ヨーロッパ機関や加盟国の立法者が依拠することはもとより、ヨーロッパ私法裁判所が共通参照枠に依拠した判断を下すこととなれば、その間接的な解釈を通じた調和への影響も強まることは疑いない。こうして、共通参照枠は、「それ自体が法典であることを否定する法典である」[30]とまで評され、多様性の圧殺が警戒されている[31]。

III 統一性と多様性の調和の模索――垂直レヴェル

1 政治的統一と法典編纂

19世紀に法典編纂が、国民国家のアイデンティティの象徴的意義を獲得して以来、民法典の編纂は、その法典が通用する共同体のアイデンティティと切り離しては論じられ得ないものとなった。法典編纂は、アイデンティティがすでに確立した共同体において、その共同体を象徴するか、もしくは、いまだア

---

28) Communication from the Commission to the European Parliament and the Council; European Contract Law and the Revision of the Acquis: the way forward, COM (2004) 651 final.

29) Hans SCHULTE-NÖLKE, EC Law on the Formation of Contract —— from the Common Frame of Reference to the 'Blue Button', in European Review of Cotract Law, Vol.3, 2007, p. 348 et seq.

30) Hugh COLLINS, The European Civil Code, Tha Way Forward, Cambridge, 2008, p. 77.

31) ことに、ヨーロッパレヴェルでの社会正義水準が一律化されることで、加盟国にあるより高次元の社会正義のダンピングが生じることも想定でき、選択的法典構想が社会正義の観点を後退させる「羊の群れの中の一匹の狼」とさえなり得るとの懸念が表明されている。Brigitta LURGER, The Common Frame of Reference/Optional Code and the Various Understandings of Social Justice in Europe, in WILHELMSSON/PAUNIO/POHJOLAINEN, op.cit., pp. 177 et seq. また、社会正義の観点で、ヨーロッパ私法を査定し直すべきとする見解が、近時有力に主張されるようになっている。たとえば、Study Group on Social Justice in European Private Law, Social Justice in European Contract Law: a Manifesto, in European Law Journal, Vol. 10, 2004, pp. 653-674; Martijn W. HESSELINK, CFR & Social Justice, 2008, Munich.

イデンティティが確立していない共同体において、政治的な圧力と相まって、アイデンティティを確立する一助として機能するであろう。

現段階で、ヨーロッパの人々がその帰属する各国・各地域に対して持っているアイデンティティを凌駕し、それに優越するヨーロッパへのアイデンティティがない以上、あり得るヨーロッパ民法典は、アイデンティティの確立に先行する法典編纂の部類に属しよう。しかし、そこでヨーロッパ民法典がヨーロッパ・アイデンティティの確立に寄与できるには、政治的な背景がなければならないであろう。政治的統合はもちろん、ヨーロッパ・アイデンティティが醸成されているとはいえない現段階で、ヨーロッパ民法典が抱える問題は、政治的な統一に先行する統一法典の制定が果たして可能かどうかという問題へと立ち戻ることとなる。

2　政治的統一性の下での法統一

近代法典編纂は、政治的な統一との関係で、二つの類型に区別することができる。すなわち、政治的統一が先行する法典編纂と政治的統一が後続する法典編纂である。政治的な統一が先行する場合には、政治が主導する法典編纂が、その法典編纂の全体を有機的に関連づけることができる。たとえば、フランス法の場合、合意による所有権移転を基礎づける背景には、公証人による公正証書作成慣行があり、この公正証書の作成行為が合意とされるとともに、1855年法により作成された公正証書を謄記（登記）する制度が完備される[32]。これによって、民法自体は合意による所有権移転を規定するに過ぎなくとも、公証人制度と一体となった制度の運用が法システムとして確保されていることは、すでにわが国でも広く知られている。

しかしそれにとどまらず、フランスにおける債権譲渡における対抗要件としての通知・承諾制度は、もともと裁判所付属吏による送達もしくは公正証書による承諾を対抗要件とする制度であり、その到達時点を確定日付で証明することで対抗要件の重複といった事態が生じない制度となっている[33]。ここでも

---

[32]　フランスの公証人慣行に沿った不動産取引のメカニズムを解明するのは、鎌田薫「フランスにおける不動産取引と公証人の役割(1)(2)——〈フランス法主義〉の理解のために」早法56巻1号（1980年）31頁以下、2号（1981年）1頁以下を参照。

[33]　フランスにおける債権譲渡制度については、池田真朗『債権譲渡の研究〔増補版〕』（弘文堂・1997年）60頁以下、116頁以下を参照。

また、民法自体は単に債権譲渡の対抗要件制度を定めるに過ぎないが、送達や公正証書の作成という「手続」を通じて、債権譲渡制度の安定性を図るシステムが確立されている。さらに、たとえば履行の催告や弁済の提供は、裁判所付属吏が催告または提供の文書を作成したうえで、当該文書を送達して催告としたり、債務者から預かった金銭等を債権者の許へ持参する形で提供が実現されることとされている。ここでもまた、民法自体は催告や提供の要件効果を定めるに過ぎないとはいえ、民事訴訟法がその具体的な「手続」を確保して、裁判所付属吏が関与することで催告や提供の事実が公的に証明されるシステムが確保されているのである[34]。

これらの例からすでに明らかになるとおり、フランス民法典は、それと関連する多様な諸制度、とりわけその実体的な制度を実現するための手続制度によって背後から支えられており、それら背後の制度と相まって法システムを形成しているのである。反面からいえば、こうしたシステムをフランス全土に一律に適用できたことから見て、フランスにおける国内法システム全体に対する法典編纂の徹底ぶりが伺われよう。

3　政治的多様性の下での法統一

これに対して、19世紀のドイツでは、ウイーン会議の結果、各領邦ラントが乱立する政治的な分裂状態が出現することとなった。そのため、ティボーが全ドイツのための法典編纂論を主張し、仮にその全面的な支持が得られていたとしても、統一された政治的な圧力の下で法典編纂を実現することは、極めて困難な状況にあった[35]。興味深いのは、たとえばゲンナーは、サヴィニーの法典編纂反対論に反駁しつつ、ティボーの法典編纂論に対しても個別ラントごとの法典編纂論を主張して対抗したことであり[36]、当時の法典編纂論をとっても、いわばティボーがいうように全ドイツに「統一的な法典編纂論」と個別ラントごとの「多様な法典編纂論」とが対比され得たことである。事実、ドイツの各ラントは、1815年以降にそれぞれ独自の各種の法典編纂を計画し、実施していった[37]。こうして、各ラントが、それぞれの法システムを整備しつ

34）フランスの催告制度については、拙稿「遅滞論のシンメトリー——遅滞制度における形式要件と実質要件の乖離」法研72巻12号（1999年）296頁以下、フランスの弁済提供制度については、拙稿「債権者遅滞論の再構成序説——民法413条と492条の基本構造とその関係」法学政治学論究2号（1989年）168頁以下を参照。

つあったのであるから、サヴィニー以降のドイツ普通法学による法統一は、各ラントの法システムを前提にした法統一の可能性を模索せざるを得なかったはずである。まさに、ここに、19世紀ドイツ普通法学の特殊性、あるいは今日のヨーロッパ的視点から見れば、一種の先駆性が見出され得るように思われる。

　ドイツ普通法学を、ドイツの法統一を内在的な目標とする法統一運動の一環に据えて、その観点から評価するとき[38]、ドイツ普通法学は、純粋な実体民法ルールの確立に貢献したことは疑うべくもない[39]。この要因は、社会生活の展開に訴権体系では対応できなくなった19世紀の社会で、各人が行為するための準則として実体規範を整備する要請があったことに求められてきた[40]。しかし、こうした背景事情は、ドイツに限ったことではないことからすると、ドイツでこそ実体規範の純化が進んだ理由づけとして、なお十分ではないように思われる。あるいは、各ラントにある訴訟制度などの手続制度を前提にしてなお統一が可能な規範を、その解釈対象として純化したのが当時のドイツ普通

---

35) もちろん、1815年に結成されたドイツ連邦は、いわば政治的な統一圧力を持つ組織であったが、それは今日のEUにも似て、全ドイツに通用する法典編纂を遂行できる権限には疑念が持たれていた。しかし、そうした中でも、ドイツ連邦の下で、1841年から実現する著作権法の統一、1848年の普通ドイツ手形条例、1861年の普通ドイツ商法典および1866年のドレスデン草案が作成されたことは、ドイツにおける法典編纂の実現という点で注目に値する業績といえよう。この経緯の詳細は、Christian HATTENHAUER, Privatrechtsvereinheitlichung zur Zeit des Deutschen Bundes (1815-1866), in (Hrsg.) Peter JUNG/Christian BALDUS, Differenzierte Integration im Gemeinschaftsprivatrecht, München, 2007, S. 49 ff.

36) Nicolaus Thaddäus von GÖNNER, Ueber Gesetzgebung und Rechtswissenschaft in unsrer Zeit, Erlangen, 1815, S. 274 ff.

37) Claudia SCHÖLER, Deutsche Rechtseinheit, Partikulare und nationale Gesetzgebung (1789-1866), Köln/ Weimar/ Wien, 2004, S. 225 ff. たとえば、フランスの公証人制度がフランス革命後に国家的規模で統一的に変革されたのに対して、ドイツの公証人制度は19世紀を通じて各ラントごとに変革されていったのは、極めて対照的である。ドイツの公証人制度の歴史を概観するのは、久保正幡「公証人と法律学の歴史」公証法学2号(1973年)1頁以下。

38) 拙稿「19世紀ドイツにおけるアクチオ体系の克服——ヴィントシャイトの『アクチオ論』に関する覚書」人間環境学研究(名古屋大学)4巻1号(2006年)1頁以下。

39) フランス民法がアクチオ体系から完全に脱却していないのと対照するドイツ私法の特質を指摘するのは、兼子一『実体法と手続法——民事訴訟の基礎理論』(有斐閣・1957年)34頁。

40) 兼子『実体法と手続法』35頁。

法学であったとすれば、まさに、普通法学が純粋な実体規範の解釈学として確立される理由が明らかになるのではなかろうか。

すでにこうした例は、今日、国際物品売買に関する国連条約（ウィーン条約：CISG）にも見られるように、国境を跨ぐ実体法規範に共通する特質ともいえる。CISG は売買契約法でありながら、売買目的物の所有権関係の規律を含まず（4条b項参照）、いわば債権的規律にのみ純化しているのは、一つの特質として指摘されて良い。さらに、その 28 条は、その法廷地法が特定履行を認めない場合には、同条約が救済として定める特定履行の救済は認められないことを定める。実体規範として履行請求権が定められていても、その実現を図る手続がなければ、実体規範自体の実現ができないことを告白する規定と評することができよう。

Ⅳ　おわりに——法形成のプロセス

このように、政治的統一に先行する法典編纂は、統一される範囲の各領域にすでにある既存の制度を前提にして、その中で統一が可能な範囲に限って、実現が図られなければならないとの、いわば当然の制約に服している。まさに、この事態に EU 民法典も直面せざるを得ないのである。ことに、「その内容において、共通参照枠は既存の国内民法契約法典、とりわけドイツ民法典に非常に似たものとなるであろう」との指摘があるのは[41]、ドイツの法学者が共通参照枠の策定作業に積極的であるという事情のほか、ドイツ民法典を構築した法統一の基礎的条件が、まさに今日の EU に類似する点も看過されるべきではないように思われる。EU 民法典とはいえ、そこでまず実現が可能なのは、主として債権法の規律に限定された契約法となるであろう。しかし、仮に、EU 契約法が成立し、それが国内的効力まで持つときには、加盟各国内で確保されていた実体規範と手続規範との関連など、その国内法システムの分断が生じる危険も避けられない。まさに法統一の垂直レヴェルでは、法の統一性が、法の多様性を支えるその個別の法システムの完結性を破壊する危険も孕むのである。

---

41) Ole LANDO, The Structure and the Legal Values of the Common Frame of Reference (CFR), European Review of Contract Law, Vo.3, p. 250.; COLLINS, op.cit, p. 80.

あるいは、フランスとドイツのヨーロッパ私法の統一に対する対照的な態度は、この観点からも説明できるのかも知れない。

　確かに、今日のEU民法典をめぐる議論は、先に見た19世紀初頭のドイツにおける法典論争に擬えることさえできる[42]。私法における統一性と多様性の対立は、常にある法形成の緊張局面とさえいうことができるのかも知れない。一方で、国内レヴェルでみるなら、たとえば、20世紀後半に先進国で見られた脱法典化は、いわば法典編纂で固定化されているルールを、特別法によって回避することで、多様な価値を限られた局面で調整する機能を果たした[43]。これはまさに、法典による法の固定化を回避して、変化する社会に順応し即応した法形成を促進する現象と映る。しかし、特別法の乱立は法の体系性と俯瞰性とを破壊したため、それを回復するための再法典化が進むこととなる[44]。法典の破壊と再編とが、20世紀後半以降に見られる法形成の一つの典型とさえ映るようになった[45]。

　他方で、国際的なレヴェルでみるなら、現在のEUにおける法の統一性と多様性の緊張もまた、現在の各国で見られる脱法典化と再法典化の緊張関係と同じく、動態的な法形成の視点で共通する機能を持つように思われる。仮にヨーロッパ民法典が制定されたとしても、その司法解釈は現在の体制下では第一次的に各加盟国の裁判所に委ねられるため、解釈の多様性を回避することはでき

---

[42] ツィンマーマンは、「〈ヨーロッパ全体に共通となり得る〉法学の確立が、広く、現代の大きな挑戦の一つとみなされる。つまり、あるいは、フランスにおけるフランス民法典ないしはドイツにおけるドイツ民法典のように、ヨーロッパに広く受け入れられるような法典に向けた道を舗装するかも知れない法学である。今日我々は、この発展の始まりを眺めているに過ぎない」と指摘する。Reinhard ZIMMERMANN, Comparative Law and the Europeanization of Private Law, in Mathias REIMANN/Reinhard ZIMMERMANN (ed.), The Oxford Handbook of Comparative Law, Oxford, 2008, p. 573.

[43] ZIMMERMANN, Codification, op.cit., pp. 103 et seg.

[44] Konrad ZWEIGERT/Hans-Jürgen PUTTFARKEN, Allgemeines und Besonderes zur Kodifikation, in Festschrift für Imre Zajtay, 1982, Tübingen, S. 569 ff.

[45] シュミットは、法典化から脱法典化による法典の空洞化を経て再法典化に至るプロセスを法の動態的な形成プロセスとして眺めるべきことを提言する。Karsten SCHMIDT, Die Zukunft der Kodifikationsidee, Rechtsprechung, Wissenschaft und Gesetzgebung vor den Gesetzeswerken des geltenden Rechts, Heidelberg, 1985, S. 47 ff.

ない。反面で、すでに部分的に統一が進むヨーロッパ私法の分野で、その統一性自体を否定することも現実的ではないであろう[46]。ヨーロッパ私法の統一性と加盟国の私法の多様性との調和は、なお、加盟国の私法の競合、少なくとも解釈レヴェルでの競合、さらには競争をさえ育む環境のもとにある。その活力が、ヨーロッパ全体での私法の発展を促進することとなろう。まさに、ヨーロッパ私法の統一性と多様性との緊張関係こそが、動態的な法形成を促すように映るのも、理由のないことではない。EUの目下の経験が示唆するところでは、現代における法典編纂とは、国内的な脱法典化と再法典化を通じた法の再編圧力に加えて、国際的な調和・統一に向けた法の統合圧力の下で、その圧力と反作用との適切な調和を図る多様な試みの結晶をこそ意味するように思われる。

---

46) SMITS, op.cit., p. 271

第Ⅴ部　資　料　編

――日本民法典改正試案――

起草：民法改正研究会

Ⅰ　平成 20 年日本私法学会提出案
　　資料 1　日本民法改正試案
　　　　　（民法改正研究会・仮案〔平成 20 年 10 月 13 日案〕）
　　　　　第 1 分冊〔総則・物権〕
　　資料 2　日本民法改正試案
　　　　　（民法改正研究会・暫定仮案〔平成 20 年 10 月 13 日仮提出〕）
　　　　　第 2 分冊〔債権法〕

Ⅱ　平成 21 年新年案
　　資料 3　日本民法改正試案
　　　　　（民法改正研究会・仮案〔平成 21 年 1 月 1 日案〕）

I　平成20年日本私法学会提出案

資料1　日本民法改正試案

（民法改正研究会・仮案〔平成20年10月13日案〕）

第1分冊〔総則・物権〕

起草・民法改正研究会

序　文

　この資料編に収録した『日本民法改正試案』は、われわれ「民法改正研究会」が、民法財産法の全面改正を考えるために民法改正研究会発足（2005年11月）以来約3年の歳月をかけて作成した最初の条文案とその解説を、2008年10月13日の第72回日本私法学会シンポジウムのために、示したものである。この私法学会当日公表された、本第1分冊の「序文」には次のように記されている。

　「今回の私法学会シンポジウムにおいて発表される改正試案は、あくまで21名からなる民法改正研究会の手によるものにすぎず、衆知を集めた民法改正試案にはいたっていない。そこで、今回の私法学会を契機に、またそれに引き続き今後も多くの民法学者のご意見を伺い、この『民法改正研究会試案』を『民法学界有志改正試案』に、さらには法曹団体、会社法務グループ等の広い意味での各種の実務法曹、また可能であれば改正民法が適用される国民の意見をもとりいれた『国民有志改正試案』として、国民の共有財産に育てていきたいと考えている。そこで、今回の『日本民法改正試案』は、中間的な段階の第1次試案として、『民法改正研究会・仮案〔平成20年10月13日案〕』のタイトルのもとに発表することとした（なお、本改正試案は、約3年間の短期間の集中的作業によって作成されたものであり、時間の制約とわれわれの能力不足にともなう思わぬミスがあることを恐れている。本文に述べたようなご意見のみならず、このようなミスのご指摘を頂ければ、その点も今後改めていきたい）。」

　本書第1分冊は、3部から構成されていた。第1部は、民法改正研究会の手による「日本民法改正試案・財産法編」の「条文案」本体（以下、「第1部：条文案」という）である。第2部は、「日本民法改正試案」の「解説」（以下、「第2部：解説」という）である。第3部は、「資料編：日本民法改正試案・条文別議事録」（以下、「第3部：資料編・条文別議事録」という）である。本改正試案が、いかなる目的のために提案されたか、その内容がいかなるものかについては、「第2部：解説」に記されていたが、「第2部：解説」、「第3部：資料編・条文別議事録」はこの『民法改正と世界の民法典』には収録していない。内容を改訂したうえ、将来公刊したいと考えている。

序　文

　なお、今回収録しなかったが、さきざきの本格的な公刊にさいして収録が予定されている「第3部：資料編・条文別議事録」について一言しておきたい。私法学会当日公表された第1分冊の末尾には、「第3部：資料編・条文別議事録」の冒頭部分のみが添付されていた。この「第3部：資料編・条文別議事録」は、さきざき、それぞれの改正条文案が、誰が、いつ提案し、それがいかなる経緯のもとに最終的な本改正試案にいたったのか、という時系列的な議論の経緯と、その改正案の趣旨を明らかにするためのものである。私法学会当時公刊したものには、紙幅の制約から、提案者と議論の時期を示す欄を削除したうえで、その冒頭部分のみを示した。

　私法学会において公刊した段階では、基本的に民法改正試案は、民法改正研究会メンバーの意見が反映されたものであったが、それでも、2008年3月1日、2日に行われた「民法改正国際シンポジウム――日本・ヨーロッパ・アジアの改正動向比較研究」において内外から寄せられた意見の数々が本改正試案には反映されていた。ここに収録されていないものを取り上げるのは恐縮であるが、若干の例を具体的にあげれば、「第3部：資料編・条文別議事録」には、中田裕康教授の問題提起（行ナンバー81以下）や瀬川信久教授による条文提案（行ナンバー113以下）が本民法改正試案にいかなる影響を与えたかが記載されていた。この例からも、さきざきの出版にさいし、「資料編・条文議事録」が公刊されれば、最終的な民法試案が、だれの、どのような提案が、いかなる議論をへて形成されていったかが、わかるであろう。

　なお、本研究については、その前提となる比較法的研究と前述した2008年3月の国際シンポジウムを含め、科学研究費補助金のほか、学習院国際交流基金、学術振興野村基金、社会科学国際交流江草基金、村田学術振興財団より研究助成を受けた（五十音順）。仮案の段階とはいえ、日本民法改正試案の条文案の提示ができたのも、これらの諸団体からの助成に負うところが大きい。記して、心からなる謝意を表したい。

2008年8月30日

民法改正研究会代表

加　藤　雅　信

【なお、本書に収録したこの第1分冊の「序文」は私法学会当時に公刊したものを基礎としながら、この『民法改正と世界の民法典』の読者にわかりやすいように書き改めたものである。】

『日本民法改正試案』条文案一覧（民法改正研究会・仮案〔平成20年10月13日案〕）

☆ 左から二つ目の列にある「新」は新設条文であることを、「修」は修正条文であることを示している（修正条文が微修正にとどまり、修正箇所がわかりにくいものは、その修正した箇所に下線を付している）。また、「移」の符号を付したものは、単に条文の場所を移動させたことを超え、複数条文を統合した場合、所属の節を変更した場合等、一定の意味がある条文の場所の変更があったことを意味する。「削除」は、現行条文が削除されたことを、この欄が空白の場合は、現行民法典の条文をそのまま承継したことを意味する（ただし、引用条文がある場合には、その条文は民法改正試案の条数に基本的に改めている）。「*」は、民法改正研究会が付したコメントを意味する。

☆☆ 現在採用されている条文表現の一般的ルールには、一部に、現代的でないもの、あるいは読んだ者に理解しにくいものも存在しているように思われる。たとえば、「一箇月」等の表現は「一か月」と表現したほうが現代的と思われる。また、現行民法では、条文のなかに他の条文を引用する場合に、条文の題名が付されているものと付されていないものが混在している。しかし、法律の条数を暗記している人はきわめて例外的なので、すべての引用条文については題題を付したほうが、読む者の理解に資すると思われる。このように、本民法改正試案は、現在の法制局的ルールに意図的に従わず、読んだ者に理解しやすくするよう努めた箇所もある。
　また、現在では節や款に単一の条文しかなく、それらの題名が同一のとき、また連続条文が同一の題名のとき等は、条文の題名が省略されている。しかし、法律を学ぶ学生等でもこのルールを理解していない者も多く、質問をうけることも稀ではない。そこで、無用な混乱を避けるために、このような場合にも条文に題名を付すこととした。
　以上のような扱いにしたのは、現在の法制局的なルールを一般的に見直すには、基本法である民法の改正がよい機会になると考えたからである。

1	第1編 総則		
2	第1章 通則		
3	1条 趣旨	新	1条：この法律は、個人の尊厳を尊重し、財産権の保障を基礎とした私人の自律的な法律関係の形成及び両性の本質的平等を基礎とする人間関係の形成を旨として、私人間の法的関係を規定する。
4	2条 基本理念	新	2条①：財産権、人格権、その他の私権は、これを侵してはならない。
5		新	2条②：私権は、公共の福祉と調和しなければならない。
6	3条 信義誠実の原則	修	3条①：権利義務の発生、権利の行使及び義務の履行は、信義誠実の原則に従う。
7	（「エストッペル」）	新	3条②：自己が以前に表示した事実及び先行する自己の行為に反する主張は、これをしてはならない。
8	（「クリーンハンズの原則」）	新	3条③：不法な行為をした者は、それによって生ずべき法的利益につき裁判所に救済を求めることができない。
9	4条 権利濫用禁止の原則	移	4条：（現行1条3項に同じ）権利の濫用は、これを許さない。
10	5条 自力救済の禁止	新	5条：自力救済は、これを許さない。ただし、緊急やむを得ない事情が存在し、かつ、必要な限度を超えない場合は、この限りでない。
11	第2章 権利の主体		
12	第1節 自然人		
13	第1款 権利能力		
14	6条 自然人の権利能力	修	6条①：自然人の私権の享有は、出生によって始まり、死亡によって終わる。
15	（「胎児の法的地位」について）	新	6条②：胎児は、既に生まれたものとみなす。ただし、出生しなかったときは、この限りでない。
16	（現行3条2項「外国人の権利能力」削除）	削除	外国人の権利能力について規定した現行民法3条2項は、内外人平等原則をより明確にするために、削除した。
17	7条 同時死亡の推定	移	7条：（現行32条の2に同じ）数人の者が死亡した場合において、そのうちの一人が他の者の死亡後になお生存していたことが明らかでないときは、これらの者は、同時に死亡したものと推定する。
18	第2款 意思能力		
19	8条 意思能力の欠缺	新	8条①：事理を弁識する能力を欠く状態でなされた意思表示に基づく法律行為は、無効とする。
20		新	8条②：前項の場合において、意思表示をした者が重大な過失により事理弁識能力を欠いた場合には、善意の相手方に対し、その法律行為の無効を主張することができない。相手方が悪意で無効を主張することができる場合であっても、その法律行為の無効を善意の第三者に対抗することはできない。
21	第3款 制限行為能力	*	本款の最初に規定した未成年者については、研究会正案、研究会副案1、研究会副案2の3つの案が提示されている。
22		移	9条（現行4条に同じ）年齢二十歳をもって、成年とする。
23	[未成年者・研究会正案] 9条：未成年者の法律行為（現行4条、5条1項・2項、824条、859条を（新）8条に統合）	新	9条②：親権者又は未成年後見人（以下本条、（新）第十条〔単独でなしうる法律行為〕及び（新）第十一条〔成年解放〕において「法定代理人」という）は、子又は未成年被後見人（以下「未成年者」という。）の財産に関する法律行為について、未成年者を代理する。ただし、未成年者の行為を目的とする債務を生ずべき場合には、本人の承諾を得なければならない。
24		修	9条③：未成年者が法律行為をするには、その法定代理人の同意を得なければならない。未成年者又はその法定代理人は、同意なくしてなされた法律行為を取り消すことができる。
25		修	10条①：前条第三項の規定にかかわらず、未成年者は、次に掲げる法律行為を法定代理人の同意なくしてすることができる。
26	10条 単独でなしうる法律行為	修	一　単に権利を得、又は義務を免れる法律行為
27		修	二　法定代理人から処分を許された財産の範囲内における法律行為
28	（現行5条1項ただし書、同条3項、6条を（新）9条に統合）	新	三　当該未成年者の年齢に相応の日用必需品の購入その他日常生活上必要な法律行為
29		修	10条②：未成年者又は未成年後見人が営業をするときは、その営業に関しては、未成年者と同一の行為能力を有する。この場合において、未成年者がその営業に堪えることができない事由があるときは、その親権者又は未成年後見人は、第四編（親族）の規定に従い、その許可を撤回し、又はこれを制限することができる。
30		新	11条①：未成年者が婚姻をしたときは、親権または後見から解放される。
31		新	11条②：前項の未成年者の離婚は、その成年解放の効力に影響を及ぼさない。
32		新	11条③：未成年者が満十八歳に達した場合において、家庭裁判所は、親権者または未成年後見人の申立てに基づき、その未成年者が法律行為を行うのに十分な能力があり、かつ法定代理人による財産管理の必要がないと判断するときは、成年解放の宣告をすることができる。
33	11条 成年解放（現行753条に「成年解放宣言」を付加）	新	11条④：親権者の一人がその意思を表示することができない場合には、前項の申立ては親権者の一方のみの意思に基づいてなすことができる。
34		新	11条⑤：前二項による申立てがあった場合、家庭裁判所は、成年解放の宣告をなすか否かの決定に先立って未成年者の意見を聴取することを要する。
35		新	11条⑥：未成年者に法定代理人が存在しない場合、未成年者は三親等内の親族の同意を得て、自ら成年解放宣告の申立てをすることができる。
36		新	11条⑦：第二項に該当する者及び前四項の規定に従い成年解放の宣告を受けた者は、それ以後、成年者と同一の行為能力を有する。
37		修	9条①：年齢十八歳をもって、成年とする。
38		新	9条②：（研究会副案2に同じ）
39		新	9条③：（研究会正案に同じ）
40	[未成年者・研究会副案1] （条文の題名は、省略）	修	10条：（研究会正案に同じ）
41		*	研究会正案（新）11条（成年解放）は削除される。
42		*	研究会副案1を採用する場合には、消費者契約法4条のなかに、次の規定を置く。
43		新	消費者契約法4条（消費者契約の申込み又はその承諾の意思表示の取消し）N項：消費者の年齢、知識、経験、財産の状況及び当該契約を締結する目的に照らして不適当と認められる勧誘を行って事業者が契約を締結したときは、その消費者は、契約を取り消すことができる。

44	[未成年者・研究会副案2] 9条：未成年者の法律行為等 （現行4条、5条1項2項、824条、859条を(新)8条に統合）	新	9条①：四月一日までに年齢十八歳に達した者を成年者とする。
45		新	9条②：親権者又は未成年後見人(以下本条及び(新)第十条（単独でなしうる法律行為）において「法定代理人」という)は、子又は未成年被後見人(以下「未成年者」という。)の財産に関する法律行為について、未成年者を代理する。ただし、未成年者の行為を目的とする債務を生ずべき場合には、本人の同意を得なければならない。
46		新	9条③：法定代理人は、四月一日までに年齢N歳に達していない未成年者（以下「幼年者」又は「幼少年」という。）の法律行為を取り消すことができる。ただし、(新)第十条（単独でなしうる法律行為）第一項第一号及び法定代理人の同意を得てなされた第三号に該当する行為については、この限りでない。
47		新	9条④：幼年者以外の未成年者が法律行為をするには、その法定代理人の同意を得なければならない。未成年者又はその法定代理人は、同意なくしてなされた法律行為を取り消すことができる。
48		*	3項のN歳については、10歳と12歳の2つの案がある。10歳の場合には、(新)9条3項の文言を「幼年者」、12歳案の場合には「幼少年」とする。
49		*	研究会副案2を採用する場合には、未成年者を「幼年者」とそれ以外と二分するのみならず、成年者も「若年成年者」とそれ以外に二分し、次の款の規定を置く。そのうえで、第3款の標題は、「制限行為能力者等」とする。
50		新	N条（若年成年者撤回権）：二十三歳未満の成年者（以下「若年成年者」という。）は、法律行為の相手方が事業者である場合において、その申込み若しくは個別の勧誘により法律行為を行った場合、法律行為の時又は法律行為の目的物を受領した時から起算して一か月の間、その法律行為を撤回することができる。ただし、若年成年者が支払った金額が十万円に満たない場合、又は当該法律行為の状況から裁判所が撤回が相当でないと認める場合は、この限りでない。
51	10条 単独でなしうる法律行為 （現行5条1項ただし書、同条3項、6条、753条を(新)9条に統合）	修	10条①：前条第三項の規定にかかわらず、未成年者は、次に掲げる法律行為を法定代理人の同意なくしてすることができる。
52		修	一 単に権利を得、又は義務を免れる法律行為
53		修	二 法定代理人から処分を許された財産の範囲内における法律行為
54		新	三 当該未成年者の年齢に相応の日用必需品の購入その他日常生活上必要な法律行為
55		修	10条②：親権者又は未成年後見人が営業を許した未成年者は、その営業に関しては、成年者と同一の行為能力を有する。この場合において、未成年者がその営業に堪えることができない事由があるときは、その親権者又は未成年後見人は、第四編(親族)の規定に従い、その許可を撤回し、又はこれを制限することができる。
56		修	10条③：未成年者は、婚姻をしたときは、成年者と同一の行為能力を有する。この場合において、未成年者がその後において離婚したときも同様とする。
57		*	研究会正案(新)11条(成年解放)は削除される。
58	12条 後見開始の審判 （現行7条、8条を(新)11条に統合）	移	12条①：(現行7条に同じ)精神上の障害により事理を弁識する能力を欠く常況にある者については、家庭裁判所は、本人、配偶者、四親等内の親族、未成年後見人、未成年後見監督人、保佐人、保佐監督人、補助人、補助監督人又は検察官の請求により、後見開始の審判をすることができる。
59		移	12条②：(現行8条に同じ)後見開始の審判を受けた者は、成年被後見人とし、これに成年後見人を付する。
60	13条 成年被後見人の法律行為 （現行9条、859条を(新)12条に統合）	新	13条①：成年後見人は、成年被後見人の財産に関する法律行為について、成年被後見人を代理する。ただし、成年被後見人の行為を目的とする債務を生ずべき場合には、本人の同意を得なければならない。
61		修	13条②：成年被後見人又はその成年後見人は、成年被後見人の法律行為を取り消すことができる。ただし、日用必需品の購入その他日常生活上必要な法律行為については、この限りではない。
62	14条 後見終了の審判	修	14条：(新)第十二条（後見開始の審判）に規定する原因が消滅したときは、家庭裁判所は、本人、配偶者、四親等内の親族、後見人（未成年被後見人及び成年被後見人をいう。以下同じ。）、後見監督人（未成年後見監督人及び成年後見監督人をいう。以下同じ。）又は検察官の請求により、後見を終了する審判をしなければならない。
63	15条 保佐開始の審判 （現行11条、12条を(新)14条に統合）	移	15条①：(現行11条に同じ)精神上の障害により事理を弁識する能力が著しく不十分である者については、家庭裁判所は、本人、配偶者、四親等内の親族、後見人、後見監督人、補助人、補助監督人又は検察官の請求により、保佐開始の審判をすることができる。ただし、(新)第十二条(後見開始の審判)に規定する原因がある者については、この限りでない。
64		移	15条②：(現行12条に同じ)保佐開始の審判を受けた者は、被保佐人とし、これに保佐人を付する。
65	16条 被保佐人の法律行為 （現行13条、876条の4を(新)15条に統合）	新	16条①：家庭裁判所が、本人若しくは保佐監督人の請求によって、保佐人に被保佐人のために特定の法律行為について保佐人に代理権を付与する旨の審判をしたときは、保佐人は、その法律行為について被保佐人を代理する。ただし、本人以外の者の請求によってこの審判をするには、本人の同意がなければならない。
66		修	16条②：被保佐人が次に掲げる法律行為をするには、その保佐人の同意を得なければならない。被保佐人は、同意又は第三項の家庭裁判所の許可なくしてなされた法律行為を取り消すことができる。ただし、日常生活に関する法律行為については、この限りでない。
67		修	一 不動産その他重要な財産の売買、賃貸借その他権利の変動を目的とする法律行為をすること。ただし、(新)第N条（短期賃貸借）に定める期間を超えない賃貸借をすることを除く。
68		修	二 贈与をし、贈与の申込みを拒絶し、又は負担付贈与の申込みを承諾すること。
69		修	三 新築、改築、増築又は大修繕を目的とする法律行為をすること。
70		修	四 金銭消費貸借契約若しくはこれに類する契約を締結し、その他元本を利用若しくは領収し、又は保証をすること。
71		修	五 和解又は仲裁合意(仲裁法（平成十五年法律第百三十八号）第二条(定義)第一項に規定する仲裁合意をいう。)をすること。
72		修	六 相続を承認若しくは放棄し、遺贈を放棄し若しくは負担付遺贈を承認し、又は遺産の分割をすること。
73		新	七 前号までに規定する法律行為のほか、無償で相手方又は第三者に利益を与える法律行為をすること。
74		修	八 その他、(新)第十五条（保佐開始の審判）本文に規定する者又は保佐監督人の請求により、家庭裁判所が保佐人の同意を得なければならない旨の審判をした法律行為をすること。
75		移	16条③：(現行13条3項に同じ)保佐人の同意を得なければならない法律行為について、保佐人が被保佐人の利益を害するおそれがないにもかかわらず同意をしないときは、家庭裁判所は、被保佐人の請求により、保佐人の同意に代わる許可を与えることができる。
76	17条 保佐終了の審判等	修	17条①：(新)第十五条（保佐開始の審判）本文に規定する者の原因が消滅したときは、家庭裁判所は、本人、配偶者、四親等内の親族、未成年後見人、未成年後見監督人、保佐人、保佐監督人又は検察官の請求により、保佐を終了する審判をしなければならない。
77		修	17条②：家庭裁判所は、前項に規定する者の請求により、前条第一項又は第二項の審判の全部又は一部を終了する審判をすることができる。

78	18条 補助開始の審判 (現行15条3項削除したうえで、15条と16条を(新)17条に統合)	修	18条①：精神上の障害により事理を弁識する能力が不十分である者については、家庭裁判所は、本人、配偶者、四親等内の親族、後見人、後見監督人、保佐人、保佐監督人又は検察官の請求により、(新)第二十条(同時審判)の要件のもとに、補助開始の審判をすることができる。ただし、(新)第十二条(後見開始の審判)又は(新)第十五条(保佐開始の審判)本文に規定する原因がある者については、この限りでない。
79		移	18条②：(現行15条2項に同じ)本人以外の者の請求により補助開始の審判をするには、本人の同意がなければならない。
80		移	18条③：(現行16条に同じ)補助開始の審判を受けた者は、被補助人とし、これに補助人を付する。
81		＊	補助開始の審判と、同意権または代理権を付する審判を同時になすべきことを規定する現行民法15条3項は、必ずしもわかりやすいものではないので、それを削除し、(新)20条に規定し直すこととした。
82	19条 被補助人の法律行為 (現行17条、876条の9を(新)18条に統合)	修	19条①：家庭裁判所が、前条第一項本文に規定する者又は補助人若しくは補助監督人の請求によって、被補助人のために特定の法律行為について補助人に代理権を付与する旨の審判をしたときは、補助人は、審判がなされた法律行為について被補助人を代理する。
83		修	19条②：家庭裁判所が、前条第一項本文に規定する者又は補助人若しくは補助監督人の請求により、(新)第十六条(被保佐人の法律行為)第二項の八号を除く各号に規定する行為の一部につき、被補助人がする法律行為に補助人の同意を必要とする旨の審判をしたときは、被補助人は、審判がなされた法律行為について被補助人の同意を得なければならない。
84		修	19条③：本人以外の者の請求により前二項の審判をするには、本人の同意がなければならない。
85		移	19条④：(現行17条3項に同じ)補助人の同意を得なければならない法律行為について、補助人が被補助人の利益を害するおそれがないにもかかわらず同意をしないときは、家庭裁判所は、被補助人の請求により、補助人の同意に代わる許可を与えることができる。
86		修	19条⑤：補助人又はその補助人は、その同意を得なければならない行為であって、その同意又は前項の家庭裁判所の許可を得ないでした法律行為を取り消すことができる。
87	20条 同時審判	修	20条：(新)第十八条(補助開始の審判)第一項の審判は、前条第一項又は第二項の補助人に対する代理権又は同意権を付与する審判とともにしなければならない。
88	21条 補助終了の審判 (現行18条2項、3項を(新)20条2項に統合)	修	21条①：(新)第十八条(補助開始の審判)第一項本文に規定する原因が消滅したときは、家庭裁判所は、本人、配偶者、四親等内の親族、未成年後見人、未成年後見監督人、補助人、補助監督人又は検察官の請求により、補助を終了する審判をしなければならない。
89		修	21条②：家庭裁判所は、前項に規定する者の請求により、(新)第十九条(被補助人の法律行為)第一項又は第二項の審判の全部又は一部を終了する審判をすることができる。この場合において、本項前段の審判がすべてが終了したときは、家庭裁判所は(新)第十八条(補助開始の審判)第一項により開始された補助がすべて終了する旨の審判をあわせてしなければならない。
90	22条 審判相互の関係	修	22条①:後見開始の審判をする場合において、本人が被保佐人又は被補助人であるときは、家庭裁判所は、その本人に係る保佐又は補助を終了する審判をしなければならない。
91		修	22条②：(現行19条2項に同じ)前項の規定は、保佐開始の審判をする場合において本人が成年被後見人若しくは被補助人であるとき、又は補助開始の審判をする場合において本人が成年被後見人若しくは被保佐人であるときについて準用する。
92	23条 制限行為能力者の相手方の催告権	修	23条①：制限行為能力者(未成年者、成年被後見人、被保佐人並びに(新)第十九条〔被補助人の法律行為〕第二項の審判を受けた被補助人をいう。以下同じ。)の相手方は、制限行為能力者が付せられた法定代理人、保佐人又は補助人に対し、一か月以上の期間を定めて、その期間内にその取り消すことができる法律行為を追認するかどうかを確答すべき旨の催告をすることができる。制限行為能力者が能力を回復したときは、この催告はその者に対して行わなければならない。
93		修	23条②：前項の催告を受けた者が単独で追認をすることができる場合に、その者がその期間内に確答を発しないときは、その法律行為を追認したものとみなす。
94		修	23条③：第一項の催告を受けた者が単独で追認をすることができない場合に、その者がその期間内に確答を発しないときは、その法律行為を取り消したものとみなす。
95	24条 制限行為能力者の詐術	修	24条：制限行為能力者は、行為能力者であることを信じさせるため詐術を用いたときは、その法律行為を取り消すことができない。
96	第4款 意思表示の受領能力		
97	25条 意思表示の受領能力	移	25条：(現行98条の2に同じ)意思表示の相手方がその意思表示を受けた時に未成年者又は成年被後見人であったときは、その意思表示をもってその相手方に対抗することができない。ただし、その法定代理人がその意思表示を知った後は、この限りでない。
98	(現行第3節「住所」削除)	削除	現在、民法具に規定されている「第3節 住所」(現行民法22条～24条)の規定は、すべてに「法の適用に関する通則法」に移動することとした。
99	第5款 不在者の財産管理及び失踪の宣告		
100	26条 不在者の財産の管理		26条①：(現行25条1項に同じ)従来の住所又は居所を去った者(以下「不在者」という。)がその財産の管理人(以下この節において単に「管理人」という。)を置かなかったときは、家庭裁判所は、利害関係人又は検察官の請求により、その財産の管理について必要な処分を命ずることができる。本人の不在中に管理人の権限が消滅したときも、同様とする。
101		修	26条②：前項の規定による命令後、本人が管理人を置いたときは、家庭裁判所は、その管理人、利害関係人又は検察官の請求により、前項の命令を失効させる旨を命じなければならない。
102	27条 管理人の改任		27条：(現行26条に同じ)不在者が管理人を置いた場合において、その不在者の生死が明らかでないときは、家庭裁判所は、利害関係人又は検察官の請求により、管理人を改任することができる。
103			28条①：前二条の規定により家庭裁判所が選任した管理人は、その管理すべき財産の目録を作成しなければならない。この場合において、その費用は、不在者の財産の中から支払うものとする。
104	28条 管理人の職務		28条②：(現行27条2項に同じ)不在者の生死が明らかでない場合において、利害関係人又は検察官の請求があるときは、家庭裁判所は、不在者が置いた管理人にも、前項の目録の作成を命ずることができる。
105			28条③：(現行27条3項に同じ)前二項に定めるもののほか、家庭裁判所は、管理人に対し、不在者の財産の保存及び認めるべき処分を命ずることができる。
106	29条 管理人の権限	修	29条：管理人は、(新)第六十四条(代理人の権限)第二項に規定する権限を超える代理行為を必要とするときは、家庭裁判所の許可を得て、その代理行為をすることができる。不在者の生死が明らかでない場合において、その管理人が不在者の定めた権限を超える場合の行為をするときも、同様とする。
107	30条 管理人の担保提供及び報酬		30条①：(現行29条1項に同じ)家庭裁判所は、管理人に財産の管理及び返還について相当の担保を立てさせることができる。
108			30条②：(現行29条2項に同じ)家庭裁判所は、管理人と不在者との関係その他の事情により、不在者の財産の中から、相当な報酬を管理人に与えることができる。

499

行	条文	区分	内容
109	31条 失踪宣告		31条①:(現行30条1項に同じ)不在者の生死が七年間明らかでないときは、家庭裁判所は、利害関係人の請求により、失踪の宣告をすることができる。
110		修	31条②:戦地に臨んだ者、沈没した船舶又は墜落した航空機の中にいた者その他死亡の原因となるべき危難に遭遇した者の生死が、それぞれ、戦争が止んだ後、船舶が沈没若しくは航空機が墜落した後又はその他の危難が去った後一年間明らかでないときも、前項と同様とする。
111		移修	31条:第一項の規定により失踪宣告を受けた者は同項の期間が満了した時に、第二項の規定により失踪宣告を受けた者はその危難が去った時に、死亡したものとみなす。
112	32条 失踪宣告の取消宣告	修	32条①:失踪者が生存すること又は前条に規定する時と異なる時に死亡したことの証明があったときは、家庭裁判所は、本人、利害関係人又は検察官の請求により、失踪の宣告の取消の宣告をしなければならない。
113		修	32条②:前項の場合において、失踪宣告によって財産を得た者は、(新)第N1条(所有権に基づく物権的請求権)、(新)第N2条(他人の財貨からの不当利得)又は(新)第N3条(法律上の原因を欠く不当利得)の規定に従い、その財産を返還する義務を負う。
114		修	32条③:第一項の失踪宣告の取消宣告の前に、失踪宣告によって財産を得た者から財産を取得した善意の第三者は、前項の返還義務を負わない。
115		新	32条④:失踪宣告の取消宣告は、失踪宣告後、その取消宣告前に形成された婚姻関係に影響を及ぼさない。この場合において、失踪宣告の婚姻は復活しない。
116	(現行第5節「同時死亡の推定」削除し、移動)	削除	現在民法典で規定されている「第5節 同時死亡の推定」(現行民法32条の2)の規定は、権利能力の終期に関する問題なので、第1款「権利能力」(新)第7条に移動した。
117	第2節 法人		
118	33条 法人の設立等	修	33条①:法人は、この法律、一般社団法人及び一般財団法人に関する法律(平成十八年法律第四十八号)、会社法(平成十七年法律第八十六号)その他の法律の規定によらなければ、成立しない。
119		修	33条②:(現行33条2項に同じ)学術、技芸、慈善、祭祀、宗教その他の公益を目的とする法人、営利事業を営むことを目的とする法人その他の法人の設立、組織、運営及び管理については、この法律その他の法律の定めるところによる。
120	34条 法人の権利能力	修	34条:(現行34条の標題のみ変更)法人は、法令の規定に従い、定款その他の基本約款で定められた目的の範囲内において、権利を有し、義務を負う。
121	35条 外国法人の権利能力	修	35条①:外国法人は、国、国の行政区画及び外国会社であれば、日本において成立する同種の法人と同一の能力を有する。ただし、外国人が享有することができない権利、および法律または条約中に特別の規定がある権利については、この限りではない。
122		修	35条②:前項以外の外国法人であっても、法律又は条約の規定により認められた外国法人は、その法律又は条約の規定に従って能力を有する。
123		新	35条③:前二項以外の外国法人であっても、裁判所は、必要に応じて日本の同種の法人と同一の能力を有するものとして扱うことができる。
124	36条 法人の登記	修	36条:法人は、この法律その他の法令の定めるところにより、法人登記をするものとする。
125	37条 外国法人の登記	修	37条①:(新)第三十五条(外国法人の権利能力)に規定する外国法人は、日本に事務所を設けたときは、三週間以内に、その事務所の所在地において、次に掲げる事項を登記しなければならない。
126			一(現行37条1項1号に同じ) 外国法人の設立の準拠法
127			二(現行37条1項2号に同じ) 目的
128			三(現行37条1項3号に同じ) 名称
129			四(現行37条1項4号に同じ) 事務所の所在場所
130			五(現行37条1項5号に同じ) 存続期間を定めたときは、その定め
131			六(現行37条1項6号に同じ) 代表者の氏名及び住所
132			37条②:(現行37条2項に同じ)前項各号に掲げる事項に変更を生じたときは、三週間以内に、変更の登記をしなければならない。この場合において、登記前にあっては、その変更をもって第三者に対抗することができない。
133			37条③:(現行37条3項に同じ)代表者の職務の執行を停止し、若しくはその職務を代行する者を選任する仮処分命令又はその仮処分命令を変更し、若しくは取り消す決定がされたときは、その登記をしなければならない。この場合においては、前項後段の規定を準用する。
134			37条④:(現行37条4項に同じ)前二項の規定により登記すべき事項が外国において生じたときは、登記の期間は、その通知が到達した日から起算する。
135			37条⑤:(現行37条5項に同じ)外国法人が初めて日本に事務所を設けたときは、その事務所の所在地において登記するまでは、第三者は、その法人の成立を否認することができる。
136			37条⑥:(現行37条6項に同じ)外国法人が事務所を移転したときは、旧所在地においては三週間以内に移転の登記をし、新所在地においては四週間以内に第一項各号に掲げる事項を登記しなければならない。
137			37条⑦:(現行37条7項に同じ)同一の登記所の管轄区域内において事務所を移転したときは、その移転を登記すれば足りる。
138			37条⑧:(現行37条8項に同じ)外国法人の代表者が、この条に規定する登記を怠ったときは、五十万円以下の過料に処する。
139	(38条から84条まで削除)	*	38条から48条までの規定は、平成18年に民法典から削除された。
140	第3節 人の属性		
141	38条 人の属性	新	38条①:本法において、消費者とは、消費者契約法(平成十二年法律第六十一号)第二条(定義)第一項に規定する「消費者」をいう。
142		新	38条②:本法において、事業者とは、消費者契約法(平成十二年法律第六十一号)第二条(定義)第二項に規定する「事業者」をいう。
143		新	38条③:本法において、商人とは、商法(明治32年法律第四十八号)第四条(定義)に規定する「商人」をいう。
144	第3章 権利の客体		
145	第1節 総則		
146	39条 物権の目的	新	39条:物権の目的は、有体物とする。ただし、本法その他の法令に別段の定めがあるときは、この限りでない。
147	40条 債権の目的	新	40条:債権の目的は、人の作為又は不作為とする。
148	第2節 有体物		
149	41条 定義		41条:(現行85条に同じ)この法律において「物」とは、有体物をいう。
150			
151	42条 不動産及び動産		42条①:(現行86条1項に同じ)土地及びその定着物は、不動産とする。
152			42条②:(現行86条2項に同じ)不動産以外の物は、すべて動産とする。
			42条③:(現行86条3項に同じ)無記名債権は、動産とみなす。
153	43条 主物及び従物		43条①:(現行87条1項に同じ)物の所有者が、その物の常用に供するため、自己の所有に属する他の物をこれに附属させたときは、その附属させた物を従物とする。
154			43条②:(現行87条2項に同じ)従物は、主物の処分に従う。
155	44条 天然果実とその帰属		44条①:(現行88条1項に同じ)物の用法に従い収取する産出物を天然果実とする。
156		移	44条②:(現行89条1項に同じ)天然果実は、その元物から分離する時に、これを収取する権利を有する者に帰属する。

157	45条 法定果実とその帰属	移	45条①：(現行88条2項に同じ)物の使用の対価として受けるべき金銭その他の物を法定果実とする。
158		移	45条②：(現行89条2項に同じ)法定果実は、これを収取する権利の存続期間に応じて、日割計算によりこれを取得する。
159	46条 非有体物への準用	新	46条：(新)第四十三条(主物及び従物)から(新)第四十五条(法定果実とその帰属)までの規定は、有体物ではない権利の客体について準用する。ただし、権利の客体の性質がこれを許さないときは、この限りでない。
160	第4章 権利の変動		
161	第1節 総則		
162	47条 権利の変動	新	47条：権利の発生、変更及び消滅は、法律行為、時効その他法令の定めるところによる。
163	第2節 法律行為		
164	第1款 総則		
165	48条 法律行為	新	48条①：本法において、法律行為とは、単独行為、契約、合同行為をいう。
166		新	48条②：法律行為は、人の意思表示を要素として成立し、その意思表示の内容に従って効力を生じる。
167	49条 法律行為自由の原則	新	49条：法律行為は、書面その他の方式を要しない。ただし、法律に別段の定めがある場合又は当事者がこれと異なる合意をした場合には、この限りでない。
168	50条 強行規定と公序良俗	新	50条①：公の秩序に関する規定(以下「強行規定」という。)に反する法律行為は、無効とする。
169		修	前項によるもののほか、公の秩序及び善良の風俗に反する法律行為は、無効とする。
170	51条 任意規定と慣習	修	51条①：公の秩序に関しない規定(以下「任意規定」という。)と異なる内容の法律行為は、効力を有する。
171		修	51条②：法令中の任意規定と異なる慣習がある場合において、法律行為の当事者が特に反対の意思を表示しないときは、慣習による意思を有するものと推定する。
172	第2款 意思表示		
173	52条 意思表示の効力発生時期等	新	52条①：意思表示は、対話者間においては、表意者がその意思を発した時からその効力を生ずる。
174		移修	52条②：意思表示は、隔地者間においては、表意者がなした通知が相手方に到達した時からその効力を生ずる。
175		移修	52条③：前項の意思表示は、表意者が通知を発した後に死亡し、又は行為能力の制限が生じたときであっても、そのために効力を妨げられない。
176		移修	52条④：意思表示は、表意者が相手方が知ることができず、又はその所在を知ることができないときは、法の適用に関する通則法(平成十八年法律七十八号)第N条の定める公示の方法によってすることができる。
177		削除	(現行98条2項から5項「公示による意思表示」削除) 現在、民法典に規定されている(新)52条4項と同じ内容、及び(新)52条3項のただし書き、同条2項から5項に規定されている、「公示による意思表示」の技術的部分は、すべて「法の適用に関する通則法」に移動することとした。
178	53条 心裡留保	修	53条①：法律行為は、表意者が真意でないことを知って意思表示をしたときであっても、そのために効力を妨げられない。ただし、相手方が表意者の真意を知り、又は重大な過失によって知らなかったときは、その法律行為は無効とする。
179		新	53条②：前項但書に基づく法律行為の無効は、善意の第三者に対抗することができない。
180	[研究会正案] 54条 虚偽表示	修	54条①：相手方と通じてなされた虚偽の意思表示に基づく法律行為は、無効とする。
181		修	54条②：前項の無効は、第三者に対抗することができない。ただし、第三者が悪意であった場合には、この限りでない。
182		修	54条：相手方と通じてなされた虚偽の意思表示に基づく法律行為は、無効とする。ただし、その無効は、善意の第三者に対抗することができない。
183	[研究会副案] 54条 虚偽表示	新	54条②：前項本文の要件を満たさない場合であっても、自ら真実に反する権利の外形を作出した者は、その権利が存在しないことを善意の第三者に対抗することができない。
184		新	54条③：前二項の要件を満たさない権利の外形を黙示に承認した者は、その権利がないことを、善意であり、かつ、過失がない第三者に対抗することができない。
185		修	55条①：表意者は、意思表示を行うにつき法律行為の重要な部分に錯誤があったときは、その法律行為を取り消すことができる。
186		修	55条②：表意者は、重大な過失があったときは、前項の取消しをすることができない。ただし、法律行為の相手方が悪意であったときは、この限りでない。
187	[研究会正案] 55条 錯誤	新	55条③：錯誤に基づく法律行為の取消しは、善意の第三者に対抗することができない。
188		新	55条④：錯誤に基づく取消権を行使した者は、その相手方が取消しによって被った損害を賠償する義務を負う。ただし、表意者が錯誤に陥っていることを相手方が知り、又は表意者と相手方が共通してその錯誤に陥っていたときは、この限りでない。
189		新	55条⑤：第二項本文の規定は、消費者が行う電子消費者契約の申込み又はその承諾の意思表示については、電子消費者契約及び電子承諾通知に関する民法の特例に関する法律(平成十三年法律第九十五号)の定めるところに従い、適用しない。
190		修	55条①：意思表示の重要な部分に錯誤があったときは、それに基づく法律行為は、無効とする。
191	[研究会副案] 55条 錯誤	修	55条②：表意者に重大な過失があったときは、表意者は、前項の無効を主張することができない。ただし、法律行為の相手方が悪意であったときは、この限りでない。
192		新	55条③：第二項本文の規定は、消費者が行う電子消費者契約の申込み又はその承諾の意思表示については、電子消費者契約及び電子承諾通知に関する民法の特例に関する法律(平成十三年法律第九十五号)の定めるところに従い、適用しない。
193	56条 詐欺又は強迫	修	56条①：詐欺又は強迫による意思表示をした者は、それに基づく法律行為を取り消すことができる。
194		修	56条②：前項の取消は、第三者による詐欺の場合にあっては、相手方が悪意または過失があるときにのみすることができる。
195		修	56条③：詐欺による取消しの効果は、善意であり、かつ、過失がない第三者に対抗することができない。
196	57条 不実表示	新	57条①：相手方が提供した不実情報に基づき意思表示をした者は、それに基づく法律行為を取り消すことができる。ただし、相手方が、提供した情報の不実性が通常であれば表意者の意思決定に重大な影響を及ぼしたとはいえないことを証明したときは、この限りでない。
197		新	57条②：前項の取消しの効果は、善意の第三者に対抗することができない。
198	58条 消費者契約等の無効及び取消し	新	58条：本法に規定するもののほか、消費者契約法(平成十二年法律第六十一号)及び特定商取引に関する法律(昭和五十一年法律第五十七号)の定めるところに従い、無効及び取消しを主張することができる。
199	(現行98条「公示による意思表示」削除し、移動)	削除	公示による意思表示について規定した現行民法98条1項は、(新)52条4項に移動し、同条2項から5項は、民法典からは削除し、「法の適用に関する通則法」に規定することとした。
200	第3款 代理		
201	第1目 有権代理		
202	59条 代理権の発生	新	59条①：代理権は、契約によるほか、本法その他の法律の規定に基づいて発生する。
203		新	59条②：契約に基づいて代理権を有する者を任意代理人、契約によらず本法その他の法律の規定に基づいて代理権を有する者を法定代理人という。

204	60条　代理行為の要件及び効果		60条①:（現行99条1項に同じ）代理人がその権限内において本人のためにすることを示してした意思表示は、本人に対して直接にその効力を生ずる。
205			60条②:（現行99条2項に同じ）前項の規定は、第三者が代理人に対してした意思表示について準用する。
206		新	60条③:代理人がその権限を本人の利益に反して自己又は第三者の利益を図るために行使しても、代理行為の効力は妨げられない。ただし、代理行為の相手方がその事情を知り、又は知らないことについて重大な過失があったときはこの限りでない。
207	61条　本人のためにすることを示さない意思表示		61条:（現行100条に同じ）代理人が本人のためにすることを示さないでした意思表示は、自己のためにしたものとみなす。ただし、相手方が、代理人が本人のためにすることを知り、又は知ることができたときは、前条第一項の規定を準用する。
208	62条　代理行為の瑕疵	修	62条①:意思表示の効力が心裡留保、虚偽表示、錯誤、詐欺、強迫、不実表示ある事情の知・不知若しくはその過失の有無及び程度によって影響を受けるべき場合には、その事実の有無は、代理人について決するものとする。
209		修	62条②:特定の法律行為をすることを委託された場合において、代理人が本人の指図に従ってその法律行為をしたときは、本人は、自ら知っていた事情について代理人が知らなかったことを主張することができない。本人が過失によって知らなかった事情についても、同様とする。
210		新	62条③:前項の規定は、本人がその指図により代理行為の瑕疵を防ぐことができた場合に、これを準用する。
211	63条　代理人の行為能力等	修	63条①:代理人は、行為能力者であることを要しない。ただし、次項及び第三項に規定する場合は、この限りでない。
212		新	63条②:親権者、後見人、保佐人及び補助人は、その代理権の範囲内において、未成年者、成年被後見人、被保佐人及び被補助人に代わって、それらの者の親権に服する子の（新）第九条、（新）第十三条(成年被後見人の法律行為)、（新）第十六条（被保佐人の法律行為）及び（新）第十九条（被補助人の法律行為）につき、代理行為を行使する。
213	64条　代理人の権限	修	64条①:任意代理人の権限は、別段の定めがないかぎり、代理権を発生させる合意に従って定まる。
214		修	64条②:代理権を発生させる合意権限の定めがないときは、任意代理人は次に掲げる法律行為のみをする権限を有する。
215			一　（現行103条1号に同じ）保存行為
216		修	二　代理の目的である物又は権利の性質を変えない範囲内において、その利用又は改良を目的とする法律行為。
217		新	64条③:法定代理人の権限は、法律の規定又は裁判所の決定によって定まる。
218	65条　自己契約及び双方代理等	修	65条①:代理人は、相手方の代理人として自己を相手方とする法律行為を行い、または同一の法律行為について当事者双方の代理人となる権限を有しない。
219		修	65条②:前項の規定は、債務の履行および本人があらかじめ許諾した代理行為については、適用しない。ただし、代理人の権限の性質がこれを許さない場合にはこの限りでない。
220		新	65条③:代理人の行う法律行為が本人の利益と相反する場合には、前二項の規定を準用する。
221	66条　復代理	移	66条①:代理人は、自己の権限の範囲内において、自己の名で本人の代理人（以下「復代理人」という。）を選任することができる。
222		移修	66条②:復代理人は、代理人から付与された権限内において、本人及び第三者に対して、代理人と同一の権利を有し、義務を負う。
223		移修	66条③:第一項の規定にかかわらず、任意代理人は、代理権発生契約の趣旨がそれを許すとき、又はやむを得ない事由があるときでなければ、復代理人を選任することができない。
224	67条　復代理人を選任した代理人の責任	移修	67条:代理人は、復代理人を選任したときは、本人に対して責任を負う。ただし、次の各号に掲げる場合には、その定めに従い本人に対して責を負う。
225		移修	一　本人の指名に従って復代理人を選任した場合においては、代理人が、復代理人が不適任又は不誠実であることを知りながら、その旨を本人に通知して代理権を解任することを怠ったとき
226		移修	二　代理人がやむを得ない事由によって復代理人を選任した場合、又は任意代理人が代理権発生の趣旨に従い復代理人を選任した場合においては、復代理人の選任及び監督について過失があるとき
227	68条　代理権の消滅事由	修	68条①:代理権は、次の各号に掲げる事由によって消滅する。ただし、別段の定めある場合または権限の性質がこれを妨げる場合にはこの限りでない。
228			一　（現行111条1号に同じ）本人の死亡
229			二　（現行111条1項2号に同じ）　代理人の死亡又は代理人が破産手続開始の決定若しくは後見開始の審判を受けたこと。
230		修	68条②:任意代理権は、前項各号に掲げる事由のほか、代理権を生じた法律関係の終了によって消滅する。
231	第2目　無権代理		
232	69条　無権代理と本人の追認		69条①:代理権を有しない者（以下「無権代理人」という。）が他人の代理人としてした契約は、本人に対してその効力を生じない。
233		修	69条②:前項の場合において、本人が無権代理行為を追認すれば、それは契約の時にさかのぼって有効な代理行為となる。ただし、第三者の権利を害することはできない。
234	70条　無権代理の相手方の権利	修	70条①:前条第一項の場合において、相手方は、本人に対し、相当の期間を定めて、その期間内に追認をするかどうかを確答すべき旨の催告をすることができる。この場合において、本人がその期間内に確答をしないときは、追認を拒絶したものとみなす。
235		移修	70条②:無権代理人がした契約の相手方は、本人が追認をしない間は、その意思表示を撤回することができる。ただし、契約の時において代理権を有しないことを相手方が知っていたときは、この限りでない。
236	71条　無権代理人の責任	修	71条①:他人の代理人として契約をした者は、自己の代理権を証明した場合を除いて、相手方の選択に従い、相手方に対して履行または損害賠償の責任を負う。
237		修	71条②:前項の規定は、相手方が無権代理であることを知っていたとき、若しくは重大な過失によって知らなかったとき、本人の追認があったとき又は無権代理人が行為能力を有しないときには、適用しない。
238	72条　単独行為と合同行為の無権代理	修	72条①:代理権を有しない者が他人の代理人としてなした単独行為は、本人に対してその効力を生じない。
239		修	72条②:前項の規定は、相手方が、無権代理人である単独行為について、代理人と称する者が代理権を有しないで行為をすることに同意し、又はその代理権を争わなかったときについては、(新)第六十九条（無権代理と本人の追認）から前条までの規定を準用する。
240		修	72条③:相手方が、無権代理人に対し、その同意を得て単独行為をしたときも、前項と同様とする。
241		新	72条④:第二項の規定は、合同行為に準用する。ただし、(新)第七十条第二項の撤回は、裁判所が相当と認めるときに限る。
242	第3目　表見代理		
243	73条　代理権授与の表示による表見代理（「名義使用許諾者の責任」を付加）	修	73条①:第三者に対して他人に代理権を与えた旨を表示した者は、その代理権の範囲内においてその他人が第三者との間でした代理行為について、その責任を負う。ただし、第三者が、その他人が代理権を与えられていないことを知り、又は過失によって知らなかったときは、この限りでない。
244		新	73条②:前項の規定は、他人に自己の名称を使用して法律行為をすることを許諾した場合において、その他人が許諾の範囲内でその名称を用いて法律行為をしたときについて準用する。

245	74条 権限踰越の表見代理	修	74条：前条第一項本文の規定は、代理人がその権限外の代理行為をした場合に準用する。ただし、第三者がその代理人の行為がその権限内であることを知り、又は過失によって知らなかったときは、この限りでない。
246	75条 代理権消滅後の表見代理	修	75条：(新)第七十三条(代理権授与の表示による表見代理)第一項本文の規定は、代理権を有していた者がその代理権の消滅後に代理行為をした場合に準用する。ただし、第三者がその代理人の権限が終了していることを知り、又は過失によって知らなかったときは、この限りでない。
247	第4款 無効及び取消し		
248		新	76条①：無効な法律行為に基づく履行の請求は、認められない。
249	76条 無効	新	76条②：無効な法律行為に基づく給付がなされた場合には、(新)第N1条(所有権に基づく物権的請求権)、(新)第N2条(他人の財産からの不当利得)又は(新)第N3条(法律上の原因を欠く不当利得)の規定に従い、その給付を返還しなければならない。
250		新	76条③：法律行為の一部が無効とされる場合には、その部分に関してのみ前二項の規定が適用される。
251		新	77条①：(新)第五十条(強行規定と公序良俗)に違反し、無効な法律行為は、無効原因が解消しない限り、追認によっても、その効力を生じない。
252		新	77条②：無効な法律行為につき、次の各号に掲げる場合において追認がなされたときは、別段の意思表示がない限り、当該各号に定める時に、新たな法律行為をしたものとみなす。ただし、その法律行為の時にさかのぼってその効力を生ずる場合においては、第三者の権利を害することはできない。
253	77条 無効な法律行為の追認	新	一 意思能力の欠缺により無効な法律行為は、意思能力を回復した当事者がその法律行為の内容を了知し、かつ、無効であることを知って追認した時
254		新	二 心裡留保により無効な法律行為は、心裡留保をした当事者がその無効であることを知って追認したときは、最初の追認の時
255		新	三 虚偽表示により無効な法律行為は、法律行為の全ての当事者が表示した行為を有効とするために、虚偽の表示を追認した時
256	(現行120条「取消権者」削除)	削	取消権者は、制限行為能力、(研究会正案)錯誤、詐欺・強迫、不実表示の条文のなかにそれぞれ明記し、取消権者について規定する現行民法120条の規定は、削除することとした。
257	78条 取消し	修	78条①：法律行為が取り消された場合には、その法律行為は初めから無効であったものとする。
258		修	78条②：前項の規定にかかわらず、(新)第七十六条(無効)第二項の規定にかかわらず、制限行為能力者は、その法律行為によって現に利益を受けている限度においてのみ、返還の義務を負う。
259	79条 取り消すことができる法律行為の追認	修	79条：(研究会正案・研究会副案1)(新)第八条(未成年者の法律行為)第三項(研究会副案2にあっては、(新)第九条(未成年者の法律行為)第三項及び第四項)、(新)第十三条(成年被後見人の法律行為)第二項、(新)第十六条(被保佐人の法律行為)第二項、(新)第十九条(被補助人の法律行為)第五項、(研究会正案)(新)第五十五条(錯誤)、(新)第五十六条(詐欺又は強迫)第一項及び(新)第五十七条(不実表示)第一項に基づく取消権者が、取り消すことができる法律行為を追認したときは、以後、取り消すことができない。
260	80条 取消し及び追認の方法	修	80条：取り消すことができる法律行為の相手方が確定している場合には、その取消又は追認は、相手方に対する意思表示によってする。
261			81条①：(現行124条1項に同じ)追認は、取消しの原因となっていた状況が消滅した後にしなければ、その効力を生じない。
262	81条 追認の要件	修	81条②：前項の規定にかかわらず、制限行為能力者による追認は、行為能力者となった後にあってもその法律行為の内容を了知した後でなければ、その効力を生じない。
263		修	81条③：第一項の規定は、法定代理人又は制限行為能力者の保佐人若しくは補助人が追認をする場合には、適用しない。
264		修	82条：前条の規定により追認をすることができる時以後に、取り消すことができる法律行為について次に掲げる事実があったときは、追認をしたものとみなす。ただし、これらの行為が詐欺若しくは強迫によってなされたとき、又は異議をとどめたときは、この限りでない。
265			一(現行125条1号に同じ) 全部又は一部の履行
266	82条 法定追認		二(現行125条2号に同じ) 履行の請求
267			三(現行125条3号に同じ) 更改
268			四(現行125条4号に同じ) 担保の供与
269		修	五 取り消すことができる法律行為によって取得した権利の全部又は一部の譲渡
270			六(現行125条6号に同じ) 強制執行
271	83条 取消権の期間の制限		83条：取消権は、追認をすることができる時から二年間行使しないときは、時効によって消滅する。法律行為の時から十年を経過したときも、同様とする。
272	第5款 条件及び期限		
273	84条 条件が成就した場合の効果		84条①：(現行127条1項に同じ)停止条件付法律行為は、停止条件が成就した時からその効力を生ずる。
274			84条②：(現行127条2項に同じ)解除条件付法律行為は、解除条件が成就した時からその効力を失う。
275			84条③：(現行127条3項に同じ)当事者が条件が成就した場合の効果をその成就した時以前にさかのぼらせる意思を表示したときは、その意思に従う。
276	85条 期待権の侵害の禁止	修	85条①：(現行128条の標題のみ変更)条件付法律行為の各当事者は、条件の成否が未定である間は、条件が成就した場合にその法律行為から生ずべき相手方の利益を害することができない。
277	86条 条件の成否未定の間における権利の処分等		86条：(現行129条に同じ)条件の成否が未定である間における当事者の権利義務は、一般の規定に従い、処分し、相続し、若しくは保存し、又はそのために担保を供することができる。
278	87条 条件の成就・不成就の妨害		87条①：(現行130条に同じ)条件が成就することによって不利益を受ける当事者が故意にその条件の成就を妨げたときは、相手方は、その条件が成就したものとみなすことができる。
279		新	87条②：条件が成就することによって利益を受ける当事者が故意にその条件を成就させたときは、相手方は、その条件が成就しなかったものとみなすことができる。
280	88条 既成条件		88条①：(現行131条1項に同じ)条件が法律行為の時に既に成就していた場合において、その条件が停止条件であるときはその法律行為は無条件とし、その条件が解除条件であるときはその法律行為は無効とする。
281			88条②：(現行131条2項に同じ)条件が成就しないことが法律行為の時に既に確定していた場合において、その条件が停止条件であるときはその法律行為は無効とし、その条件が解除条件であるときはその法律行為は無条件とする。
282		修	88条③：前二項に規定する場合において、当事者が条件が成就したこと又は成就しなかったことを知らない間は、(新)第八十五条(期待権の侵害の禁止)及び(新)第八十六条(条件の成否未定の間における権利の処分等)の規定を準用する。
283	89条 不法条件		89条：(現行132条に同じ)不法な条件を付した法律行為は、無効とする。不法な行為をしないことを条件とするものも、同様とする。
284	90条 不能条件		90条①：(現行133条1項に同じ)不能の停止条件を付した法律行為は、無効とする。
285			90条②：(現行133条2項に同じ)不能の解除条件を付した法律行為は、無条件とする。
286	91条 随意条件		91条：(現行134条に同じ)停止条件付法律行為は、その条件が単に債務者の意思のみに係るときは、無効とする。

287	92条 期限の到来の効果		92条①：(現行135条1項に同じ)法律行為に始期を付したときは、その法律行為の履行は、期限が到来するまで、これを請求することができない。
288			92条②：(現行135条2項に同じ)法律行為に終期を付したときは、その法律行為の効力は、期限が到来した時に消滅する。
289	93条 期限の利益及びその放棄		93条①：(現行136条1項に同じ)期限は、債務者の利益のために定めたものと推定する。
290			93条②：(現行136条2項に同じ)期限の利益は、放棄することができる。ただし、これによって相手方の利益を害することはできない。
291	94条 期限の利益の喪失		94条：(現行137条に同じ)次に掲げる場合には、債務者は、期限の利益を主張することができない。
292			一 (現行137条1号に同じ) 債務者が破産手続開始の決定を受けたとき。
293			二 (現行137条1号に同じ) 債務者が担保を滅失させ、損傷させ、又は減少させたとき。
294	(現行第6章「期間の計算」削除)	削	現在、民法典に規定されている「第6章 期間の計算」の規定(現行民法138条～143条)は、すべて「法の適用に関する通則法」に移動することとした。
295	第3節 時効		
296	[時効制度・研究会正案]	＊	本節については、研究会正案と研究会副案の2つの案が提示されている。
297	第1款 総則		
298	95条 時効の要件及び効果		95条①：時効は、時効期間満了後に、時効の利益を受ける当事者が援用した時に、その効力が発生する。
299			95条②：(現行144条に同じ)時効の効力は、その起算日にさかのぼる。
300	96条 時効の利益の放棄及び時効特約の効力		96条①：(現行146条に同じ)時効の利益は、あらかじめ放棄することができない。
301		新	96条②：時効の完成を困難にする特約は、無効とする。
302		新	97条①：次の各号に掲げる権利行使の期間は、時効は進行しない。
303	97条 権利行使による時効の停止 (現行149条、150条、151条、154条を、修正の上、(新)101条に統合)	新	一 訴訟係属中
304		新	二 督促手続進行中
305		新	三 裁判所及び認証紛争解決事業者による和解手続又は調停手続進行中もしくは仲裁手続進行中
306		新	四 破産手続参加中、再生手続参加中又は更生手続参加中
307		新	五 強制執行又は保全処分実施中
308		新	97条②：前項第五号の強制執行又は保全処分が時効の利益を受ける者以外に対してなされたときは、時効の利益を受ける者に通知をした後でなければ、時効の停止の効力を生じない。
310	98条 交渉による時効の停止	新	98条①：義務の履行について、権利者と相手方の交渉継続の合意がある間は時効は進行しない。この合意は、三か月間協議が行われなかったときは、失効したものとみなす。
311		新	98条②：前項の合意による交渉継続期間の満了では失効が、時効期間満了前一月以内に生じたときは、その満了又は失効時から三か月間時効期間は満了しない。
312	99条 催告による時効完成の猶予	新	99条①：時効期間の満了前三か月以内に権利行使のための催告がなされた場合には、その時から三か月間、時効は完成しない。
313		新	99条②：この催告による時効完成の猶予の効果は、一回のみ生じる。
314		移修	100条：時効は、次の各号に掲げる場合において、当該各号に定める時から六か月を経過するまでは、完成しない。
315	100条 権利行使の障害による時効完成の猶予 (現行158条、159条、160条、161条を、修正の上、(新)104条に統合)	移修	一 未成年者又は成年被後見人に法定代理人がいない場合におけるそれらの者の権利の消滅時効、並びにそれらの者に対する(新)第百三条(所有権の取得時効)及び(新)第百四条(所有権以外の財産権の取得時効)の取得時効については、それらの者が行為能力者となった時又は法定代理人が就職した時
316		移修	二 未成年者又は成年被後見人が法定代理人に対して権利を有する場合におけるそれらの権利の消滅時効については、それらの者が行為能力者となった時は後任の法定代理人が就職した時
317		移修	三 夫婦の一方が他の一方に対して有する権利を有する場合においては、婚姻が解消した時
318		移修	四 相続財産に関し時効が問題となる場合においては、相続人が確定した時、管理人が選任された時又は破産手続開始の決定があった時
319		移修	五 天災等の不可抗力により、(新)第九十七条(権利行使による時効の停止)又は(新)第九十八条(交渉による時効の停止)の時効期間の停止若しくは(新)第九十九条(催告による時効完成の猶予)の時効完成の猶予ができない場合においては、その不可抗力となった事由が消滅した時
320		新	101条：時効は、次の各号に定める時から新たに進行する。
321		新	一 確定判決によって権利が認められた時
322		新	二 第九十七条(権利行使による時効の停止)第二号、第三号、第四号に定める支払督促、裁判上の和解、調停、破産債権の確定その他確定判決と同一の効力を有するものによって権利が認められた時
323		新	三 強制執行又は保全処分の申立ての時
324	101条 時効の新たな進行	新	四 時効について相手方の承認があった時。この場合において、承認をする者の行為能力又は処分権限があることを要しない。
325		移修	101条：(新)第百三条(所有権の取得時効)の規定による時効は、占有者が任意にその占有を中止し、又は他人によってその占有を奪われた場合には、占有者が再度その占有を開始した時から新たに進行する。
326		移修	101条：前項の規定は、所有権以外の財産権を占有する又は(新)第N条(準占有)に従って行使する場合について準用する。
327	102条 時効の停止等の相対効		102条：(新)第九十七条(権利行使による時効の停止)、(新)第九十八条(交渉による時効の停止)、(新)第九十九条(催告による時効完成の猶予)による時効完成の猶予、(新)第百一条(時効の新たな進行)第一項による時効の新たな進行は、その事由が生じた当事者及びその承継人の間においてのみ、その効力を生ずる。
328	第2款 取得時効		
329	103条 所有権の取得時効		103条①：(現行162条1項に同じ)二十年間、所有の意思をもって、平穏に、かつ、公然と他人の物を占有した者は、その所有権を取得する。
330			103条②：(現行162条2項に同じ)十年間、所有の意思をもって、平穏に、かつ、公然と他人の物を占有した者は、その占有の開始の時に、善意であり、かつ、過失がなかったときは、その所有権を取得する。
331	104条 所有権以外の財産権の取得時効		104条：(現行163条に同じ)所有権以外の財産権を自己のためにする意思をもって、平穏に、かつ、公然と行使する者は、前条の区別に従い二十年又は十年を経過した後、その権利を取得する。
332	第3款 消滅時効		
333	105条 消滅時効の進行等	修	105条①：(現行166条1項に同じ)消滅時効は、権利を行使することができる時から進行する。
334		修	105条②：前項の規定は、始期付権利又は停止条件付権利の目的物を占有する第三者のために、その占有の開始の時から取得時効が進行することを妨げない。ただし、権利者は、いつでも占有者の承認を求め、それ以前に進行した時効期間の法的効力を否定することができる。

335		新	106条①:財産権は、十年間行使しないときは、消滅する。
336		新	106条②:前項の規定にかかわらず、物権は、その行使がなくとも消滅しない。ただし、用益物権については、この限りでない。
337	106条 消滅時効期間	修	106条③:第一項の規定にかかわらず、債権は、五年の期間満了日以降の最初の年度末まで行使しないときは、その年度末に消滅する。この場合において、(新)第九十七条(権利行使による時効の停止)及び(新)第九十八条(交渉による時効の停止)の期間並びに(新)第九十九条(催告による時効完成の猶予)及び(新)第百条(権利行使の障害による時効完成の猶予)により時効の完成が猶予される期間は、この五年の期間に算入しない。
338		新	106条④:元本が政令(省令)に定める額に満たない債権については、前項の期間を二年とする。ただし、判決及び判決と同一の効力を有するものが確定したときに弁済期が到来している債権について、(新)第百一条(時効の新たな進行)第一項第一号及び第二号に掲げる新たな時効の進行があったときは、この限りでない。
339	(現行民法147条から161条削除・移動)	*	「時効の中断」、「時効の停止」にかんする現行民法147条から161条の規定は削除し、民法改正試案ではいくつかの条の各号として規定し直した。
340	[研究会改正案]「抗弁権の永久性」規定なし	*	抗弁権の永久性については、規定を置かない。
341	[研究会副案] N条 抗弁権の永久性	新	N条:取消権は、その消滅時効期間満了後においても、取消権者がその未履行の債務を免れるために行使することを妨げない。ただし、取消権者が双務契約に基づく反対給付の一部または全部を受領していた場合には、この限りでない。
342		*	以下に示すのが、現行法に近い時効制度を考えた研究会副案である。
343		新	95条(時効の要件及び効果)①:時効は、時効期間満了後に、当事者が援用した時に、その効力が発生する。
344		移	95条②:(現行144条と同じ)(研究会副案99条2項と同じ)(以下、条文省略)
345		移	96条(時効の利益の放棄):(現行146条と同じ)(研究改正案100条1項と同じ)(以下、条文省略)
346		修	97条(裁判上の請求):時効は、裁判上の請求によって中断する。ただし、後に訴えの取下げがあったときは、この限りでない。
347		修	98条(支払督促の申立て):時効は、支払督促の申立てによって中断する。ただし、債権者が民事訴訟法(平成八年六月法律第百九号)第三百九十二条に規定する期間内に仮執行の宣言の申立てをしないことによりその効力を失うときは、この限りでない。
348		修	99条(和解及び調停の申立て):時効は、和解の申立て又は民事調停法(昭和二十六年法律第二百二十二号)若しくは家事審判法(昭和二十二年法律第百五十二号)による調停の申立てによって中断する。ただし、相手方が出頭せず、又は和解若しくは調停が調わない場合において、一ヵ月以内に訴えの提起がないときは、この限りでない。
349	[時効制度・研究会副案](条文の標題については、右本文参照)	修	100条(破産手続参加等):時効は、破産手続参加、再生手続参加又は更生手続参加によって中断する。ただし、債権者がその届出を取り下げ、又はその届出が却下されたときは、この限りでない。
350		修	101条(差押え、仮差押え及び仮処分)①:時効は、差押え、仮差押え及び仮処分によって中断する。ただし、権利者の請求により又は法律の規定に従わないことにより取り消されたときは、この限りでない。
351		移	101条②:(現行155条と同じ)(以下、条文省略)
352		修	102条(催告):時効は、催告によって中断する。ただし、三ヵ月以内に、前五条の規定による時効の中断がなされないときは、この限りでない。
353		新	103条(承認)①:時効は、承認によって中断する。
354		移	103条②:(現行156条と同じ)(以下、条文省略)
355		新	104条(中断の効果)①:時効の中断により、すでに進行した時効期間は効力を失う。
356		修	104条②:前項の時効の中断は、その中断の事由が生じた当事者及びその承継人の間においてのみ、その効力を有する。
357		移	104条③:(現行157条1項と同じ)(以下、条文省略)
358		移	104条④:(現行157条2項と同じ)(以下、条文省略)
359		*	以下、「時効の停止」、「取得時効」の規定は省略する。「消滅時効」については、研究会正案と同じである。
360	第5章 権利の実現		
361		*	現行民法は、414条に「履行の強制」を規定し、これを債権法の問題としている。しかし、債権債務のみならず、物権的請求権、親族・相続上の権利等、権利一般につき、国家機関による強制実現が必要なので、これは、民法総則に置かれるべき規定である。そこで、改正提案では、権利の任意的な実現と、国家による強制実現とをセットした章を「権利の実現」として、「第1編 総則」の最後に規定することとした。
362	107条 任意の履行	新	107条:権利又はそれに基づく請求権は、義務者による履行があったときは、消滅する。ただし、法律に規定があるほか、義務者以外の者による履行を妨げない。
363		新	108条①:権利者が、義務者がその義務の履行をしない場合において、相当と認める一定の期間内に履行がないときは、相当と認められる一定の金額を権利者に支払うべきことを、裁判所に請求することができる。ただし、金銭の支払いを目的とする義務については、この限りでない。
364	108条 履行の強制	修	108条②:権利者は、義務者が任意に義務の履行をしないときは、その履行の直接強制を裁判所に請求することができる。ただし、権利の性質がこれを許さないときは、この限りでない。
365		修	108条③:前項ただし書の場合において、権利者は、その義務が代替的な作為を目的とするときは、義務者の費用で第三者にこれをさせることを裁判所に請求することができる。ただし、法律行為を目的とする義務については、裁判をもって義務者の意思表示に代えることを請求することができる。
366		修	108条④:権利者は、不作為を目的とする義務については、義務者の費用で義務者がした行為の結果を除去し、又は将来のため適当な処分をすることを裁判所に請求することができる。
367		修	108条⑤:前四項の規定は、損害賠償の請求を妨げない。

#			
1	第2編　物権		
2	第1章　総則		
3	第1節　基本原則		
4	109条　物権法定主義		109条：(現行175条に同じ)物権は、この法律その他の法律に定めるもののほか、創設することができない。
5	[物権変動・研究会正案] (意思主義と対抗要件主義)	＊	物権変動の立法としては、対抗要件主義と効力要件主義がありうるが、現行民法典が採用している対抗要件主義を研究会正案、効力要件主義にもとづく改正案を研究会副案とした。民法を白紙で立法するさいには、これら二つの案の優劣を根本的に検討すべきであろうが、わが国における一世紀以上にわたる対抗要件主義の歴史を前提とした場合、ここで制度変革の社会的コストが判明しきってまで、研究会副案を採用するべきであるという意見は本研究会には存在しておらず、ただ、考え方の道筋を示すために、両案をここに提示したものであることを述べておきたい。
6	110条　物権の変動		110条：物権の設定及び移転は、法律行為のみによって、その効力を生ずる。
7	111条　不動産物権変動の対抗要件	修	111条：前条による不動産に関する物権の設定及び移転は、不動産登記法(平成十六年法律第百二十三号)その他の登記に関する法律の定めるところに従いその登記をしなければ、法律上の利害を有する第三者に対抗することができない。ただし、(新)第百十四条(第三者の例外)に規定された場合は、この限りでない。
8	112条　動産物権変動の対抗要件	修	112条①：(新)第百十六条(物権の変動)による動産に関する物権の移転は、(新)第百十九条(占有の移転)[現実の引渡し、簡易の引渡し、占有改定、指図による占有の移転)]に定める動産の引渡しがなければ、法律上の利害を有する第三者に対抗することができない。ただし、(新)第百十四条(第三者の例外)に規定された場合は、この限りでない。
9		新	112条②：動産及び債権の譲渡の対抗要件に関する民法の特例等に関する法律(平成十年法律第百四号)の定める動産譲渡登記がなされたときは、第一項の引渡しがあったものとみなす。
10	[113条・研究会正案] 113条　立木等の物権変動とその対抗要件	新	113条：慣習上独立に取引の対象となる、立木ニ関スル法律(明治四十二年法律二十二号)に基づく登記がなされていない立木及び土地の未分離果実(以下「立木等」という。)は、それを譲渡し、又は留保する法律行為がなされた場合には、立木等に明認方法を施すことにより、土地と分離して処分することができ、かつ法律上の利害を有する第三者に対抗することができる。ただし、(新)第百十四条(第三者の例外)に規定された場合は、この限りでない。
11	[113条・研究会副案] 113条　立木等の物権変動の対抗要件	新	113条：立木ニ関スル法律(明治四十二年法律二十二号)に基づく登記がなされていない立木及び土地の未分離果実が慣習法上土地とは別個の取引の対象となっている場合において、その所有権の譲渡及び留保は、明認方法を施さなければ、法律上の利害を有する第三者に対抗することができない。ただし、(新)第百十四条(第三者の例外)に規定された場合は、この限りでない。
12		新	114条：(新)第百十一条(不動産物権変動の対抗要件)、(新)第百十二条(動産物権変動の対抗要件)第一項又は(新)第百十三条(立木等の物権変動とその対抗要件)の第三者が、以下の各号に定める場合には、それぞれ登記、引渡しまたは明認方法の欠缺を主張することができない。
13		新	一　契約の締結など、物権変動原因の発生につき当事者の代理人または仲介人として関与した者
14	114条　第三者の例外	新	二　登記の申請、引渡し又は明認方法の具備を自ら為し又は代わって行う義務を負う者。ただし、これらの対抗要件の原因である法律行為が自己の対抗要件の原因である法律行為の後に生じたときは、この限りでない。
15		新	三　詐欺または強迫ないしこれに準ずる行為により登記の申請、引渡しまたは明認方法の具備を妨げた者
16		新	四　競合する権利取得者を害することなく権利を取得した者その他権利取得の態様が信義則に反する者
17		＊	なお、上述した(新)113条についての研究会副案を採用する場合には、(新)114条の本文の一部は、「(新)第百十三条(立木等の物権変動の対抗要件)の第三者」と変更されることとなる。
18	[物権変動・研究会副案] (効力要件主義)		以下に、不動産物権変動および動産物権変動についての効力要件主義にもとづく研究会副案を示すこととする。
19		新	110条①：法律行為に基づく不動産に関する物権の変動は、不動産登記法(平成十六年法律第百二十三号)その他の登記に関する法律の定めるところに従い登記をすることによって、効力を生ずる。
20	110条　不動産物権変動の効力要件	新	110条②：詐欺又は強迫によって登記の申請を妨げた者は、登記の不存在を主張することができない。
21		新	110条③：他人のために登記を申請する義務を負う者は、登記の申請を代わって行うことができる。ただし、その登記の登記原因(登記の原因となる法律行為をいう。以下同じ。)が自己の登記の登記原因の後に生じたときは、この限りでない。
22	111条　法律の規定に基づく不動産の物権変動	新	111条①：法律の規定に基づく不動産に関する物権の変動は、特段の規定がない限り、登記をしなくても、効力を生ずる。
23		新	111条②：前項により不動産物権を有する者が当該物権につき法律行為に基づく物権の変動を望む場合には、自らの物権取得の登記をしたうえ、前条第一項の規定によらなければならない。
24	112条　動産物権変動の効力要件		112条：動産に関する物権の譲渡は、その動産の引渡しによって効力を生じる。
25		新	113条①：法律の規定に基づく動産に関する物権の変動は、特段の規定がない限り、引渡しをしなくても効力を生じる。
26	113条　法律の規定に基づく動産の物権変動	新	113条②：前項により動産物権を有する者が当該動産の譲渡を行う場合には、譲受人に対して占有を取得させれば足りる。
27		新	113条③：本法の特例法の定める動産譲渡登記がなされたときは、引渡し及び占有取得があったものとみなす。
28	[研究会正案] 115条　善意取得	修	115条：平穏、かつ、公然に、有効な法律行為に基づき、(新)第百十九条(占有の移転)に定める動産の引渡しを受けた者は、善意であり、かつ、過失なきときは、即時にその動産について行使する権利を取得する。ただし、同条第三号に定める占有改定によって引渡しを受けた者が、後に同条第一号に定める現実の引渡しを受けなかったときは、この限りでない。
29	[研究会副案] 115条　善意取得	修	115条：平穏、かつ、公然に、有効な法律行為に基づき、(新)第百十九条(占有の移転)に定める動産の引渡しを受けた者は、善意であり、かつ、過失なきときは、即時にその動産について行使する権利を取得する。ただし、引渡しが同条第三号に定める占有改定によるときは、この限りでない。
30	116条　盗品又は遺失物の回復	修	116条①：前条の場合において、占有物が盗品又は遺失物であるときは、被害者又は遺失者は、盗難又は遺失の時から一年間、占有者に対してその物の回復を請求することができる。
31		移修	116条②：(現行194条に同じ)占有者が、盗品又は遺失物を、競売若しくは公の市場において、又はその物と同種の物を販売する商人から、善意で買い受けたときは、被害者又は遺失者は、占有者が支払った代価を弁償しなければ、その物を回復することができる。
32	117条　混同		117条①：(現行179条1項に同じ)同一物について所有権及び他の物権が同一人に帰属したときは、当該他の物権は、消滅する。ただし、その物又は当該他の物権が第三者の権利の目的であるときは、この限りでない。
33			117条②：(現行179条2項に同じ)所有権以外の物権及びこれを目的とする他の権利が同一人に帰属したときは、当該他の権利は、消滅する。この場合においては、前項ただし書の規定を準用する。

34	第2節 占有		
35	第1款 占有の取得と移転		
36	118条 占有の成立	修	118条①：占有は、自己のためにする意思をもって物を所持すること（以下「直接占有」という。）によって成立する。
37		修	118条②：占有は、自己のために、他人が直接占有すること（以下「間接占有」という。）によっても成立する。
38	119条 占有の移転	新	119条 占有の移転は、次の各号の定めるところによる。
39		修	一 占有の譲渡は、占有物の引渡し（この章において「現実の引渡し」という。）によって行う。
40		修	二 譲受人又は間接占有の場合の直接占有者が現に占有物を所持するときは、占有の譲渡は、当事者の意思表示のみによってすることができる（この章において「簡易の引渡し」という。）。
41		修	三 直接占有者が自己の占有物を以後間接占有を有することなる者のために占有する意思を表示したときは、本人は、これによって占有を取得する（この章において「占有改定」という。）。
42		修	四 間接占有者が、直接占有者に対して、以後第三者のためにその物を占有することを命じ、その第三者がこれを承諾したときは、その第三者は、間接占有を取得する（この章において「指図による占有移転」という。）。
43	第2款 占有に基づく請求権		
44	120条 占有に基づく請求権	新	120条①：占有者は、その占有物につき、次の各号に掲げる権利（以下「占有に基づく請求権」という。）を有する。他人のために占有をする者も、同様とする。
45		移修	一 占有者がその占有を奪われたときは、その物の返還請求権（以下「占有返還請求権」という。）
46		移修	二 占有者がその占有を妨害されたときは、その妨害の排除請求権（以下「占有妨害排除請求権」という。）
47		移修	三 占有者がその占有を妨害されるおそれがあるときは、その妨害の予防請求権（以下「占有妨害予防請求権」という。）
48		移修	120条②：前項第一号の占有返還請求権は、占有を侵奪した者の特定承継人に対して提起することができない。ただし、その承継人が侵奪の事実を知っていたときは、この限りでない。
49	121条 占有に基づく請求権の劣後的性格	新	121条①：本権に基づく主張は、前条に基づく訴訟（以下「占有訴訟」という。）においてもすることができる。
50		新	121条②：占有訴訟と、本権に基づく訴訟が別個に提起され、それぞれの訴訟の結論が矛盾するときは、本権に基づく訴訟の結論が優先する。
51	[研究会正案] 122条 占有侵害による損害賠償請求権	新	122条：占有者がその占有を奪われたとき、又はその占有を妨害されたときは、占有侵害を理由とする損害の賠償を請求することができる。
52	123条 占有に基づく請求権等の提起期間	移修	123条①：(新)第百二十条（占有に基づく請求権）の請求権及び前条の損害賠償請求権等は、次の各号に定める期間内において行使しなければならない。
53		移修	一 占有返還請求権及び前条の損害賠償請求権は、占有を奪われた時から一年以内
54		移修	二 占有妨害排除請求権及び前条の損害賠償請求権は、妨害の存する間又はその消滅した後一年以内
55		移修	三 占有妨害予防請求権は、妨害の危険の存する間
56		移修	123条②：前項二号の占有妨害排除請求権及び前項三号の占有妨害予防請求権は、占有物の妨害又は妨害が生じるおそれが工事により生じたときは、その工事に着手した時から一年を経過し、又はその工事が完成したときには、行使することができない。
57	[研究会副案1]「[研究会正案]122条 占有侵害による損害賠償請求権」を削除	削除	現行民法198条から200条までに規定されている占有侵害の場合の損害賠償請求権の規定はすべて削除する。
58	123条 占有に基づく請求権の提起期間	修	123条①：(新)第百二十条（占有に基づく請求権）の請求権は、次の各号に定める期間内において行使しなければならない。
59		修	一 占有返還請求権は、占有を奪われた時から一年以内
60		修	二 占有妨害排除請求権は、妨害の存するとき又はその消滅した後一年以内
61		修	三 占有妨害予防請求権は、妨害の危険の存する間
62		修	123条②：前項二号の占有妨害排除請求権及び前項三号の占有妨害予防請求権は、占有物の妨害又は妨害が生じるおそれが工事により生じたときは、その工事に着手した時から一年を経過し、又はその工事が完成したときには、行使することができない。
63	[研究会副案2] 122条 占有侵害による損害賠償請求権	新	122条①：占有者が占有を奪われたとき、又はその占有を妨害されたときは、占有侵害を理由とする損害の賠償を請求することができる。
64		新	122条②：占有者がその占有を妨害されるおそれがあるときは、占有侵害を理由とする損害の担保を請求することができる。
65	123条 占有に基づく請求権等の提起期間	修	123条①：(新)第百二十条（占有に基づく請求権）の請求権及び前条の損害賠償請求権等は、次の各号に定める期間内において行使しなければならない。
66		修	一 占有返還請求権及び前条第一項の損害賠償請求権は、占有を奪われた時から一年以内
67		修	二 占有妨害排除請求権及び前条第一項の損害賠償請求権は、妨害の存する間又はその消滅した後一年以内
68		修	三 占有妨害予防請求権及び前条第二項の担保提供請求権は、妨害の危険の存する間
69		修	123条②：前項二号の占有妨害排除請求権及び前項三号の占有妨害予防請求権は、占有物の妨害又は妨害が生じるおそれが工事により生じたときは、その工事に着手した時から一年を経過し、又はその工事が完成したときには、行使することができない。
70	第3款 占有の態様		
71	124条 占有及び登記による権利の推定	修	124条①：占有者は、占有物について行使する権利を適法に有するものと推定する。
72		新	124条②：登記名義を有する者は、登記上の権利を適法に有するものと推定する。
73		新	124条③：前項に基づく本権の推定は、第一項に基づく本権の推定に優先する。
74	125条 占有の態様等に関する推定		125条①：(現行186条1項に同じ)占有者は、所有の意思をもって、善意で、平穏に、かつ、公然占有するものと推定する。
75			125条②：(現行186条2項に同じ)前後の両時点において占有をした証拠があるときは、占有は、その間継続したものと推定する。
76	126条 占有の承継		126条①：(現行187条1項に同じ)占有者の承継人は、その選択に従い、自己の占有のみを主張し、又は自己の占有に前の占有者の占有を併せて主張することができる。
77			126条②：(現行187条2項に同じ)前の占有者の占有を併せて主張する場合には、その瑕疵をも承継する。
78	127条 占有の性質の変更		127条：(現行185条に同じ)権原の性質上自ら所有の意思がないものとされる場合には、その占有者が、自己に占有をさせた者に対して所有の意思があることを表示し、又は新たな権原により更に所有の意思をもって占有を始めるのでなければ、占有の性質は、変わらない。

79	第4款 所有者と占有者との関係		
80	128条 占有者と果実	修	128条①：善意の占有者は、占有物から生ずる果実を取得する。物の使用利益は果実とみなす。
81		移	128条②：(現行190条1項に同じ)悪意の占有者は、果実を返還し、かつ、既に消費し、過失によって損傷し、又は収取を怠った果実の代価を償還する義務を負う。
82		移	128条③：(現行190条2項に同じ)前項の規定は、暴行若しくは強迫又は隠匿によって占有をしている者について準用する。
83		移	128条④：(現行189条2項に同じ)善意の占有者が本権の訴えにおいて敗訴したときは、その訴えの提起の時から悪意の占有者とみなす。
84	129条 占有者による損害賠償		129条：(現行191条に同じ)占有物が占有者の責めに帰すべき事由によって滅失し、又は損傷したときは、その回復者に対し、悪意の占有者はその損害の全部の賠償をする義務を負い、善意の占有者はその滅失又は損傷によって現に利益を受けている限度において賠償をする義務を負う。ただし、所有の意思のない占有者は、善意であったときであっても、全部の賠償をしなければならない。
85	130条 占有者による費用の償還請求		129条①：(現行196条1項に同じ)占有者が占有物を返還する場合には、その物の保存のために支出した金額その他の必要費を回復者から償還させることができる。ただし、占有者が果実を取得したときは、通常の必要費は、占有者の負担に帰する。
86			130条②：(現行196条2項に同じ)占有者が占有物の改良のために支出した金額その他の有益費については、その価格の増加が現存する場合に限り、回復者の選択に従い、その支出した金額又は増加額を償還させることができる。ただし、悪意の占有者に対しては、裁判所は、回復者の請求により、その償還について相当の期限を許与することができる。
87	第5款 占有の消滅		
88	131条 直接占有の消滅	修	131条：占有は、占有者が占有の意思を放棄し、又はその者の所持を失ったときに消滅する。ただし、占有に基づく物権的返還請求権が行使され、失われた占有物が取り戻されたときは、占有は継続したものとみなす。
89	132条 間接占有の消滅	修	132条：間接占有は、次に掲げる事由によって消滅する。
90		修	一 間接占有者が直接占有者に占有をさせる意思を放棄したこと。
91		修	二 直接占有者が間接占有者に対して以後自己又は第三者のために占有物を所持する意思を表示したこと。
92		修	三 直接占有者が占有物の所持を失ったこと。
93	第6款 準占有		
94	133条 準占有		133条：(現行205条に同じ)この章の規定は、自己のためにする意思をもって財産権の行使をする場合について準用する。
95	(現行192条から194条「即時取得」等削除し、移動)	削	現在、「占有」の章に規定されている「即時取得」および「盗品又は遺失物の回復」(現行民法192条以下)は、公信の原則にかんする規定として、「善意取得」の規定として、公示にかんする規定と並んで物権編の「第1章 総則」(新)115条以下に移動することした。
96	(現行195条「動物の占有による権利の取得」削除し、移動)	削	現在、「占有」の章に規定されている「動物の占有による権利の取得」は、所有権の原始取得にかんする規定として、(新)154条に移動することした。
97	第2章 所有権		
98	第1節 所有権とその限界		
99	第1款 所有権の内容及び範囲		
100	134条 所有権の内容		134条：(現行206条に同じ)所有者は、法令の制限内において、自由にその所有物の使用、収益及び処分をする権利を有する。
101	135条 土地所有権の範囲	修	135条①：土地の所有権は、その利益の存する範囲内及び法令の制限内において、その土地の上下に及ぶ。
102		新	135条②：前項の規定にかかわらず、大深度地下の公共的使用に関する特別措置法(平成十二年法律第八十七号)第十条(使用の認可)に定める使用の認可がなされた場合は、同法の規定するところによる。
103	136条 所有権境界画定の申立て	新	136条①：隣り合う土地の所有者は、隣地の所有者に対し、その土地の所有権確認請求又は所有権に基づく返還請求とともに、所有権境界画定の申立てをすることができる。
104		新	136条②：前項の申立てをした当事者は、その土地の所有権確認請求又は所有権に基づく返還請求につき、民事訴訟法(現行平成八年法律第百九号)第百四十五条(中間確認の訴え)をもって、その訴訟の当事者が隣り合う土地の所有者であることを確認を求めなければならない。
105			136条③：裁判所は、第一項の所有権確認請求又は所有権に基づく返還請求を認容するときは、非訟事件手続法(明治三十一年法律十四号)の規定に従い、第一項の所有権境界画定の訴えにつき審理するものとする。その際、裁判所は、所有権に基づく不動産登記法の定める登記記録、地図又は地図に準ずる図面及び登記簿の附属書類の内容、争いの対象となる土地その他の関係する土地の地形、地目、面積及び形状並びに工作物、囲障等の境界標の有無その他の状況及びこれらの設置の経緯その他の事情を総合的に考慮して、土地所有権の範囲を画する境界を定めるものとする。
106		新	136条④：第一項の申立てがなされたときは、裁判所は、相手方当事者に反訴の提起を求めなければならない。
107		新	前項の求めにもかかわらず、反訴を提起しなかった当事者は、正当な事由がある場合に限り、後に別訴で第三項に従い画定された境界と異なる自己の土地の所有権の範囲を主張することができる。
108	(208条削除)	削	「建物の区分所有(208条)」については、昭和37年に民法典から削除された。
109	137条 所有権に基づく物権的請求権	新	137条：所有者は、その所有物につき、次の各号に掲げる権利を有する。
110		新	一 所有者以外の者がその物を占有しているときは、その物の返還請求権(以下「物権的返還請求権」という。)。ただし、占有された物が金銭であるときは、その金額の返還請求権
111		新	二 所有者がその占有を妨害されたときは、その妨害の排除請求権(以下「物権的妨害排除請求権」という。)
112		新	三 所有者がその占有を妨害されるおそれがあるときは、その妨害の予防請求権(以下「物権的妨害予防請求権」という。)
113	第2款 相隣関係		
114	138条 境界標の設置等	移	138条①：(現行223条に同じ)土地の所有者は、隣地の所有者と共同の費用で、境界標を設けることができる。
115		移	138条②：(現行224条に同じ)境界標の設置及び保存の費用は、相隣者が等しい割合で負担する。ただし、測量の費用は、その土地の広狭に応じて分担する。
116	139条 塀又は柵の設置等	修	139条①：二棟の建物がその所有者を異にし、かつ、その間に空地があるときは、各所有者は、他の所有者と共同の費用で、その境界に塀又は柵を設けることができる。
117		修	139条②：前項の場合において、当事者間に協議が調わないときは、境界には、高さ二メートルの板塀又はブロック塀を設けるものとする。ただし、裁判所は、相当と認めるときは、異なる材料又は異なる高さで塀又は柵を設けるものと定めることができる。
118		修	139条③：相隣者の一人は、自己の費用をもって、前項に規定する材料より良好なものを用い、又は前項に規定するより高い塀又は柵を設けることができる。

119		修	140条①:相隣者の一人は、前条第二項に規定する材料より良好なものを用い、又は同項に規定するより高い塀又は柵を設けることができる。ただし、これによって生ずる費用の増加額を負担しなければならない。
120	140条 増加費用負担の場合の特例	修	140条②:相隣者の一人は、既にある共有の塀又は柵の高さを増すことができる。ただし、その塀又は柵がその工事に耐えないときは、自己の費用で、必要な工作を加え、又はその塀若しくは柵を改築しなければならない。
121		修	140条③:前項の工事をした者は、その工事により他の相隣者が受けた損害につき、償金を支払わなければならない。その工事の後にあっても、その高さを増した部分の保存及び管理その他のための費用を負担しなければならない。本項による費用の負担は、前項の持分の割合には影響を与えないものとする。
122		修	141条①:境界線上に設けた境界標、塀並びに柵及び溝並びに堀(以下「境界工作物」という。)は、相隣者の共有に属するものと推定する。
123	141条 境界工作物の共有等	新	141条②:境界工作物の持分は、それぞれの費用の各共有者の費用負担割合によるものと推定し、費用の負担割合が明らかでないときは、相等しいものと推定する。ただし、(新)第百三十八条(境界標の設置等)第二項の測量費用及び前条第二項ただし書並びに同条第三項に基づく費用の負担は、共有持分の算定に影響を与えないものとする。
124		移修	141条③:第一項に規定する共有物については、(新)第百七十条(共有関係の終了)に定める共有物の分割請求はできないものとする。
125	142条 越境した竹木の切り取り	修	142条①:土地の所有者は、隣地の竹木の枝が境界を越えるときは、相当の期間を定めてその竹木の所有者にその枝を切り取ることを請求することができる。竹木の所有者がその期間内に枝を切り取らないときは、自ら切り取ることができる。
126			142条②:(現行233条2項に同じ)隣地の竹木の根が境界線を越えるときは、その根を切り取ることができる。
127			143条①:(現行234条1項に同じ)建物を築造するには、境界線から五十センチメートル以上の距離を保たなければならない。ただし、法令に別段の定めがあるときは、この限りでない。
128			143条②:(現行234条2項に同じ)前項の規定に違反して建築をしようとする者があるときは、隣地の所有者は、その建築を中止させ、又は変更させることができる。ただし、建築に着手した時から一年を経過し、又はその建物が完成した後は、損害賠償の請求のみをすることができる。
129	143条 境界線付近の建築及び掘削		143条③:境界線から一メートル未満の距離において他人の宅地を見通すことのできる窓又は縁側(ベランダを含む。)を設ける者は、目隠しを付けなければならない。この距離は、窓又は縁側の最も隣地に近い点から垂直線によって境界線に至るまでを測定して算出する。
130		修	143条④:穴倉、井戸、池、その他の水だめを掘るには、境界線から二メートル以上の距離を保たなければならない。ただし、土砂の崩壊及び水又は汚液の漏出のおそれがない場合にあっては、その距離は一メートル以上とする。
131			143条⑤:(現行237条2項に同じ)導水管を埋め、又は溝若しくは堀を掘るには、境界線からその深さの二分の一以上の距離を保たなければならない。ただし、一メートルを超えることを要しない。
132	144条 隣地立入権	修	144条①:土地の所有者は、境界又はその付近において塀若しくは柵を築造し、又は修繕するため、必要な範囲内で、隣地の使用を請求することができる。ただし、隣人の承諾がなければ、その住家に立ち入ることはできない。
133			144条②:(現行209条2項に同じ)前項の場合において、隣人が損害を受けたときは、その償金を請求することができる。
134		修	145条①:他の土地に囲まれて公道に通じない土地(以下「袋地」という。)の所有者は、公道に至るため、その土地を囲んでいる他の土地(以下「囲繞地」という。)を通行することができる(以下「囲繞地通行権」という。)。
135			145条②:(現行210条2項に同じ)池沼、河川、水路若しくは海を通らなければ公道に至ることができないとき、又は崖があって土地と公道に著しい高低差があるときも、前項と同様とする。
136	145条 囲繞地通行権	修	145条③:前二項の場合には、通行の場所及び方法は、囲繞地通行権を有する者のために必要であり、囲繞地に損害が最も少なく、かつ、必要に応じ、建築基準法その他の法律の規定の趣旨を考慮して、決定されなければならない。
137			145条④:囲繞地通行権を有する者は、必要があるときは、通路を開設することができる。
138		修	145条⑤:分割によって公道に通じない土地が生じたときは、その土地の所有者は、公道に至るため、他の分割者の所有地のみを通行することができる。土地の所有者がその土地の一部を譲り渡したときも、同様とする。
139		修	145条⑥:第一項又は第二項に基づく囲繞地通行権を有する者は、囲繞地所有者の損害に対して償金を支払わなければならない。この償金は、第四項による通路の開設のために生じた損害に対するものを除き、一年ごとに支払うことができる。
140	146条 道路に指定された土地の通行受忍義務	新	146条:建築基準法(昭和二十五年法律二百一号)第四十二条(道路の定義)の規定により道路と指定され、現に道路が開設された土地の所有者は、その土地の通行することが日常生活上不可欠の利益を有する者に対して、その他通行を妨害してはならない。
141	147条 導管等設置権	新	147条:第百四十五条(囲繞地通行権)第一項、第二項、第三項、第五項及び第六項の規定は、水道、下水道、ガス、電気、電話その他日常生活に必要な役務の提供を受けるために、他人の土地に導管その他の設備を設置しなければならない場合に準用する。
142	148条 自然水流の保持		148条①:(現行214条に同じ)土地の所有者は、隣地から水が自然に流れて来るのを妨げてはならない。
143		移	148条②:(現行218条に同じ)土地の所有者は、直接に雨水を隣地に注ぐ構造の屋根その他の工作物を設けてはならない。
144		修	149条①:天災その他避けることのできない事情により、低地において自然水流の閉塞があった場合、(新)第百四十四条(隣地立入権)第一項本文の規定は、高地の所有者に準用する。この場合、高地の所有者は、低地において自己の費用で水流の障害を除去するために必要な工事をすることができる。
145	149条 水流の相隣関係	修	149条②:高地の所有者は、その高地が浸水した場合にこれを乾かすため、又は自家用若しくは農工業用の余水を排出するため、公の水流又は下水道に至るまで、低地を通過する人工的排水工事を行うことができる。この場合においては、低地のために損害が最も少ない場所及び方法を選ばなければならない。
146		修	149条③:他の土地に貯水、排水又は引水のために設けられた工作物の破壊又は閉塞により、自己の土地に損害が及び、又は及ぼすおそれがある場合には、当該他の土地の所有者は、当該他の土地の所有者に、工作物の修繕若しくは障害の除去をさせ、又は必要があるときは予防工事をさせることができる。
147	150条 水流の変更		150条①:(現行219条1項に同じ)溝、堀その他の水流地の所有者は、対岸の土地が他人の所有に属するときは、その水路又は幅員を変更してはならない。
148			150条②:(現行219条2項に同じ)両岸の土地が水流地の所有者に属するときは、その所有者は、水路及び幅員を変更することができる。ただし、水流が隣地と交わる地点において、自然の水路に戻さなければならない。

149	151条 堰及び通水用工作物		151条①：(現行222条1項に同じ)水流地の所有者は、堰を設ける必要がある場合には、対岸の土地が他人の所有に属するときであっても、その堰を対岸に付着させて設けることができる。ただし、これによって生じた損害に対して償金を支払わなければならない。
150			151条②：(現行222条2項に同じ)対岸の土地の所有者は、水流地の一部がその所有に属するときは、前項の堰を使用することができる。
151		修	151条③：土地の所有者は、その所有地の水を通過させるため、高地又は低地の所有者が設けた工作物(以下「通水用工作物」という)を使用することができる。
152		修	151条④：第二項又は第三項により他人の通水用工作物を使用する者は、その利益を受ける割合に応じて、堰又は通水用工作物の設置及び保存の費用を分担しなければならない。
153	152条 導管等使用権	新	152条：(新)第百五十一条(堰及び通水用工作物)第三項及び第四項の規定は、他人が設置した水道、下水道、ガス、電気、電話その他の日常生活に必要な役務の提供を受けるために、他人の土地に設置された導管その他の設備を利用することが、他の方法に比して合理的と思われる土地の所有者について準用する。ただし、その設備の利用が当該設備の効用を著しく害するときは、この限りでない。
154	153条 相隣関係における慣習の効力	新	153条①：(新)第百三十九条(塀又は柵の設置等)、(新)第百四十三条(境界線付近の建築及び掘削)第一項本文、第二項、第三項、(新)第百五十一条(堰及び通水用工作物)第一項、第二項の規定と異なる慣習があるときは、その慣習に従う。
155			153条②：(新)第百四十九条(水流の相隣関係)第三項および第五項の規定の定める費用の負担と異なる慣習があるときは、その慣習に従う。
156	第2節 所有権の原始取得		
157	154条 無主物先占		154条①：(標題のみ変更・現行239条1項に同じ)所有者のない動産は、所有の意思をもって占有することによって、その所有権を取得する。
158			154条②：(現行239条2項に同じ)所有者のない不動産は、国庫に帰属する。
159	155条 家畜以外の動物	新	155条①：所有者の下から逸走した家畜以外の動物は、所有者のない動産とみなす。
160			前項の規定は、その動物の占有を開始した者が、他人がその動物を飼育していたことを知っていたときは適用しない。その動物の占有を開始した者が、占有の開始の時に善意であり、かつ、その動物が飼主の占有を離れた時から一か月以内に飼主から回復の請求を受けたときも、同様とする。
161	156条 遺失物と埋蔵物		156条①：(現行240条に同じ)遺失物は、遺失物法(平成十八年法律第七十三号)の定めるところに従い公告をした後三か月以内にその所有者が判明しないときは、これを拾得した者がその所有権を取得する。
162		移	156条②：(現行241条に同じ)埋蔵物は、遺失物法の定めるところに従い公告をした後六か月以内にその所有者が判明しないときは、これを発見した者がその所有権を取得する。ただし、他人の所有する物の中から発見された埋蔵物については、これを発見した者及びその他人が等しい割合でその所有権を取得する。
163	157条 不動産の付合		157条①：不動産に従として物が付合し、損傷しなければ分離することができなくなったときは、その不動産の所有者は、付合した物の所有権を取得する。
164		修	157条②：前項の規定は、権原によってその物を附属させた者の権利を妨げない。付合した後、時間の経緯とともに損傷することなく分離しうるようになった物についても、同様とする。
165	158条 建物の合体	新	158条：二以上の建物が合体して一個の建物となった場合において、各所有者は、合体した建物を共有するものとする。その持分は、建物の合体の時における価格の割合に応じて定まるものとする。
166		修	159条①：動産に従として別の動産が付合し、損傷しなければ分離することができなくなったときは、その主たる動産の所有者は、付合した動産の所有権を取得する。
167	159条 動産の付合	移	159条②：二以上の動産が付合して一個の物(以下「合成物」という)となった場合において、付合した動産について主従の区別をすることができないときは、各所有者は、合成物を共有する。その持分は、付合した時の価格の割合に応じて定まるものとする。
168	160条 混和	修	160条：前条の規定は、所有者を異にする物が混和して識別することができなくなった場合について準用する。
169	161条 加工		161条①：(現行246条1項に同じ)他人の動産に工作を加えた者(以下「加工者」という。)があるときは、その加工物の所有権は、材料の所有者に帰属する。ただし、工作によって生じた価格が材料の価格を著しく超えるときは、加工者がその加工物の所有権を取得する。
170			161条②：(現行246条2項に同じ)前項に規定する場合において、加工者が材料の一部を供したときは、その価格に工作によって生じた価格を加えたものが他人の材料の価格を超えるときに限り、加工者がその加工物の所有権を取得する。
171		修	162条①：(現行247条1項に同じ)(新)第百五十七条(不動産の付合)から前条までの規定が定める付合、合体、混和及び加工(以下「添付」という。)によって物の所有権の変動があったときは、その物について存した制限物権又は共有持分(以下、本条及び次条において「制限物権等」という。)の存否は、以下の各号の定めるところによる。
172	162条 添付の効果	新	一 制限物権の設定があった物の所有者が、合成物、混和物又は加工物(以下この項において「合成物等」という。)の単独所有者となったときは、その物について存した制限物権等は、以後その合成物等について存続する。
173		新	二 物の所有者が合成物等の共有者となったときは、その物について存した制限物権は、以後その持分について存続する。
174		新	三 制限物権の設定があった物の所有者が、合成物等の所有権又は共有持分を得ることなく権利を失ったときは、その物について存した制限物権は消滅する。
175	163条 添付に伴う不当利得返還請求		163条：添付によって所有権及び制限物権等を失った者は、(新)第N条(他人の財貨からの不当利得)の規定に従い、その償金を請求することができる。
176	第3節 共同所有		
177	164条 共有	新	164条①：数人は、共同で同一物を所有することができる(以下「共有」という)。
178			164条②：共有者は、共有物の上に持分を有する。
179			164条③：共有者が出資により共有関係に入ったときは、持分の割合は出資の割合により定まる。持分の割合が明らかでないときは、各共有者の持分は、相等しいものと推定する。
180	165条 共有者の使用、収益及び処分		165条①：各共有者は、共有物の全部について、その持分に応じた使用及び収益をすることができる。
181		新	165条②：各共有者は、自由にその持分を処分することができる。
182			166条①：保存行為は、各共有者がすることができる。
183	166条 共有物の保存、管理及び変更	修	166条②：共有物の管理に関する事項は、前条の場合を除き、各共有者の持分の価格に従い、その過半数で決する。
184			166条③：共有物の変更は、共有者の総意によってのみすることができる。
185		修	167条①：共有者の一人が、その持分を放棄したときは、その持分は、他の共有者に帰属する。
186	167条 持分の放棄及び共有者の死亡		167条②：共有者の一人が死亡して相続人がないときも、前項に同じ。ただし、家庭裁判所は、(現行)第九百五十八条の三(特別縁故者に対する相続財産の分与)の規定に従い、共有者と特別の縁故があった者に対し、その持分の全部又は一部を与えることができる。

187	168条 共有物に関する負担		168条①：(現行253条1項に同じ)各共有者は、その持分に応じ、管理の費用を支払い、その他共有物に関する負担を負う。
188		修	168条②：各共有者は、一年以内に前項の義務を履行しない共有者に対し、その持分を時価で売り渡すべきことを請求することができる。
189	169条 共有物についての債権		169条：(現行254条に同じ)共有者の一人が共有物について他の共有者に対して有する債権は、その特定承継人に対しても行使することができる。
190	170条 共有関係の終了	移	170条①：各共有者は、いつでも共有物の分割を請求することができる。
191		修	170条②：前項の規定にかかわらず、共有者は、五年を超えない期間内は分割をしない旨の契約をすることができる。この不分割の特約は、更新することができる。ただし、その期間は、更新の時から五年を超えることができない。
192	(現行257条(標題なし：共有物の分割請求)削除し、移動)	＊	現行民法257条(共有分割の規定は、共有である境界工作物については、適用しない)は、共有なし共同所有の節からは削除し、境界工作物について規定した(新)141条3項に移動した。
193	171条 裁判による共有物の分割		171条①：(現行258条1項に同じ)共有物の分割について共有者間に協議が調わないときは、その分割を裁判所に請求することができる。
194		修	171条②：前項の場合において、共有物の現物を分割することができないとき、又は分割によってその価格を著しく減少させるおそれがあるときは、裁判所は、その競売を命ずることができる。
195		新	171条③：共有者の一人又は数人に共有物を取得させることが相当であり、かつ、その一人又は数人の共有者の持分の価格を他の共有者に取得させることとすることが共有者間の公平を害さないときは、裁判所は、前項の競売に代え、他の共有者に対し持分の価格の弁償させて、共有物を一人の共有者に取得させ、又は数人の共有者の共有とすることができる。
196	172条 共有に関する債権の弁済		172条①：(現行259条1項に同じ)共有者の一人が他の共有者に対して共有に関し債権を有するときは、分割に際し、債務者に帰属すべき共有物の部分をもって、その弁済に充てることができる。
197			172条②：(現行259条2項に同じ)債権者は、前項の弁済を受けるため債務者に帰属すべき共有物の部分を売却する必要があるときは、その売却を請求することができる。
198	173条 共有物の分割への参加		173条①：(現行260条1項に同じ)共有物について権利を有する者及び各共有者の債権者は、自己の費用で、分割に参加することができる。
199			173条②：(現行260条2項に同じ)前項の規定による参加の請求があったにもかかわらず、その請求をした者を加えないでした分割は、その参加をした者に対抗することができない。
200	174条 分割における共有者の担保責任		174条：(現行261条に同じ)各共有者は、他の共有者が分割によって取得した物について、売主と同じく、その持分に応じて担保の責任を負う。
201	175条 準共有		175条：(現行264条に同じ)この節の規定は、数人で所有権以外の財産権を有する場合について準用する。ただし、法令に特別の定めがあるときは、この限りでない。
202	176条 総有と共有の性質を有する入会権	修	176条①：共有地の上に入会権が存在する場合、この入会地の共同所有関係(以下「総有」という)については、各地方の慣習に従うほか、その性質に反しない限り、この節の規定を適用する。
203		修	176条②：前項の規定にかかわらず、総有については、(新)第百六十四(共有)第二項の定める持分は認められない。
204		新	176条③：入会林野である土地については、その農林業上の利用を増進するため、入会権者の合意により、それに伴い入会権以外の権利を設定し、移転し、又は消滅させる手続については、別に入会林野整備の実施手続として定めるところによる。
205	177条 合有と組合契約	新	177条①：(新)第666条(組合契約)の規定する組合契約における組合財産の共同所有関係(以下「合有」という)については、その性質に反しない限り、この節の規定を適用する。
206		新	177条②：前項の規定にかかわらず、合有については、(新)第百六十五条(共有者の使用、収益及び処分)第二項の定める持分処分の自由、(新)第百七十条(共有関係の終了)第一項の定める分割請求は認められない。
207	第4章 地上権		
208	第1節 総則		
209	178条 地上権の内容	修	178条：地上権者は、他人の土地において建物その他の工作物若しくは竹木を所有するため又は耕作若しくは牧畜をするため、その土地を使用する権利を有する。
210	179条 地代	修	179条①：地上権者が土地の所有者に定期の地代を支払わなければならない場合については、その性質に反しない限り、賃貸借に関する規定を準用する。
211		修	179条②：地上権者が引き続き二年以上地代の支払を怠ったときは、土地の所有者は、地上権の消滅を請求することができる。
212	180条 地上権に基づく物権的請求権		180条：地上権者は、その地上権の目的物につき、(新)第百三十七条(所有権に基づく物権的請求権)第一号から第三号に定める物権的返還請求権、物権的妨害排除請求権、物権的妨害予防請求権を有する。
213	181条 相隣関係の規定の準用		181条：(現行267条に同じ)(新)前章第一節第二款(相隣関係)の規定は、地上権者間又は地上権者と土地の所有者との間について準用する。ただし、(新)第百四十一条(境界工作物の共有等)の規定は、境界線上の工作物を地上権の設定後に設けられた場合に限り、準用する。
214		新	182条①：地上権は、設定期間の定めがあるときは、その期間の満了によって消滅する。
215		新	182条②：地上権は、地上権者が以下の各号に定めるところに従い地上権を放棄したとき消滅する。
216		新	一 設定行為に地上権の存続期間を定めた場合、地代その他の他所有権者が地上権者から利益を得ることができるときは、放棄によって所有権者の利益を害することができない。
217	182条 地上権の存続期間		二 設定行為に地上権の存続期間を定めなかった場合において、地代を支払うべきときは、一年前に予告し、又は期限の到来していない一年分の地代を支払わなければならない。
218		修	182条③：設定行為で地上権の存続期間を定めなかった場合において、地上権者が前項の規定によりその権利を放棄しないときは、裁判所は、当事者の請求により、二十年以上五十年以下の範囲内において、工作物又は竹木の種類及び状況その他の事情を考慮して、その存続期間を定める。
219		新設	182条④：建物の所有を目的とする地上権の存続期間は、前二項の規定にかかわらず、六十年とする。ただし、設定行為でこれより長い期間を定めたときは、その期間とする。
220	183条 工作物等の収去等	修	183条①：地上権者は、その権利が消滅した時に、土地を原状に復してその工作物及び竹木を収去することができる。
221		修	183条②：土地の所有者は、前項の規定にかかわらず、地上権者に対し、工作物及び竹木を時価で売り渡すべきことを請求することができる。この場合において、地上権者は、正当な理由がなければ、これを拒むことができない。
222		修	183条③：土地の所有者は、地上権が消滅した時、地上権者に対して工作物及び竹木を収去し、土地を現状に復することを請求することができる。ただし、収去請求がされた工作物及び竹木の有用性が認められるとき、その収去費用が時価に比して過大であるとき又は設定行為において土地に対して回復することができない変更を加えることが許されていたときは、この限りでない。
223		修	183条④：前三項の規定と異なる慣習があるときは、その慣習に従う。
224	184条 建物所有を目的とする地上権の対抗要件の例外	新	184条：地上権は、その登記がなくても、土地の上に地上権者が登記されている建物を所有するときは、これをもって第三者に対抗することができる。
225	185条 区分地上権		185条①：(標題のみ変更・現行269条の2第1項に同じ)地下又は空間は、工作物を所有するため、上下の範囲を定めて地上権の目的とすることができる。この場合においては、設定行為で、地上権の行使のためにその土地の使用に制限を加えることができる。
226			185条②：(現行269条の2第2項に同じ)前項の地上権は、第三者がその土地の使用又は収益をする権利を有する場合においても、その権利又はこれを目的とする権利を有するすべての者の承諾があるときは、設定することができる。この場合において、土地の使用又は収益をする権利を有する者は、その地上権の行使を妨げることができない。

511

227	第2節 農用地上権		
228	186条 農用地上権の内容	新	186条：(新)第百七十八条(地上権の内容)の地上権者のうち、他人の土地を耕作又は牧畜を目的として使用する者を農用地上権者という。農用地上権者は、その土地の使用に対し地代を支払わなければならない。
229	187条 農用地上権者による土地の変更の制限	修	187条：農用地上権者は、土地に対して、回復することのできない損害を生ずべき変更を加えることができない。
230	188条 農用地上権の対抗要件の例外	新	188条：農用地上権は、(研究会正案)(新)第四十一条(不動産物権変動の対抗要件)の規定にかかわらず、登記がなくても、土地の引渡しがあったときは、これをもってその後その土地について物権を取得した第三者に対抗することができる。
231	189条 農用地上権の譲渡又は賃貸禁止の特則	修	189条：農用地上権は、設定行為により、その譲渡又は賃貸を禁止することができる。
232	190条 相隣関係の特則	新	190条：(新)第八十一条(相隣関係の規定の準用)の規定は、農用地上権の性質に反するものについては適用しない。
233	191条 賃貸借に関する規定の準用	修	191条：農用地上権者の義務については、この章の規定及び設定行為で定めるもののほか、その性質に反しない限り、賃貸借に関する規定を準用する。
234	192条 地代の減免	新	192条：地代の額が、不可抗力により、田にあっては、収穫された米の価額の二割五分、畑にあっては、収穫された作物の価額の一割五分を超えることとなったときは、農用地上権者は、土地の所有者に対し、その割合に相当する額になるまで地代の減額を請求することができる。
235		新	193条①：地代の額が農産物の価格若しくは生産費の上昇若しくは低下その他の経済事情の変動により又は近傍類似の農地の地代に比較して不相当となったときは、契約の条件にかかわらず、当事者は、将来に向かって地代の額の増減を請求することができる。ただし、一定の期間地代の額を増加しない旨の特約があるときは、その定めに従う。
236	193条 地代の増減額請求	新	193条②：地代の増額について当事者間に協議が調わないときは、その請求を受けた者は、増額を正当とする裁判が確定するまでは、相当と認める額の地代を支払うをもって足りる。ただし、その裁判が確定した場合において、既に支払った額に不足があるときは、その不足額に年一割の利率による支払期後の利息を付してこれを支払わなければならない。
237		新	193条③：地代の減額について当事者間に協議が調わないときは、その請求を受けた者は、減額を正当とする裁判が確定するまでは、相当と認める額の地代の支払を請求することができる。ただし、その裁判が確定した場合において、既に支払を受けた額が正当とされた地代の額を超えるときは、その超過額に年一割の利率による受領の時からの利息を付してこれを返還しなければならない。
238	(現行276条「永小作権の消滅請求」削除)	削	現行民法276条の内容は、本改正試案では、(新)178条2項によってカバーされるため、農用地上権の節からは削除することとした。
239		新	194条①：農用地上権について存続期間の定めがある場合において、その当事者が、その期間の満了の一年前から六月前までの間に、相手方に対して更新をしない旨の通知をしないときは、従前と同一の条件で更に農用地上権を設定したものとみなす。
240	194条 農用地上権の更新	新	194条②：前項の当事者は、農地法で定めるところにより都道府県知事の許可を受けなければ、前項の更新をしない旨の通知をすることができない。
241		新	194条③：農業経営基盤強化促進制度に基づく農用地利用集積計画の定めるところによって設定された農用地上権については、前二項の規定を適用しない。
242	195条 農用地上権の存続期間	修	195条①：農用地上権の存続期間は、二十年以上五十年以下とする。設定行為で五十年より長い期間を定めたときであっても、その期間は、五十年とする。
243		修	195条②：農用地上権の設定は、更新することができる。ただし、その存続期間は、更新の時から五十年を超えることができない。
244		修	195条③：設定行為で農用地上権の存続期間を定めなかったときは、その期間は、N年とする。
245	196条 工作物等の収去等の例外	修	196条：(新)第百八十三条(工作物等の収去等)第三項ただし書は、農用地上権については適用しない。
246	197条 採草放牧地への準用	新	197条：地代を支払って他人の土地において養畜のための採草又は家畜の放牧をする権利については、本章の規定を準用する。
247	第5章 地役権		
248	[研究会正案] 198条 地役権の内容	修	198条①：地役権者は、設定行為で定めた目的に従い、通行、引水その他の自己の土地の便益に他人の土地を供する権利を有する。ただし、(新)第二章第一節(所有権とその限界)の規定のうち公の秩序に関するものに違反しないものでなければならない。
249		新	198条②：地役権者が土地の所有者に定期に償金を支払わなければならない場合については、その性質に反しない限り、賃貸借に関する規定を準用する。
250	[研究会副案] 198条 地役権の内容	修	198条：土地の所有者、地上権者、永小作権者、賃借権者は、設定行為で定めた目的に従い、通行、引水その他の自己の土地の便益に他人の土地を供する権利を有する。ただし、(新)第二章第一節(所有権とその限界)の規定のうち公の秩序に関するものに違反しないものでなければならない。
251		新	198条：前項により自己が所有又は利用する土地に対し便益を受ける者(以下「地役権者」という。)が土地の所有者に定期に償金を支払わなければならない場合については、その性質に反しない限り、賃貸借に関する規定を準用する。
252	199条 地役権の付従性		199条①：(現行281条1項と同じ)地役権は、要役地(地役権者の土地であって、他人の土地から便益を受けるものをいう。以下同じ。)の所有権に従たるものとして、その所有権とともに移転し、又は要役地について存する他の権利の目的となるものとする。ただし、設定行為に別段の定めがあるときは、この限りでない。
253			199条②：(現行281条2項と同じ)地役権は、要役地から分離して譲り渡し、又は他の権利の目的とすることができない。
254	200条 地役権の不可分性		200条①：(現行282条1項と同じ)土地の共有者の一人は、その持分につき、その土地のために又はその土地について存する地役権を消滅させることができない。
255			200条②：(現行282条2項と同じ)土地の分割又はその一部の譲渡の場合には、地役権は、その各部のために又はその各部について存する。ただし、地役権の性質により土地の一部のみに関するものは、この限りでない。
256	201条 地役権に基づく物権的請求権	新	201条：地役権者は、その地役権の目的につき、(新)第百三十七条(所有権に基づく物権的請求権)に定める物権的妨害排除請求権及び物権的妨害予防請求権を有する。
257	202条 地役権の時効取得		202条：地役権は、継続的に行使され、かつ、要役地所有者によって開設された外形上認識することができるものに限り、時効によって取得することができる。
258			203条①：(現行284条1項と同じ)土地の共有者の一人が時効によって地役権を取得したときは、他の共有者も、これを取得する。
259	203条 地役権の共有と取得時効	修	203条②：共有地を有する者がその土地の便益に他人の土地を利用している場合において、(新)第九十七条(権利行使による時効の停止)、(新)第九十八条(交渉による時効の停止)又は(新)第九十九条(催告による時効完成の猶予)に定める効果を生じるためには、地役権を行使する各共有者に対して各人の権利行使、交渉又は催告をしなければ、その効力を生じない。(新)第百一条(新たな進行の開始)第一項第四号の相手方の承認についても、同様とする。
260		修	203条③：(現行284条3項と同じ)地役権を行使する共有者が数人ある場合において、(新)第百条(権利行使の障害による時効完成の猶予)に定める事由があっても、時効は、各共有者のために進行する。
261	204条 用水地役権		204条①：(現行285条1項と同じ)用水地役権の承役地(地役権者以外の者の土地であって、要役地の便益に供されるものをいう。以下同じ。)において、水が要役地及び承役地の需要に比して不足するときは、その各土地の需要に応じて、まずこれを生活用に供し、その残余を他の用途に供するものとする。ただし、設定行為に別段の定めがあるときは、この限りでない。
262			204条②：(現行285条2項と同じ)同一の承役地について数個の用水地役権を設定したときは、後の地役権者は、前の地役権者の水の使用を妨げてはならない。

263	205条 承役地の所有者の工作物の設置義務等		205条①:(現行286条に同じ)設定行為又は設定後の契約により、承役地の所有者が自己の費用で地役権の行使のために工作物を設け、又はその修繕をする義務を負担したときは、承役地の所有者の特定承継人も、その義務を負担する。
264		移	205条②:(現行287条に同じ)承役地の所有者は、いつでも、地役権に必要な土地の部分の所有権を放棄して地役権者に移転し、これにより前項の義務を免れることができる。
265	206条 承役地の所有者の工作物の使用		206条①:(現行288条1項に同じ)承役地の所有者は、地役権の行使を妨げない範囲内において、その行使のために承役地の上に設けられた工作物を使用することができる。
266			206条②:(現行288条2項に同じ)前項の場合には、承役地の所有者は、その利益を受ける割合に応じて、工作物の設置及び保存の費用を分担しなければならない。
267	207条 承役地の時効取得による地役権の消滅		207①条:(現行289条に同じ)承役地の占有者が取得時効に必要な要件を具備する占有をしたときは、地役権は、これによって消滅する。
268		移	207条②:(現行290条に同じ)前条の規定による地役権の消滅時効は、地役権者がその権利を行使することによって中断する。
269	208条 地役権の消滅時効		208条①:(現行291条に同じ)(新)第百六条(消滅時効期間)第一項に規定する消滅時効の期間は、継続的でなく行使される地役権については最後の行使の時から起算し、継続的に行使される地役権についてはその行使を妨げる事実が生じた時から起算する。
270		移	208条②:(現行293条に同じ)地役権者がその権利の一部を行使しないときは、その部分のみが時効によって消滅する。
271	209条 共有地の地役権の消滅時効	修	209条:要役地が数人の共有に属する場合において、その一人のために(新)第九十七条(権利行使による時効の停止)から(新)第百条(権利行使の障害による時効完成の猶予)に定める事由及び(新)第百一条(新たな時効の進行)第一項第四号に定める相手方の承認があるときは、その効果は、他の共有者のためにも生じる。
272	210条 人役権	新	210条:法律の規定に従い、他人の土地を自己の便益に供する権利の設定を受けた者の権利行使については、(新)第九十九条(地役権の付従性)を除くほか、この章の規定を準用する。
273	211条 地役権の性質を有する入会権	修	211条①:他人の土地における入会権については、各地方の慣習に従うほか、この章の規定を準用する。
274		新	211条②:入会林野である土地について、その農林業上の利用を増進するため、入会権を消滅させ、及びこれに伴い入会権以外の権利を設定し、移転し、又は消滅させる手続については、別に入会林野整備の実施手続として定めるところによる。

資料2　日本民法改正試案

（民法改正研究会・暫定仮案〔平成20年10月13日仮提出〕）

第2分冊〔債権法〕

起草・民法改正研究会

序　文

　この『日本民法改正試案』は、われわれ「民法改正研究会」が、民法財産法の全面改正を考えるために民法改正研究会発足（2005年11月）以来約3年の歳月をかけて作成してきた改正条文案を、2008年10月13日の第72回私法学会シンポジウムのために示したものである。

　この日本民法改正試案は、『第1分冊　総則・物権』、『第2分冊　債権法』として、日本私法学会を機会として、公刊された。公刊の趣旨については、第1分冊の序文（本書494頁以下）を参照されたい。

　ただ、第1分冊と第2分冊は、その性格を若干異にしている。第1分冊は、『民法改正研究会・仮案〔平成20年10月13日案〕』と題されているが、その内容は、総則分科会および物権法分科会の議をへて、民法改正研究会全体会議で承認されている。そこで、「仮」と題されている理由は、別の機会に述べたことと重なるが、次の2点にある（「特集・日本民法典財産法編の改正『日本民法改正試案』の基本枠組」ジュリスト1362号3頁、「シリーズ・日本民法改正試案提示の準備のために（2）日本民法改正試案の基本方向」ジュリスト1355号103頁以下）。まず第1に、「われわれ民法研究会は、最終段階で最良案にいたることを目的としている。そのため、会議運用の基本方針として、『一事不再理』の原則を採用しておらず、いったん決定された『研究会正案』も、その後、よりよい意見があれば、常に修正される可能性がある、とするのがわれわれの基本方針である。この意味では、われわれが現段階で提示する『民法改正試案』は、あくまで『暫定的最終案』でしかないことをお断りしておきたい」と述べたように、われわれ自身による再修正の余地があるからである。第2に、「開かれた民法改正案起草のために」として述べたように、今後、学界、法曹その他の法律実務家、国民の多くの声を聞き、この案を改良したいと考えており、この意味でも、本改正試案は、最終的なものではない「仮案」だからである。

　以上に述べたような意味において、第1分冊で述べた内容は、形容矛盾のようであるが、われわれ民法改正研究会の「暫定的最終案」としての性格をもっていた。

　もっとも、この第2分冊として公刊される日本民法改正試案の債権法部分も、

序　文

　大部分は、相当程度の討議が重ねられた成果であり、その意味では、研究会案としての確定度は、かなり高いものである。ただ、一部の条文については、債権法分科会レベルの押し迫った段階で討議が開始されたため、債権法分科会の最終分科会案にいたっていないものもある（具体的には、典型契約に採用する新種契約等がそれであり、条文案のかたちでの提示は行っていない）。これを別としても、私法学会において発表された段階では債権法条文案の全体が完結していたわけではなく、全体会議の議をへていないため、債権法改正試案は、今後、全体会議によって変更される可能性があった。

　また、第1分冊には、「第2部：解説」として、本改正試案の改正趣旨を簡潔ながら、全条文案にそくして示している（ただし、この部分は、『民法改正と世界の民法典』には収録していない）。しかし、第2分冊については、債権法の全条文案の完成を優先させたため、「第2部：解説」を割愛したが、債権法改正試案のうち、債権の成立、債務不履行、契約における抽象的過失と具体的過失、契約解除、贈与契約・仕用貸借等の無償契約、賃貸借、組合契約、不当利得、不法行為等については、簡単ながら、すでに別の箇所で「解説」を公表しているので、それらを参照していただければ幸いである（「特集・日本民法典財産法編の改正」ジュリスト1362号17頁以下、60頁以下〔山野目論稿〕、68頁以下〔大塚論稿〕、「シリーズ・日本民法改正試案提示の準備のために」ジュリスト1355号96頁以下、不当利得については、第2分冊末尾の「第3部：資料編・条文別議事録（抄）」参照）。なお、この第2分冊では、「第2部：解説」が割愛されたため、第1分冊では「解説」部分で紹介した、条文案作成の中心的役割を担ったメンバーの紹介を、「第1部：条文案」である程度行っている。

　この第2分冊の末尾には、『民法改正と世界の民法典』には収録しなかったものの、上に述べたように、不当利得についての「第3部：資料編・条文別議事録（抄）」を収録していた。その理由は、われわれ民法改正研究会が、「開かれた民法改正案」の作成を目指していることと深く関係している。

　日本私法学会シンポジウムで提示した「日本民法改正試案」は、基本的に、研究会メンバー約20名の共同作業によるものである。これは、かぎられた数の学者の努力の結果であり、学界全体の叡智を集めたものとはほど遠い。われわれ民法改正研究会としては、今後、数多くの民法研究者のグループと討議を重ね、この改正試案を、より学界全体の叡智を集めたものに少しでも近づけたいと考えている。このように考えていたところ、2008年9月に、「不当利得法

序　文

の国際的現状と課題」(科研基盤研究(A)：代表・松岡久和教授)の研究会が開催された。そこで、われわれ民法改正研究会の不当利得についての条文案を同研究会に示し、その研究会メンバーと条文案につき議論する機会を得た。「第3部：資料編・条文別議事録(抄)」は、この議論の経緯をここに示したものであった。われわれ民法改正研究会としては、今後、種々の研究者グループと同様の討議を重ねることを希望しており、そのパイオニア的共同研究として、ここにその状況と経緯を示し、数多くの研究グループに対し、共同研究を呼びかける次第である。

　なお、第1分冊、第2分冊をつうじて「最終暫定案」を示すにはいたっていないが、それでも、ここにいたるまでには、研究会メンバーの多大なご協力があったことはいうまでもない。とりわけ、3年間数多くの条文提案をしていただいた先生方や、私法学会間際の条文案作成依頼を快諾してくださった先生方、立法経験をふまえて常に的確なご助言をいただいた先生方、また、遠路をいとわず熱心に研究会にご出席くださった先生方、さらに、この2つの分冊をまとめる最終段階での急なとりまとめ作業にご協力いただいた先生方には、感謝の言葉もない。

　それとともに、この中間的成果発表にいたるまでの陰の立て役者として、この研究会立ち上げを呼びかけてくださった岡孝教授を含め、多大な労力を惜しみなく注いでくださった研究会事務局3名に深謝の意を表したい。まず、研究会事務局長として、岡教授は、3年間、研究会および事務局を常に支えてくださった。また、事務局として、宮下修一准教授は、研究会のあらゆる連絡・庶務の労をとってくださったばかりでなく、毎回、丁寧に研究会の速記録をとってくださり、平林美紀准教授は、その速記録の作成を含め、それをもとに、膨大な条文議事録の執筆にご協力いただき、また、中野邦保講師は、この2種の作業に加えて、改正条文案の解説の執筆にもご協力いただいた。岡教授をはじめとする4名の方々のご尽力なくして、今回の発表はありえなかったところである。

　なお、本研究については、その前提となる比較法的研究と前述した2008年3月の国際シンポジウムを含め、科学研究費補助金のほか、学習院国際交流基金、学術振興野村基金、社会科学国際交流江草基金、村田学術振興財団より研究助成を受けた(五十音順)。仮案の段階とはいえ、日本民法改正試案の条文案の提示ができたのも、これらの諸団体からの助成に負うところが大きい。記し

序　文

て、心からなる謝意を表したい。

 2008年10月10日

民法改正研究会代表
加　藤　雅　信

【なお、本書に収録したこの第2分冊の「序文」は私法学会当時に公刊したものを基礎としながら、この『民法改正と世界の民法典』の読者にわかりやすいように書き改めたものである。】

第1部:『日本民法改正試案・財産法編』条文案一覧
（民法改正研究会・暫定仮案〔平成20年10月13日仮提出〕）

☆ 左から二つ目の列にある「新」は新設条文であることを、「修」は修正条文であることを示している（修正条文が微修正にとどまり、修正箇所がわかりにくいものは、その修正した箇所に下線を付している）。また、「移」の符号を付したものは、単に条文の場所が移動した事を超え、複数条文を統合し、条文の内容を変更した場合等、一定の意味がある条文の場所の変更があったことを意味している。「削除」は、現行条文が削除されたことを、この欄が空白の場合は、現行民法典の条文をそのまま継承したことを意味する（ただし、引用条文がある場合には、その条文は民法改正試案の条数に基本的に改めている）。「＊」は、民法改正研究会が付したコメントを意味する。

☆ 現在採用されている条文表現の一般的なルールは、一には、現代的でないもの、あるいは読んだ者に理解しにくいものも存在しているように思われる。たとえば、「一箇月」等の表現は「一か月」と表現したほうが現代的と思われる。また、「移」の符号を付したものには、条文のなかに他の条文を引用する場合が付されているものと付されていないものが混在している。しかし、法律の条数を暗記している人間はきわめて例外的なので、すべて引用条文については標題付きにしたほうが、読む者の理解に資すると思われる。そこで、本民法改正試案は、現在の法制局的なルールに意図的に従わず、読んだ者に理解しやすくなるよう努めた箇所もある。

また、現在では節や款に単一の条文しかなく、それらの標題が同一のとき、また連続条文が同一の標題のときとき等は、条文の標題が省略されている。しかし、法律を学ぶ学生等でもこのルールを理解していない者も多く、質問をうけることも稀ではない。そこで、無用な混乱を避けるために、このような場合にも条文に標題を付すこととした。

以上のような扱いにしたのは、現在の法制局的なルールを一般的に見直すには、基本法である民法の改正がよい機会になると考えたからである。

☆☆ 条数について一言しておくことにする。条数をみると、総則は、現行民法が1条～174条の2であるのに対し、本改正試案は1条～108条となっており、物権は、現行民法が175条～294条であるのに対し、本改正試案は109条～211条となっている。また、担保物権は、現行民法が303条～398条の22であるが、欠番・枝番を考慮した実質条数は総計123か条である。本改正試案は担保物権の改正には立ち入っていないので、現行担保物権法の条文をそのまま規定することにすれば、債権法は335条から始めることとなる。そこで、本改正試案の債権法は、335条から開始することとした。

なお、条数総計について述べれば、現行民法の財産法の最終条数が724条であるのに対し、本改正試案は670条となっており、現行民法より54条ほど減少していることとなる。ただ、現行民法には欠番・枝番があり、現行民法には規定のない、法の適用に関する通則法に規定し民法から削除したもの、逆に、現行民法にはない法制度をあらたに規定したものも存在しているので、実質的な比較ははずかしいが、同一の法制度を比較すればわかるように、現行民法よりは本改正試案のほうが条数が少ないものがほとんどである。これは、条文の体系的整序をはかった結果であり、このぶん、本改正試案のほうが現行民法よりも法規範の透明性がよくなっていると考えている。

1	第3編 債権		
2	第1章 総則		
3	第1節 通則	＊	債権の履行期とその遅滞については、沖野眞已教授の提言により、その内容が決定された。
4	335条 債権の成立	新	335条：債権は、契約、事務管理、不当利得及び不法行為その他の原因によって発生する。
5	336条 債権の内容	新	336条：債権を有する者（以下「債権者」という。）は、その相手方（以下「債務者」という。）に対して、その債権の内容に従って一定の給付を請求することができる。
6		新	337条①：債務者は、債務の本旨に従って債務の履行をしなければならない。
7	337条 債権者及び債務者の権利及び義務	新	337条②：債権者は、その債務の性質に反しない限り、債務の履行を受領しなければならない。
8		新	337条③：債務者及び債権者は、債務の本旨に反しない限り、債務の履行及び履行の受領のために第三者を用いることができる。
9		新	337条④：債務者の債務の履行及び債権者の履行の受領は、信義誠実の原則に従って行われなければならない。
10	（現行399条「債権の目的」削除）	削	現行民法399条が実務で問題となったのは、永代供養の事案のみであり、本条は実際的意義に乏しいので、削除することとした。ただし、（新）39条の標題を含め、（新）「第2節 債権の種類」のなかのいくつかの条文では、「債権の目的」の語が用いられていることを注記しておく。
11	〔債務不履行等・研究会正案〕	＊	「第1節 通則」のうち、現行民法「第1款 債務不履行の責任等」に対応する諸規定については、契約責任全体の問題をふまえながら、渡辺達徳教授、鹿野菜穂子教授、加藤から4つの案が提出された。また、大塚直教授から、不法行為にからむ損害賠償との関連をふまえながら、現行民法415条、416条にかんする条文案が提出された。その後、類似性を有していた渡辺案と鹿野案は統合された（そのさい、（新）340条、341条については、これに大塚案も統合された）。 ただ、この統合案は研究会副案となったので、まず、研究会正案を示したうえで、研究会副案を提示することとした。 なお、債務不履行の問題についての考え方は、前述したように、契約責任全体と関連し、危険負担、契約解除、売買の瑕疵担保についての条文案と連動している。これらの問題についても、渡辺教授、鹿野教授は、それぞれ条文案を提出し、後に、渡辺案と鹿野案が統合された。ただ、民法改正試案の全体の統一性を確保する必要があることを考慮し、これらの問題についても、この統合案を研究会副案としたので、それらについては関連箇所で示すこととした。 基本的には、研究会正案が、わが国の伝統的な債務不履行・危険負担・解除・瑕疵担保の枠組みを崩さない範囲での革新を試みるのに対し、研究会副案は、近時の国際的潮流を顧慮した大幅な刷新を試みるものである。
12	338条 履行不能による債務の消滅	新	338条①：債権は、債務の履行が不能であるときは消滅する。ただし、（研究会正案）（新）第三百四十条（債務不履行による損害賠償）の請求がある場合は、この限りでない。
13		新	338条②：前項の規定により債権が消滅した場合において、債務者が債務の目的に代わる賠償又は賠償請求権を取得したときは、債権者は、債務者が賠償として取得したものの引渡し又は賠償請求権の譲渡を請求することができる。
14		新	339条①：債務の履行期は、次の各号に定めるところによる。
15		新	一 確定期限付債権及び不確定期限付債権については、その期限が到来したとき
16		新	二 期限の定めのない債権については、その債権が発生した時
17	339条 債権の履行期とその遅滞		339条②：債務は、次の各号に従い、履行遅滞に陥る。
18		修	一 確定期限付債務については、その期限が徒過した時
19		修	二 不確定期限付債務については、債務者がその期限の到来を知った時
20		修	三 期限の定めのない債務については、債権者から履行の請求を受けた時。ただし、不法行為による損害賠償債務については、その債務が発生した時
21	（現行413条「受領遅滞」削除し、移動）	削除	受領遅滞について規定した現行民法413条は、（新）337条2項に移動することとし、ここからは削除した。
22	（現行414条「履行の強制」削除し、移動）		履行の強制が問題となるのは、債権のみならず、権利一般なので、民法総則に規定することとし、債権編からは削除した。
23		修	340条①：債務者がその債務の本旨に従った履行をしないときは、債権者は、債務者に対し、次の各号に定める損害の賠償を請求することができる。
24		修	一 債務の履行が不能であるとき、又は給付の追完が不能なときは、履行に代えた損害
25	340条 債務不履行による損害賠償	新	二 （研究会正案）前条第二項により遅滞に陥ったとき、又は給付の追完が遅れているときは、遅滞による損害
26		新	三 前二号に定めるもののほか、債務の本旨に従った履行がないことに起因する損害
27		修	340条②：前項の請求に対し、債務者は、その債務の不履行が自己の責めに帰すべき事由によるものでないことを証明したときは、その責任を免れることができる。
28		修	341条①：填補賠償又は遅延賠償の請求は、債務不履行によって通常生ずべき損害の賠償を目的とする。

#	条項	修/新/移/削	条文
29	341条 損害賠償の範囲		341条②:(現行416条2項に同じ)特別の事情によって生じた損害であっても、当事者がその事情を予見し、又は予見することができたときは、その賠償を請求することができる。
30	342条 損害賠償の方法		342条:(現行417条に同じ)損害賠償は、別段の意思表示がないときは、金銭をもってその額を定める。
31	343条 過失相殺		343条:(現行418条に同じ)債務の不履行に関して債権者に過失があったときは、裁判所は、これを考慮して、損害賠償の責任及びその額を定める。
32	344条 金銭債務の債務不履行の特則	修	344条①:金銭の支払を目的とする債務の不履行については、その損害賠償の額は、(新)第三百五十二条(利息債権)に規定する基準利率によって定める。ただし、約定利率が法定利率を超えるときは、約定利率による。
33			
34			344条②:(現行419条2項に同じ)前項の損害賠償については、債権者は、損害の証明をすることを要しない。
			344条③:(現行419条3項に同じ)第一項の損害賠償については、債務者は、不可抗力をもって抗弁することができない。
35	345条 損害賠償の予定	修	345条①:当事者は、債務の不履行について損害賠償の予定をすることができる。
36		新	345条②:前項の規定にかかわらず、債務者の故意に基づく損害賠償責任は、あらかじめ免除することはできない。ただし、自己の債務の履行のために他人を使用する場合には、使用された者の故意に基づく損害賠償責任については、この限りでない。
37			345条③:(現行420条2項に同じ)賠償額の予定は、履行の請求又は解除権の行使を妨げない。
38		移修	345条④:当事者が損害賠償の額を予定した場合において、裁判所は、その額を増減することができない。
39			345条⑤:(現行420条3項に同じ)違約金は、賠償の予定と推定する。
40	346条 金銭以外を目的とする損害賠償の予定		346条:(標題を除き、現行421条に同じ)前条の規定は、当事者が金銭でないものを損害の賠償に充てるべき旨を予定した場合について準用する。
41	347条 損害賠償による代位		347条:(現行422条に同じ)債権者が、損害賠償として、その債権の目的である物又は権利の価額の全部の支払を受けたときは、債務者は、その物又は権利について当然に債権者に代位する。
42	[債務不履行等・研究会副案]		
43			339条①:(現行412条1項に同じ)債務の履行について確定期限があるときは、債務者は、その期限の到来した時から遅滞の責任を負う。
44	339条 履行期と履行遅滞		339条②:(現行412条2項に同じ)債務の履行について不確定期限があるときは、債務者は、その期限の到来したことを知った時から遅滞の責任を負う。
45			339条③:(現行412条3項に同じ)債務の履行について期限を定めなかったときは、債務者は、履行の請求を受けた時から遅滞の責任を負う。
46	339条の2 受領遅滞		339条の2:(現行413条に同じ)債権者が債務の履行を受けることを拒み、又は受けることができないときは、その債権者は、履行の提供があった時から遅滞の責任を負う。
47		*	なお、研究会副案を採用する場合には、ここに「受領遅滞」の規定があるので、受領遅滞に関する(新)337条2項は削除するものとする。
48	(現行414条「履行の強制」削除し、移動)	削除	現行民法典で規定されている「414条 履行の強制」は、債権のみにとどまらず、権利一般の問題なので、(新)第1編「民法総則」第5章「権利の実現」に移動した。
49	340条 債務不履行による損害賠償	修	340条①:債務者がその債務の本旨に従った履行をしないとき、又は履行をすることができなくなったときは、債権者は、これによって生じた損害の賠償を請求することができる。ただし、債務不履行につき債務者に帰責事由がないときは、この限りでない。
50		新	340条②:債務者の故意に基づく損害賠償責任は、あらかじめ免除することができない。
51	341条 損害賠償の範囲	新	341条①:債務者は、契約締結時に当事者が債務不履行の結果として生じることを予見し、又は合理的に予見することができた損害についてのみ賠償の責任を負う。ただし、債務不履行が故意又は重大な過失によるものであるときは、この限りでない。
52			341条②:前項の規定は、契約締結後、債務不履行の時点までに債務者が予見し、又は合理的に予見することができた損害についても、準用する。
53	342条 損害賠償の方法		342条:(現行417条に同じ)損害賠償は、別段の意思表示がないときは、金銭をもってその額を定める。
54	343条 請求者に帰せられる損害	新	343条①:債務者は、次の各号に定める限度において、債権者が被った損害につき責任を負わない。
55			一 債権者が債務の不履行につき寄与している場合には、その寄与の限度
56			二 債権者の損害が、相当な手段をとることによって軽減しうる蓋然性が強い場合には、その軽減の限度
57			343条②:債権者は、債務者に対して、自己に生じる損害を軽減するために費やした相当な費用の回復を請求することができる。
58	343条の2 代償の引渡し	新	343条の2:(研究会副案)(新)第三百四十一条(債務不履行による損害賠償)第一項に定める履行不能が生じたのと同一の原因によって、債務者が債務の目的の代償である利益又は請求権を取得したときは、債権者は、その被った損害を限度として、債務者が代償として受領したものの引渡し又は代償として取得した請求権の譲渡を請求することができる。
59	344条 金銭債務の債務不履行の特則		344条①:(現行419条1項に同じ)金銭の給付を目的とする債務の不履行については、その損害賠償の額は、(新)第三百五十二条(利息債権)に規定する基準利率によって定める。ただし、約定利率が法定利率を超えるときは、約定利率による。
60			
61			344条②:(現行419条2項に同じ)前項の損害賠償については、債権者は、損害の証明をすることを要しない。
			344条③:(現行419条3項に同じ)第一項の損害賠償については、債務者は、不可抗力をもって抗弁することができない。
62	345条 賠償額の予定		345条①:(現行420条1項に同じ)当事者は、債務の不履行について損害賠償の額を予定することができる。この場合において、裁判所は、その額を増減することができない。
63			345条②:(現行420条2項に同じ)賠償額の予定は、履行の請求又は解除権の行使を妨げない。
64			345条③:(現行420条3項に同じ)違約金は、賠償額の予定と推定する。
65	346条 金銭以外を目的とする損害賠償の予定		346条:(標題を除き、現行421条に同じ)前条の規定は、当事者が金銭でないものを損害の賠償に充てるべき旨を予定した場合について準用する。
66	347条 損害賠償による代位		347条:(現行422条に同じ)債権者が、損害賠償として、その債権の目的である物又は権利の価額の全部の支払を受けたときは、債務者は、その物又は権利について当然に債権者に代位する。
67	第2節 債権の種類		
68	348条 特定物債権	修	348条:特定物の引渡しを目的とする債権(以下「特定物債権」という。)においては、債務者は、その引渡しをするまで、その物を保存しなければならない。
69		修	349条①:種類物の引渡しを目的とする債権(以下「種類債権」という。)においては、法律行為の性質又は当事者の意思によってその品質を定めることができないときは、債務者は、中等の品質を有する物を給付しなければならない。
70		修	349条②:種類債権において、給付すべき物が次の各号により特定された場合、以後その物を債権の目的物とする。
71		修	一 債権者と債務者との合意

72	349条 種類債権	修	二 債権者と債務者との合意によって与えられた選定権に基づく選定権者の指定
73		修	三 債務者が物を給付するのに必要な行為の完了
74		新	349条③：種類債権において、給付すべき物が前項により特定された場合、以後、債務者は、特定物債権の債務者と同様の義務を負う。ただし、債権者の利益を害しない限り、債務者が他の物をもって弁済することを妨げない。
75		新	349条④：前項の規定にかかわらず、給付された物に瑕疵があるときは、債権者は、瑕疵の存在を認識した上でこれを履行として認容するまでは、代物の給付を請求することができる。
76	350条 金銭債権	修	350条①：金銭の支払いを目的とする債権（以下「金銭債権」という。）においては、債務者は、その選択に従い、各種の通貨で弁済することができる。ただし、特定の種類の通貨の給付を債権の目的としたときは、この限りでない。
77		修	350条②：債権の目的物である特定の種類の通貨が弁済期に強制通用力を失っているときは、債務者は、他の通貨で弁済しなければならない。
78	351条 外貨建て債権	修	351条①：外国の通貨で債権額を指定したときは、その通貨で弁済しなければならない。ただし、債務者は、履行地における為替相場により、日本の通貨で弁済することができる。
79		移	351条②：前条の規定は、前項の場合について準用する。
80		修	352条①：利息を生ずべき債権（以下「利息債権」という。）の利率につき、別段の意思表示がないときは、その利率は、基準利率による。
81	352条 利息債権	新	352条②：基準利率は、別に政令に定めるところによる。基準利率は、これを告示しなければならない。
82		修	352条③：利息債権において、利息の支払が一年分以上延滞した場合に、債権者が催告をしても、債務者がその利息を支払わないときは、債権者はこれを元本に組み入れることができる。
83		修	353条①：当事者の約定又は法律の規定により、債権の目的が数個の給付の中から選択によって定まる場合（以下「選択債権」という。）には、その選択の効果は、債権の発生の時にさかのぼって生ずる。
84		修	353条②：前項の場合において、給付に不能のものがあるときは、債権はその残存するものについて存在する。ただし、選択権を有しない当事者の過失によって給付が不能となったときは、この限りでない。
85		修	353条③：選択債権においては、特段の定めのない限り、選択権の行使は、以下の各号の定めるところによる。
86		修	一 選択権が債務者に属する場合において、債務者は、相手方に対する意思表示によって選択権を行使しなければならない。
87	353条 選択債権	修	二 第三者が選択権を有する場合において、その第三者は、債権者又は債務者に対する意思表示によって選択権を行使しなければならない。
88		修	三 前二号の規定に従い、一旦なされた選択の意思表示は、第一号にあっては相手方の承諾、第二号にあっては債権者及び債務者の承諾を得なければ、撤回することができない。
89		修	353条④：前項の場合において、選択権の行使がなされないときは、次の各号の定めるところに従い、選択権は移転する。
90		修	一 前項第一号の選択債権が弁済期にある場合において、相手方から相当の期間を定めて催告をしても、選択権を有する当事者がその期間内に選択をしないときは、相手方に移転する。
91		修	二 前項第二号の場合において、第三者が選択をすることができず、又は選択をする意思を有しないときは、債務者に移転する。
92	第3節 債権の対外的効力		
93	[354条・研究会正案] 354条 債権者代位権	修	354条①：債権者は、自己の債権を保全するため、債務者の無資力又は保全される権利と行使される権利との関連性を証明して、債務者に属する権利を行使することができる。ただし、行使される権利が債務者の一身に専属するときは、この限りでない。
94		修	354条②：債権者は、その債権の期限が到来しない間は、裁判上の代位によらなければ、前項の権利を行使することができない。ただし、保存行為は、この限りでない。
95	[354条・研究会副案] 354条 債権者代位権	修	354条①：（現行423条1項と同じ）債権者は、自己の債権を保全するため、債務者に属する権利を行使することができる。ただし、債務者の一身に専属する権利は、この限りでない。
96		修	354条②：（現行423条2項と同じ）債権者は、その債権の期限が到来しない間は、裁判上の代位によらなければ、前項の権利を行使することができない。ただし、保存行為は、この限りでない。
97		修	355条①：債権者は、債務者に対して債務名義を有する場合、又は債務名義を取得しようとする場合に、その債務者が債権者を害することを知ってした法律行為（以下「詐害行為」、詐害行為をした債務者を「詐害行為者」という。）により、法律行為の相手方が財産を取得し又は利益を受けたとき（以下、この相手方を「受益者」という。）は、その受益者に対し、取得した財産又は利益の限度で詐害行為者の債務につき責任を主張させることの確認を裁判所に求めることができる。受益者が取得した財産を転得するか又は受けた利益からさらに利益を受けた者（以下「転得者」という。）も、同様の責任を負う。
98	[詐害行為・研究会正案] 355条 詐害行為による責任の拡張	修	355条②：前項の規定は、受益者又は転得者が詐害行為又は転得の時において債権者を害する事実を知らなかったときは、適用しない。
99		修	355条③：債権者は、詐害行為者に対する債務名義と前項の確認判決に基づき、執行裁判所に対し受益者又は転得者に対する執行文の付与の申立てをし、その財産に対し強制執行をすることができる。
100		修	355条④：債権者が前項の規定に基づき強制執行をしたときは、債権者の詐害行為者に対する債権は、その限度で消滅する。
101		修	355条⑤：第三項の強制執行を受け又は強制執行に先立って第三者の弁済をした受益者又は転得者は、詐害行為者に対し、財産を失った限度で求償権を行使することができる。ただし、その求償の額は、受益者又は転得者が前主に対して支払った費用を上回ることはできない。
102		修	355条⑥：前項の求償権を行使する受益者又は転得者は、詐害行為者やその他の求償権を行使しようとする債権者に対し、その訴訟の告知をしなければならない。
103		修	355条⑦：第一項の規定は、財産権を目的としない法律行為については、適用しない。
104	356条 詐害行為による責任拡張の効果	修	356条：前条の規定による責任の拡張は、すべての債権者の利益のためにその効力を生ずる。
105	[詐害行為による責任拡張訴訟の期間の制限]	修	357条：（研究会正案）（新）第三百五十五条（詐害行為による責任の拡張）の規定による訴えを提起する権利は、債権者が詐害行為の事実を知った時から二年間行使しないときは、時効によって消滅する。行為の時から十年を経過したときも、同様とする。
106	[詐害行為・研究会副案] 355条 詐害行為取消権	修	355条①：（現行424条1項と同じ）債権者は、債務者が債権者を害することを知ってした法律行為の取消しを裁判所に請求することができる。ただし、その行為によって利益を受けた者又は転得者がその行為又は転得の時において債権者を害すべき事実を知らなかったときは、この限りでない。
107		修	355条②：（現行424条2項と同じ）前項の規定は、財産権を目的としない法律行為については、適用しない。
108	356条 詐害行為の取消しの効果	修	356条：（現行425条と同じ）前条の規定による取消しは、すべての債権者の利益のためにその効力を生ずる。

109	357条 詐害行為取消権の期間の制限		357条:(現行426条に同じ)(研究会副案)(新)第三百五十五条(詐害行為取消権)の規定による取消権は、債権者が取消しの原因を知った時から二年間行使しないときは、時効によって消滅する。行為の時から二十年を経過したときも、同様とする。
110	第4節 債権譲渡、債務引受及び契約譲渡		
111	第1款 債権譲渡	*	債権譲渡の条文案は、池田真朗教授の提案を基礎に検討されたものである。
112	358条 債権の譲渡性	修	358条:債権は、これを譲り渡すことができる。ただし、その性質がこれを許さないときは、この限りでない。
113	359条 指名債権の譲渡の債務者への対抗要件	修	359条:指名債権の譲渡は、譲渡人が債務者に通知をし、又は債務者が承諾もしくは了知した旨の表示をしなければ、債務者に対抗することができない。
114	360条 指名債権の譲渡の第三者への対抗要件	移修	360条①:指名債権の譲渡は、前項の通知又は承諾もしくは了知した旨の表示が確定日付ある証書によってなされていなければ、債務者以外の第三者に対抗することができない。
115		修	360条②:前項の通知は、法人については、動産及び債権の対抗要件に関する民法の特例等に関する法律(平成十年法律第百四号)に定める債権譲渡登記をもって代えることができる(以下、この節においては「通知」及び「債権譲渡登記」を「通知等」と言う。また、「通知到達時」には「債権譲渡登記時」を含むものとする。
116		新	361条①:同一の債権について複数の譲渡がなされ、ともに確定日付のある証書による通知又は承諾もしくは了知した旨の表示があった場合には、通知到達時又は承諾もしくは了知した旨の表示の時が先のものが優先する。譲渡された債権について差押えがあったときは、確定日付ある証書による通知到達時又は承諾もしくは了知表示の時と差押時のいずれか先のものが優先する。
117	361条 複数譲受人等がある場合の法律関係	新	361条②:前項において、優劣の判定できない複数の債権の譲受人又は差押債権者があるときは、各譲受人又は差押債権者は、譲り受け又は差し押さえた債権の全額を債務者に請求することができる。ただし、弁済を受けた者は、他の同順位の譲受人又は差押債権者からの按分額の請求を拒むことができない。
118		新	361条③:前項の場合、債務者は、弁済又は(新)第三百九十九条(弁済供託)第三号の供託によって債務を免れることができる。
119	362条 指名債権の譲渡における債務者の抗弁	修	362条①:(新)第三百五十九条(指名債権の譲渡の債務者への対抗要件)の譲渡がなされたときには、債務者は、その通知を受け、又は承諾もしくは了知した旨の表示をするまでに譲渡人に対して生じた事由をもって譲受人に対抗することができる。
120		修	362条②:債務者が、承諾に際して、異議をとどめないことを明示したときは、善意の譲受人に対しては前項の対抗事由の主張を放棄する旨の意思表示がされたものとみなす。この場合において、債務者がその債務を消滅させるために譲渡人に払い渡したものがあるときはこれを取り戻し、譲渡人に対して負担した債務があるときはこれを成立しないものとみなすことができる。
121	(現行469から472条削除)	削除	指図債権および記名式所持人払債権についての現行民法469条から472条(469条「指図債権の譲渡の対抗要件」、470条「指図債権の債務者の調査の権利等」、471条「記名式所持人払債権の債務者の調査の権利等」、472条「指図債権の譲渡における債務者の抗弁の制限」)は、現実にほとんど用いられることがない有価証券について規定したものと現在考えられているので、それらは廃止し、今後それらに当たる債権が設定された場合にはその処理は解釈に委ねることとした。
122	363条 無記名債権の譲渡における債務者の抗弁の制限		363条:無記名債権の債務者は、その証書に記載した事項及びその証書の性質から当然に生ずる結果を除き、その無記名債権の譲渡前の債権者に対抗することができた事由をもって善意の譲受人に対抗することができる。
123	第2款 債務引受	*	債務引受の条文案は、野澤正充教授の提案を基礎に検討されたものである。
124	364条 債務の引受	新	364条①:債務者は、第三者(以下「引受人」という)との契約又は法律の規定により、その債務を引受人に移転することができる。
125		新	364条②:引受人は、債権者との契約によって、債務者の債務を引き受けることができる。
126	365条 免責的債務引受に対する債権者の承諾	新	365条①:債務者と引受人の契約により債務者が免責される債務引受は、債権者の承諾がなければ効力を有しない。
127		新	365条②:債権者が事前に承諾していた場合には、前項の債務引受は、その旨の通知が債権者に対してなされた時又は債権者がこれを了知した旨の表示をした時に効力を生じる。
128		新	365条③:債権者の承諾が引受契約の後になされた場合は、第1項の債務引受は、その承諾の時に効力を生じる。
129	366条 併存的債務引受	新	366条①:債務者と引受人の契約により引受人が債務者と併存して債務を負うことを約したときは、債権者は、引受人に対して直接にその債務の履行を請求する権利を有する。
130		新	366条②:引受人が債務者の債務を併存的に引き受けるときは、債務者及び引受人は、債権者に対して、連帯してその債務を弁済する責任を負う。
131	367条 履行の引受	新	367条①:債務者は、債権者の承諾なしに、引受人との契約によって、その引受人が債務者に代わって債務を履行すべきことを定めることができる。ただし、債務の性質がこれを許さないときは、この限りでない。
132		新	367条②:前項の約定がある場合においても、債権者は、引受人に対して債務の履行を請求することができる。
133	368条 抗弁の対抗	新	368条:引受人は、債権者に対して、債務者が主張できた事由をもって対抗することができる。ただし、引受人が免責的に債務を引き受けた場合には、債務者は、債権者に対して行使できた相殺を援用することができない。
134	369条 債務引受による担保の消滅	新	369条①:債務者が免責された場合には、債務の履行のために引受人以外の者によって提供されていた担保も消滅する。ただし、債務の引受に際して、担保提供者が反対の意思を表示したときは、この限りでない。
135		新	369条②:債務者が免責された場合には、債務の履行のために債務者が提供していた担保も消滅する。ただし、その担保が、債務者と引受人との間で移転された財産について設定されているときは、この限りでない。
136	第3款 契約譲渡	*	契約譲渡の条文案は、野澤教授の提案を基礎に検討されたものである。
137	370条 契約の譲渡	新	370条①:契約の当事者の一方(以下「譲渡人」という)は、相手方当事者との「相手方という」との間の当該契約における当事者の地位を、第三者(以下「譲受人」という)との契約又は法律の規定により、譲受人に移転することができる。
138		新	370条②:契約の譲渡は、相手方の承諾がなければ効力を有しない。ただし、契約の性質又は法律の規定により、相手方の承諾を要しないときは、この限りでない。
139	371条 契約の譲渡の対抗要件	新	371条①:相手方が事前に承諾していた場合には、契約の譲渡は、譲渡人がその旨の通知を相手方に対してした時又は相手方がこれを了知した旨の表示をした時に効力を生じる。
140		新	371条②:相手方の承諾が譲渡契約の後になされた場合は、契約の譲渡はその承諾の時に効力を生じる。
141		新	371条③:第一項の通知又は了知をした旨の表示及び前項の承諾が確定日付のある証書によってなされた場合には、契約の譲渡を相手方以外の譲受人に対抗することができる。

142	372条 譲渡人の免責	新	372条①:相手方は、契約の譲渡がなされた場合において、譲渡人を免責することができる。ただし、相手方は、譲受人が債務を履行しないときに、譲渡人に対して債務の履行を求めるために、譲渡人を免責しないこともできる。
143			372条②:譲渡人が免責されない場合には、譲渡人と譲受人は、相手方に対して、連帯してその債務を弁済する責任を負う。
144	373条 抗弁の対抗	新	373条:譲受人は、相手方に対して、譲渡人が主張できた事由をもって対抗することができる。
145	374条 契約譲渡の効果	新	374条①:契約譲渡がなされた場合において、譲受人及び相手方は、相手方又は譲受人に対し、譲渡後に当該契約から生じるすべての権利を有し、義務を負う。
146			374条②:譲渡人が(新)第三百七十二条(譲渡人の免責)第一項によって免責された場合には、(新)第三百六十九条(債務引受による担保の消滅)第一項及び第二項の規定を準用する。
147	第5節 債権の消滅		
148	第1款 総則		
149	375条 債権の消滅	新	375条:債権は、その本旨に従った弁済(代物弁済を含む)、供託、相殺、更改、免除及び混同によって消滅する。ただし、(新)第三百八十八条(弁済による代位)の適用がある場合は、この限りでない。
150	第2款 弁済	*	「第2款 弁済」の条文案は、「第4目 特殊な弁済方法」をのぞき、松岡久和教授の提案を基礎に検討されたものである。
151	第1目 総則		
152	376条 弁済	修	376条①:債権は、債務者又は第三者の弁済により消滅する。ただし、その債務の性質が第三者の弁済を許さないときは、この限りでない。
153			376条②:(現行474条2項に同じ)利害関係を有しない第三者は、債務者の意思に反して、弁済をすることができない。
154	377条 弁済の場所		377条:(現行484条に同じ)弁済をすべき場所について別段の意思表示がないときは、特定物の引渡しは債権発生の時にその物が存在した場所において、その他の弁済は債権者の現在の住所において、それぞれしなければならない。
155	378条 弁済の費用		378条:(現行485条に同じ)弁済の費用について別段の意思表示がないときは、その費用は、債務者の負担とする。ただし、債権者が住所の移転その他の行為によって弁済の費用を増加させたときは、その増加額は、債権者の負担とする。
156	379条 弁済者の証書請求	修	379条①:弁済をする者は、弁済を受領する者に対して受取証書の交付を請求することができる。
157			379条②:(現行487条に同じ)債権に関する証書がある場合において、弁済をした者が全部の弁済をしたときは、その証書の返還を請求することができる。
158	380条 弁済として引き渡した物の取戻し		380条①:(現行475条に同じ)弁済をした者が弁済として他人の物を引き渡したときは、その弁済をした者は、更に有効な弁済をしなければ、その物を取り戻すことができない。
159		移	380条②:前項の場合において、債権者が弁済として受領した物を善意で消費し、又は譲り渡したときは、その弁済は、有効とする。この場合において、債権者が第三者から賠償の請求を受けたときは、弁済をした者に対して求償することを妨げない。
160	(現行476条「標題なし」削除)	削	現行民法476条は、発生した債権につき、法律行為の取消しをすることがなくても、それとは独立して、弁済としておこなった物の引渡しを取消すことが可能であることを前提にしている。かりに、物権変動につき、物権行為の独自性を認めるのであれば、現行民法476条の規定は、物権変動論と整合的である。しかし、本研究会改案は、物権行為の独自性を否定する現在の判例・通説の立場を維持することを提案しているので、それと矛盾する現行民法476条の規定は、削除することとした。明治以来、現行民法476条に関する裁判例は公刊判例集には見当たらず、本条の削除が実務的な混乱を生じることはないと思われる。
161	[381条・研究会正案] 381条 弁済受領の権限の外観を有する者に対する弁済	修	381条:弁済受領の権限の外観を有する者に対して弁済した者は、善意であり、かつ、過失がなかったときは、その債権の消滅を主張することができる。
162	[381条・研究会副案] 381条 弁済受領の権限の外観を有する者に対する弁済	修	381条①:弁済受領の権限の外観を有する者に対して弁済をした者は、善意であり、かつ、過失がなかったとき、その弁済の効力を主張することができる。
163		新	381条②:前項の規定は、機械払いの場合について準用する。ただし、その債権を担保として行った貸付け及び本法の特別規定が別段の定めを置くときは、これによる。
164	382条 受領する権限のない者に対する弁済		382条:(現行479条に同じ)前条の場合を除き、弁済を受領する権限を有しない者に対してした弁済は、債権者がこれによって利益を受けた限度においてのみ、その効力を有する。
165	(現行480条「受取証書の持参人に対する弁済」削除)	削	受取証書の持参人に対する弁済を規律する現行民法480条は、「みなす」と表現していて、受取証書の持参人には、正当な弁済受領権限があるとしているので、そのような権限をもたない債権の準占有者とは違いがあるかのようにみえるが、悪意者や有過失者に対する弁済はやはり保護されない。同条は、主観的態様にかんする立証責任を転換する趣旨かと思われるが、事実上の推定でもたりる。また、同条にかんしては、その独自性を強調する見解もあるが、現行民法478条((研究会正案)(新)381条も同じ)と同質の問題であり、同条に吸収されると考えてよいように思われる。
166	383条 支払の差止めを受けた第三債務者の弁済	修	383条:支払の差止めを受けた第三債務者は、債権者に対する弁済をもって、差押債権者に対抗することができない。
167	(現行483条「特定物の現状による引渡し」削除)	削	現行民法483条は、ある意味で当然のことを規定したまでとみることができ、同条にかんする判例もほとんどなく、また、この規定は、瑕疵担保責任の性質論において、法定責任説の一部が論拠としており、しかもその点に契約責任説から強い批判があることからわかるように、むしろ混乱の源ともいえる。瑕疵担保規定の整備・整理に連動して、削除する。
168		修	384条①:債務者が弁済として提供した給付が債務すべてを消滅させるのに足りないときは、弁済をする者は、給付の時に、その弁済を充当すべき債務を指定することができる。
169			384条②:(現行488条2項に同じ)弁済をする者が前項の規定による指定をしないときは、弁済を受領する者は、その受領の時に、その弁済すべき債務を指定することができる。ただし、弁済をする者がその充当に対して直ちに異議を述べたときは、この限りでない。
170		移 修	384条③:前二項による弁済の充当の指定がされないときは、次の各号の定めるところに従い、その弁済を充当する。
171			一(現行489条1号に同じ) 債務の中に弁済期にあるものと弁済期にないものとがあるときは、弁済期にあるものに先に充当する。
172	384条 弁済の充当		二(現行489条2号に同じ) すべての債務が弁済期にあるとき、又は弁済期にないときは、債務者のために弁済の利益が多いものに先に充当する。
173			三(現行489条3号に同じ) 債務者のために弁済の利益が相等しいときは、弁済期が先に到来したもの又は先に到来すべきものに先に充当する。
174			四(現行489条4号に同じ) 前二号に掲げる事項が相等しい債務の弁済は、各債務の額に応じて充当する。
175		移 修	384条④:前各項による弁済の充当においては、債務が複数であるか否かにかかわらず、次の順序に従わなければならない。
176		修	一 費用

177		修	二 利息
178		修	三 元本
179	(現行490条「数個の給付をすべき場合の充当」削除)	削除	現行民法490条の必要性や賃料債務を例にとった説明には疑問がある。そこで、現行民法490条を廃止して、この場合をも含めるよう、現行民法488条の「すべての債務」を、(新)384条1項では「債務すべて」としておき、残り3か条をPICC 6.1.12条の規律を参考に1か条にまとめることとした。
180	[385条・研究会正案] 385条 弁済の提供の効果	修	385条：債務者は、債務の本旨に従った弁済の提供の時から、履行遅滞の責任を免れ、その後の債務の履行については、故意または重大な過失についてのみ責任を負う。
181	[385条・研究会副案] 385条 弁済の提供の効果	修	385条：債務者は、債務の本旨に従った弁済の提供の時から、履行遅滞の責任を免れ、その後の債務の履行については、自己の財産におけると同一の注意をもってすれば足りる。
182	386条 弁済の提供の方法	修	386条：(現行493条に同じ)弁済の提供は、債務の本旨に従って現実にしなければならない。ただし、債権者があらかじめその受領を拒み、又は債務の履行について債権者の行為を要するときは、弁済の準備をしたことを通知してその受領の催告をすれば足りる。
183	第2目 代物弁済		
184	387条 代物弁済	修	387条：(本文は現行482条に同じ)債務者が、債権者の承諾を得て、その負担した給付に代えて他の給付をしたときは、その給付は、弁済と同一の効力を有する。ただし、仮登記担保等、代物弁済を予約として、又は、停止条件付きで行う場合には、債権者は清算義務を負う。
185		新	387条：前項の清算の手続は、仮登記担保契約に関する法律(昭和五十三年法律第七十八号)に定めるところによる。
186	第3目 弁済による代位		
187	388条 弁済による代位	修	388条①：弁済について正当な利益を有する者は、第三者の弁済によって当然に債権者に代位する。
188		修	388条②：弁済について正当な利益を有しない者は、債務者のために弁済をした場合、その弁済と同時に債権者の承諾を得て、債権者に代位することができる。この場合においては、(新)第三百五十九条(指名債権の譲渡の債務者への対抗要件)の規定を準用する。
189	389条 弁済による代位の効果	修	389条：前条の規定により債権者に代位した者(以下「代位者」という。)は、自己の権利に基づいて求償をすることができる範囲内において、その債権の効力を行使することができる。その債権に担保が付されていた場合、代位者は、その担保権も行使することができる。
190	390条 法定代位のできる者の間の調整	修	390条①：(新)第三百八十八条(弁済による代位)第一項の規定により代位をすることができる者が複数ある場合においては、次の各号の定めるところに従わなければならない。
191		修	一 保証人及び物上保証人は、担保物権の目的である債務者所有の財産の第三取得者に対しても、債権者に代位する。
192		修	二 担保物権の目的である債務者所有の財産の第三取得者は、保証人及び物上保証人に対して債権者に代位しない。
193		修	三 債務者所有の複数の財産が担保物権の目的である場合において、担保物権の目的である財産の第三取得者の一人は、各財産の価額に応じた負担の限度で、他の第三取得者に対して債権者に代位する。
194		修	四 複数の物上保証人が担保物権を設定した場合において、物上保証人の一人(物上保証人からの担保目的財産の第三取得者を含む)は、各財産の価額に応じた負担の限度で、他の物上保証人に対して債権者に代位する。
195		修	五 保証人と物上保証人(物上保証人からの担保目的財産の第三取得者を含む)の間においては、その数に応じて負担を分かち、その限度で、債権者に代位する。物上保証人が数人あるときは、保証人の負担部分を除いた残額について、各財産の価額に応じた負担の限度で、債権者に代位する。この場合において、保証人と物上保証人を兼ねる者は一人として計算する。
196	391条 一部弁済による代位	修	391条①：債権の一部について弁済をした代位者は、その弁済をした価額に応じて、債権者とともにその権利を行使する。この場合において、代位者は、債権者に劣後する。
197		修	391条②：(現行502条2項に同じ)前項の場合において、債務の不履行による契約の解除は、債権者のみがすることができる。この場合においては、代位者に対し、その弁済をした価額及びその利息を償還しなければならない。
198	392条 債権者による債権証書の交付等	修	392条①：全部の弁済を受けた債権者は、債権に関する証書及び自己の占有する担保物を代位者に交付しなければならない。
199		修	392条②：債権の一部について弁済があった場合には、債権者は、債権に関する証書にその代位を記入し、かつ、自己の占有する担保物の保存を代位者に監督させなければならない。
200	393条 債権者の担保保存義務違反の効力	修	393条：(新)第三百八十八条(弁済による代位)第一項の規定により代位をすることができる者がある場合において、債権者が故意又は過失によって通常の取引において合理的と考えられる事由なくその担保を喪失し、又は減少させたときは、その代位をすることができる者は、その喪失又は減少によって償還を受けることができなくなった限度において、その責任を免れる。
201	394条 弁済以外の債務消滅原因への準用	新	394条：(新)第一目(総則)及び(新)第三目(弁済による代位)の規定は、その性質に反しない限り、弁済以外の債務消滅原因について準用する。
202	第4目 特殊な弁済方法		
203	395条 終身定期金としての不確定量の弁済	修	395条①：債務の弁済の量を不確定なものとする約定は、過度に射倖的であるときは、(新)第五十条(強行規定と公序良俗)第一項に反し、無効とする。ただし、次項に述べる場合でない。
204		新	395条②：弁済方法として、債務者が、自己、債権者又は第三者の死亡に至るまで、定期に金銭その他の物を債権者又は第三者に弁済する旨の約定(以下「終身定期金払い」という。)は、有効とする。
205	396条 終身定期金払いの支分権の日割り計算	修	396条：終身定期金債務が消滅したときは、その期の支分権は、日割りで計算する。
206	397条 終身定期金払特約の解除	修	397条①：終身定期金債務者が終身定期金の元本を受領した場合において、その終身定期金の弁済を怠り、又はその他の義務を履行しないときは、債権者は、元本の返還を請求することができる。この場合において、既に弁済を受けた終身定期金の中からその元本の利息を控除した残額を終身定期金債務者に返還しなければならない。
207		移	397条②：(新)第四百六十九条(同時履行の抗弁)の規定は、前項の場合について準用する。
208		移	397条③：第一項の規定は、損害賠償の請求を妨げない。
209	398条 条件成就の妨害があった場合の債権存続宣告	修	398条①：終身定期金債務者の責めに帰すべき事由によって(新)第三百九十五条(終身定期金としての不確定量の弁済)第二項に規定する死亡が生じたときは、裁判所は、終身定期金債権者又はその相続人の請求により、終身定期金債権が相当の期間存続することを宣告することができる。
210		修	398条②：前項の規定は、前条に規定する権利の行使を妨げない。
211	第3款 供託	＊	供託の条文案については、松岡教授を基礎に検討されたものである。
212	399条 弁済供託	修	399条：弁済をすることができる者(以下この款において「弁済者」という。)は、以下の各号に該当する場合において、供託法(明治三十二年法律第十五号)の規定に従い、債権者のために弁済の目的物を供託することができる。
213		修	一 債権者が弁済の受領を拒んだ場合
214		修	二 債権者が弁済を受領することができない場合

#	条	修/新/削	内容
215		修	三 弁済者が過失なく債権者を確知することができない場合
216	400条 競売代金の供託	修	400条:前条の場合において、弁済の目的物が供託に適しないとき、又はその物について滅失若しくは損傷のおそれがあるときは、弁済者は、裁判所の許可を得て、これを競売に付し、その代金を供託することができる。その物の保存について過分の費用を要するときも、同様とする。
217		修	401条①:前二条の規定による供託は、債務の履行地の供託所にしなければならない。
218	401条 供託の方法	修	401条②:(現行495条2項に同じ)供託について法令に特別の定めがない場合には、裁判所は、弁済者の請求により、供託所の指定及び供託物の保管者の選任をしなければならない。
219		修	401条③:前条の規定により供託をした者は、遅滞なく、債権者に供託の通知をしなければならない。この通知は、供託所に委託することができる。
220	402条 供託物還付請求権の取得	新	402条:債権者は、供託法の定めるところにより供託所に対して供託物の還付を請求する権利を取得する。
221	403条 供託物還付請求と反対給付の同時履行		403条:(現行498条に同じ)債務者が債権者の給付に対して弁済をすべき場合には、債権者は、その給付をしなければ、供託物を受け取ることができない。
222	404条 供託物の取戻し		404条①:(現行496条1項に同じ)債権者が供託を承認せず、又は供託を有効と宣告した判決が確定しない間は、弁済者は、供託物を取り戻すことができる。この場合においては、供託をしなかったものとみなす。
223			404条②:(現行496条2項に同じ)前項の規定は、供託によって質権又は抵当権が消滅した場合には、適用しない。
224	第4款 相殺	*	相殺の条文案は、野澤教授の提案を基礎に検討されたものである。
225	405条 相殺の要件等		405条①:(現行505条1項に同じ)二人が互いに同種の目的を有する債務を負担する場合において、双方の債務が弁済期にあるときは、各債務者は、その対当額について相殺によってその債務を免れることができる。ただし、債務の性質がこれを許さないときは、この限りでない。
226			405条②:(現行505条2項に同じ)前項の規定は、当事者が反対の意思を表示した場合には、適用しない。ただし、その意思表示は、善意の第三者に対抗することができない。
227	406条 相殺の方法及び効力		406条①:(現行506条1項に同じ)相殺は、当事者の一方から相手方に対する意思表示によってする。この場合において、その意思表示には、条件又は期限を付することができない。
228			406条②:(現行506条2項に同じ)前項の意思表示は、双方の債務が互いに相殺に適するようになった時にさかのぼってその効力を生ずる。
229	407条 履行地の異なる債務の相殺		407条:(現行507条に同じ)相殺は、双方の債務の履行地が異なるときであっても、することができる。この場合において、相殺をする当事者は、相手方に対し、これによって生じた損害を賠償しなければならない。
230	408条 時効により消滅した債権を自働債権とする相殺		408条:(現行508条に同じ)時効によって消滅した債権がその消滅以前に相殺に適するようになっていた場合には、その債権者は、相殺をすることができる。
231	409条 不法行為により生じた債権を受働債権とする相殺の禁止	修	409条:債権が不法行為によって生じたときは、その債務者は、相殺をもって債権者に対抗することができない。ただし、当事者双方の過失に基づく同一の不法行為によって、双方の財産権が侵害された場合には、この限りではない。
232	410条 差押禁止債権を受働債権とする相殺の禁止		410条:(現行510条に同じ)債権が差押えを禁じたものであるときは、その債務者は、相殺をもって債権者に対抗することができない。
233	411条 支払の差止めを受けた債権を受働債権とする相殺の禁止		411条①:(現行511条に同じ)支払の差止めを受けた第三債務者は、その後に取得した債権による相殺をもって差押債権者に対抗することができない。
234		新	411条②:第三債務者が支払の差止めを受けた時に弁済期の到来しない債権を有している場合において、その債権の弁済期が支払の差止めを受けた債権の弁済期よりも後に到来するときは、第三債務者は、当該債権による相殺をもって差押債権者に対抗することができない。
235	(現行512条「相殺の充当」削除)	削	現行民法512条は、(新)394条に吸収されるので、削除した。
236	第5款 更改		
237	412条 更改		412条①:(現行513条1項に同じ)当事者が債務の要素を変更する契約をしたときは、その債務は、更改によって消滅する。
238			412条②:(現行513条2項に同じ)条件付債務を無条件債務としたとき、無条件債務に条件を付したとき、又は債務の条件を変更したときは、いずれも債務の要素を変更したものとみなす。
239	413条 当事者の交替による更改	修	413条:債権者の交替による更改については、(新)第三百五十八条(債権の譲渡性)以下に定める債権譲渡の規定を準用し、債務者の交替による更改については、(新)第三百六十四条(債務の引受)以下に定める債務引受の規定を準用する。
240	(現行515条「債権者の交替による更改」、現行516条「同一標題」削除)	削	現行民法515条および516条の規定は、(新)413条に統合したため、削除した。
241	414条 更改前の債務が消滅しない場合		414条:(現行517条に同じ)更改によって生じた債務が、不法の原因のため又は当事者の知らない事由によって成立せず又は取り消されたときは、更改前の債務は、消滅しない。
242	415条 更改後の債務への担保の移転		415条:(現行518条に同じ)更改の当事者は、更改前の債務の目的の限度において、その債務の担保として設定された質権又は抵当権を更改後の債務に移すことができる。ただし、第三者がこれを設定した場合には、その承諾を得なければならない。
243	第6款 免除		
244	416条 免除		416条:(現行519条に同じ)債権者が債務者に対して債務を免除する意思を表示したときは、その債権は、消滅する。
245	第7款 混同		
246	417条 混同		417条:(現行520条に同じ)債権及び債務が同一人に帰属したときは、その債権は、消滅する。ただし、その債権が第三者の権利の目的であるときは、この限りでない。
247	第6節 多数当事者の債権及び債務		
248	第1款 総則		
249	418条 共有債権及び共有債務の原則	新	418条①:債権又は債務につき数人の債権者又は債務者がいる場合において、その債権又は債務は、それらの者が準共有するものと推定する。
250		新	418条②:前項の場合において、各債権者又は債務者の共有持分は相等しいものと推定する。
251	第2款 分割債権債務及び不可分債権債務		
252	419条 分割債権及び不可分債権	修	419条①:複数の債権者に帰属する可分給付を目的とする債権(以下「可分債権」という。)は、(新)第百七十条(共有関係の終了)第一項に基づく分割の請求を要することなく、債権者の持分に応じて分割される(以下「分割債権」という。)。
253			419条②:複数の債権者に帰属する不可分給付を目的とする債権(以下「不可分債権」という。)において、各債権者は、すべての債権者のために履行を請求することができる。
254		新	419条③:債務者が不可分債権者の一人に弁済したときは、すべての債権者との関係において不可分債権は消滅する。

#	条文	区分	内容
255		修	419条④：第二項の請求をする前に不可分債権が可分債権となったときは、その債権は分割債権となる。この場合において、各債権者は、自己が権利を有する部分についてのみ履行を請求することができる。
256	420条 分割債務及び不可分債務	修	420条①：複数の債務者が存在する可分給付を目的とする債権（以下「可分債務」という。）は、特段の意思表示を要することなく、債務者の負担割合に応じて分割される（以下「分割債務」という。）。
257		新	420条②：複数の債務者に帰属する不可分給付を目的とする債権（以下「不可分債務」という。）において、債権者は債務者のいずれに対してもその履行を請求することができ、各債務者はすべての債務者のためにその債権の履行をすることができる。
258		修	420条③：前項の履行をする前に不可分債務が可分債務となったときは、その債務は分割債務となる。この場合において、各債務者は、自己の負担部分についてのみ履行をする責任を負う。
259	421条 双務契約の特則	新	421条①：双務契約から発生した債権の一方が不可分のときは、その反対債権も不可分と推定する。
260		新	421条②：双務契約から発生した債権の一方が不可分債権のときは、前項と同様とする。
261	422条 不可分債権の相対効原則	移	422条①：不可分債権者の一人の行為又は一人について生じた事由は、他の不可分債権者に対してその効力を生じない。
262		修	422条②：前項の規定は、不可分債権者の一人が債務者を免除した場合にも適用する。ただし、債権の全部の履行を請求する他の不可分債権者は、免除した債権者の持分に相応する価額を債務者に償還しなければならない。
263		修	422条③：不可分債権者の一人が債務者と更改をした場合においても、他の不可分債権者は、債権の全部の履行を請求することができる。この場合において、債務者が更改によって利益を得たときは、履行を請求した債権者は、その利益のうち更改をした債権者の持分に相応する価額を債務者に償還しなければならない。
264	423条 不可分債務の相対効原則	新	423条①：不可分債務者の一人の行為又は一人について生じた事由は、他の不可分債務者に対してその効力を生じない。
265		修	423条②：前項の規定は、債権者が不可分債務者の一人を免除した場合にも適用する。ただし、債権者が他の不可分債務者に対し債権の全部の履行を請求する場合には、免除した債務者の負担部分に相応する価額を履行をする債務者に償還しなければならない。
266		修	423条③：債権者は、不可分債務者の一人と更改をした場合においても、他の不可分債務者に対し債権の全部の履行を請求することができる。この場合において、債務者が更改によって利益を得たときは、履行を請求した債権者は、その利益のうち更改をした債務者の負担部分に相応する価額を債務者に償還しなければならない。
267	第3款 連帯債権債務	*	以下の規定のうち、連帯債権の条文案は、平林美紀准教授の提案を基礎に検討されたものである。
268	424条 約定連帯債権	新	424条①：複数の債権者及び債務者が連帯の合意をしたことにより、債権が複数の債権者に帰属する場合（以下「連帯債権」という。）において、債権者の一人は、すべての債権者のために、債務者に対し全部の履行を請求することができる。
269		新	424条②：債務者が連帯債権者の一人に弁済したときは、すべての債権者との関係において連帯債権は消滅する。
270		新	424条③：前項の規定は、連帯債権者の一人と債務者との間の相殺による債権の消滅、及び連帯債権者の一人との混同による債権の消滅の場合に、これを準用する。
271		新	424条④：連帯債権者の一人について時効が完成したときは、債務者は、その連帯債権者の負担部分について、他の連帯債権者についてもその債務を免れる。
272		新	424条⑤：債務者は、連帯債権者の一人に対する専属的な抗弁をもって、他の連帯債権者に対抗することができない。
273		*	なお、本条3項では、「及び」の前に、意図的に「、」を付している。
274	425条 約定連帯債務	修	425条①：債権者及び複数の債務者が連帯の合意をしたことにより、複数の債務者が債務を負担する場合（以下「連帯債務」という。）において、債権者は、その連帯債務者の一人に対し、又は同時若しくは順次にすべての連帯債務者に対し、全部又は一部の履行を請求することができる。
275		新	425条②：連帯債務者の一人が第三百八十七条（新）（代物弁済を含む。）したときは、債権は、すべての連帯債務者の利益のために消滅する。（新）第三百九十九条（弁済供託）以下に基づく供託をしたときも、同様とする。
276			425条③：（現行434条に同じ）連帯債務者の一人に対する履行の請求は、他の連帯債務者に対しても、その効力を有する。
277		新	425条④：連帯債務者の一人に対する債権者の受領遅滞は、他の債務者に対しても、その効力を有する。
278			425条⑤：（現行433条に同じ）連帯債務者の一人についての法律行為の無効又は取消の原因があっても、他の連帯債務者の債務は、その効力を妨げられない。
279	426条 相対効原則とその例外	修	426条：連帯債務においては、連帯債務者の一人に生じた事由は、他の連帯債務者に対してその効力を生じない。ただし、次の各号に掲げる事由があったときは、他の連帯債務者に対しても効力を生じる。
280		移修	一　債権者と連帯債務者の一人の間の相殺。
281		移修	二　連帯債務者の一人と債権者との間の混同。
282		移修	三　連帯債務者の一人と債権者との間の更改。ただし、別段の意思表示があったときは、この限りでない。
283		移修	四　連帯債務者の一人と債権者との間の免除。ただし、免除された連帯債務者の負担部分に限る。
284		移修	五　連帯債務者の一人についての時効の完成。ただし、時効が完成した連帯債権者の負担部分に限る。
285	427条 他の連帯債務者の債権に基づく履行拒絶	修	427条：連帯債務者の一人が債権者に対して債権を有する場合において、その連帯債務者が相殺を援用しない間は、他の連帯債務者の負担部分についてのみ他の連帯債務者は、履行を拒絶することができる。
286	（現行441条「連帯債務者についての破産手続の開始」削除）	削	現行民法441条の内容は、破産法104条が、不可分債務、連帯債務、さらには不真正連帯債務（本改正試案では「法定連帯責任」）を含む「数人が各自全部の履行をする義務を負う場合」として規定しているところであり、破産法と重複する内容となっている。そこで、民法典からはこの部分を削除し、破産法104条に譲ることとした（なお、この破産法上の規定は、近時の破産法改正で新設されたものではなく、従前は24条として規定されていた）。
287	428条 法定連帯債権債務への準用	新	428条：本款の規定は、その性質が許す限り、法律の規定による連帯債権及び連帯債務について準用する。
288	429条 連帯債務者間の求償権	修	429条①：連帯債務者の一人が弁済をし、その他自己の財産をもって全部又は一部の共同の免責を得たときは、他の連帯債務者に対し、各自の負担部分について求償権を有する。債権者と連帯債務者の一人との間に混同が生じた場合も、同様とする。
289		修	429条②：前項の規定による求償は、免責があった日又は混同の日以後の法定利息及び避けることができなかった費用その他の損害の賠償を包含する。

#	条文見出し	区分	内容
290	430条 通知を怠った連帯債務者の求償の制限	修	430条①:連帯債務者は、弁済をし、その他自己の財産をもって共同の免責を受ける前に、その旨を他の連帯債務者に通知しなければならない。この通知(以下本条において「事前通知」という。)を怠った連帯債務者が他の連帯債務者に対して求償権を行使した場合において、他の連帯債務者は、債権者に対抗できる事由を有していたときは、その負担部分について、その事由をもって事前通知を怠った連帯債務者に対抗することができる。
291		移修	430条②:前項の場合において、相殺をもって事前通知を怠った連帯債務者に対抗したときは、事前通知を怠った連帯債務者は、債権者に対し、相殺によって消滅すべきであった債務の履行を請求することができる。
292		修	430条③:前条の規定により求償権を取得した連帯債務者は、その旨を他の連帯債務者に通知しなければならない(以下本条において「事後通知」という。)。この事後通知を怠ったため、他の連帯債務者が善意で弁済をし、その他自己の財産をもって免責を得たときは、その免責を得た連帯債務者は、自己の弁済その他免責のためにした行為を有効であったものとみなすことができる。ただし、その免責を得た連帯債務者が、第一項の事前通知を怠ったときは、この限りでない。
293	431条 償還をする資力のない者の負担部分の分担	修	431条:(現行444条に同じ)連帯債務者の中に償還をする資力のない者があるときは、その償還をすることができない部分は、求償者及び他の資力のある者の間で、各自の負担部分に応じて分割して負担する。ただし、求償者に過失があるときは、他の連帯債務者に対して分担を請求することができない。
294	432条 連帯の免除と弁済をする資力のない者の負担部分の分担	修	432条:連帯債務者の一人が連帯の免除を得た場合において、その連帯債務者の中に弁済をする資力のない者があるときは、別段の意思表示がない限り、債権者は、その資力のない者が弁済をすることができない部分のうち連帯の免除を得た者が負担すべき部分を負担する。
295	第4款 保証債務	*	保証債務の条文案については、山下純司教授により、現行法維持を基本とする提案があったが(この山下案の紹介については、「第3部:資料編」を参照されたい)、その後の検討の結果、以下の案が研究会案となった。
296	第1目 総則		
297		新	433条①:主たる債務者が債権者に債務を負う場合において、保証人がその債権者に対し、書面により、主たる債務者がその債務の履行をしないときに保証人がその履行をする責任を負う意思を表示し、主たる債務者の債権者がそれを承諾したときに、その保証契約に基づく保証債務が発生する。
298	433条 保証債務	移修	433条②:前項の保証債務は、主たる債務に関する利息、違約金、損害賠償その他その債務に従たるすべてのものを包含する。
299			433条③:(現行446条3項に同じ)保証契約がその内容を記録した電磁的記録(電子的方式、磁気的方式その他人の知覚によっては認識することができない方式で作られる記録であって、電子計算機による情報処理の用に供されるものをいう。)によってされたときは、その保証契約は、第一項の書面によるものとみなす。
300			434条①:(現行450条1項に同じ)債務者が保証人を立てる義務を負う場合には、その保証人は、次に掲げる要件を具備する者でなければならない。
301			一 行為能力者であること。
302			二 弁済をする資力を有すること。
303	434条 保証人の要件等		434条②:(現行450条2項に同じ)保証人が前項第二号に掲げる要件を欠くに至ったときは、債権者は、同項各号に掲げる要件を具備する者をもってこれに代えることを請求することができる。
304			434条③:(現行450条3項に同じ)前二項の規定は、債権者が保証人を指名した場合には、適用しない。
305			434条④:債務者は、第一項各号に掲げる要件を具備する保証人を立てることができないときは、他の担保を供してこれに代えることができる。
306		新	435条①:保証債務は、以下の各号に定めるところに従い、主たる債務に附従する。
307		新	一 主たる債務が不存在又は無効なときには、保証債務はその効力を有しない。
308	435条 保証人債務の附従性等		二 合意された保証契約の内容が主たる債務の目的又は態様よりも重いときであっても、保証債務の内容は、主たる債務の限度に減縮される。
309			三 主たる債務は、主たる債務者が弁済をするときに消滅する。
310		修	435条②:前項の第一号の規定にかかわらず、行為能力の制限によって取り消すことができる債務を保証した者は、保証契約の時においてその取消しの原因を知っていたときは、主たる債務の不履行の場合又はその債務の取消しの場合においてこれと同一の目的を有する独立の債務を負担したものと推定する。
311	436条 保証債務の随伴性	新	436条:主たる債務が移転したときは、保証債務もこれとともに移転する。
312		修	437条①:債権者が保証人に債務の履行を請求したときは、保証人は、まず主たる債務者に催告をすべき旨を請求する(以下「催告の抗弁」という。)ことができる。ただし、主たる債務者が破産手続開始の決定を受けたとき、又はその行方が知れないときは、この限りでない。
313	437条 保証債務の補充性等	移修	437条②:債権者が前条の規定に従い主たる債務者に催告をした後であっても、保証人は、主たる債務者に弁済をする資力があり、かつ、執行が容易であることを証明して、債権者がまず主たる債務者の財産について執行すべきことを請求する(以下「検索の抗弁」という。)ことができる。
314		修	437条③:前二項により保証人の請求又は証明があったにもかかわらず、債権者が催告又は執行をすることを怠ったために主たる債務者から全部の弁済を得られなかったときは、保証人は、債権者が直ちに催告又は執行をすれば弁済を得ることができた限度において、その義務を免れる。
315	438条 連帯保証の特則	修	438条:保証人は、主たる債務者と連帯して債務を負担したときは、前条第二項の催告の抗弁、前条第三項の検索の抗弁権を有しない。
316	439条 主たる債務についての時効と相殺	修	439条①:主たる債務に対する(新)第九十七条(権利行使による時効の停止)、(新)第九十八条(交渉による時効の停止)、(新)第九十九条(催告による時効完成の猶予)及び(新)第百一条(時効の新たな進行)四号の効果は、保証債務に対しても、同様の効力を生ずる。
317		修	439条②:(現行457条2項に同じ)保証人は、主たる債務者が債権者に対し相殺を援用しない間は、主たる債務者が相殺しうる部分について、保証債務の履行を拒絶することができる。
318	440条 保証契約における違約金等	修	440条:(現行447条2項に同じ)保証人は、その保証債務についてのみ、違約金又は損害賠償の額を約定することができる。この約定には、(新)第四百三十三条(保証債務)第二項及び前条一項第二号の規定が適用される。
319	441条 共同保証における分別の利益	修	441条:(現行456条に同じ)数人の保証人がある場合には、それらの保証人が別個の行為により債務を負担したときであっても、(新)第四百十九条(分割債権及び不可分債権)第一項の規定を適用する。ただし、別段の合意があるとき又は給付の性質がそれを許さないときは、この限りでない。
320	442条 連帯保証人について生じた事由の効力	修	442条:(新)第四百二十五条(約定連帯事由)三項、(新)第四百二十六条(相対効原則とその例外)及び(新)第四百二十七条(他の連帯債務者の債権に基づく履行拒絶)の規定は、主たる債務者が保証人と連帯して債務を負担する場合について準用する。
321	443条 委託を受けた保証人の求償権	修	443条①:保証人が主たる債務者の委託を受けて保証をし、主たる債務者に代わって弁済をし、その他自己の財産をもって債務を消滅させるべき行為をしたときは、その保証人は、主たる債務者に対して求償権を有する。
322		修	443条②:前項の規定による求償は、主たる債務の免責があった日以後の法定利息及び避けることができなかった費用その他の損害の賠償を包含する。

323			444条：(現行460条柱書きに同じ)保証人は、主たる債務者の委託を受けて保証をした場合において、次に掲げるときは、主たる債務者に対して、あらかじめ、求償権を行使することができる。
324	444条 委託を受けた保証人の事前求償権		一 (現行460条1号に同じ) 主たる債務者が破産手続開始の決定を受け、かつ、債権者がその破産財団の配当に加入しないとき。
325			二 (現行460条2号に同じ) 債務が弁済期にあるとき。ただし、保証契約の後に債権者が主たる債務者に許与した期限は、保証人に対抗することができない。
326			三 (現行460条3号に同じ) 債務の弁済期が不確定で、かつ、その最長期をも確定することができない場合において、保証契約の後十年を経過したとき。
327		移	四 保証人が過失なく債権者に弁済すべき裁判の言い渡しを受けたとき。
328	445条 主たる債務者が保証人に対して償還をする場合		445条①：(現行461条1項に同じ)前二条の規定により主たる債務者が保証人に対して償還をする場合において、債権者が全部の弁済を受けない間は、主たる債務者は、保証人に担保を供せ、又は保証人に免責を得させることを請求することができる。
329			445条②：(現行461条2項に同じ)前項に規定する場合において、主たる債務者は、供託をし、担保を供し、又は保証人に免責を得させて、その償還の義務を免れることができる。
330	446条 委託を受けない保証人の求償権		446条①：(現行462条1項に同じ)主たる債務者の委託を受けないで保証をした者が弁済をし、その他自己の財産をもって主たる債務者に免責を得させたときは、主たる債務者は、その当時利益を受けた限度において償還をしなければならない。
331			446条②：(現行462条2項に同じ)主たる債務者の意思に反して保証をした者は、主たる債務者が現に利益を受けている限度においてのみ求償権を有する。この場合において、主たる債務者が求償の日以前に相殺の原因を有していたことを主張するときは、保証人は、債権者に対し、その相殺によって消滅すべきであった債務の履行を請求することができる。
332	447条 通知を怠った保証人の求償の制限		447条①：(現行463条1項に同じ)(新)第四百三十条(通知を怠った連帯債務者の求償の制限)の規定は、保証人について準用する。
333		修	447条②：保証人が主たる債務者の委託を受けて保証をした場合において、善意で弁済をし、その他自己の財産をもって債務を消滅させるべき行為をしたときは、(新)第四百三十条(通知を怠った連帯債務者の求償の制限)の第二項の規定は、主たる債務者についても準用する。
334	448条 連帯債務又は不可分債務の保証人の求償		448条：(現行464条に同じ)連帯債務者又は不可分債務者の一人のために保証をした者は、他の債務者に対し、その負担部分のみについて求償権を有する。
335	449条 共同保証人間の求償権		449条①：(465条1項に同じ)(新)第四百二十九条(連帯債務者間の求償権)から(新)第四百三十一条(償還をする資力のない者の負担部分の分担)までの規定は、数人の保証人がある場合において、そのうちの一人の保証人が、主たる債務が不可分であるため又は各保証人が全額を弁済すべき旨の特約があるため、その全額 又は自己の負担部分を超える額を弁済したときについて準用する。
336			449条②：(465条2項に同じ)(新)第四百四十六条(委託を受けない保証人の求償権)の規定は、前項に規定する場合を除き、互いに連帯しない保証人の一人が全額又は自己の負担部分を超える額を弁済したときについて準用する。
337	第2目 貸金等根保証契約		
338	450条 貸金等根保証契約の保証人の責任等	修	450条①：主たる債務が、一定の範囲に属する不特定の債務である保証契約を「根保証契約」という。自然人が保証人となる根保証契約における保証の対象に、「貸金等債務」(以下本目において「金銭の貸渡し又は手形の割引を受けることによって負担する債務」をいう。)が含まれるとき(以下「貸金等根保証契約」という。)は、保証人は、極度額を限度として、保証債務を履行する責任を負う。
339			450条②：前項の極度額の範囲には、(新)第四百三十三条 二項に規定する主たる債務に関する利息、違約金、損害賠償その他の債務に従たるすべてのもの、及び(新)四百四十条(保証契約における違約金等)が規定するすべてのものが含まれる。
340		修	450条③：書面による極度額の定めがない貸金等根保証契約は、無効とする。(新)第四百三十三条(保証債務)第三項の規定は、これについて準用する。
341	451条 貸金等根保証契約の元本確定期日	修	451条①：貸金等根保証契約において主たる債務の元本の確定すべき期日(以下「元本確定期日」という。)の定めがない場合には、その元本確定期日は、その貸金等根保証契約の締結の日から三年を経過する日とする。
342		修	451条②：貸金等根保証契約において、元本確定期日がその貸金等根保証契約の締結の日から五年を経過する日より後の日と定められているときは、その元本確定期日は、その貸金等根保証契約の締結の日から三年を経過する日とみなす。
343		修	451条③：貸金等根保証契約における元本確定期日の変更をする場合において、変更後の元本確定期日がその変更をした日から五年を経過する日より後の日となるときは、その元本確定期日の変更は、その効力を生じない。ただし、元本確定期日の前二か月以内に元本確定期日の変更をする場合において、変更後の元本確定期日が変更前の元本確定期日から五年以内の日となるときは、この限りでない。
344			451条④：(現行465条の3第4項に同じ)(新)第四百三十三条(保証債務)第二項及び第三項の規定は、貸金等根保証契約における元本確定期日の定め及びその変更(その貸金等根保証契約の締結の日から三年以内の日を元本確定期日とする旨の定め及び元本確定期日より前の日を変更後の元本確定期日とする変更を除く。)について準用する。
345	452条 貸金等根保証契約の元本の確定事由		452条：(現行465条の4に同じ)次に掲げる場合には、貸金等根保証契約における主たる債務の元本は、確定する。
346			一 債権者が、主たる債務者又は保証人の財産について、金銭の支払を目的とする債権についての強制執行又は担保権の実行を申し立てたとき。ただし、強制執行又は担保権の実行の手続の開始があったときに限る。
347			二 主たる債務者又は保証人が破産手続開始の決定を受けたとき。
348			三 主たる債務者又は保証人が死亡したとき。
349	453条 保証人が法人である貸金等債務の根保証契約の求償権		453条：(現行465条の5に同じ)保証人が法人である根保証契約であってその主たる債務の範囲に貸金等債務が含まれるものにおいて、(新)第四百五十条(貸金等根保証契約の保証人の責任等)第一項に規定する極度額の定めがないとき、元本確定期日の定めがないとき、又は元本確定期日の 定め若しくはその変更が(新)第四百五十一条(貸金等根保証契約の元本確定期日)第一項若しくは第三項の規定を適用すればその効力を生じないものであるときは、その根保証契約の保証人の主たる債務者に対する求償権についての保証契約(保証人が法人であるものを除く。)は、その効力を生じない。
350	第2章 契約		
351	第1節 総則		
352	第1款 契約の交渉と成立		
353	第1目 契約交渉における当事者の義務	*	本項は、基本的に五十川直行教授の提案を基礎に検討されたものである。
354	454条 契約交渉における	新	454条①：当事者は、自由に契約の交渉をすることができる。この場合において、契約が成立に至らなかったときであっても、その責任を負わない。

#			
355	誠実義務	新	454条②:信義則に反して交渉を行い又は交渉を打ち切った当事者は、相手方に生じた損害を賠償しなければならない。
356	455条 契約交渉における説明義務	新	455条:当事者は、契約交渉に当たり、相手方が当然知っておくべき当該契約締結にあたって不可欠な前提事情を知らないでいることを知り又は知ることができた場合において、相手の不知を放置することが信義則に反するときは、その事情を相手方に説明する義務を負う。
357	456条 契約交渉における秘密保持義務	新	456条:当事者は、契約交渉に際して、相手方が一般に開示を望まないと思われる情報を得た場合には、その情報を開示しない義務を負う。
358	第2項 契約の成立	*	本項については、下記に記した案以外に、五十川教授、宮下准教授による提案があり、そこには詳細な資料が含まれていたが、これらの紹介は、「第3部:資料編」に譲ることとする。
359		新	457条①:契約は、申込みの意思表示と承諾の意思表示の合致によって成立する。
360	457条 契約の成立	新	457条②:契約は、二つ以上の申込みの意思表示が内容的に同一であったときにも、成立する。
361		修	457条③:申込みの意思表示に対し、その意思表示の内容又は取引上の慣習により承諾の通知を必要としない場合には、契約は、承諾の意思表示と認めるべき事実によって、成立する。この場合において、契約は、その事実があった時に成立する。
362		新	458条①:(現行商法507条に同じ)承諾期間の定めのない契約の申込みは、対話者間においては、相手方が直ちに承諾をしなかったときは、その効力を失う。
363	458条 契約の申込みの効力	新	458条②:(現行商法508条に同じ)前段は現行商法508条に同じ)前段の意思表示は、隔地者間においては、相当の期間内に承諾の意思表示が到達しなかったときは、その効力を失う。申込者は、相手方が承諾をするのに相当な期間は、その申込みを撤回することができない。
364		新	458条③:承諾の期間を定めてした契約の申込みは、その期間内に相手方の承諾の意思表示を受けなかったときは、その効力を失う。申込者は、その期間申込みを撤回することができない。
365		新	458条④:前の申込みが撤回権の留保をともなってなされたときは、その撤回前に相手方の承諾の意思表示が到達した場合にも、申込者は撤回権を失う。
366		修	459条①:隔地者間の契約は、承諾の意思表示が申込者に到達した時に成立する。
367		修	459条②:申込者は、契約の申込みに定めた承諾期間後に到達した承諾を新たな申込みとみなすことができる。
368	459条 承諾の効力	修	459条③:前項の場合において、申込者は、通常であればその承諾が承諾期間内に到達すべきものであるときを知ることができる状況にあったときは、相手方に対し延着の通知をしなければならない。前項の通知がなされなかったときは、承諾期間の満了時に契約は成立したものとみなす。
369			459条④:(現行528条に同じ)承諾者が、申込みに条件を付し、その他変更を加えてこれを承諾したときは、その申込みの拒絶とともに新たな申込みをしたものとみなす。
370	460条 申込者の死亡又は行為能力の喪失		460条:(現行525条に同じ)(新)「第五十二条(意思表示の効力発生時期等)第三項の規定は、申込者が反対の意思を表示した場合又はその相手方が申込者の死亡若しくは行為能力の喪失の事実を知っていた場合には、適用しない。
371	461条 給付の不能と契約の効力	新	461条:契約の効力は、給付の不能によって妨げられない。
372	(現行527条「申込みの撤回の通知の延着」削除)	削	本改正試案では、承諾の意思表示につき、到達主義を採用している。その結果、現行民法527条が規定するように、「撤回の通知を発した」(現行法のもとでは契約が成立している)としても、承諾の意思表示につき到達主義をとった本改正試案のもとでは、その通知を受けた側は契約が成立した状況にあるか否か知るすべはないことになる。したがって、現行民法527条のような規定を置くことは、事態を混乱させるだけなので、削除することとした。なお、『判例体系』でみるかぎり、この条文が明治以来の公刊判例集にあらわれた例はないことを付言しておくこととする。
373		修	462条①:ある行為をした者に一定の報酬を与える旨を広告した者(以下この目において「懸賞広告者」という。)は、不特定多数の者に対し、契約の申込みをしたものとみなす。
374	462条 懸賞広告の申込み	移修	462条②:前項の場合において、懸賞広告者は、その指定した行為を完了する者がない間は、前の広告と同一の方法によってその広告を撤回することができる。ただし、その広告中に撤回をしない旨を表示したときは、この限りでない。
375		移	462条③:(現行530条2項に同じ)前項本文に規定する方法によって撤回することができない場合には、他の方法によって撤回をすることができる。この場合において、その撤回は、これを知った者に対してのみ、その効力を有する。
376		修	462条④:(現行530条3項に同じ)懸賞広告者がその指定した行為をする期間を定めたときは、その撤回をする権利を放棄したものと推定する。
377		修	463条①:ある者が広告に定めた行為をしたときは、(新)第四百五十七条(契約の成立)第三項に基づき、契約が成立する。その行為をした者が数人あるときは、最初にその行為をした者との間に契約が成立し、その者のみが報酬を受ける権利を有する。
378	463条 懸賞広告の成立		463条②:数人が同時に前項の行為をした場合には、その数人との間に契約が成立し、各自が等しい割合で報酬を受ける権利を有する。ただし、報酬がその性質上分割に適しないとき、又は広告において一人のみがこれを受けるものとしたときは、抽選による。
379			463条③:(現行531条3項に同じ)前2項の規定は、広告中にこれと異なる意思を表示したときは、適用しない。
380			464条①:(現行532条1項に同じ)広告に定めた行為をした者が数人ある場合において、その優等者のみに報酬を与えるべきときは、その広告は、応募の期間を定めたときに限り、その効力を有する。
381	464条 優等懸賞広告		464条②:(現行532条2項に同じ)前項の場合において、応募者中いずれの者の行為が優等であるかは、広告中に定めた者が判定し、広告中に判定をする者を定めなかったときは懸賞広告者が判定する。
382			464条③:(現行532条3項に同じ)応募者は、前項の判定に対して異議を述べることができない。
383	第2款 契約の効力		
384		新	465条①:有償契約においては、債務者は、契約の本旨に従い、善良な管理者の注意をもって債務を履行する義務を負う。
385	465条 契約の履行	新	465条②:無償契約においては、債務者は、契約の本旨に従い、自己のためにするのと同一の注意をもって債務を履行する義務を負う。
386		移修	466条①:有償契約の一方の予約は、相手方がその契約を完結する意思を表示したときから、契約の効力を生ずる。
387	466条 有償契約の一方の予約	移修	466条②:前項の意思表示について期間を定めなかったときは、予約者は、相手方に対し、相当の期間を定めて、その期間内に契約を完結するかどうかを確答する旨の催告をすることができる。この場合において、相手方がその期間内に確答しないときは、契約の一方の予約は、その効力を失う。
388	467条 有償契約に関する費用	移修	467条:有償契約に関する費用は、当事者双方が等しい割合で負担する。
389			468条①:契約により当事者の一方(以下この款において「要約者」という。)が第三者に対してある給付をすることを約したときは、その第三者は、債務者(以下この款において「諾約者」という。)に対して直接にその給付を請求する権利を有する。

390	468条 第三者のためにする契約	修	468条②：前項の場合において、その第三者の権利は、その第三者が諾約者に対して同項の契約の利益を享受する意思を表示した時に発生する。
391		移修	468条③：前項の規定により第三者の権利が発生した後は、要約者及び諾約者は、これを変更し、又は消滅させることができない。
392		移修	468条④：諾約者は、第一項の契約に基づく抗弁をもって、その契約の利益を受ける第三者に対抗することができる。
393	469条 同時履行の抗弁権	移	469条：(現行533条に同じ)双務契約の当事者の一方は、相手方がその債務の履行を提供するまでは、自己の債務の履行を拒むことができる。ただし、相手方の債務が弁済期にないときは、この限りでない。
394		移	470条①：双務契約において、先履行の義務を負う一方の当事者(以下「先履行義務者」という。)は、自己の債務の履行期が到来した場合においても、次に掲げる事由が生じたことにより相手方から反対給付を受けられないおそれが生じたときは、その債務の履行を拒絶することができる。ただし、先履行義務者が契約締結時においてそのおそれを知ることができた場合は、この限りでない。
395		新	一 相手方につき破産手続開始の申立て、会社更生手続開始の申立て、又は民事再生手続開始の申立てがされたとき。
396		新	二 戦争、内乱、天災その他避けることのできない事変のため相手方の給付に困難が生じたとき。
397		新	三 相手方の財産に対する強制執行があり、又は相手方に手形の不渡りがあったとき。
398	470条 不安の抗弁権	新	四 前三号以外の事由により、相手方がその履行期に反対給付をなすことを客観的に困難とするような事由が生じたとき。
399		新	470条②：前項による先履行義務者の履行を拒絶する権利は、相手方がその反対給付につき相当な担保を提供したときには消滅する。
400		新	470条③：第一項の場合において、先履行義務者の債務がその性質上相手方の履行期まで待って履行することに適さないときは、先履行義務者は、相手方に対し、相当の期間を定めて、その期間内に相当の担保を提供するか又は先履行義務者の給付と引き換えに反対給付をすべき旨の催告をすることができる。この場合において、相手方がその期間内にそのいずれもしなかったときは、先履行義務者は、(研究会正案)(新)第四七十七条(解除権の発生及び行使)及び(研究会正案)(新)第四百七十九条(解除の効果)の規定に基づき、契約の解除をすることができる。
401	[危険負担・研究会正案]	＊	危険負担およびそれに続く解除の研究会正案、研究会副案については、「債務不履行等」の箇所にすでに述べたが、渡辺教授と鹿野教授の提案を統合したものである。
402	471条 債務者の危険負担	移	471条：双務契約において、当事者双方の責めに帰することができない事由によって債務を履行することができなくなったときは、債務者は、反対給付を受ける権利を有しない。
403	472条 債権者の危険負担	移	472条①：双務契約において、債権者の責めに帰すべき事由によって債務を履行することができなくなったときは、債務者は、反対給付を受ける権利を失わない。
404			472条②：前条第一項の規定にかかわらず、物権の設定又は移転を双務契約の目的とした場合において、その物が債権者に引き渡された後に債務者の責めに帰することができない事由によって滅失し、又は損傷したときは、その滅失又は損傷は、債権者の負担に帰する。
405		修	473条①：前条第二項の規定は、停止条件付双務契約の目的物が条件の成否が未定である間に滅失した場合には、適用しない。
406	473条 停止条件付双務契約における危険負担	新	473条②：(現行535条2項に同じ)停止条件付双務契約の目的物が債務者の責めに帰することができない事由によって損傷したときは、その損傷は、債権者の負担に帰する。
407			473条③：(現行535条3項に同じ) 停止条件付双務契約の目的物が債務者の責めに帰すべき事由によって損傷した場合においては、条件が成就した時に、債権者は、その選択に従い、契約の履行の請求又は解除権の行使をすることができる。この場合においては、損害賠償の請求を妨げない。
408	[契約の解除・研究会正		
409	第3款 契約の解除		
410	474条 解除権の発生及び行使		474条①：(現行540条1項に同じ)契約又は法律の規定により当事者の一方が解除権を有するときは、その解除は、相手方に対する意思表示によってする。
411			474条②：(現行540条2項に同じ)前項の意思表示は、撤回することができない。
412	475条 約定解除の特則	移	475条①：当事者のいずれかが他方に手付を交付したときは、相手方が契約の履行に着手するまでは、手付を交付した者はその手付を放棄し、手付を受領した者はその倍額を償還して、契約の解除をすることができる。
413		移	475条②：(研究会正案)(新)第四百七十九条(解除の効果)第三項の規定は、前項の場合には適用しない。
414		修	476条①：契約に基づく債務につき、(研究会正案)(新)第三百四十条(債務不履行による損害賠償)に定める債務不履行がある場合には、その債権者は、次の各号に従い、契約の解除をすることができる。
415		新	一 契約に基づく債務が履行不能又は追完不能のとき。
416	476条 契約の解除	新	二 契約に基づく債務が履行遅滞又は追完遅滞の場合には、相当の期間を定めてその履行を催告し、その期間内に履行がないとき。
417			476条②：債務者が、その債務不履行にもかかわらず、契約の目的が達せられることを証明したときは、前項の解除をすることができない。債務者がその債務の相当部分を履行している場合において、残された部分についての債務の不履行が自己の責めに帰すべき事由によるものでないことを証明したときも、同様とする。
418		新	476条③：債権者の責めに帰すべき事由によって債務の履行をすることができなくなったときは、その債権者は、第一項の解除をすることができない。
419	477条 履行期前の解除	新	477条①：契約に基づく債務が履行期前に相手方が債務の履行を明白かつ最終的に拒絶しているときは、その債権者は、契約を解除することができる。
420			477条②：契約当事者の一方は、相手方がその債務を履行期に履行しないおそれがある場合において、予め履行期における履行の催告をし、履行期に履行がされないことが明らかになったときに、契約の解除をすることができる。前条第三項は、この場合について準用する。
421	478条 解除権の不可分性		478条①：(現行544条1項に同じ)当事者の一方が数人ある場合には、契約の解除は、その全員から又はその全員に対してのみ、することができる。
422			478条②：(現行544条2項に同じ)前項の場合において、解除権が当事者のうちの一人について消滅したときは、他の者についても消滅する。
423		新	479条①：当事者が契約に基づき有していた権利及び義務は、契約の解除により消滅する。
424			479条②：(現行545条1項に同じ)当事者の一方がその解除権を行使したときは、各当事者は、その相手方を原状に復させる義務を負う。ただし、第三者の権利を害することはできない。
425	479条 解除の効果		479条③：(現行545条2項に同じ)前項本文の場合において、金銭を返還するときは、その受領の時から利息を付さなければならない。
426		新	479条④：解除権の行使は、当該契約に規定されていた紛争解決条項の効力に影響を与えない。
427		新	479条⑤：解除権の行使は、(研究会正案)(新)第三百四十条(債務不履行による損害賠償)に定める損害賠償の請求を妨げない。
428	480条 契約の解除と同時履行		480条：(現行546条に同じ)(新)第四百六十九条(同時履行の抗弁権)の規定は、前条の場合について準用する。

429	481条　催告による解除権の消滅		481条：(現行547条に同じ)解除権の行使について期間の定めがないときは、相手方は、解除権を有する者に対し、相当の期間を定めて、その期間内に解除をするかどうかを確答すべき旨の催告をすることができる。この場合において、その期間内に解除の通知を受けないときは、解除権は、消滅する。
430	482条　解除者の行為等による解除権の消滅		482条①：(現行548条1項に同じ)解除権を有する者が自己の行為若しくは過失によって契約の目的物を著しく損傷し、若しくは返還することができなくなったとき、又は加工若しくは改造によってこれを他の種類の物に変えたときは、解除権は、消滅する。
431			482条②：(現行548条2項に同じ)契約の目的物が解除権を有する者の行為又は過失によらないで滅失し、又は損傷したときは、解除権は、消滅しない。
432	[研究会正案]事情変更についての規定を置かない。	＊	事情変更による解除の根拠規定を置くことは、それを理由とする履行拒絶を誘発する危険があるので、事情変更については規定しないこととする。
433	[危険負担・研究会副案]		
434	(現行534条「債権者の危険負担」削除)	削除	研究会副案では、契約の債務不履行解除につき、過失責任主義を排除したことにともない、危険負担を規定しないこととした。
435	(現行535条「停止条件付双務契約における危険負担」削除)	削除	
436	(現行536条「債権者の危険負担」削除)	削除	
437	[契約の解除・研究会副案]		
438	第3款　契約の解除		
439	474条　解除権の行使		474条①：(現行540条1項に同じ)契約又は法律の規定により当事者の一方が解除権を有するときは、その解除は、相手方に対する意思表示によってする。
440			474条②：(現行540条2項に同じ)前項の意思表示は、撤回することができない。
441	475条　事情の変更による解除等	新	475条：契約が成立した後に、契約の基礎となっていた事情に著しい変更がある場合において、次の各号のすべてに該当するときは、事情の変更により不利益を受ける当事者は、相手方に対し、相当の期間を定めて契約の改訂を請求し、その期間内に契約の改訂につき合意に達しなかったときは、その契約を解除することができる。
442		新	一　当事者が、当該事情の変更を予見することができなかったこと。
443		新	二　当該事情の変更につき当事者に帰責事由がないこと。
444		新	三　当事者が当初の契約内容に従った履行を強いられることが、著しく信義に反すると認められること。
445	476条　債務不履行による解除	修	476条：当事者の一方がその債務を履行しない場合において、相手方が相当の期間を定めてその履行の催告をし、その期間内に履行がないときは、相手方は、契約の解除をすることができる。ただし、その履行しない債務が、要素たる債務でないときは、この限りでない。
446			477条①：履行の全部が不能となったときは、契約は解除されたものとみなす。
447	477条　契約の自動解除と催告を要しない解除	新	477条②：次の各号に掲げる場合には、相手方は、前条第一項の催告をすることなく、直ちに契約の解除をすることができる。
448		新	一　契約の性質又は当事者の意思表示により、特定の日時又は一定の期間内に履行をしなければ契約をした目的を達することができない場合において、当事者の一方が履行をしないでその時期を経過したとき。
449		新	二　履行の一部が不能となり、そのために契約の目的を達することができないとき。
450	478条　履行期前の解除	新	478条：当事者の一方は、相手方が履行期において債務を履行しないこと、及びそれにより契約を締結した目的を達することができないことが履行期前において明らかとなったときは、履行期前に契約を解除することができる。
451	479条　解除しようとする当事者に原因のある債務不履行の場合	修	479条①：前三条の場合において、解除が発生した原因が、主として解除の意思表示をしようとする当事者について存したときは、契約は解除されない。
452		修	479条②：前項の場合において、債務の不履行につき原因のある当事者は、その原因により相手方の債務が履行不能となったときは、給付を受ける権利を失い、その相手方は、反対給付を受ける権利を失わない。この場合において、相手方が、自己の債務を免れたことによって利益を得たときは、これをその債務の不履行につき原因のある当事者に償還しなければならない。
453	480条　解除権の不可分性		480条①：(現行544条1項に同じ)当事者の一方が数人ある場合には、契約の解除は、その全員から又はその全員に対してのみ、することができる。
454			480条②：(現行544条2項に同じ)前項の場合において、解除権が当事者のうちの一人について消滅したときは、他の者についても消滅する。
455	481条　解除の効果	修	481条①：当事者の一方がその解除権を行使したときは、別段の合意がない限り、各当事者のいまだ履行していない義務は消滅し、各当事者は相手方が給付した物の返還その他の方法により、その相手方を原状に復させる義務を負う。ただし、第三者の権利を害することはできない。
456		新	481条②：前項の場合において、当事者が、相手方の給付した物を返還することができないときは、その価額を償還しなければならない。
457		修	481条③：第一項の場合において、金銭を返還するときは、その受領の時から利息を付さなければならない。
458		修	481条④：解除権の行使は、(研究会副案)(新)第三百四十条(債務不履行による損害賠償)による損害賠償の請求を妨げない。ただし、債務者は、債務を履行しないことにつき帰責事由がないときは、その賠償の責任を負わない。
459	482条　契約の解除と同時履行		482条：(現行546条に同じ)(新)第四百六十九条(同時履行の抗弁権)の規定は、前条の場合について準用する。
460	482条の2　催告による解除権の消滅		482条の2：(現行547条に同じ)解除権の行使について期間の定めがないときは、相手方は、解除権を有する者に対し、相当の期間を定めて、その期間内に解除をするかどうかを確答すべき旨の催告をすることができる。この場合において、その期間内に解除の通知を受けないときは、解除権は、消滅する。
461	(現行「解除権者の行為等による解除権の消滅」削除)	削除	現行548条は削除する。BGB、PICCおよびPECLは、いずれも、解除権者が受領した物を返還することができない場合には、価額償還義務を負うことを定めるが、解除権を喪失するものとはしていない。研究会副案は、この考え方に与したものである。なお、研究会副案(新)481条2項において、価額償還義務につき明文の規定を置くことを提案している。
462	第2節　所有権移転契約		
463	第1款　売買	＊	瑕疵担保について、契約責任のとらえ方から、民法の条文構成が異なってくることは、すでに[債務不履行等]の箇所で述べた。ただ、瑕疵担保の問題を超えて、売買全体について渡辺教授と鹿野教授から条文提案がなされた。「第3目　買戻し」については研究会内で意見が分かれることはなかったが、それ以前の第1目、第2目については、見解が一致しなかったので、まず、研究会正案を紹介し、次に、研究会副案となった渡辺案・鹿野案を紹介することとする。
464	[第1目、第2目・研究会正案]		

#	条文見出し	区分	内容
465	第1目 総則		
466	483条 売買	修	483条：売買は、当事者の一方がある物の所有権を相手方に移転することを約し、相手方がこれに対してその代金を支払うことを約することによって、その効力を生じる。
467		修	484条①：前条の売買が他人の物を目的とする場合には、売主は、その所有権を取得して、買主に移転する義務を負う。買主は、代金を支払う義務を負う。
468	484条 他人物売買の特則	移修	484条②：売主が契約の時においてその売却した物が自己に属しないことを知らなかった場合において、その権利を取得して買主に移転することができないときは、売主は、損害を賠償して、契約の解除をすることができる。
469		移修	484条③：前項の場合において、買主が契約の時においてその買い受けた物が売主に属しないことを知っていたときは、買主は、売主に対し、単にその売却した物を移転することができない旨を通知して、契約の解除をすることができる。
470	485条 代金の支払期限及び支払場所	修	485条①：（現行573条に同じ）売買の目的物の引渡しについて期限があるときは、代金の支払についても同一の期限を付したものと推定する。
471		修	485条②：（現行574条に同じ）売買の目的物の引渡しと同時に代金を支払うべきときは、その引渡しの場所において支払わなければならない。
472	486条 果実の帰属及び代金の利息の支払	修	486条①：（現行575条1項に同じ）まだ引き渡されていない売買の目的物が果実を生じたときは、その果実は、売主に帰属する。
473		修	486条②：（現行575条2項に同じ）買主は、引渡しの日から、代金の利息を支払う義務を負う。ただし、代金の支払について期限があるときは、その期限が到来するまでは、利息を支払うことを要しない。
474		修	487条①：（現行576条に同じ）売買の目的物について権利を主張する者があるために買主がその買い受けた権利の全部又は一部を失うおそれがあるときは、買主は、その危険の限度に応じて、代金の全部又は一部の支払を拒むことができる。ただし、売主が相当の担保を供したときは、この限りでない。
475	487条 買主の代金支払拒絶権	移	487条②：（現行577条1項に同じ）買い受けた不動産について抵当権の登記があるときは、買主は、抵当権消滅請求の手続が終わるまで、その代金の支払を拒むことができる。この場合において、売主は、買主に対し、遅滞なく抵当権消滅請求をすべき旨を請求することができる。
476		移	487条③：（現行577条2項に同じ）前項の規定は、買い受けた不動産について先取特権又は質権の登記がある場合について準用する。
477		移	487条④：（現行578条に同じ）前三項の場合においては、売主は、買主に対して代金の供託を請求することができる。
478	488条 売買の規定の準用	新	488条①：この節の規定は、その性質に反しない限り、物の所有権以外の財産権の売買について準用する。
479		修	488条②：この節の規定は、その性質に反しない限り、売買以外の有償契約について準用する。
480	第2目 売主の担保責任		
481		移修	489条①：売買の目的物に隠れた瑕疵があるときは、善意の買主は、次の各号に定める権利を有する。
482	489条 売主の瑕疵担保責任		一 その瑕疵のために契約をした目的を達することができないときは、契約の解除
483		新	二 その瑕疵にもかかわらず契約の目的を達することができるときは、代金の減額請求
484		修	489条②：前項の権利は、買主が事実を知った時から一年以内に行使しなければならない。
485		修	489条③：強制競売の場合には、第一項を適用しない。
486	490条 数量の不足又は物の一部滅失の場合における売主の担保責任	修	490条①：数量を指示して売却した物に不足がある場合又は物の一部が契約の時に既に滅失していた場合において、現存する部分のみであれば買主がこれを買い受けなかったときは、善意の買主は、次の各号に定める権利を行使することができる。
487		修	一 契約の解除
488		修	二 不足する数量の割合に応じた代金の減額請求
489		修	三 損害賠償請求。前二号に基づく権利の行使は、この損害賠償の請求を妨げない。
490		修	490条②：前項に基づく権利は、善意の買主が事実を知った時から一年以内に行使しなければならない。
491	491条 他人の物の売買における売主の担保責任	修	491条：他人の物を売買の目的とした場合において、売主がその売却した物の所有権を取得して買主に移転することができないときは、買主は、次の各号に定める権利を行使することができる。
492		修	一 契約の解除
493		修	二 損害賠償請求。前号に基づく権利の行使は、この損害賠償の請求を妨げない。
494	492条 物の一部が他人に属する場合における売主の担保責任	修	492条①：売買の目的である物の一部が他人に属することにより、売主がこれを買主に移転することができない場合、移転できる部分のみであれば買主が売買契約をしなかったときは、買主は、次の各号に定める権利を行使することができる。
495		修	一 善意の買主は、契約の解除
496		修	二 買主の善意・悪意を問わず、その不足する部分の割合に応じた代金の減額請求
497		修	三 善意の買主は、損害賠償請求。前二号に基づく権利の行使は、この損害賠償の請求を妨げない。
498		修	492条②：前項の権利は、買主が善意であったときは事実を知った時から、悪意であったときは契約の時から、それぞれ一年以内に行使しなければならない。
499	493条 地上権がある場合等における売主の担保責任	修	493条①：売買の目的物が地上権、小作権、地役権、留置権又は質権の目的である場合において、買主は、次の各号に定める権利を行使することができる。
500		修	一 善意の買主は、契約の目的を達することができないときは、契約の解除
501		修	二 悪意の買主は、損害賠償の請求のみ。善意の買主が契約の目的を達することができるときも、同様とする。
502		修	493条②：前項の規定は、売買の目的である不動産のために存すると称した地役権が存しなかった場合及びその不動産について登記をした賃貸借があった場合について準用する。
503		修	493条③：前二項に基づく権利は、買主が善意であったときは事実を知った時から、悪意であったときは契約の時から、それぞれ一年以内に行使しなければならない。
504	494条 抵当権等がある場合における売主の担保責任	修	494条：売買の目的である不動産について先取特権、質権、又は抵当権が存しており、その行使により買主が権利を失ったときは、買主は、次の各号に定める権利を行使することができる。
505		修	一 契約の解除
506		修	二 費用を支出してその所有権を保存したときは、その費用の償還請求
507		修	三 買主が損害を受けたときは、損害賠償請求。前二号に基づく権利の行使は、この損害賠償の請求を妨げない。
508	495条 強制競売における担保責任	修	495条：強制競売における買受人は、（研究会正案）（新）第四百九十条（数量の不足又は物の一部滅失の場合における売主の担保責任）から前条までの規定に基づき、債務者に対し、次の各号に定める権利を行使することができる。
509		修	一 契約の解除
510		修	二 代金の減額請求
511		修	三 債務者が物若しくは権利の不存在を知りながら申し出なかったとき、又は債権者がこれを知りながら競売を請求したときは、これらの者に対する損害賠償請求。前二号に基づく権利の行使は、この損害賠償の請求を妨げない。

行	条文見出し	改正	条文
512	496条 債権の売主の担保責任		496条①：(現行569条1項に同じ)債権の売主が債務者の資力を担保したときは、契約の時における資力を担保したものと推定する。
513			496条②：(現行569条2項に同じ)弁済期に至らない債権の売主が債務者の将来の資力を担保したときは、弁済期における資力を担保したものと推定する。
514	(現行571条「売主の担保責任と同時履行」削除)	削除	現行民法571条は、「第五百三十三条（同時履行の抗弁）の規定は、第五百六十三条から第五百六十六条まで及び前条の場合について準用する。」と規定している。担保責任の効果が解除である場合は、同時履行が問題になるのはたしかである。しかし、解除一般に関する現行民法546条ですでに規定されているので、ここで重ねて規定する必要はない。 また、解除することなく、損害賠償ないし代金減額を請求する場合には、買主は、売買の目的物を返還する義務を負わないはずである。したがって、ここでは、損害賠償債務ないし代金減額債務と同時履行の関係にたつ反対債務は存在しない。 かりに、目的物の引渡債務が未履行の段階で、瑕疵等が明らかになった場合、買主は減額された代金と、目的物との同時履行が問題となりうるが、それは、そもそも、売買の同時履行の問題（したがって、現行民法533条の規定による）に過ぎないであろう。 以上のように考えると、現行民法571条は、無意味な規定であるので、本改正試案では、削除することとした。
515	497条 担保責任を負わない旨の特約		497条：売主は、(研究会正案)（新）第四百八十九条(売主の瑕疵担保責任)から前条までの規定による担保責任を負わない旨の特約をしたときであっても、知りながら告げなかった事実及び自ら第三者のために設定又は第三者に譲り渡した権利については、その責任を免れることができない。
516	[第1目、第2目・研究会副]		＊
517	第1目 総則		
518	483条 売買	修	483条：売買は、当事者の一方がある物の所有権を相手方に移転することを約し、相手方がこれに対してその代金を支払うことを約することによって、その効力を生じる。
519	484条 他人の物の売買	修	484条①：他人の物を売買の目的としたときは、売主は、その物の所有権を取得して買主に移転する義務を負う。
520		修	484条②：売主が契約の時においてその売却した物が自己に属しないことを知らなかった場合において、その物を取得して買主に移転することができないときは、売主は、損害を賠償して、契約の解除をすることができる。
521		修	484条③：前項の場合において、買主が契約の時においてその買い受けた物が売主に属しないことを知っていたときは、売主は、買主に対し、単にその売却した物の所有権を移転することができない旨を通知して、契約の解除をすることができる。
522	485条 物の所有権以外の財産権の売買への準用	新	485条：この節の規定は、物の所有権以外の財産権の売買について準用する。ただし、その性質がこれを許さないときは、この限りでない。
523	第2目 売主の責任		
524	486条 売主の瑕疵責任	修	486条①：売買の目的物に隠れた瑕疵があったときは、買主は、以下の各号に掲げる権利を行使することができる。ただし、強制競売の場合は、この限りでない。
525		新	一 瑕疵の除去又は瑕疵のない目的物の引渡しを請求すること。
526		修	二 代金の減額及び損害賠償の請求をすること。
527		修	三 瑕疵が存在するために契約をした目的を達することができないときは、契約の解除をすること。
528		修	486条②：前項に定める権利は、買主が事実を知った時から一年以内に行使しなければならない。
529	487条 数量の不足又は物の一部滅失の場合における売主の責任	修	487条①：数量を指示して売買をした物の数量に不足がある場合又は物の一部が契約の時に滅失していた場合において、買主がその不足又は滅失を知らなかったときは、買主は、以下の各号に掲げる権利を行使することができる。
530		新	一 契約に定めるとおりの目的物の引渡しを請求すること。
531		修	二 代金の減額及び損害賠償の請求をすること。
532		修	三 売主が契約に定めるとおりの物を引き渡すことができず、又は第一号による請求の後相当の期間内にその引渡しをしない場合において、残存する部分のみであれば買主がこれを買い受けなかったときは、契約の解除をすること。
533		修	487条②：前項に定める権利は、買主が善意であったときは事実を知った時から、悪意であったときは契約の時から、それぞれ一年以内に行使しなければならない。
534	488条 他人の物の売買における売主の責任	修	488条：他人の物を売買の目的とした場合において、売主がその売却した物の所有権を取得して買主に移転することができないときは、買主は、契約の解除をすることができる。この場合、買主は契約の時においてその所有権が売主に属しないことを知っていたときは、損害賠償の請求をすることができない。
535	489条 物の一部が他人に属する場合における売主の責任	修	489条：売買の目的物の一部が他人に属することにより、売主がこれを買主に移転することができないときは、(研究会副案)（新）第四百八十七条(数量の不足又は物の一部滅失の場合における売主の責任)の規定を準用する。この場合において、悪意の買主は、代金の減額のみを請求することができる。
536	490条 地上権等がある場合等における売主の責任	修	490条①：売買の目的物が地上権、永小作権、地役権、留置権又は質権（以下この条において「地上権等」という。）の目的であった場合において、買主がこれを知らなかったときは、買主は、以下の各号に掲げる権利を行使することができる。
537		新	一 地上権等の除去及び目的物の引渡しを請求すること。
538		修	二 損害賠償の請求をすること。
539		修	三 地上権等が存在するために契約をした目的を達することができないときは、契約の解除をすること。
540		修	490条②：前項の規定は、売買の目的である不動産のために存する地役権がない場合及びその不動産について第三者に対抗することができる賃貸借があった場合について準用する。
541		修	490条③：前二項の規定は、買主が事実を知った時から一年以内に行使しなければならない。
542		新	490条④：この条の規定は、売買の目的物に法律的瑕疵があった場合について準用する。
543	491条 抵当権等がある場合における売主の責任		491条①：(現行567条1項に同じ)売買の目的である不動産について存した先取特権又は抵当権の行使により買主がその所有権を失ったときは、買主は、売主に対し、契約の解除をすることができる。
544			491条②：(現行567条2項に同じ)買主は、費用を支出してその所有権を保存したときは、売主に対し、その費用の償還を請求することができる。
545			491条③：(現行567条3項に同じ)前二項の場合において、買主は、損害を受けたときは、その賠償を請求することができる。
546	492条 強制競売等における売主の責任		492条①：強制競売及び担保権の実行としての競売における買受人は、(研究会副案)（新）第四百八十八条(他人の物の売買における売主の責任)から前条までの規定により、債務者に対し、契約の解除をし、又は代金の減額を請求することができる。
547			492条②：(現行568条2項に同じ)前項の場合において、債務者が無資力であるときは、買受人は、代金の配当を受けた債権者に対し、その代金の全部又は一部の返還を請求することができる。
548			492条③：(現行568条3項に同じ)前二項の場合において、債務者が物若しくは権利の不存在を知りながら申し出なかったとき、又は債権者がこれを知りながら競売を請求したときは、買受人は、これらの者に対し、損害賠償の請求をすることができる。
549	493条 債権の売主の責		493条①：(現行569条1項に同じ)債権の売主が債務者の資力を担保したときは、契約の時における資力を担保したものと推定する。

550	任		493条②：(現行569条2項に同じ) 弁済期に至らない債権の売主が債務者の将来の資力を担保したときは、弁済期における資力を担保したものと推定する。
551	494条 売主の責任と同時履行		494条：(現行571条に同じ)(新)第四百六十九条(同時履行の抗弁権)の規定は、(研究会副案)(新)第四百八十六条(売主の瑕疵責任)、(新)第四百八十七条(数量の不足又は物の一部滅失の場合における売主の責任)及び(新)第四百八十九条(物の一部が他人に属する場合における売主の責任)から(研究会副案)前条までの場合について準用する。
552	495条 責任を負わない特約		495条：(現行572条に同じ)売主は、(研究会副案)(新)第四百九十四条(他人の物の売買)から前条までの規定による担保の責任を負わない旨の特約をしたときも、知りながら告げなかった事実及び自ら第三者のために設定し、又は第三者に譲り渡した権利については、その責任を免れることができない。
553	第3目 買戻し		
554		移	498条①：(現行579条に同じ)不動産の売主は、売買契約と同時にした買戻しの特約により、買主が支払った代金及び契約の費用を返還して、売買の解除をすることができる。この場合において、当事者が別段の意思を表示しなかったときは、不動産の果実と代金の利息とは相殺したものとみなす。
555	498条 買戻しの特約	移	498条②：(現行580条1項に同じ)買戻しの期間は、十年を超えることができない。特約でこれより長い期間を定めたときは、その期間は、十年とする。
556		移	498条③：(現行580条2項に同じ)買戻しについて期間を定めたときは、その後にこれを伸長することができない。
557	499条 買戻しの特約の対抗力		499条①：(現行581条1項に同じ)売買契約と同時に買戻しの特約を登記したときは、買戻しは、第三者に対しても、その効力を生ずる。
558			499条②：(現行581条2項に同じ)登記をした賃借人の権利は、その残存期間中一年を超えない期間に限り、売主に対抗することができる。ただし、売主を害する目的で賃貸借をしたときは、この限りでない。
559	500条 買戻権の代位行使		500条：(現行582条に同じ)売主の債権者が(新)第三百五十四条(債権者代位権)の規定により売主に代わって買戻しをしようとするときは、買主は、裁判所において選任した鑑定人の評価に従い、不動産の現在の価額から売主が返還すべき金額を控除した残額に達するまで売主の債務を弁済し、なお残余があるときはこれを売主に返還して、買戻権を消滅させることができる。
560			501条①：(現行583条1項に同じ)売主は、(新)第四百九十八条(買戻しの特約)第二項又は第三項に規定する期間内に代金及び契約の費用を提供しなければ、買戻しをすることができない。
561	501条 買戻しの実行		501条②：(現行583条2項に同じ)売主又は転得者が不動産について費用を支出したときは、売主は、(新)第百三十条(占有者による費用の償還請求)の規定に従い、その償還をしなければならない。ただし、有益費については、裁判所は、売主の請求により、その償還について相当の期限を許与することができる。
562		移	502条①：(現行584条に同じ)不動産の共有者の一人が買戻しの特約を付してその持分を売却した後に、その不動産の分割又は競売があったときは、売主は、買主が受け、若しくは受けるべき部分又は代金について、買戻しをすることができる。ただし、売主に通知をしないでした分割及び競売は、売主に対抗することができない。
563	502条 共有持分の買戻特約付売買	移	502条②：(現行585条1項に同じ)前条の場合において、買主が不動産の競売における買受人となったときは、売主は、競売の代金及び前条に規定する費用を支払って買戻しをすることができる。この場合において、売主は、その不動産の全部の所有権を取得する。
564		移	502条③：(現行585条2項に同じ)他の共有者が分割を請求したことにより買主が競売における買受人となったときは、売主は、その持分のみについて買戻しをすることはできない。
565	第2款 交換		
566	503条 交換		503条①：(現行586条1項に同じ)交換は、当事者が互いに金銭の所有権以外の財産権を移転することを約することによって、その効力を生ずる。
567			503条②：(現行586条2項に同じ)当事者の一方が他の権利とともに金銭の所有権を移転することを約した場合におけるその金銭については、売買の代金に関する規定を準用する。
568	第3款 贈与		
569		新	504条①：贈与は、当事者の一方がある物を無償で相手方に与える意思を表示し、相手方が承諾し、契約書面を作成することによって、その効力を生ずる。
570	504条 贈与	新	504条②：贈与は、当事者の一方がある物を無償で相手方に与える意思を書面によって表示し、相手方が承諾することによって、その効力を生ずる。
571		新	504条③：贈与は、当事者の一方がある物を無償で相手方に与える意思を表示し、相手方がその物を受け取ったときは、その効力を生ずる。物の一部を受け取ったときは、その限度で効力を生ずる。
572	505条 贈与者の担保責任		505条①：(現行551条1項に同じ)贈与者は、贈与の目的である物又は権利の瑕疵又は不存在について、その責任を負わない。ただし、贈与者がその瑕疵又は不存在を知りながら受贈者に告げなかったときは、この限りでない。
573			505条②：(現行551条2項に同じ)負担付贈与については、贈与者は、その負担の限度において、売主と同じく担保の責任を負う。
574		新	506条①：贈与者は、次に掲げる場合には贈与を撤回することができる。
575		新	一 贈与者が、自己の相当な生計を賄い、又は法律により自己に課された扶養義務を果たすことができないとき
576	506条 履行済贈与の撤回		
577		新	二 受贈者が、贈与者又はその親族に対する著しい非行によって重大な忘恩行為を行ったとき
578		新	506条②：前項により贈与が撤回された場合、受贈者は、その利益の存する限度において、これを返還する義務を負う。
		新	506条③：この条第1項に定める撤回は、贈与者が事実を知った時から一年以内にしなければならない。
579	507条 定期贈与		507条：(現行552条に同じ)定期の給付を目的とする贈与は、贈与者又は受贈者の死亡によって、その効力を失う。
580	508条 死因贈与		508条：(現行554条に同じ)贈与者の死亡によって効力を生ずる贈与については、その性質に反しない限り、遺贈に関する規定を準用する。
581		新	509条①：負担付贈与は、その性質に従い、(新)第五百四条(贈与)の規定によるほか、申込みと承諾によってその成立を認めることができる。
582	509条 非無償的贈与	新	509条②：贈与それ自体に負担が付いていない場合にあっても、先行する当事者間の関係から贈与が無償とはいえないときには、前項の規定を準用する。
583		修	509条③：贈与については、その性質に従い、この節に定めるもののほか、双務契約及び有償契約に関する規定を準用することができる。
584	510条 贈与の規定の準用		510条①：この節の規定は、その性質に反しない限り、物の所有権以外の財産権の贈与について準用する。
585			510条②：この節の規定は、その性質に反しない限り、贈与以外の無償契約について準用する。
586	第3節 有体物利用契約		
587	第1款 賃貸借	*	賃貸借の条文案は、山野目教授の提案を基礎に検討されたものである。
588	第1目 総則		
589	511条 賃貸借		511条：(現行601条に同じ)賃貸借は、当事者の一方がある物の使用及び収益を相手方にさせることを約し、相手方がこれに対してその賃料を支払うことを約することによって、その効力を生ずる。

行	条文	区分	内容
590	512条 賃貸借の存続期間		512条①：(現行604条1項と同じ)賃貸借の存続期間は、二十年を超えることができない。契約でこれより長い期間を定めたときであっても、その期間は、二十年とする。
591			512条②：(現行604条2項と同じ)賃貸借の存続期間は、更新することができる。ただし、その期間は、更新の時から二十年を超えることができない。
592	513条 建物所有を目的とする賃貸借の存続期間	新	513条①：建物の所有を目的とする土地の賃貸借の存続期間は、三十年とする。ただし、契約でこれより長い期間を定めたときは、その期間とする。
593		新	513条②：建物の所有を目的とする土地の賃貸借で契約の更新がないものの存続期間は、前項の規定にかかわらず、借地借家法の定めるところによる。
594		新	513条③：期間を一年未満とする建物の賃貸借は、期間の定めがない建物の賃貸借とみなす。
595		新	前条の規定は、建物の賃貸借については、適用しない。
596	514条 終身賃貸借	新	514条：前条の規定にかかわらず、賃借権の存続期間の終期を賃借人(又は賃貸借の目的を利用する者)の死亡時とすることを妨げない。
597		移	515条①：(現行602条と同じ)処分につき行為能力の制限を受けた者又は処分の権限を有しない者が賃貸借をする場合には、次の各号に掲げる賃貸借は、それぞれ当該各号に定める期間を超えることができない
598	515条 短期賃貸借		一 (現行602条1号と同じ) 樹木の栽植又は伐採を目的とする山林の賃貸借 十年
599			二 (現行602条2号と同じ) 前号に掲げる賃貸借以外の土地の賃貸借 五年
600			三 (現行602条3号と同じ) 建物の賃貸借 三年
601		修	四 動産の賃貸借 六か月
602			515条②：前項に定める期間は、更新することができる。ただし、その期間満了前、土地については一年以内、建物については三か月以内、動産については一か月以内に、その更新をしなければならない。
603	第2目 賃貸借の効力		
604	516条 不動産賃貸借の効力	修	516条①：不動産の賃貸借は、これを登記したときは、その後の不動産について物権を取得した者に対しても、その効力を生ずる。建物の賃貸借にあっては、建物の引渡しがあったときも、同様とする。
605		新	516条②：(新)第百八十四条(建物所有を目的とする地上権の対抗要件の例外)の規定は、建物の所有を目的とする賃貸借について準用する。
606	517条 借主の使用収益権能	移修	517条：賃借人は、契約又はその目的物の性質によって定まった用法に従い、その物の使用及び収益をしなければならない。
607			518条①：(現行606条1項と同じ)賃貸人は、賃貸物の使用及び収益に必要な修繕をする義務を負う。
608	518条 賃貸物の修繕等		518条②：(現行606条2項と同じ)賃貸人が賃貸物の保存に必要な行為をしようとするときは、賃借人は、これを拒むことができない。
609		新	518条③：賃貸物が修繕を要するときは、賃借人は、遅滞なくその旨を賃貸人に通知しなければならない。ただし、賃貸人が既にこれを知っているときは、この限りでない。
610	519条 賃貸人の意思に反する保存行為		519条：(現行607条と同じ)賃貸人が賃借人の意思に反して保存行為をしようとする場合において、そのために賃借人が賃借をした目的を達することができなくなるときは、賃借人は、契約の解除をすることができる。
611	520条 賃借人の通知義務	修	520条：賃借物について権利を主張する者があるときは、賃借人は、遅滞なくその旨を賃貸人に通知しなければならない。ただし、賃貸人が既にこれを知っているときは、この限りでない。
612	521条 賃料の支払時期		521条：(現行614条本文と同じ)賃料は、動産、建物及び宅地については毎月末に、その他の土地については毎年末に、支払わなければならない。
613	522条 賃貸物の一部滅失による賃料の減額請求等		522条①：(現行611条1項と同じ)賃借人は、賃貸物の一部が賃借人の過失によらないで滅失したときは、賃貸人は、その滅失した部分の割合に応じて、賃料の減額を請求することができる。
614			522条②：(現行611条2項と同じ)前項の場合において、残存する部分のみでは賃借人が賃借をした目的を達することができないときは、賃借人は、契約の解除をすることができる。
615	523条 賃借人による費用の償還請求		523条①：(現行608条1項と同じ)賃借人は、賃借物について賃貸人の負担に属する必要費を支出したときは、賃貸人に対し、直ちにその償還を請求することができる。
616			523条②：(現行608条2項と同じ)賃借人が賃借物について有益費を支出したときは、賃貸人は、賃貸借の終了の時に、(新)第百三十条(占有者による費用の償還請求)第二項本文に従い、その償還をしなければならない。ただし、裁判所は、賃貸人の請求により、その償還について相当の期限を許与することができる。
617	(現行609条「減収による賃料の減額請求」削除)	削除	小作料の減免にかんしては、農地法21条に規定されているので、民法には規定を置かないことにし、現行民法609条も削除することとした。
618	(現行610条「減収による解除」削除)	削除	本改正試案では、永小作権についての現行民法275条を削除したので、これと対応すべく、現行民法610条は削除することとした。ただ、債権の放棄自体は可能であるが、そのさい、民法の一般原則からは、将来賃料の支払いが必要となるので、単純な削除でよいか否かは、さらに検討する必要がある。
619	524条 賃借権の譲渡及び転貸の制限		524条①：(現行611条1項と同じ)賃借人は、賃貸人の承諾を得なければ、その賃借権を譲り渡し、又は賃借物を転貸することができない。
620			524条②：賃借人が前項の規定に違反して第三者に賃借物の使用又は収益をさせたときは、賃貸人は、契約の解除をすることができる。ただし、賃借人の行為が信義に反しないと認められる特別の事情がある場合は、この限りでない。
621	525条 転貸の効果		525条①：(現行613条1項と同じ)賃借人が適法に賃借物を転貸したときは、転借人は、賃貸人に対して直接に義務を負う。この場合においては、賃料の前払をもって賃貸人に対抗することができない。
622			525条②：(現行613条2項と同じ)前項の規定は、賃貸人が賃借人に対してその権利を行使することを妨げない。
623	第3目 賃貸借の終了		
624	526条 借用物の返還の時期	移修	526条：賃借人は、契約に定めた時期に、賃借物の返還をしなければならない。
625	527条 期間の定めのない賃貸借の解約による賃貸借の終了		527条①：(標題を除き、現行617条1項と同じ)当事者が賃貸借の期間を定めなかったときは、各当事者は、いつでも解約の申入れをすることができる。この場合においては、次の各号に掲げる賃貸借は、解約の申入れの日からそれぞれ当該各号に定める期間を経過することによって終了する。
626			一 (現行617条1項1号と同じ) 土地の賃貸借 一年
627		修	二 建物の賃貸借 六か月
628			三 (現行617条1項3号と同じ)動産及び貸席の賃貸借 一日
629		修	(新)第百三十条(賃貸借の更新)第三項及び第四項の規定は、建物の賃貸借が解約の申入れによって終了した場合について準用する。
630	528条 期間の定めのある賃貸借の解約をする権利の留保		528条：当事者が賃貸借の期間を定めた場合であっても、その一方又は双方がその期間内に解約をする権利を留保したときは、前条の規定を準用する。ただし、建物の所有を目的とする土地の賃貸借及び建物の賃貸借において、賃貸人は、解約する権利を留保することができない。
631	529条 賃借人による収去	移修	529条：賃借人は、賃借物を原状に復して、これに附属させた物を収去することができる。
632			530条：(現行619条1項と同じ)賃貸借の期間が満了した後賃借人が賃借物の使用又は収益を継続する場合において、賃貸人がこれを知りながら異議を述べないときは、従前の賃貸借と同一の条件で更に賃貸借をしたものと推定する。この場合において、各当事者は、(新)第五百二十七条(解約による賃貸借の終了)の規定により解約の申入れをすることができる。

633		新	530条②:建物の賃貸借について期間の定めがある場合において、当事者が期間の満了の一年前から六か月前までの間に相手方に対して更新をしない旨の通知又は条件を変更しなければ更新をしない旨の通知をしなかったときは、従前の契約と同一の条件で契約を更新したものとみなす。ただし、その期間は、定めがないものとする。
634	530条 賃貸借の更新	新	530条③:前項の通知をした場合であっても、建物の賃貸借の期間が満了した後建物の賃貸人が使用を継続する場合において、建物の賃貸人が遅滞なく異議を述べなかったときも、同項と同様とする。
635		新	530条④:建物の転貸借がされている場合においては、建物の転借人がする建物の使用の継続を建物の賃借人がする建物の使用の継続とみなして、建物の賃貸人と賃借人との間について前項の規定を適用する。
636		新	530条⑤:(新)『第百八十二条の二(地上権の更新請求)』の規定は、建物の所有を目的とする土地の賃貸借の更新について準用する。ただし、法律又は契約の定めるところにより契約の更新がない場合は、この限りでない。
637		移	530条⑥:(現行619条2項に同じ)従前の賃貸借について当事者が担保を供していたときは、その担保は、期間の満了によって消滅する。ただし、敷金については、この限りでない。
638	531条 建物賃貸借契約の更新拒絶等の要件	新	531条:建物の賃貸借による前条第二項の通知又は建物の賃貸借の解約の申入れは、建物の賃貸人及び賃借人(転借人を含む。以下この条において同じ。)が建物の使用を必要とする事情のほか、建物の賃貸借に関する従前の経過、建物の利用状況及び建物の現況並びに建物の賃貸人が建物の明渡しと引換えに建物の賃借人に対して財産上の給付をする旨の申出をした場合におけるその申出を考慮して、正当の事由があると認められるのでなければ、することができない。
639	532条 賃貸借の解除の効力の不遡及		532条:(現行620条に同じ)賃貸借の解除をした場合には、その解除は、将来に向かってのみその効力を生ずる。この場合において、当事者の一方に過失があったときは、その者に対する損害賠償の請求を妨げない。
640	(現行621条「損害賠償及び費用の償還の請求権」についての期間の制限」削除)	削除	現行民法621条が使用貸借の規定を準用し、用法違反にもとづく損害賠償請求権および費用償還請求権の期間制限を1年以内としたのは、少額債権であることを念頭においたものであろうが、常に少額債権であるとはかぎらないので、現行民法621条は削除することとした。
641	533条 本法以外の法律の適用		533条:賃貸借については、本法のほか、借地借家法[平成三年法律九十号]その他の法律が適用される。
642	(622条削除)	*	622条の規定は、平成16年の民法の現代語化にさいし、条数整序のため、削除されたものである。
643	第2款 使用貸借		
644		新	534条①:使用貸借は、当事者の一方がある物を無償で相手方に使用及び収益をさせる意思を表示し、相手方が承諾し、契約書面を作成することによって、その効力を生ずる。
645	534条 使用貸借	新	534条②:使用貸借は、当事者の一方がある物を無償で相手方に使用及び収益させる意思を書面によって表示し、相手方が承諾することによって、その効力を生ずる。
646		修	534条③:使用貸借は、当事者の一方がある物を無償で相手方に使用及び収益させる意思を表示し、相手方がその物を受け取ることによって、その効力を生ずる。物の一部を受け取ったときは、その限度で効力を生ずる。
647			535条①:(現行594条1項に同じ)借主は、契約又はその目的物の性質によって定まった用法に従い、その物の使用及び収益をしなければならない。
648	535条 借主の使用収益権能		535条②:(現行594条2項に同じ)借主は、貸主の承諾を得なければ、第三者に借用物の使用又は収益をさせることができない。
649			535条③:(現行594条3項に同じ)借主が前二項の規定に違反して使用又は収益をしたときは、貸主は、契約の解除をすることができる。
650	536条 借主の注意義務	新	536条:本節において、借主は、契約の本旨に従い、善良な管理者の注意をもって債務を履行する義務を負う。
651	537条 借主の通知義務	新	537条:借主は、借用物について権利を主張する者があるときは、遅滞なくその旨を貸主に通知しなければならない。ただし、貸主がすでにこれを知っているときは、この限りでない。
652			538条①:(現行595条1項に同じ)借主は、借用物の通常の必要費を負担する。
653	538条 借用物の費用の負担	修	538条②:借主又は転借人が不動産について通常の必要費以外の費用を支出したときは、貸主は(新)第百三十条(占有者による費用の償還請求)の規定に従い、その償還をしなければならない。ただし、有益費については、裁判所は、売主の請求により、その償還に相当の期限を許与することができる。
654			538条③:前項に基づく費用の償還請求は、貸主が返還を受けた時から一年以内にしなければならない。
655	(現行596条「貸主の担保責任」削除)	削除	現行民法596条は、「第五百五十一条の規定は、使用貸借について準用する。」として、贈与者の担保責任を準用している。しかし、本改正提案(新)第510条(贈与の規定の準用)が、贈与の性質に反しないかぎり、一般的に無償契約について準用する旨の規定をおいており、この規定は不要となったので、削除した。
656			539条①:(現行597条1項に同じ)借主は、契約に定めた時期に、借用物の返還をしなければならない。
657	539条 借用物の返還の時期		539条②:(現行597条2項に同じ)当事者が返還の時期を定めなかったときは、借主は、契約に定めた目的に従い使用及び収益を終わった時に、返還をしなければならない。ただし、その使用及び収益を終わる前であっても、使用及び収益をするのに足りる期間を経過したときは、貸主は、直ちに返還を請求することができる。
658		修	539条③:(現行597条3項に同じ)当事者が返還の時期並びに使用及び収益の目的を定めなかったときは、貸主は、いつでも返還を請求することができる。
659	540条 借主による収去		540条:(現行598条に同じ)借主は、借用物を原状に復して、これに附属させた物を収去することができる。
660	541条 借主の死亡による使用貸借の終了		541条:(現行599条に同じ)使用貸借は、借主の死亡によって、その効力を失う。
661	(現行600条「損害賠償及び費用の償還の請求権」についての期間の制限」削除)	削除	現行民法600条は、「契約の本旨に反する使用又は収益によって生じた損害の賠償及び借主が支出した費用の償還は、貸主が返還を受けた時から1年以内に請求しなければならない。」と定めている。このうち、費用償還についての請求権は、規範内容を維持したまま、(新)538条3項に移動した。しかし、「契約の本旨に反する使用又は収益によって生じた損害の賠償」については、借主の善管注意義務があれば、損害賠償請求権を特別の除斥期間にかからせる理由はないと考え、本改正提案では、その方向性を継受することとした。民法起草者は、この損害賠償請求権は『其額多カラサルヲ常』とするが(梅謙次郎『民法要義 債権編巻之三』(有斐閣、大正元年)624頁)、使用貸借契約が常に安価な物品についてのみ行われるとはかぎらないからである。なお、本改正提案において、(新)106条4項により、少額債権は、常に短期消滅時効にかかることに注意されたい。
662	第4節 労務提供契約		
663	[雇用・研究会正案]	*	雇用については、北居功教授の提案を基礎に規定したが、同教授による提案自体に、研究会正案と研究会副案の双方がある。研究会正案は以下に示すものであるが、研究会副案は、雇傭契約をすべて民法典から削除するというものである。研究会副案の趣旨については、後に述べる。
664	第1款 雇用		

665	542条 雇用		542条①:(現行623条1項に同じ)雇用は、当事者の一方が相手方に対して労働に従事することを約し、相手方がこれに対してその報酬を与えることを約することによって、その効力を生ずる。
666		新	542条②:前項の契約において、使用者は、労働者がその生命、身体等の安全を確保しつつ労働することができるよう、必要な配慮をする義務を負う。
667	543条 雇用報酬の支払時期		543条①:(標題を除き、現行624条1項に同じ)労働者は、その約した労働を終わった後でなければ、報酬を請求することができない。
668			543条②:(現行624条2項に同じ)期間によって定めた報酬は、その期間を経過した後に、請求することができる。
669	544条 使用者の責めに帰すべき事由による報酬支払請求権	修	544条:労働者は、使用者側に基因する事由によって労務を提供できない場合にも、報酬を請求できる。ただし、自己の債務を免れたことによって利益を得たときは、その利益を使用者に償還しなければならない。
670	545条 使用者の権利の譲渡の制限等		545条①:(現行625条1項に同じ)使用者は、労働者の承諾を得なければ、その権利を第三者に譲り渡すことができない。
671			545条②:(現行625条2項に同じ)労働者は、使用者の承諾を得なければ、自己に代わって第三者を労働に従事させることができない。
672			545条③:(現行625条3項に同じ)労働者が前項の規定に違反して第三者を労働に従事させたときは、使用者は、契約の解除をすることができる。
673	546条 期間の定めのある雇用の解除	新	546条①:労働契約の期間は、労働基準法(昭和二十二年法律第四十九号)第十四条の定めるところによる。ただし、労働基準法第百十六条第二項に従い労働基準法の適用がない労働契約については、次項以下の規定による。
674			546条②:(現行626条1項に同じ)雇用の期間が五年を超え、又は雇用が当事者の一方若しくは第三者の終身の間継続すべきときは、当事者の一方は、五年を経過した後、いつでも契約の解除をすることができる。ただし、この期間は、商工業の見習を目的とする雇用については、十年とする。
675		修	546条③:前項の規定により契約の解除をしようとするときは、三か月前に その予告をしなければならない。
676		修	547条①:当事者が雇用の期間を定めなかったときは、使用者は(新)第五百四十九条(解雇権濫用の禁止)に反しない限り、労働者はいつでも、解約の申入れをすることができる。
677	547条 期間の定めのない雇用の解約の申入れ		547条②:使用者が前項の申入れをしたときは、雇用契約は、解約の申入れの日から三十日を経過することによって終了し、労働者が前項の申入れをしたときは、雇用契約は、解約の申入れの日から二週間を経過することによって終了する。
678			547条③:(現行627条2項に同じ)期間によって報酬を定めた場合には、解約の申入れは、次期以後についてすることができる。ただし、その解約の申入れは、当期の前半にしなければならない。
679		修	547条④:六か月以上の期間によって報酬を定めた場合には、前項の解約の申入れは、三か月前にしなければならない。
680	548条 やむを得ない事由による雇用の解除	修	548条①:雇用の期間を定めた契約は、各当事者は、解除することができない。ただし、やむを得ない事由があるときは、この限りではない。
681			548条②:前項のやむを得ない事由が当事者の一方の過失により生じたときは、その者は、相手方に対して損害賠償の責任を負う。
682	549条 解雇権濫用の禁止	新	549条:使用者による雇用契約の解除又は解約の申入れは、客観的に合理的な理由を欠き、社会通念上相当であると認められない場合は、その権利を濫用したものとして、無効とする。
683	550条 雇用の更新	修	550条①:雇用の期間が満了した後労働者が引き続きその労働に従事するときにおいて、使用者がこれを知りながら異議を述べないときは、従前の雇用と同一の条件で更に雇用をしたものとみなす。
684		修	550条②:従前の雇用について当事者が担保を供していたときは、その担保は、期間の満了によって消滅する。ただし、身元保証金については、この限りでない。
685	551条 雇用の解除の効力の不遡及		551条:(新)第五百三十二条(賃貸借の解除の効力の不遡及)の規定は、雇用について準用する。
686	552条 使用者についての破産手続の開始による解約の申入れ		552条:使用者が破産手続開始の決定を受けた場合には、雇用に期間の定めがあるときであっても、労働者は(新)第五百四十七条(期間の定めのない雇用の解約の申入れ)に基づいて、解約の申入れをすることができる。また、この場合には破産管財人が解約の申入れをすることもできる。いずれの場合においても、各当事者は、相手方に対し、解約によって生じた損害の賠償を請求することができない。
687	553条 本法以外の法律の適用	新	553条:雇用については、本法のほか、労働基準法(昭和二十二年法律第四十九号)、労働契約法(平成十九年法律第百二十八号)その他の法律が適用される。
688	[雇用・研究会草案](現行第3節から「第1款雇用」削除)	削新	「第1款雇用」をすべて削除する。そのうえで、すべて労働契約法に規律を委ねる。そのさいには、労働契約法19条、とりわけ2項の「使用者が同居の親族のみを使用する場合の労働契約」にかんする労働契約法不適用条項を削除するという方向での労働契約法の改正が必要である。
689	第2款 請負	*	請負については、基本的に、北居教授の提案を基礎に検討したが、岡孝教授の追加提案等もとりいれている。
690	554条 請負		554条①:(現行632条に同じ)請負は、当事者の一方がある仕事を完成することを約し、相手方がその仕事の結果に対してその報酬を支払うことを約することによって、その効力を生ずる。
691		新	554条②:請負人は、契約に定められた数量および品質に適合した仕事を完成し、必要な場合には引き渡す義務を負う。
692		新	554条③:注文者は、請負人が仕事を完成するのに必要な協力をする義務を負う。
693	555条 請負報酬の支払時期	新	555条:注文者は、仕事を履行として受領すると同時に、報酬を支払わなければならない。ただし、仕事の受領を要しないときは、(現行)第五百四十三条(雇用報酬の支払時期)第一項の規定を準用する。
694	556条 下請契約と直接請求権	新	556条①:請負人は、仕事の性質に反しない限り、仕事の全部又は一部を他人(以下「下請人」と呼ぶ。)に請け負わせることができる。
695			556条②:前項の場合において、請負人が下請人に報酬を支払わないときは、注文者は下請人に対して、直接に報酬を支払う義務を負う。ただし、注文者が下請人に対して、既に報酬を支払ったときは、この限りでない。
696	557条 請負人の担保責任		557条①:仕事の目的物に瑕疵があるときは、注文者は、請負人に対し、相当の期間を定めて、その瑕疵の追完を請求することができる。ただし、瑕疵が重要でない場合において、その追完に過分の費用を要するときは、この限りでない。
697		新	557条②:前項の場合において、請負人は、追完の方法を選択することができる。
698	558条 瑕疵に基づく報酬減額請求権		558条:注文者は、瑕疵の追完に代えて、報酬の減額を請求することができる。
699	559条 瑕疵に基づく解除	修	559条①:(新)第五百五十七条(請負人の担保責任)による追完の請求のための相当期間が経過したときは、注文者は、契約の解除をすることができる。ただし、仕事の目的物の瑕疵のために契約の目的を達することができないときは、注文者は直ちに契約の解除をすることができる。
700			559条②:前項の規定は、瑕疵が重大でない場合には、適用しない。
701	560条 瑕疵に基づく損害	修	560条:仕事の目的物に瑕疵があるときは、注文者は、追完もしくは解除とともに、又は追完のための相当期間の経過後は追完に代えて、損害賠償の請求をすることができる。

#	条名	区分	条文
702	賠償請求権	新	560条②：追完に代えて損害賠償を請求する場合、注文者は、損害賠償債権と報酬債権を相殺によって清算するまで、報酬の支払いを拒絶することができる。
703	561条 請負人の担保責任に関する規定の不適用		561条：(現行636条に同じ)前四条の規定は、仕事の目的物の瑕疵が注文者の供した材料の性質又は注文者の与えた指図によって生じたときは、適用しない。ただし、請負人がその材料又は指図が不適当であることを知りながら告げなかったときは、この限りでない。
704	562条 請負人の担保責任の存続期間	修	562条①：(新)第五百五十七条(瑕疵に基づく損害賠償請求権)までの規定による瑕疵の追完、契約の解除、報酬の減額及び損害賠償の権利は、注文者が瑕疵を知ってから一年以内に行使しなければならない。
705			562条②：前項の権利は、注文者が仕事を報酬として受領した時から五年で消滅する。
706	563条 建築請負における担保責任の存続期間の例		563条：建物その他の土地の工作物又は地盤の瑕疵についての請負人の責任は、注文者が仕事を履行として受領した時から十年間で消滅する。
707	564条 担保責任の存続期間の伸張	修	564条：(新)第五百六十二条(請負人の担保責任の存続期間)及び前条の期間は、二十年の期間内に限り、契約で伸張することができる。
708	565条 瑕疵担保責任を負わない旨の特約		565条：(現行640条に同じ)請負人は、(新)第五百五十七条(請負人の担保責任)又は(新)第五百五十九条(瑕疵に基づく解除)の規定に基づく責任を負わない旨の特約をしたときであっても、知りながら告げなかった事実については、その責任を免れることができない。
709	566条 注文者による契約の解除		566条：(現行641条に同じ)請負人が仕事を完成しない間は、注文者は、いつでも損害を賠償して契約を解除することができる。
710	567条 注文者についての破産手続の開始による解除		567条①：(現行642条1項に同じ)注文者が破産手続開始の決定を受けたときは、請負人又は破産管財人は、契約の解除をすることができる。この場合において、請負人は、既にした仕事の報酬及びその中に含まれていない費用について、破産財団の配当に加入することができる。
711			567条②：(現行642条2項に同じ)前項の場合には、契約の解除が破産管財人がした場合における請負人に限り、請求することができる。この場合において、請負人は、その損害賠償について、破産財団の配当に加入しない。
712	第3款 委任	*	委任の条文は、鹿野菜穂子教授の提案を基礎に検討されたものである。
713	第1目 有償委任		
714	568条 有償委任	修	568条：有償委任は、当事者の一方が相手方のために法律行為をすることを約し、相手方がこれに対して報酬を与えることを約することによって、その効力を生ずる。
715		修	569条①：委任契約において、受任者は、委任の本旨に従い委任事務を処理する義務を負う。
716		新	569条②：委任事務の処理につき委任者の指示がある場合には、受任者は、その指示に従わなければならない。
717	569条 委任事務の処理		569条③：前項の委任者の指示が委任の本旨からみて不適当な場合には、受任者は、遅滞なくこれを委任者に通知して、協議を求めなければならない。協議が整わないときは、委任者の指示に従わなければならない。
718		新	569条④：前項の場合において、緊急やむを得ない事由があるときには、受任者は、協議を求めることなく、委任の事務の本旨に従った事務を処理することができる。
719	570条 委任事務の執行		570条①：受任者は、委任の本旨がそれを許すとき、又はやむを得ない事由があるときでなければ、自己に代わって第三者に委任事務を処理させることができない。
720		新	570条②：受任者は、前項の規定により自己に代わって第三者に委任事務を処理させたときは、その選任及び監督について、委任者に対して責任を負う。
721	571条 受任者の報告義務	修	571条①：委任において、受任者は、委任者の請求があるときは、いつでも委任事務の状況を報告しなければならない。委任契約の期間が長期にわたるときは、相当の期間が経過する毎に、受任者はこの報告義務を負う。
722		修	571条②：受任者は、委任が終了した後は、遅滞なくその結果を報告しなければならない。
723			572条①：受任者は、委任事務を処理するにあたって受け取った物を委任者に引き渡さなければならない。その収取した果実についても、同様とする。
724	572条 受任者による受取物の引渡し等	修	572条②：受任者は、委任事務を処理するにあたって金銭を受け取ったときは、その金額を委任者に引き渡さなければならない。受け取った金銭に利子が発生したときについても、同様とする。
725			572条③：(現行646条3項に同じ)受任者は、委任者のために自己の名で取得した権利を委任者に移転しなければならない。
726	573条 受任者の金銭の消費についての責任	修	573条：受任者は、委任者に引き渡すべき金額又はその利益のために用いるべき金額を、その引渡し又は本来的な使用が不可能になる状況のもとで自己のために消費したときは、その消費した日以後の利息を支払わなければならない。この場合において、なお損害があるときは、その賠償の責任を負う。
727	574条 受任者の報酬請求権	修	574条①：受任者は、委任事務を処理した後でなければ、報酬を請求することができない。ただし、期間によって報酬を定めたときは、(新)第五百四十三条(雇用報酬の支払時期)第二項の規定を準用する。
728		移	574条②：(現行648条3項に同じ)委任が受任者の責めに帰することができない事由によって履行の中途で終了したときは、受任者は、既にした履行の割合に応じて報酬を請求することができる。
729	575条 受任者の費用前払請求権		575条：(現行649条に同じ)委任事務を処理するについて費用を要するときは、委任者は、受任者の請求により、その前払をしなければならない。
730	576条 受任者の費用償還請求権等		576条①：(現行650条1項に同じ)受任者は、委任事務を処理するのに必要と認められる費用を支出したときは、委任者に対し、その費用及び支出の日以後におけるその利息の償還を請求することができる。
731			576条②：(現行650条2項に同じ)受任者は、委任事務を処理するのに必要と認められる債務を負担したときは、委任者に対し、自己に代わってその弁済をすることを請求することができる。この場合において、その債務が弁済期にないときは、委任者に対し、相当の担保を供させることができる。
732	577条 委任の解除	修	577条①：委任は、受任者が委任事務の処理を終了しない間は、各当事者がいつでもその契約を解除することができる。この当事者が解除権を放棄したと認められる場合には、この限りでない。
733			577条②：(現行651条2項と同じ)当事者の一方が相手方の不利な時期に解除をしたときは、その解除した当事者は、相手方の損害を賠償しなければならない。ただし、やむを得ない事由があったときは、この限りでない。
734	578条 委任の解除の効力の不遡及		578条：(新)第五百三十二条(賃貸借の解除の効力の不遡及)の規定は、委任について準用する。
735		修	579条：委任は、委任の趣旨に反しない限り、次に掲げる事由によって終了する。
736	579条 委任の終了事由		一 (現行653条1号に同じ) 委任者又は受任者の死亡
737			二 (現行653条2号に同じ) 委任者又は受任者が破産手続開始の決定を受けたこと。
738			三 (現行653条3号に同じ) 受任者が後見開始の審判を受けたこと。
739	580条 委任の終了後の処分		580条：(現行654条に同じ)委任が終了した場合において、急迫の事情があるときは、受任者又はその相続人若しくは法定代理人は、委任者又はその相続人若しくは法定代理人が委任事務を処理することができるに至るまで、必要な処理をしなければならない。
740	581条 委任の終了の対抗要件		581条：(現行655条に同じ)委任の終了事由は、これを相手方に通知したとき、又は相手方がこれを知っていたときでなければ、これをもってその相手方に対抗することができない。

741	582条 無償委任への準用	新	582条:この目の規定は、別段の定めがない限り、無償委任契約について準用する。
742	第2目 無償委任		
743	583条 無償委任	新	583条:無償委任は、当事者の一方が報酬なしに法律行為その他の事務処理をすることを相手方に委託し、相手方がこれを承諾することによって、その効力を生ずる。
744	584条 有償委任の規定の不適用	新	584条:(新)第五百七十条(委任事務の執行)第一項、(新)第五百七十一条(受任者の報告義務)第一項、(新)第五百七十四条(受任者の報酬請求権)、(新)第五百七十六条(委任の解除)第一項の規定は、無償委任に適用しない。
745	585条 無償委任事務の執行	新	585条:無償委任の受任者は、委任の本旨がそれを許すときは、自己に代わって第三者に委任事務を処理させることができる。
746	586条 無償委任契約の受任者の報告義務	修	586条:無償委任契約において、受任者は、委任者の請求があるときは、いつでも委任事務の状況を報告しなければならない。
747	587条 無償委任における損害負担義務	新	587条:無償委任の受任者は、委任事務を処理するため自己に過失なく損害を受けたときは、委任者に対し、その賠償を請求することができる。
748	588条 無償委任契約の解除	新	588条:無償委任契約は、受任者が委任の処理を終了しない間は、各当事者がいつでもその契約を解除することができる。
749	第3目 準委任		
750	589条 準委任	新	589条:この節の規定は、法律行為でない有償又は無償の事務の委託について準用する。ただし、その性質がこれを許さないときは、この限りでない。
751	第4款 寄託		
752	第1目 有償寄託等		
753	590条 有償寄託	新	590条:有償寄託は、当事者の一方が相手方のために物を保管することを約し、相手方がこれに対して報酬を与えることを約することによって、その効力を生ずる。
754	591条 寄託物の使用及び第三者による保管		591条①:(現行658条1項に同じ)受寄者は、寄託者の承諾を得なければ、寄託物を使用し、又は第三者にこれを保管させることができない。
755			591条②:(現行658条2項に同じ)(新)第百五条(復代理人を選任した代理人の責任)及び(新)第百七条第二項(復代理人の権利義務)の規定は、受寄者が第三者に寄託物を保管させることができる場合について準用する。
756	(現行659条「無償受寄者の注意義務」削除)	削	契約総則において、(新)465条2項で、無償契約についての注意義務を一般的に規定したので、寄託についてのみ規定を置く必要はなくなった。
757	592条 有償受寄者の通知義務	新	592条:有償寄託において、受寄物について第三者が権利を主張するときは、受寄者は、遅滞なくその事実を寄託者に通知しなければならない。
758	593条 有償寄託者の損害賠償義務	修	593条:有寄託者は、寄託物の性質又は瑕疵によって生じた損害を受寄者に賠償しなければならない。ただし、寄託者が過失なくその性質若しくは瑕疵を知らなかったとき、又は受寄者がこれを知っていたときは、この限りでない。
759	594条 寄託者による返還請求		594条:(現行662条に同じ)当事者が寄託物の返還の時期を定めたときであっても、寄託者は、いつでもその返還を請求することができる。ただし、有償寄託にあっては、保管料のうち相当な部分を支払わなければならない。
760	595条 寄託物の返還の時期		595条①:(現行663条1項に同じ)当事者が寄託物の返還の時期を定めなかったときは、受寄者は、いつでもその返還をすることができる。
761			595条②:(現行663条2項に同じ)返還の時期の定めがあるときは、受寄者は、やむを得ない事由がなければ、その期限前に返還をすることができない。
762	596条 寄託物の返還の場所		596条:(現行664条に同じ)寄託物の返還は、その保管をすべき場所でしなければならない。ただし、受寄者が正当な事由によってその物を保管する場所を変更したときは、その現在の場所で返還することができる。
763	597条 委任の規定の有償寄託への準用	修	597条:(新)第五百七十二条(受任者による取収物の引渡し等)、(新)第五百七十三条(受任者の金銭の消費についての責任)、(新)第五百七十四条(受任者の報酬請求権)、(新)第五百七十五条(受任者の費用前払請求権)及び(新)第五百七十六条(受任者の費用償還請求権等)の規定は、有償寄託について準用する。
764	598条 有償寄託の規定の無償寄託への準用	新	598条:この目の規定は、別段の定めがない限り、無償寄託契約について準用する。
765	第2目 無償寄託		
766	599条 無償寄託	新	599条①:無償寄託は、当事者の一方がある物を無償で相手方に保管させる意思を表示し、相手方が承諾し、契約書面を作成することによって、その効力を生ずる。
767		新	599条②:無償寄託は、当事者の一方がある物を無償で相手方に保管させる意思を書面によって表示し、相手方が承諾することによって、その効力を生ずる。
768		新	599条③:無償寄託は、当事者の一方がある物を無償で相手方に保管させる意思を表示し、相手方がその物を受け取ることによって、その効力を生ずる。物の一部を受け取ったときは、その限度で効力を生ずる。
769	600条 有償寄託の規定の不適用	新	600条:(新)第五百九十二条(有償受寄者の通知義務)、(新)第五百九十三条(有償寄託者の損害賠償義務)及び(新)第五百九十七条(委任の規定の有償寄託への準用)の規定は、無償寄託に適用しない。
770	601条 無償受寄者の通知義務	移	601条①:無償寄託において、寄託物について権利を主張する第三者が受寄者に対して訴えを提起し、又は差押え、仮差押若しくは仮処分をしたときは、受寄者は、遅滞なくその事実を寄託者に通知しなければならない。
771			601条②:前項の規定は、寄託者がすでにその事実を知っているときには、適用しない。
772	602条 無償寄託者の損害賠償義務	修	602条:寄託者は、寄託物の性質又は瑕疵によって生じた損害を受寄者に賠償しなければならない。ただし、受寄者がその性質若しくは瑕疵を知っていたときは、この限りでない。
773	603条 委任の規定の無償寄託への準用		603条:(新)第五百九十七条(委任の規定の有償寄託への準用)の規定は、無償寄託について準用する。ただし、無償寄託には、(新)第五百七十四条(受任者の報酬請求権)の規定は準用せず、(新)第五百八十七条(無償委任における損害負担者)の規定を準用する。
774	第3目 消費寄託	*	本目については、有償消費寄託と無償消費寄託とにわけて、さらに検討する必要がある。
775	604条 消費寄託		604条①:(現行666条1項に同じ)(新)第五節第一款(消費貸借)の規定は、受寄者が契約により寄託物を消費することができる場合について準用する。
776			604条②:(現行666条2項に同じ)前項において準用する(新)第六百十条(返還の時期)第一項の規定にかかわらず、前項の契約に返還の時期を定めなかったときは、寄託者は、いつでも返還を請求することができる。
777	第5節 その他の典型契約	*	典型契約として、新種契約の一部をここに規定することを検討中であるが、まだ、成案をうるにいたっていないので、今後、新たな典型契約が追加規定される可能性があることを付言しておきたい。
778	第1款 消費貸借	*	消費貸借の条文案は、岡孝教授、宮下修一准教授の提案を基礎に検討されたものである。

779		新	605条①:消費貸借は、当事者の一方が相手方に金銭その他の物を引き渡すことを約し、相手方が約定された時期に種類、品質及び数量の同じ物を返還し、対価を支払うことを約することによって、その効力を生じる。
780	605条 消費貸借	新	605条②:消費貸借は、当事者の一方が、対価の定めがないまま、相手方に金銭その他の物を引き渡し、相手方が約定された時期に種類、品質及び数量の同じ物を返還することを約することによって、その効力を生じる。
781		新	605条③:消費貸借は、当事者の一方が、対価の定めがないまま、書面で相手方に金銭その他の物を引き渡すことを約し、相手方が約定された時期に種類、品質及び数量の同じ物を返還することを約することによって、その効力を生じる。
782	606条 準消費貸借	修	606条:金銭その他の物を給付する義務を負う者がある場合において、当事者がその物を消費貸借の目的とすることを約したときは、消費貸借は、これによって成立したものとみなす。
783	607条 消費貸借の予約と破産手続の開始	修	607条:(新)第六百五条(消費貸借)第一項に基づく契約につき、(新)第四百六十六条(有償契約の一方の予約)に基づく予約がなされた場合において、その後に当事者の一方が破産手続開始の決定を受けたときは、その効力を失う。
784	608条 貸主の担保責任	修	608条①:金銭以外を目的とする消費貸借が有償である場合において、消費貸借の目的物に隠れた瑕疵があったときは、貸主は、瑕疵がない物をもってこれに代えなければならない。この場合においては、損害賠償の請求を妨げない。
785		修	608条②:金銭以外を目的とする消費貸借が無償である場合、借主は、瑕疵がある物の価額を返還することができる。この場合において、貸主がその瑕疵を知りながら借主に告げなかったときは、前項の規定を準用する。
786	609条 利息の制限	新	609条:金銭を目的とする消費貸借における利息の契約については、この法律の規定によるほか、利息制限法(昭和二十九年法律第百号)その他の法律の規定による。
787	610条 返還の時期		610条①:(現行591条1項に同じ)当事者が返還の時期を定めなかったときは、貸主は、相当の期間を定めて返還の催告をすることができる。
788			610条②:(現行591条2項に同じ)借主は、いつでも返還をすることができる。
789	611条 価額の償還		611条:(現行592条に同じ)借主が貸主から受け取った物と種類、品質及び数量の同じ物をもって返還をすることができなくなったときは、その時における物の価額を償還しなければならない。ただし、(新)第三百五十条(金銭債権)第二項に規定する場合は、この限りでない。
790	第2款 組合		
791	第1目 組合の成立と組織		
792	612条 組合契約		612条①:(現行667条1項に同じ)組合契約は、各当事者が出資をして共同の事業を営むことを約することによって、その効力を生ずる。
793		修	612条②:出資は、金銭その他の財産のほか労務をもってすることができる。
794	613条 一般組合契約	修	613条①:組合契約において、業務の執行を委任した者(以下「業務執行者」という。)を置かない場合には、その業務の執行は組合員の過半数で決し、それに基づいて行う。
795		修	613条②:前項の規定にかかわらず、各組合員は、組合の常務を単独で行うことができる。ただし、その完了前に他の組合員が異議を述べた場合は、この限りでない。
796	614条 業務執行者付組合契約		614条①:組合契約において、業務執行者を置いた場合には、その者がその組合の業務の執行を行う。
797		修	614条②:前項の場合において、複数の業務執行者が置かれたときは、その組合の業務の執行は業務執行者の過半数で決する。
798		修	614条③:前項の規定にかかわらず、各業務執行者は、組合の常務を単独で行うことができる。ただし、その完了前に他の業務執行者が異議を述べた場合は、この限りでない。
799	615条 金銭出資の不履行の責任		615条:(現行669条に同じ)金銭を出資の目的とした場合において、組合員がその出資をすることを怠ったときは、その利息を支払うほか、損害の賠償をしなければならない。
800	616条 組合員の組合の業務及び財産状況に関する検査		616条:業務執行者付組合契約において、組合の業務を執行する権利を有しない組合員は、組合の業務及び組合財産の状況を検査することができる。
801	617条 組合員の脱退	移	617条①:(現行678条1項に同じ)組合契約で組合の存続期間を定めなかったとき、又はある組合員の終身の間組合が存続すべきことを定めたときは、各組合員は、いつでも脱退することができる。ただし、やむを得ない事由がある場合を除き、組合に不利な時期に脱退することができない。
802		移	617条②:(現行678条2項に同じ)組合契約で組合の存続期間を定めた場合であっても、各組合員は、やむを得ない事由があるときは、脱退することができる。
803		移	618条:(現行679条に同じ)前条の場合のほか、組合員は、次に掲げる事由によって脱退する。
804		移	一 死亡
805	618条 法定脱退事由	移	二 破産手続開始の決定を受けたこと。
806		移	三 後見開始の審判を受けたこと。
807		移	四 除名
808	619条 組合員の除名		619条:(現行680条に同じ)組合員の除名は、正当な事由がある場合に限り、他の組合員の一致によってすることができる。ただし、除名した組合員にその旨を通知しなければ、これをもってその組合員に対抗することができない。
809		移	620条①:(現行681条1項に同じ)脱退した組合員と他の組合員との間の計算は、脱退の時における組合財産の状況に従ってしなければならない。
810	620条 脱退した組合員に対する払戻し	移	620条②:(現行681条2項に同じ)脱退した組合員の持分は、その出資の種類を問わず、金銭で払い戻すことができる。
811		移	620条③:(現行681条3項に同じ)脱退の時にまだ完了していない事項については、その完了後に計算をすることができる。
812			621条①:(現行672条1項に同じ)組合契約で一人又は数人の組合員に業務の執行を委任したときは、その組合員は、正当な事由がなければ、辞任することができない。
813	621条 業務執行者の辞任及び解任等	修	621条②:(現行672条2項に同じ)前項の組合員は、正当な事由がある場合に限り、他の組合員の一致によって解任することができる。
814		新	621条③:組合契約で組合員以外の者に業務の執行を委任したときは、その者の辞任、解任及び委任の終了については、(新)第五百七十七条(委任の解除)から(新)第五百七十九条(委任の終了事由)までの規定を準用する。
815	第2目 組合財産		
816	622条 組合財産の合有		622条①:各組合員の出資その他の組合財産は、総組合員の合有に属する。
817		新	622条②:各組合員の合有持分は、出資の割合に応じて定まる。
818	623条 組合員の持分の処分及び組合財産の分割		623条①:(現行676条1項に同じ)組合員は、組合財産についてその持分を処分したときは、その処分をもって組合及び組合と取引をした第三者に対抗することができない。
819			623条②:(現行676条2項に同じ)組合員は、清算前に組合財産の分割を求めることができない。
820	624条 組合員の損益分	修	624条①:(現行674条1項に同じ)当事者が損益分配の割合を定めなかったときは、その割合は、各組合員の合有持分に応じて定める。

541

#	項目	区分	条文
821	配の割合	移	624条②:(現行674条2項に同じ)利益又は損失についてのみ分配の割合を定めたときは、その割合は、利益及び損失に共通であるものと推定する。
822	第3目 組合の対外関係		
823		新	625条①:一般組合契約においては、(新)第六百二十三条(一般組合契約)第一項又は第二項に基づき業務を行う組合員に他の組合員を代理する権限が与えられたものとする。
824		新	625条②:業務執行者付組合契約においては、(新)第六百二十四条(業務執行者付組合契約)第一項又は第二項に基づく業務を行う業務執行者に以下の権限が与えられたものとする。
825	625条 組合契約における委任と代理	新	一 業務執行者が組合員でないときは、組合員を代理する権限
826		新	二 業務執行者が組合員のときは、他の組合員を代理する権限
827		新	625条③:前二項の代理の効果は、総組合員に合有的に帰属する。
828		修	625条④:(新)第五百六十九条(委任事務の処理)から(新)第五百七十六条(受任者の費用償還請求権等)までの規定は、組合の業務執行者について準用する。
829		新	626条①:組合の債権者は、まず組合の財産に対してその権利を行使しなければならない。
830	626条 組合債権者の権利行使	新	626条②:組合の債権者は、組合財産によってその債権の満足を得られなかったときは、各組合員に対し、その合有財産の割合に応じて権利を行使することができる。この場合において、債権者がその債権の発生の時に組合員の損失分担の割合を知らなかったときは、各組合員に対して等しい割合でその権利を行使することができる。
831		新	626条③:債権者が組合員に債務の履行を請求したときは、一般組合契約の組合員は、まず総組合員に催告すべき旨を、業務執行者付組合契約の組合員は、まず業務執行者に催告すべき旨を請求することができる。
832		新	626条④:債権者が前項の規定に従った催告をした後であっても、組合員がその債務を弁済するに足る組合財産があることを証明したときは、債権者は、まず組合財産に対して執行しなければならない。
833	627条 組合の債務者による相殺の禁止	移	627条:(現行677条に同じ)組合の債務者は、その債務と組合に対する債権とを相殺することができない。
834	第4目 組合の解散及び清算		
835		修	628条:組合は、次の各号の定める事由によって解散する。
836		修	一 組合の目的である事業の成功又はその成功の不能
837	628条 組合の解散事由	新	二 組合契約に定められた存続期間の満了、又はその他の解散事由の発生
838		新	三 全組合員による解散の合意
839		新	四 組合員が一名しか存在しないこと
840	629条 組合の解散の請求		629条:(現行683条に同じ)やむを得ない事由があるときは、各組合員は、組合の解散を請求することができる。
841	630条 組合契約の解除の効力の不遡及	修	630条:組合契約の解除をした場合には、その解除は、将来に向かってのみ効力を生じ、組合を解散するものとする。この場合において、一部の組合員に過失があったときは、その者に対する損害賠償の請求を妨げない。
842		移	631条①:(現行685条1項に同じ)組合が解散したときは、清算は、総組合員が共同して、又はその選任した清算人がこれをする。
843	631条 組合の清算及び清算人の選任と業務執行	移	631条②:(現行685条2項に同じ)清算人の選任は、総組合員の過半数で決する。
844		修	631条③:清算人が数人ある場合においては、(新)第六百二十四条(業務執行者付組合契約)第二項、第三項の規定を準用する。
845			632条①:(現行688条1項に同じ)清算人の職務は、次のとおりにする。
846			一 現務の結了
847	632条 清算人の職務及び権限並びに残余財産の分割方法		二 債権の取立て及び債務の弁済
848			三 残余財産の引渡し
849			632条②:(現行688条2項に同じ)清算人は、前項各号に掲げる職務を行うために必要な一切の行為をすることができる。
850			632条③:(現行688条3項に同じ)残余財産は、各組合員の合有持分に応じて分割する。
851	633条 組合員である清算人の辞任及び解任		633条:(現行687条に同じ)(新)第六百二十一条(業務執行者の辞任及び解任等)の規定は、組合契約で組合員の中から清算人を選任した場合について準用する。
852	(現行第13節「終身定期金」削除し、移動)	削除	現行民法典で規定されている第13節 終身定期金の規定は、典型契約からは削除し、特殊な弁済方法として、債権総論の(新)「第2款 弁済」で「第4目 特殊な弁済方法」として規定した。
853	第3款 和解	*	和解の条文案は、北居教授の提案を基礎に検討されたものである。
854	634条 和解	修	634条:和解は、当事者がその間に存する争いをやめることを約することによって、その効力を生ずる。
855	635条 和解の効力	修	635条:当事者は、争いの対象として和解によって合意した事項について、その効力を争うことはできない。
856	636条 人身損害についての和解の特則	新	636条:人身損害についての和解の効力は、当事者が和解時に予見することができず、和解で定められた給付と著しい不均衡を生じる新たな人身損害が明らかになった場合、この損害には及ばない。
857	第3章 事務管理	*	事務管理の条文案については、五十川教授の提案も含まれているが、それについては、「第3部:資料編」を参照されたい。
858		修	637条①:義務なく他人(以下この章において「本人」という。)のためにする事務の管理(以下この章において「事務管理」という。)は、それが本人の意思に反することなく、かつ、本人に不利であることが明らかでないときに、始めることができる。
859	637条 事務管理	修	637条②:前項の事務管理を始めた者(以下この章において「事務管理者」という。)は、本人の意思を知っているとき、又はこれを推知することができるときは、その意思に従って事務管理をしなければならない。
860		修	637条③:事務管理者は、本人の意思を推知することができないときは、その事務の性質に従い、最も本人の利益に適する方法によって、事務管理をしなければならない。
861		新	638条①:事務管理者は、事務管理の本旨に従い、善良な管理者の注意をもって事務を処理する義務を負う。
862	638条 事務管理者の注意義務		638条②:前項の規定にかかわらず、事務管理者は、本人の生命、身体、名誉又は財産に対する急迫の危害を免れさせるための事務管理(以下本章において「緊急事務管理」という。)をしたときは、悪意又は重大な過失がなければ、これによって生じた損害を賠償する責任を負わない。
863	639条 委任の規定の準用		639条:(現行701条に同じ)(新)第五百七十一条(受任者の報告義務)から(新)第五百七十三条(受任者の金銭の消費についての責任)までの規定は、事務管理について準用する。
864	640条 事務管理者による費用の償還請求等		640条①:事務管理者は、本人のために必要又は有益な費用を支出したときは、本人に対し、その償還を請求することができる。
865			640条②:(新)第五百七十六条(受任者の費用償還請求権等)第二項の規定は、事務管理者が本人のために必要又は有益な債務を負担した場合について準用する。
866	641条 事務管理が成立しない場合の費用の償還請求等		641条:他人の意思に反して事務管理が行われた場合、その者が現に利益を受けている限度において、事務を行った者は、前条の請求をすることができる。

行	条文見出し	区分	条文内容
867	642条 事務管理者による損害の補償請求	修	642条①:事務管理者は、事務管理により過失なく損害を受けたときは、本人に対し、本人が現に利益を受けている限度において、その損害の補償を請求することができる。
868		新	642条②:緊急事務管理を行った者は、事務管理により過失なく損害を受けたときは、本人に対し、その補償を請求することができる。
869		修	642条③:前二項の場合において、裁判所は裁量によりその補償額を増減することができる。
870	第4章 不当利得	*	不当利得の条文案については、五十川教授の提案及び「不当利得法研究会」(後掲「第3部:資料編·議事録(抄)」参照)の提言が含まれている。
871	643条 不当利得	新	643条①:法律上の原因なく給付を受けた者は、給付をした者が受けた給付を返還する義務を負う。法律上の原因なく給付以外の利益を受けたときも、同様とする。
872		修	643条②:他人の財産又は労務から利益を受けた者は、受けた利益(以下「受益」という。)を返還する義務を負う。ただし、法律上の原因がある場合は、この限りでない。
873		修	643条③:前項の場合において、善意の受益者が、その受益が縮減したことを証明したときは、受益が現存する限度で返還する義務を負う。
874		修	643条④:第二項の請求をする者が、受益した者の悪意を証明したときは、受けた利益に受益の時から利息を付して返還する義務を負う。
875	644条 不当利得返還義務を負う者の注意義務	新	644条:不当利得返還義務を負う者は、不当利得返還義務が発生した法律関係の趣旨に従い、善良な管理者の注意をもって事務を処理する義務を負う。
876	645条 原因がないことを知ってした給付	修	645条:給付をした者は、給付の原因がないことを知っていたときには、その給付したものの返還を請求することができない。ただし、給付が任意になされなかったときは、この限りでない。
877	[646条·研究会正案] 646条 期限前の弁済		646条:債務者が錯誤によって弁済期前に弁済をしたときは、債権者は、これによって得た利益を返還しなければならない。
878	[646条·研究会副案] 646条 期限前の弁済	削除	現行民法706条は、本文にはほとんど意味がなく、ただし書のみ意味をもつが、適用する場面があまり考えられないので、削除する。
879	647条 他人の債務の弁済		647条①:(現行707条1項に同じ)債務者でない者が錯誤によって債務の弁済をした場合において、債権者が善意で証書を滅失させ若しくは損傷し、担保を放棄し、又は時効によってその債権を失ったときは、その弁済をした者は、返還の請求をすることができない。
880			647条②:(現行707条2項に同じ)前項の規定は、弁済をした者から債務者に対する求償権の行使を妨げない。
881	648条 不法原因給付	修	648条:不法な原因のために給付をした者は、その給付したものの返還を請求することができない。ただし、不法な原因が、主として受益者について存したときは、この限りでない。
882	649条 受益者への帰属	新	649条:(新)第六百四十五条(原因がないことを知ってした給付)、(新)第六百四十七条(他人の債務の弁済)及び前条の規定により、給付したものの返還を請求することができないときは、そのものは受益者に帰属するものとみなす。
883	第5章 転用物訴権		
884	[650条·研究会正案] 650条 転用物訴権	新	650条①:債権者は、債務者の支払不能その他の事由により債権の満足を得られず、かつ、債権者が債務者に給付したものから無償で利益を得た第三者がいるときには、第三者にその利得の引渡しを請求することができる。
885		新	650条②:(新)第六百四十四条(不当利得返還義務を負う者の注意義務)の規定は、前項の場合について準用する。
886	[650条·研究会副案] 650条 転用物訴権	新	650条①:債権者は、債務者の支払不能その他の事由により債権の満足を得られず、かつ、債権者が債務者に給付したものから無償で利益を得た第三者がいるときには、第三者にその利得の引渡しを請求することができる。ただし、第三者がその利得の受領を望まず、かつ、利得したものを換価することが困難なときは、裁判所は第三者の請求により利得の引渡しの請求の範囲を縮減することができる。
887		新	650条②:(新)第六百四十四条(不当利得返還義務を負う者の注意義務)の規定は、前項の場合について準用する。
888	第6章 不法行為	*	不法行為の条文案については、大塚直教授の提案に依拠したものが多く、慰謝料等については、廣瀬久和教授の提言等を参考にした。
889	第1節 損害賠償		
890	第1款 総則		
891	[651条·研究会正案] 651条 不法行為による損害賠償	修	651条①:他人の生命、身体を侵害した者は、これによって生じた損害を賠償する責任を負う。ただし、侵害した者が損害の発生を防止するのに必要な注意をしたときは、この限りでない。
892			651条②:故意又は過失によって、他人の自由、所有権若しくはその他の権利又は法律上保護される利益を侵害した者は、これによって生じた損害を賠償する責任を負う。
893	[651条·研究会副案1] 651条 不法行為による損害賠償		651条:(現行709条に同じ)故意又は過失によって他人の権利又は法律上保護される利益を侵害した者は、これによって生じた損害を賠償する責任を負う。
894	[651条·研究会副案2] 651条 不法行為による損害賠償	新	651条①:他人の生命、身体を侵害した者は、これによって生じた損害を賠償する責任を負う。
895		新	651条②:故意又は過失によって、他人の健康、自由、所有権又はその他の権利(ただし、本条第三項及び第四項に掲げるものを除く。)を侵害した者は、これによって生じた損害を賠償する責任を負う。
896		新	651条③:故意又は過失によって、他人の名誉、プライバシー、氏名、肖像その他人格権を違法に侵害した者は、これによって生じた損害を賠償する責任を負う。
897		新	651条④:害意をもって債権その他の利益を侵害した者は、これによって生じた損害を賠償する責任を負う。
898	652条 財産権以外の損害の賠償		652条①:他人の財産権、人格権、その他の利益の侵害のいずれであるかを問わず、前条の規定により損害賠償の責任を負う者は、財産以外の損害に対しても、その賠償をしなければならない。
899			652条②:(現行711条に同じ)他人の生命を侵害した者は、被害者の父母、配偶者及び子に対しては、その財産権が害されなかった場合においても、損害の賠償をしなければならない。
900	653条 損害賠償の方法	修	653条①:損害賠償は、金銭によってその額を定める。
901		修	653条②:不法行為による損害の賠償は、その損害額に損害発生の時から(新)第三百五十二条(利息債権)の定める利息を付して支払わなければならない。
902		新	653条③:第一項の損害賠償については、裁判所は、被害者からの申立てに基づき相当と認めるときは、定期金で支払うことを命ずることができる。この場合において、裁判所は、被害者からの申立てに基づき相当の担保の提供を併せて命じることができる。
903	第2款 抗弁等		
904	654条 責任弁識能力	修	654条①:加害行為をした者が未成年者であるためにその加害行為について責任を弁識するに足りる能力(以下「責任弁識能力」という。)を備えていなかったときは、その者は、損害賠償の責任を免れる。
905		修	654条②:加害行為をした者が精神上の障害を有するためにその加害行為について責任弁識能力を備えていなかったときも、前項と同様とする。ただし、加害者が精神上の障害による責任弁識能力の欠如を、故意又は過失によって一時的に招いたときは、この限りでない。
906			655条①:他人の不法行為に対し、自己又は第三者の権利又法律上保護される利益を防衛するために、やむを得ず不法行為者に対して加害行為をした者は、損害賠償の責任を免れる。

543

907	655条 正当防衛及び緊急避難	修	655条①:急迫の危難から自己又は他人を防衛するために、やむを得ず加害行為を行った者については、裁判所は、当該危難と加害行為の状況を考慮して、その損害賠償責任を軽減又は免除することができる。この場合において、当該の危難が不法行為によるものであるときは、被害者からその不法行為者に対する損害賠償の請求をすることを妨げない。
908	656条 正当行為及び相手方の承諾	新	656条①:法令又は社会的に正当とされる行為によって、他人に損害を与えた者は、その損害を賠償する責任を免れる。
909		新	656条②:相手方の承諾を得た行為によって、その者に損害を与えた者は、その損害を賠償する責任を免れる。ただし、その承諾が公の秩序又は善良の風俗に反する場合には、この限りでない。
910	657条 名誉毀損の免責事由	新	657条:事実を摘示して他人の名誉を侵害した者は、その行為が公共の利害に関する事実に係り、その目的が専ら公益を図ることにあったと認められる場合において、その事実が真実であることの証明があったときは、その損害を賠償する責任を負わない。その事実が真実であることの証明がない場合において、侵害者が真実であると信じることにつき相当の理由があったときも、同様とする。
911		修	658条①:被害者に過失があったときは、裁判所は、これを考慮して、損害賠償の額を定めることができる。
912	658条 過失相殺等	新	658条②:前項の規定は、不法行為による損害の発生又は拡大に社会的動乱、異常な自然力又は被害者の素因の寄与があった場合について準用する。
913		新	658条③:第一項の規定は、被害者と生計を一にする親族又は被害者の支配領域ないし管理下にある者の過失によって損害が発生し又は拡大した場合について準用する。
914	659条 不法行為による損害賠償請求権の期間の制限	修	659条①:不法行為による損害賠償の請求権は、被害者又はその法定代理人が損害及び賠償義務者を知った時から三年間行使しないときは、時効によって消滅する。
915		修	659条②:不法行為による損害発生の時から二十年を経過したときは、損害賠償請求権は消滅する。
916	第3款 特殊な不法行為		
917		修	660条①:ある事業のため他人を使用する者は、被用者がその事業の執行について第三者に加えた損害を賠償する責任を負う。ただし、第三者が、被用者の行為が使用者のために行われたものではないことを知り、又は重大な過失によってこれを知らなかったときは、この限りでない。
918	660条 使用者等の責任	新	660条②:前項の規定は、ある事業のために、他人に自己の名を用いることを許諾した者について準用する。
919		修	660条③:使用者に代わって事業を監督する者(以下「代理監督者」という。)も、第一項の責任を負う。ただし、代理監督者が被用者の選任及びその事業の監督について相当の注意をしたとき、又は相当の注意をしても損害が生ずべきであったときは、この限りでない。
920		修	660条④:第一項及び第二項の規定に基づき損害の賠償をした使用者、代理監督者又は被用者は、自己の負担部分を超える部分につき、他の者に対しその負担部分につき求償権を行使することができる。
921	661条 注文者の責任	修	661条:(現行716条に同じ)注文者は、請負人がその仕事について第三者に加えた損害を賠償する責任を負わない。ただし、注文又は指図についてその注文者に過失があったときは、この限りでない。
922	662条 責任弁識能力を欠く者の監督義務者等の責任	修	662条①:(新)第六百五十四条(責任弁識能力)に基づく責任弁識能力を欠く者を監督する法定の義務を負う者は、責任弁識能力を欠く者が第三者に加えた損害を賠償する責任を負う。ただし、監督義務者がその監督義務を怠らなかったとき、又は、その義務を怠らなくても損害が生ずべきであったときは、この限りでない。
923		修	662条②:監督義務者に代わって責任弁識能力を欠く者を監督する者も、前項の責任を負う。
924	663条 責任弁識能力を欠く者の衡平責任	新	663条①:(新)第六百五十四条(責任弁識能力)の規定にかかわらず、裁判所は、加害行為の態様、責任弁識能力を欠く者の資産状況その他を考慮して、責任弁識能力を欠く者に損害の全部又は一部を補償する填補責任を負わせることができる。
925		新	663条②:前条に基づき責任弁識能力を欠く者の監督義務者等が損害賠償責任を負うときは、その監督義務者等と前項の損害填補責任を負う責任弁識能力を欠く者は、連帯して責任を負う。この場合において、裁判所がその裁量により両者の責任の優先劣後を定めることを妨げない。
926	664条 土地の工作物等の占有者及び所有者の責任	修	664条①:建物その他の土地の工作物(以下「工作物等」という。)の設置又は保存に瑕疵があることによって他人に損害を生じたときは、その工作物等の占有者又は所有者は、被害者に対してその損害を賠償する責任を負う。ただし、占有者が損害の発生を防止するのに必要な注意をしたときは、この限りでない。
927		新	664条②:航空機、鉄道又は船舶は、前項の危険な設備とみなす。
928		修	664条③:第一項の規定は、樹木の栽植又は支持に欠陥がある場合について準用する。
929		修	664条④:前三項の規定において、損害の賠償をした者は、損害の原因について他にその責任を負う者があるときは、その者に対して求償権を行使することができる。
930	665条 動物の占有者及び所有者の責任	修	665条①:動物の占有者又は所有者は、その動物が他人に加えた損害を賠償する責任を負う。ただし、動物の種類及び性質に従い相当の注意をもってその管理をしもしくは他人に管理をさせたとき、又は相当の注意をしても損害が生ずべきであったときは、この限りでない。
931		修	665条②:(現行718条2項に同じ)占有者に代わって動物を管理する者も、前項の責任を負う。
932		修	666条①:不法行為による損害の発生に複数の者が関与したとき(以下「共同不法行為」という。)は、各自が連帯してその損害を賠償する責任を負う。
933		修	666条②:不法行為による損害が複数の不法行為者のうちいずれの者によって加えられたかを知ることができないときも、前項と同様とする。
934		修	666条③:不法行為を教唆した者及び幇助した者は、共同不法行為者とみなす。
935	666条 共同不法行為者等の責任	新	666条④:前三項の場合において、裁判所は、共同不法行為者の損害発生についての寄与の程度その他一切の事情を考慮して、寄与が小さい者につき連帯して賠償する範囲を限定することができる。
936		新	666条⑤:第一項から第三項までの規定にかかわらず、損害賠償の請求を受けた者が、共同不法行為者間に損害発生についての寄与の程度又は責任の軽重に明白な差があること、主たる共同不法行為者が弁済をする資力があること、かつ、執行が容易であることにつき証明したときは、裁判所は、一切の事情を考慮して、まず主たる共同不法行為者の財産について執行をしなければならないことを命ずることができる。
937	667条 他の法律の規定の適用	新	667条:本章に基づく損害賠償については、本法のほか、自動車損害賠償保障法(昭和三十年法律第九十七号)、製造物責任法(平成六年法律第八十五号)その他の法律を適用する。
938	第2節 差止め等		
939		新	668条①:自己の生命、身体、又は自由を侵害され、又は侵害されるおそれがある者は、相手方に対してその侵害の停止又は予防及びこれらに必要な行為を請求することができる。
940	668条 差止め	新	668条②:自己の名誉、信用その他の人格権を侵害され、又は侵害されるおそれがある者は、相手方に対してその侵害の停止又は予防及びこれらに必要な行為を請求することができる。ただし、その侵害が社会生活上容認すべきものその他違法性を欠くものであるときは、この限りでない。
941		新	668条③:自己の生活上の利益その他の利益を違法に侵害され、又は侵害されるおそれがある者は、相手方に対してその侵害の停止又は予防及びこれらに必要な行為を請求することができる。
942	669条 謝罪広告等の特則	新	669条:名誉、信用その他の人格権の侵害があった場合において、加害者に故意又は過失があるときは、裁判所は、被害者の請求により、損害賠償に代えて、又は損害賠償とともに、謝罪広告その他の適当な原状回復措置を命ずることができる。
943	670条 差止めの義務を負う者の注意義務	新	670条:差止めの義務を負う者は、善良な管理者の注意をもってその義務を履行しなければならない。

Ⅱ 平成21年新年案

資料3　日本民法改正試案

（民法改正研究会・仮案〔平成21年1月1日案〕）

『日本民法改正試案』条文案一覧（民法改正研究会・仮案〔平成21年1月1日案〕）

☆　左から二つ目の列にある「新」は新設条文であることを，「修」は修正条文であることを示している（修正条文が微修正にとどまり，修正箇所がわかりにくいものは，その修正した箇所に下線を付している）。また，「移」の符号を付したものは，単に条文の場所を移動させたことを超え，複数条文を統合した場合，所属の節を変更した場合等，一定の意味がある条文の場所の変更があったことを意味している。「削除」は，現行条文が削除されたことを，この欄が空白の場合は，現行民法典の条文をそのまま承継したことを意味する（ただし，引用条文がある場合には，その条数は民法改正試案の条数に基本的に改めている）。「*」は，民法改正研究会が付したコメントを意味する。

☆☆　現在採用されている条文表現の一般的なルールには，一部に，現代的でないもの，あるいは読んだ者に理解しにくいものも存在しているように思われる。たとえば，「一箇月」等の表現は「一か月」と表現したほうが現代的と思われる。また，現行民法では，条文のなかに他の条文を引用する場合に，条文の標題が付されているものと付されていないものが混在している。しかし，法律の条数を暗記している人間はきわめて例外的なので，すべて引用条文については標題付きとしたほうが，読む者の理解に資すると思われる。このように，本民法改正試案は，一部には現在の法制局的ルールに意図的に従わず，読んだ者に理解しやすくなるよう努めた箇所もある。
　　また，現在では節や款に単一の条文しかなく，それらの標題が同一のとき，また連続条文が同一の標題のとき等は，条文の標題が省略されている。しかし，法律を学ぶ学生等でもこのルールを理解していない者も多く，質問をうけることも稀ではない。そこで，無用な混乱を避けるために，このような場合にも条文に標題を付すこととした。
　　以上のような扱いにしたのは，現在の法制局的なルールを一般的に見直すには，基本法である民法の改正がよい機会になると考えたからである。

☆☆☆　条数について一言しておくこととする。条数をみると，総則は，現行民法が1条～174条の2であるのに対し，本改正試案は1条～109条となっており，物権は，現行民法が175条～294条であるのに対し，本改正試案は110条～213条となっている。また，担保物権は，現行民法が303条～398条の22であるが，欠番・枝番を考慮した実質条数は総計123か条である。本改正試案は担保物権の改正には立ち入っていないので現行担保物権法の条数をそのまま規定することにすれば，債権法は337条から始まることとなる。そこで，本改正試案の債権法は，337条から開始することとした。
　　なお，条数総計について述べれば，現行民法の財産法の最終条数が724条であるのに対し，本改正試案は672条となっており，現行民法より52条ほど減少していることとなる。ただ，現行民法には欠番・枝番があり，本改正試案には，法の適用に関する通則法に規定し民法から削除したもの，逆に，現行民法にはない法制度をあらたに規定したものも存在するので，実質的な比較はむずかしいが，同一の法制度を比較すればわかるように，現行民法よりは本改正試案のほうが条数が少ないものがほとんどである。これは，条文の体系的整序をはかった結果であり，このぶん，本改正試案のほうが現行民法よりも法規範の透視性がよくなっているものと考えている。

☆☆☆☆　『日本民法改正試案』を，近い将来に，「仮案」としてではなく，『日本民法改正試案・財産法編』として正式に公刊するさいしては，「第1部:条文案」として以下のものと同様の「条文案一覧」を掲げたうえで，「第2部:解説」として法制度ないし新条文案の説明を付したうえで，「第3部:資料編」として，それぞれの改正条文案の提案および議論の経緯を時系列的に示すことを予定している。以下の説明文に散見される「第2部:解説」，「第3部:資料編」は，近刊予定のこれらのものを示すものである。

セル番号	現行民法 （参照条文）		民法改正研究会 民法改正試案		条文案
1	第1編　総則		第1編　総則		
2	第1章　通則		第1章　通則		
3	2条	解釈の基準	1条　趣旨	移修	1条:この法律は，個人の尊厳を尊重し，財産権の保障を基礎とした私人の自律的な法律関係の形成及び両性の本質的平等を基礎とする人間関係の形成を旨として，私人間の法的関係を規定する。
4	新設		2条　基本理念	新	2条①:財産権，人格権，その他の私権は，これを侵してはならない。
5	1条 1項	基本原則		修	2条②:私権は，公共の福祉と調和しなければならない。
6	1条 2項	基本原則	3条　信義誠実の原則	移修	3条①:権利義務の発生，権利の行使及び義務の履行は，信義誠実の原則に従う。
7	新設		（「エストッペル」）	新	3条②:自己が以前に表示した事実及び先行した自己の行為に反する主張は，これをしてはならない。
8	新設		（「クリーンハンズの原則」）	新	3条③:不法な行為をした者は，それによって生ずべき法的利益につき裁判所に救済を求めることができない。

9	1条3項 基本原則	4条 権利濫用禁止の原則	移	4条:(現行1条3項に同じ)権利の濫用は,これを許さない。
10	新設	5条 自力救済の禁止	新	5条:自力救済は,これを許さない。ただし,緊急やむを得ない事情が存在し,かつ,必要な限度を超えない場合は,この限りでない。
11		第2章 権利の主体		
12	第2章 人	第1節 自然人		
13	第1節 権利能力	第1款 権利能力		
14	3条	6条 自然人の権利能力	修	6条①:自然人の私権の享有は,出生によって始まり,死亡によって終わる。
15	新設	(「胎児の法的地位」について)	新	6条②:胎児は,既に生まれたものとみなす。ただし,出生しなかったときは,この限りでない。
16	3条2項 外国人の権利能力	(現行3条2項「外国人の権利能力」削除)	削除	外国人の権利能力について規定した現行民法3条2項は,内外人平等原則をより明確にするために,削除した。
17	32条の2 (標題なし)	7条 同時死亡の推定	移	7条:(現行32条の2に同じ)数人の者が死亡した場合において,そのうちの一人が他の者の死亡後になお生存していたことが明らかでないときは,これらの者は,同時に死亡したものと推定する。
18	新設	第2款 意思能力		
19	新設	8条 意思能力の欠如	新	8条①:事理を弁識する能力を欠く状態でなされた意思表示に基づく法律行為をした者は,その法律行為を取り消すことができる。
20			新	8条②:前項の場合において,意思表示をした者が重大な過失により事理弁識能力を欠く状態に至ったときは,その法律行為の取消しは,善意の相手方に対抗することができない。悪意の相手方に対して対抗することができる場合であっても,その法律行為の取消しは,善意の第三者に対抗することはできない。
21	第2節 行為能力	第3款 制限行為能力	*	本款の最初に規定した未成年者については,研究会正案,研究会副案1,研究会副案2の3つの案が提示されている。
22	4条 成年		移	9条①:(現行4条に同じ)年齢二十歳をもって,成年とする。
23	824条 財産の管理及び代表 859条	[未成年者・研究会正案]9条:未成年者の法律行為	移修	9条②:親権者又は未成年後見人(以下この条文,(新)第十条〔単独でなしうる法律行為〕及び(新)第十一条〔成年解放〕において「法定代理人」という。)は,子又は未成年後見人(以下「未成年者」という。)の財産に関する法律行為について,未成年者を代理する。ただし,未成年者の行為を目的とする債務を生ずべき場合には,本人の同意を得なければならない。
24	5条1項本文 未成年者の法律行為 120条		移修	9条③:未成年者が法律行為をするには,その法定代理人の同意を得なければならない。未成年者又はその法定代理人は,同意なくしてなされた法律行為を取り消すことができる。
25	新設		新	10条①:前条第三項の規定にかかわらず,未成年者は,次に掲げる法律行為を法定代理人の同意なくしてすることができる。
26	5条1項ただし書 未成年者の法律行為	10条 単独でなしうる法律行為	修	一 単に権利を得,又は義務を免れる法律行為
27	5条3項		修	二 法定代理人から処分を許された財産の範囲内における法律行為
28	新設		新	三 当該未成年者の年齢に相応の日用必需品の購入その他日常生活上必要な法律行為

29	6条	未成年者の営業の許可		修	10条②：法定代理人が営業を許した未成年者は，その営業に関しては，成年者と同一の行為能力を有する。この場合において，未成年者がその営業に堪えることができない事由があるときは，その親権者又は未成年後見人は，第四編(親族)の規定に従い，その許可を撤回し，又はこれを制限することができる。
30	753条	婚姻による成年擬制		修	11条①：未成年者が婚姻をしたときは，親権または後見から解放される。
31	新設			新	11条②：未成年者の離婚は，前項の成年解放の効力に影響を及ぼさない。
32	新設			新	11条③：未成年者が満十八歳に達した場合において，家庭裁判所は，法定代理人の申立てに基づき，その未成年者が法律行為を行うのに十分な能力があり，かつ法定代理人による財産管理の必要がないと判断するときは，成年解放の宣告をすることができる。
33	新設		11条　成年解放	新	11条④：親権者の一人がその意思を表示することができない場合には，前項の申立ては親権者の一方のみの意思に基づいてすることができる。
34	新設			新	11条⑤：前二項による申立てがあった場合，家庭裁判所は，成年解放の宣告をなすか否かの決定に先立って，未成年者の意見を聴取しなければならない。
35	新設			新	11条⑥：未成年者に法定代理人が存在しない場合，未成年者は三親等内の親族の同意を得て，自ら成年解放宣告の申立てをすることができる。
36	新設			新	11条⑦：第一項に該当する者及び前四項の規定に従い成年解放の宣告を受けた者は，それ以後，成年者と同一の行為能力を有する。
37	4条	成年		修	9条①：年齢十八歳をもって，成年とする。
38	824条 859条	財産の管理及び代表	[未成年者・研究会副案1] 9条　未成年者の法律行為	移修	9条②：親権者又は未成年後見人(以下この条及び(新)第十条〔単独でなしうる法律行為〕において「法定代理人」という)は，子又は未成年被後見人(以下「未成年者」という。)の財産に関する法律行為について，未成年者を代理する。ただし，未成年者の行為を目的とする債務を生ずべき場合には，本人の同意を得なければならない。
39	5条 1項 本文 120条	未成年者の法律行為		移修	9条③：未成年者が法律行為をするには，その法定代理人の同意を得なければならない。未成年者又はその法定代理人は，同意なくしてなされた法律行為を取り消すことができる。
40				＊	(研究会副案1)9条2項は，(研究会副案2)9条2項と同じであり，(研究会副案1)9条3項は，(研究会正案)9条3項と同じである。
41	新設			新	10条①：前条第三項の規定にかかわらず，未成年者は，次に掲げる法律行為を法定代理人の同意なくしてすることができる。
42	5条 1項 ただし書	未成年者の法律行為		修	一　単に権利を得，又は義務を免れる法律行為
43	5条 3項		10条　単独でなしうる法律行為	修	二　法定代理人から処分を許された財産の範囲内における法律行為
44	新設			新	三　当該未成年者の年齢に相応の日用必需品の購入その他日常生活上必要な法律行為

45	6条	未成年者の営業の許可		修	10条②：法定代理人が営業を許した未成年者は，その営業に関しては，成年者と同一の行為能力を有する。この場合において，未成年者がその営業に堪えることができない事由があるときは，その親権者又は未成年後見人は，第四編(親族)の規定に従い，その許可を撤回し，又はこれを制限することができる。
46	753条	婚姻による成年擬制		修	10条③：未成年者は，婚姻をしたときは，成年者と同一の行為能力を有する。この場合において，未成年者がその後において離婚したときも同様とする。
47				＊	研究会正案(新)11条「成年解放」削除
48	新設		現行消費者契約法4条「消費者契約の申込み又はその承諾の意思表示の取消し」にN項を追加	新	消費者契約法4条N項：消費者の年齢，知識，経験，財産の状況及び当該契約を締結する目的に照らして不適当と認められる勧誘を行って事業者が契約を締結したときは，その消費者は，契約を取り消すことができる。
49				＊	研究会副案1を採用する場合には，消費者契約法4条のなかに，上の規定を置く。
50	4条	成年		修	9条①：四月一日までに年齢十八歳に達した者を成年者とする。
51	824条 859条	財産の管理及び代表		移 修	9条②：親権者又は未成年後見人(以下この条及び(新)第十条〔単独でなしうる法律行為〕において「法定代理人」という)は，子又は未成年被後見人(以下「未成年者」という。)の財産に関する法律行為について，未成年者を代理する。ただし，未成年者の行為を目的とする債務を生ずべき場合には，本人の同意を得なければならない。
52	新設		[未成年者・研究会副案2] 9条 未成年者の法律行為	新	9条③：法定代理人は，四月一日に年齢N歳に達していない未成年者(以下「幼年者」又は「幼少年」という。)の法律行為を取り消すことができる。ただし，(新)第十条(単独でなしうる法律行為)第一項第一号及び法定代理人の同意を得てなされた第三号に該当する行為については，この限りでない。
53	新設	(5条「未成年者の法律行為」1項，2項参照)		新	9条④：幼年者以外の未成年者が法律行為をするには，その法定代理人の同意を得なければならない。未成年者又はその法定代理人は，同意なくしてなされた法律行為を取り消すことができる。
54				＊	3項のN歳については，10歳と12歳の2つの案がある。10歳案の場合には，(新)9条3項の文言を「幼年者」，12歳の場合には「幼少年」とする。
55				＊	研究会副案2を採用する場合には，未成年者を「幼年者」とそれ以外とを二分するのみならず，成年者も「若年成年者」とそれ以外とを二分し，次の規定を置く。そのうえで，第3款の標題は，「制限行為能力等」とする。
56	新設			新	10条①：前条第三項の規定にかかわらず，未成年者は，次に掲げる法律行為を法定代理人の同意なくしてすることができる。
57	5条1項ただし書	未成年者の法律行為		修	一 単に権利を得，又は義務を免れる法律行為
58	5条3項		10条 単独でなしうる法律行為	修	二 法定代理人から処分を許された財産の範囲内における法律行為
59	新設			新	三 当該未成年者の年齢に相応の日用必需品の購入その他日常生活上必要な法律行為

60	6条	未成年者の営業の許可		修	10条②:法定代理人が営業を許した未成年者は，その営業に関しては，成年者と同一の行為能力を有する。この場合において，未成年者がその営業に堪えることができない事由があるときは，その親権者又は未成年後見人は，第四編(親族)の規定に従い，その許可を撤回し，又はこれを制限することができる。
61	753条	婚姻による成年擬制		修	10条③:未成年者は，婚姻をしたときは，成年者と同一の行為能力を有する。この場合において，未成年者がその後において離婚したときも同様とする。
62				＊	研究会正案(新)11条「成年解放」削除
63	新設		11条 若年成年者撤回権	新	11条:二十三歳未満の成年者(以下「若年成年者」という。)は，法律行為の相手方が事業者である場合において，その申込み若しくは個別の勧誘により法律行為を行った場合，法律行為の時又は法律行為の目的物を受領した時から起算して一か月の間，その法律行為を撤回することができる。ただし，若年成年者が支払った金額が十万円に満たない場合，又は当該法律行為の状況から裁判所が撤回することが相当でないと認める場合は，この限りでない。
64	7条	後見開始の審判	12条 後見開始の審判		12条①:(現行7条に同じ)精神上の障害により事理を弁識する能力を欠く常況にある者については，家庭裁判所は，本人，配偶者，四親等内の親族，未成年後見人，未成年後見監督人，保佐人，保佐監督人，補助人，補助監督人又は検察官の請求により，後見開始の審判をすることができる。
65	8条	成年被後見人及び成年後見人		移	12条②:(現行8条に同じ)後見開始の審判を受けた者は，成年被後見人とし，これに成年後見人を付する。
66	859条	財産の管理及び代表	13条 成年被後見人の法律行為	移修	13条①:成年後見人は，成年被後見人の財産に関する法律行為について，成年被後見人を代理する。ただし，成年被後見人の行為を目的とする債務を生ずべき場合には，本人の同意を得なければならない。
67	9条	成年被後見人の法律行為		修	13条②:成年被後見人又はその成年後見人は，成年被後見人の法律行為を取り消すことができる。ただし，日用必需品の購入その他日常生活上必要な法律行為については，この限りではない。
68	10条	後見開始の審判の審判の取消し	14条 後見終了の審判	修	14条:(新)第十二条(後見開始の審判)に規定する原因が消滅したときは，家庭裁判所は，本人，配偶者，四親等内の親族，後見人(未成年後見人及び成年後見人をいう。以下同じ。)，後見監督人(未成年後見監督人及び成年後見監督人をいう。以下同じ。)又は検察官の請求により，後見を終了する審判をしなければならない。
69	11条	保佐開始の審判	15条 保佐開始の審判		15条①:(現行11条に同じ)精神上の障害により事理を弁識する能力が著しく不十分である者については，家庭裁判所は，本人，配偶者，四親等内の親族，後見人，後見監督人，補助人，補助監督人又は検察官の請求により，保佐開始の審判をすることができる。ただし，(新)第十二条(後見開始の審判)に規定する原因がある者については，この限りでない。
70	12条	被保佐人及び保佐人		移	15条②:(現行12条に同じ)保佐開始の審判を受けた者は，被保佐人とし，これに保佐人を付する。

71	876条の4	保佐人に代理権を付与する旨の審判		移修	16条①：家庭裁判所が，前条に規定する者又は保佐人若しくは保佐監督人の請求によって，被保佐人のために特定の法律行為について保佐人に代理権を付与する旨の審判をしたときは，保佐人は，その法律行為について被保佐人を代理する。ただし，本人以外の者の請求によってこの審判をするには，本人の同意がなければならない。
72	13条1項		16条 被保佐人の法律行為	修	16条②：被保佐人が次に掲げる法律行為をするには，その保佐人の同意を得なければならない。被保佐人又はその保佐人は，同意又は第三項の家庭裁判所の許可なくしてなされた法律行為を取り消すことができる。ただし，日常生活に関する法律行為については，この限りでない。
73	3号9号			修	一 不動産その他重要な財産の売買，賃貸借その他権利の変動を目的とする法律行為をすること。ただし，(新)第五百十七条(短期賃貸借)に定める期間を超えない賃貸借をすることを除く。
74	5号7号			修	二 贈与をし，贈与の申込みを拒絶し，又は負担付贈与の申込みを承諾すること。
75	8号			修	三 新築，改築，増築又は大修繕を目的とする法律行為をすること。
76	1号2号			修	四 金銭消費貸借契約若しくはこれに類する契約を締結し，その他元本を利用若しくは領収し，又は保証をすること。
77	5号	保佐人の同意を要する行為等		修	五 和解又は仲裁合意(仲裁法(平成十五年法律第百三十八号)第二条(定義)第一項に規定する仲裁合意をいう。)をすること。
78	6号			修	六 相続を承認若しくは放棄し，遺贈を放棄し若しくは負担付遺贈を承認し，又は遺産の分割をすること。
79	新設			新	七 前号までに規定する法律行為のほか，無償で相手方又は第三者に利益を与える法律行為をすること。
80	13条2項			修	八 その他，(新)第十五条(保佐開始の審判)本文に規定する者又は保佐人若しくは保佐監督人の請求により，家庭裁判所が保佐人の同意を得なければならない旨の審判をした法律行為をすること。
81	13条3項			移	16条③：(現行13条3項に同じ)保佐人の同意を得なければならない法律行為について，保佐人が被保佐人の利益を害するおそれがないにもかかわらず同意をしないときは，家庭裁判所は，被保佐人の請求により，保佐人の同意に代わる許可を与えることができる。
82	14条1項	保佐開始の審判等の取消し	17条 保佐終了の審判等	修	17条①：(新)第十五条(保佐開始の審判)本文に規定する原因が消滅したときは，家庭裁判所は，本人，配偶者，四親等内の親族，未成年後見人，未成年後見監督人，保佐人，保佐監督人又は検察官の請求により，保佐を終了する審判をしなければならない。
83	14条2項			修	17条②：家庭裁判所は，前項に規定する者の請求により，前条第一項又は第二項の審判の全部又は一部を終了する審判をすることができる。

84	15条1項	補助開始の審判		修	18条①：精神上の障害により事理を弁識する能力が不十分である者については，家庭裁判所は，本人，配偶者，四親等内の親族，後見人，後見監督人，保佐人，保佐監督人又は検察官の請求により，(新)第二十条(同時審判)の要件のもとに，補助開始の審判をすることができる。ただし，(新)第十二条(後見開始の審判)又は(新)第十五条(保佐開始の審判)本文に規定する原因がある者については，この限りでない。
85	15条2項		18条 補助開始の審判	移	18条②：(現行15条2項に同じ)本人以外の者の請求により補助開始の審判をするには，本人の同意がなければならない。
86	16条	被補助人及び補助人		移	18条③：(現行16条に同じ)補助開始の審判を受けた者は，被補助人とし，これに補助人を付する。
87				*	補助開始の審判と，同意権または代理権を付与する審判を同時になすべきことを規定した現行民法15条3項は，必ずしもわかりやすいものではないので，それを削除し，(新)20条に規定し直すこととした。
88	876条の9	補助人に代理権を付与する旨の審判		修	19条①：家庭裁判所が，前条第一項本文に規定する者又は補助人若しくは補助監督人の請求によって，被補助人のために特定の法律行為について補助人に代理権を付与する旨の審判をしたときは，補助人は，審判がなされた法律行為について被補助人を代理する。
89	17条1項	補助人の同意を要する旨の審判等	19条 被補助人の法律行為	修	19条②：家庭裁判所が，前条第一項本文に規定する者又は補助人若しくは補助監督人の請求により，(新)第十六条(被保佐人の法律行為)第二項の八号を除く各号に規定する法律行為の一部につき，被補助人がする法律行為に補助人の同意を必要とする旨の審判をしたときは，被補助人は，審判がなされた法律行為について補助人の同意を得なければならない。
90	17条2項			修	19条③：本人以外の者の請求により前二項の審判をするには，本人の同意がなければならない。
91	17条3項			移	19条④：(現行17条3項に同じ)補助人の同意を得なければならない法律行為について，補助人が被補助人の利益を害するおそれがないにもかかわらず同意をしないときは，家庭裁判所は，被補助人の請求により，補助人の同意に代わる許可を与えることができる。
92	17条4項120条			修	19条⑤：被補助人又はその補助人は，補助人の同意を得なければならない行為であって，その同意又は前項の家庭裁判所の許可を得ないでした法律行為を取り消すことができる。
93	15条3項	補助開始の審判	20条 同時審判	修	20条：(新)第十八条(補助開始の審判)第一項の審判は，前条第一項又は第二項の補助人に対する代理権又は同意権を付与する審判とともにしなければならない。
94	18条1項	補助開始の審判等の取消し	21条 補助終了の審判	修	21条①：(新)第十八条(補助開始の審判)第一項本文に規定する原因が消滅したときは，家庭裁判所は，本人，配偶者，四親等内の親族，未成年後見人，未成年後見監督人，補助人，補助監督人又は検察官の請求により，補助を終了する審判をしなければならない。
95	18条2項，3項			修	21条②：家庭裁判所は，前項に規定する者の請求により，(新)第十九条(被補助人の法律行為)第一項又は第二項の審判の全部又は一部を終了する審判をすることができる。この場合において，当該被補助人にかかわる審判がすべてが終了したときは，家庭裁判所は，(新)第十八条(補助開始の審判)第一項により開始された補助がすべて終了する旨の審判をあわせてしなければならない。

96	19条1項	審判相互の関係	22条 審判相互の関係	修	22条①:後見開始の審判をする場合において、本人が被保佐人又は被補助人であるときは、家庭裁判所は、その本人に係る保佐又は補助を終了する審判をしなければならない。
97	19条2項				22条②:(現行19条2項に同じ)前項の規定は、保佐開始の審判をする場合において本人が成年被後見人若しくは被補助人であるとき、又は補助開始の審判をする場合において本人が成年被後見人若しくは被保佐人であるときについて準用する。
98	新設	(20条「制限行為能力者の相手方の催告権」参照)	23条 制限行為能力者の相手方の催告権	新	23条①:制限行為能力者(未成年者、成年被後見人、被保佐人並びに(新)第十九条〔被補助人の法律行為〕第二項の審判を受けた被補助人をいう。以下同じ。)の相手方は、制限行為能力者の法定代理人、保佐人又は補助人に対し、一か月以上の期間を定めて、その期間内にその取り消すことができる法律行為を追認するかどうかを確答すべき旨の催告をすることができる。その制限行為能力者が行為能力者となったときは、この催告はその者に対して行わなければならない。
99				新	23条②:前項の催告を受けた者が単独で追認をすることができる場合に、その者がその期間内に確答を発しないときは、その法律行為を追認したものとみなす。
100				新	23条③:第一項の催告を受けた者が単独で追認をすることができない場合に、その者がその期間内に確答を発しないときは、その法律行為を取り消したものとみなす。
101	21条	制限行為能力者の詐術	24条 制限行為能力者の詐術	修	24条:制限行為能力者は、自己が行為能力者であることを信じさせるため詐術を用いたときは、その法律行為を取り消すことができない。
102	新設		第4款 意思表示の受領能力		
103	98条の2	意思表示の受領能力	25条 意思表示の受領能力	移	25条:(現行98条の2に同じ)意思表示の相手方がその意思表示を受けた時に未成年者又は成年被後見人であったときは、その意思表示をもってその相手方に対抗することができない。ただし、その法定代理人がその意思表示を知った後は、この限りでない。
104	第3節	住所	(現行第3節「住所」削除)	削除	現在、民法典に規定されている「第3節住所」(現行民法22条〜24条)の規定は、すべて「法の適用に関する通則法」に移動することとした。
105	第4節	財産の管理及び失踪の宣告	第5款 不在者の財産管理及び失踪の宣告		
106	25条1項	不在者の財産の管理	26条 不在者の財産の管理		26条①:(現行25条1項に同じ)従来の住所又は居所を去った者(以下「不在者」という。)がその財産の管理人(以下この節において単に「管理人」という。)を置かなかったときは、家庭裁判所は、利害関係人又は検察官の請求により、その財産の管理について必要な処分を命ずることができる。本人の不在中に管理人の権限が消滅したときも、同様とする。
107	25条2項			修	26条②:前項の規定による命令後、本人が管理人を置いたときは、家庭裁判所は、その管理人、利害関係人又は検察官の請求により、前項の命令を失効させる旨を命じなければならない。
108	26条	管理人の改任	27条 管理人の改任		27条:(現行26条に同じ)不在者が管理人を置いた場合において、その不在者の生死が明らかでないときは、家庭裁判所は、利害関係人又は検察官の請求により、管理人を改任することができる。

109	27条	管理人の職務	28条　管理人の職務	修	28条①:前二条の規定により家庭裁判所が選任した管理人は，その管理すべき財産の目録を作成しなければならない。この場合において，その費用は，不在者の財産の中から支払うものとする。
110	27条2項				28条②:(現行27条2項に同じ)不在者の生死が明らかでない場合において，利害関係人又は検察官の請求があるときは，家庭裁判所は，不在者が置いた管理人にも，前項の目録の作成を命ずることができる。
111	27条3項				28条③:(現行27条3項に同じ)前二項に定めるもののほか，家庭裁判所は，管理人に対し，不在者の財産の保存に必要と認める処分を命ずることができる。
112	28条	管理人の権限	29条　管理人の権限	修	29条:管理人は，(新)第六十五条(代理人の権限)第二項に規定する権限を超える代理行為を必要とするときは，家庭裁判所の許可を得て，その代理行為をすることができる。不在者の生死が明らかでない場合において，その管理人が不在者が定めた権限を超える代理行為を必要とするときも，同様とする。
113	29条1項	管理人の担保提供及び報酬	30条　管理人の担保提供及び報酬		30条①:(現行29条1項に同じ)家庭裁判所は，管理人に財産の管理及び返還について相当の担保を立てさせることができる。
114	29条2項				30条②:(現行29条2項に同じ)家庭裁判所は，管理人と不在者との関係その他の事情により，不在者の財産の中から，相当な報酬を管理人に与えることができる。
115	30条1項	失踪の宣告	31条　失踪宣告		31条①:(現行30条1項に同じ)不在者の生死が七年間明らかでないときは，家庭裁判所は，利害関係人の請求により，失踪の宣告をすることができる。
116	30条2項			修	31条②:戦地に臨んだ者，沈没した船舶又は墜落した航空機の中にいた者その他死亡の原因となるべき危難に遭遇した者の生死が，それぞれ，戦争が止んだ後，船舶が沈没若しくは航空機が墜落した後又はその他の危難が去った後一年間明らかでないときも，前項と同様とする。
117	31条	失踪の宣告の効力		移修	31条:第一項の規定により失踪宣告を受けた者は同項の期間が満了した時に，第二項の規定により失踪宣告を受けた者はその危難が去った時に，死亡したものとみなす。
118	32条1項前段	失踪宣告の取消し	32条　失踪宣告の取消宣告	修	32条①:失踪者が生存すること又は前条に規定する時と異なる時に死亡したことの証明があったときは，家庭裁判所は，本人，利害関係人又は検察官の請求により，失踪宣告の取消を宣告しなければならない。
119	32条2項			修	32条②:前項の場合において，失踪宣告によって財産を得た者は，(新)第百三十八条(所有権に基づく物権的請求権)又は(新)第六百四十六条(不当利得)の規定に従い，その財産を返還する義務を負う。
120	32条1項後段			修	32条③:第一項の失踪宣告の取消宣告の前に，失踪宣告によって財産を得た者から財産を取得した善意の第三者は，前項の返還義務を負わない。
121	新設			新	32条④:失踪宣告の取消宣告は，失踪宣告後，その取消宣告前に形成された婚姻関係に影響を及ぼさない。この場合において，失踪宣告前の婚姻は復活しない。
122	第5節　同時死亡の推定		(現行第5節「同時死亡の推定」削除し，移動)	削除	現在民法典で規定されている「第5節　同時死亡の推定」(現行民法32条の2)の規定は，権利能力の終期に関する問題なので，第1款「権利能力」(新)第7条に移動した。
123	第3章　法人		第2節　法人		

124	33条1項	法人の設立等	33条　法人の設立等	修	33条①：法人は，この法律，一般社団法人及び一般財団法人に関する法律（平成十八年法律第四十八号），会社法（平成十七年法律第八十六号）その他の法律の規定によらなければ，成立しない。
125	33条2項				33条②：(現行33条2項に同じ)学術，技芸，慈善，祭祀，宗教その他の公益を目的とする法人，営利事業を営むことを目的とする法人その他の法人の設立，組織，運営及び管理については，この法律その他の法律の定めるところによる。
126	34条	法人の能力	34条　法人の権利能力	修	34条：(現行34条の標題のみ変更)法人は，法令の規定に従い，定款その他の基本約款で定められた目的の範囲内において，権利を有し，義務を負う。
127	35条1項, 2項	外国法人	35条　外国法人の権利能力	修	35条①：外国法人は，国，国の行政区画及び外国会社であれば，日本において成立する同種の法人と同一の能力を有する。ただし，外国人が享有することができない権利，および法律または条約中に特別の規定がある権利については，この限りではない。
128	35条1項ただし書			修	35条②：前項以外の外国法人であっても，法律又は条約の規定により認められた外国法人は，その法律又は条約の規定に従って能力を有する。
129	新設			新	35条③：前二項以外の外国法人であっても，裁判所は，必要に応じて日本の同種の法人と同一の能力を有するものとして扱うことができる。
130	36条	登記	36条　法人の登記	修	36条：法人は，この法律その他の法令の定めるところにより，法人登記をするものとする。
131	37条1項			修	37条①：(新)第三十五条(外国法人の権利能力)に規定する外国法人は，日本に事務所を設けたときは，三週間以内に，その事務所の所在地において，次に掲げる事項を登記しなければならない。
132	1号				一(現行37条1項1号に同じ)　外国法人の設立の準拠法
133	2号				二(現行37条1項2号に同じ)　目的
134	3号				三(現行37条1項3号に同じ)　名称
135	4号				四(現行37条1項4号に同じ)　事務所の所在場所
136	5号				五(現行37条1項5号に同じ)　存続期間を定めたときは，その定め
137	6号				六(現行37条1項6号に同じ)　代表者の氏名及び住所
138	37条2項				37条②：(現行37条2項に同じ)前項各号に掲げる事項に変更を生じたときは，三週間以内に，変更の登記をしなければならない。この場合において，登記前にあっては，その変更をもって第三者に対抗することができない。
139	37条3項	外国法人の登記	37条　外国法人の登記		37条③：(現行37条3項に同じ)代表者の職務の執行を停止し，若しくはその職務を代行する者を選任する仮処分命令又はその仮処分命令を変更し，若しくは取り消す決定がされたときは，その登記をしなければならない。この場合においては，前項後段の規定を準用する。
140	37条4項				37条④：(現行37条4項に同じ)前二項の規定により登記すべき事項が外国において生じたときは，登記の期間は，その通知が到達した日から起算する。
141	37条5項				37条⑤：(現行37条5項に同じ)外国法人が初めて日本に事務所を設けたときは，その事務所の所在地において登記するまでは，第三者は，その法人の成立を否認することができる。

142	37条6項				37条⑥:(現行37条6項に同じ)外国法人が事務所を移転したときは、旧所在地においては三週間以内に移転の登記をし、新所在地においては四週間以内に第一項各号に掲げる事項を登記しなければならない。
143	37条7項				37条⑦:(現行37条7項に同じ)同一の登記所の管轄区域内において事務所を移転したときは、その移転を登記すれば足りる。
144	37条8項				37条⑧:(現行37条8項に同じ)外国法人の代表者が、この条に規定する登記を怠ったときは、五十万円以下の過料に処する。
145	38条から84条		削除【法人の設立・管理・解散に関する規定】		削除(平成十八法五〇)
146	新設		第3節　人の属性		
147				新	38条①:この法律において、消費者とは、消費者契約法(平成十二年法律第六十一号)第二条(定義)第一項に規定する「消費者」をいう。
148	新設		38条　人の属性	新	38条②:この法律において、事業者とは、消費者契約法(平成十二年法律第六十一号)第二条(定義)第二項に規定する「事業者」をいう。
149				新	38条③:この法律において、商人とは、商法(明治三十二年法律第四十八号)第四条(定義)に規定する「商人」をいう。
150	新設		第3章　権利の客体		
151	新設		第1節　総則		
152	新設		39条　物権の目的	新	39条:物権の目的は、有体物とする。ただし、この法律その他の法令に別段の定めがあるときは、この限りでない。
153	新設		40条　債権の目的	新	40条:債権の目的は、人の作為又は不作為とする。
154	第4章　物		第2節　有体物		
155	85条	定義	41条　定義		41条:(現行85条に同じ)この法律において「物」とは、有体物をいう。
156	86条1項		42条　不動産及び動産		42条①:(現行86条1項に同じ)土地及びその定着物は、不動産とする。
157	86条2項	不動産及び動産			42条②:(現行86条2項に同じ)不動産以外の物は、すべて動産とする。
158	86条3項				42条③:(現行86条3項に同じ)無記名債権は、動産とみなす。
159	87条1項	主物及び従物	43条　主物及び従物		43条①:(現行87条1項に同じ)物の所有者が、その物の常用に供するため、自己の所有に属する他の物をこれに附属させたときは、その附属させた物を従物とする。
160	87条2項				43条②:(現行87条2項に同じ)従物は、主物の処分に従う。
161	88条1項	天然果実及び法定果実	44条　天然果実とその帰属	移	44条①:(現行88条1項に同じ)物の用法に従い収取する産出物を天然果実とする。
162	89条1項	果実の帰属		移	44条②:(現行89条1項に同じ)天然果実は、その元物から分離する時に、これを収取する権利を有する者に帰属する。
163	88条2項	天然果実及び法定果実	45条　法定果実とその帰属	移	45条①:(現行88条2項に同じ)物の使用の対価として受けるべき金銭その他の物を法定果実とする。
164	89条2項	果実の帰属		移	45条②:(現行89条2項に同じ)法定果実は、これを収取する権利の存続期間に応じて、日割計算によりこれを取得する。
165	新設		46条　非有体物への準用	新	46条:(新)第四十三条(主物及び従物)から(新)第四十五条(法定果実とその帰属)までの規定は、有体物ではない権利の客体について準用する。ただし、権利の客体の性質がこれを許さないときは、この限りでない。

166	新設		第4章　権利の変動		
167	新設		第1節　総則		
168	新設		47条　権利の変動	新	47条：権利の発生，変更及び消滅は，法律行為，時効，この法律その他の法令の定めるところによる。
169	第5章　法律行為		第2節　法律行為		
170	第1節　総則		第1款　総則		
171	新設		48条　法律行為	新	48条①：この法律において，法律行為とは，単独行為，契約，合同行為をいう。
172				新	48条②：法律行為は，人の意思表示を要素として成立し，その意思表示の内容に従って効力を生じる。
173	新設		49条　法律行為自由の原則	新	49条：法律行為は，書面その他の方式を要しない。ただし，法律に別段の定めがある場合又は当事者がこれと異なる合意をした場合には，この限りでない。
174	新設		50条　強行規定と公序良俗	新	50条①：公の秩序に関する規定(以下「強行規定」という。)に反する法律行為は，無効とする。
175	90条	公序良俗		修	50条②：前項によるもののほか，公の秩序又は善良の風俗に反する法律行為は，無効とする。
176	91条	任意規定と異なる意思表示	51条　任意規定と慣習	修	51条①：公の秩序に関しない規定(以下「任意規定」という。)と異なる内容の法律行為は，効力を有する。
177	92条	任意規定と異なる慣習		修	51条②：前項の任意規定と異なる慣習がある場合において，法律行為の当事者が特に反対の意思を表示しないときは，慣習による意思を有するものと推定する。
178	第2節　意思表示		第2款　意思表示		
179	新設		52条　意思表示の効力発生時期等	新	52条①：意思表示は，対話者間においては，表意者がその意思を発した時からその効力を生ずる。
180	97条1項	隔地者に対する意思表示		移修	52条②：意思表示は，隔地者間においては，表意者がなした通知が相手方に到達した時からその効力を生ずる。
181	97条2項			移修	52条③：前項の意思表示は，表意者が通知を発した後に死亡し，又は行為能力の制限が生じたときであっても，そのために効力を妨げられない。
182	新設	(現行98条1項「公示による意思表示」参照)		移修	52条④：意思表示は，表意者が相手方が知ることができず，又はその所在を知ることができないときは，法の適用に関する通則法(平成十八年法律七十八号)第N条の定める公示の方法によってすることができる。
183	98条2項～5項	公示による意思表示	(現行98条2項から5項「公示による意思表示」削除)	削除	現在，民法典に規定されている「98条公示による意思表示」の2項から5項に規定されている，「公示による意思表示」の技術的部分は，すべてに「法の適用に関する通則法」に移動することとした。
184	93条	心裡留保	53条　心裡留保	修	53条①：法律行為は，表意者が真意でないことを知って意思表示をしたときであっても，そのために効力を妨げられない。ただし，相手方が表意者の真意を知り，又は重大な過失によって知らなかったときは，その法律行為は無効とする。
185	新設			新	53条②：前項但書による法律行為の無効は，善意の第三者に対抗することができない。
186	94条1項	虚偽表示	54条　虚偽表示	修	54条①：相手方と通じてなされた虚偽の意思表示に基づく法律行為は，無効とする。
187	94条2項			修	54条②：前項の無効は，第三者に対抗することができない。ただし，第三者が悪意であった場合には，この限りでない。

188	新設		55条 外観法理	新	55条①：前条一項本文の要件を満たさない場合であっても，自ら真実に反する権利の外形を作出した者は，その権利が存在しないことを善意の第三者に対抗することができない。
189				新	55条②：前条及び前項の要件を満たさない場合であっても，真実に反する権利の外形を黙示に承認した者は，その権利がないことを，善意であり，かつ，過失がない第三者に対抗することができない。
190	95条本文	錯誤	[56条・研究会正案] 56条　錯誤	修	56条①：表意者は，意思表示を行うにつき法律行為の重要な部分に錯誤があったときは，その法律行為を取り消すことができる。
191	95条ただし書			修	56条②：表意者は，重大な過失があったときは，前項の取消しをすることができない。ただし，法律行為の相手方が悪意であったときはこの限りでない。
192	新設			新	56条③：錯誤に基づく法律行為の取消しは，善意の第三者に対抗することができない。
193	新設			新	56条④：表意者は，錯誤に基づく取消権を行使した場合，その相手方がこれにより被った損害を賠償する義務を負う。ただし，表意者が錯誤に陥っていることを相手方が知り，又は表意者と相手方が共通してその錯誤に陥っていたときは，この限りでない。
194	新設			新	56条⑤：第二項本文の規定は，消費者が行う電子消費者契約の申込み又はその承諾の意思表示については，電子消費者契約及び電子承諾通知に関する民法の特例に関する法律(平成十三年法律第九十五号)の定めるところに従い，適用しない。
195	95条本文	錯誤	[56条・研究会副案] 56条　錯誤	修	56条①：意思表示の重要な部分に錯誤があったときは，それに基づく法律行為は，無効とする。
196	95条ただし書			修	56条②：表意者に重大な過失があったときは，表意者は，前項の無効を主張することができない。ただし，法律行為の相手方が悪意であったときはこの限りでない。
197	新設			新	56条③：第二項本文の規定は，消費者が行う電子消費者契約の申込み又はその承諾の意思表示については，電子消費者契約及び電子承諾通知に関する民法の特例に関する法律(平成十三年法律第九十五号)の定めるところに従い，適用しない。
198	96条1項	詐欺又は強迫	57条　詐欺又は強迫	修	57条①：詐欺又は強迫による意思表示をした者は，それに基づく法律行為を取り消すことができる。
199	96条2項			修	57条②：前項の取消しは，第三者による詐欺の場合にあっては，相手方が悪意または過失があるときのみにすることができる。
200	96条3項			修	57条③：詐欺による取消しの効果は，善意であり，かつ，過失がない第三者に対抗することができない。
201	新設		58条　不実表示	新	58条①：相手方が提供した不実情報に基づき意思表示をした者は，それに基づく法律行為を取り消すことができる。ただし，相手方が，提供した情報の不実性が通常であれば表意者の意思決定に重大な影響を及ぼしたとはいえないことを証明したときは，この限りでない。
202	新設			新	58条②：前項の取消しの効果は，善意の第三者に対抗することができない。
203	新設		59条　消費者契約等の無効及び取消し	新	59条：この法律に定めるもののほか，消費者と事業者との間で締結された契約については，消費者契約法(平成十二年法律第六十一号)及び特定商取引に関する法律(昭和五十一年法律第五十七号)の定めるところに従い，無効及び取消しを主張することができる。

204	98条	公示による意思表示	(現行98条「公示による意思表示」削除し, 移動)	削除	公示による意思表示について規定した現行民法98条1項は, (新)52条4項に移動し, 同条2項から5項は, 民法典からは削除し, 「法の適用に関する通則法」に規定することとした。
205	第3節　代理		第3款　代理		
206	新設		第1目　有権代理		
207	新設		60条　代理権の発生	新	60条①：代理権は, 契約によるほか, この法律その他の法律の規定に基づいて発生する。
208	新設		60条　代理権の発生	新	60条②：契約に基づいて代理権を有する者を任意代理人, 契約によらずこの法律その他の法律の規定に基づいて代理権を有する者を法定代理人という。
209	99条1項	代理行為の要件及び効果	61条　代理行為の要件及び効果		61条①：(現行99条1項に同じ)代理人がその権限内において本人のためにすることを示してした意思表示は, 本人に対して直接にその効力を生ずる。
210	99条2項				61条②：(現行99条2項に同じ)前項の規定は, 第三者が代理人に対してした意思表示について準用する。
211	新設			新	61条③：代理人がその権限を本人の利益に反して自己又は第三者の利益を図るために行使しても, 代理行為の効力は妨げられない。ただし, 代理行為の相手方がその事情を知り, または知らないことについて重大な過失があったときはこの限りでない。
212	100条	本人のためにすることを示さない意思表示	62条　本人のためにすることを示さない意思表示		62条：(現行100条に同じ)代理人が本人のためにすることを示さないでした意思表示は, 自己のためにしたものとみなす。ただし, 相手方が, 代理人が本人のためにすることを知り, 又は知ることができたときは, 前条第一項の規定を準用する。
213	101条1項	代理行為の瑕疵	63条　代理行為の瑕疵	修	63条①：意思表示の効力が心裡留保, 虚偽表示, 錯誤, 詐欺, 強迫, 不実表示又はある事情の知・不知若しくはそれについての過失の有無及び程度によって影響を受けるべき場合には, その事実の有無は, 代理人について決するものとする。
214	101条2項			修	63条②：特定の法律行為をすることを委託された場合において, 代理人が本人の指図に従ってその法律行為をしたときは, 本人は, 自ら知っていた事情について代理人が知らなかったことを主張することができない。本人が過失によって知らなかった事情についても, 同様とする。
215	新設			新	63条③：前項の規定は, 本人がその指図により代理行為の瑕疵を防ぐことができた場合に, これを準用する。
216	102条	代理人の行為能力	64条　代理人の行為能力等	修	64条①：代理人は, 行為能力者であることを要しない。ただし, 次項に規定する場合は, この限りでない。
217	新設			新	64条②：親権者, 後見人, 保佐人及び補助人は, その代理権の範囲内において, 未成年者, 成年被後見人, 被保佐人及び被補助人に代わって, それらの者の親権に服する子の(新)第九条(未成年者の法律行為), (新)第十三条(成年被後見人の法律行為), (新)第十六条(被保佐人の法律行為)及び(新)第十九条(被補助人の法律行為)に基づく同意権, 代理権又は取消権を行使することができる。
218	新設		65条　代理人の権限	新	65条①：任意代理人の権限は, 別段の定めがないかぎり, 代理権を発生させる合意に従って定まる。
219	103条	権限の定めのない代理人の権限		修	65条②：代理権を発生させる合意に権限の定めがないときは, 任意代理人は次に掲げる法律行為のみをする権限を有する。
220	1号				一(現行103条1号に同じ)　保存行為
221	2号			修	二　代理の目的である物又は権利の性質を変えない範囲内において, その利用又は改良を目的とする法律行為

222	新設			新	65条③：法定代理人の権限は，法律の規定又は裁判所の決定によって定まる。
223	108条本文	自己契約及び双方代理	66条　自己契約及び双方代理等	修	66条①：代理人は，相手方の代理人として自己を相手とする法律行為を行い，または同一の法律行為について当事者双方の代理人となる権限を有しない。
224	108条ただし書			修	66条②：前項の規定は，債務の履行および本人があらかじめ許諾した代理行為については，適用しない。ただし，代理人の権限の性質がこれを許さない場合にはこの限りでない。
225	新設			新	66条③：代理人の行う法律行為が本人の利益と相反する場合には，前二項の規定を準用する。
226	106条及び104条（反対解釈）	法定代理人による復代理人の選任 任意代理人による復代理人の選任	67条　復代理	移修	67条①：代理人は，自己の権限の範囲内において，自己の名で本人の代理人（以下「復代理人」という。）を選任することができる。
227	107条	復代理人の権限等		移修	67条②：復代理人は，代理人から付与された権限内において，本人及び第三者に対して，代理人と同一の権利を有し，義務を負う。
228	104条	任意代理人による復代理人の選任		移修	67条③：第一項の規定にかかわらず，任意代理人は，代理権発生契約の趣旨がそれを許すとき，又はやむを得ない事由があるときでなければ，復代理人を選任することができない。
229	106条前段	法定代理人による復代理人の選任	68条　復代理人を選任した代理人の責任	移修	68条：代理人は，復代理人を選任したときは，復代理人の行為につき本人に対して責任を負う。ただし，次の各号に掲げる場合には，その定めに従い本人に対して責任を負う。
230	105条2項	復代理人を選任した代理人の責任		移	一　本人の指名に従って復代理人を選任した場合においては，代理人が，復代理人が不適任又は不誠実であることを知りながら，その旨を本人に通知し又は復代理人を解任することを怠ったとき
231	105条1項 106条後段	復代理人を選任した代理人の責任 法定代理人による復代理人の選任		移修	二　代理人がやむを得ない事由によって復代理人を選任した場合，又は任意代理人が代理権発生の趣旨に従い復代理人を選任した場合においては，復代理人の選任及び監督について過失があるとき
232	111条1項	代理権の消滅事由	69条　代理権の消滅事由	修	69条①：代理権は，次の各号に掲げる事由によって消滅する。ただし，別段の定めある場合または権限の性質がこれを妨げる場合にはこの限りでない。
233	1号				一（現行111条1項1号に同じ）　本人の死亡
234	2号				二（現行111条1項2号に同じ）　代理人の死亡又は代理人が破産手続開始の決定若しくは後見開始の審判を受けたこと。
235	111条2項			修	69条②：任意代理権は，前項各号に掲げる事由のほか，代理権を生じた法律関係の終了によって消滅する。
236	新設		第2目　無権代理		
237	113条1項	無権代理	70条　無権代理と本人の追認	修	70条①：代理権を有しない者（以下「無権代理人」という。）が他人の代理人としてした契約は，本人に対してその効力を生じない。
238	116条	無権代理行為の追認		修	70条②：前項の場合において，本人が無権代理行為を追認すれば，それは契約の時にさかのぼって有効な代理行為となる。ただし，第三者の権利を害することはできない。
239	113条2項	無権代理		修	70条③：前項の追認及び本人による無権代理行為の追認拒絶は，相手方に対してしなければ，その相手方に対抗することができない。ただし，相手方がその事実を知ったときは，この限りでない。

240	114条	無権代理の相手方の催告権	71条　無権代理の相手方の権利	修　71条①：前条第一項の場合において，相手方は，本人に対し，相当の期間を定めて，その期間内に追認をするかどうかを確答すべき旨の催告をすることができる。この場合において，本人がその期間内に確答をしないときは，追認を拒絶したものとみなす。
241	115条	無権代理の相手方の取消権		移修　71条②：無権代理人がした契約の相手方は，本人が追認をしない間は，その意思表示を撤回することができる。ただし，契約の時において代理権を有しないことを相手方が知っていたときは，この限りでない。
242	117条1項	無権代理人の責任	72条　無権代理人の責任	修　72条①：他人の代理人として契約をした者は，自己の代理権を証明した場合を除いて，相手方の選択に従い，相手方に対して履行または損害賠償の責任を負う。
243	117条2項			修　72条②：前項の規定は，相手方が無権代理であることを知っていたとき，若しくは重大な過失によって知らなかったとき，本人の追認があったとき又は無権代理人が行為能力を有しなかったときは，適用しない。
244	118条前段			修　73条①：代理権を有しない者が他人の代理人としてなした単独行為は，本人に対してその効力を生じない。
245	118条前段	単独行為の無権代理	73条　単独行為と合同行為の無権代理	修　73条②：前項の規定にかかわらず，相手方のある単独行為において，相手方が，代理人と称する者が代理権を有しないで行為をすることに同意し，又はその代理権を争わなかったときについては，(新)第六十九条(無権代理と本人の追認)から前条までの規定を準用する。
246	118条後段			修　73条③：相手方が，無権代理人に対し，その同意を得て単独行為をしたときも，前項と同様とする。
247	新設			新　73条④：第二項の規定は，合同行為に準用する。ただし，(新)第七十条(無権代理の相手方の権利)第二項の撤回は，裁判所が相当と認めるときに限る。
248	新設		第3目　表見代理	
249	109条	代理権授与の表示による表見代理	74条　代理権授与の表示による表見代理（「名義使用許諾者の責任」を付加）	修　74条①：第三者に対して他人に代理権を与えた旨を表示した者は，その代理権の範囲内においてその他人が第三者との間でした代理行為について，その責任を負う。ただし，第三者が，その他人が代理権を与えられていないことを知り，又は過失によって知らなかったときは，この限りでない。
250	新設			新　74条②：前項の規定は，他人に自己の名称を使用して法律行為をすることを許諾した場合において，その他人が許諾の範囲内でその名称を用いて法律行為をしたときについて準用する。
251	110条	権限外の行為の表見代理	75条　権限踰越の表見代理	修　75条：前条第一項本文の規定は，代理人がその権限外の代理行為をした場合に準用する。ただし，第三者がその代理人の行為がその権限外であることを知り，又は過失によって知らなかったときは，この限りでない。
252	112条	代理権消滅後の表見代理	76条　代理権消滅後の表見代理	修　76条：(新)第七十四条(代理権授与の表示による表見代理)第一項本文の規定は，代理権を有していた者がその代理権の消滅後に代理行為をした場合に準用する。ただし，第三者がその代理権が消滅していることを知り，又は過失によって知らなかったときは，この限りでない。
253	第4節　無効及び取消し		第4款　無効及び取消し	

254	新設		77条 無効	新	77条①:無効な法律行為に基づく履行の請求は,認められない。
255	新設		77条 無効	新	77条②:無効な法律行為に基づき給付がなされたときは,(新)第百三十八条(所有権に基づく物権的請求権)又は(新)第六百四十六条(不当利得)の規定に従い,その給付を返還しなければならない。
256				新	77条③:法律行為の一部が無効とされる場合には,その部分に関してのみ前二項の規定が適用される。
257	新設		78条 無効な法律行為の追認	新	78条①:(新)第五十条(強行規定と公序良俗)に違反し,無効な法律行為は,無効原因が解消しない限り,追認によっても,その効力を生じない。
258	119条	無効な行為の追認	78条 無効な法律行為の追認	新	78条②:無効な法律行為につき,次の各号に掲げる場合において追認がなされたときは,別段の意思表示がない限り,当該各号に定める時に,新たな法律行為をしたものとみなす。ただし,その法律行為の時にさかのぼってその効力を生ずる場合においては,第三者の権利を害することはできない。
259	新設		78条 無効な法律行為の追認	新	一 意思能力の欠如により無効な法律行為は,意思能力を回復した当事者がその法律行為の内容を了知し,かつ,無効であることを知って追認した時
260	新設			新	二 心裡留保により無効な法律行為は,心裡留保をした当事者がその無効であることを知って追認したときは,最初の法律行為の時
261	新設			新	三 虚偽表示により無効な法律行為は,法律行為の全ての当事者が表示した行為を有効とするために,虚偽の表示を追認した時
262	120条	取消権者	(現行120条「取消権者」削除)	削除	取消権者は,制限行為能力,(研究会正案)錯誤,詐欺・強迫,不実表示の条文のなかにそれぞれ明記し,取消権者について規定した現行民法120条の規定は,削除することとした。
263	121条本文	取消しの効果	79条 取消し	修	79条①:法律行為が取り消された場合には,その法律行為は初めから無効であったものとする。
264	121条ただし書	取消しの効果	79条 取消し	修	79条②:前項及び(新)第七十七条(無効)第二項の規定にかかわらず,制限行為能力者は,その法律行為によって現に利益を受けている限度においてのみ,返還の義務を負う。
265	122条	取り消すことができる法律行為の追認	80条 取り消すことができる法律行為の追認	修	80条:(研究会正案・研究会副案1)(新)第九条(未成年者の法律行為)第三項(研究会副案2にあっては,(新)第九条(未成年者の法律行為)第三項及び第四項),(新)第十三条(成年被後見人の法律行為)第二項,(新)第十六条(被保佐人の法律行為)第二項,(新)第十九条(被補助人の法律行為)第五項,(研究会正案)(新)第五十六条(錯誤),(新)第五十七条(詐欺又は強迫)第一項及び(新)第五十八条(不実表示)第一項に基づく取消権者が,取り消すことができる法律行為を追認したときは,以後,取り消すことができない。
266	123条	取消し及び追認の方法	81条 取消し及び追認の方法	修	81条:取り消すことができる法律行為の相手方が確定している場合には,その取消し又は追認は,相手方に対する意思表示によってする。
267	124条1項	追認の要件	82条 追認の要件		82条①:(現行124条1項に同じ)追認は,取消しの原因となっていた状況が消滅した後にしなければ,その効力を生じない。
268	124条2項	追認の要件	82条 追認の要件	修	82条②:制限行為能力者による前項の追認は,行為能力者となった後にあってもその法律行為の内容を了知した後でなければ,その効力を生じない。
269	124条3項			修	82条③:第一項の規定は,法定代理人又は制限行為能力者の保佐人若しくは補助人が追認をする場合には,適用しない。

270	125条	法定追認	83条 法定追認	修	83条:前条の規定により追認をすることができる時以後に,取り消すことができる法律行為について次に掲げる事実があったときは,追認をしたものとみなす。ただし,これらの行為が詐欺若しくは強迫によってなされたとき,又は異議をとどめたときは,この限りでない。
271	1号				一(現行125条1号に同じ) 全部又は一部の履行
272	2号				二(現行125条2号に同じ) 履行の請求
273	3号				三(現行125条3号に同じ) 更改
274	4号				四(現行125条4号に同じ) 担保の供与
275	5号			修	五 取り消すことができる法律行為によって取得した権利の全部又は一部の譲渡
276	6号				六(現行125条6号に同じ)強制執行
277	126条	取消権の期間の制限	84条 取消権の期間の制限	修	84条:取消権は,追認をすることができる時から五年間行使しないときは,時効によって消滅する。法律行為の時から十年を経過したときも,同様とする。
278	第5節 条件及び期限		第5款 条件及び期限		
279	127条1項				85条①:(現行127条1項に同じ)停止条件付法律行為は,停止条件が成就した時からその効力を生ずる。
280	127条2項	条件が成就した場合の効果	85条 条件が成就した場合の効果		85条②:(現行127条2項に同じ)解除条件付法律行為は,解除条件が成就した時からその効力を失う。
281	127条3項				85条③:(現行127条3項に同じ)当事者が条件が成就した場合の効果をその成就した時以前にさかのぼらせる意思を表示したときは,その意思に従う。
282	128条	期待権の侵害の禁止	86条 期待権の侵害の禁止	修	86条:(現行128条の標題のみ変更)条件付法律行為の各当事者は,条件の成否が未定である間は,条件が成就した場合にその法律行為から生ずべき相手方の利益を害することができない。
283	129条	条件の成否未定の間における権利の処分等	87条 条件の成否未定の間における権利の処分等		87条:(現行129条に同じ)条件の成否が未定である間における当事者の権利義務は,一般の規定に従い,処分し,相続し,若しくは保存し,又はそのために担保を供することができる。
284	130条	条件成就の妨害	88条 条件の成就・不成就の妨害		88条①:(現行130条に同じ)条件が成就することによって不利益を受ける当事者が故意にその条件の成就を妨げたときは,相手方は,その条件が成就したものとみなすことができる。
285	新設			新	88条②:条件が成就することによって利益を受ける当事者が故意にその条件を成就させたときは,相手方は,その条件が成就しなかったものとみなすことができる。
286	131条1項				89条①:(現行131条1項に同じ)条件が法律行為の時に既に成就していた場合において,その条件が停止条件であるときはその法律行為は無条件とし,その条件が解除条件であるときはその法律行為は無効とする。
287	131条2項	既成条件	89条 既成条件		89条②:(現行131条2項に同じ)条件が成就しないことが法律行為の時に既に確定していた場合において,その条件が停止条件であるときはその法律行為は無効とし,その条件が解除条件であるときはその法律行為は無条件とする。
288	131条3項			修	89条③:前二項に規定する場合において,当事者が条件が成就したこと又は成就しなかったことを知らない間は,(新)第八十六条(期待権の侵害の禁止)及び(新)第八十七条(条件の成否未定の間における権利の処分等)の規定を準用する。
289	132条	不法条件	90条 不法条件		90条:(現行132条に同じ)不法な条件を付した法律行為は,無効とする。不法な行為をしないことを条件とするものも,同様とする。

290	133条1項	不能条件	91条　不能条件		91条①:(現行133条1項に同じ)不能の停止条件を付した法律行為は、無効とする。
291	133条2項				91条②:(現行133条2項に同じ)不能の解除条件を付した法律行為は、無条件とする。
292	134条　随意条件		92条　随意条件		92条:(現行134条に同じ)停止条件付法律行為は、その条件が単に債務者の意思のみに係るときは、無効とする。
293	135条1項	期限到来の効果	93条　期限の到来の効果		93条①:(現行135条1項に同じ)法律行為に始期を付したときは、その法律行為の履行は、期限が到来するまで、これを請求することができない。
294	135条2項				93条②:(現行135条2項に同じ)法律行為に終期を付したときは、その法律行為の効力は、期限が到来した時に消滅する。
295	136条1項	期限の利益及びその放棄	94条　期限の利益及びその放棄		94条①:(現行136条1項に同じ)期限は、債務者の利益のために定めたものと推定する。
296	136条2項				94条②:(現行136条2項に同じ)期限の利益は、放棄することができる。ただし、これによって相手方の利益を害することはできない。
297	137条	期限の利益の喪失	95条　期限の利益の喪失		95条:(現行137条に同じ)次に掲げる場合には、債務者は、期限の利益を主張することができない。
298	1号				一(現行137条1号に同じ)　債務者が破産手続開始の決定を受けたとき。
299	2号				二(現行137条1号に同じ)　債務者が担保を滅失させ、損傷させ、又は減少させたとき。
300	3号				三(現行137条1号に同じ)　債務者が担保を供する義務を負う場合において、これを供しないとき。
301			[研究会正案] (第3節「例外的権利変動」規定せず)	*	研究会正案は、「第3節例外的権利変動」を規定することなく、単に「第2節法律行為:第2款意思表示」の「(新)54条　虚偽表示」の次に「(新)55条　外観法理」の規定を置くものである。
302	新設		[研究会副案] 第3節　例外的権利変動		
303	新設		95条の2　外観法理	新	95条の2①:自ら真実に反する権利の外形を作出した者は、その権利が存在しないことを善意の第三者に対抗することができない。
304				新	95条の2②:前項の要件を満たさない場合であっても、真実に反する権利の外形を黙示に承認した者は、その権利がないことを、善意であり、かつ、過失がない第三者に対抗することができない。
305	第6章　期間の計算		(現行第6章「期間の計算」削除)	削	現在、民法典に規定されている「第6章期間の計算」の規定(現行民法138条～143条)は、すべて「法の適用に関する通則法」に移動することとした。
306	第7章　時効		第4節　時効	*	本節については、研究会正案と研究会副案の2つの案が提示されている。
307			[時効制度・研究会正案]		
308	第1節　総則		第1款　総則		
309	145条　時効の援用		96条　時効の要件及び効果	移修	96条①:時効は、時効期間満了後に、時効の利益を受ける当事者が援用した時に、その当事者間において効力が発生する。
310	144条　時効の効力			移	96条②:(現行144条に同じ)時効の効力は、その起算日にさかのぼる。

311	146条	効の利益の放棄	97条　時効の利益の放棄及び時効特約の効力		97条①:(現行146条に同じ)時効の利益は，あらかじめ放棄することができない。
312	新設			新	97条②:時効の完成を困難にする特約は，無効とする。
313	新設		98条　権利行使による時効の停止	新	98条①:次の各号に掲げる権利行使の期間は，時効は進行しない。
314	149条	裁判上の請求		移修	一　訴訟係属中
315	150条	払督促		移修	二　督促手続進行中
316	151条	和解及び調停の申立て		移修	三　裁判所及び認証紛争解決事業者による和解手続又は調停手続進行中もしくは仲裁手続進行中
317	152条	産手続参加等		移修	四　破産手続参加中，再生手続参加中又は更生手続参加中
318	154条	差押え，仮差押え及び仮処分		移修	五　強制執行又は保全処分実施中
319	155条			移修	98条②:前項第五号の強制執行又は保全処分が時効の利益を受ける者以外に対してなされたときは，時効の利益を受ける者に通知をした後でなければ，時効の停止の効力を生じない。
320	新設		99条　交渉による時効の停止	新	99条①:義務の履行について，権利者と相手方との交渉継続の合意がある間は時効は進行しない。この合意は，三か月間協議が行われなかったときは，失効したものとみなす。
321				新	99条②:前項の合意による交渉継続期間の満了又は失効が，時効期間満了前一月以内に生じたときは，その満了又は失効時から三か月後に時効期間は満了する。
322	153条	(153条「催告」参照)	100条　催告による時効完成の猶予	新	100条①:時効期間の満了前三か月以内に権利行使のための催告がなされた場合には，その時から三か月間，時効は完成しない。
323	新設			新	100条②:この催告による時効完成の猶予の効果は，一回のみ生じる。
324	新設			新	101条:時効は，次の各号に掲げる場合において，当該各号に定める時から六か月を経過するまでは，完成しない。
325	158条1項	未成年者又は成年被後見人と時効の停止	101条　権利行使の障害による時効完成の猶予	移修	一　未成年者又は成年被後見人に法定代理人がいない場合におけるそれらの者が有するその債権の消滅時効，並びにそれらの者に対する(新)第百四条(所有権の取得時効)及び(新)第百五条(所有権以外の財産権の取得時効)の取得時効については，それらの者が行為能力者となった時又は法定代理人が就職した時
326	158条2項	未成年者又は成年被後見人と時効の停止		移修	二　未成年者又は成年被後見人が法定代理人に対して権利を有する場合におけるそれらの権利の消滅時効については，それらの者が行為能力者となった時又は後任の法定代理人が就職した時
327	159条	夫婦間の権利の時効の停止		移修	三　夫婦の一方が他の一方に対して有する権利を有する場合においては，婚姻が解消した時
328	160条	相続財産に関する時効の停止		移修	四　相続財産に関し時効が問題となる場合においては，相続人が確定した時，管理人が選任された時又は破産手続開始の決定があった時
329	161条	天災等による時効の停止		移修	五　天災等の不可抗力により，(新)第九十八条(権利行使による時効の停止)又は(新)第九十九条(交渉による時効の停止)の時効期間の停止若しくは(新)第百条(催告による時効完成の猶予)の時効の時効完成の猶予ができない場合においては，その不可抗力となった事由が消滅した時

330	新設	(157条「中断後の時効の進行」1項参照)	102条　時効の新たな進行	新	102条①：時効は，次の各号に定める時から新たに進行する。
331	157条2項	中断後の時効の進行		修	一　確定判決によって権利が認められた時
332	新設			新	二　(新)第九十八条(権利行使による時効の停止)第二号，第三号，第四号に定める支払督促，裁判上の和解，調停，破産債権の確定その他確定判決と同一の効力を有するものによって権利が認められた時
333	156条	承認		修	三　権利について相手方の承認があった時。この場合において，承認をする者の行為能力又は処分権限があることを要しない。
334	164条	占有の中止等による取得時効の中断		移修	102条②：(新)第百四条(所有権の取得時効)の規定による時効は，占有者が任意にその占有を中止し，又は他人によってその占有を奪われた場合には，占有者が再度その占有を開始した時から新たに進行する。
335	165条			移修	102条③：前項の規定は，所有権以外の財産権を占有し又は(新)第百三十四条(準占有)に従って行使する場合について準用する。
336	148条	時効の中断の効力が及ぶ者の範囲	103条　時効の停止等の相対効	修	103条：(新)第九十八条(権利行使による時効の停止)，(新)第九十九条(交渉による時効の停止)による時効の停止，(新)第百条(催告による時効完成の猶予)による時効完成の猶予，(新)第百二条(時効の新たな進行)第一項による時効の新たな進行は，その事由が生じた当事者及びその承継人の間においてのみ，その効力を生ずる。
337	第2節　取得時効		第2款　取得時効		
338	162条1項	所有権の取得時効	104条　所有権の取得時効		104条①：(現行162条1項に同じ)二十年間，所有の意思をもって，平穏に，かつ，公然と他人の物を占有した者は，その所有権を取得する。
339	162条2項				104条②：(現行162条2項に同じ)十年間，所有の意思をもって，平穏に，かつ，公然と他人の物を占有した者は，その占有の開始の時に，善意であり，かつ，過失がなかったときは，その所有権を取得する。
340	163条	所有権以外の財産権の取得時効	105条　所有権以外の財産権の取得時効		105条：(現行163条に同じ)所有権以外の財産権を自己のためにする意思をもって，平穏に，かつ，公然と行使する者は，前条の区別に従い二十年又は十年を経過した後，その権利を取得する。
341	第3節　消滅時効		第3款　消滅時効		
342	166条1項	消滅時効の進行等	106条　消滅時効の進行等	修	106条①：(現行166条1項に同じ)消滅時効は，権利を行使することができる時から進行する。
343	166条2項			修	106条②：前項の規定は，始期付権利又は停止条件付権利の目的物を占有する第三者のために，その占有の開始の時から取得時効が進行することを妨げない。ただし，権利者は，いつでも占有者の承認を求め，それ以前に進行した時効期間の法的効力を否定することができる。

344	167条2項　債権等の消滅時効		修	107条①：財産権は，十年間行使しないときは，消滅する。
345	新設		新	107条②：前項の規定にかかわらず，物権は，その行使がなくとも消滅しない。ただし，用益物権については，この限りでない。
346	167条1項　債権等の消滅時効	107条　消滅時効期間	修	107条③：第一項の規定にかかわらず，債権は，五年の期間満了日以降の最初の年度末まで行使しないときは，その年度末に消滅する。この場合において，（新）第九十八条（権利行使による時効の停止）及び（新）第九十九条（交渉による時効の停止）の時効の停止の期間並びに（新）第百条（催告による時効完成の猶予）及び（新）第百一条（権利行使の障害による時効完成の猶予）により時効の完成が猶予される期間は，この五年の期間に算入しない。
347	新設	（174条の2「判決で確定した権利の消滅時効」参照）	新	107条④：元本が政令（省令）に定める額に満たない債権については，前項の期間を二年とする。ただし，判決及び判決と同一の効力を有するものが確定したときに弁済期が到来している債権について，（新）第百二条（時効の新たな進行）第一項第一号及び第二号に掲げる新たな時効の進行があったときは，この限りでない。
348	147条から161条	（標題省略）	※	（現行民法147条から161条削除・移動）「時効の中断」，「時効の停止」にかんする現行民法147条から161条の規定は削除し，民法改正試案ではいくつかの条の各号として規定し直した。
349		（「抗弁権の永久性」規定せず）	※	抗弁権の永久性については，現行法と同様，規定を置かない。
350	新設	［研究会副案］107条の2　抗弁権の永久性	新	107条の2：取消権は，その消滅時効期間満了後においても，取消権者がその未履行の債務を免れるために行使することを妨げない。ただし，取消権者が双務契約に基づく反対給付の一部または全部を受領していた場合には，この限りでない。
351		［時効制度・研究会副案］	※	以下に示すのが，現行法に近い時効制度を考えた研究会副案である。
352	145条　時効の援用	96条　時効の要件及び効果	移修	96条①：時効は，時効期間満了後に，当事者が援用した時に，その効力が発生する。
353	144条　時効の効力		移	96条②：（現行144条に同じ）時効の効力は，その起算日にさかのぼる。
354	146条　時効の利益の放棄	97条　時効の利益の放棄		97条：（現行146条に同じ）時効の利益は，あらかじめ放棄することができない。
355	149条　裁判上の請求	98条　裁判上の請求	修	98条：時効は，裁判上の請求によって中断する。ただし，後に訴えの却下又は取下げがあったときは，この限りでない。
356	150条　支払督促	99条　支払督促の申立て	修	99条：時効は，支払督促の申立てによって中断する。ただし，債権者が民事訴訟法（平成八年六月法律第百九号）第三百九十二条に規定する期間内に仮執行の宣言の申立てをしないことによりその効力を失うときは，この限りでない。
357	151条　和解及び調停の申立て	100条　和解及び調停の申立て	修	100条：時効は，和解の申立て又は民事調停法（昭和二十六年法律第二百二十二号）若しくは家事審判法（昭和二十二年法律第百五十二号）による調停の申立てによって中断する。ただし，相手方が出頭せず，又は和解若しくは調停が調わない場合において，一か月以内に訴えの提起がないときは，この限りでない。
358	152条　破産手続参加等	101条　破産手続参加等	修	101条：時効は，破産手続参加，再生手続参加又は更生手続参加によって中断する。ただし，債権者がその届出を取り下げ，又はその届出が却下されたときは，この限りでない。

359	154条	差押え，仮差押え及び仮処分	102条　差押え，仮差押え及び仮処分	移修	102条①：時効は，差押え，仮差押え及び仮処分によって中断する。ただし，権利者の請求により又は法律の規定に従わないことにより取り消されたときは，この限りでない。
360	155条	（標題なし）		移	102条②：(現行155条に同じ)差押え，仮差押え及び仮処分は，時効の利益を受ける者に対してしないときは，その者に通知をした後でなければ，時効の中断の効力を生じない。
361	153条	催告	103条　催告	移修	103条：時効は，催告によって中断する。ただし，三か月以内に，前五条の規定による時効の中断がなされないときは，この限りでない。
362	147条3号	時効の中断事由	104条　承認	移修	104条①：時効は，承認によって中断する。
363	156条	承認			104条②：(現行156条に同じ)時効の中断の効力を生ずべき承認をするには，相手方の権利についての処分につき行為能力又は権限があることを要しない。
364	新設			新	105条(中断の効果)①：時効の中断により，すでに進行した時効期間は効力を失う。
365	148条	時効の中断の効力が及ぶ者の範囲	105条　中断の効果	移修	105条②：前項の時効の中断は，その中断の事由が生じた当事者及びその承継人の間においてのみ，その効力を有する。
366	157条1項	中断後の時効の進行		移	105条③：(現行157条1項に同じ)中断した時効は，その事由が終了した時から，新たにその進行を始める。
367	157条2項			移	105条④：(現行157条2項に同じ)裁判上の請求によって中断した時効は，裁判が確定した時から，新たにその進行を始める。
368				＊	以下，「時効の停止」，「取得時効」の規定は，現行民法と同一なので省略する。「消滅時効」については，研究会正案と同じである。
369	新設		第5章　権利の実現	＊	現行民法は，414条に「履行の強制」を規定し，これを債権法の問題としている。しかし，債権債務のみならず，物権的請求権，親族・相続上の権利等，権利一般につき，国家機関による強制実現が必要なので，これは，民法総則に置かれるべき規定である。そこで，改正提案は，権利の任意的な実現と，国家による強制実現とをセットした章を「権利の実現」として，「第1編総則」の最後に規定することとした。
370	新設		108条　任意の履行	新	108条：権利又はそれに基づく請求権は，義務者による履行があったときは，消滅する。ただし，法律に規定があるときは，義務者以外の者による履行を妨げない。
371	新設		109条　履行の強制	新	109条①：権利者は，義務者がその義務の履行をしない場合において，相当と認める一定の期間内に履行がないときは，相当と認められる一定の金額を権利者に支払うべきことを裁判所に請求することができる。ただし，金銭の支払いを目的とする義務については，この限りでない。
372	414条1項	履行の強制		移修	109条②：権利者は，義務者が任意に義務の履行をしないときは，その履行の直接強制を裁判所に請求することができる。ただし，権利の性質がこれを許さないときは，この限りでない。
373	414条2項			移修	109条③：前項ただし書の場合において，権利者は，その義務が代替的な作為を目的とするときは，義務者の費用で第三者にこれをさせることを裁判所に請求することができる。ただし，法律行為を目的とする義務については，裁判をもって義務者の意思表示に代えることができる。
374	414条3項			移修	109条④：権利者は，不作為を目的とする義務については，義務者の費用で義務者がした行為の結果を除去し，又は将来のため適当な処分をすることを裁判所に請求することができる。
375	414条4項			移修	109条⑤：前四項の規定は，損害賠償の請求を妨げない。

セル番号	現行民法 (参照条文)	民法改正研究会 民法改正試案		条文案
376	第2編　物権	第2編　物権		
377	第1章　総則	第1章　総則		
378	新設	第1節　基本原則		
379	175条　物権の創設	110条　物権法定主義		110条：(現行175条に同じ)物権は，この法律その他の法律に定めるもののほか，創設することができない。
380		[物権変動・研究会正案] (意思主義と対抗要件主義)	＊	物権変動の立法としては，対抗要件主義と効力要件主義がありうるが，現行民法典が採用している対抗要件主義を研究会正案，効力要件主義にもとづく改正案を研究会副案とした。民法を白紙で立法するさいには，これら二つの案の優劣を根本から検討すべきであろうが，わが国における一世紀以上にわたる対抗要件主義の歴史を前提とした場合，ここで制度変革の社会的コストをかけてまで，研究会副案を採用するべきである，という意見は本研究会には存在しておらず，ただ，考え方の道筋を示すために，両案をここに提示したものであることを述べておきたい。
381	176条　物権の設定及び移転	111条　物権の変動	修	111条：物権の設定及び移転は，法律行為のみによって，その効力を生ずる。
382	177条　不動産に関する物権の変動の対抗要件	112条　不動産物権変動の対抗要件	修	112条：前条による不動産に関する物権の設定及び移転は，不動産登記法(平成十六年法律第百二十三号)その他の登記に関する法律の定めるところに従いその登記をしなければ，法律上の利害を有する第三者に対抗することができない。ただし，(新)第百十五条(第三者の例外)に規定された場合は，この限りでない。
383	178条　動産に関する物権の譲渡の対抗要件	113条　動産物権変動の対抗要件	修	113条①：(新)第百十一条(物権の変動)による動産に関する物権の移転は，(新)第百二十条(占有の移転[現実の引渡し，簡易の引渡し，占有改定，指図による占有の移転])に定める動産の引渡しがなければ，法律上の利害を有する第三者に対抗することができない。ただし，(新)第百十五条(第三者の例外)に規定された場合は，この限りでない。
384	新設		新	113条②：法人がする動産及び債権の譲渡の対抗要件に関する民法の特例等に関する法律(平成十年法律第百四号)の定める動産譲渡登記がなされたときは，第一項の引渡しがあったものとみなす。
385	新設	[114条・研究会正案] 114条　立木等の物権変動とその対抗要件	新	114条：慣習上独立した取引の対象となる，立木ニ関スル法律(明治四十二年法律二十二号)に基づく登記がなされていない立木及び土地の未分離果実(以下「立木等」という。)は，それを譲渡し又は留保する法律行為がなされた場合には，土地又は立木等に明認方法を施すことにより，土地と分離して処分することができ，かつ法律上の利害を有する第三者に対抗することができる。ただし，(新)第百十五条(第三者の例外)に規定された場合は，この限りでない。
386	新設	[114条・研究会副案] 114条　立木等の物権変動の対抗要件	新	114条：立木ニ関スル法律(明治四十二年法律二十二号)に基づく登記がなされていない立木及び土地の未分離果実が慣習法上土地とは別個に取引の対象とされる場合において，その所有権の譲渡及び留保は，明認方法を施さなければ，法律上の利害を有する第三者に対抗することができない。ただし，(新)第百十五条(第三者の例外)に規定された場合は，この限りでない。

387	新設			新	115条：(新)第百十二条(不動産物権変動の対抗要件), (新)第百十三条(動産物権変動の対抗要件)第一項又は(新)第百十四条(立木等の物権変動とその対抗要件)の第三者が, 以下の各号に定める場合には, それぞれ登記, 引渡し又は明認方法の欠如を主張することができない。
388	新設			新	一 契約の締結など, 物権変動原因の発生につき当事者の代理人又は仲介人として関与した者
389	新設	(不登5条2項「登記がないことを主張することができない第三者」参照)	115条 第三者の例外	新	二 登記の申請, 引渡し又は明認方法の具備を当事者に代わって行うべき者。ただし, これらの対抗要件の原因である法律行為が自己の対抗要件の原因である法律行為の後に生じたときは, この限りでない。
390	新設	(不登5条1項「登記がないことを主張することができない第三者」参照)		新	三 詐欺又は強迫ないしこれに準じる行為により登記の申請, 引渡し又は明認方法の具備を妨げた者
391	新設			新	四 競合する権利取得者を害することを知りながら権利を取得した者その他権利取得の態様が信義則に反する者
392				*	なお, 上述した(新)114条についての研究会副案を採用する場合には, (新)115条の本文の一部は,「(新)第百十四条(立木等の物権変動の対抗要件)の第三者」と変更されることとなる。
393	192条 即時取得		[116条・研究会正案] 116条 善意取得	修	116条：平穏, かつ, 公然に, 有効な法律行為に基づき, (新)第百二十条(占有の移転)に定める動産の引渡しを受けた者は, 善意であり, かつ, 過失がないときは, 即時にその動産について行使する権利を取得する。ただし, 同条第三号に定める占有改定による引渡しを受けた者が, 後に同条第一号に定める現実の引渡しを受けなかったときは, この限りでない。
394	192条 即時取得		[116条・研究会副案] 116条 善意取得	修	116条：平穏, かつ, 公然に, 有効な法律行為に基づき, (新)第百二十条(占有の移転)に定める動産の引渡しを受けた者は, 善意であり, かつ, 過失がないときは, 即時にその動産について行使する権利を取得する。ただし, 引渡しが同条第三号に定める占有改定によるときは, この限りでない。
395	193条 盗品又は遺失物の回復		117条 盗品又は遺失物の回復	修	117条①：前条の場合において, 占有物が盗品又は遺失物であるときは, 被害者又は遺失者は, 盗難又は遺失の時から一年間, 占有者に対してその物の回復を請求することができる。
396	194条 (標題なし)			移	117条②：(現行194条に同じ)占有者が, 盗品又は遺失物を, 競売若しくは公の市場において, 又はその物と同種の物を販売する商人から, 善意で買い受けたときは, 被害者又は遺失者は, 占有者が支払った代価を弁償しなければ, その物を回復することができない。
397			[物権変動・研究会副案] (効力要件主義)	*	以下に, 不動産物権変動および動産物権変動についての効力要件主義にもとづく研究会副案を示すこととする。

398	新設			新	111条①:法律行為に基づく不動産に関する物権の変動は,不動産登記法(平成十六年法律第百二十三号)その他の登記に関する法律の定めるところに従いその登記をすることによって,効力を生じる。
399	新設	(不登5条2項「登記がないことを主張することができない第三者」参照)	111条 不動産物権変動の効力要件	新	111条②:詐欺又は強迫によって登記の申請を妨げた者は,登記の不存在を主張することができない。
400	新設	(不登5条1項「登記がないことを主張することができない第三者」参照)		新	111条③:他人のために登記を申請する義務を負う者は,登記の不存在を主張することができない。ただし,その登記の登記原因(登記の原因となる法律行為をいう。以下同じ。)が自己の登記の登記原因の後に生じたときは,この限りでない。
401	新設		112条 法律の規定に基づく不動産の物権変動	新	112条①:法律の規定に基づく不動産に関する物権の変動は,特段の規定がない限り,登記をしなくても,効力を生じる。
402				新	112条②:前項により不動産物権を有する者が当該物権につき法律行為に基づく物権の変動を望む場合には,自らの物権取得の登記をしたうえ,前条第一項の規定によらなければならない。
403	新設		113条 動産物権変動の効力要件	新	113条:動産に関する物権の譲渡は,その動産の引渡しによって効力を生じる。
404	新設		114条 法律の規定に基づく動産の物権変動	新	114条①:法律の規定に基づく動産に関する物権の変動は,特段の規定がない限り,引渡しをしなくても,効力を生じる。
405				新	114条②:前項により動産物権を有する者が当該動産の譲渡を行う場合には,譲受人に対して占有を取得させれば足りる。
406				新	114条③:法人がする動産及び債権の譲渡の対抗要件に関する民法の特例等に関する法律(平成十年法律第百四号)の定める動産譲渡登記がなされたときは,引渡し及び占有取得があったものとみなす。
407	179条1項	混同	118条 混同		118条①:(現行179条1項に同じ)同一物について所有権及び他の物権が同一人に帰属したときは,当該他の物権は,消滅する。ただし,その物又は当該他の物権が第三者の権利の目的であるときは,この限りでない。
408	179条2項				118条②:(現行179条2項に同じ)所有権以外の物権及びこれを目的とする他の権利が同一人に帰属したときは,当該他の権利は,消滅する。この場合においては,前項ただし書の規定を準用する。
409	第2章 占有権		第2節 占有		
410	第1節 占有権の取得		第1款 占有の取得と移転		
411	180条 占有権の取得		119条 占有の成立	修	119条①:占有は,自己のためにする意思をもって物を所持すること(以下「直接占有」という。)によって成立する。
412	181条 代理占有			修	119条②:占有は,自己のために,他人が直接占有すること(以下「間接占有」という。)によっても成立する。
413	新設			新	120条:占有の移転は,次の各号の定めるところによる。
414	182条	現実の引渡し及び簡易の引渡し		修	一 占有の譲渡は,占有物の引渡し(この章において「現実の引渡し」という。)によって行う。
415	182条	現実の引渡し及び簡易の引渡し	120条 占有の移転	修	二 譲受人又は間接占有の場合の直接占有者が現に占有物を所持するときは,占有の譲渡は,当事者の意思表示のみによってすることができる(この章において「簡易の引渡し」という。)。

416	183条	占有改定		修	三 直接占有者が自己の占有物を以後間接占有を有することとなる者のために占有する意思を表示したときは、本人は、これによって占有を取得する(この章において「占有改定」という。)。
417	184条	指図による占有移転		修	四 間接占有者が、直接占有者に対して、以後第三者のためにその物を占有することを命じ、その第三者がこれを承諾したときは、その第三者は、間接占有を取得する(この章において「指図による占有移転」という。)。
418	新設		第2款 占有に基づく請求権		
419	197条	占有の訴え	121条 占有に基づく請求権	移修	121条①：占有者は、その占有物につき、次の各号に掲げる権利(以下「占有に基づく請求権」という。)を有する。他人のために占有をする者も、同様とする。
420	200条	占有回収の訴え		移修	一 占有者がその占有を奪われたときは、その物の返還請求権(以下「占有返還請求権」という。)
421	198条	占有保持の訴え		移修	二 占有者がその占有を妨害されたときは、その妨害の排除請求権(以下「占有妨害排除請求権」という。)
422	199条	占有保全の訴え		移修	三 占有者がその占有を妨害されるおそれがあるときは、その妨害の予防請求権(以下「占有妨害予防請求権」という。)
423	200条	占有回収の訴え		移修	121条②：前項第一号の占有返還請求権は、占有を侵奪した者の特定承継人に対して提起することができない。ただし、その承継人が侵奪の事実を知っていたときは、この限りでない。
424	新設	(202条「本権の訴えとの関係」2項参照)	122条 占有に基づく請求権の劣後的性格	新	122条①：本権に基づく主張は、前条に基づく訴訟(以下「占有訴訟」という。)においてもすることができる。
425	新設			新	122条②：占有訴訟と、本権に基づく訴訟が別個に提起され、それぞれの訴訟の結論が矛盾するときは、本権に基づく訴訟の結論が優先する。
426	198条 199条 200条	占有保持の訴え 占有保全の訴え 占有回収の訴え	[研究会正案] 123条 占有侵害による損害賠償請求権	新	123条：占有者が占有を奪われたとき、又はその占有を妨害されたときは、占有侵害を理由とする損害の賠償を請求することができる。
427	新設	占有の訴えの提起期間	124条 占有に基づく請求権等の提起期間	移修	124条①：(新)第百二十一条(占有に基づく請求権)の請求権及び前条の損害賠償請求権等は、次の各号に定める期間内において行使しなければならない。
428	201条 3項			移修	一 占有返還請求権及び前条の損害賠償請求権は、占有を奪われた時から一年以内
429	201条 2項			移修	二 占有妨害排除請求権及び前条の損害賠償請求権は、妨害の存する間又はその消滅した後一年以内
430	201条 1項 本文			移修	三 占有妨害予防請求権は、妨害の危険の存する間
431	201条 1項 ただし書			移修	124条②：前項二号の占有妨害排除請求権及び前項三号の占有妨害予防請求権は、占有物の妨害又は妨害が生じるおそれが工事により生じたときは、その工事に着手した時から一年を経過し、又はその工事が完成したときには、行使することができない。
432	削除	(198条「占有保持の訴え」, 199条「占有保全の訴え」, 200条「占有回収の訴え」参照)	[研究会副案1] (198条から200条までの規定のうち「損害賠償」の部分は削除)	削	(研究会正案)123条「占有侵害による損害賠償請求権」は、削除する。

433	新設	占有の訴えの提起期間	124条 占有に基づく請求権の提起期間	新	124条①:(新)第百二十一条(占有に基づく請求権)の請求権は，次の各号に定める期間内において行使しなければならない。
434	201条3項			修	一　占有返還請求権は，占有を奪われた時から一年以内
435	201条2項前段			修	二　占有妨害排除請求権は，妨害の存する間又はその消滅した後一年以内
436	201条1項本文			修	三　占有妨害予防請求権は，妨害の危険の存する間
437	201条1項ただし書 201条2項後段			修	124条②:前項二号の占有妨害排除請求権及び前項三号の占有妨害予防請求権は，占有物の妨害又は妨害が生じるおそれが工事により生じたときは，その工事に着手した時から一年を経過し，又はその工事が完成したときには，行使することができない。
438	198条 200条	占有保持の訴え 占有回収の訴え	[研究会副案2] 123条　占有侵害による損害賠償請求権	修	123条①:占有者が占有を奪われたとき，又はその占有を妨害されたときは，占有侵害を理由とする損害の賠償を請求することができる。
439	199条	占有保全の訴え		修	123条②:占有者がその占有を妨害されるおそれがあるときは，占有侵害を理由とする損害の賠償の担保を請求することができる。
440	新設			修	124条①:(新)第百二十一条(占有に基づく請求権)の請求権及び前条の損害賠償請求権等は，次の各号に定める期間内において行使しなければならない。
441	201条3項			修	一　占有返還請求権及び前条一項の損害賠償請求権は，占有を奪われた時から一年以内
442	201条2項前段	占有の訴えの提起期間	124条　占有に基づく請求権等の提起期間	修	二　占有妨害排除請求権及び前条一項の損害賠償請求権は，妨害の存する間又はその消滅した後一年以内
443	201条1項本文			修	三　占有妨害予防請求権及び前条二項の担保提供請求権は，妨害の危険の存する間
444	201条1項ただし書 201条2項後段			修	124条②:前項二号の占有妨害排除請求権及び前項三号の占有妨害予防請求権は，占有物の妨害又は妨害が生じるおそれが工事により生じたときは，その工事に着手した時から一年を経過し，又はその工事が完成したときには，行使することができない。
445	新設		第3款　占有の態様		
446	188条	占有物について行使する権利の適法の推定	125条　占有及び登記による権利の推定	修	125条①:占有者は，占有物について行使する権利を適法に有するものと推定する。
447	新設			修	125条②:登記名義を有する者は，登記上の権利を適法に有するものと推定する。
448	新設			新	125条③:前項に基づく登記による本権の推定は，第一項に基づく占有による本権の推定に優先する。

449	186条1項	占有の態様等に関する推定	126条 占有の態様等に関する推定		126条①:（現行186条1項に同じ）占有者は，所有の意思をもって，善意で，平穏に，かつ，公然と占有するものと推定する。
450	186条2項				126条②:（現行186条2項に同じ）前後の両時点において占有をした証拠があるときは，占有は，その間継続したものと推定する。
451	187条1項	占有の承継	127条 占有の承継		127条①:（現行187条1項に同じ）占有者の承継人は，その選択に従い，自己の占有のみを主張し，又は自己の占有に前の占有者の占有を併せて主張することができる。
452	187条2項				127条②:（現行187条2項に同じ）前の占有者の占有を併せて主張する場合には，その瑕疵をも承継する。
453	185条	占有の性質の変更	128条 占有の性質の変更		128条:（現行185条に同じ）権原の性質上占有者に所有の意思がないものとされる場合には，その占有者が，自己に占有をさせた者に対して所有の意思があることを表示し，又は新たな権原により更に所有の意思をもって占有を始めるのでなければ，占有の性質は，変わらない。
454	第3節 占有の効力		第4款 所有者と占有者との関係		
455	189条1項	善意の占有者による果実の取得等		修	129条①:善意の占有者は，占有物から生ずる果実を取得する。物の使用利益は果実とみなす。
456	190条1項	悪意の占有者による果実の返還等	129条 占有者と果実	移	129条②:（現行190条1項に同じ）悪意の占有者は，果実を返還し，かつ，既に消費し，過失によって損傷し，又は収取を怠った果実の代価を償還する義務を負う。
457	190条2項			移	129条③:（現行190条2項に同じ）前項の規定は，暴行若しくは強迫又は隠匿によって占有をしている者について準用する。
458	189条2項	善意の占有者による果実の取得等		移	129条④:（現行189条2項に同じ）善意の占有者が本権の訴えにおいて敗訴したときは，その訴えの提起の時から悪意の占有者とみなす。
459	191条	占有者による損害賠償	130条 占有者による損害賠償		130条:（現行191条に同じ）占有物が占有者の責めに帰すべき事由によって滅失し，又は損傷したときは，その回復者に対し，悪意の占有者はその損害の全部の賠償をする義務を負い，善意の占有者はその滅失又は損傷によって現に利益を受けている限度において賠償をする義務を負う。ただし，所有の意思のない占有者は，善意であるときであっても，全部の賠償をしなければならない。
460	196条1項	占有者による費用の償還請求	131条 占有者による費用の償還請求		131条①:（現行196条1項に同じ）占有者が占有物を返還する場合には，その物の保存のために支出した金額その他の必要費を回復者から償還させることができる。ただし，占有者が果実を取得したときは，通常の必要費は，占有者の負担に帰する。
461	196条2項				131条②:（現行196条2項に同じ）占有者が占有物の改良のために支出した金額その他の有益費については，その価格の増加が現存する場合に限り，回復者の選択に従い，その支出した金額又は増加額を償還させることができる。ただし，悪意の占有者に対しては，裁判所は，回復者の請求により，その償還について相当の期限を許与することができる。
462	第3節 占有権の消滅		第5款 占有の消滅		
463	203条	占有権の消滅事由	132条 直接占有の消滅	修	132条:占有は，占有者が占有の意思を放棄し，又はその者の所持を失ったときに消滅する。ただし，占有に基づく物権的返還請求権が行使され，失われた占有物が取り戻されたときは，占有は継続したものとみなす。

464	204条1項	代理占有権の消滅事由	133条 間接占有の消滅	修	133条:間接占有は,次に掲げる事由によって消滅する。
465	1号			修	一 間接占有者が直接占有者に占有をさせる意思を放棄したこと。
466	2号			修	二 直接占有者が間接占有者に対して以後自己又は第三者のために占有物を所持する意思を表示したこと。
467	3号			修	三 直接占有者が占有物の所持を失ったこと。
468	第4節 準占有		第6款 準占有		
469	205条 (標題なし)		134条 準占有		134条:(現行205条に同じ)この章の規定は,自己のためにする意思をもって財産権の行使をする場合について準用する。
470	192条 193条 194条	即時取得 盗品又は遺失物の回復 (標題なし)	(現行192条から194条「即時取得」等削除し,移動)	削除	現在,「占有」の章に規定されている「即時取得」および「盗品又は遺失物の回復」(現行民法192条以下)は,公信の原則にかんする「善意取得」の規定として,公示にかんする規定と並んで物権編の「第1章総則」(新)116条以下に移動することした。
471	195条	動物の占有による権利の取得	(現行195条「動物の占有による権利の取得」削除し,移動)	削除	現在,「占有」の章に規定されている「動物の占有による権利の取得」は,所有権の原始取得にかんする規定として,(新)155条に移動することした。
472	第3章 所有権		第2章 所有権		
473	第1節 所有権の限界		第1節 所有権とその限界		
474	第1款 所有権の内容及び範囲		第1款 所有権の内容及び範囲		
475	206条 所有権の内容		135条 所有権の内容		135条:(現行206条に同じ)所有者は,法令の制限内において,自由にその所有物の使用,収益及び処分をする権利を有する。
476	207条 土地所有権の範囲		136条 土地所有権の範囲	修	136条①:土地の所有権は,その利益の存する範囲内及び法令の制限内において,その土地の上下に及ぶ。
477	新設			新	136条②:前項の規定にかかわらず,大深度地下の公共的使用に関する特別措置法(平成十二年法律第八十七号)第十条(使用の認可)に定める使用の認可がなされた場合は,同法の規定するところに従う。
478				新	137条①:隣り合う土地の所有者は,隣地の所有者に対し,その土地の所有権確認請求又は所有権に基づく返還請求とともに,所有権境界画定の申立てをすることができる。
479				新	137条②:前項の申立てをした当事者は,その土地の所有権確認請求又は所有権に基づく返還請求につき,民事訴訟法(平成八年法律百九号)第百四十五条(中間確認の訴え)をもって,その訴訟の当事者が隣り合う土地の所有者であることの確認を求めなければならない。
480	新設		137条 所有権境界画定の申立て	新	137条③:裁判所は,第一項の所有権確認請求又は所有権に基づく返還請求を棄却し,前項の中間確認の訴えを認容したときは,非訟事件手続法(明治三十一年法律十四号)の規定に従い,第一項の所有権境界画定の申立てにつき審理するものとする。その際,裁判所は,隣地の所有者を不動産登記法の定める登記記録,地図又は地図に準ずる図面及び登記簿の附属書類の内容,争いの対象となる土地その他の関係上の地形,地目,面積及び形状並びに工作物,囲障又は境界標の有無その他の状況及びこれらの設置の経緯その他の事情を総合的に考慮して,土地所有権の範囲を画する境界を定めるものとする。
481				新	137条④:第一項の申立てがなされたときは,裁判所は,相手方当事者に反訴の提起を求めなければならない。

482				新	137条⑤：前項の求めにもかかわらず，反訴を提起しなかった相手方当事者は，正当な事由がある場合に限り，後に別訴で第三項に従い画定された境界と異なる自己の土地の所有権の範囲を主張することができる。
483	208条		削除【建物の区分所有】		削除(昭和三七法六九)
484	新設		138条　所有権に基づく物権的請求権	新	138条：所有者は，その所有物につき，次の各号に掲げる権利を有する。
485				新	一　所有者以外の者がその物を占有しているときは，その物の返還請求権(以下「物権的返還請求権」という。)。ただし，占有された物が金銭であるときは，その金額の返還請求権
486				新	二　所有者がその占有を妨害されたときは，その妨害の排除請求権(以下「物権的妨害排除請求権」という。)
487				新	三　所有者がその占有を妨害されるおそれがあるときは，その妨害の予防請求権(以下「物権的妨害予防請求権」という。)
488	第2款　相隣関係		第2款　相隣関係		
489	223条	境界標の設置	139条　境界標の設置等	移	139条①：(現行223条に同じ)土地の所有者は，隣地の所有者と共同の費用で，境界標を設けることができる。
490	224条	境界標の設置及び保存の費用		移	139条②：(現行224条に同じ)境界標の設置及び保存の費用は，相隣者が等しい割合で負担する。ただし，測量の費用は，その土地の広狭に応じて分担する。
491	225条1項	囲障の設置	140条　塀又は柵の設置等	修	140条①：二棟の建物がその所有者を異にし，かつ，その間に空地があるときは，各所有者は，他の所有者と共同の費用で，その境界に塀又は柵を設けることができる。
492	225条2項			修	140条②：前項の場合において，当事者間に協議が調わないときは，境界には，高さ二メートルの板塀又はブロック塀を設けるものとする。ただし，裁判所が，相当と認めるときは，異なる材料又は異なる高さで塀又は柵を設けるものと定めることができる。
493	227条	相隣者の一人による囲障の設置		移修	140条③：相隣者の一人は，自己の費用をもって，前項に規定する材料より良好なものを用い，又は前項に規定するより高い塀又は柵を設けることができる。
494	231条1項	共有の障壁の高さを増す工事	141条　増加費用負担の場合の特例	移修	141条①：相隣者の一人は，既にある共有の塀又は柵の高さを増すことができる。ただし，その塀又は柵がその工事に耐えないときは，自己の費用で，必要な工作を加え，又はその塀若しくは柵を改築しなければならない。
495	232条	(標題なし)		移修	141条②：前項の工事をした者は，その工事により他の相隣者が受けた損害につき，償金を支払わなければならない。その工事の後にあっても，その高さを増した部分の保存及び管理その他のための費用を負担しなければならない。
496	229条	境界標等の共有の推定	142条　境界工作物の共有等	修	142条①：境界線上に設けた境界標，塀並びに柵及び溝並びに堀(以下「境界工作物」という。)は，相隣者の共有に属するものと推定する。
497	新設			新	142条②：境界工作物の持分は，それぞれの費用の各共有者の費用負担割合によるものと推定し，費用の負担割合が明らかでないときは，相等しいものと推定する。ただし，(新)第百三十九条(境界標の設置等)第二項の測量費用及び前条第一項ただし書並びに同条第二項に基づく費用の負担は，共有持分の算定に影響を与えないものとする。
498	257条	(標題なし)		移修	142条③：第一項に規定する共有物については，(新)第百七十一条(共有関係の終了)に定める共有物の分割請求はできないものとする。

499	233条1項	竹木の枝の切除及び根の切取り	143条　越境した竹木の切り取り	修	143条①：土地の所有者は，隣地の竹木の枝が境界を越えるときは，相当の期間を定めてその竹木の所有者にその枝を切り取ることを請求することができる。竹木の所有者がその期間内に枝を切り取らないときは，自ら切り取ることができる。
500	233条2項				143条②：(現行233条2項に同じ)隣地の竹木の根が境界線を越えるときは，その根を切り取ることができる。
501	234条1項	境界線付近の建築の制限		移	144条①：(現行234条1項に同じ)建物を築造するには，境界線から五十センチメートル以上の距離を保たなければならない。ただし，法令に別段の定めがあるときは，この限りでない。
502	234条2項			移	144条②：(現行234条2項に同じ)前項の規定に違反して建築をしようとする者があるときは，隣地の所有者は，その建築を中止させ，又は変更させることができる。ただし，建築に着手した時から一年を経過し，又はその建物が完成した後は，損害賠償の請求のみをすることができる。
503	235条1項，2項	(標題なし)	144条　境界線付近の建築及び掘削	移修	144条③：境界線から一メートル未満の距離において他人の宅地を見通すことのできる窓又は縁側(ベランダを含む。)を設ける者は，目隠しを付けなければならない。この距離は，窓又は縁側の最も隣地に近い点から垂直線によって境界線に至るまでを測定して算出する。
504	237条1項	境界線付近の掘削の制限		移修	144条④：穴ぐら，井戸，池，その他の水ためを掘るには，境界線から二メートル以上の距離を保たなければならない。ただし，土砂の崩壊及び水又は汚液の漏出のおそれがない場合にあっては，この距離は一メートル以上とする。
505	237条2項			移	144条⑤：(現行237条2項に同じ)導水管を埋め，又は溝若しくは堀を掘るには，境界線からその深さの二分の一以上の距離を保たなければならない。ただし，一メートルを超えることを要しない。
506	209条1項	隣地の使用請求	145条　隣地立入権	修	145条①：土地の所有者は，境界又はその付近において塀若しくは柵，又は建物を築造し又は修繕するため，必要な範囲内で，隣地の使用を請求することができる。ただし，隣人の承諾がなければ，その住家に立ち入ることはできない。
507	209条2項				145条②：(現行209条2項に同じ)前項の場合において，隣人が損害を受けたときは，その償金を請求することができる。
508	210条1項	公道に至るための他の土地の通行権		移修	146条①：他の土地に囲まれて公道に通じない土地(以下「袋地」という。)の所有者は，公道に至るため，その土地を囲んでいる他の土地(以下「囲繞地」という。)を通行することができる(以下「囲繞地通行権」という。)。
509	210条2項			移	146条②：(現行210条2項に同じ)池沼，河川，水路若しくは海を通らなければ公道に至ることができないとき，又は崖があって土地と公道とに著しい高低差があるときも，前項と同様とする。
510	211条1項	(標題なし)	146条　囲繞地通行権	移修	146条③：前二項の場合には，通行の場所及び方法は，囲繞地通行権を有する者のために必要であり，囲繞地のために損害が最も少なく，かつ，必要に応じ，建築基準法その他の法律の規定の趣旨を考慮して，決定されなければならない。
511	211条2項			移修	146条④：囲繞地通行権を有する者は，必要があるときは，通路を開設することができる。
512	213条	(標題なし)		移修	146条⑤：分割によって公道に通じない土地が生じたときは，その土地の所有者は，公道に至るため，他の分割者の所有地のみを通行することができる。土地の所有者がその土地の一部を譲り渡したときも，同様とする。

513	212条	(標題なし)		移修	146条⑥:第一項又は第二項に基づく囲繞地通行権を有する者は,囲繞地所有者の損害に対して償金を支払わなければならない。この償金は,第四項による通路の開設のために生じた損害に対するものを除き,一年ごとに支払うことができる。
514	新設		147条 道路に指定された土地の通行受忍義務	新	147条:建築基準法(昭和二十五年法律二百一号)第四十二条(道路の定義)の規定により道路と指定され,現に道路が開設された土地を通行することに日常生活上不可欠の利益を有する者に対し,その土地の所有者その他の者は,その通行を妨害してはならない。
515	新設		148条 導管等設置権	新	148条:(新)第百四十六条(囲繞地通行権)第一項,第二項,第三項,第五項及び第六項の規定は,水道,下水道,ガス,電気,電話その他日常生活に必要な役務の提供を受けるために,他人の土地に導管その他の設備を設置しなければならない土地の所有者について準用する。
516	214条	自然水流に対する妨害の禁止	149条 自然水流の保持	移	149条①:(現行214条に同じ)土地の所有者は,隣地から水が自然に流れて来るのを妨げてはならない。
517	218条	雨水を隣地に注ぐ工作物の設置の禁止		移	149条②:(現行218条に同じ)土地の所有者は,直接に雨水を隣地に注ぐ構造の屋根その他の工作物を設けてはならない。
518	215条	水流の障害の除去		移修	150条①:天災その他避けることのできない事情により,低地において自然水流の閉塞があった場合,(新)第百四十五条(隣地立入権)第一項本文の規定は,高地の所有者に準用する。この場合,高地の所有者は,低地において自己の費用で水流の障害を除去するため必要な工事をすることができる。
519	220条	排水のための低地の通水	150条 水流の相隣関係	移修	150条②:高地の所有者は,その高地が浸水した場合にこれを乾かすため,又は自家用若しくは農工業用の余水を排出するため,公の水流又は下水道に至るまで,低地を通過する人工的排水を行うことができる。この場合においては,低地のために損害が最も少ない場所及び方法を選ばなければならない。
520	216条	水流に関する工作物の修繕等		移修	150条③:他の土地に貯水,排水又は引水のために設けられた工作物の破壊又は閉塞により,自己の土地に損害が及び,又は及ぶおそれがある場合には,その土地の所有者は,当該他の土地の所有者に,工作物の修繕若しくは障害の除去をさせ,又は必要があるときは予防工事をさせることができる。
521	219条1項	水流の変更	151条 水流の変更		151条①:(現行219条1項に同じ)溝,堀その他の水流地の所有者は,対岸の土地が他人の所有に属するときは,その水路又は幅員を変更してはならない。
522	219条2項				151条②:(現行219条2項に同じ)両岸の土地が水流地の所有者に属するときは,その所有者は,水路及び幅員を変更することができる。ただし,水流が隣地と交わる地点において,自然の水路に戻さなければならない。
523	222条1項	堰の設置及び使用		移	152条①:(現行222条1項に同じ)水流地の所有者は,堰を設ける必要がある場合には,対岸の土地が他人の所有に属するときであっても,その堰を対岸に付着させて設けることができる。ただし,これによって生じた損害に対して償金を支払わなければならない。
524	222条2項			移	152条②:(現行222条2項に同じ)対岸の土地の所有者は,水流地の一部がその所有に属するときは,前項の堰を使用することができる。
525	221条	通水用工作物の使用	152条 堰及び通水用工作物	移修	152条③:土地の所有者は,その所有地の水を通過させるため,高地又は低地の所有者が設けた工作物(以下「通水用工作物」という)を使用することができる。

526	221条2項 222条3項	通水用工作物の使用 堰の設置及び使用		移修	152条④:第二項又は第三項により他人の堰又は通水用工作物を使用する者は、その利益を受ける割合に応じて、堰又は通水用工作物の設置及び保存の費用を分担しなければならない。
527	新設		153条　導管等使用権	新	153条:(新)第百五十二条(堰及び通水用工作物)第三項及び第四項の規定は、他人が設置した水道、下水道、ガス、電気、電話その他日常生活に必要な役務の提供を受けるために、他人の土地に設置された導管その他の設備を利用することが、他の方法に比して合理的と思われる土地の所有者について準用する。ただし、その設備の利用が当該設備の効用を著しく害するときは、この限りでない。
528	新設		154条　相隣関係における慣習の効力	新	154条①:(新)第百四十条(塀又は柵の設置等)、(新)第百四十四条(境界線付近の建築及び掘削)第一項本文、第二項、第三項、(新)第百五十二条(堰及び通水用工作物)第一項、第二項の規定と異なる慣習があるときは、その慣習に従う。
529	217条	費用の負担についての慣習		修	154条②:(新)第百五十条(水流の相隣関係)第一項及び第三項の規定の定める費用の負担と異なる慣習があるときは、その慣習に従う。
530	第2節　所有権の取得		第2節　所有権の原始取得		
531	239条1項	無主物の帰属	155条　無主物先占		155条①:(標題のみ変更・現行239条1項に同じ)所有者のない動産は、所有の意思をもって占有することによって、その所有権を取得する。
532	239条2項				155条②:(現行239条2項に同じ)所有者のない不動産は、国庫に帰属する。
533	新設			新	156条①:所有者の下から逸走した家畜以外の動物は、所有者のない動産とみなす。
534	195条	動物の占有による権利の取得	156条　家畜以外の動物	修	156条②:前項の規定は、その動物の占有を開始した者が、他人がその動物を飼育していたことを知っていたときには適用しない。その動物の占有を開始した者が、占有の時に善意である場合においても、その動物が飼主の占有を離れた時から一か月以内に飼主から回復の請求を受けたときも、同様とする。
535	240条	遺失物の拾得			157条①:(現行240条に同じ)遺失物は、遺失物法(平成十八年法律第七十三号)の定めるところに従い公告をした後三月以内にその所有者が判明しないときは、これを拾得した者がその所有権を取得する。
536	241条	埋蔵物の発見	157条　遺失物と埋蔵物	移	157条②:(現行241条に同じ)埋蔵物は、遺失物法の定めるところに従い公告をした後六か月以内にその所有者が判明しないときは、これを発見した者がその所有権を取得する。ただし、他人の所有する物の中から発見された埋蔵物については、これを発見した者及びその他人が等しい割合でその所有権を取得する。
537	242条本文	不動産の付合		修	158条①:不動産に従として物が付合し、損傷しなければ分離することができなくなったときは、その不動産の所有者は、付合した物の所有権を取得する。
538	242条ただし書		158条　不動産の付合	修	158条②:前項の規定は、権原によってその物を附属させた者の権利を妨げない。付合した後、時間の経緯とともに損傷することなく分離しうるようになった物についても、同様とする。
539	新設		159条　建物の合体	新	159条:二以上の建物が合体して一個の建物となった場合において、各所有者は、合体した建物を共有する。その持分は、建物の合体の時における価格の割合に応じて定まるものとする。

#	旧条	旧標題	新条・標題	区分	内容
540	243条	動産の付合	160条　動産の付合	修	160条①：動産に従として別の動産が付合し，損傷しなければ分離することができなくなったときは，その主たる動産の所有者は，付合した動産の所有権を取得する。分離するのに過分の費用を要するときも，同様とする。
541	244条	（標題なし）		移	160条②：二以上の動産が付合して一個の物（以下「合成物」という）となった場合において，付合した動産について主従の区別をすることができないときは，各所有者は，合成物を共有する。その持分は，付合した時の価格の割合に応じて定まるものとする。
542	245条	混和	161条　混和	修	161条：前条の規定は，所有者を異にする物が混和して識別することができなくなった場合について準用する。
543	246条1項	加工	162条　加工		162条①：(現行246条1項に同じ)他人の動産に工作を加えた者（以下「加工者」という。）があるときは，その加工物の所有権は，材料の所有者に帰属する。ただし，工作によって生じた価格が材料の価格を著しく超えるときは，加工者がその加工物の所有権を取得する。
544	246条2項				162条②：(現行246条2項に同じ)前項に規定する場合において，加工者が材料の一部を供したときは，その価格に工作によって生じた価格を加えたものが他人の材料の価格を超えるときに限り，加工者がその加工物の所有権を取得する。
545	新設			新	163条①：(新)第百五十八条（不動産の付合）から前条までの規定が定める付合，合体，混和及び加工（以下「添付」という）によって物の所有権の変動があったときは，その物について存した制限物権又は共有持分（以下この条及び次条において「制限物権等」という）の存否は，以下の各号の定めるところによる。
546	247条2項		163条　添付の効果	移修	一　制限物権の設定があった物の所有者が，合成物，混和物又は加工物（以下この項において「合成物等」という。）の単独所有者となったときは，その物について存した制限物権等は，以後その合成物等について存続する。
547	247条2項	付合，混和又は加工の効果		移修	二　物の所有者が合成物等の共有者となったときは，その物について存した制限物権等は，以後その持分について存続する。
548	247条1項			移修	三　制限物権の設定があった物の所有者が，合成物等の所有権又は共有持分を得ることなく権利を失ったときは，その物について存した制限物権等は消滅する。
549	248条	付合，混和又は加工に伴う償金の請求	164条　添付に伴う不当利得返還請求		164条：添付によって所有権及び制限物権等を失った者は，(新)第六百四十六条（不当利得）第二項の規定に従い，その償金を請求することができる。
550	第3節	共有	第3節　共同所有		
551	新設			新	165条①：数人は，共同で同一物を所有することができる（以下「共有」という）。
552	新設		165条　共有	新	165条②：共有者は，共有物の上に持分を有する。
553	250条	共有持分の割合の推定		修	165条③：共有者が出資により共有関係に入ったときは，持分の割合は出資の割合により定まる。持分の割合が明らかでないときは，各共有者の持分は，相等しいものと推定する。
554	249条	共有物の使用	166条　共有者の使用，収益及び処分	修	166条①：各共有者は，共有物の全部について，その持分に応じた使用及び収益をすることができる。
555	新設			新	166条②：各共有者は，自由にその持分を処分することができる。

556	252条	共有物の管理	167条 共有物の保存，管理及び変更	移修	167条①：保存行為は，各共有者がすることができる。
557	252条	共有物の管理		移修	167条②：共有物の管理に関する事項は，各共有者の持分の価格に従い，その過半数で決する。
558	251条	共有物の変更		移修	167条③：共有物の変更は，共有者の総意によってのみすることができる。
559	255条	持分の放棄及び共有者の死亡	168条 持分の放棄及び共有者の死亡	修	168条①：共有者の一人が，その持分を放棄したときは，その持分は，他の共有者に帰属する。
560	新設			新	168条②：共有者の一人が死亡して相続人がないときも，前項と同様とする。ただし，家庭裁判所は，（現行）第九百五十八条の三（特別縁故者に対する相続財産の分与）の規定に従い，共有者と特別の縁故があった者に対し，その持分の全部又は一部を与えることができる。
561	253条1項	共有物に関する負担	169条 共有物に関する負担		169条①：(現行253条1項に同じ)各共有者は，その持分に応じ，管理の費用を支払い，その他共有物に関する負担を負う。
562	253条2項			修	169条②：各共有者は，一年以内に前項の義務を履行しない共有者に対し，その持分を時価で売り渡すべきことを請求することができる。
563	254条	共有物についての債権	170条 共有物についての債権		170条：(現行254条に同じ)共有者の一人が共有物について他の共有者に対して有する債権は，その特定承継人に対しても行使することができる。
564	256条1項前段	共有物の分割請求	171条 共有関係の終了	移修	171条①：各共有者は，いつでも共有物の分割を請求することができる。
565	256条1項後段, 2項			移修	171条②：前項の規定にかかわらず，共有者は，五年を超えない期間に限り分割をしない旨の契約をすることができる。この不分割の特約は，更新することができるが，その期間は，更新の時から五年を超えることができない。
566	257条	(標題なし)	(現行257条「標題なし：共有物の分割請求」削除し，移動)	*	現行民法257条(共有分割の規定は，共有である境界工作物については，適用しない)は，共有ないし共同所有の節からは削除し，境界工作物等について規定した(新)142条3項に移動した。
567	258条1項	裁判による共有物の分割	172条 裁判による共有物の分割		172条①：(現行258条1項に同じ)共有物の分割について共有者間に協議が調わないときは，その分割を裁判所に請求することができる。
568	258条2項				172条②：(現行258条2項に同じ)前項の場合において，共有物の現物を分割することができないとき，又は分割によってその価格を著しく減少させるおそれがあるときは，裁判所は，その競売を命ずることができる。
569	新設			新	172条③：共有物を一人又は数人の共有者に取得させることが相当であり，かつ，その一人又は数人の共有者の持分の価格を他の共有者に取得させることとすることが共有者間の公平を害さないときは，裁判所は，前項の競売に代え，他の共有者に対し持分の価格を弁償させて，共有物を一人の共有者に取得させ，又は数人の共有者の共有とすることができる。
570	259条1項	共有に関する債権の弁済	173条 共有に関する債権の弁済		173条①：(現行259条1項に同じ)共有者の一人が他の共有者に対して共有に関する債権を有するときは，分割に際し，債務者に帰属すべき共有物の部分をもって，その弁済に充てることができる。
571	259条2項				173条②：(現行259条2項に同じ)債権者は，前項の弁済を受けるため債務者に帰属すべき共有物の部分を売却する必要があるときは，その売却を請求することができる。

572	260条1項	共有物の分割への参加	174条　共有物の分割への参加		174条①：(現行260条1項に同じ)共有物について権利を有する者及び各共有者の債権者は，自己の費用で，分割に参加することができる。
573	260条2項				174条②：(現行260条2項に同じ)前項の規定による参加の請求があったにもかかわらず，その請求をした者を参加させないで分割をしたときは，その分割は，その請求をした者に対抗することができない。
574	261条	分割における共有者の担保責任	175条　分割における共有者の担保責任		175条：(現行261条に同じ)各共有者は，他の共有者が分割によって取得した物について，売主と同じく，その持分に応じて担保の責任を負う。
575	264条	準共有	176条　準共有		176条：(現行264条に同じ)この節の規定は，数人で所有権以外の財産権を有する場合について準用する。ただし，法令に特別の定めがあるときは，この限りでない。
576	263条	共有の性質を有する入会権	177条　総有と共有の性質を有する入会権	修	177条①：共有地の上に入会権が存在する場合，この入会地の共同所有関係(以下「総有」という。)については，各地方の慣習に従うほか，その性質に反しない限り，この節の規定を適用する。
577	新設			新	177条②：前項の規定にかかわらず，総有については，(新)第百六十五条(共有)第二項の定める持分は認められない。
578	新設			新	177条③：入会林野である土地について，その農林業上の利用を増進するため，入会権を消滅させ，及びこれに伴い入会権以外の権利を設定し，移転し，又は消滅させる手続については，別に入会林野整備の実施手続として定めるところによる。
579	新設		178条　合有と組合契約	新	178条①：(新)第六百十五条(組合契約)の規定する組合契約における組合財産の共同所有関係(以下「合有」という。)については，その性質に反しない限り，この節の規定を適用する。
580	新設			新	178条②：前項の規定にかかわらず，合有については，(新)第百六十六条(共有者の使用，収益及び処分)第二項の定める持分処分の自由，(新)第百七十一条(共有関係の終了)第一項の定める分割請求は認められない。
581	第4章　地上権		第3章　地上権		
582	新設		第1節　総則		
583	265条	地上権の内容	179条　地上権の内容	修	179条：地上権者は，他人の土地において建物その他の工作物若しくは竹木を所有するため又は耕作若しくは牧畜をするため，その土地を使用する権利を有する。
584	266条2項	地代	180条　地代	修	180条①：地上権者が土地の所有者に定期の地代を支払わなければならない場合については，その性質に反しない限り，賃貸借に関する規定を準用する。
585	266条1項			修	180条②：地上権者が引き続き二年以上地代の支払を怠ったときは，土地の所有者は，地上権の消滅を請求することができる。
586	新設		181条　地上権に基づく物権的請求権	新	181条：地上権者は，その地上権の目的物につき，(新)第百三十八条(所有権に基づく物権的請求権)第一号から第三号に定める物権的返還請求権，物権的妨害排除請求権，物権的妨害予防請求権を有する。
587	267条	相隣関係の規定の準用	182条　相隣関係の規定の準用		182条：(現行267条に同じ)(新)前章第一節第二款(相隣関係)の規定は，地上権者間又は地上権者と土地の所有者との間について準用する。ただし，(新)第百四十二条(境界工作物の共有等)の規定は，境界線上の工作物が地上権の設定後に設けられた場合に限り，地上権者について準用する。

588	新設		183条　地上権の存続期間	新	183条①：存続期間の定めがある地上権は，その期間の満了によって消滅する。この場合において，地代その他所有者が地上権者から利益を得ることができるときは，放棄によって所有権者の利益を害することはできない。
589	268条1項	地上権の存続期間		修	183条②：存続期間の定めがない地上権は，別段の慣習がないときは，地上権者による地上権の放棄によって消滅する。ただし，地上権者は，地代を支払うべきときは，一年前に予告をし，又は期限の到来していない一年分の地代を支払わなければならない。
590	268条2項	地上権の存続期間		修	183条③：設定行為で地上権の存続期間を定めなかった場合において，地上権者が前項の規定によりその権利を放棄しないときは，裁判所は，当事者の請求により，二十年以上五十年以下の範囲内において，工作物又は竹木の種類及び状況その他地上権の設定当時の事情を考慮して，その存続期間を定める。
591	新設			新	183条④：建物の所有を目的とする地上権の存続期間は，前二項の規定にかかわらず，六十年とする。ただし，設定行為でこれより長い期間を定めたときは，その期間とする。
592	新設		184条　地上権の更新請求	新	184条：建物の所有を目的とする地上権で地上権者が更新を請求することができる旨の定めがあるものは，その存続期間が満了する場合において，地上権者が契約の更新を請求したときは，借地借家法の定めるところにより更新されたものとみなす。
593	269条1項本文	工作物等の収去等		移修	185条①：地上権者は，その権利が消滅した時に，土地を原状に復してその工作物及び竹木を収去することができる。
594	269条1項ただし書	工作物等の収去等		移修	185条②：土地の所有者は，前項の規定にかかわらず，工作物及び竹木を時価で売り渡すべきことを請求することができる。この場合において，地上権者は，正当な理由がなければ，これを拒むことができない。
595	新設		185条　工作物等の収去等	新	185条③：土地の所有者は，地上権が消滅した時に，地上権者に対しその工作物及び竹木を収去し，土地を現状に復することを請求することができる。ただし，収去請求がされた工作物及び竹木の有用性が認められるとき，その土地の価格に比して収去費用が過大であるとき又は設定行為において土地に対して回復することができない変更を加えることが許されていたときは，この限りでない。
596	269条2項	工作物等の収去等		修	185条④：前三項の規定と異なる慣習があるときは，その慣習に従う。
597	新設		186条　建物所有を目的とする地上権の対抗要件の例外	新	186条：建物の所有を目的とする地上権は，その登記がなくても，土地の上に地上権者が登記されている建物を所有するときは，これをもって第三者に対抗することができる。
598	269条の2第1項	地下又は空間を目的とする地上権	187条　区分地上権		187条①：（標題のみ変更・現行269条の2第1項に同じ）地下又は空間は，工作物を所有するため，上下の範囲を定めて地上権の目的とすることができる。この場合においては，設定行為で，地上権の行使のためにその土地の使用に制限を加えることができる。
599	269条の2第2項				187条②：（現行269条の2第2項に同じ）前項の地上権は，第三者がその土地の使用又は収益をする権利を有する場合においても，その権利又はこれを目的とする権利を有するすべての者の承諾があるときは，設定することができる。この場合において，土地の使用又は収益をする権利を有する者は，その地上権の行使を妨げることができない。
600	第5章　永小作権		第2節　農用地上権		

601	新設	(270条「永小作権の内容」参照)	188条 農用地上権の内容	新	188条:(新)第百七十九条(地上権の内容)の地上権者のうち,他人の土地を耕作又は牧畜を目的として使用する者を農用地上権者という。農用地上権者は,その土地の使用に対し地代を支払わなければならない。
602	271条	永小作人による土地の変更の制限	189条 農用地上権者による土地の変更の制限	修	189条:農用地上権者は,土地に対して,回復することのできない損害を生ずべき変更を加えることができない。
603	新設		190条 農用地上権の対抗要件の例外	新	190条:農用地上権は,(研究会正案)(新)第百十二条(不動産物権変動の対抗要件)の規定にかかわらず,その登記がなくても,土地の引渡しがあったときは,これをもってその後その土地について物権を取得した第三者に対抗することができる。
604	272条	永小作権の譲渡又は土地の賃貸	191条 農用地上権の譲渡又は賃貸禁止の特則	修	191条:農用地上権は,設定行為により,その譲渡又は賃貸を禁止することができる。
605	新設		192条 相隣関係の特則	新	192条:(新)第百八十二条(相隣関係の規定の準用)の規定は,農用地上権の性質に反するものについては,農用地上権については適用しない。
606	273条	賃貸借に関する規定の準用	193条 賃貸借に関する規定の準用	修	193条:農用地上権者の義務については,この章の規定及び設定行為で定めるもののほか,その性質に反しない限り,賃貸借に関する規定を準用する。
607	新設	(274条「小作料の減免」参照)	194条 地代の減免	新	194条:地代の額が,不可抗力により,田にあっては,収穫された米の価額の二割五分,畑にあっては,収穫された主作物の価額の一割五分を超えることとなったときは,農用地上権者は,土地の所有者に対し,その割合に相当する額になるまで地代の減額を請求することができる。
608				新	195条①:地代の額が農産物の価格若しくは生産費の上昇若しくは低下その他の経済事情の変動により又は近傍類似の農地の地代の額に比較して不相当となったときは,契約の条件にかかわらず,当事者は,将来に向かって地代の額の増減を請求することができる。ただし,一定の期間地代の額を増加しない旨の特約があるときは,その定めに従う。
609	新設		195条 地代の増減額請求	新	195条②:地代の増額について当事者間に協議が調わないときは,その請求を受けた者は,増額を正当とする裁判が確定するまでは,相当と認める額の地代を支払うことをもって足りる。ただし,その裁判が確定した場合において,既に支払った額に不足があるときは,その不足額に年一割の利率による支払期後の利息を付してこれを支払わなければならない。
610				新	195条③:地代の減額について当事者間に協議が調わないときは,その請求を受けた者は,減額を正当とする裁判が確定するまでは,相当と認める額の地代の支払を請求することができる。ただし,その裁判が確定した場合において,既に支払を受けた額が正当とされた地代の額を超えるときは,その超過額に年一割の利率による受領の時からの利息を付してこれを返還しなければならない。
611	276条	永小作権の消滅請求	(現行276条「永小作権の消滅請求」削除)	削除	現行民法276条の内容は,本改正試案では,(新)180条2項によってカバーされるため,農用地上権の節からは削除することとした。

612	新設		196条　農用地上権の更新	新	196条①：農用地上権について存続期間の定めがある場合において，その当事者が，その期間の満了の一年前から六月前までの間に，相手方に対して更新をしない旨の通知をしないときは，従前と同一の条件で更に農用地上権を設定したものとみなす。
613				新	196条②：農用地上権の当事者は，農地法で定めるところにより都道府県知事の許可がなければ，前項の更新をしない旨の通知をすることができない。
614				新	196条③：農業経営基盤強化促進制度に基づく農用地利用集積計画の定めるところによって設定された農用地上権については，前二項の規定を適用しない。
615	278条1項	永小作権の存続期間	197条　農用地上権の存続期間	修	197条①：農用地上権の存続期間は，二十年以上五十年以下とする。設定行為で五十年より長い期間を定めたときであっても，その期間は，五十年とする。
616	278条2項			修	197条②：農用地上権の設定は，更新することができる。ただし，その存続期間は，更新の時から五十年を超えることができない。
617	278条3項			修	197条③：設定行為で農用地上権の存続期間を定めなかったときは，その期間は，N年とする。
618	279条	工作物等の収去等	198条　工作物等の収去等の例外	修	198条：(新)第百八十五条(工作物等の収去等)第三項ただし書は，農用地上権については適用しない。
619	新設		199条　採草放牧地への準用	新	199条：地代を支払って他人の土地において養畜のための採草又は家畜の放牧をする権利については，本章の規定を準用する。
620	第6章　地役権		第4章　地役権		
621	280条　地役権の内容		[200条・研究会正案] 200条　地役権の内容	修	200条①：地役権者は，設定行為で定めた目的に従い，通行，引水その他の自己の土地の便益に他人の土地を供する権利を有する。ただし，(新)第二章第一節(所有権とその限界)の規定のうち公の秩序に関するものに違反しないものでなければならない。
622	新設			新	200条②：地役権者が土地の所有者に定期に償金を支払わなければならない場合については，その性質に反しない限り，賃貸借に関する規定を準用する。
623	280条　地役権の内容		[200条・研究会副案] 200条　地役権の内容	修	200条①：土地の所有者，地上権者，永小作権者，賃借権者は，設定行為で定めた目的に従い，通行，引水その他の自己の土地の便益に他人の土地を供する権利を有する。ただし，(新)第二章第一節(所有権とその限界)の規定のうち公の秩序に関するものに違反しないものでなければならない。
624	新設			新	200条②：前項により自己が所有又は利用する土地に対し便益を受ける者(以下「地役権者」という。)が土地の所有者に定期に償金を支払わなければならない場合については，その性質に反しない限り，賃貸借に関する規定を準用する。
625	281条1項	地役権の付従性	201条　地役権の付従性		201条①：(現行281条1項に同じ)地役権は，要役地(地役権者の土地であって，他人の土地から便益を受けるものをいう。以下同じ。)の所有権に従たるものとして，その所有権とともに移転し，又は要役地について存する他の権利の目的となるものとする。ただし，設定行為に別段の定めがあるときは，この限りでない。
626	281条2項				201条②：(現行281条2項に同じ)地役権は，要役地から分離して譲り渡し，又は他の権利の目的とすることができない。

627	282条1項	地役権の不可分性	202条　地役権の不可分性		202条①：(現行282条1項に同じ)土地の共有者の一人は，その持分につき，その土地のために又はその土地について存する地役権を消滅させることができない。
628	282条2項				202条②：(現行282条2項に同じ)土地の分割又はその一部の譲渡の場合には，地役権は，その各部のために又はその各部について存する。ただし，地役権がその性質により土地の一部のみに関するときは，この限りでない。
629	新設		203条　地役権に基づく物権的請求権	新	203条：地役権者は，その地役権の目的物につき，(新)第百三十八条(所有権に基づく物権的請求権)に定める物権的妨害排除請求権及び物権的妨害予防請求権を有する。
630	283条	地役権の時効取得	204条　地役権の時効取得	修	204条：地役権は，継続的に行使され，かつ，要役地所有者によって開設された外形上認識することができるものに限り，時効によって取得することができる。
631	284条1項	(標題なし)	205条　地役権の共有と取得時効		205条①：(現行284条1項に同じ)土地の共有者の一人が時効によって地役権を取得したときは，他の共有者も，これを取得する。
632	284条2項			修	205条②：共有地を有する者がその土地の便益に他の土地を利用している場合において，(新)第九十八条(権利行使による時効の停止)，(新)第九十九条(交渉による時効の停止)又は(新)第百条(催告による時効完成の猶予)に定める効果を生じるためには，地役権を行使する各共有者に対して各条の権利行使，交渉又は催告しなければ，その効力を生じない。(新)第百二条(時効の新たな進行)第一項第四号の相手方の承認についても，同様とする。
633	284条3項			修	205条③：地役権を行使する共有者が数人ある場合には，その一人について(新)第百条(権利行使の障害による時効完成の猶予)に定める事由があっても，時効は，各共有者のために進行する。
634	285条1項	用水地役権	206条　用水地役権		206条①：(現行285条1項に同じ)用水地役権の承役地(地役権者以外の者の土地であって，要役地の便益に供されるものをいう。以下同じ。)において，水が要役地及び承役地の需要に比して不足するときは，その各土地の需要に応じて，まずこれを生活用に供し，その残余を他の用途に供するものとする。ただし，設定行為に別段の定めがあるときは，この限りでない。
635	285条2項				206条②：(現行285条2項に同じ)同一の承役地について数個の用水地役権を設定したときは，後の地役権者は，前の地役権者の水の使用を妨げてはならない。
636	286条	承役地の所有者の工作物の設置義務等	207条　承役地の所有者の工作物の設置義務等		207条①：(現行286条に同じ)設定行為又は設定後の契約により，承役地の所有者が自己の費用で地役権の行使のために工作物を設け，又はその修繕をする義務を負担したときは，承役地の所有者の特定承継人も，その義務を負担する。
637	287条	(標題なし)		移	207条②：(現行287条に同じ)承役地の所有者は，いつでも，地役権に必要な土地の部分の所有権を放棄して地役権者に移転し，これにより前項の義務を免れることができる。
638	288条1項	承役地の所有者の工作物の使用	208条　承役地の所有者の工作物の使用		208条①：(現行288条1項に同じ)承役地の所有者は，地役権の行使を妨げない範囲内において，その行使のために承役地の上に設けられた工作物を使用することができる。
639	288条2項				208条②：(現行288条2項に同じ)前項の場合には，承役地の所有者は，その利益を受ける割合に応じて，工作物の設置及び保存の費用を分担しなければならない。

640	289条	承役地の時効取得による地役権の消滅	209条　承役地の時効取得による地役権の消滅		209①条：(現行289条に同じ)承役地の占有者が取得時効に必要な要件を具備する占有をしたときは，地役権は，これによって消滅する。
641	290条	(標題なし)		移	209条②：(現行290条に同じ)前条の規定による地役権の消滅時効は，地役権者がその権利を行使することによって中断する。
642	291条	地役権の消滅時効	210条　地役権の消滅時効		210条①：(現行291条に同じ)(新)第百七条(消滅時効期間)第一項に規定する消滅時効の期間は，継続的でなく行使される地役権については最後の行使の時から起算し，継続的に行使される地役権についてはその行使を妨げる事実が生じた時から起算する。
643	293条	(標題なし)		移	210条②：(現行293条に同じ)地役権者がその権利の一部を行使しないときは，その部分のみが時効によって消滅する。
644	292条	(標題なし)	211条　共有地の地役権の消滅時効	修	211条：要役地が数人の共有に属する場合において，その一人のために(新)第九十八条(権利行使による時効の停止)から(新)第百一条(権利行使の障害による時効完成の猶予)に定める事由及び(新)第百二条(時効の新たな進行)第一項第四号に定める相手方の承認があるときは，その効果は，他の共有者のためにも生じる。
645	新設		212条　人役権	新	212条：法律の規定に従い，他人の土地を自己の便益に供する権利の設定を受けた者の権利行使については，(新)第二百一条(地役権の付従性)を除くほか，この章の規定を準用する。
646	294条	共有の性質を有しない入会権		修	213条①：他人の土地における入会権については，各地方の慣習に従うほか，この章の規定を準用する。
647	新設		213条　地役権の性質を有する入会権	新	213条②：入会林野である土地について，その農林業上の利用を増進するため，入会権を消滅させ，及びこれに伴い入会権以外の権利を設定し，移転し，又は消滅させる手続については，別に入会林野整備の実施手続として定めるところによる。

セル番号	現行民法 (参照条文)	民法改正研究会 民法改正試案		条文案
648	第3編　債権	第3編　債権		
649	第1章　総則	第1章　総則		
650	第1節　債権の目的	第1節　通則	＊	債務の履行期とその遅滞については，沖野眞已教授の提言により，その内容が決定された。
651	新設	337条　債権の成立	新	337条：債権は，契約，事務管理，不当利得及び不法行為その他の原因によって発生する。
652	新設	338条　債権の内容	新	338条：債権を有する者(以下「債権者」という。)は，その相手方(以下「債務者」という。)に対して，その債権の内容に従って一定の給付を請求することができる。
653	新設	339条　債権者及び債務者の権利及び義務	新	339条①：債務者は，債務の本旨に従って債務の履行をしなければならない。
654	新設　(413条「受領遅滞」参照)		新	339条②：債権者は，その債権の性質に従って，債務者による債務の履行を受領しなければならない。
655	新設		新	339条③：債務者及び債権者は，債務の本旨に反しない限り，債務の履行及び履行の受領のために第三者を用いることができる。
656	新設		新	339条④：債務者の債務の履行及び債権者の履行の受領は，信義誠実の原則に従って行わなければならない。
657	399条　債権の目的	(現行399条「債権の目的」削除)	削除	現行民法399条が実務で問題となったのは，永代供養の事案のみであり，本条は実際的意義に乏しいので，削除することとした。ただし，(新)40条の標題を含め，(新)「第2節債権の種類」のなかのいくつかの条文では，「債権の目的」の語が用いられていることを付言しておきたい。
658	第1款　債務不履行の責任等	[債務不履行等・研究会正案]	＊	「第1節通則」のうち，現行民法「第1款債務不履行の責任等」に対応する諸規定については，契約責任全体の問題をふまえながら，渡辺達徳教授，鹿野菜穂子教授，加藤から3つの案が提出された。また，大塚直教授から，不法行為による損害賠償との関連をふまえながら，現行民法415条，416条にかんする条文案が提出された。その後，類似性を有していた渡辺案と鹿野案は統合された(そのさい，(新)342条，343条については，これに大塚案も統合された)。 　ただ，この統合案は研究会副案となったので，まず，研究会正案を示したうえで，研究会副案を提示することとする。 　なお，債務不履行の問題についての考え方は，前述したように，契約責任全体と関連し，危険負担，契約解除，売買の瑕疵担保についての条文案と連動している。これらの問題についても，渡辺教授，鹿野教授は，それぞれ案を提出し，後に，渡辺案と鹿野案が統合された。ただ，民法改正試案の全体の統一性を確保する必要があることを考慮し，これらの問題についても，この統合案を研究会副案としたので，それらについては関連箇所で示すこととする。 　基本的には，研究会正案が，わが国の伝統的な債務不履行・危険負担・解除・瑕疵担保の枠組みを崩さない範囲での革新を試みるのに対し，研究会副案は，近時の国際的潮流を顧慮した大幅な刷新を試みるものである。
659	新設	340条　履行不能による債務の消滅	新	340条①：債権は，債務の履行が不能であるときは消滅する。ただし，(研究会正案)(新)第三百四十二(債務不履行による損害賠償)の適用があるときは，この限りでない。
660			新	340条②：前項の規定により債務が消滅した場合において，債務者が債務の目的に代わる賠償又は賠償請求権を取得したときは，債権者は，債務者が賠償として取得したものの引渡し又は賠償請求権の譲渡を請求することができる。

661	新設		341条　債務の履行期とその遅滞	新	341条①：債務の履行期は，次の各号に定めるところによる。
662	新設			新	一　確定期限付債務及び不確定期限付債務については，その期限が到来した時
663	新設			新	二　期限の定めのない債務については，その債務が発生した時
664	新設			新	341条②：債務は，次の各号に従い，履行遅滞に陥る。
665	412条1項	履行期と履行遅滞		修	一　確定期限付債務については，その期限が徒過した時
666	412条2項			修	二　不確定期限付債務については，債務者がその期限の到来を知った時
667	412条3項			修	三　期限の定めのない債務については，債務者が債権者から履行の請求を受けた時。ただし，不法行為による損害賠償債務については，その債務が発生した時
668	413条	受領遅滞	(現行413条「受領遅滞」削除し，移動)	削除	受領遅滞について規定した現行民法413条は，(新)339条2項に移動することとし，ここからは削除した。
669	414条	履行の強制	(現行414条「履行の強制」削除し，移動)	削除	履行の強制が問題となるのは，債権のみならず，権利一般なので，民法総則に規定することとし，債権編からは削除した。
670	415条	債務不履行による損害賠償		修	342条①：債務者がその債務の本旨に従った履行をしないときは，債権者は，債務者に対し，次の各号に定める損害の賠償を請求することができる。
671	新設			新	一　債務の履行が不能であるとき，又は給付の追完が不能なときは，履行に代えた損害
672	新設		342条　債務不履行による損害賠償	新	二　前条第二項により遅滞に陥ったとき，又は給付の追完が遅れているときは，遅延による損害
673	新設			新	三　前二号に定めるもののほか，債務の本旨に従った履行がないことに起因する損害
674	新設			新	342条②：前項の請求に対し，債務者は，その債務の不履行が自己の責めに帰すべき事由によるものでないことを証明して，その責任を免れることができる。
675	416条1項	損害賠償の範囲	343条　損害賠償の範囲	修	343条①：填補賠償又は遅延賠償の請求は，債務不履行によって通常生ずべき損害の賠償を目的とする。
676	416条2項				343条②：(現行416条2項と同じ)特別の事情によって生じた損害であっても，当事者がその事情を予見し，又は予見することができたときは，債権者は，その賠償を請求することができる。
677	417条	損害賠償の方法	344条　損害賠償の方法		344条：(現行417条に同じ)損害賠償は，別段の意思表示がないときは，金銭をもってその額を定める。
678	418条	過失相殺	345条　過失相殺		345条：(現行418条に同じ)債務の不履行に関して債権者に過失があったときは，裁判所は，これを考慮して，損害賠償の責任及びその額を定める。
679	419条1項	金銭債務の特則	346条　金銭債務の債務不履行の特則	修	346条①：金銭の支払いを目的とする債務の不履行については，その損害賠償の額は，(新)第三百五十四条(利息債権)に規定する基準利率によって定める。ただし，約定利率が法定利率を超えるときは，約定利率による。
680	419条2項				346条②：(現行419条2項と同じ)前項の損害賠償については，債権者は，損害の証明をすることを要しない。
681	419条3項				346条③：(現行419条3項と同じ)第一項の損害賠償については，債務者は，不可抗力をもって抗弁とすることができない。

682	420条1項前段	賠償額の予定	347条　損害賠償の予定	移修	347条①：当事者は，債務の不履行について損害賠償の予定をすることができる。
683	新設			新	347条②：前項の規定にかかわらず，債務者の故意に基づく損害賠償責任は，あらかじめ免除することはできない。ただし，自己の債務の履行のために他人を使用した場合には，使用された者の故意に基づく損害賠償責任については，この限りでない。
684	420条2項			移	347条③：(現行420条2項に同じ)賠償額の予定は，履行の請求又は解除権の行使を妨げない。
685	420条1項後段	賠償額の予定		移修	347条④：当事者が損害賠償の額を予定した場合において，裁判所は，その額を増減することができない。
686	420条3項			移	347条⑤：(現行420条3項に同じ)違約金は，賠償額の予定と推定する。
687	421条	（標題なし）	348条　金銭以外を目的とする損害賠償の予定		348条：(標題を除き，現行421条に同じ)前条の規定は，当事者が金銭でないものを損害の賠償に充てるべき旨を予定した場合について準用する。
688	422条	損害賠償による代位	349条　損害賠償による代位		349条：(現行422条に同じ)債権者が，損害賠償として，その債権の目的である物又は権利の価額の全部の支払を受けたときは，債務者は，その物又は権利について当然に債権者に代位する。
689			[債務不履行等・研究会副案]		
690	新設		340条　履行不能による債務の消滅	新	340条①：債権は，債務の履行が不能であるときは消滅する。ただし，(研究会正案)(新)第三百四十二(債務不履行による損害賠償)の適用があるときは，この限りでない。
691				新	340条②：前項の規定により債務が消滅した場合において，債務者が債務の目的に代わる賠償又は賠償請求権を取得したときは，債権者は，債務者が賠償として取得したものの引渡し又は賠償請求権の譲渡を請求することができる。
692				*	(研究会副案)340条は，(研究会正案)340条と同じである。
693	412条1項				341条①：(現行412条1項に同じ)債務の履行について確定期限があるときは，債務者は，その期限の到来した時から遅滞の責任を負う。
694	412条2項	履行期と履行遅滞	341条　履行期と履行遅滞		341条②：(現行412条2項に同じ)債務の履行について不確定期限があるときは，債務者は，その期限の到来したことを知った時から遅滞の責任を負う。
695	412条3項				341条③：(現行412条3項に同じ)債務の履行について期限を定めなかったときは，債務者は，履行の請求を受けた時から遅滞の責任を負う。
696	413条	受領遅滞	341条の2　受領遅滞		341条の2：(現行413条に同じ)債権者が債務の履行を受けることを拒み，又は受けることができないときは，その債権者は，履行の提供があった時から遅滞の責任を負う。
697				*	なお，研究会副案を採用する場合には，ここに「受領遅滞」の規定があるので，受領遅滞に関する(新)337条2項は削除するものとする。
698	414条	履行の強制	(現行414条「履行の強制」削除し，移動)	削除	現行民法典で規定されている「414条履行の強制」は，債権のみにとどまらず，権利一般の問題なので，(新)「第1編民法総則」の「第5章権利の実現」に移動した。

699	415条	債務不履行による損害賠償	342条　債務不履行による損害賠償	修	342条①：債務者がその債務の本旨に従った履行をしないとき、又は履行をすることができなくなったときは、債権者は、これによって生じた損害の賠償を請求することができる。ただし、債務不履行につき債務者に帰責事由がないときは、この限りでない。
700	新設			新	342条②：債務者の故意に基づく損害賠償責任は、あらかじめ免除することができない。
701	416条	損害賠償の範囲	343条　損害賠償の範囲	修	343条①：債務者は、契約締結時に当事者が不履行の結果として生じることを予見し、又は合理的に予見することができた損害についてのみ賠償の責任を負う。ただし、債務不履行が故意又は重大な過失によるものであるときは、この限りでない。
702	新設			新	343条②：前項の規定は、契約締結後、債務不履行の時点までに債務者が予見し、又は合理的に予見することができた損害についても、準用する。
703	417条	損害賠償の方法	344条　損害賠償の方法		344条：(現行417条に同じ)損害賠償は、別段の意思表示がないときは、金銭をもってその額を定める。
704	新設		345条　請求者に帰せられる損害	新	345条①：債務者は、次の各号に定める限度において、債権者が被った損害につき責任を負わない。
705	新設	(418条「過失相殺」参照)		新	一　債権者が債務の不履行につき寄与している場合には、その寄与の限度
706	新設			新	二　債権者の損失が、相当な手段をとることによって軽減した可能性が強い場合には、その軽減の限度
707	新設			新	345条②：債権者は、債務者に対して、自己に生じる損害を軽減するために費やした相当な費用の回復を請求することができる。
708	新設		345条の2　代償の引渡し	新	345条の2：(研究会副案)(新)第三百四十二条(債務不履行による損害賠償)第一項に定める履行不能が生じたのと同一の原因によって、債務者が債務の目的の代償である利益又は請求権を取得したときは、債権者は、その被った損害を限度として、債務者が代償として受領したものの引渡し又は代償として取得した請求権の譲渡を請求することができる。
709	419条1項	金銭債務の特則	346条　金銭債務の債務不履行の特則		346条①：(現行419条1項に同じ)金銭の給付を目的とする債務の不履行については、その損害賠償の額は、(新)第三百五十四条(利息債権)に規定する基準利率によって定める。ただし、約定利率が法定利率を超えるときは、約定利率による。
710	419条2項				346条②：(現行419条2項に同じ)前項の損害賠償については、債権者は、損害の証明をすることを要しない。
711	419条3項				346条③：(現行419条3項に同じ)第一項の損害賠償については、債務者は、不可抗力をもって抗弁とすることができない。
712	420条1項	賠償額の予定	347条　賠償額の予定		347条①：(現行420条1項に同じ)当事者は、債務の不履行について損害賠償の額を予定することができる。この場合において、裁判所は、その額を増減することができない。
713	420条2項				347条②：(現行420条2項に同じ)賠償額の予定は、履行の請求又は解除権の行使を妨げない。
714	420条3項				347条③：(現行420条3項に同じ)違約金は、賠償額の予定と推定する。
715	421条	(標題なし)	348条　金銭以外を目的とする損害賠償の予定		348条：(標題を除き、現行421条に同じ)前条の規定は、当事者が金銭でないものを損害の賠償に充てるべき旨を予定した場合について準用する。

716	422条	損害賠償による代位	349条 損害賠償による代位		349条：(現行422条に同じ)債権者が，損害賠償として，その債権の目的である物又は権利の価額の全部の支払を受けたときは，債務者は，その物又は権利について当然に債権者に代位する。
717	第1節 債権の目的		第2節 債権の種類		
718	400条	特定物の引渡しの場合の注意義務	350条 特定物債権	修	350条：特定物の引渡しを目的とする債権(以下「特定物債権」という。)においては，債務者は，その引渡しをするまで，その物を保存しなければならない。
719	401条1項	種類債権	351条 種類債権	修	351条①：種類物の引渡しを目的とする債権(以下「種類債権」という。)においては，法律行為の性質又は当事者の意思によってその品質を定めることができないときは，債務者は，中等の品質を有する物を給付しなければならない。
720	401条2項			修	351条②：種類債権において，給付すべき物が次の各号により特定された場合，以後その物を債権の目的物とする。
721	401条2項			修	一 債権者と債務者との合意
722	新設			新	二 債権者と債務者との合意によって与えられた選定権に基づく選定権者の指定
723	401条2項	種類債権		修	三 債務者が物を給付するのに必要な行為の完了
724	新設			新	351条③：種類債権において，給付すべき物が前項により特定された場合，以後，債務者は，特定物債権の債務者と同様の義務を負う。ただし，債権者の利益を害しない限り，債務者が他の物をもって弁済することを妨げない。
725	新設			新	351条④：前項の規定にかかわらず，給付された物に瑕疵があるときは，債権者は，瑕疵の存在を認識した上でこれを履行として認容するまでは，代物の給付を請求することができる。
726	402条1項	金銭債権	352条 金銭債権	修	352条①：金銭の支払いを目的とする債権(以下「金銭債権」という。)においては，債務者は，その選択に従い，各種の通貨で弁済することができる。ただし，特定の種類の通貨の給付を債権の目的としたときは，この限りでない。
727	402条2項			修	352条②：債権の目的物である特定の種類の通貨が弁済期に強制通用力を失っているときは，債務者は，他の通貨で弁済をしなければならない。
728	403条	(標題なし)	353条 外貨建て債権	修	353条①：外国の通貨で債権額を指定したときは，その通貨で弁済しなければならない。ただし，債務者は，履行地における為替相場により，日本の通貨で弁済することができる。
729	402条3項	金銭債権		移	353条②：前条の規定は，前項の場合について準用する。
730	404条	法定利率	354条 利息債権	修	354条①：利息を生ずべき債権(以下「利息債権」という。)の利率につき，別段の意思表示がないときは，その利率は，基準利率による。
731	新設			新	354条②：基準利率は，別に政令に定めるところによる。基準利率は，これを告示しなければならない。
732	405条	利息の元本への組入れ		修	354条③：利息債権において，利息の支払いが一年分以上延滞した場合に，債権者が催告をしても，債務者がその利息を支払わないときは，債権者は，これを元本に組み入れることができる。
733	406条 411条	選択債権における選択権の帰属 選択の効力		修	355条①：当事者の約定又は法律の規定により，債権の目的が数個の給付の中から選択によって定まる場合(以下「選択債権」という。)には，その選択の効果は，債権の発生の時にさかのぼって生ずる。

734	410条	不能による選択債権の特定		修	355条②：前項の場合において，給付に不能なものがあるときは，債権はその残存するものについて存在する。ただし，選択権を有しない当事者の過失によって給付が不能となったときは，この限りでない。
735	新設			新	355条③：選択債権においては，特段の定めのない限り，選択権の行使は，以下の各号の定めるところによる。
736	406条 407条1項	選択債権における選択権の帰属 選択権の行使		移 修	一 選択権が債務者に属する場合において，債務者は，相手方に対する意思表示によって選択権を行使しなければならない。
737	409条1項	第三者の選択権	355条　選択債権	移 修	二 第三者が選択権を有する場合において，その第三者は，債権者又は債務者に対する意思表示によって選択権を行使しなければならない。
738	407条2項	選択権の行使		修	三 前二号の規定に従い，一旦なされた選択の意思表示は，第一号にあっては相手方の承諾，第二号にあっては債権者及び債務者の承諾を得なければ，撤回することができない。
739	新設			新	355条④：前項の場合において，選択権の行使がなされないときは，次の各号の定めるところに従い，選択権は移転する。
740	408条	選択権の移転		修	一 前項第一号の選択債権が弁済期にある場合において，相手方から相当の期間を定めて催告をしても，選択権を有する当事者がその期間内に選択をしないときは，相手方に移転する。
741	409条2項	第三者の選択権		修	二 前項第二号の場合において，第三者が選択をすることができず，又は選択をする意思を有しないときは，債務者に移転する。
742	第2款　債権者代位権及び詐害行為取消権		第3節　債権の対外的効力		
743	423条1項	債権者代位権	[356条・研究会正案] 356条　債権者代位権	修	356条①：債権者は，自己の債権を保全するため，債務者の無資力又は保全される権利と行使される権利との関連性を証明して，債務者に属する権利を行使することができる。ただし，行使される権利が債務者の一身に専属するときは，この限りでない。
744	423条2項			修	356条②：債権者は，その債権の期限が到来しない間は，裁判上の代位によらなければ，前項の権利を行使することができない。ただし，保存行為は，この限りでない。
745	423条1項	債権者代位権	[356条・研究会副案] 356条　債権者代位権		356条①：(現行423条1項に同じ)債権者は，自己の債権を保全するため，債務者に属する権利を行使することができる。ただし，債務者の一身に専属する権利は，この限りでない。
746	423条2項				356条②：(現行423条2項に同じ)債権者は，その債権の期限が到来しない間は，裁判上の代位によらなければ，前項の権利を行使することができない。ただし，保存行為は，この限りでない。
747	新設			新	357条①：債権者は，債務者に対して債務名義を有する場合，又は債務名義を取得しようとする場合に，その債務者が債権者を害することを知ってした法律行為(以下「詐害行為」，詐害行為をした債務者を「詐害行為者」という。)により，法律行為の相手方が財産を取得し又は利益を受けたとき(以下，この相手方を「受益者」という。)は，その受益者に対し，取得した財産又は利益の限度で詐害行為者の債務につき責任を拡張させることの確認を裁判所に求めることができる。受益者が取得した財産を転得するか又は受けた利益からさらに利益を受けた者(以下「転得者」という。)も，同様の責任を負う。

748	424条 1項 ただし書	詐害行為取消権		移 修	357条②：前項の規定は，受益者又は転得者が詐害行為又は転得の時において債権者を害する事実を知らなかったときは，適用しない。
749	新設		[詐害行為・研究会正案] 357条　詐害行為による責任の拡張		357条③：債権者は，詐害行為者に対する債務名義と前項の確認判決に基づき，執行裁判所に対し受益者又は転得者に対する執行文の付与の申立てをして，その財産に対し強制執行をすることができる。
750	新設			新	357条④：債権者が前項の規定に基づき強制執行をしたときは，債権者の詐害行為者に対する債権は，その限度で消滅する。
751	新設			新	357条⑤：第三項の強制執行を受け又は強制執行に先立って第三者の弁済をした受益者又は転得者は，詐害行為者に対し，財産を失った限度で求償権を行使することができる。ただし，その求償の額は，受益者又は転得者が前主に対して支出した費用を上回ることはできない。
752	新設			新	357条⑥：前項の求償権を行使する受益者又は転得者は，詐害行為者又はその他の求償権を行使しようとする相手方に対し，その訴訟の告知をしなければならない。
753	新設			新	357条⑦：第一項の規定は，財産権を目的としない法律行為については，適用しない。
754	425条	詐害行為の取消しの効果	358条　詐害行為による責任拡張の効果	修	358条：前条の規定による責任の拡張は，すべての債権者の利益のためにその効力を生ずる。
755	426条	詐害行為取消権の期間の制限	359条　詐害行為による責任拡張訴訟の期間の制限	修	359条：(研究会正案)(新)第三百五十七条(詐害行為による責任の拡張)の規定による訴えを提起する権利は，債権者が詐害行為の事実を知った時から二年間行使しないときは，時効によって消滅する。行為の時から十年を経過したときも，同様とする。
756	424条 1項	詐害行為取消権	[詐害行為・研究会副案] 357条　詐害行為取消権		357条①：(現行424条1項に同じ)債権者は，債務者が債権者を害することを知ってした法律行為の取消しを裁判所に請求することができる。ただし，その行為によって利益を受けた者又は転得者がその行為又は転得の時において債権者を害すべき事実を知らなかったときは，この限りでない。
757	424条 2項				357条②：(現行424条2項に同じ)前項の規定は，財産権を目的としない法律行為については，適用しない。
758	425条	詐害行為の取消しの効果	358条　詐害行為の取消しの効果		358条：(現行425条に同じ)前条の規定による取消しは，すべての債権者の利益のためにその効力を生ずる。
759	426条	詐害行為取消権の期間の制限	359条　詐害行為取消権の期間の制限		359条：(現行426条に同じ)(研究会副案)(新)第三百五十七条(詐害行為取消権)の規定による取消権は，債権者が取消しの原因を知った時から二年間行使しないときは，時効によって消滅する。行為の時から二十年を経過したときも，同様とする。
760	第4節　債権の譲渡		第4節　債権譲渡，債務引受及び契約譲渡		
761	新設		第1款　債権譲渡	＊	債権譲渡の条文案は，池田真朗教授の提案を基礎に検討されたものである。
762	466条	債権の譲渡性	360条　債権の譲渡性	修	360条：債権は，これを譲り渡すことができる。ただし，その性質がこれを許さないときは，この限りでない。
763	467条 1項	指名債権の譲渡の対抗要件	361条　指名債権の譲渡の債務者への対抗要件	移 修	361条：指名債権の譲渡は，譲渡人が債務者に通知をし，又は債務者が承諾若しくは了知した旨の表示をしなければ，債務者に対抗することができない。

764	467条2項	指名債権の譲渡の対抗要件		移修	362条①：指名債権の譲渡は，前条の通知又は承諾若しくは了知した旨の表示が確定日付ある証書によってなされていなければ，債務者以外の第三者に対抗することができない。
765	新設		362条 指名債権の譲渡の第三者への対抗要件	新	362条②：前項の通知は，法人にあっては，動産及び債権の譲渡の対抗要件に関する民法の特例等に関する法律（平成十年法律第百四号）に定める債権譲渡登記をもって代えることができる（以下この節においては，「通知」及び「債権譲渡登記」を「通知等」と言う。また，「通知到達時」には「債権譲渡登記時」を含むものとする。）。
766	新設		363条 複数譲受人等がある場合の法律関係	新	363条①：同一の債権について複数の譲渡がなされ，ともに確定日付のある証書による通知又は承諾若しくは了知した旨の表示があった場合には，通知到達時又は承諾若しくは了知した旨の表示の時が先のものが優先する。譲渡された債権について差押えがあったときは，確定日付のある証書による通知到達時又は承諾若しくは了知表示の時と差押送達時のいずれか先のものが優先する。
767				新	363条②：前項の場合において，優劣の判定できない複数の債権の譲受人又は差押債権者があるときは，各譲受人又は差押債権者は，譲り受け又は差し押さえた債権の全額を債務者に請求することができる。この場合において，弁済を受けた者は，他の同順位の譲受人又は差押債権者からの按分額の請求を拒むことができない。
768				新	363条③：前項の場合，債務者は，弁済又は(新)第四百一条（弁済供託）第三号の供託によって債務を免れることができる。
769	468条2項	指名債権の譲渡における債務者の抗弁	364条 指名債権の譲渡における債務者の抗弁	修	364条①：(新)第三百六十一条（指名債権の譲渡の債務者への対抗要件）の譲渡がなされたときには，債務者は，その通知を受け，又は承諾若しくは了知した旨の表示をするまでに譲渡人に対して生じた事由をもって譲受人に対抗することができる。
770	468条1項			修	364条②：債務者が，承諾に際して，異議をとどめないことを明示したときは，善意の譲受人に対しては前項の対抗事由の主張を放棄する旨の意思表示がされたものとみなす。この場合において，債務者がその債務を消滅させるために譲渡人に払い渡したものがあるときはこれを取り戻し，譲渡人に対して負担した債務があるときはこれを成立しないものとみなすことができる。
771	469条 470条 471条 472条	指図債権の譲渡の対抗要件 指図債権の債務者の調査の権利等 記名式所持人払債権の債務者の調査の権利等 指図債権の譲渡における債務者の抗弁の制限	(現行469条から472条削除)	削除	指図債権および記名式所持人払債権についての現行民法469条から472条(469条「指図債権の譲渡の対抗要件」，470条「指図債権の債務者の調査の権利等」，471条「記名式所持人払債権の債務者の調査の権利等」，472条「指図債権の譲渡における債務者の抗弁の制限」）は，現実にほとんど用いられることがない有価証券について規定したものと現在考えられているので，それらは廃止し，仮に，今後それらに当たる債権が設定された場合にはその処理は解釈に委ねることとした。
772	473条	無記名債権の譲渡における債務者の抗弁の制限	365条 無記名債権の譲渡における債務者の抗弁の制限	修	365条：無記名債権の債務者は，その証書に記載した事項及びその証書の性質から当然に生ずる結果を除き，その無記名債権の譲渡前の債権者に対抗することができた事由をもって善意の譲受人に対抗することができない。
773	新設		第2款 債務引受	*	債務引受の条文案は，野澤正充教授の提案を基礎に検討されたものである。

774	新設	366条　債務の引受	新	366条①：債務者は，第三者(以下「引受人」という)との契約又は法律の規定により，その債務を引受人に移転することができる。
775			新	366条②：引受人は，債権者との契約によって，債務者の債務を引き受けることができる。
776	新設	367条　免責的債務引受に対する債権者の承諾	新	367条①：債務者と引受人の契約により債務者が免責される債務引受は，債権者の承諾がなければ効力を有しない。
777			新	367条②：債権者が事前に承諾していた場合には，前項の債務引受は，その旨の通知が債務者に対してなされた時又は債権者がこれを了知した旨の表示をした時に効力を生じる。
778			新	367条③：債権者の承諾が引受契約の後になされた場合には，第1項の債務引受は，その承諾の時に効力を生じる。
779	新設	368条　併存的債務引受	新	368条①：債務者と引受人の契約により引受人が債務者と併存して債務を負うことを約したときは，債権者は，引受人に対して直接にその債務の履行を請求する権利を有する。
780			新	368条②：引受人が債務者の債務を併存的に引き受けるときは，債務者及び引受人は，債権者に対して，連帯してその債務を弁済する責任を負う。
781	新設	369条　履行の引受	新	369条①：債務者は，債権者の承諾新設に，引受人との契約によって，その引受人が債務者に代わって債務を履行すべき旨を定めることができる。ただし，債務の性質がこれを許さないときは，この限りでない。
782			新	369条②：前項の約定がある場合においても，債権者は，債務者に対して債務の履行を請求することができる。
783	新設	370条　抗弁の対抗	新	370条：引受人は，債権者に対して，債務者が主張できた事由をもって対抗することができる。ただし，引受人が免責的に債務を引き受けた場合には，債務者は，債権者に対して行使できた相殺を援用することができない。
784	新設	371条　債務引受による担保の消滅	新	371条①：債務者が免責された場合には，債務の履行のために引受人以外の者によって提供されていた担保も消滅する。ただし，債務の引受に際して，担保提供者が反対の意思を表示したときは，この限りでない。
785			新	371条②：債務者が免責された場合には，債務の履行のために債務者が提供していた担保も消滅する。ただし，その担保が，債務者と引受人との間で移転された財産権について設定されているときは，この限りでない。
786	新設	第3款　契約譲渡	＊	契約譲渡の条文案は，野澤教授の提案を基礎に検討されたものである。
787	新設	372条　契約の譲渡	新	372条①：契約の当事者の一方(以下「譲渡人」という)は，相手方当事者以下「相手方という)との間の当該契約における当事者の地位を，第三者(以下「譲受人」という)との契約又は法律の規定により，譲受人に移転することができる。
788			新	372条②：契約の譲渡は，相手方の承諾がなければ効力を有しない。ただし，契約の性質又は法律の規定により，相手方の承諾を要しないときは，この限りでない。
789	新設	373条　契約の譲渡の対抗要件	新	373条①：相手方が事前に承諾していた場合には，契約の譲渡は，譲渡人がその旨の通知を相手方に対してした時又は相手方がこれを了知した旨の表示をした時に効力を生じる。
790			新	373条②：相手方の承諾が譲渡契約の後になされた場合には，契約の譲渡はその承諾の時に効力を生じる。
791			新	373条③：第一項の通知又は了知をした旨の表示及び前項の承諾が確定日付のある証書によってなされた場合には，契約の譲渡を相手方以外の譲受人に対抗することができる。

792	新設		374条　譲渡人の免責	新	374条①：相手方は，契約の譲渡がなされた場合において，譲渡人を免責することができる。ただし，相手方は，譲受人が債務を履行しないときに，譲渡人に対して債務の履行を求めるために，譲渡人を免責しないこともできる。
793	新設			新	374条②：譲渡人が免責されない場合には，譲渡人と譲受人は，相手方に対して，連帯してその債務を弁済する責任を負う。
794	新設		375条　抗弁の対抗	新	375条：譲受人は，相手方に対して，譲渡人が主張できた事由をもって対抗することができる。
795	新設		376条　契約譲渡の効果	新	376条①：契約譲渡がなされた場合において，譲受人及び相手方は，各自相手方又は譲受人に対し，譲渡後に当該契約から生じるすべての権利を有し，義務を負う。
796	新設			新	376条②：譲渡人が(新)第三百七十四条(譲渡人の免責)第一項によって免責された場合には，(新)第三百七十一条(債務引受による担保の消滅)第一項及び第二項の規定を準用する。
797	第5節　債権の消滅		第5節　債権の消滅		
798	新設		第1款　総則		
799	新設		377条　債権の消滅	新	377条：債権は，その本旨に従った弁済(代物弁済を含む)，弁済供託，相殺，更改，免除及び混同によって消滅する。ただし，(新)第三百九十条(弁済による代位)の適用がある場合は，この限りでない。
800	第1款　弁済		第2款　弁済	＊	「第2款弁済」の条文案は，「第4目特殊な弁済方法」をのぞき，松岡久和教授の提案を基礎に検討されたものである。
801	第1目　総則		第1目　総則		
802	474条1項	第三者の弁済	378条　弁済	修	378条①：債権は，債務者又は第三者の弁済により消滅する。ただし，その債務の性質が第三者の弁済を許さないときは，この限りでない。
803	474条2項				378条②：(現行474条2項に同じ)利害関係を有しない第三者は，債務者の意思に反して，弁済をすることができない。
804	484条	弁済の場所	379条　弁済の場所		379条：(現行484条に同じ)弁済をすべき場所について別段の意思表示がないときは，特定物の引渡しは債権発生の時にその物が存在した場所において，その他の弁済は債権者の現在の住所において，それぞれしなければならない。
805	485条	弁済の費用	380条　弁済の費用		380条：(現行485条に同じ)弁済の費用について別段の意思表示がないときは，その費用は，債務者の負担とする。ただし，債権者が住所の移転その他の行為によって弁済の費用を増加させたときは，その増加額は，債権者の負担とする。
806	486条	受取証書の交付請求	381条　弁済者の証書請求	移修	381条①：弁済をする者は，弁済を受領する者に対して受取証書の交付を請求することができる。
807	487条	債権証書の返還請求		移修	381条②：(現行487条に同じ)債権に関する証書がある場合において，弁済をした者が全部の弁済をしたときは，その証書の返還を請求することができる。
808	475条	弁済として引き渡した物の取り戻し	382条　弁済として引き渡した物の取戻し		382条①：(現行475条に同じ)弁済をした者が弁済として他人の物を引き渡したときは，その弁済をした者は，更に有効な弁済をしなければ，その物を取り戻すことができない。
809	477条	弁済として引き渡した物の消費又は譲渡がされた場合の弁済の効力等		移修	382条②：前項の場合において，債権者が弁済として受領した物を善意で消費し，又は譲り渡したときは，その弁済は，有効とする。この場合において，債権者が第三者から賠償の請求を受けたときは，弁済をした者に対して求償をすることを妨げない。

810	476条	（標題なし）	（現行476条「標題なし：弁済として引き渡した物の取り戻し」削除）	削除	現行民法476条は、発生した債権につき、法律行為の取消しをすることがなくても、それとは独立して、弁済としておこなった物の引渡しを取消すことが可能であることを前提としている。かりに、物権変動につき、物権行為の独自性を認めるのであれば、現行民法476条の規定は、物権変動論と整合的である。しかし、本研究会正案は、物権行為の独自性を否定する現在の判例・通説の立場を維持することを提案しているので、それと矛盾する現行民法476条の規定は、削除することとした。明治以来、現行民法476条に関する裁判例は公刊判例集には見当たらず、本条の削除が実務的な混乱を生じることはないと思われる。
811	478条	債権の準占有者に対する弁済	[383条・研究会正案] 383条 弁済受領の権限の外観を有する者に対する弁済	修	383条：弁済受領の権限の外観を有する者に対して弁済した者は、善意であり、かつ、過失がなかったときは、その債権の消滅を主張することができる。
812	478条	債権の準占有者に対する弁済	[383条・研究会副案] 383条 弁済受領の権限の外観を有する者に対する弁済	修	383条①：弁済受領の権限の外観を有する者に対して弁済した者は、善意であり、かつ、過失がなかったときは、その債権の消滅を主張することができる。
813	新設			新	383条②：前項の規定は、機械払いの場合及びその債務を担保として行った貸付けの場合に準用する。ただし、機械払いの場合において特別法が別段の定めを置くときは、この限りでない。
814	479条	受領する権限のない者に対する弁済	384条 受領する権限のない者に対する弁済		384条：(現行479条に同じ)前条の場合を除き、弁済を受領する権限を有しない者に対してした弁済は、債権者がこれによって利益を受けた限度においてのみ、その効力を有する。
815	480条	受取証書の持参人に対する弁済	（現行480条「受取証書の持参人に対する弁済」削除）	削除	受取証書の持参人に対する弁済を規律する現行民法480条は、「みなす」と表現していて、受取証書の持参人には、正当な弁済受領権限があるとしているので、そのような権限をもたない債権の準占有者とは違いがあるかのようにみえるが、悪意者や有過失者に対する弁済はやはり保護されない。同条は、主観的態様にかんする立証責任を転換する趣旨かと思われるが、事実上の推定でもたりる。また、同条にかんしては、その独自性を強調する見解もあるが、現行民法478条((研究会正案)(新)383条も同じ)と同質の問題であり、同条に吸収されると考えてよいように思われる。
816	481条	支払いの差止めを受けた第三債務者の弁済	385条 支払の差止めを受けた第三債務者の弁済	修	385条：支払の差止めを受けた第三債務者は、債権者に対する弁済をもって、差押債権者に対抗することができない。
817	483条	特定物の現状による引渡し	（現行483条「特定物の現状による引渡し」削除）	削除	現行民法483条は、ある意味で当然のことを規定したまでとみることができ、同条にかんする判例もほとんどなく、かえって、瑕疵担保責任の性質論において、法定責任説の一部が論拠とし、しかもその点に契約責任説から強い批判があることからわかるように、むしろ混乱の源ともいえる。瑕疵担保規定の整備・整理に連動して、削除する。
818	488条1項	弁済の充当の指定		移修	386条①：債務者が弁済として提供した給付が債務すべてを消滅させるのに足りないときは、弁済をする者は、給付の時に、その弁済を充当すべき債務を指定することができる。
819	488条2項			移修	386条②：(現行488条2項に同じ)弁済をする者が前項の規定による指定をしないときは、弁済を受領する者は、その受領の時に、その弁済を充当すべき債務を指定することができる。ただし、弁済をする者がその充当に対して直ちに異議を述べたときは、この限りでない。

820	489条		386条 弁済の充当	移修	386条③:前二項による弁済の充当の指定がされないときは、次の各号の定めるところに従い、その弁済を充当する。
821	1号	法定充当		移	一(現行489条1号に同じ) 債務の中に弁済期にあるものと弁済期にないものとがあるときは、弁済期にあるものに先に充当する。
822	2号			移	二(現行489条2号に同じ) すべての債務が弁済期にあるとき、又は弁済期にないときは、債務者のために弁済の利益が多いものに先に充当する。
823	3号			移	三(現行489条3号に同じ) 債務者のために弁済の利益が相等しいときは、弁済期が先に到来したもの又は先に到来すべきものに先に充当する。
824	4号			移	四(現行489条4号に同じ) 前二号に掲げる事項が相等しい債務の弁済は、各債務の額に応じて充当する。
825	491条1項			移修	386条④:前各項による弁済の充当においては、債務が単数であるか否かにかかわらず、次の順序に従わなければならない。
826	491条1項	元本、利息及び費用を支払うべき場合の充当		移修	一 費用
827	491条1項			移修	二 利息
828	491条1項			移修	三 元本
829	491条2項			移修	386条⑤:第三項は、前項の場合に準用する。
830	490条	数個の給付をすべき場合の充当	(現行490条「数個の給付をすべき場合の充当」削除)	削除	現行民法490条の必要性や賃料債務を例にとった説明には疑問がある。そこで、現行民法490条を廃止して、この場合をも含めうるよう、現行民法488条の「すべての債務」を、(新)386条1項では「債務すべて」としておき、残り3か条をPICC6.1.12条の規律を参考に1か条にまとめることとした。
831	492条	弁済の提供の効果	[387条・研究会正案] 387条 弁済の提供の効果	修	387条:債務者は、債務の本旨に従った弁済の提供の時から、履行遅滞の責任を免れ、その後の債務の履行については、故意または重大な過失についてのみ責任を負う。
832	492条	弁済の提供の効果	[387条・研究会副案] 387条 弁済の提供の効果	修	387条:債務者は、債務の本旨に従った弁済の提供の時から、履行遅滞の責任を免れ、その後の債務の履行については、自己の財産におけると同一の注意をもってすれば足りる。
833	493条	弁済の提供の方法	388条 弁済の提供の方法		388条:(現行493条に同じ)弁済の提供は、債務の本旨に従って現実にしなければならない。ただし、債権者があらかじめその受領を拒み、又は債務の履行について債権者の行為を要するときは、弁済の準備をしたことを通知してその受領の催告をすれば足りる。
834	新設		第2目 代物弁済		
835	482条	代物弁済	389条 代物弁済	修	389条①:(本文は現行482条に同じ)債務者が、債権者の承諾を得て、その負担した給付に代えて他の給付をしたときは、その給付は、弁済と同一の効力を有する。ただし、仮登記担保等、代物弁済を予約として、又は、停止条件付きで行う場合には、債権者は清算義務を負う。
836	新設			新	389条②:前項の清算の手続は、仮登記担保契約に関する法律(昭和五十三年法律第七十八号)に定めるところによる。
837	第3目 弁済による代位		第3目 弁済による代位		
838	499条	任意代位	390条 弁済による代位	移修	390条①:弁済について正当な利益を有する者は、第三者の弁済によって当然に債権者に代位する。

839	500条	法定代位		移修	390条②:弁済について正当な利益を有しない者は，債務者のために弁済をした場合，その弁済と同時に債権者の承諾を得て，債権者に代位することができる。この場合においては，(新)第三百六十一条(指名債権の譲渡の債務者への対抗要件)の規定を準用する。
840	501条前段	弁済による代位の効果	391条　弁済による代位の効果	修	391:前条の規定により債権者に代位した者(以下「代位者」という。)は，自己の権利に基づいて求償をすることができる範囲内において，その債権を行使することができる。その債権に担保が付されていた場合，代位者は，その担保権も行使することができる。
841	501条後段			修	392条:(新)第三百九十条(弁済による代位)第一項の規定により代位をすることができる者が複数ある場合においては，次の各号の定めるところに従わなければならない。
842	1号			修	一　保証人及び物上保証人は，担保物権の目的である債務者所有の財産の第三取得者に対しても，債権者に代位する。
843	2号			修	二　担保物権の目的である債務者所有の財産の第三取得者は，保証人及び物上保証人に対して債権者に代位しない。
844	3号	弁済による代位の効果	392条　法定代位のできる者の間の調整	修	三　債務者所有の複数の財産が担保物権の目的である場合において，担保物権の目的である財産の第三取得者の一人は，各財産の価額に応じた負担の限度で，他の第三取得者に対して債権者に代位する。
845	4号			修	四　複数の物上保証人が担保物権を設定した場合において，物上保証人の一人(物上保証人からの担保目的財産の第三取得者を含む)は，各財産の価額に応じた負担の限度で，他の物上保証人に対して債権者に代位する。
846	5号本文			移修	五　保証人と物上保証人(物上保証人からの担保目的財産の第三取得者を含む)との間においては，その数に応じて負担を分かち，その限度で，債権者に代位する。この場合において，保証人と物上保証人を兼ねる者は一人として計算する。
847	5号ただし書			移修	六　前号の場合において，物上保証人(保証人を兼ねる者を除く)が数人あるときは，保証人(物上保証人を兼ねる者を含む)の負担部分を除いた残額について，各財産の価額に応じた負担の限度で，債権者に代位する。
848	501条6号	弁済による代位の効果	(501条6号「弁済による代位の効果」削除)	削除	保証人や物上保証人が債務者所有不動産に代位する場合に，現行501条1号が付記登記を要するとした点には合理性が欠けるため削除した。現行501条6号も，これと同様の理由から削除することとした。
849	502条1項	一部弁済による代位	393条　一部弁済による代位	修	393条①:債権の一部について弁済をした代位者は，その弁済をした価額に応じて，債権者とともにその権利を行使する。この場合，代位者は，債権者に劣後する。
850	502条2項				393条②:(現行502条2項に同じ)前項の場合において，債務の不履行による契約の解除は，債権者のみがすることができる。この場合においては，代位者に対し，その弁済をした価額及びその利息を償還しなければならない。
851	503条1項	債権者による債権証書の交付等	394条　債権者による債権証書の交付等	修	394条①:全部の弁済を受けた債権者は，債権に関する証書及び自己の占有する担保物を代位者に交付しなければならない。
852	503条2項			修	394条②:債権の一部について弁済があり，代位が生じた場合には，債権者は，債権に関する証書に弁済者の代位を記入し，かつ，自己の占有する担保物の保存を代位者に監督させなければならない。

853	504条	債権者による担保の喪失等	395条　債権者の担保保存義務違反の効力	修	395条：(新)第三百九十条(弁済による代位)第一項の規定により代位をすることができる者がある場合において，債権者が故意又は過失によって通常の取引において合理的と考えられる事由なくその担保を喪失し，又は減少させたときは，その代位をすることができる者は，その喪失又は減少によって償還を受けることができなくなった限度において，その責任を免れる。
854	新設		396条　弁済以外の債権消滅原因への準用	新	396条：(新)第一目(総則)及び(新)第三目(弁済による代位)の規定は，その性質に反しない限り，弁済以外の債権消滅原因について準用する。
855	新設		第4目　特殊な弁済方法		
856	新設		397条　終身定期金としての不確定量の弁済	新	397条①：債務の弁済の量を不確定なものとする約定は，過度に射倖的であるときは，(新)第五十条(強行規定と公序良俗)第一項に反し，無効とする。ただし，次項に述べる場合は，この限りでない。
857	新設	(689条「終身定期金契約」参照)		新	397条②：弁済方法として，債務者が，自己，債権者又は第三者の死亡に至るまで，定期に金銭その他の物を債権者又は第三者に弁済する旨の約定(以下「終身定期金払」という。)は，有効とする。
858	690条	終身定期金の計算	398条　終身定期金払いの支分権の日割り計算		398条：終身定期金債務が消滅した場合，その期の支分権は，日割りで計算する。
859	691条1項	終身定期金の解除	399条　終身定期金払特約の解除	修	399条①：終身定期金債務者が終身定期金の元本を受領した場合において，その終身定期金の弁済を怠り，又はその他の義務を履行しないときは，債権者は，元本の返還を請求することができる。この場合において，債権者は，既に弁済を受けた終身定期金の中からその元本の利息を控除した残額を終身定期金債務者に返還しなければならない。
860	692条	終身定期金契約の解除と同時履行		移	399条②：(新)第四百七十条(同時履行の抗弁)の規定は，前項の場合について準用する。
861	691条2項	終身定期金の解除		移	399条③：第一項の規定は，損害賠償の請求を妨げない。
862	693条1項	終身定期金債権の存続の宣告	400条　条件成就の妨害があった場合の債権存続宣告	移	400条①：終身定期金債務者の責めに帰すべき事由によって(新)第三百九十七条(終身定期金としての不確定量の弁済)第二項に規定する死亡が生じたときは，裁判所は，終身定期金債権者又はその相続人の請求により，終身定期金債権が相当の期間存続することを宣告することができる。
863	693条2項			移	400条②：前項の規定は，前条に規定する権利の行使を妨げない。
864	第2目　弁済の目的物の供託		第3款　弁済供託	*	弁済供託の条文案については，松岡教授を基礎に検討したものである。
865	494条	供託	401条　弁済供託	修	401条：弁済をすることができる者(以下この款において「弁済者」という。)は，以下の各号に該当する場合において，供託法(明治三十二年法律第十五号)の規定に従い，債権者のために弁済の目的物を供託してその債務を免れることができる。
866				修	一　債権者が弁済の受領を拒んだ場合
867				修	二　債権者が弁済を受領することができない場合
868				修	三　弁済者が過失なく債権者を確知することができない場合

869	497条	供託に適しない物等	402条　競売代金の供託	修	402条：前条の場合において，弁済の目的物が供託に適しないとき，又はその物について滅失若しくは損傷のおそれがあるときは，弁済者は，裁判所の許可を得て，これを競売に付し，その代金を供託することができる。その物の保存について過分の費用を要するときも，同様とする。
870	495条1項	供託の方法	403条　供託の方法	修	403条①：前二条の規定による供託は，債務の履行地の供託所にしなければならない。
871	495条2項				403条②：(現行495条2項に同じ)供託所について法令に特別の定めがない場合には，裁判所は，弁済者の請求により，供託所の指定及び供託物の保管者の選任をしなければならない。
872	495条3項			修	403条③：前二条の規定により供託をした者は，遅滞なく，債権者に供託の通知をしなければならない。この通知は，供託所に委託することができる。
873	新設		404条　供託物還付請求権の取得	新	404条：債権者は，供託法の定めるところにより供託所に対して供託物の還付を請求する権利を取得する。
874	498条	供託物の受領の要件	405条　供託物還付請求と反対給付の同時履行		405条：(現行498条に同じ)債務者が債権者の給付に対して弁済をすべき場合には，債権者は，その給付をしなければ，供託物を受け取ることができない。
875	496条1項	供託物の取戻し	406条　供託物の取戻し		406条①：(現行496条1項に同じ)債権者が供託を承諾せず，又は供託を有効と宣告した判決が確定しない間は，弁済者は，供託物を取り戻すことができる。この場合においては，供託をしなかったものとみなす。
876	496条2項				406条②：(現行496条2項に同じ)前項の規定は，供託によって質権又は抵当権が消滅した場合には，適用しない。
877	第2款　相殺		第4款　相殺	*	相殺の条文案は，野澤教授の提案を基礎に検討されたものである。
878	505条1項	相殺の要件等	407条　相殺の要件等		407条①：(現行505条1項に同じ)二人が互いに同種の目的を有する債務を負担する場合において，双方の債務が弁済期にあるときは，各債務者は，その対当額について相殺によってその債務を免れることができる。ただし，債務の性質がこれを許さないときは，この限りでない。
879	505条2項				407条②：(現行505条2項に同じ)前項の規定は，当事者が反対の意思を表示した場合には，適用しない。ただし，その意思表示は，善意の第三者に対抗することができない。
880	506条1項	相殺の方法及び効力	408条　相殺の方法及び効力		408条①：(現行506条1項に同じ)相殺は，当事者の一方から相手方に対する意思表示によってする。この場合において，その意思表示には，条件又は期限を付することができない。
881	506条2項				408条②：(現行506条2項に同じ)前項の意思表示は，双方の債務が互いに相殺に適するようになった時にさかのぼってその効力を生ずる。
882	507条	履行値の異なる債務の相殺	409条　履行値の異なる債務の相殺		409条：(現行507条に同じ)相殺は，双方の債務の履行地が異なるときであっても，することができる。この場合において，相殺をする当事者は，相手方に対し，これによって生じた損害を賠償しなければならない。
883	508条	時効により消滅した債権を自働債権とする相殺	410条　時効により消滅した債権を自働債権とする相殺		410条：(現行508条に同じ)時効によって消滅した債権がその消滅以前に相殺に適するようになっていた場合には，その債権者は，相殺をすることができる。
884	509条	不法行為により生じた債権を受働債権とする相殺の禁止	411条　不法行為により生じた債権を受働債権とする相殺の禁止		411条：債務が不法行為によって生じたときは，その債務者は，相殺をもって債権者に対抗することができない。ただし，当事者双方の過失に基づく同一の不法行為によって，双方の財産権が侵害された場合には，この限りでない。

885	510条	差押禁止債権を受働債権とする相殺の禁止	412条　差押禁止債権を受働債権とする相殺の禁止		412条：(現行510条に同じ)債権が差押えを禁じたものであるときは、その債務者は、相殺をもって債権者に対抗することができない。
886	511条	支払の差止めを受けた債権を受働債権とする相殺の禁止	413条　支払の差止めを受けた債権を受働債権とする相殺の禁止		413条①：(現行511条に同じ)支払の差止めを受けた第三債務者は、その後に取得した債権による相殺をもって差押債権者に対抗することができない。
887	新設			新	413条②：第三債務者が支払の差止めを受けた時に弁済期の到来しない債権を有している場合において、その債権の弁済期が支払の差止めを受けた債権の弁済期よりも後に到来するときは、第三債務者は、当該債権による相殺をもって差押債権者に対抗することができない。
888	512条　相殺の充当		(現行512条「相殺の充当」削除)	削	現行民法512条の内容は、(新)396条によって処理されることになるので、削除した。
889	第3款　更改		第5款　更改		
890	513条	更改	414条　更改	修	414条①：当事者が債務の要素を変更する契約をしたとき(以下「更改」という。)は、既存の債権債務は消滅し、その契約に従って、新たな債権債務が発生する。
891	513条2項			修	414条②：(現行513条2項に同じ)条件付債務を無条件債務としたとき、無条件債務に条件を付したとき、又は債務の条件を変更したときは、いずれも債務の要素を変更したものとみなす。
892	514条	債務者の交替による更改	415条　当事者の交替による更改	修	415条：債権者の交替による更改については、(新)第三百六十条(債権の譲渡性)以下に定める債権譲渡の規定を準用し、債務者の交替による更改については、(新)第三百六十六条(債務の引受)以下に定める債務引受の規定を準用する。
893	515条516条	債権者の交替による更改(標題なし)	(現行515条「債権者の交替による更改」、現行516条〔同一標題〕削除)	削	現行民法515条および516条の規定は、(新)415条に統合したため、削除した。
894	517条	更改前の債務が消滅しない場合	416条　更改前の債務が消滅しない場合		416条：(現行517条に同じ)更改によって生じた債務が、不法な原因のため又は当事者の知らない事由によって成立せず又は取り消されたときは、更改前の債務は、消滅しない。
895	518条	更改後の債務への担保の移転	417条　更改後の債務への担保の移転		417条：(現行518条に同じ)更改の当事者は、更改前の債務の目的の限度において、その債務の担保として設定された質権又は抵当権を更改後の債務に移すことができる。ただし、第三者がこれを設定した場合には、その承諾を得なければならない。
896	第4款　免除		第6款　免除		
897	519条	(標題なし)	418条　免除		418条：(現行519条に同じ)債権者が債務者に対して債務を免除する意思を表示したときは、その債権は、消滅する。
898	第5款　混同		第7款　混同		
899	520条	(標題なし)	419条　混同		419条：(現行520条に同じ)債権及び債務が同一人に帰属したときは、その債権は、消滅する。ただし、その債権が第三者の権利の目的であるときは、この限りでない。
900	第3節　多数当事者の債権及び債務		第6節　多数当事者の債権及び債務		
901	第1款　総則		第1款　総則		
902	新設		420条　共有債権及び共有債務の原則	新	420条①：債権又は債務につき数人の債権者又は債務者がいる場合において、その債権又は債務は、それらの者が準共有するものと推定する。
903				新	420条②：前項の場合において、各債権者又は債務者の共有持分は相等しいものと推定する。

904	第2款　不可分債権及び不可分債務		第2款　分割債権債務及び不可分債権債務		
905	427条	分割債権及び分割債務		修	421条①：複数の債権者に帰属する可分給付を目的とする債権（以下「可分債権」という。）は，（新）第百七十一条（共有関係の終了）第一項に基づく分割の請求を要することなく，債権者の持分に応じて分割される（以下「分割債権」という。）。
906	428条	不可分債権者の一人について生じた事由等の効力	421条　分割債権及び不可分債権	修	421条②：複数の債権者に帰属する不可分給付を目的とする債権（以下「不可分債権」という。）において，各債権者は，すべての債権者のために履行を請求することができる。
907	新設			新	421条③：債務者が不可分債権者の一人に弁済したときは，すべての債権者との関係において不可分債権は消滅する。
908	431条	可分債権又は可分債務への変更		修	421条④：第二項の請求をする前に不可分債権が可分債権となったときは，その債権は分割債権となる。この場合において，各債権者は，自己が権利を有する部分についてのみ履行を請求することができる。
909	427条	分割債務及び分割債務		移修	422条①：複数の債務者が存在する可分給付を目的とする債権（以下「可分債務」という。）は，特段の意思表示を要することなく，債務者の負担割合に応じて分割される（以下「分割債務」という。）。
910	新設		422条　分割債務及び不可分債務	新	422条②：複数の債務者に帰属する不可分給付を目的とする債権（以下「不可分債務」という。）において，債権者は債務者のいずれに対してもその履行を請求することができ，各債務者はすべての債務者のためにその債務の履行をすることができる。
911	431条	可分債権又は可分債務への変更		移修	422条③：前項の履行をする前に不可分債務が可分債務となったときは，その債務は分割債務となる。この場合において，各債務者は，自己の負担部分についてのみ履行をする責任を負う。
912	新設		423条　双務契約から生じた不可分債権債務の特則	新	423条①：双務契約から発生した債権の一方が不可分債権のときは，その反対債権も不可分と推定する。
913				新	423条②：双務契約から発生した債権の一方が不可分債務のときも，前項と同様とする。
914	429条2項			移修	424条①：不可分債権者の一人の行為又は一人について生じた事由は，他の不可分債権者に対してその効力を生じない。
915	429条1項	不可分債権者の一人について生じた事由の効力	424条　不可分債権の相対効原則	移修	424条②：前項の規定は，不可分債権者の一人が債務者を免除した場合にも適用する。ただし，債権の全部の履行を請求する他の不可分債権者は，免除した債権者の持分に応対する価額を債務者に償還しなければならない。
916	429条1項			移修	424条③：不可分債権者の一人が債務者と更改をした場合においても，他の不可分債権者は，債権の全部の履行を請求することができる。この場合において，債務者が更改によって利益を得たときは，履行を請求した不可分債権者は，その利益のうち更改をした債権者の持分に応対する価額を債務者に償還しなければならない。
917	430条			修	425条①：不可分債務者の一人の行為又は一人について生じた事由は，他の不可分債務者に対してその効力を生じない。
918	430条	不可分債務	425条　不可分債務の相対効原則	修	425条②：前項の規定は，債権者が不可分債務者の一人を免除した場合にも適用する。ただし，債権者が他の不可分債務者に対し債権の全部の履行を請求する場合には，免除した債務者の負担部分に応対する価額を債務の全部を履行する債務者に償還しなければならない。

919	430条			修	425条③：債権者は，不可分債務者の一人と更改をした場合においても，他の不可分債務者に対し債権の全部の履行を請求することができる。この場合において，債務者が更改によって利益を得たときは，履行を請求した債権者は，その利益のうち更改をした不可分債務者の一人の負担部分に相応する価額を債務者に償還しなければならない。
920	第3款　連帯債務	第3款　連帯債権債務		＊	以下の規定のうち，連帯債務の条文案は，平林美紀准教授の提案を基礎に検討されたものである。
921	新設	426条　約定連帯債権		新	426条①：複数の債権者及び債務者が連帯の合意をしたことにより，債権が複数の債権者に帰属する場合（以下「連帯債権」という。）において，債権者の一人は，すべての債権者のために，債務者に対し全部の履行を請求することができる。
922				新	426条②：債務者が連帯債権者の一人に弁済したときは，すべての債権者との関係において連帯債権は消滅する。
923				新	426条③：前項の規定は，連帯債権者の一人と債務者との間の相殺による債権の消滅，及び連帯債権者の一人との混同による債権の消滅の場合に，これを準用する。
924				新	426条④：連帯債権者の一人について時効が完成したときは，債務者は，その連帯債権者の負担部分について，他の連帯債権者についてもその債務を免れる。
925				新	426条⑤：債務者は，連帯債権者の一人に対する専属的な抗弁をもって，他の連帯債権者に対抗することができない。
926				＊	なお，本条3項では，「及び」の前に，意図的に「，」を付している。
927	432条　履行の請求	427条　約定連帯債務		修	427条①：債権者及び複数の債務者が連帯の合意をしたことにより，複数の債務者が債務を負担する場合（以下「連帯債務」という。）において，債権者は，その連帯債務者の一人に対し，又は同時若しくは順次にすべての連帯債務者に対し，全部又は一部の履行を請求することができる。
928	新設			新	427条②：連帯債務者の一人が債権者の一人に弁済（代物弁済を含む。）したときは，債権は，すべての連帯債務者の利益のために消滅する。（新）第四百一条（弁済供託）以下に基づく供託をしたときも，同様とする。
929	434条	連帯債務者の一人に対する履行の請求		移	427条③：（現行434条に同じ）連帯債務者の一人に対する履行の請求は，他の連帯債務者に対しても，その効力を有する。
930	新設			新	427条④：連帯債務者の一人に対する債権者の受領遅滞は，他の債務者に対しても，その効力を有する。
931	433条	連帯債務者の一人についての法律行為の無効等		移	427条⑤：（現行433条に同じ）連帯債務者の一人についての法律行為の無効又は取消しの原因があっても，他の連帯債務者の債務は，その効力を妨げられない。
932	440条　相対的効力の原則	428条　相対効原則とその例外		修	428条：連帯債務においては，連帯債務者の一人に生じた事由は，他の連帯債務者に対してその効力を生じない。ただし，次の各号に掲げる事由があったときは，他の連帯債務者に対しても効力を生じる。
933	436条1項	連帯債務者の一人による相殺等		移修	一　債権者と連帯債務者の一人との間の相殺。
934	438条	連帯債務者の一人との間の混同		移修	二　連帯債務者の一人と債権者との間の混同。
935	435条	連帯債務者の一人との間の更改		移修	三　連帯債務者の一人と債権者との間の更改。ただし，別段の意思表示があったときは，この限りでない。
936	437条	連帯債務者の一人に対する免除		移修	四　連帯債務者の一人と債権者との間の免除。ただし，免除された連帯債務者の負担部分に限る。

937	439条	連帯債務者の一人についての時効の完成		移修	五　連帯債権者の一人についての時効の完成。ただし，時効が完成した連帯債権者の負担部分に限る。
938	436条2項	連帯債務者の一人による相殺等	429条　他の連帯債務者の債権に基づく履行拒絶	移修	429条：連帯債務者の一人が債権者に対して債権を有する場合において，その連帯債務者が相殺を援用しない間は，その連帯債務者の負担部分についてのみ他の連帯債務者は，履行を拒絶することができる。
939	441条	連帯債務者についての破産手続の開始	（現行441条「連帯債務者についての破産手続の開始」削除）	削除	現行民法441条の内容は，破産法104条が，不可分債務，連帯債務，さらには不真正連帯債務（本改正試案では「法定連帯責任」）を含む「数人が各自全部の履行をする義務を負う場合」として規定しているところであり，破産法と重複する内容となっている。そこで，民法典からはこの部分を削除し，破産法104条に譲ることとした（なお，この破産法上の規定は，近時の破産法改正で新設されたものではなく，従前は24条として規定されていた）。
940	新設		430条　法定連帯債権債務への準用	新	430条：本款の規定は，その性質が許す限り，法律の規定による連帯債権及び連帯債務について準用する。
941	442条1項	連帯債務者間の求償権	431条　連帯債務者間の求償権	修	431条①：連帯債務者の一人が弁済をし，その他自己の財産をもって全部又は一部の共同の免責を得たときは，その連帯債務者は，他の連帯債務者に対し，各自の負担部分について求償権を有する。債権者と連帯債務者の一人との間で混同が生じた場合も，同様とする。
942	442条2項			修	431条②：前項の規定による求償は，免責があった日以後の法定利息及び避けることができなかった費用その他の損害の賠償を包含する。
943	443条1項前段			移修	432条①：連帯債務者は，弁済をし，その他自己の財産をもって共同の免責を受ける前に，その旨を他の連帯債務者に通知しなければならない。この通知（以下この条において「事前通知」という。）を怠った連帯債務者が他の連帯債務者に対して求償権を行使した場合において，他の連帯債務者は，債権者に対抗できる事由を有していたときは，その負担部分について，その事由をもって事前通知を怠った連帯債務者に対抗することができる。
944	443条1項後段	通知を怠った連帯債務者の求償の制限	432条　通知を怠った連帯債務者の求償の制限	移修	432条②：前項の場合において，相殺をもって事前通知を怠った連帯債務者に対抗したときは，事前通知を怠った連帯債務者は，債権者に対し，相殺によって消滅すべきであった債務の履行を請求することができる。
945	443条2項			修	432条③：前条の規定により求償権を取得した連帯債務者は，その旨を他の連帯債務者に通知しなければならない（以下この条において「事後通知」という。）。この事後通知を怠ったため，他の連帯債務者が善意で弁済をし，その他自己の財産をもって免責を得たときは，その免責を得た連帯債務者は，自己の弁済その他免責のためにした行為を有効であったものとみなすことができる。ただし，その免責を得た連帯債務者が，第一項の事前通知を怠ったときは，この限りでない。
946	444条	償還をする資力のない者の負担部分の分担	433条　償還をする資力のない者の負担部分の分担	修	433条：（現行444条に同じ）連帯債務者の中に償還をする資力のない者があるときは，その償還をすることができない部分は，求償者及び他の資力のある者の間で，各自の負担部分に応じて分割して負担する。ただし，求償者に過失があるときは，他の連帯債務者に対して分担を請求することができない。
947	445条	連帯の免除と弁済をする資力のない者の負担部分の分担	434条　連帯の免除と弁済をする資力のない者の負担部分の分担	修	434条：連帯債務者の一人が連帯の免除を得た場合において，他の連帯債務者の中に弁済をする資力のない者があるときは，別段の意思表示がない限り，債権者は，その資力のない者が弁済をすることができない部分のうち連帯の免除を得た者が負担すべき部分を負担する。

948	第4款	保証債務	第4款　保証債務	*	保証債務の条文案については，山下純司教授により，現行法維持を基本とする提案があったが(この山下案の紹介については，近刊「第3部:資料編」を参照されたい)，その後の検討の結果，以下の案が研究会案となった。
949	第1目	総則	第1目　総則		
950	446条1項, 2項	保証人の責任等	435条　保証債務	修	435条①:保証人は，書面をもって，他の債権(以下「主たる債権」という)の債権者と保証契約を締結したときは，主たる債務者がその債務を履行しないときに，その履行をする責任を負う。
951	447条1項	保証債務の範囲		移修	435条②:前項の保証債務は，主たる債務に関する利息，違約金，損害賠償その他その債務に従たるすべてのものを包含する。
952	446条3項	保証人の責任等			435条③:(現行446条3項に同じ)保証契約がその内容を記録した電磁的記録(電子的方式，磁気的方式その他人の知覚によっては認識することができない方式で作られる記録であって，電子計算機による情報処理の用に供されるものをいう。)によってされたときは，その保証契約は，第一項の書面によるものとみなす。
953	450条1項				436条①:(現行450条1項に同じ)債務者が保証人を立てる義務を負う場合には，その保証人は，次に掲げる要件を具備する者でなければならない。
954	1号				一(現行450条1項1号に同じ)　行為能力者であること。
955	2号	保証人の要件	436条　保証人の要件等		二(現行450条1項1号に同じ)　弁済をする資力を有すること。
956	450条2項				436条②:(現行450条2項に同じ)保証人が前項第二号に掲げる要件を欠くに至ったときは，債権者は，同項各号に掲げる要件を具備する者をもってこれに代えることを請求することができる。
957	450条3項				436条③:(現行450条3項に同じ)前二項の規定は，債権者が保証人を指名した場合には，適用しない。
958	451条	他の担保の供与			436条④:債権者は，第一項各号に掲げる要件を具備する保証人を立てることができないときは，他の担保を供してこれに代えることができる。
959	新設			新	437条①:保証債務は，以下の各号に定めるところに従い，主たる債務に附従する。
960	新設			新	一　主たる債務が不存在又は無効なときには，保証債務はその効力を有しない。
961	448条	保証人の負担が主たる債務より重い場合	437条　保証人債務の附従性等	修	二　合意された保証契約の内容が主たる債務の目的又は態様よりも重いときであっても，保証債務の内容は，主たる債務の限度に減縮される。
962	新設			新	三　保証債務は，主たる債務が弁済その他の事由により消滅したときには，消滅する。
963	449条	取り消すことができる債務の保証		移修	437条②:前項の第一号の規定にかかわらず，行為能力の制限によって取り消すことができる債務を保証した者は，保証契約の時においてその取消しの原因を知っていたときは，主たる債務の不履行の場合又はその債務の取消しの場合において主たる債務と同一の目的を有する独立の債務を負担したものと推定する。
964	新設		438条　保証債務の随伴性	新	438条:主たる債務が移転したときは，保証債務もこれとともに移転する。

965	452条	催告の抗弁		移修	439条①：債権者が保証人に債務の履行を請求したときは，保証人は，まず主たる債務者に催告をすべき旨を請求する（以下「催告の抗弁」という。）ことができる。ただし，主たる債務者が破産手続開始の決定を受けたとき，又はその行方が知れないときは，この限りでない。
966	453条	検索の抗弁	439条　保証債務の補充性等	移修	439条②：債権者が前条の規定に従い主たる債務者に催告をした後であっても，保証人は，主たる債務者に弁済をする資力があり，かつ，執行が容易であることを証明して，債権者がまず主たる債務者の財産について執行すべきことを請求する（以下「検索の抗弁」という。）ことができる。
967	455条	催告の抗弁及び検索の抗弁の効果		移修	439条③：前二項により保証人の請求又は証明があったにもかかわらず，債権者が催告又は執行をすることを怠ったため主たる債務者から全部の弁済を得られなかったときは，保証人は，債権者が直ちに催告又は執行をすれば弁済を得ることができた限度において，その義務を免れる。
968	454条	連帯保証の場合の特則	440条　連帯保証の特則	修	440条：保証人は，主たる債務者と連帯して債務を負担したときは，前条第一項の催告の抗弁権，前条第二項の検索の抗弁権を有しない。
969	457条1項	主たる債務者について生じた事由の効力	441条　主たる債務についての時効と相殺	修	441条①：主たる債務に対する(新)第九十八条(権利行使による時効の停止)，(新)第九十九条(交渉による時効の停止)，(新)第百条(催告による時効完成の猶予)及び(新)第百二条(時効の新たな進行)四号の効果は，保証債務に対しても，同様の効力を生ずる。
970	457条2項			修	441条②：(現行457条2項に同じ)保証人は，主たる債務者が債権者に対し相殺を援用しない間は，主たる債務者が相殺しうる部分について，保証債務の履行を拒絶することができる。
971	447条2項	保証債務の範囲	442条　保証契約における違約金等	移修	442条：(現行447条2項に同じ)保証人は，その保証債務についてのみ，違約金又は損害賠償の額を約定することができる。この約定には，(新)第四百三十五条(保証債務)第二項及び前条一項二号の規定が適用される。
972	456条	数人の保証人がある場合	443条　共同保証における分別の利益	修	443条：(現行456条に同じ)数人の保証人がある場合には，それらの保証人が各別の行為により債務を負担したときであっても，(新)第四百二十二条(分割債務及び不可分債務)第一項の規定を適用する。ただし，別段の合意があるとき又は給付の性質がそれを許さないときは，この限りでない。
973	458条	連帯保証人について生じた事由の効力	444条　連帯保証人について生じた事由の効力	修	444条：(新)第四百二十七条(約定連帯債務)三項，(新)第四百二十八条(相対効原則とその例外)及び(新)第四百二十九条(他の連帯債務者の債権に基づく履行拒絶)の規定は，主たる債務者が保証人と連帯して債務を負担する場合について準用する。
974	459条1項	委託を受けた保証人の求償権	445条　委託を受けた保証人の求償権	修	445条①：保証人が主たる債務者の委託を受けて保証した場合において，主たる債務者に代わって弁済をし，その他自己の財産をもって債務を消滅させるべき行為をしたときは，その保証人は，主たる債務者に対して求償権を有する。
975	459条2項			修	445条②：前項の規定による求償は，主たる債務の免責があった日以後の法定利息及び避けることができなかった費用その他の損害の賠償を包含する。
976	460条				446条：(現行460条柱書きに同じ)保証人は，主たる債務者の委託を受けて保証をした場合において，次に掲げるときは，主たる債務者に対して，あらかじめ，求償権を行使することができる。
977	460条1号	委託を受けた保証人の事前求償権			一（現行460条1号に同じ）　主たる債務者が破産手続開始の決定を受け，かつ，債権者がその破産財団の配当に加入しないとき。

978	460条2号		446条　委託を受けた保証人の事前求償権		二（現行460条2号に同じ）　債務が弁済期にあるとき。ただし，保証契約の後に債権者が主たる債務者に許与した期限は，保証人に対抗することができない。
979	460条3号				三（現行460条3号に同じ）　債務の弁済期が不確定で，かつ，その最長期をも確定することができない場合において，保証契約の後十年を経過したとき。
980	459条1項	委託を受けた保証人の求償権		移修	四　保証人が過失なく債権者に弁済すべき裁判の言い渡しを受けたとき。
981	461条1項	主たる債務者が保証人に対して償還をする場合	447条　主たる債務者が保証人に対して償還をする場合		447条①：（現行461条1項に同じ）前二条の規定により主たる債務者が保証人に対して償還をする場合において，債権者が全部の弁済を受けない間は，主たる債務者は，保証人に担保を供させ，又は保証人に対して自己に免責を得させることを請求することができる。
982	461条2項				447条②：（現行461条2項に同じ）前項に規定する場合において，主たる債務者は，供託をし，担保を供し，又は保証人に免責を得させて，その償還の義務を免れることができる。
983	462条1項	委託を受けない保証人の求償権	448条　委託を受けない保証人の求償権		448条①：（現行462条1項に同じ）主たる債務者の委託を受けないで保証をした者が弁済をし，その他自己の財産をもって主たる債務者にその債務を免れさせたときは，主たる債務者は，その当時利益を受けた限度において償還をしなければならない。
984	462条2項				448条②：（現行462条2項に同じ）主たる債務者の意思に反して保証をした者は，主たる債務者が現に利益を受けている限度においてのみ求償権を有する。この場合において，主たる債務者が求償の日以前に相殺の原因を有していたことを主張するときは，保証人は，債権者に対し，その相殺によって消滅すべきであった債務の履行を請求することができる。
985	463条1項	通知を怠った保証人の求償の制限	449条　通知を怠った保証人の求償の制限		449条①：（現行463条1項に同じ）（新）第四百三十二条（通知を怠った連帯債務者の求償の制限）の規定は，保証人について準用する。
986	463条2項			修	449条②：保証人が主たる債務者の委託を受けて保証をした場合において，善意で弁済をし，その他自己の財産をもって債務を消滅させるべき行為をしたときは，（新）第四百三十二条（通知を怠った連帯債務者の求償の制限）第二項の規定は，主たる債務者についても準用する。
987	464条	連帯債務又は不可分債務の保証人の求償権	450条　連帯債務又は不可分債務の保証人の求償権		450条：（現行464条に同じ）連帯債務者又は不可分債務者の一人のために保証をした者は，他の債務者に対し，その負担部分のみについて求償権を有する。
988	465条1項	共同保証人間の求償権	451条　共同保証人間の求償権		451条①：（465条1項に同じ）（新）第四百三十一条（連帯債務者間の求償権）から（新）第四百三十三条（償還をする資力のない者の負担部分の分担）までの規定は，数人の保証人がある場合において，そのうちの一人の保証人が，主たる債務が不可分であるため又は各保証人が全額を弁済すべき旨の特約があるため，その全額又は自己の負担部分を超える額を弁済したときについて準用する。
989	465条2項				451条②：（465条2項に同じ）（新）第四百四十八条（委託を受けない保証人の求償権）の規定は，前項に規定する場合を除き，互いに連帯しない保証人の一人が全額又は自己の負担部分を超える額を弁済したときについて準用する。
990	第2目　貸金等根保証契約		第2目　貸金等根保証契約		

991	465条の2 第1項	貸金等根保証契約の保証人の責任等		修	452条①：主たる債務が、一定の範囲に属する不特定の債務である保証契約を「根保証契約」という。自然人が保証人となる根保証契約における保証の対象に、「貸金等債務」（以下本目において「金銭の貸渡し又は手形の割引を受けることによって負担する債務」をいう。）が含まれるとき（以下「貸金等根保証契約」という。）は、保証人は、極度額を限度として、保証債務を履行する責任を負う。
992	465条の2 第1項		452条　貸金等根保証契約の保証人の責任等	修	452条②：前項の極度額の範囲には、（新）第四百三十五条（保証債務）二項に規定する主たる債務に関する利息、違約金、損害賠償その他その債務に従たるすべてのもの、及び（新）四百四十条（保証契約における違約金等）が規定するすべてのものが含まれる。
993	465条の2 第2項、第3項			修	452条③：貸金等根保証契約は、第一項に規定する極度額を書面によって定めなければ、その効力を生じない。（新）第四百三十五条（保証債務）第三項の規定は、この項の書面について準用する。
994	465条の3 第2項			修	453条①：貸金等根保証契約において主たる債務の元本の確定すべき期日（以下「元本確定期日」という。）の定めがない場合には、その元本確定期日は、その貸金等根保証契約の締結の日から三年を経過する日とする。
995	465条の3 第1項			修	453条②：貸金等根保証契約において、元本確定期日がその貸金等根保証契約の締結の日から五年を経過する日より後の日と定められているときは、その元本確定期日は、その貸金等根保証契約の締結の日から三年を経過する日とみなす。
996	465条の3 第3項	貸金等根保証契約の元本確定期日	453条　貸金等根保証契約の元本確定期日	修	453条③：貸金等根保証契約における元本確定期日の変更をする場合において、変更後の元本確定期日がその変更をした日から五年を経過する日より後の日となるときは、その元本確定期日の変更は、その効力を生じない。ただし、元本確定期日の前二か月以内に元本確定期日の変更をする場合において、変更後の元本確定期日が変更前の元本確定期日から五年以内の日となるときは、この限りでない。
997	465条の3 第4項				453条④：（現行465条の3第4項に同じ）（新）第四百三十五条（保証債務）第二項及び第三項の規定は、貸金等根保証契約における元本確定期日の定め及びその変更（その貸金等根保証契約の締結の日から三年以内の日を元本確定期日とする旨の定め及び元本確定期日より前の日を変更後の元本確定期日とする変更を除く。）について準用する。
998	465条の4				454条：（現行465条の4に同じ）次に掲げる場合には、貸金等根保証契約における主たる債務の元本は、確定する。
999	1号	貸金等根保証契約の元本の確定事由	454条　貸金等根保証契約の元本の確定事由		一（現行465条の4第1号に同じ）　債権者が、主たる債務者又は保証人の財産について、金銭の支払を目的とする債権についての強制執行又は担保権の実行を申し立てたとき。ただし、強制執行又は担保権の実行の手続の開始があったときに限る。
1000	2号				二（現行465条の4第2号に同じ）　主たる債務者又は保証人が破産手続開始の決定を受けたとき。
1001	3号				三（現行465条の4第3号に同じ）　主たる債務者又は保証人が死亡したとき。

1002	465条の5 保証人が法人である貸金等債務の根保証契約の求償権	455条 保証人が法人である貸金等債務の根保証契約の求償権		455条:(現行465条の5に同じ)保証人が法人である根保証契約であってその主たる債務の範囲に貸金等債務が含まれるものにおいて、(新)第四百五十二条(貸金等根保証契約の保証人の責任等)第一項に規定する極度額の定めがないとき、元本確定期日の定めがないとき、又は元本確定期日の定め若しくはその変更が(新)第四百五十三条(貸金等根保証契約の元本確定期日)第一項若しくは第三項の規定を適用するとすればその効力を生じないものであるときは、その根保証契約の保証人の主たる債務者に対する求償権についての保証契約(保証人が法人であるものを除く。)は、その効力を生じない。
1003	第2章 契約	第2章 契約		
1004	第1節 総則	第1節 総則		
1005	新設	第1款 契約の交渉と成立		
1006	新設	第1目 契約交渉における当事者の義務	*	本項は、基本的に五十川直行教授の提案を基礎に検討されたものである。
1007	新設	456条 契約交渉における誠実義務	新	456条①:当事者は、自由に契約の交渉をすることができる。この場合において、契約が成立に至らなかったときであっても、その責任を負わない。
1008			新	456条②:信義則に反して交渉を行い又は交渉を打ち切った当事者は、相手方が契約交渉に費やした費用を賠償しなければならない。
1009	新設	457条 契約交渉における説明義務と秘密保持義務	新	457条①:当事者は、契約交渉に当たり、相手方が当然知っておくべき当該契約締結にあたって不可欠な前提事情を知らないでいることを知り又は知ることができた場合において、相手の不知を放置することが信義則に反するときは、その事情を相手方に説明する義務を負う。
1010			新	457条②:当事者は、契約交渉に際して、相手方が一般に開示を望まないと思われる情報を得た場合には、その情報を開示しない義務を負う。
1011			新	457条③:前二項の義務に違反した者は、これによって生じた損害を相手方に賠償する責任を負う。
1012	第1款 契約の成立	第2目 契約の成立	*	本項については、下記に記した案以外に、五十川教授、宮下准教授による提案があり、そこには詳細な資料が含まれていたが、これらの紹介は、近刊「第3部:資料編」に譲ることとする。
1013	新設	458条 契約の成立	新	458条①:契約は、申込みの意思表示と承諾の意思表示の合致によって成立する。
1014	新設		新	458条②:契約は、二つ以上の申込みの意思表示が内容的に同一であったときにも、成立する。
1015	526条2項 隔地者間の契約の成立時期		修	458条③:契約の申込みの意思表示に対し、その意思表示の内容又は取引上の慣習により承諾の通知を必要としない場合には、契約は、承諾の意思表示と認めるべき事実によって、成立する。この場合において、契約は、その事実があった時に成立する。
1016	新設 (商法507条「対話者間における契約の申込み」参照)	459条 契約の申込みの効力	新	459条①:(現行商法507条に同じ)承諾期間の定めのない契約の申込みは、対話者間においては、相手方が直ちに承諾をしなかったときは、その効力を失う。
1017	新設 (商法508条「隔地者間における契約の申込み」、現行民法524条「承諾の期間の定めのない申込み」参照)		新	459条②:(前段は現行商法508条に同じ)前項の申込みは、隔地者間においては、相当の期間内に承諾の意思表示が到達しなかったときは、その効力を失う。申込者は、相手方が承諾の意思表示をするのに相当な期間は、その申込みを撤回することができない。

1018	521条2項 524条	承諾期間の定めのある申込み 承諾の期間の定めのない申込み		移修	459条③:承諾の期間を定めてした契約の申込みは,その期間内に相手方の承諾の意思表示を受けなかったときは,その効力を失う。申込者は,その期間申込みを撤回することができない。
1019	新設			新	459条④:前項の申込みが撤回権の留保をともなってなされた場合において,その撤回前に相手方の承諾の意思表示が到達したときは,申込者は撤回権を失う。
1020	526条1項	隔地者間の契約の成立時期		修	460条①:隔地者間の契約は,承諾の意思表示が申込者に到達した時に成立する。
1021	523条	遅延した承諾の効力	460条　承諾の効力	移修	460条②:申込者は,契約の申込みが前条二項及び三項により効力を失った後に到達した承諾を新たな申込みとみなすことができる。
1022	522条1項	承諾の通知の延着		移修	460条③:前項の場合において,申込者は,通常であればその承諾が承諾期間内に到達すべきものであることを知ることができるときは,相手方に対し延着の通知をしなければならない。前項の通知がなされなかったときは,承諾期間の満了時に契約は成立したものとみなす。
1023	528条	申込みに変更を加えた承諾		移	460条④:(現行528条に同じ)承諾者が,申込みに条件を付し,その他変更を加えてこれを承諾したときは,その申込みの拒絶とともに新たな申込みをしたものとみなす。
1024	525条	申込者の死亡又は行為能力の喪失	461条　申込者の死亡又は行為能力の喪失		461条:(現行525条に同じ)(新)第五十二条(意思表示の効力発生時期等)第三項の規定は,申込者が反対の意思を表示した場合又はその相手方が申込者の死亡若しくは行為能力の喪失の事実を知っていた場合には,適用しない。
1025	新設		462条　給付の不能と契約の効力	新	462条:契約の効力は,給付の不能によって妨げられない。
1026	527条	申込みの撤回の通知の延着	(現行527条「申込みの撤回の通知の延着」削除)	削除	本改正試案では,承諾の意思表示につき,到達主義を採用している。その結果,現行民法527条が規定するように,「承諾の通知を発した」(現行法のもとでは契約が成立した後)に,申込みの撤回の通知が到達したとしても,承諾の意思表示につき到達主義をとった本改正試案のもとでは,その通知を受けた側は契約が成立した状況にあるか否か知るすべはないこととなる。したがって,現行民法527条のような規定を置くことは,事態を混乱させるだけなので,削除することとした。なお,『判例体系』でみるかぎり,この条文が明治以来の公刊判例集にあらわれた例はないことを付言しておくこととする。
1027	新設			新	463条①:ある行為をした者に一定の報酬を与える旨を広告した者(以下この目において「懸賞広告者」という。)は,不特定多数の者に対し,契約の申込みをしたものとみなす。
1028	530条1項	懸賞広告の撤回	463条　懸賞広告の申込み	移修	463条②:前項の場合において,懸賞広告者は,その指定した行為を完了する者がない間は,前の広告と同一の方法によってその広告を撤回することができる。ただし,その広告中に撤回をしない旨を表示したときは,この限りでない。
1029	530条2項			移	463条③:(現行530条2項に同じ)前項本文に規定する方法によって撤回をすることができない場合には,他の方法によって撤回をすることができる。この場合において,その撤回は,これを知った者に対してのみ,その効力を有する。
1030	530条3項			移	463条④:(現行530条3項に同じ)懸賞広告者がその指定した行為をする期間を定めたときは,その撤回をする権利を放棄したものと推定する。

1031	531条1項	懸賞広告の報酬を受ける権利	464条 懸賞広告の成立	修 464条①:ある者が広告に定めた行為をしたときは,(新)第四百五十八条(契約の成立)第三項に基づき,契約が成立する。その行為をした者が数人あるときは,最初にその行為をした者との間に契約が成立し,その者のみが報酬を受ける権利を有する。
1032	531条2項			464条②:数人が同時に前項の行為をした場合には,その数人の間に契約が成立し,各自が等しい割合で報酬を受ける権利を有する。ただし,報酬がその性質上分割に適しないとき,又は広告において一人のみがこれを受けるものとしたときは,抽選による。
1033	531条3項			464条③:(現行531条3項に同じ)前2項の規定は,広告中にこれと異なる意思を表示したときは,適用しない。
1034	532条1項	優等懸賞広告	465条 優等懸賞広告	465条①:(現行532条1項に同じ)広告に定めた行為をした者が数人ある場合において,その優等者のみに報酬を与えるべきときは,その広告は,応募の期間を定めたときに限り,その効力を有する。
1035	532条2項			465条②:(現行532条2項に同じ)前項の場合において,応募者中いずれの者の行為が優等であるかは,広告中に定めた者が判定し,広告中に判定をする者を定めなかったときは懸賞広告者が判定する。
1036	533条3項			465条③:(現行532条3項に同じ)応募者は,前項の判定に対して異議を述べることができない。
1037	第2款 契約の効力		第2款 契約の効力	
1038	新設		466条契約の履行	新 466条①:有償契約においては,債務者は,契約の本旨に従い,善良な管理者の注意をもって債務を履行する義務を負う。
1039				新 466条②:無償契約においては,債務者は,契約の本旨に従い,自己のためにするのと同一の注意をもって債務を履行する義務を負う。
1040	556条1項	売買の一方の予約	467条 有償契約の一方の予約	移修 467条①:有償契約の一方の予約は,相手方がその契約を完結する意思を表示したときから,契約の効力を生ずる。
1041	556条2項			移修 467条②:前項の意思表示について期間を定めなかったときは,予約者は,相手方に対し,相当の期間を定めて,その期間内に契約を完結するかどうかを確答すべき旨の催告をすることができる。この場合において,相手方がその期間内に確答しないときは,契約の一方の予約は,その効力を失う。
1042	558条	売買契約に関する費用	468条 有償契約の締結費用	移修 468条:有償契約の締結に要する費用は,当事者双方が等しい割合で負担する。
1043	537条1項	第三者のためにする契約	469条 第三者のためにする契約	修 469条①:契約により当事者の一方(以下この款において「要約者」という。)が第三者に対してある給付をすることを約したときは,その第三者は,債務者(以下この款において「諾約者」という。)に対して直接にその給付を請求する権利を有する。
1044	537条2項			469条②:前項の場合において,第三者の権利は,その第三者が諾約者に対して同項の契約の利益を享受する意思を表示した時に発生する。
1045	538条	第三者の権利の確定		移修 469条③:前項の規定により第三者の権利が発生した後は,要約者及び諾約者は,これを変更し,又は消滅させることができない。
1046	539条	債務者の抗弁		移修 469条④:諾約者は,第一項の契約に基づく抗弁をもって,その契約の利益を受ける第三者に対抗することができる。

1047	533条	同時履行の抗弁	470条　同時履行の抗弁権		470条:(現行533条に同じ)双務契約の当事者の一方は，相手方がその債務の履行を提供するまでは，自己の債務の履行を拒むことができる。ただし，相手方の債務が弁済期にないときは，この限りでない。
1048	新設		471条　不安の抗弁権	新	471条①:双務契約において，先履行の義務を負う一方の当事者(以下「先履行義務者」という。)は，自己の債務の履行期が到来した場合においても，次に掲げる事由が生じたことにより相手方から反対給付を受けられないおそれが生じたときは，その債務の履行を拒絶することができる。ただし，先履行義務者が契約締結時においてそのおそれを知ることができた場合は，この限りでない。
1049				新	一　相手方につき破産手続開始の申立て，会社更生手続開始の申立て，又は民事再生手続開始の申立てがされたとき。
1050				新	二　戦争，内乱，天災その他避けることのできない事変のため相手方の給付に困難が生じたとき。
1051				新	三　相手方の財産に対する強制執行があり，又は相手方に手形の不渡りがあったとき。
1052				新	四　前三号以外の事由により，相手方がその履行期に反対給付をなすことを客観的に困難とするような事由が生じたとき。
1053				新	471条②:前項による先履行義務者の履行を拒絶する権利は，相手方がその反対給付につき相当な担保を提供したときには消滅する。
1054				新	471条③:第一項の場合において，先履行義務者の債務がその性質上相手方の履行期まで待って履行することに適さないときは，先履行義務者は，相手方に対し，相当の期間を定めて，その期間内に相当の担保を提供するか又は先履行義務者の給付と引き換えに反対給付をすべき旨の催告をすることができる。この場合において，相手方がその期間内にそのいずれもしなかったときは，先履行義務者は，(研究会正案)(新)第四百七十五条(解除権の発生及び行使)及び(研究会正案)(新)第四百八十条(解除の効果)の規定に基づき，契約の解除をすることができる。
1055			[危険負担・研究会正案]	*	危険負担およびそれに続く解除の研究会正案，研究会副案については，「債務不履行等」の箇所にすでに述べたが，以下の研究会副案は，渡辺教授と鹿野教授の提案を統合したものである。
1056	536条1項	債務者の危険負担	472条　債務者の危険負担	移修	472条:双務契約において，当事者双方の責めに帰することができない事由によって債務を履行することができなくなったときは，債務者は，反対給付を受ける権利を有しない。
1057	536条2項	債務者の危険負担	473条　債権者の危険負担	移修	473条①:双務契約において，債権者の責めに帰すべき事由によって債務を履行することができなくなったときは，債務者は，反対給付を受ける権利を失わない。この場合において，自己の債務を免れたことによって利益を得たときは，これを債権者に償還しなければならない。
1058	534条1項，2項	債権者の危険負担		移修	473条②:前条第一項の規定にかかわらず，物権の設定又は移転を双務契約の目的とした場合において，その物が債権者に引き渡された後に債務者の責めに帰することができない事由によって滅失し，又は損傷したときは，その滅失又は損傷は，債権者の負担に帰する。
1059	535条1項			修	474条①:前条第二項の規定は，停止条件付双務契約の目的物が条件の成否が未定である間に滅失した場合には，適用しない。

1060	535条2項	停止条件付双務契約における危険負担	474条　停止条件付双務契約における危険負担		474条②：(現行535条2項に同じ)停止条件付双務契約の目的物が債務者の責めに帰することができない事由によって損傷したときは，その損傷は，債権者の負担に帰する。
1061	535条3項				474条③：(現行535条3項に同じ)　停止条件付双務契約の目的物が債務者の責めに帰すべき事由によって損傷した場合において，条件が成就したときは，債権者はその選択に従い，契約の履行の請求又は解除権の行使をすることができる。この場合においては，損害賠償の請求を妨げない。
1062			［契約の解除・研究会正案］		
1063	第3款　契約の解除		第3款　契約の解除		
1064	540条1項	解除権の行使	475条　解除権の発生及び行使		475条①：(現行540条1項に同じ)契約又は法律の規定により当事者の一方が解除権を有するときは，その解除は，相手方に対する意思表示によってする。
1065	540条2項				475条②：(現行540条2項に同じ)前項の意思表示は，撤回することができない。
1066	557条1項	手付	476条　約定解除の特則	移	476条①：当事者のいずれかが他方に手付を交付したときは，相手方が契約の履行に着手するまでは，手付を交付した者はその手付を放棄し，手付を受領した者はその倍額を償還して，契約の解除をすることができる。
1067	557条2項			移	476条②：(研究会正案)(新)第四百八十条（解除の効果）第三項の規定は，前項の場合には適用しない。
1068	541条	履行遅滞等による解除権		修	477条①：契約に基づく債務につき，(研究会正案)(新)第三百四十二条（債務不履行による損害賠償）に定める債務不履行がある場合には，その債権者は，次の各号に従い，契約の解除をすることができる。
1069	543条	履行不能による解除権		修	一　契約に基づく債務が履行不能又は追完不能のとき。
1070	541条	履行遅滞等による解除権	477条　契約の解除	修	二　契約に基づく債務が履行遅滞又は追完遅滞の場合には，相当の期間を定めてその履行を催告し，その期間内に履行がないとき。
1071		新設		新	477条②：債務者が，その債務不履行にもかかわらず，契約の目的が達せられることを証明したときは，前項の解除をすることができない。債務者がその債務の相当部分を履行している場合において，残された部分についての債務の不履行が自己の責めに帰すべき事由によるものでないことを証明したときも，同様とする。
1072		新設		新	477条③：債権者の責めに帰すべき事由によって債務の履行をすることができなくなったときは，その債権者は，第一項の解除をすることができない。
1073			478条　履行期前の解除	新	478条①：契約に基づく債務の履行期前に相手方が債務の履行を明白かつ最終的に拒絶しているときは，その債権者は，契約を解除することができる。
1074		新設		新	478条②：契約当事者の一方は，相手方がその債務を履行期に履行しないおそれがある場合において，予め履行期における履行の催告をし，履行期にその履行がなされないことが明らかになったときに，契約の解除をすることができる。前条第三項は，この場合について準用する。
1075	544条1項	解除権の不可分性	479条　解除権の不可分性		479条①：(現行544条1項に同じ)当事者の一方が数人ある場合には，契約の解除は，その全員から又はその全員に対してのみ，することができる。
1076	544条2項				479条②：(現行544条2項に同じ)前項の場合において，解除権が当事者のうちの一人について消滅したときは，他の者についても消滅する。

1077	新設		480条　解除の効果	新	480条①：当事者が契約に基づき有していた権利及び義務は，契約の解除により消滅する。
1078	545条1項	解除の効果			480条②：(現行545条1項に同じ)当事者の一方がその解除権を行使したときは，各当事者は，その相手方を原状に復させる義務を負う。ただし，第三者の権利を害することはできない。
1079	545条2項				480条③：(現行545条2項に同じ)前項本文の場合において，金銭を返還するときは，その受領の時から利息を付さなければならない。
1080	新設			新	480条④：解除権の行使は，当該契約に規定されていた紛争解決条項の効力に影響を与えない。
1081	545条3項	解除の効果		修	480条⑤：解除権の行使は，(研究会正案)(新)第三百四十二条(債務不履行による損害賠償)に定める損害賠償の請求を妨げない。
1082	546条	契約の解除と同時履行	481条　契約の解除と同時履行		481条：(現行546条に同じ)(新)第四百七十条(同時履行の抗弁権)の規定は，前条の場合について準用する。
1083	547条	催告による解除権の消滅	482条　催告による解除権の消滅		482条：(現行547条に同じ)解除権の行使について期間の定めがないときは，相手方は，解除権を有する者に対し，相当の期間を定めて，その期間内に解除をするかどうかを確答すべき旨の催告をすることができる。この場合において，その期間内に解除の通知を受けないときは，解除権は，消滅する。
1084	548条1項	解除権者の行為等による解除権の消滅	483条　解除権者の行為等による解除権の消滅		483条①：(現行548条1項に同じ)解除権を有する者が自己の行為若しくは過失によって契約の目的物を著しく損傷し，若しくは返還することができなくなったとき，又は加工若しくは改造によってこれを他の種類の物に変えたときは，解除権は，消滅する。
1085	548条2項				483条②：(現行548条2項に同じ)契約の目的物が解除権を有する者の行為又は過失によらないで滅失し，又は損傷したときは，解除権は，消滅しない。
1086			[危険負担・研究会副案]		
1087	534条535条536条	債権者の危険負担停止条件付双務契約における危険負担債務者の危険負担	(現行534条から536条削除)	削	研究会副案では，契約の債務不履行解除につき，過失責任主義を排除したことにともない，危険負担を規定しないこととした。
1088			[契約の解除・研究会副案]		
1089	第3款　契約の解除		第3款　契約の解除		
1090	540条1項	解除権の行使	475条　解除権の行使		475条①：(現行540条1項に同じ)契約又は法律の規定により当事者の一方が解除権を有するときは，その解除は，相手方に対する意思表示によってする。
1091	540条2項				475条②：(現行540条2項に同じ)前項の意思表示は，撤回することができない。
1092	新設		476条　事情の変更による解除等	新	476条：契約が成立した後に，契約の基礎となっていた事情に著しい変更がある場合において，次の各号のすべてに該当するときは，事情の変更により不利益を受ける当事者は，相手方に対し，相当の期間を定めて契約の改訂を請求し，その期間内に契約の改訂につき合意に達しなかったときは，その契約を解除することができる。
1093				新	一　当事者が，当該事情の変更を予見することができなかったこと。
1094				新	二　当該事情の変更につき当事者に帰責事由がないこと。
1095				新	三　当事者が当初の契約内容に従った履行を強いられることが，著しく信義に反すると認められること。

1096				＊	研究会正案では，事情変更についての規定は置かない。事情変更による解除の根拠規定を置くことは，それを理由とする履行拒絶を誘発する危険があると思われるからである。
1097	541条	履行遅滞等による解除権	477条　債務不履行による解除	修	477条：当事者の一方がその債務を履行しない場合において，相手方が相当の期間を定めてその履行の催告をし，その期間内に履行がないときは，相手方は，契約の解除をすることができる。ただし，その履行しない債務が，要素たる債務でないときは，この限りでない。
1098	543条	履行不能による解除権		修	478条①：履行の全部が不能となったときは，契約は解除されたものとみなす。
1099	新設		478条　契約の自動解除と催告を要しない解除	新	478条②：次の各号に掲げる場合には，相手方は，前条の催告をすることなく，直ちに契約の解除をすることができる。
1100	542条	定期行為の履行遅滞による解除権		移修	一　契約の性質又は当事者の意思表示により，特定の日時又は一定の期間内に履行をしなければ契約をした目的を達することができない場合において，当事者の一方が履行をしないでその時期を経過したとき。
1101	新設			新	二　履行の一部が不能となり，そのために契約の目的を達することができないとき。
1102	新設		479条　履行期前の解除	新	479条：当事者の一方は，相手方が履行期において債務を履行しないこと，及びそれにより契約を締結した目的を達することができないことが履行期前において明らかとなったときは，履行期前に契約を解除することができる。
1103	543条	履行不能による解除権		移修	480条①：前三条の場合において，解除権が発生した原因が，主として解除の意思表示をしようとする当事者について存したときは，契約を解除することができない。
1104	536条2項	債務者の危険負担等	480条　解除しようとする当事者に原因のある債務不履行の場合	移修	480条②：前項の場合において，債務の不履行につき原因のある当事者は，その原因により相手方の債務が履行不能となったときは，給付を受ける権利を失い，その相手方は，反対給付を受ける権利を失わない。この場合において，相手方が，自己の債務を免れたことによって利益を得たときは，これをその債務の不履行につき原因のある当事者に償還しなければならない。
1105	544条1項	解除権の不可分性	481条　解除権の不可分性		481条①：(現行544条1項に同じ)当事者の一方が数人ある場合には，契約の解除は，その全員から又はその全員に対してのみ，することができる。
1106	544条2項				481条②：(現行544条2項に同じ)前項の場合において，解除権が当事者のうちの一人について消滅したときは，他の者についても消滅する。
1107	545条1項	解除の効果		修	482条①：当事者の一方がその解除権を行使したときは，別段の合意がない限り，各当事者のいまだ履行していない義務は消滅し，各当事者は，その相手方が給付した物の返還その他の方法により，その相手方を原状に復させる義務を負う。ただし，第三者の権利を害することはできない。
1108	新設		482条　解除の効果	新	482条②：前項の場合において，当事者が，相手方の給付した物を返還することができないときは，その価額を償還しなければならない。
1109	545条2項			修	482条③：第一項の場合において，金銭を返還するときは，その受領の時から利息を付さなければならない。
1110	545条3項	解除の効果		修	482条④：解除権の行使は，(研究会副案)(新)第三百四十二条(債務不履行による損害賠償)による損害賠償の請求を妨げない。ただし，債務者は，債務を履行しないことにつき帰責事由がないときは，その賠償の責任を負わない。
1111	546条	契約の解除と同時履行	483条　契約の解除と同時履行		483条：(現行546条に同じ)(新)第四百七十条(同時履行の抗弁権)の規定は，前条の場合について準用する。

1112	547条	催告による解除権の消滅	483条の2　催告による解除権の消滅		483条の2：(現行547条に同じ)解除権の行使について期間の定めがないときは，相手方は，解除権を有する者に対し，相当の期間を定めて，その期間内に解除をするかどうかを確答すべき旨の催告をすることができる。この場合において，その期間内に解除の通知を受けないときは，解除権は，消滅する。
1113	548条	解除権者の行為等による解除権の消滅	(現行「解除権者の行為等による解除権の消滅」削除)	削除	現行548条は削除する。BGB，PICCおよびPECLは，いずれも，解除権者が受領した現物を返還することができない場合には，価額償還義務を負うことを定めるが，解除権を喪失するものとはしていない。研究会副案は，この考え方に与したものである。なお，研究会副案(新)482条2項において，価額償還義務につき明文の規定を置くことを提案している。
1114			[研究会正案] (第3款の2「契約の無効及び取消し」規定せず)	＊	民法改正試案の総則に「(新)59条(消費者契約の無効及び取消し)」を規定する方式を研究会正案とし，それを民法総則には規定せず，次の条文を「第3款の2契約の無効及び取消し」のなかに規定する方式を研究会副案とする。
1115	新設		[研究会副案] 第3款の2　契約の無効及び取消し		
1116				新	483条の3①：契約は，(新)第八条(意思能力の欠如)，(新)第五十条(強行規定と公序良俗)，(新)第五十三条(心裡留保)ただし書，(新)第五十四条(虚偽表示)及び(研究会副案)(新)第五十六条(錯誤)の適用がある場合に無効となる。
1117	新設		483条の3　契約の無効及び取消し	新	483条の3②：契約は，(新)第九条(未成年者の法律行為)第三項，(新)第十三条(成年被後見人の法律行為)第二項，(新)第十六条(被保佐人の法律行為)第二項，(新)第十九条(被補助人の法律行為)第五項，(研究会正案)(新)第五十六条(錯誤)，(新)第五十七条(詐欺又は強迫)及び(新)第五十八条(不実表示)の適用がある場合に取り消すことができる。
1118				新	483条の3③：前二項のほか，消費者と事業者との間で締結された契約については，消費者契約法(平成十二年法律第六十一号)及び特定商取引に関する法律(昭和五十一年法律第五十七号)の定めるところに従い，無効及び取消しを主張することができる。
1119	新設		第2節　所有権移転契約		
1120	第3節　売買		第1款　売買	＊	瑕疵担保について，契約責任のとらえ方から，民法の条文構成が異なってくることは，すでに「債務不履行等」の箇所で述べた。ただ，瑕疵担保の問題を超えて，売買全体について渡辺教授と鹿野教授から条文提案がなされた。「第3目買戻し」については研究会内で意見が分かれることはなかったが，それ以前の第1目，第2目については，見解が一致しなかったので，まず，研究会正案を紹介し，次に，研究会副案となった渡辺・鹿野案を紹介することとする。
1121			[第1目，第2目・研究会正案]		
1122	新設		第1目　総則		
1123	555条	売買	484条　売買	修	484条：売買は，当事者の一方がある物の所有権を相手方に移転することを約し，相手方がこれに対してその代金を支払うことを約することによって，その効力を生じる。
1124	560条	他人の権利の売買における売主の義務		修	485条①：前条の売買が他人の物を目的とする場合には，売主は，その所有権を取得して，買主に移転する義務を負う。買主は，代金を支払う義務を負う。

1125	562条1項	他人の権利の売買における善意の売主の解除権	485条　他人物売買の特則	移修	485条②：売主が契約の時においてその売却した物が自己に属しないことを知らなかった場合において，その権利を取得して買主に移転することができないときは，売主は，損害を賠償して，契約の解除をすることができる。
1126	562条2項			移修	485条③前項の場合において，買主が契約の時においてその買い受けた物が売主に属しないことを知っていたときは，売主は，買主に対し，単にその売却した物を移転することができない旨を通知して，契約の解除をすることができる。
1127	573条	代金の支払期限	486条　代金の支払期限及び支払場所	移	486条①：(現行573条に同じ)売買の目的物の引渡しについて期限があるときは，代金の支払についても同一の期限を付したものと推定する。
1128	574条	代金の支払場所		移	486条②：(現行574条に同じ)売買の目的物の引渡しと同時に代金を支払うべきときは，その引渡しの場所において支払わなければならない。
1129	575条1項	果実の帰属及び代金の利息の支払	487条　果実の帰属及び代金の利息の支払		487条①：(現行575条1項に同じ)まだ引き渡されていない売買の目的物が果実を生じたときは，その果実は，売主に帰属する。
1130	575条2項				487条②：(現行575条2項に同じ)買主は，引渡しの日から，代金の利息を支払う義務を負う。ただし，代金の支払について期限があるときは，その期限が到来するまでは，利息を支払うことを要しない。
1131	576条	権利を失うおそれのある場合の買主による代金の支払の拒絶	488条　買主の代金支払拒絶権	移	488条①：(現行576条に同じ)売買の目的について権利を主張する者があるために買主がその買い受けた権利の全部又は一部を失うおそれがあるときは，買主は，その危険の限度に応じて，代金の全部又は一部の支払を拒むことができる。ただし，売主が相当の担保を供したときは，この限りでない。
1132	577条1項	抵当権等のときがある場合の買主による代金の支払の拒絶		移	488条②：(現行577条1項に同じ)買い受けた不動産について抵当権の登記があるときは，買主は，抵当権消滅請求の手続が終わるまで，その代金の支払を拒むことができる。この場合において，売主は，買主に対し，遅滞なく抵当権消滅請求をすべき旨を請求することができる。
1133	577条2項			移	488条③：(現行577条2項に同じ)前項の規定は，買い受けた不動産について先取特権又は質権の登記がある場合について準用する。
1134	578条	売主による代金の供託の請求		移	488条④：(現行578条に同じ)前三項の場合においては，売主は，買主に対して代金の供託を請求することができる。
1135	新設		489条　売買の規定の準用	新	489条①：この節の規定は，その性質に反しない限り，物の所有権以外の財産権の売買について準用する。
1136	559条	有償契約への準用		修	489条②：この節の規定は，その性質に反しない限り，売買以外の有償契約について準用する。
1137	新設		490条　商事売買の特則	新	490条：商人間の売買については，この節の規定のほか，商法(明治三十二年法律第四十八号)第五百二十四条(売主による目的物の供託及び競売)から第五百二十八条(買主による目的物の保管及び供託)までの規定が適用される。
1138	新設		第2目　売主の担保責任		
1139	570条本文	売主の瑕疵担保責任		移修	491条①：売買の目的物に隠れた瑕疵があるときは，善意の買主は，次の各号に定める権利を有する。
1140	570条本文			修	一　その瑕疵のために契約をした目的を達することができないときは，契約の解除
1141	新設		491条　売主の瑕疵担保責任	新	二　その瑕疵にもかかわらず契約の目的を達することができるときは，代金の減額請求

1142	570条本文	売主の瑕疵担保責任		修	491条②：前項の権利は，買主が事実を知った時から一年以内に行使しなければならない。
1143	570条ただし書			修	491条③：強制競売の場合には，第一項を適用しない。
1144	565条	数量の不足又は物の一部滅失の場合における売主の担保責任	492条　数量の不足又は物の一部滅失の場合における売主の担保責任	移修	492条①：数量を指示して売買した物に不足がある場合又は物の一部が契約の時に既に滅失していた場合において，現存する部分のみであれば，買主がこれを買い受けなかったときは，善意の買主は，次の各号に定める権利を行使することができる。
1145	新設			新	一　契約の解除
1146	新設			新	二　不足する数量の割合に応じた代金の減額請求
1147	新設			新	三　損害賠償請求。前二号に基づく権利の行使は，この損害賠償の請求を妨げない。
1148	新設			新	492条②：前項に基づく権利は，善意の買主が事実を知った時から一年以内に行使しなければならない。
1149	561条	他人の権利の売買における売主の担保責任	493条　他人の物の売買における売主の担保責任	移修	493条：他人の物を売買の目的とした場合において，売主がその売却した物の所有権を取得して買主に移転することができないときは，買主は，次の各号に定める権利を行使することができる。
1150	561条			移修	一　契約の解除
1151	561条			移修	二　損害賠償請求。前号に基づく権利の行使は，この損害賠償の請求を妨げない。
1152	563条	権利の一部が他人に属する場合における売主の担保責任	494条　物の一部が他人に属する場合における売主の担保責任	移修	494条①：売買の目的である物の一部が他人に属することにより，売主がこれを買主に移転することができない場合，移転できる部分のみであれば買主が売買契約をしなかったときは，買主は，次の各号に定める権利を行使することができる。
1153	563条2項			移修	一　善意の買主は，契約の解除
1154	563条1項			移修	二　買主の善意又は悪意を問わず，その不足する部分の割合に応じた代金の減額請求
1155	563条3項			移修	三　善意の買主は，損害賠償請求。前二号に基づく権利の行使は，この損害賠償の請求を妨げない。
1156	564条	（標題なし）		移修	494条②：前項の権利は，買主が善意であったときは事実を知った時から，悪意であったときは契約の時から，それぞれ一年以内に行使しなければならない。
1157	566条1項			移修	495条①：売買の目的物が地上権，小作権，地役権，留置権又は質権の目的である場合において，買主は，次の各号に定める権利を行使することができる。
1158	566条1項			移修	一　善意の買主は，契約の目的を達することができないときは，契約の解除
1159	566条1項	地上権がある場合等における売主の担保責任	495条　地上権がある場合等における売主の担保責任	移修	二　善意の買主が契約の目的を達することができるときは，損害賠償請求
1160	566条2項				495条②：(現行566条2項に同じ)前項の規定は，売買の目的である不動産のために存すると称した地役権が存しなかった場合及びその不動産について登記をした賃貸借があった場合について準用する。
1161	566条3項			修	495条③：前二項に基づく権利は，買主が事実を知った時から一年以内に行使しなければならない。

1162	567条1項	抵当権等がある場合における売主の担保責任	496条　抵当権等がある場合における売主の担保責任	移修	496条①：売買の目的である不動産に先取特権，質権，又は抵当権が存しており，その行使により買主が権利を失ったときは，買主は，次の各号に定める権利を行使することができる。
1163	567条1項			移修	一　契約の解除
1164	567条3項			移修	二　買主が損害を受けたときは，損害賠償請求。前号に基づく権利の行使は，この損害賠償の請求を妨げない。
1165	567条2項，3項			移修	496条②：買主は，費用を支出してその所有権を保存したときは，その費用の償還を請求することができる。この場合において，買主が損害を受けたときは，その賠償を請求することができる。
1166	568条1項	強制競売における担保責任	497条　強制競売における担保責任	移修	497条①：強制競売における買受人は，（研究会正案）（新）第四百九十二条（数量の不足又は物の一部滅失の場合における売主の担保責任）から前条までの規定に基づき，債務者に対し，次の各号に定める権利を行使することができる。
1167	568条1項			移修	一　契約の解除
1168	568条1項			移修	二　代金の減額請求
1169	568条3項			移修	三　債務者が物若しくは権利の不存在を知りながら申し出なかったときは，損害賠償請求。前二号に基づく権利の行使は，この損害賠償の請求を妨げない。
1170	568条3項			移修	497条②：強制競売における買受人は，債権者が物若しくは権利の不存在を知りながら申し出なかったときは，債権者に対し，損害賠償の請求をすることができる。
1171	568条2項			移修	497条③：第一項第一号および第二号の場合において，債務者が無資力であるときは，買受人は，代金の配当を受けた債権者に対し，その代金の全部又は一部の返還を請求することができる。
1172	569条1項	債権の売主の担保責任	498条　債権の売主の担保責任		498条①：(現行569条1項に同じ)債権の売主が債務者の資力を担保したときは，契約の時における資力を担保したものと推定する。
1173	569条2項				498条②：(現行569条2項に同じ)弁済期に至らない債権の売主が債務者の将来の資力を担保したときは，弁済期における資力を担保したものと推定する。
1174	571条	売主の担保責任と同時履行	(現行571条「売主の担保責任と同時履行」削除)	削除	現行民法571条は，「第五百三十三条〈同時履行の抗弁〉の規定は，第五百六十三条から第五百六十六条まで及び前条の場合について準用する。」と規定している。担保責任の効果が解除である場合は，同時履行が問題になるのはたしかである。しかし，それは，解除一般に関する現行民法546条ですでに規定されているので，ここで重ねて規定する必要はない。 　また，解除することなく，損害賠償ないし代金減額を請求する場合には，買主は，売買の目的物を返還する義務を負わないはずである。したがって，ここでは，損害賠償債務ないし代金減額債務と同時履行の関係にたつ反対債務は存在しない。 　かりに，目的物の引渡債務が未履行の段階で，瑕疵等が明らかになった場合，買主は減額された代金と，目的物との同時履行が問題となりうるが，それは，そもそも，売買の同時履行の問題（したがって，現行民法533条の規定による）に過ぎないであろう。 　以上のように考えると，現行民法571条は，無意味な規定であるので，本改正試案では，削除することとした。

621

1175	572条	担保責任を負わない旨の特約	499条　担保責任を負わない旨の特約	修	499条：売主は，（研究会正案）（新）第四百九十一条（売主の瑕疵担保責任）から前条までの規定による担保の責任を負わない旨の特約をしたときであっても，知りながら告げなかった事実及び自ら第三者のために設定し又は第三者に譲り渡した権利については，その責任を免れることができない。
1176			[第1目，第2目・研究会副案]	＊	
1177	第1款　総則		第1目　総則		
1178	555条	売買	484条　売買	修	484条：売買は，当事者の一方がある物の所有権を相手方に移転することを約し，相手方がこれに対してその代金を支払うことを約することによって，その効力を生じる。
1179	560条	他人の権利の売買における売主の義務		修	485条①：他人の物を売買の目的としたときは，売主は，その物の所有権を取得して買主に移転する義務を負う。
1180	562条1項		485条　他人の物の売買	修	485条②：売主が契約の時においてその売却した物が自己に属しないことを知らなかった場合において，その物を取得して買主に移転することができないときは，売主は，損害を賠償して，契約の解除をすることができる。
1181	562条2項	他人の権利の売買における善意の売主の解除権		修	485条③：前項の場合において，買主が契約の時においてその買い受けた物が売主に属しないことを知っていたときは，売主は，買主に対し，単にその売却した物の所有権を移転することができない旨を通知して，契約の解除をすることができる。
1182	新設		486条　物の所有権以外の財産権の売買への準用	新	486条：この節の規定は，物の所有権以外の財産権の売買について準用する。ただし，その性質がこれを許さないときは，この限りでない。
1183	新設		第2目　売主の責任		
1184	570条	売主の瑕疵責任		修	487条①：売買の目的物に隠れた瑕疵があったときは，買主は，以下の各号に掲げる権利を行使することができる。ただし，強制競売の場合は，この限りでない。
1185	新設		487条　売主の瑕疵責任	新	一　瑕疵の除去又は瑕疵のない目的物の引渡しを請求すること。
1186	570条			修	二　代金の減額及び損害賠償の請求をすること。
1187	570条	売主の瑕疵責任		修	三　瑕疵が存在するために契約をした目的を達することができないときは，契約の解除をすること。
1188	570条			修	487条②：前項に定める権利は，買主が事実を知った時から一年以内に行使しなければならない。
1189	565条	数量の不足又は物の一部滅失の場合における売主の担保責任		修	488条①：数量を指示して売買をした物の数量に不足がある場合又は物の一部が契約の時に滅失していた場合において，買主がその不足又は滅失を知らなかったときは，買主は，以下の各号に掲げる権利を行使することができる。
1190	新設		488条　数量の不足又は物の一部滅失の場合における売主の責任	新	一　契約に定めるとおりの物の引渡しを請求すること。
1191	565条	数量の不足又は物の一部滅失の場合における売主の担保責任			二　代金の減額及び損害賠償の請求をすること。
1192	565条				三　売主が契約に定めるとおりの物を引き渡すことができず，又は第一号による請求の後相当の期間内にその引渡しをしない場合において，残存する部分のみであれば買主がこれを買い受けなかったときは，契約の解除をすること。
1193	564条	（標題なし）		移修	488条②：前項に定める権利は，買主が善意であったときは事実を知った時から，悪意であったときは契約の時から，それぞれ一年以内に行使しなければならない。

1194	561条	他人の権利の売買における売主の担保責任	489条　他人の物の売買における売主の責任	修	489条：他人の物を売買の目的とした場合において，売主がその売却した物の所有権を取得して買主に移転することができないときは，買主は，契約の解除をすることができる。この場合，買主が契約の時においてその所有権が売主に属しないことを知っていたときは，損害賠償の請求をすることができない。
1195	563条 564条	権利の一部が他人に属する場合における売主の担保責任	490条　物の一部が他人に属する場合における売主の責任	移	490条：売買の目的物の一部が他人に属することにより，売主がこれを移転することができないときは，（研究会副案）（新）第四百八十八条（数量の不足又は物の一部滅失の場合における売主の責任）の規定を準用する。この場合において，悪意の買主は，代金の減額のみを請求することができる。
1196	566条	地上権等がある場合等における売主の担保責任		修	491条①：売買の目的物が地上権，永小作権，地役権，留置権又は質権（以下この条において「地上権等」という。）の目的であった場合において，買主がこれを知らなかったときは，買主は，以下の各号に掲げる権利を行使することができる。
1197	新設			新	一　地上権等の除去及び目的物の引渡しを請求すること。
1198	566条1項		491条　地上権等がある場合等における売主の責任	移修	二　損害賠償の請求をすること。
1199	566条1項	地上権等がある場合等における売主の担保責任		移修	三　地上権等が存在するために契約をした目的を達することができないときは，契約の解除をすること。
1200	566条2項			修	491条②：前項の規定は，売買の目的である不動産のために存すると称した地役権が存しなかった場合及びその不動産について第三者に対抗することができる賃貸借があった場合について準用する。
1201	566条3項			修	491条③：前二項に定める権利は，買主が事実を知った時から一年以内に行使しなければならない。
1202	新設			新	491条④：この条の規定は，売買の目的物に法律的瑕疵があった場合について準用する。
1203	567条1項				492条①：(現行567条1項に同じ)売買の目的である不動産について存した先取特権又は抵当権の行使により買主がその所有権を失ったときは，買主は，契約の解除をすることができる。
1204	567条2項	抵当権等がある場合における売主の担保責任	492条　抵当権等がある場合における売主の責任		492条②：(現行567条2項に同じ)買主は，費用を支出してその所有権を保存したときは，売主に対し，その費用の償還を請求することができる。
1205	567条3項				492条③：(現行567条3項に同じ)前二項の場合において，買主は，損害を受けたときは，その賠償を請求することができる。
1206	568条1項			修	493条①：強制競売及び担保権の実行としての競売における買受人は，（研究会副案）（新）第四百八十九条（他人の物の売買における売主の責任）から前条までの規定により，債務者に対し，契約の解除をし，又は代金の減額を請求することができる。
1207	568条2項	強制競売における担保責任	493条　強制競売等における売主の責任		493条②：(現行568条2項に同じ)前項の場合において，債務者が無資力であるときは，買受人は，代金の配当を受けた債権者に対し，その代金の全部又は一部の返還を請求することができる。
1208	568条3項				493条③：(現行568条3項に同じ)前二項の場合において，債務者が物若しくは権利の不存在を知りながら申し出なかったとき，又は債権者がこれを知りながら競売を請求したときは，買受人は，これらの者に対し，損害賠償の請求をすることができる。

1209	569条1項	債権の売主の担保責任	494条　債権の売主の責任		494条①：(現行569条1項に同じ)債権の売主が債務者の資力を担保したときは，契約の時における資力を担保したものと推定する。
1210	569条2項				494条②：(現行569条2項に同じ)弁済期に至らない債権の売主が債務者の将来の資力を担保したときは，弁済期における資力を担保したものと推定する。
1211	571条	売主の担保責任と同時履行	495条　売主の責任と同時履行		495条：(現行571条に同じ)(新)第四百七十条(同時履行の抗弁権)の規定は，(研究会副案)(新)第四百八十七条(売主の瑕疵責任)，(新)第四百八十八条(数量の不足又は物の一部減失の場合における売主の責任)及び(新)第四百九十条(物の一部が他人に属する場合における売主の責任)から前条までの場合について準用する。
1212	572条	担保責任を負わない旨の特約	496条　責任を負わない特約		496条：(現行572条に同じ)売主は，(研究会副案)(新)第四百八十五条(他人の物の売買)から前条までの規定による担保の責任を負わない旨の特約をしたときであっても，知りながら告げなかった事実及び自ら第三者のために設定し，又は第三者に譲り渡した権利については，その責任を免れることができない。
1213	第3款　買戻し		第3目　買戻し		
1214	579条	買戻しの特約	500条　買戻しの特約	移	500条①：(現行579条に同じ)不動産の売主は，売買契約と同時にした買戻しの特約により，買主が支払った代金及び契約の費用を返還して，売買の解除をすることができる。この場合において，当事者が別段の意思を表示しなかったときは，不動産の果実と代金の利息とは相殺したものとみなす。
1215	580条1項	買戻しの期間		移	500条②：(現行580条1項に同じ)買戻しの期間は，十年を超えることができない。特約でこれより長い期間を定めたときは，その期間は，十年とする。
1216	580条2項			移	500条③：(現行580条2項に同じ)買戻しについて期間を定めたときは，その後にこれを伸長することができない。
1217	581条1項	買戻しの特約の対抗力	501条　買戻しの特約の対抗力		501条①：(現行581条1項に同じ)売買契約と同時に買戻しの特約を登記したときは，買戻しは，第三者に対しても，その効力を生ずる。
1218	581条2項				501条②：(現行581条2項に同じ)登記をした賃借人の権利は，その残存期間中一年を超えない期間に限り，売主に対抗することができる。ただし，売主を害する目的で賃貸借をしたときは，この限りでない。
1219	582条	買戻権の代位行使	502条　買戻権の代位行使		502条：(現行582条に同じ)売主の債権者が(新)第三百五十六条(債権者代位権)の規定により売主に代わって買戻しをしようとするときは，買主は，裁判所において選任した鑑定人の評価に従い，不動産の現在の価額から売主が返還すべき金額を控除した残額に達するまで売主の債務を弁済し，なお残余があるときはこれを売主に返還して，買戻権を消滅させることができる。
1220	583条1項	買戻しの実行	503条　買戻しの実行		503条①：(現行583条1項に同じ)売主は，(新)第五百(買戻しの特約)第二項又は第三項に規定する期間内に代金及び契約の費用を提供しなければ，買戻しをすることができない。
1221	583条2項				503条②：(現行583条2項に同じ)買主又は転得者が不動産について費用を支出したときは，売主は，(新)第百三十一条(占有者による費用の償還請求)の規定に従い，その償還をしなければならない。ただし，有益費については，裁判所は，売主の請求により，その償還について相当の期限を許与することができる。

1222	584条	共有持分の買戻特約付売買		移	504条①：(現行584条に同じ)不動産の共有者の一人が買戻しの特約を付してその持分を売却した後に，その不動産の分割又は競売があったときは，売主は，買主が受け，若しくは受けるべき部分又は代金について，買戻しをすることができる。ただし，売主に通知をしないでした分割及び競売は，売主に対抗することができない。
1223	585条1項	(標題なし)	504条　共有持分の買戻特約付売買	移	504条②：(現行585条1項に同じ)前条の場合において，買主が不動産の競売における買受人となったときは，売主は，競売の代金及び前条に規定する費用を支払って買戻しをすることができる。この場合において，売主は，その不動産の全部の所有権を取得する。
1224	585条2項			移	504条③：(現行585条2項に同じ)他の共有者が分割を請求したことにより買主が競売における買受人となったときは，売主は，その持分のみについて買戻しをすることはできない。
1225	第4節　交換		第2款　交換		
1226	586条1項	(標題なし)	505条　交換		505条①：(現行586条1項に同じ)交換は，当事者が互いに金銭の所有権以外の財産権を移転することを約することによって，その効力を生ずる。
1227	586条2項				505条②：(現行586条2項に同じ)当事者の一方が他の権利とともに金銭の所有権を移転することを約した場合におけるその金銭については，売買の代金に関する規定を準用する。
1228	第2節　贈与		第3款　贈与		
1229	新設	(549条「贈与」，550条「書面によらない贈与の撤回」参照)	506条　贈与	新	506条①：贈与は，当事者の一方がある物を無償で相手方に与える意思を表示し，相手方が承諾し，契約書面を作成することによって，その効力を生ずる。
1230				新	506条②：贈与は，当事者の一方がある物を無償で相手に与える意思を書面によって表示し，相手方が承諾することによって，その効力を生ずる。
1231				新	506条③：贈与は，当事者の一方がある物を無償で相手方に与える意思を表示し，相手方がその物を受け取ることによって，その効力を生ずる。物の一部を受け取ったときは，その限度で効力を生ずる。
1232	551条1項	贈与者の担保責任	507条　贈与者の担保責任		507条①：(現行551条1項に同じ)贈与者は，贈与の目的である物又は権利の瑕疵又は不存在について，その責任を負わない。ただし，贈与者がその瑕疵又は不存在を知りながら受贈者に告げなかったときは，この限りでない。
1233	551条2項				507条②：(現行551条2項に同じ)負担付贈与については，贈与者は，その負担の限度において，売主と同じく担保の責任を負う。
1234				新	508条①：贈与者は，次に掲げる場合には贈与を撤回することができる。
1235				新	一　贈与者が，自己の相当な生計を賄い，又は法律により自己に課された扶養義務を果たすことができないとき
1236	新設		508条　履行済贈与の撤回	新	二　受贈者が，贈与者又はその親族に対する著しい非行によって重大な忘恩行為を行ったとき
1237				新	508条②：前項により贈与が撤回された場合，受贈者は，その利益の存する限度において，これを返還する義務を負う。
1238				新	508条③：この条第1項に定める撤回は，贈与者が事実を知った時から一年以内にしなければならない。
1239	552条　定期贈与		509条　定期贈与		509条：(現行552条に同じ)定期の給付を目的とする贈与は，贈与者又は受贈者の死亡によって，その効力を失う。

1240	554条　死因贈与	510条　死因贈与		510条：(現行554条に同じ)贈与者の死亡によって効力を生ずる贈与については，その性質に反しない限り，遺贈に関する規定を準用する。
1241	新設	511条　非無償的贈与	新	511条①：負担付贈与は，その性質に従い，(新)第五百六条(贈与)の規定によるほか，申込みと承諾によってその成立を認めることができる。
1242	新設		新	511条②：贈与それ自体に負担が付いていない場合にあっても，先行する当事者間の関係から贈与が無償とはいえないときには，前項の規定を準用する。
1243	553条　負担付贈与		修	511条③：前二項の贈与については，その性質に従い，この節に定めるもののほか，双務契約及び有償契約に関する規定を準用することができる。
1244	新設	512条　贈与の規定の準用	新	512条①：この節の規定は，その性質に反しない限り，物の所有権以外の財産権の贈与について準用する。
1245			新	512条②：この節の規定は，その性質に反しない限り，贈与以外の無償契約について準用する。
1246	新設	第3節　有体物利用契約		
1247	第7節　賃貸借	第1款　賃貸借	*	賃貸借の条文案は，山野目教授の提案を基礎に検討されたものである。
1248	第1款　総則	第1目　総則		
1249	601条　賃貸借	513条　賃貸借		513条：(現行601条に同じ)賃貸借は，当事者の一方がある物の使用及び収益を相手方にさせることを約し，相手方がこれに対してその賃料を支払うことを約することによって，その効力を生ずる。
1250	604条1項　賃貸借の存続期間	514条　賃貸借の存続期間		514条①：(現行604条1項に同じ)賃貸借の存続期間は，二十年を超えることができない。契約でこれより長い期間を定めたときであっても，その期間は，二十年とする。
1251	604条2項			514条②：(現行604条2項に同じ)賃貸借の存続期間は，更新することができる。ただし，その期間は，更新の時から二十年を超えることができない。
1252		515条　建物所有を目的とする賃貸借の存続期間	新	515条①：建物の所有を目的とする土地の賃貸借の存続期間は，三十年とする。ただし，契約でこれより長い期間を定めたときは，その期間とする。
1253	新設		新	515条②：建物の所有を目的とする土地の賃貸借で契約の更新がないものの存続期間は，前項の規定にかかわらず，借地借家法の定めるところによる。
1254			新	515条③：期間を一年未満とする建物の賃貸借は，期間の定めがない建物の賃貸借とみなす。
1255			新	515条④：前条の規定は，建物の賃貸借については，適用しない。
1256	新設	516条　終身賃貸借	新	516条：前条の規定にかかわらず，賃借権の存続期間の終期を賃借人(又は賃貸借の目的物を利用する者)の死亡時とすることを妨げない。
1257	602条　短期賃貸借		移	517条①：(現行602条に同じ)処分につき行為能力の制限を受けた者又は処分の権限を有しない者が賃貸借をする場合には，次の各号に掲げる賃貸借は，それぞれ当該各号に定める期間を超えることができない。
1258	1号		移	一(現行602条1号に同じ)　樹木の栽植又は伐採を目的とする山林の賃貸借　十年
1259	2号		移	二(現行602条2号に同じ)　前号に掲げる賃貸借以外の土地の賃貸借　五年
1260	3号	517条　短期賃貸借	移	三(現行602条3号に同じ)　建物の賃貸借　三年

1261	4号			修	四　動産の賃貸借　六か月
1262	603条	短期賃貸借の更新		移修	517条②:前項に定める期間は，更新することができる。ただし，その期間満了前，土地については一年以内，建物については三か月以内，動産については一か月以内に，その更新をしなければならない。
1263	第2款	賃貸借の効力	第2目　賃貸借の効力		
1264	605条	不動産賃貸借の効力	518条　不動産賃貸借の効力	修	518条①:不動産の賃貸借は，これを登記したときは，その後その不動産について物権を取得した者に対しても，その効力を生ずる。建物の賃貸借について，建物の引渡しがあったときも，同様とする。
1265	新設			新	518条②:(新)第百八十六条(建物所有を目的とする地上権の対抗要件の例外)の規定は，建物の所有を目的とする賃貸借について準用する。
1266	594条	借主による使用及び収益	519条　借主の使用収益権能	移修	519条:賃借人は，契約又はその目的物の性質によって定まった用法に従い，その物の使用及び収益をしなければならない。
1267	606条1項	賃貸物の修繕等	520条　賃貸物の修繕等	移	520条①:(現行606条1項に同じ)賃貸人は，賃貸物の使用及び収益に必要な修繕をする義務を負う。
1268	606条2項			移	520条②:(現行606条2項に同じ)賃貸人が賃貸物の保存に必要な行為をしようとするときは，賃借人は，これを拒むことができない。
1269	615条	賃借人の通知義務		移修	520条③:賃貸物が修繕を要するときは，賃借人は，遅滞なくその旨を賃貸人に通知しなければならない。ただし，賃貸人が既にこれを知っているときは，この限りでない。
1270	607条	賃借人の意思に反する保存行為	521条　賃借人の意思に反する保存行為		521条:(現行607条に同じ)賃貸人が賃借人の意思に反して保存行為をしようとする場合において，そのために賃借人が賃借をした目的を達することができなくなるときは，賃借人は，契約の解除をすることができる。
1271	615条	賃借人の通知義務	522条　賃借人の通知義務	修	522条:賃貸物について権利を主張する者があるときは，賃借人は，遅滞なくその旨を賃貸人に通知しなければならない。ただし，賃貸人が既にこれを知っているときは，この限りでない。
1272	614条本文	賃料の支払時期	523条　賃料の支払時期	移	523条:(現行614条本文に同じ)賃料は，動産，建物及び宅地については毎月末に，その他の土地については毎年末に，支払わなければならない。
1273	611条1項	賃借権の譲渡及び転貸の制限	524条　賃貸物の一部滅失による賃料の減額請求等	移	524条①:(現行611条1項に同じ)賃貸物の一部が賃借人の過失によらないで滅失したときは，賃借人は，その滅失した部分の割合に応じて，賃料の減額を請求することができる。
1274	611条2項			移	524条②:(現行611条2項に同じ)前項の場合において，残存する部分のみでは賃借人が賃借をした目的を達することができないときは，賃借人は，契約の解除をすることができる。
1275	608条1項	賃借人による費用の償還請求	525条　賃借人による費用の償還請求		525条①:(現行608条1項に同じ)賃借人は，賃借物について賃貸人の負担に属する必要費を支出したときは，賃貸人に対し，直ちにその償還を請求することができる。
1276	608条2項				525条②:(現行608条2項に同じ)賃借人が賃借物について有益費を支出したときは，賃貸人は，賃貸借の終了の時に，(新)第百三十一条(占有者による費用の償還請求)第二項本文に従い，その償還をしなければならない。ただし，裁判所は，賃貸人の請求により，その償還について相当の期限を許与することができる。
1277	609条	減収による賃料の減額請求	(現行609条「減収による賃料の減額請求」削除)	削除	小作料の減免にかんしては，農地法21条に規定されているので，民法には規定を置かないこととし，現行民法609条を削除することにした。

1278	610条	減収による解除	（現行610条「減収による解除」削除）	削	本改正試案では、永小作権についての現行民法275条を削除したので、これと対応するべく、現行民法610条は削除することとした。ただ、債権の放棄自体は可能であるが、そのさい、民法の一般原則からは、将来賃料の支払いが必要となるので、単純な削除でよいか否かは、さらに検討する必要がある。
1279	612条1項	賃借権の譲渡及び転貸の制限	526条　賃借権の譲渡及び転貸の制限	修	526条①：(現行612条1項に同じ)賃借人は、賃貸人の承諾を得なければ、その賃借権を譲り渡し、又は賃借物を転貸することができない。
1280	612条2項				526条②：賃借人が前項の規定に違反して第三者に賃借物の使用又は収益をさせたときは、賃貸人は、契約の解除をすることができる。ただし、その賃借人の行為が信義に反しないと認められる特別の事情がある場合は、この限りでない。
1281	613条1項	転貸の効果	527条　転貸の効果		527条①：(現行613条1項に同じ)賃借人が適法に賃借物を転貸したときは、転借人は、賃貸人に対して直接に義務を負う。この場合においては、賃料の前払をもって賃貸人に対抗することができない。
1282	613条2項				527条②：(現行613条2項に同じ)前項の規定は、賃貸人が賃借人に対してその権利を行使することを妨げない。
1283	第3款	賃貸借の終了	第3目　賃貸借の終了		
1284	597条	借用物の返還の時期	528条　借用物の返還の時期	移修	528条：賃借人は、契約に定めた時期に、賃貸物の返還をしなければならない。
1285	617条1項	期間の定めのない賃貸借の解約の申入れ	529条　期間の定めのない賃貸借の解約による終了		529条①：(標題を除き、現行617条1項に同じ)当事者が賃貸借の期間を定めなかったときは、各当事者は、いつでも解約の申入れをすることができる。この場合においては、次の各号に掲げる賃貸借は、解約の申入れの日からそれぞれ当該各号に定める期間を経過することによって終了する。
1286					一（現行617条1項1号に同じ）　土地の賃貸借　一年
1287				修	二　建物の賃貸借　六か月
1288					三（現行617条1項3号に同じ）　動産及び貸席の賃貸借　一日
1289	新設			新	529条②：(新)第五百三十二条(賃貸借の更新)第三項及び第四項の規定は、建物の賃貸借が解約の申入れによって終了した場合について準用する。
1290	618条	期間の定めのある賃貸借の解約をする権利の留保	530条　期間の定めのある賃貸借の解約をする権利の留保	修	530条：当事者が賃貸借の期間を定めた場合であっても、その一方又は双方がその期間内に解約をする権利を留保したときは、前条の規定を準用する。ただし、建物の所有を目的とする土地の賃貸借及び建物の賃貸借において、賃貸人は、解約をする権利を留保することができない。
1291	598条	借主による収去	531条　賃借人による収去	移修	531条：賃借人は、賃借物を原状に復して、これに附属させた物を収去することができる。
1292	619条1項	賃貸借の更新の推定等			532条①：(現行619条1項に同じ)賃貸借の期間が満了した後賃借人が賃貸物の使用又は収益を継続する場合において、賃貸人がこれを知りながら異議を述べないときは、従前の賃貸借と同一の条件で更に賃貸借をしたものと推定する。この場合において、各当事者は、(新)第五百二十九条(期間の定めのない賃貸借の解約による終了)の規定により解約の申入れをすることができる。
1293	新設			新	532条②：建物の賃貸借について期間の定めがある場合において、当事者が期間の満了の一年前から六か月前までの間に相手方に対して更新をしない旨の通知又は条件を変更しなければ更新をしない旨の通知をしなかったときは、従前の契約と同一の条件で契約を更新したものとみなす。ただし、その期間は、定めがないものとする。

1294	新設		532条　賃貸借の更新	新	532条③：前項の通知をした場合であっても，建物の賃貸借の期間が満了した後建物の賃借人が使用を継続する場合において，建物の賃貸人が遅滞なく異議を述べなかったときも，同項と同様とする。
1295	新設			新	532条④：建物の転貸借がされている場合においては，建物の転借人がする建物の使用の継続を建物の賃借人がする建物の使用の継続とみて，建物の賃借人と賃貸人との間について前項の規定を適用する。
1296	新設			新	532条⑤：(新)第百八十四(地上権の更新請求)の規定は，建物の所有を目的とする土地の賃貸借の更新について準用する。ただし，法律又は契約の定めるところにより契約の更新がない場合は，この限りでない。
1297	619条2項	賃貸借の更新の推定等		移	532条⑥：(現行619条2項に同じ)従前の賃貸借について当事者が担保を供していたときは，その担保は，期間の満了によって消滅する。ただし，敷金については，この限りでない。
1298	新設		533条　建物賃貸借契約の更新拒絶等の要件	新	533条：建物の賃貸人による前条第二項の通知又は建物の賃貸借の解約の申入れは，建物の賃貸人及び賃借人(転借人を含む。以下この条において同じ。)が建物の使用を必要とする事情のほか，建物の賃貸借に関する従前の経過，建物の利用状況及び建物の現況並びに建物の賃貸人が建物の明渡しの条件として又は建物の明渡しと引換えに建物の賃借人に対して財産上の給付をする旨の申出をした場合におけるその申出を考慮して，正当の事由があると認められる場合でなければ，することができない。
1299	620条	賃貸借の解除の効力	534条　賃貸借の解除の効力の不遡及		534条：(現行620条に同じ)賃貸借の解除をした場合には，その解除は，将来に向かってのみその効力を生ずる。この場合において，当事者の一方に過失があったときは，その者に対する損害賠償の請求を妨げない。
1300	621条	損害賠償及び費用の償還の請求権についての期間の制限	(現行621条「損害賠償及び費用の償還の請求権についての期間の制限」削除)	削	現行民法621条が使用貸借の規定を準用し，用法違反にもとづく損害賠償請求権および費用償還請求権の期間制限を1年以内としたのは，少額債権であることを念頭においたものであろうが，常に少額債権であるとはかぎらないので，現行民法621条は削除することとした。
1301	新設		535条　他の法律の適用	新	535条：賃貸借については，この法律のほか，借地借家法(平成三年法律九十号)その他の法律が適用される。
1302	622条　(削除)		(622条削除)	＊	622条の規定は，平成16年の民法の現代語化にさいし，条数整序のため，削除されたものである。
1303	第6節　使用貸借		第2款　使用貸借		
1304				新	536条①：使用貸借は，当事者の一方がある物を無償で相手方に使用及び収益をさせる意思を表示し，相手方が承諾し，契約書面を作成することによって，その効力を生ずる。
1305	新設	(593条「使用貸借」参照)	536条　使用貸借	新	536条②：使用貸借は，当事者の一方がある物を無償で相手方に使用及び収益させる意思を書面によって表示し，相手方が承諾することによって，その効力を生ずる。
1306				修	536条③：使用貸借は，当事者の一方がある物を無償で相手方に使用及び収益させる意思を表示し，相手方がその物を受け取ることによって，その効力を生ずる。物の一部を受け取ったときは，その限度で効力を生ずる。
1307	594条1項				537条①：(現行594条1項に同じ)借主は，契約又はその目的物の性質によって定まった用法に従い，その物の使用及び収益をしなければならない。
1308	594条2項	借主による使用及び収益	537条　借主の使用収益権能		537条②：(現行594条2項に同じ)借主は，貸主の承諾を得なければ，第三者に借用物の使用又は収益をさせることができない。

1309	594条3項				537条③:(現行594条3項に同じ)借主が前二項の規定に違反して使用又は収益をしたときは、貸主は、契約の解除をすることができる。
1310	新設		538条　借主の注意義務	新	538条:本節において、借主は、契約の本旨に従い、善良な管理者の注意をもって債務を履行する義務を負う。
1311	新設		539条　借主の通知義務	新	539条:借主は、借用物について権利を主張する者があるときは、遅滞なくその旨を貸主に通知しなければならない。ただし、貸主がすでにこれを知っているときは、この限りでない。
1312	595条1項	借用物の費用の負担	540条　借用物の費用の負担		540条①:(現行595条1項に同じ)借主は、借用物の通常の必要費を負担する。
1313	595条2項			修	540条②:借主又は転借人が不動産について通常の必要費以外の費用を支出したときは、貸主は(新)第百三十一条(占有者による費用の償還請求)の規定に従い、その費用の償還をしなければならない。ただし、有益費については、裁判所は、売主の請求により、その償還について相当の期限を許与することができる。
1314	600条	損害賠償及び費用の償還の請求権についての期間の制限		移修	540条③:前項に基づく費用の償還請求は、貸主が返還を受けた時から一年以内にしなければならない。
1315	596条	貸主の担保責任	(現行596条「貸主の担保責任」削除)	削除	現行民法596条は、「第五百五十一条の規定は、使用貸借について準用する。」として、「贈与者の担保責任」を準用している。しかし、本改正提案(新)512条(贈与の規定の準用)は、贈与の規定を、その性質に反しないかぎり、一般的に無償契約について準用する旨の規定をおいており、この規定は不要となったので、削除した。
1316	597条1項	借用物の返還の時期	541条　借用物の返還の時期		541条①:(現行597条1項に同じ)借主は、契約に定めた時期に、借用物の返還をしなければならない。
1317	597条2項				541条②:(現行597条2項に同じ)当事者が返還の時期を定めなかったときは、借主は、契約に定めた目的に従い使用及び収益を終わった時に、返還をしなければならない。ただし、その使用及び収益を終わる前であっても、使用及び収益をするのに足りる期間を経過したときは、貸主は、直ちに返還を請求することができる。
1318	597条3項			修	541条③:(現行597条3項に同じ)当事者が返還の時期並びに使用及び収益の目的を定めなかったときは、貸主は、いつでも返還を請求することができる。
1319	598条	借主による収去	542条　借主による収去		542条:(現行598条に同じ)借主は、借用物を原状に復して、これに附属させた物を収去することができる。
1320	599条	借主の死亡による使用貸借の終了	543条　借主の死亡による使用貸借の終了		543条:(現行599条に同じ)使用貸借は、借主の死亡によって、その効力を失う。

1321	600条	損害賠償及び費用の償還の請求権についての期間の制限	（現行600条「損害賠償及び費用の償還の請求権についての期間の制限」一部削除，一部移動）	削除	現行民法600条は，「契約の本旨に反する使用又は収益によって生じた損害の賠償及び借主が支出した費用の償還は，貸主が返還を受けた時から1年以内に請求しなければならない。」と定めている。このうち，費用償還についての規定は，規範内容を維持したまま，（新）540条3項に移動した。しかし，「契約の本旨に反する使用又は収益によって生じた損害の賠償」については，借主の善管注意義務があれば，損害賠償請求権が短期の除斥期間にかかる利用はないと考え，本改正提案では，この規定を継受しないこととした。民法起草者は，この損害賠償請求権は「其額多カラサルヲ常ト」するが（梅謙次郎『民法要義　債権編巻之三』（有斐閣，大正元年）624頁），使用貸借契約が常に安価な物品についてのみ行われるとはかぎらないからである。なお，本改正提案において，（新）107条4項により，少額債権は，常に短期消滅時効にかかることに注意されたい。
1322	新設		第4節　労務提供契約		
1323			[雇用・研究会正案]	*	雇傭については，北居功教授の提案を基礎に規定したが，同教授による提案自体に，研究会正案と研究会副案の双方がある。研究会正案は以下に示すものであるが，研究会副案は，雇傭契約をすべて民法典から削除するというものである。研究会副案の趣旨については，後に述べる。
1324	第8節　雇用		第1款　雇用		
1325	623条	雇用	544条　雇用		544条①：(現行623条に同じ)雇用は，当事者の一方が相手方に対して労働に従事することを約し，相手方がこれに対してその報酬を与えることを約することによって，その効力を生ずる。
1326	新設			新	544条②：前項の契約において，使用者は，労働者がその生命，身体等の安全を確保しつつ労働することができるよう，必要な配慮をする義務を負う。
1327	624条1項	報酬の支払時期	545条　雇用報酬の支払時期		545条①：(標題を除き，現行624条1項に同じ)労働者は，その約した労働を終わった後でなければ，報酬を請求することができない。
1328	624条2項				545条②：(現行624条2項に同じ)期間によって定めた報酬は，その期間を経過した後に，請求することができる。
1329	新設	（現行536条2項「債務者の危険負担等」参照）	546条　使用者の責めに帰すべき事由による報酬支払請求権	新	546条：労働者は，使用者側に基因する事由によって労務を提供できない場合にも，報酬を請求できる。ただし，自己の債務を免れたことによって利益を得たときは，その利益を使用者に償還しなければならない。
1330	625条1項	使用者の権利の譲渡の制限等	547条　使用者の権利の譲渡の制限等		547条①：(現行625条1項に同じ)使用者は，労働者の承諾を得なければ，その権利を第三者に譲り渡すことができない。
1331	625条2項				547条②：(現行625条2項に同じ)労働者は，使用者の承諾を得なければ，自己に代わって第三者を労働に従事させることができない。
1332	625条3項				547条③：(現行625条3項に同じ)労働者が前項の規定に違反して第三者を労働に従事させたときは，使用者は，契約の解除をすることができる。
1333	新設			新	548条①：労働契約の期間は，労働基準法(昭和二十二年法律第四十九号)第十四条の定めるところによる。ただし，同法第百十六条第二項に従い労働基準法の適用がない労働契約については，この法律の定めるところによる。

1334	626条1項	期間の定めのある雇用の解除	548条　期間の定めのある雇用の解除		548条②:(現行626条1項に同じ)雇用の期間が五年を超え，又は雇用が当事者の一方若しくは第三者の終身の間継続すべきときは，当事者の一方は，五年を経過した後，いつでも契約の解除をすることができる。ただし，この期間は，商工業の見習を目的とする雇用については，十年とする。
1335	626条2項			修	548条③:前項の規定により契約の解除をしようとするときは，三か月前にその予告をしなければならない。
1336	627条1項前段	期間の定めのない雇用の解約の申入れ	549条　期間の定めのない雇用の解約の申入れ	修	549①:当事者が雇用の期間を定めなかったときは，使用者は(新)第五百五十一条(解雇権濫用の禁止)に反しない限り，労働者はいつでも，解約の申入れをすることができる。
1337	627条2項後段			修	549②:使用者が前項の申入れをしたときは，雇用契約は，解約の申入れの日から三十日を経過することによって終了し，労働者が前項の申入れをしたときは，雇用契約は，解約の申入れの日から二週間を経過することによって終了する。
1338	627条2項				549③:(現行627条2項に同じ)期間によって報酬を定めた場合には，解約の申入れは，次期以後についてすることができる。ただし，その解約の申入れは，当期の前半にしなければならない。
1339	627条3項			修	549④:六か月以上の期間によって報酬を定めた場合には，前項の解約の申入れは，三か月前にしなければならない。
1340	628条前段	やむを得ない事由による雇用の解除	550条　やむを得ない事由による雇用の解除	修	550①:雇用の期間を定めた契約は，各当事者は，解除することができない。ただし，やむを得ない事由があるときは，この限りでない。
1341	628条後段			修	550②:前項のやむを得ない事由が当事者の一方の過失により生じたときは，その者は，相手方に対して損害賠償の責任を負う。
1342	新設		551条　解雇権濫用の禁止	新	551条:使用者による雇用契約の解除又は解約の申入れは，客観的に合理的な理由を欠き，社会通念上相当であると認められない場合は，その権利を濫用したものとして，無効とする。
1343	629条1項	雇用の更新の推定等	552条　雇用の更新	修	552条①:雇用の期間が満了した後労働者が引き続きその労働に従事する場合において，使用者がこれを知りながら異議を述べないときは，従前の雇用と同一の条件で更に雇用をしたものとみなす。
1344	629条2項			修	552:従前の雇用について当事者が担保を供していたときは，その担保は，期間の満了によって消滅する。ただし，身元保証金については，この限りでない。
1345	630条	雇用の解除の効力	553条　雇用の解除の効力の不遡及	修	553条:(新)第五百三十四条(賃貸借の解除の効力の不遡及)の規定は，雇用について準用する。
1346	631条	使用者についての破産手続の開始による解約の申入れ	554条　使用者についての破産手続の開始による解約の申入れ	修	554条:使用者が破産手続開始の決定を受けた場合には，雇用に期間の定めがあるときであっても，労働者は(新)第五百四十九条(期間の定めのない雇用の解約の申入れ)に基づいて，解約の申入をすることができる。また，この場合に破産管財人が解約の申し入れをするときは，労働契約法及び労働基準法の適用を受ける。いずれの場合においても，各当事者は，相手方に対し，解約によって生じた損害の賠償を請求することができない。
1347	新設		555条　他の法律の適用	新	555条:雇用については，この法律のほか，労働基準法(昭和二十二年法律第四十九号)，労働契約法(平成十九年法律第百二十八号)その他の法律が適用される。

1348	第8節　雇用	[雇用・研究会副案]（現行第3節第1款「雇用」削除）	削除	「第1款雇用」をすべて削除する。そのうえで，すべて労働契約法に規律を委ねる。そのさいには，労働契約法19条，とりわけ2項の「使用者が同居の親族のみを使用する場合の労働契約」にかんする労働契約法不適用条項を削除するという方向での労働契約法の改正が必要である。
1349	第9節　請負	第2款　請負	*	請負については，基本的に，北居教授の提案を基礎に検討したが，岡孝教授の追加提案等もとりいれている。
1350	632条　請負	556条請負		556条①：(現行632条に同じ)請負は，当事者の一方がある仕事を完成することを約し，相手方がその仕事の結果に対してその報酬を支払うことを約することによって，その効力を生ずる。
1351	新設		新	556条②：請負人は，契約に定められた数量および品質に適合した仕事を完成し，必要な場合には引き渡す義務を負う。
1352	新設		新	556条③：注文者は，請負人が仕事を完成するのに必要な協力をする義務を負う。
1353	633条　報酬の支払時期	557条請負報酬の支払時期	修	557条：注文者は，仕事を履行として受領すると同時に，報酬を支払わなければならない。ただし，仕事の受領を要しないときは，(新)第五百四十五条(雇用報酬の支払時期)第一項の規定を準用する。
1354	新設	558条　下請契約と直接請求権	新	558条①：請負人は，仕事の性質に反しない限り，仕事の全部又は一部を他人(以下「下請人」と呼ぶ。)に請け負わせることができる。
1355			新	558条②：前項の場合において，請負人が下請人に報酬を支払わないときは，注文者は下請人に対して，直接に報酬を支払う義務を負う。ただし，注文者が請負人に対して，既に報酬を支払ったときは，この限りでない。
1356	634条1項　請負人の担保責任	559条請負人の担保責任	修	559条①：仕事の目的物に瑕疵があるときは，注文者は，請負人に対し，相当の期間を定めて，その瑕疵の追完を請求することができる。ただし，瑕疵が重要でない場合において，その追完に過分の費用を要するときは，この限りでない。
1357	新設		新	559条②：前項の場合において，請負人は，追完の方法を選択することができる。
1358	新設	(現行635条[標題なし]参照) 560条　瑕疵に基づく報酬減額請求権	新	560条：注文者は，瑕疵の追完に代えて，報酬の減額を請求できる。
1359	635条　(標題なし)	561条　瑕疵に基づく解除	修	561条①：(新)第五百五十九条(請負人の担保責任)に基づく追完のための相当期間が経過したときは，注文者は，契約の解除をすることができる。ただし，仕事の目的物の瑕疵のために契約の目的を達成することができないときは，注文者は直ちに契約の解除をすることができる。
1360	新設		新	561条②：前項の規定は，瑕疵が重大でないときは適用しない。
1361	634条2項　請負人の担保責任	562条　瑕疵に基づく損害賠償請求権	修	562条①：仕事の目的物に瑕疵があるときは，注文者は，追完若しくは解除とともに，又は追完のための相当期間の経過後は追完に代えて，損害賠償の請求をすることができる。
1362	新設		新	562条②：追完に代えて損害賠償を請求する場合，注文者は，損害賠償債権と報酬債権を相殺によって清算するまで，報酬の支払いを拒絶することができる。
1363	636条　請負人の担保責任に関する規定の不適用	563条　請負人の担保責任に関する規定の不適用		563条：(現行636条に同じ)前四条の規定は，仕事の目的物の瑕疵が注文者の供した材料の性質又は注文者の与えた指図によって生じたときは，適用しない。ただし，請負人がその材料又は指図が不適当であることを知りながら告げなかったときは，この限りでない。

1364	637条1項	請負人の担保責任の存続期間	564条　請負人の担保責任の存続期間	修	564条①：(新)第五百五十九条(請負人の担保責任)から(新)第五百六十二条(瑕疵に基づく損害賠償請求権)までの規定による瑕疵の追完，契約の解除，報酬の減額及び損害賠償の権利は，注文者が瑕疵を知ってから一年以内に行使しなければならない。
1365	新設			新	564条②：前項の権利は，注文者が仕事を履行として受領した時から五年で消滅する。
1366	638条	（標題なし）	565条　建築請負における担保責任の存続期間の例外	修	565条：建物その他の土地の工作物又は地盤の瑕疵についての請負人の責任は，注文者が仕事を履行として受領した時から十年間で消滅する。
1367	639条	担保責任の存続期間の伸長	566条　担保責任の存続期間の伸張	修	566条：(新)第五百六十四条(請負人の担保責任の存続期間)及び前条の期間は，二十年の期間内に限り，契約で伸張することができる。
1368	640条	担保責任を負わない旨の特約	567条　瑕疵担保責任を負わない旨の特約	修	567条：(現行640条に同じ)請負人は，(新)第五百五十九条(請負人の担保責任)又は(新)第五百六十一条(瑕疵に基づく解除)の規定に基づく責任を負わない旨の特約をしたときであっても，知りながら告げなかった事実については，その責任を免れることができない。
1369	641条	注文者による契約の解除	568条　注文者による契約の解除	修	568条：(現行641条に同じ)請負人が仕事を完成しない間は，注文者は，いつでも損害を賠償して契約を解除することができる。
1370	642条1項	注文者についての破産手続の開始による解除	569条　注文者についての破産手続の開始による解除	修	569条①：(現行642条1項に同じ)注文者が破産手続瑕疵の決定を受けたときは，請負人又は破産管財人は，契約の解除をすることができる。この場合において，請負人は，既にした仕事の報酬及びその中に含まれていない費用について，破産財団の配当に加入することができる。
1371	642条2項			修	569条②：(現行642条2項に同じ)前項の場合には，契約の解除によって生じた損害の賠償は，破産管財人が契約の解除をした場合における請負人に限り，請求することができる。この場合において，請負人は，その損害賠償について，破産財団の配当に加入する。
1372	第10節　委任		第3款　委任	＊	委任の条文は，鹿野菜穂子教授の提案を基礎に検討されたものである。
1373	新設		第1目　有償委任		
1374	643条　委任		570条　有償委任	修	570条：有償委任は，当事者の一方が相手方のために法律行為をすることを約し，相手方がこれに対して報酬を与えることを約することによって，その効力を生ずる。
1375	644条　受任者の注意義務			修	571条①：委任契約において，受任者は，委任の本旨に従い委任事務を処理する義務を負う。
1376	新設		571条　委任事務の処理	新	571条②：委任事務の処理につき委任者の指示がある場合には，受任者は，その指示に従わなければならない。
1377	新設			新	571条③：前項の委任者の指示が委任の本旨からみて不適当な場合には，受任者は，遅滞なくこれを委任者に通知して，協議を求めなければならない。協議が整わないときは，委任者の指示に従わなければならない。
1378	新設			新	571条④：前項の場合において，緊急やむを得ない事由があるときには，委任者は，協議を求めることなく，委任の事務の本旨に従った事務を処理することができる。
1379	新設		572条　委任事務の執行	新	572条①：受任者は，委任の本旨がそれを許すとき，又はやむを得ない事由があるときでなければ，自己に代わって第三者に委任事務を処理させることはできない。
1380				新	572条②：受任者は，前項の規定により自己に代わって第三者に委任事務を処理させたときは，その選任及び監督について，委任者に対して責任を負う。

1381	645条	受任者による報告	573条　受任者の報告義務	修	573条①：委任において，受任者は，委任者の請求があるときは，いつでも委任事務の状況を報告しなければならない。委任契約の期間が長期にわたるときは，相当な期間が経過する毎に，受任者はこの報告義務を負う。
1382				修	573条②：受任者は，委任が終了した後は，遅滞なくその結果を報告しなければならない。
1383	646条1項	受任者による受取物の引渡し等	574条　受任者による受取物の引渡し等	修	574条①：受任者は，委任事務を処理するにあたって受け取った物を委任者に引き渡さなければならない。その収取した果実についても，同様とする。
1384				修	574条②：受任者は，委任事務を処理するにあたって金銭を受け取ったときは，その金額を委任者に引き渡さなければならない。受け取った金銭に利子が発生したときも，同様とする。
1385	646条2項	受任者による受取物の引渡し等			574条③：(現行646条2項に同じ)受任者は，委任者のために自己の名で取得した権利を委任者に移転しなければならない。
1386	647条	受任者の金銭の消費についての責任	575条　受任者の金銭の消費についての責任	修	575条：受任者は，委任者に引き渡すべき金額又はその利益のために用いるべき金額を，その引渡し又は本来的な使用が不可能になる状況のもとで自己のために消費したときは，その消費した日以後の利息を支払わなければならない。この場合において，なお損害があるときは，その賠償の責任を負う。
1387	648条2項	受任者の報酬	576条　受任者の報酬請求権	修	576条①：受任者は，委任事務を処理した後でなければ，報酬を請求することができない。ただし，期間によって報酬を定めたときは，(新)第五百四十五条(雇用報酬の支払時期)第二項の規定を準用する。
1388	648条3項				576条②：(現行648条3項に同じ)委任が受任者の責めに帰することができない事由によって履行の中途で終了したときは，受任者は，既にした履行の割合に応じて報酬を請求することができる。
1389	649条	受任者による費用の前払請求	577条　受任者の費用前払請求権		577条：(現行649条に同じ)委任事務を処理するについて費用を要するときは，委任者は，受任者の請求により，その前払をしなければならない。
1390	650条1項	受任者による費用等の償還請求等	578条　受任者の費用償還請求権等		578条①：(現行650条1項に同じ)受任者は，委任事務を処理するのに必要と認められる費用を支出したときは，委任者に対し，その費用及び支出の日以後におけるその利息の償還を請求することができる。
1391	650条2項				578条②：(現行650条2項に同じ)受任者は，委任事務を処理するのに必要と認められる債務を負担したときは，委任者に対し，自己に代わってその弁済をすることを請求することができる。この場合において，その債務が弁済期にないときは，委任者に対し，相当の担保を供させることができる。
1392	651条1項	委任の解除	579条　委任の解除	修	579条①：委任は，受任者が委任事務の処理を終了しない間は，各当事者がいつでもその契約を解除することができる。ただし，当事者が解除権を放棄したと認められる事情がある場合には，この限りでない。
1393	651条2項				579条②：(現行651条2項と同じ)当事者の一方が相手方の不利な時期に解除をしたときは，その解除した当事者は，相手方の損害を賠償しなければならない。ただし，やむを得ない事由があったときは，この限りでない。
1394	652条	委任の解除の効力	580条　委任の解除の効力の不遡及	修	580条：(新)第五百三十四条(賃貸借の解除の効力の不遡及)の規定は，委任について準用する。

1395	653条	委任の終了事由	581条　委任の終了事由	修	581条：委任は，委任の趣旨に反しない限り，次に掲げる事由によって終了する。
1396	653条1号				一（現行653条1号に同じ）　委任者又は受任者の死亡
1397	653条2号				二（現行653条2号に同じ）　委任者又は受任者が破産手続開始の決定を受けたこと。
1398	653条3号				三（現行653条3号に同じ）　受任者が後見開始の審判を受けたこと。
1399	654条	委任の終了後の処分	582条　委任の終了後の処分		582条：(現行654条に同じ）委任が終了した場合において，急迫の事情があるときは，受任者又はその相続人若しくは法定代理人は，委任者又はその相続人若しくは法定代理人が委任事務を処理することができるに至るまで，必要な処理をしなければならない。
1400	655条	委任の終了の対抗要件	583条　委任の終了の対抗要件		583条：(現行655条に同じ）委任の終了事由は，これを相手方に通知したとき，又は相手方がこれを知っていたときでなければ，これをもってその相手方に対抗することができない。
1401	新設		584条　無償委任への準用	新	584条：この目の規定は，別段の定めがない限り，無償委任契約について準用する。ただし，その契約の性質がこれを許さないときは，この限りでない。
1402	新設		585条　商行為の委任及び代理の特則	新	585条：商法（明治三十二年法律第四十八号）第五百一（絶対的商行為）以下に規定する商行為の委任及び代理については，この法律の規定のほか，商法第五百四条（商行為の代理）から第五百六条（商行為の委任による代理権消滅事由の特例）までの規定が適用される。
1403	新設		第2目　無償委任		
1404	新設		586条　無償委任	新	586条：無償委任は，当事者の一方が報酬新設に法律行為その他の事務処理をすることを相手方に委託し，相手方がこれを承諾することによって，その効力を生ずる。
1405	新設		587条　有償委任の規定の不適用	新	587条：(新）第五百七十二条（委任事務の執行）第一項，（新）第五百七十三条（受任者の報告義務）第一項，（新）第五百七十六条（受任者の報酬請求権），（新）第五百七十九条（委任の解除）第一項の規定は，無償委任に適用しない。
1406	新設		588条　無償委任事務の執行	新	588条：無償委任契約の受任者は，委任の本旨がそれを許すときは，自己に代わって第三者に委任事務を処理させることができる。
1407	645条	受任者による報告	589条　無償委任契約の受任者の報告義務	修	589条：無償委任契約において，受任者は，委任者の請求があるときは，いつでも委任事務の状況を報告しなければならない。
1408	650条3項	受任者による費用等の償還請求等	590条　無償委任における損害負担者	修	590条：無償委任の受任者は，委任事務を処理するため自己に過失なく損害を受けたときは，委任者に対し，その賠償を請求することができる。
1409	651条1項	委任の解除	591条　無償委任契約の解除	修	591条：無償委任契約は，受任者が委任事務の処理を終了しない間は，各当事者がいつでもその契約を解除することができる。
1410	新設		第3目　準委任		
1411	新設		592条　準委任	新	592条：この節の規定は，法律行為でない有償又は無償の事務の委託について準用する。ただし，その性質がこれを許さないときは，この限りでない。
1412	第11節　寄託		第4款　寄託		
1413	新設		第1目　有償寄託等		
1414	新設	（657条「寄託」参照）	593条　有償寄託	新	593条：有償寄託は，当事者の一方が相手方のために物を保管することを約し，相手方がこれに対して報酬を与えることを約することによって，その効力を生ずる。

1415	658条1項	寄託物の使用及び第三者による保管	594条 寄託物の使用及び第三者による保管		594条①：(現行658条1項に同じ)受寄者は，寄託者の承諾を得なければ，寄託物を使用し，又は第三者にこれを保管させることができない。
1416	658条2項				594条②：(現行658条2項に同じ)(新)第六十八条(復代理人を選任した代理人の責任)及び(新)第六十七条(復代理)第二項の規定は，受寄者が第三者に寄託物を保管させることができる場合について準用する。
1417	659条	無償受寄者の注意義務	(現行659条「無償受寄者の注意義務」削除)	削除	契約総則において，(新)466条2項で，無償契約についての注意義務を一般的に規定したので，寄託についてのみ規定を置く必要はなくなった。
1418	660条	受寄者の通知義務	595条 有償受寄者の通知義務	修	595条：有償寄託において，第三者が寄託物について権利を主張するときは，受寄者は，遅滞なくその事実を寄託者に通知しなければならない。ただし，寄託者がすでにこれを知っているときは，この限りでない。
1419	661条	寄託者による損害賠償	596条 有償寄託者の損害賠償義務	修	596条：有償寄託者は，寄託物の性質又は瑕疵によって生じた損害を受寄者に賠償しなければならない。ただし，寄託者が過失なくその性質若しくは瑕疵を知らなかったとき，又は受寄者がこれを知っていたときは，この限りでない。
1420	662条	寄託者による返還請求	597条 寄託者による返還請求		597条：(現行662条に同じ)当事者が寄託物の返還の時期を定めたときであっても，寄託者は，いつでもその返還を請求することができる。ただし，有償寄託にあっては，保管料のうち相当な部分を支払わなければならない。
1421	663条1項	寄託物の返還の時期	598条 寄託物の返還の時期		598条①：(現行663条1項に同じ)当事者が寄託物の返還の時期を定めなかったときは，受寄者は，いつでもその返還をすることができる。
1422	663条2項				598条②：(現行663条2項に同じ)返還の時期の定めがあるときは，受寄者は，やむを得ない事由がなければ，その期限前に返還をすることができない。
1423	664条	寄託物の返還の場所	599条 寄託物の返還の場所		599条：(現行664条に同じ)寄託物の返還は，その保管をすべき場所でしなければならない。ただし，受寄者が正当な事由によってその物を保管する場所を変更したときは，その現在の場所で返還をすることができる。
1424	665条	委任の規定の準用	600条 委任の規定の有償寄託への準用	修	600条：(新)第五百七十四条(受任者による受取物の引渡し等)，(新)第五百七十五条(受任者の金銭の消費についての責任)，(新)第五百七十六条(受任者の報酬請求権)，(新)第五百七十七条(受任者の費用前払請求権)及び(新)第五百七十八条(受任者の費用償還請求権等)の規定は，有償寄託について準用する。
1425	新設		601条 有償寄託の規定の無償寄託への準用	新	601条：この目の規定は，別段の定めがない限り，無償寄託契約について準用する。ただし，その契約の性質がこれを許さないときは，この限りでない。
1426	新設		第2目 無償寄託		
1427				新	602条①：無償寄託は，当事者の一方がある物を無償で相手方に保管させる意思を表示し，相手方が承諾し，契約書面を作成することによって，その効力を生ずる。
1428	新設		602条 無償寄託	新	602条②：無償寄託は，当事者の一方がある物を無償で相手に保管させる意思を書面によって表示し，相手方が承諾することによって，その効力を生ずる。
1429				新	602条③：無償寄託は，当事者の一方がある物を無償で相手方に保管させる意思を表示し，相手方がその物を受け取ることによって，その効力を生ずる。物の一部を受け取ったときは，その限度で効力を生ずる。

1430	新設		603条　有償寄託の規定の不適用	新	603条：(新)第五百九十五条(有償受寄者の通知義務)，(新)第五百九十六条(有償寄託者の損害賠償義務)，(新)第六百条(委任の規定の有償寄託への準用)の規定は，無償寄託に適用しない。
1431	660条	受寄者の通知義務	604条　無償受寄者の通知義務	移	604条：無償寄託において，寄託物について権利を主張する第三者が受寄者に対して訴えを提起し，又は差押え，仮差押え若しくは仮処分をしたときは，受寄者は，遅滞なくその事実を寄託者に通知しなければならない。ただし，寄託者がすでにこれを知っているときは，この限りでない。
1432	661条	寄託者による損害賠償	605条　無償寄託者の損害賠償義務	修	605条：寄託者は，寄託物の性質又は瑕疵によって生じた損害を受寄者に賠償しなければならない。ただし，受寄者がその性質若しくは瑕疵を知っていたときは，この限りでない。
1433	665条	委任の規定の準用	606条　委任の規定の無償寄託への準用	修	606条：(新)第六百条(委任の規定の有償寄託への準用)の規定は，無償寄託について準用する。ただし，無償寄託には，(新)第五百七十六条(受任者の報酬請求権)の規定は準用せず，(新)第五百九十条(無償委任における損害負担者)の規定は準用する。
1434	新設		第3目　消費寄託	*	本目については，有償消費寄託と無償消費寄託とにわけて，さらに検討する必要がある。
1435	666条1項	消費寄託	607条　消費寄託		607条①：(現行666条1項に同じ)(新)第五節第一款(消費貸借)の規定は，受寄者が契約により寄託物を消費することができる場合について準用する。
1436	666条2項				607条②：(現行666条2項に同じ)前項において準用する(新)第六百十三条(返還の時期)第一項の規定にかかわらず，前項の契約に返還の時期を定めなかったときは，寄託者は，いつでも返還を請求することができる。
1437	新設		第5節　その他の典型契約	*	典型契約として，新種契約の一部をここに規定することを検討中であるが，まだ，成案をうるにいたっていないので，今後，新たな典型契約が追加規定される可能性があることを付言しておきたい。
1438	第5節　消費貸借		第1款　消費貸借	*	消費貸借の条文案は，岡孝教授，宮下修一准教授の提案を基礎に検討されたものである。
1439	新設			新	608条①：消費貸借は，当事者の一方が相手方に金銭その他の物を引き渡すことを約し，相手方が約定された時期に種類，品質及び数量の同じ物を返還し，対価を支払うことを約することによって，その効力を生じる。
1440	新設	(現行587条「消費貸借」参照)	608条　消費貸借	新	608条②：消費貸借は，当事者の一方が，対価の定めがないまま，相手方に金銭その他の物を引き渡し，相手方が約定された時期に種類，品質及び数量の同じ物を返還することを約することによって，その効力を生じる。
1441	新設			新	608条③：消費貸借は，当事者の一方が，対価の定めがないまま，書面で相手方に金銭その他の物を引き渡すことを約し，相手方が約定された時期に種類，品質及び数量の同じ物を返還することを約することによって，その効力を生じる。
1442	588条	準消費貸借	609条　準消費貸借	修	609条：金銭その他の物を給付する義務を負う者がある場合において，当事者がその物を消費貸借の目的とすることを約したときは，消費貸借は，これによって成立したものとみなす。
1443	589条	消費貸借の予約と破産手続の開始	610条　消費貸借の予約と破産手続の開始	修	610条：(新)第六百八条(消費貸借)第一項に基づく契約につき，(新)第四百六十七条(有償契約の一方の予約)に基づく予約がなされた場合において，その後に当事者の一方が破産手続開始の決定を受けたときは，その効力を失う。

1444	590条1項	貸主の担保責任	611条　貸主の担保責任	修	611条①:金銭以外を目的とする消費貸借が有償である場合において，消費貸借の目的物に隠れた瑕疵があったときは，貸主は，瑕疵がない物をもってこれに代えなければならない。この場合においては，損害賠償の請求を妨げない。
1445	590条2項			修	611条②:金銭以外を目的とする消費貸借が無償である場合，借主は，瑕疵がある物の価額を返還することができる。この場合において，貸主がその瑕疵を知りながら借主に告げなかったときは，前項の規定を準用する。
1446	新設		612条　利息の制限	新	612条:金銭を目的とする消費貸借における利息の契約については，この法律の規定によるほか，利息制限法(昭和二十九年法律第百号)その他の法律の規定による。
1447	591条1項	返還の時期	613条　返還の時期		613条①:(現行591条1項に同じ)当事者が返還の時期を定めなかったときは，貸主は，相当の期間を定めて返還の催告をすることができる。
1448	591条2項				613条②:(現行591条2項に同じ)借主は，いつでも返還をすることができる。
1449	592条	価額の償還	614条　価額の償還		614条:(現行592条に同じ)借主が貸主から受け取った物と種類，品質及び数量の同じ物をもって返還をすることができなくなったときは，その時における物の価額を償還しなければならない。ただし，(新)第三百五十二条(金銭債権)第二項に規定する場合は，この限りでない。
1450	第12節	組合	第2款　組合		
1451	新設		第1目　組合の成立と組織		
1452	667条1項	組合契約	615条　組合契約		615条①:(現行667条1項に同じ)組合契約は，各当事者が出資をして共同の事業を営むことを約することによって，その効力を生ずる。
1453	667条2項			修	615条②:出資は，金銭その他の財産のほか労務をもってすることができる。
1454	670条1項	業務執行の方法	616条　一般組合契約	修	616条①:組合契約において，業務の執行を委任した者(以下「業務執行者」という。)を置かない場合には，その業務の執行は組合員の過半数で決し，それに基づいて組合員が行う。
1455	670条3項			修	616条②:前項の規定にかかわらず，各組合員は，組合の常務を単独で行うことができる。ただし，その完了前に他の組合員が異議を述べた場合は，この限りでない。
1456	新設			新	617条①:組合契約において，業務執行者を置いた場合には，その者はその組合の業務の執行を行う。
1457	670条2項	業務執行の方法	617条　業務執行者付組合契約	修	617条②:前項の場合において，複数の業務執行者が置かれたときは，その組合の業務の執行は業務執行者の過半数で決する。
1458	670条3項				617条③:前項の規定にかかわらず，各業務執行者は，組合の常務を単独で行うことができる。ただし，その完了前に他の業務執行者が異議を述べた場合は，この限りでない。
1459	669条	金銭出資の不履行の責任	618条　金銭出資の不履行の責任		618条:(現行669条に同じ)金銭を出資の目的とした場合において，組合員がその出資をすることを怠ったときは，その利息を支払うほか，損害の賠償をしなければならない。
1460	673条	組合員の組合の業務及び財産状況に関する検査	619条　組合員の組合の業務及び財産状況に関する検査	修	619条:業務執行者付組合契約において，組合の業務を執行する権利を有しない組合員は，組合の業務及び組合財産の状況を検査することができる。

1461	678条1項	組合員の脱退	620条　組合員の脱退	620条①：(現行678条1項に同じ)組合契約で組合の存続期間を定めなかったとき，又はある組合員の終身の間組合が存続すべきことを定めたときは，各組合員は，いつでも脱退することができる。ただし，やむを得ない事由がある場合を除き，組合に不利な時期に脱退することができない。
1462	678条2項			620条②：(現行678条2項に同じ)組合の存続期間を定めた場合であっても，各組合員は，やむを得ない事由があるときは，脱退することができる。
1463	679条	(標題なし)	621条　法定脱退事由	621条：(現行679条に同じ)前条の場合のほか，組合員は，次に掲げる事由によって脱退する。
1464				一(現行679条1号に同じ)　死亡
1465				二(現行679条2号に同じ)　破産手続開始の決定を受けたこと。
1466				三(現行679条3号に同じ)　後見開始の審判を受けたこと。
1467				四(現行679条4号に同じ)　除名
1468	680条	組合員の除名	622条　組合員の除名	622条：(現行680条に同じ)組合員の除名は，正当な事由がある場合に限り，他の組合員の一致によってすることができる。ただし，除名した組合員にその旨を通知しなければ，これをもってその組合員に対抗することができない。
1469	681条1項	脱退した組合員の持分の払戻し	623条　脱退した組合員に対する払戻し	623条①：(現行681条1項に同じ)脱退した組合員と他の組合員との間の計算は，脱退の時における組合財産の状況に従ってしなければならない。
1470	681条2項			623条②：(現行681条2項に同じ)脱退した組合員の持分は，その出資の種類を問わず，金銭で払い戻すことができる。
1471	681条3項			623条③：(現行681条3項に同じ)脱退の時にまだ完了していない事項については，その完了後に計算をすることができる。
1472	672条1項	業務執行組合員の辞任及び解任	624条　業務執行者の辞任及び解任等	移　624条①：(現行672条1項に同じ)組合契約で一人又は数人の組合員に業務の執行を委任したときは，その組合員は，正当な事由がなければ，辞任することができない。
1473	672条2項			移　624条②：(現行672条2項に同じ)前項の組合員は，正当な事由がある場合に限り，他の組合員の一致によって解任することができる。
1474	新設			新　624条③：組合契約で組合員以外の者に業務の執行を委任したときは，その者の辞任，解任及び委任の終了については，(新)第五百七十九条(委任の解除)から(新)第五百八十一条(委任の終了事由)までの規定を準用する。
1475	新設		第2目　組合財産	
1476	668条	組合財産の共有	625条　組合財産の合有	修　625条①：各組合員の出資その他の組合財産は，総組合員の合有に属する。
1477	新設			新　625条②：各組合員の合有持分は，出資の割合に応じて定まる。
1478	676条1項	組合員の持分の処分及び組合財産の分割	626条　組合員の持分の処分及び組合財産の分割	移　626条①：(現行676条1項に同じ)組合員は，組合財産についてその持分を処分したときは，その処分をもって組合及び組合と取引をした第三者に対抗することができない。
1479	676条2項			移　626条②：(現行676条2項に同じ)組合員は，清算前に組合財産の分割を求めることができない。
1480	674条1項	組合員の損益分配の割合	627条　組合員の損益分配の割合	修　627条①：当事者が損益分配の割合を定めなかったときは，その割合は，各組合員の合有持分に応じて定める。
1481	674条2項			移　627条②：(現行674条2項に同じ)利益又は損失についてのみ分配の割合を定めたときは，その割合は，利益及び損失に共通であるものと推定する。

1482	新設	第3目　組合の対外関係		
1483	新設		新	628条①：一般組合契約においては、(新)第六百六十六条(一般組合契約)第一項又は第二項に基づき業務を行う組合員に他の組合員を代理する権限が与えられたものとする。
1484	新設	628条　組合契約における委任と代理	新	628条②：業務執行者付組合契約においては、(新)第六百六十七条(業務執行者付組合契約)第一項又は第二項に基づき業務を行う業務執行者に以下の権限が与えられたものとする。
1485	新設		新	一　業務執行者が組合員でないときは、組合員を代理する権限
1486	新設		新	二　業務執行者が組合員のときは、他の組合員を代理する権限
1487	新設		新	628条③：前二項の代理の効果は、総組合員に合有的に帰属する。
1488	671条　委任の規定の準用		修	628条④：(新)第五百七十一条(委任事務の処理)から(新)第五百七十八条(受任者の費用償還請求権等)までの規定は、組合の業務執行者について準用する。
1489	新設		新	629条①：組合の債権者は、まず組合の財産に対してその権利を行使しなければならない。
1490	675条　組合員に対する組合の債権者の権利行使	629条　組合債権者の権利行使	修	629条②：組合の債権者は、組合財産によってその満足を得られなかったときは、各組合員に対し、その合有持分の割合に応じて権利を行使することができる。この場合において、債権者がその債権の発生の時に組合員の損失分担の割合を知らなかったときは、各組合員に対して等しい割合でその権利を行使することができる。
1491	新設		新	629条③：債権者が組合員に債務の履行を請求したときは、一般組合契約の組合員は、まず総組合員に催告すべき旨を、業務執行者付組合契約の組合員は、まず業務執行者に催告すべき旨を請求することができる。
1492	新設		新	629条④：債権者が前項の規定に従った催告した後であっても、組合員がその債務を弁済するに足る組合財産があることを証明したときは、債権者は、まず組合財産に対して執行しなければならない。
1493	677条　組合の債務者による相殺の禁止	630条　組合の債務者による相殺の禁止	移	630条：(現行677条に同じ)組合の債務者は、その債務と組合員に対する債権とを相殺することができない。
1494	新設	第4目　組合の解散及び清算		
1495	新設		新	631条：組合は、次の各号の定める事由によって解散する。
1496	682条　組合の解散事由		修	一　組合の目的である事業の成功又はその成功の不能
1497	新設	631条組合の解散事由	新	二　組合契約に定められた存続期間の満了、又はその他の解散事由の発生
1498	新設		新	三　全組合員による解散の合意
1499	新設		新	四　組合員が一名しか存在しないこと
1500	683条　組合の解散の請求	632条　組合の解散の請求		632条：(現行683条に同じ)やむを得ない事由があるときは、各組合員は、組合の解散を請求することができる。
1501	684条　組合契約の解除の効力	633条　組合契約の解除の効力の不遡及	修	633条：組合契約の解除をした場合には、その解除は、将来に向かってのみ効力を生じ、組合を解散するものとする。この場合において、一部の組合員に過失があったときは、その者に対する損害賠償の請求を妨げない。

1502	685条1項	組合の清算及び清算人の選任	634条　組合の清算及び清算人の選任と業務執行	移	634条①:(現行685条1項に同じ)組合が解散したときは，清算は，総組合員が共同して，又はその選任した清算人がこれをする。
1503	685条2項			移	634条②:(現行685条2項に同じ)清算人の選任は，総組合員の過半数で決する。
1504	686条	清算人の業務の執行方法		移修	634条③:清算人が数人ある場合においては，(新)第六百十七条(業務執行者付組合契約)第二項，第三項の規定を準用する。
1505	688条1項	清算人の職務及び権限並びに残余財産の分割方法	635条　清算人の職務及び権限並びに残余財産の分割方法	移	635条①:(現行688条1項に同じ)清算人の職務は，次のとおりにする。
1506	1号			移	一(現行688条1項1号に同じ)　現務の結了
1507	2号			移	二(現行688条1項2号に同じ)　債権の取立て及び債務の弁済
1508	3号			移	三(現行688条1項3号に同じ)　残余財産の引渡し
1509	688条2項			移	635条②:(現行688条2項に同じ)清算人は，前項各号に掲げる職務を行うために必要な一切の行為をすることができる。
1510	688条3項			修	635条③:残余財産は，各組合員の合有持分に応じて分割する。
1511	687条	組合員である清算人の辞任及び解任	636条　組合員である清算人の辞任及び解任		636条:(現行687条に同じ)(新)第六百二十四条(業務執行者の辞任及び解任等)の規定は，組合契約で組合員の中から清算人を選任した場合について準用する。
1512	第13節	終身定期金	(現行第13節「終身定期金」削除し，移動)	削除	現行民法典で規定されている「第13節終身定期金」の規定は，典型契約からは削除し，特殊な弁済方法として，債権総論の(新)「第2款弁済」で「第4目特殊な弁済方法」として規定した。
1513	第14節	和解	第3款　和解	*	和解の条文案は，北居教授の提案を基礎に検討されたものである。
1514	695条	和解	637条　和解	修	637条:和解は，当事者がその間に存する争いをやめることを約することによって，その効力を生ずる。
1515	696条	和解の効力	638条　和解の効力	修	638条:当事者は，争いの対象として和解によって合意した事項について，その効力を争うことはできない。
1516	新設		639条　人身損害についての和解の特則	新	639条:人身損害についての和解の効力は，当事者が和解時に予見することができず，和解で定められた給付と著しい不均衡を生じる新たな人身損害が明らかになった場合，この損害に及ばない。
1517	第3章　事務管理		第3章　事務管理	*	事務管理の条文案については，五十川教授の提案も含まれているが，それについては，近刊「第3部:資料編」を参照されたい。
1518	697条1項	事務管理	640条　事務管理	修	640条①:義務なく他人(以下この章において「本人」という。)のためにする事務の管理(以下この章において「事務管理」という。)は，それが本人の意思に反することなく，かつ，本人に不利であることが明らかでないときに，始めることができる。
1519	697条2項			修	640条②:前項の事務管理を始めた者(以下この章において「事務管理者」という。)は，本人の意思を知っているとき，又はこれを推知することができるときは，その意思に従って事務管理をしなければならない。
1520	697条1項			修	640条③:事務管理者は，本人の意思を推知することができないときは，その事務の性質に従い，最も本人の利益に適合する方法によって，事務管理をしなければならない。

1521	新設			新	641条①：事務管理者は，事務管理の本旨に従い，善良な管理者の注意をもって事務を処理する義務を負う。
1522	698条 緊急事務管理		641条 事務管理者の注意義務	修	641条②：前項の規定にかかわらず，事務管理者は，本人の生命，身体，名誉又は財産に対する急迫の危害を免れさせるための事務管理(以下本章において「緊急事務管理」という。)をしたときは，害意又は重大な過失がなければ，これによって生じた損害を賠償する責任を負わない。
1523	701条 委任の規定の準用		642条 委任の規定の準用	修	642条：(新)第五百七十三条(受任者の報告義務)から(新)第五百七十五条(受任者の金銭の消費についての責任)までの規定は，事務管理について準用する。
1524	702条 1項	管理者による費用の償還請求等	643条 事務管理者による費用の償還請求等	修	643条①：事務管理者は，本人のために必要又は有益な費用を支出したときは，本人に対し，その償還を請求することができる。
1525	702条 2項			修	643条②：(新)第五百七十八条(受任者の費用償還請求権等)第二項の代弁済請求権の規定は，事務管理者が本人のために必要又は有益な債務を負担した場合について準用する。
1526	702条 3項	管理者による費用の償還請求等	644条 事務管理が成立しない場合の費用の償還請求等	修	644条：他人の意思に反して事務の管理が行われた場合，その者が現に利益を受けている限度において，事務を行った者は，前条の請求をすることができる。
1527				新	645条①：事務管理者は，事務管理により過失なく損害を受けたときは，本人に対し，本人が現に利益を受けている限度において，その損害の補償を請求することができる。
1528	新設		645条 事務管理者による損害の補償請求	新	645条②：緊急事務管理を行った者は，事務管理により過失なく損害を受けたときは，本人に対し，その補償を請求することができる。
1529				新	645条③：前二項の場合において，裁判所は裁量によりその補償額を増減することができる。
1530	第4章 不当利得		第4章 不当利得	*	不当利得の条文案については，五十川教授の提案及び「不当利得法研究会」(近刊「第3部：資料編・議事録(抄)」参照)の提言が含まれている。
1531	新設			新	646条①：法律上の原因なく給付を受けた者は，給付をした者に受けた給付を返還する義務を負う。法律上の原因なく給付以外の利益を受けたときも，同様とする。
1532	新設	(703条「不当利得の返還義務」参照)	646条 不当利得	新	646条②：他人の財産又は労務から利益を受けた者は，受けた利益(以下「受益」という。)を返還する義務を負う。ただし，法律上の原因がある場合は，この限りでない。
1533	703条	不当利得の返還義務		移 修	646条③：前項の場合において，善意の受益者が，その受益が縮減したことを証明したときは，受益が現存する限度で返還する義務を負う。
1534	704条	悪意の受益者の返還義務等		移 修	646条④：第二項の請求をする者が，受益した者の悪意を証明したときは，受けた利益に受益の時から利息を付して返還する義務を負う。
1535	新設		647条 不当利得返還義務を負う者の注意義務	新	647条：不当利得返還義務を負う者は，不当利得返還義務が発生した法律関係の趣旨に従い，善良な管理者の注意をもって事務を処理する義務を負う。
1536	705条	債務の不存在を知ってした弁済	648条 原因がないことを知ってした給付	修	648条：給付をした者が，給付の原因がないことを知っていたときには，その給付したものの返還を請求することができない。ただし，給付が任意になされなかったときは，この限りでない。
1537	706条 後段	期限前の弁済	[649条・研究会正案] 649条 期限前の弁済	修	649条：債務者が錯誤によって弁済期前に弁済をしたときは，債権者は，これによって得た利益を返還しなければならない。

1538	706条	期限前の弁済	[研究会副案] (現行706条「期限前の弁済」削除)	削除	現行民法706条は，本文にはほとんど意味はなく，ただし書のみ意味をもつが，適用する場面があまり考えられないので，削除した。
1539	707条1項	他人の債務の弁済	650条　他人の債務の弁済		650条①:(現行707条1項に同じ)債務者でない者が錯誤によって債務の弁済をした場合において，債権者が善意で証書を滅失させ若しくは損傷し，担保を放棄し，又は時効によってその債権を失ったときは，その弁済をした者は，返還の請求をすることができない。
1540	707条2項				650条②:(現行707条2項に同じ)前項の規定は，弁済をした者から債務者に対する求償権の行使を妨げない。
1541	708条	不法原因給付	651条　不法原因給付	修	651条:不法な原因のために給付した者は，その給付したものの返還を請求することができない。ただし，不法な原因が，主として受益者について存したときは，この限りでない。
1542	新設		652条　受益者への帰属	新	652条:(新)第六百四十八条(原因がないことを知ってした給付)，(新)第六百五十条(他人の債務の弁済)及び前条の規定により，給付したものの返還を請求することができないときは，そのものは受益者に帰属するものとみなす。
1543	新設		第5章　転用物訴権		
1544	新設		[653条・研究会正案] 653条　転用物訴権	新	653条①:債権者は，債務者の支払不能その他の事由により債権の満足を得られず，かつ，債権者が債務者に給付したものから無償で利益を得た第三者がいるときには，第三者にその利得の引渡しを請求することができる。
1545				新	653条②:(新)第六百四十七条(不当利得返還義務を負う者の注意義務)の規定は，前項の場合について準用する。
1546	新設		[653条・研究会副案] 653条　転用物訴権	新	653条①:債権者は，債務者の支払不能その他の事由により債権の満足を得られず，かつ，債権者が債務者に給付したものから無償で利益を得た第三者がいるときには，第三者にその利得の引渡しを請求することができる。ただし，第三者がその利得の受領を望まず，かつ，利得したものを換価することが困難なときは，裁判所は，第三者の請求により利得の引渡しの範囲を縮減することができる。
1547				新	653条②:(新)第六百四十七条(不当利得返還義務を負う者の注意義務)の規定は，前項の場合について準用する。
1548	第5章　不法行為		第6章　不法行為	＊	不法行為の条文案については，大塚直教授の提案に依拠したものも多く，慰謝料等については，廣瀬久和教授の提言等を参考にした。
1549	新設		第1節　損害賠償		
1550	新設		第1款　総則		
1551	709条	不法行為による損害賠償	[654条・研究会正案] 654条　不法行為による損害賠償	修	654条①:他人の生命，身体を侵害した者は，これによって生じた損害を賠償する責任を負う。ただし，侵害した者が損害の発生を防止するのに必要な注意をしたときは，この限りでない。
1552				修	654条②:故意又は過失によって，他人の自由，所有権若しくはその他の権利又は法律上保護される利益を侵害した者は，これによって生じた損害を賠償する責任を負う。
1553	709条	不法行為による損害賠償	[654条・研究会副案1] 654条　不法行為による損害賠償		654条:(現行709条に同じ)故意又は過失によって他人の権利又は法律上保護される利益を侵害した者は，これによって生じた損害を賠償する責任を負う。

1554	新設	(709条「不法行為による損害賠償」参照)	[654条・研究会副案2] 654条 不法行為による損害賠償	新	654条①:他人の生命,身体を侵害した者は,これによって生じた損害を賠償する責任を負う。
1555				新	654条②:故意又は過失によって,他人の健康,自由,所有権又はその他の権利(ただし,この条第三項及び第四項に掲げる権利を除く。)を侵害した者は,これによって生じた損害を賠償する責任を負う。
1556				新	654条③:故意又は過失によって,他人の名誉,プライバシー,氏名,肖像その他人格権を違法に侵害した者は,これによって生じた損害を賠償する責任を負う。
1557				新	654条④:害意をもって債権その他の利益を侵害した者は,これによって生じた損害を賠償する責任を負う。
1558	710条	財産以外の損害の賠償	655条 財産権以外の損害の賠償	移修	655条①:前条の規定により損害賠償の責任を負う者は,財産以外の損害に対しても,その賠償をしなければならない。
1559	711条	近親者に対する損害の賠償		移	655条②:(現行711条に同じ)他人の生命を侵害した者は,被害者の父母,配偶者及び子に対しては,その財産権が侵害されなかった場合においても,損害の賠償をしなければならない。
1560	新設			新	656条①:不法行為による損害賠償の請求は,不法行為によって通常生ずべき損害の賠償を目的とする。特別の事情によって生じた損害であっても,その種の加害行為をする者が一般にその事情を予見し,又は予見しうるときは,被害者は,その賠償を請求することができる。
1561	722条	損害賠償の方法及び過失相殺	[656条・研究会正案] 656条 損害賠償の範囲と方法	修	656条②:損害賠償は,金銭によってその額を定める。
1562	新設			新	656条③:不法行為による損害の賠償は,その損害額にその損害発生の時から(新)第三百五十四条(利息債権)の定める利率による利率による利息を付して支払わなければならない。
1563	新設			新	656条④:第一項の損害賠償については,裁判所は,被害者からの申立てに基づき相当と認めるときは,定期金で支払うことを命じることができる。この場合において,裁判所は,被害者からの申立てに基づき相当の担保の提供を併せて命じることができる。
1564	新設			新	656条①:加害者の行為と損害との間に因果関係がある場合には,裁判所は,次の要素を考慮して,相当の範囲の賠償を命ずる。
1565	新設			新	一 通常生ずべき損害の範囲
1566	新設			新	二 損害が特別の事情によって生じたものであるときは,不法行為時における損害の予見可能性
1567	新設			新	三 保護される利益の性質
1568	722条	損害賠償の方法及び過失相殺	[656条・研究会副案] 656条 損害賠償の範囲と方法	修	656条②:損害賠償は,金銭によってその額を定める。
1569	新設			新	656条③:不法行為による損害の賠償は,その損害額にその損害発生の時から(新)第三百五十四条(利息債権)の定める利率による利息を付して支払わなければならない。
1570	新設			新	656条④:第一項の損害賠償については,裁判所は,被害者からの申立てに基づき相当と認めるときは,定期金で支払うことを命じることができる。この場合において,裁判所は,被害者からの申立てに基づき相当の担保の提供を併せて命じることができる。
1571	新設		第2款 抗弁等		

1572	712条	責任能力		修	657条①：加害行為をした者が未成年者であるためにその加害行為について責任を弁識するに足りる能力（以下「責任弁識能力」という。）を備えていなかったときは，その者は，損害賠償の責任を免れる。
1573	713条	（標題なし）	657条　責任弁識能力	修	657条②：加害行為をした者が精神上の障害を有するためにその加害行為について責任弁識能力を備えていなかったときも，前項と同様とする。ただし，加害者が精神上の障害による責任弁識能力の欠如を，故意又は過失によって一時的に招いたときは，この限りでない。
1574	720条1項	正当防衛及び緊急避難	658条　正当防衛及び緊急避難	修	658条①：他人の不法行為に対し，自己又は第三者の権利又は法律上保護される利益を防衛するために，やむを得ず不法行為者に対して加害行為をした者は，損害賠償の責任を免れる。
1575	720条2項			修	658条②：急迫した危難から自己又は他人を防衛するために，やむを得ず加害行為を行った者については，裁判所は，当該危難と加害行為の状況を考慮し，その損害賠償責任を軽減又は免除することができる。この場合において，当該の危難が不法行為によるものであるときは，被害者からその不法行為者に対する損害賠償の請求をすることを妨げない。
1576	新設		659条　正当行為及び相手方の承諾	新	659条①：法令又は社会的に正当とされる行為によって，他人に損害を与えた者は，その損害を賠償する責任を免れる。
1577	新設			新	659条②：相手方の承諾を得た行為によって，その者に損害を与えた者は，その損害を賠償する責任を免れる。ただし，その承諾が公の秩序又は善良の風俗に反する場合には，この限りでない。
1578	新設		660条　名誉毀損の免責事由	新	660条：事実を摘示して他人の名誉を侵害した者は，その行為が公共の利益に関する事実に係り，その目的が専ら公益を図ることにあったと認められる場合において，その事実が真実であることの証明があったときは，責任を免れる。その事実が真実であることの証明がない場合において，侵害者が真実であると信じることにつき相当の理由があったときも，同様とする。
1579	722条2項	損害賠償の方法及び過失相殺		修	661条①：被害者に過失があったときは，裁判所は，これを考慮して，損害賠償の額を定めることができる。
1580	新設		661条　過失相殺等	新	661条②：前項の規定は，不法行為による損害の発生又は拡大に社会的動乱，異常な自然力又は被害者の素因の寄与があった場合について準用する。
1581	新設			新	661条③：第一項の規定は，被害者と生計を一にする親族又は被害者の支配領域ないし管理下にある者の過失によって損害が発生し又は拡大した場合について準用する。
1582	724条	不法行為による損害賠償損害賠償請求権の期間の制限	662条　不法行為による損害賠償請求権の期間の制限	修	662条①：不法行為による損害賠償の請求権は，被害者又はその法定代理人が損害及び賠償義務者を知った時から三年間行使しないときは，時効によって消滅する。
1583				修	662条②：不法行為による損害発生の時から二十年を経過したときは，損害賠償請求権は消滅する。
1584	新設		第3款　特殊な不法行為等		

1585	715条1項	使用者等の責任		修	663条①：ある事業のため他人を使用する者は，被用者がその事業の執行について第三者に加えた損害を賠償する責任を負う。ただし，第三者が，被用者の行為が使用者のために行われたものではないことを知り，又は重大な過失によってこれを知らなかったときは，この限りでない。
1586	新設		663条　使用者等の責任	新	663条②：前項の規定は，ある事業のために，他人に自己の名を用いることを許諾した者について準用する。
1587	715条2項	使用者等の責任		修	663条③：使用者に代わって事業を監督する者（以下「代理監督者」という。）も，第一項の責任を負う。ただし，代理監督者が被用者の選任及びその事業の監督について相当の注意をしたとき，又は相当の注意をしても損害が生ずべきであったときは，この限りでない。
1588	715条3項			修	663条④：第一項及び第二項の規定に基づき損害の賠償をした使用者，代理監督者又は被用者は，自己の負担部分を超える部分につき，他の者に対しその負担部分につき求償権を行使することができる。
1589	716条	注文者の責任	664条　注文者の責任		664条：(現行716条に同じ)注文者は，請負人がその仕事について第三者に加えた損害を賠償する責任を負わない。ただし，注文又は指図についてその注文者に過失があったときは，この限りでない。
1590	714条1項	責任無能力者の監督義務者等の責任	665条　責任弁識能力を欠く者の監督義務者等の責任	修	665条①：(新)第六百五十七条(責任弁識能力)に基づく責任弁識能力を欠く者を監督する法定の義務を負う者は，責任弁識能力を欠く者が第三者に加えた損害を賠償する責任を負う。ただし，監督義務者がその監督義務を怠らなかったとき，又は，その義務を怠らなくても損害が生ずべきであったときは，この限りでない。
1591	714条2項			修	665条②：監督義務者に代わって責任弁識能力を欠く者を監督する者も，前項の責任を負う。
1592	新設		666条　責任弁識能力を欠く者の衡平責任	新	666条①：(新)第六百五十七条(責任弁識能力)の規定にかかわらず，裁判所は，加害行為の態様，責任弁識能力を欠く者の資産状況その他を考慮して，責任弁識能力を欠く者に損害の全部又は一部を補償する填補責任を負わせることができる。
1593				新	666条②：前条に基づき責任弁識能力を欠く者の監督義務者等が損害賠償責任を負うときは，その監督義務者等と前項の損害填補責任を負う責任弁識能力を欠く者は，連帯して責任を負う。この場合において，裁判所がその裁量により両者の責任の優先劣後を定めることを妨げない。
1594	717条1項	土地の工作物等の占有者及び所有者の責任	667条　土地の工作物等の占有者及び所有者の責任	修	667条①：建物その他の土地の工作物又は危険な設備（以下「工作物等」という。）の設置又は管理に欠陥があることによって他人に損害を生じたときは，その工作物等の占有者又は所有者は，被害者に対してその損害を賠償する責任を負う。ただし，占有者が損害の発生を防止するのに必要な注意をしたときは，この限りでない。
1595	新設			新	667条②：航空機，鉄道又は船舶は，前項の危険な設備とみなす。
1596	717条2項	土地の工作物等の占有者及び所有者の責任		修	667条③：第一項の規定は，樹木の栽植又は支持に欠陥がある場合について準用する。
1597	713条3項			修	667条④：前三項の場合において，損害の賠償をした者は，損害の原因について他にその責任を負う者があるときは，その者に対して求償権を行使することができる。

1598	718条1項	動物の占有者等の責任	668条 動物の占有者及び所有者の責任	修	668条①：動物の占有者又は所有者は，その動物が他人に加えた損害を賠償する責任を負う。ただし，動物の種類及び性質に従い相当の注意をもってその管理をし若しくは他人に管理をさせたとき，又は相当の注意をしても損害が生ずべきであったときは，この限りでない。
1599	718条2項				668条②：(現行718条2項に同じ)占有者に代わって動物を管理する者も，前項の責任を負う。
1600	719条1項前段	共同不法行為者の責任		修	669条①：不法行為による損害の発生に複数の者が関与したとき(以下「共同不法行為」という。)は，各自が連帯してその損害を賠償する責任を負う。
1601	719条1項後段			修	669条②：不法行為による損害が複数の不法行為者のうちいずれの者によって加えられたかを知ることができないときも，前項と同様とする。
1602	719条2項			修	669条③：不法行為を教唆した者及び幇助した者は，共同不法行為者とみなす。
1603	新設		669条 共同不法行為者等の責任	新	669条④：前三項の場合において，裁判所は，共同不法行為者の損害発生についての寄与の程度その他一切の事情を考慮して，寄与が小さい者につき連帯して損害を賠償する範囲を限定することができる。
1604	新設			新	669条⑤：第一項から第三項までの規定にかかわらず，損害賠償の請求を受けた者が，共同不法行為者間に損害発生についての寄与の程度又は責任の軽重に明白な差があること，主たる共同不法行為者に弁済をする資力があること，かつ，執行が容易であることを証明したときは，裁判所は，一切の事情を考慮して，まず主たる共同不法行為者の財産について執行をしなければならないことを命ずることができる。
1605	新設		670条 他の法律の適用	新	670条：この章に基づく損害賠償については，この法律のほか，自動車損害賠償保障法(昭和三十年法律第九十七号)，製造物責任法(平成六年法律第八十五号)その他の法律を適用する。
1606	新設		第2節 差止め等		
1607	新設			新	671条①：自己の生命，身体，又は自由を侵害され，又は侵害されるおそれがある者は，相手方に対しその侵害の停止又は予防及びこれらに必要な行為を請求することができる。
1608			671条 差止め	新	671条②：自己の名誉，信用その他の人格権を侵害され，又は侵害されるおそれがある者は，相手方に対しその侵害の停止又は予防及びこれらに必要な行為を請求することができる。ただし，その侵害が社会生活上容認すべきものその他違法性を欠くものであるときは，この限りでない。
1609				新	671条③：自己の生活上の利益その他の利益を違法に侵害され，又は侵害されるおそれがある者は，相手方に対しその侵害の停止又は予防及びこれらに必要な行為を請求することができる。
1610	723条	名誉毀損における原状回復	672条 謝罪広告等の特則	修	672条：名誉，信用その他の人格権の侵害があった場合において，加害者に故意又は過失があるときは，裁判所は，被害者の請求により，損害賠償に代えて，又は損害賠償とともに，謝罪広告その他の適当な原状回復措置を命ずることができる。

◆ 執筆者紹介 ◆

加藤雅信（かとう・まさのぶ）
　1969（昭和44）年　東京大学法学部卒業、法学博士
　東京大学助手、名古屋大学助教授、教授、ハーバード大学・ロンドン大学客員研究員、
　コロンビア大学・ハワイ大学・北京大学客員教授等を経て、
　現在、上智大学法科大学院教授、弁護士
　〈主著〉
　『新民法大系Ⅰ～Ⅴ』（有斐閣・初出2002年）
　『財産法の体系と不当利得法の構造』（有斐閣・1986年）
　『現代民法学と実務　上・中・下』（共編著、判例タイムズ社・2008年）

岡　　孝（おか・たかし）
　1972（昭和47）年　北海道大学法学部卒業、一橋大学大学院法学研究科博士課程単位取得退学
　法政大学助教授・教授を経て、
　現在、学習院大学法学部教授
　〈主著〉
　「目的物の瑕疵についての売主の責任」『契約法における現代化の課題』（編著、法政大学出版局・2002年）
　「瑕疵ある目的物に対する買主の救済」『取引法の変容と新たな展開』（川井健先生傘寿記念論文集、日本評論社・2007年）
　「台湾における成年後見制度の改正について」『東アジア私法の諸相』（共編著、勁草書房・2009年）

秋山靖浩（あきやま・やすひろ）
　1995（平成7）年　早稲田大学法学部卒業
　早稲田大学助手、専任講師、助教授を経て、
　現在、早稲田大学大学院法務研究科教授
　〈主著〉
　「ドイツにおける都市計画と並存する地役権」早稲田法学81巻1号（2005年）
　「囲繞地通行権と建築法規(1)-（3・完）」早稲田法学77巻4号-78巻4号（2002-2003年）
　「相隣関係における調整の論理と都市計画との関係(1)-（5・完）」早稲田法学74巻4号-76巻1号（1999-2000年）

野澤正充（のざわ・まさみち）
　1983（昭和58）年　立教大学法学部卒業、同大学大学院法学研究科博士課程修了、法学博士
　立教大学専任講師、助教授を経て、
　現在、立教大学大学院法務研究科教授
　〈主著〉
　『債務引受・契約上の地位の移転』（一粒社・2001年）
　『契約譲渡の研究』（弘文堂・2002年）

執筆者紹介

『ケースではじめる民法〔補正版〕』（共編著、弘文堂・2005年）
『はじめての契約法〔第2版〕』（共著、有斐閣・2006年）
『債務総論〔NOMIKA〕』（共著、弘文堂・2007年）
『契約法〔セカンドステージ債権法Ⅰ〕』（日本評論社・2009年）

松岡久和（まつおか・ひさかず）
　1979（昭和54）年　京都大学法学部卒業、同大学大学院法学研究科博士課程中途退学
　龍谷大学専任講師、助教授、教授、神戸大学教授を経て、
　現在、京都大学大学院法学研究科・法学部教授（併任）
　〈主著〉
　『物権（エッセンシャル民法2）』（共著、有斐閣・2005年）
　『ヨーロッパ契約法原則Ⅰ・Ⅱ』、『ヨーロッパ契約法原則Ⅲ』（共同監訳、法律文化社・2006年／2008年）
　『ヨーロッパ私法の展開と課題』（共著、日本評論社・2008年）
　『民法入門・総則（第4版）（エッセンシャル民法1）』（共著、有斐閣・2008年）
　『民法総合・事例演習〔第2版〕』（共著、有斐閣・2009年）

山野目章夫（やまのめ・あきお）
　1981（昭和56）年　東北大学法学部卒業
　東北大学助手、亜細亜大学専任講師、中央大学助教授を経て、
　現在、早稲田大学大学院法務研究科・法学学術院・法学部教授（併任）
　〈主著〉
　『民法／総則・物権（第4版）』（有斐閣・2007年）
　『初歩からはじめる物権法（第5版）』（日本評論社・2007年）
　『不動産登記法入門』（日経文庫・2008年）
　『物権法（第4版）』（日本評論社・2009年）

大塚　直（おおつか・ただし）
　1981（昭和56）年　東京大学法学部卒業
　東京大学助手、学習院大学助教授、教授を経て、
　現在、早稲田大学法学部・大学院法務研究科教授（併任）
　〈主著〉
　『要件事実論と民法学との対話』（共編著、商事法務・2005年）
　「生活妨害の差止に関する基礎的考察——物権的妨害排除請求と不法行為に基づく請求との交錯(1)-(8・完)」法学協会雑誌103巻4号-107巻4号（1986-1990年）
　『環境法（第2版）』（有斐閣・2006年）
　『土壌汚染と企業の責任』（共編著、有斐閣・1996年）
　『環境法学の挑戦』（編著、日本評論社・2002年）

ピエール・カタラ（Pierre Catala）
　1949年　モンプリエ大学法学部卒業、法学博士
　グルノーブル大学法学部教授、モンプリエ大学法学部教授、パリ大学法学部教授を歴任

〈主著〉
 Les règlements successoraux depuis les réformes de 1938 et l'instabilité économique, Paris (Recueil Sirey) 1955 (アカデミー・フランセーズの賞〔Ouvrage couronné〕を受賞)
 Avant-projet de réforme du droit des obligations et de la prescription, La documentation française, Ministère de la Justice, 2006

磯 村　保（いそむら・たもつ）
 1974（昭和 49）年　京都大学法学部卒業
 神戸大学助手、助教授を経て、
 現在、神戸大学大学院法学研究科教授
 〈主著〉
 『民法Ⅳ　債権各論（第 3 版）』（共著、有斐閣・2005 年）
 『民法トライアル教室』（共著、有斐閣・1999 年）

尹　　眞秀（Yune Jinsu）
 1977 年　ソウル大学校法科大学卒業、同大学法科大学院博士課程修了、法学博士
 ソウル民事地方法院判事（1982 – 1997 年）、ソウル大学校法科大学助教授、教授を経て、
 現在、ソウル大学校法学専門大学院教授
 〈主著〉
 「韓國의 製造物責任」法曹 51 권 7 호（2002 年）
 「美國 契約法上 Good Faith 原則」 서울대학교 법학 44 권 4 호（2003 年）
 「相續回復請求權의 消滅時效에 관한 舊慣習의 違憲 與否 및 判例의 遡及效」 비교사법 11 권 2 호（2004 年）
 「"物權行爲 概念에 대한 새로운 接近」 民事法學제 28 호（2005 年）
 「女性差別撤廢協約과 韓國家族法」 서울대학교 법학 46 권 3 호（2005 年）

金　　祥洙（Kim Sangsoo）
 1985 年　高麗大学校法科大学卒業、名古屋大学大学院博士課程修了、法学博士
 名古屋大学法学部助教授、東国大学校法科大学助教授、西江大学法学部教授を経て、
 現在、西江大学校法学専門大学院教授
 〈主著〉
 「梅謙次郎と朝鮮高等法院——日韓司法交流の始まり」法の支配 137 号（2005 年）
 「同時履行の抗弁に対する相殺の再抗弁——その許容性と効力」判例タイムズ 1199 号（2006 年）
 「韓国における家事裁判の執行」南山法学 31 巻 3 号（2007 年）
 「集団調停による消費者紛争解決——韓国における実情について」民事研修 619 号（2008 年）
 「朝鮮高等法院の判事がみた朝鮮の親族・相続慣習——序論的考察」法政論集 227 号（2008 年）

河上正二（かわかみ・しょうじ）
 1975（昭和 50）年　金沢大学法文学部法学科卒業、金沢大学大学院法学研究科修士課程修了、東京大学大学院法学政治学研究科博士課程修了、法学博士
 千葉大学助教授、東北大学助教授、教授を経て、
 現在、東京大学大学院法学政治学研究科教授

執筆者紹介

〈主著〉
『約款規制の法理』（有斐閣・1985年）
『民法トライアル教室』（有斐閣・1999年）
『歴史の中の民法』（日本評論社・2001年）
『民法学入門〈第2版〉』（日本評論社・2009年）
『民法総則講義』（日本評論社・2007年）

渠　　濤（Qu Tao）
　1982年　華中理工大学外国文学言語学部卒業、名古屋大学大学院法学研究科博士課程単位取得退学
　名城大学法学部専任講師、中国社会科学院研究所副研究員を経て、
　現在、中国社会科学院法学研究所研究員（民法室）、中国社会科学院研究生院教授
　〈主著〉
　『民法理論與制度比較研究』（中国政法大学出版社・2004年）
　『中日民商法研究(1)-(6)』（編著、法律出版社・2003-2007年）
　『日本最新民法』（編訳、法律出版社・2006年）

横山美夏（よこやま・みか）
　早稲田大学法学部卒業、同大学大学院法学研究科博士課程単位取得退学
　早稲田大学助手、大阪市立大学助教授を経て、
　現在、京都大学大学院法学研究科・法学部教授（併任）
　〈主著〉
　『物権（エッセンシャル民法2）』（共著、有斐閣・2005年）
　「不動産売買契約の『成立』と所有権の移転(1)(2)」早稲田法学65巻2号-3号（1990年）
　「競合する契約相互の優先関係(1)-（5・完）」大阪市立大学法学雑誌42巻4号-49巻4号（1996-2003年）

カール・リーゼンフーバー（Karl Riesenhuber）
　1986年から1990年までフライブルク大学で学ぶ、テキサス大学オースティン校比較法修士、法学博士
　ヨーロッパ大学フィアドリナ校教授代理、教授を経て、
　現在、ボッフム大学教授
　〈主著〉
　Die Rechtsbeziehungen zwischen Nebenparteien——Dargestellt anhand der Rechtsbeziehungen zwischen Mietnachbarn und zwischen Arbeitskollegen, Berlin（Duncker & Humblot）1997（博士論文）
　System und Prinzipien des Europäischen Vertragsrechts, de Gruyter Recht, 2003（教授資格取得論文）
　Europäisches Vertragsrecht-Lehrbuch, 2. Auflage, de Gruyter Recht, 2006

渡辺達徳（わたなべ・たつのり）
　1979（昭和54）年　中央大学法学部卒業、同大学大学院法学研究科博士課程退学
　小樽商科大学専任講師、助教授、中央大学助教授、教授を経て、

現在、東北大学大学院法学研究科教授
〈主著〉
『債権総論』（共著、弘文堂・2007年）
「『ウイーン売買条約』（CISG）における契約違反の構造」商学討究41巻4号（1991年）
「履行遅滞解除の要件再構成に関する一考察」法学新報105巻8号・9号（1999年）
「ドイツ民法における売主の瑕疵責任」法律時報80巻8号（2008年）
「ウイーン売買条約と日本民法への影響」ジュリスト1375号（2009年）

詹　森　林（Jan Sheng-Lin）
1979年　台湾大学法学部卒業、同大学大学院修士課程修了、法学博士（フランクフルト大学）
弁護士、台湾大学法学部助教授を経て、
現在、台湾大学法学部教授
〈主著〉
Practices in Non-Competition and Confidentiality Agreements. 3 rd. edition. 2009
Introduction to Civil Law（co-author）, 6 th edition, 2008
Study on General Principles and Court Decisions of Civil Law（5）, National Taiwan University Law Press Nr. 164, 2007

鹿野菜穂子（かの・なおこ）
九州大学法学部卒業、同大学大学院法学研究科博士課程単位取得満期退学
九州大学助手、東京商船大学助教授、神奈川大学助教授、立命館大学教授を経て、
現在、慶應義塾大学大学院法務研究科教授
〈主著〉
『消費者法の比較法的研究』（共編著、有斐閣・1997年）
『高齢者の生活と法』（共編著、有斐閣・1999年）
『国境を越える消費者法』（共編著、日本評論社・2000年）
『はじめての契約法（第2版）』（共著、有斐閣・2006年）
『プリメール民法1（第3版）』（共著、法律文化社・2008年）

池田真朗（いけだ・まさお）
1973（昭和48）年　慶應義塾大学経済学部卒業、同大学大学院法学研究科博士課程修了、博士（法学）
慶應義塾大学助手、専任講師、助教授、フランス国立東洋言語文明研究所招聘教授を経て、
現在、慶應義塾大学大学院法務研究科教授・法学部教授（併任）
〈主著〉
『債権譲渡の研究（増補2版）』（弘文堂・2004年〔初版1993年〕）
『債権譲渡法理の展開』（弘文堂・2001年）
『スタートライン債権法（第4版）』（日本評論社・2005年）
『新標準講義民法債権総論』（慶應義塾大学出版会・2009年）

宮下修一（みやした・しゅういち）
1994（平成5）年　名古屋大学法学部卒業、同大学大学院博士課程満期退学、博士（法学）
静岡大学専任講師、助教授を経て、

執筆者紹介

現在、静岡大学大学院法務研究科准教授
〈主著〉
『消費者保護と私法理論——商品先物取引とフランチャイズ契約を素材として』(信山社・2006年)
『論点体系　判例民法1　総則』(共著、第一法規・2009年)
「『おまとめローン』契約の有効性(1)・(2・完)」国民生活研究48巻2号-3号 (2008-2009年)

アーサー・S・ハートカンプ (Arthur S. Hartkamp)
1968年　アムステルダム大学法学部卒業、法学博士
1974年から1986年までオランダ法務省で民法典改正作業を担当
その後、オランダ最高裁判所主席法務官 (1986-2001年 Advocate-General, 2001-2006年 Procureur-General) を経て、
現在、ラドブート大学教授
〈主著〉
Der Zwang im römischen Privatrecht, Adolf M. Hakkert, 1971 (博士論文)
Mr. C. Asser's Handleiding tot de beoefening van het Nederlands burgerlijk recht (Verbintenissenrecht), W. E. J. Tjeenk Willink, 1984-2008
(1984年以来、債権法諸領域にわたり、このAsserシリーズの多数のオランダ語著書を出版)
Towards a European Civil Code, 3rd edition, Kluwer Law International, 2004 (共編)

平 林 美 紀 (ひらばやし・みき)
1993 (平成5) 年　名古屋大学法学部卒業、同大学大学院法学研究科博士課程満期退学、博士 (法学)
名古屋大学助手、専任講師、金沢大学助教授を経て、
現在、南山大学法学部准教授
〈主著〉
「不真正連帯債務論の再構成(1)-(3)」法政論集 178-181号 (1999-2000年)
「連帯債務と連帯保証——保証の補充性・附従性と、時効管理の観点から」南山法学29巻1号 (2005年)
「共同保証人間の求償権行使の要件」金沢法学44巻2号 (2002年)
「重畳的債務引受 (併存的債務引受) に関する一考察」法政論集201号 (2004年)

梁　慧 星 (Liang Huixing)
1944年生まれ、法学博士
現職、中国社会科学院学部委員、同法学研究所教授、同私法研究センター主任
〈主著〉
『民法総論〔第3版〕』(法律出版社・2007年)
『裁判的方法』(法律出版社・2003年)
『民法解釈学』(中国政法大学出版社・1995年)
『民法学説判例與立法研究』(中国政法大学出版社・1993年)

執筆者紹介

中野 邦保（なかの・くにやす）
 1999（平成11）年　学習院大学法学部卒業、名古屋大学大学院法学研究科博士課程満期退学
 桐蔭横浜大学専任講師を経て、
 現在、桐蔭横浜大学法学部准教授
 〈主著〉
 「行為基礎論前史(1)・(2)――後期普通法における「意思」概念の変質を中心に」法政論集 204号-208号（2004-2005年）
 「啓蒙期自然法体系の法構造と思考原理――給付と反対給付の等価性確保の問題から」法政論集 227号（2008年）

廣瀬 久和（ひろせ・ひさかず）
 1973（昭和48）年　東京大学法学部卒業、エックス・マルセイユ第3大学法学部大学院博士課程 DEA 取得
 東京大学助手、上智大学助教授、東京大学助教授、教授を経て、
 現在、青山学院大学法学部教授
 〈主著〉
 「レセプトゥム責任の現代的展開を求めて(1)-(4)」上智法学論集21巻1号-26巻1号（1977-1983年）
 「附合契約と普通契約約款」岩波講座『基本法学4』（岩波書店・1983年）
 "The Development of the Legal Principles of Undue Influence in India" East Asian Cultural Studies vol.25（1986）
 "L'argument du prix dans les discussions sur les conditions générales des contrats" Revue de la recherche juridique–DROIT PERSPECTIF NoXII-29（1987）
 『UNIDROIT　国際商事契約原則』（共著、商事法務・2004年）

北居 功（きたい・いさお）
 1986（昭和61）年　慶應義塾大学法学部卒業、同大学大学院法学研究科博士課程単位取得退学
 慶應義塾大学専任講師、助教授、教授を経て、
 現在、慶應義塾大学大学院法務研究科教授
 〈主著〉
 『コンビネーションで考える民法』（共著、商事法務・2008年）
 「瑕疵概念の変容と商法528条の命運――ドイツ商法典378条の制定・解釈・削除の経緯から」法学研究82巻1号（2009年）

〈初出一覧〉

部	章	節	論文名	著者	出典・(号)	年
I	1		「日本民法改正試案」の基本枠組	加藤雅信	ジュリスト1362	2008.9.1
I	2	1	ドイツ債務法	岡 孝	ジュリスト1362	2008.9.1
I	2	2	ドイツ物権法──BGB 906条1項2文・3文における私法と公法との調和をめぐって	秋山靖浩	書き下ろし	
I	2	3	フランス法	野澤正充	ジュリスト1362	2008.9.1
I	3		物権変動法制のあり方	松岡久和	ジュリスト1362	2008.9.1
I	4		新しい土地利用権体系の構想──用益物権・賃貸借・特別法の再編成をめざして	山野目章夫	ジュリスト1362	2008.9.1
I	5		差止と損害賠償──不法行為法改正試案について	大塚 直	ジュリスト1362	2008.9.1
II	6	1	日本民法改正試案提示の準備のために	加藤雅信	ジュリスト1353	2008.4.1
II	6	2	日本民法改正試案の基本方向──民法財産法・冒頭と末尾(「第1章 通則」「不法行為」)の例示的検討	加藤雅信	ジュリスト1355	2008.4.15
II	7	1	民法・商法および消費法	ピエール・カタラ 野澤正充 (訳)	ジュリスト1356 合併号	2008.5.1-15
II	7	2	民法と消費者法・商法の統合についての視点──カタラ論文に寄せて	磯村 保	ジュリスト1356 合併号	2008.5.1-15
II	7	3	消費者の撤回権──韓国法の視点から	尹 眞秀 金 祥洙 (訳)	ジュリスト1360	2008.7.15
II	7	4	消費者の撤回権・考──尹眞秀論文に寄せて	河上正二	ジュリスト1360	2008.7.15
II	8	1	中国の物権法制定と物権変動法制	渠 濤	ジュリスト1357	2008.6.1
II	8	2	物権変動法制立法のあり方──渠濤論文と日本法	横山美夏	ジュリスト1357	2008.6.1
II	9	1	債務不履行による損害賠償と過失原理	カール・リーゼンフーバー 渡辺達徳 (訳)	ジュリスト1358	2008.6.15
II	9	2	債務不履行による損害賠償と過失原理──リーゼンフーバー論文と日本法	渡辺達徳	ジュリスト1358	2008.6.15
II	10	1	台湾の契約解除法制──比較法的検討	詹 森林 鹿野菜穂子 (訳)	ジュリスト1359	2008.7.1
II	10	2	契約解除法制と帰責事由──詹森林論文と日本法	鹿野菜穂子	ジュリスト1359	2008.7.1
II	11		債権譲渡論	池田真朗	『慶應の法律学・民事法』(慶應義塾大学法学部)を加筆・修正	2008.12.27
III	12		日本民法典の編纂と西洋法の導入	加藤雅信	ジュリスト1361	2008.8.1-15
III	13		ドイツ民法典──その背景と発展および今後の展望	カール・リーゼンフーバー 宮下修一 (訳)	ジュリスト1356 合併号	2008.5.1-15
III	14		フランス民法典──債務法改正草案への動き	ピエール・カタラ 野澤正充 (訳)	ジュリスト1357	2008.6.1
III	15		オランダ民法典の公布	アーサー・S・ハートカンプ 平林美紀 (訳)	ジュリスト1358	2008.6.15
III	16		中国民法典の制定	梁 慧星 渠 濤 (訳)	ジュリスト1359	2008.7.1
III	17		台湾における民法典の制定	詹 森林 宮下修一 (訳)	ジュリスト1359	2008.7.1
III	18	1	韓国における民法典の改正──第2次世界大戦後の動き	尹 眞秀 金 祥洙 (訳)	ジュリスト1360	2008.7.15
III	18	2	韓国における民法典の改正──急展開を迎えた2009年を中心に	中野邦保	書き下ろし	
IV	19		ヨーロッパ民法典への動向	アーサー・S・ハートカンプ 廣瀬久和 (訳)	ジュリスト1361 合併号	2008.8.1-15
IV	20		『ヨーロッパ民法典への動向』が語るもの──ハートカンプ論文に思う	廣瀬久和	ジュリスト1361 合併号	2008.8.1-15
IV	21		ヨーロッパ連合における民法典論議──統一性と多様性の相克と調和	北居 功	書き下ろし	
V	I	資料1	日本民法改正試案(民法改正研究会・仮案〔平成20年10月13日〕)第1分冊〔総則・物権〕	起草・民法改正研究会	日本私法学会限定販布・(有斐閣)	2008.10.13
V	I	資料2	日本民法改正試案・暫定仮案(平成20年10月13日仮提出)第2分冊〔債権法〕	起草・民法改正研究会	日本私法学会限定販布	2008.10.13
V	II	資料3	日本民法改正試案(民法改正研究会・仮案〔平成21年1月1日案〕)	民法改正研究会	判例タイムズ1281	2009.1.1

総合叢書
5

民法改正と世界の民法典

2009（平成21）年 6 月 15 日　第 1 版第 1 刷発行
2009（平成21）年 11 月 30 日　第 1 版第 2 刷発行

著　者　民法改正研究会
（代表　加藤雅信）

発行者　今　井　　　貴
発行所　株式会社　信山社

〒113-0033　東京都文京区本郷6-2-9-102
Tel 03-3818-1019　Fax 03-3818-0344
henshu@shinzansha.co.jp
エクレール後楽園編集部　〒113-0033　文京区本郷1-30-18-101
Tel・Fax 03-3814-6641
笠間才木支店編集部　〒309-1611　茨城県笠間市笠間515-3
Tel 0296-71-9081　Fax 0296-71-9082
笠間来栖支店編集部　〒309-1625　茨城県笠間市来栖2345-1
Tel 0296-71-0215　Fax 0296-72-5410
出版契約№. 2009-5455-6-01010　Printed in Japan

©民法改正研究会, 2009　印刷・製本／亜細亜印刷・渋谷文泉閣
ISBN978-4-7972-5455-6 C 3332 ¥12.000 E 分類324.000-a-0005
5455-0101 : p 680 012-060-020 〈禁無断複写〉

広中俊雄責任編集

民法研究

第四号

《民法の理論的諸問題》の部　「人の法」の観点の再整理／山野目章夫
《隣接領域からの寄稿》の部　《個人の尊厳と人間の尊厳》
人間の尊厳 vs 人権？
—ペリュシュ事件をきっかけとして—／報告　樋口陽一（挨拶　広中俊雄）
主題《個人の尊厳と人間の尊厳》に関するおぼえがき／広中俊雄

二,〇〇〇円（税別）

第五号

近代民法の本源的性格—全法体系の根本法としてのCode civil／水林　彪
基本権の保護と不法行為法の役割／山本敬三
『日本民法典資料集成』第一巻の刊行について（紹介）／瀬川信久

三,五〇〇円（税別）

信山社

民法研究

広中俊雄責任編集

第一号
民法と民法典を考える——「思想としての民法」のために／大村敦志
日本民法典編纂史とその資料——旧民法公布以後についての概観／広中俊雄

二,五〇〇円（税別）

第二号
法律行為論の課題（上）——当事者意思の視点から／磯村　保
「民法中修正案」（後二編を定める分）について
　——政府提出の冊子、条文の変遷／広中俊雄
箕作麟祥民法修正関係文書一覧／広中俊雄

三,〇〇〇円（税別）

第三号
第一二回帝国議会における民法修正案（後二編）の審議／広中俊雄
民法修正原案の「単独起草合議定案」の事例研究——梅文書・穂積文書所収
　稿（所有権ノ取得／共有）及び書き込みの解読を通して／中村哲也
田部芳民法修正関係文書一覧

三,〇〇〇円（税別）

信山社

広中俊雄 編著

日本民法典資料集成 全一五巻

第一巻 民法典編纂の新方針

【目次】

『日本民法典資料集成』(全一五巻)への序
全巻凡例・日本民法典編纂史年表
全巻総目次・第一巻目次(第一部細目次)
第一部「民法典編纂の新方針」総説
 新方針(=「民法修正の基礎」)
 法典調査会の作業方針
 甲号議案審議前に提出された乙号議案とその審議
 民法目次案とその審議
 甲号議案審議以後に提出された乙号議案
 I II III IV V
第二部 あとがき(研究ノート)

来栖三郎著作集 I〜III

各一二、〇〇〇円(税別)

《解説》安達三季生・池田恒男・岩城謙二・清水誠・須永醇・瀬川信久・田島裕
利谷信義・唄孝一・久留都茂子・三藤邦彦・山田卓生

I 法律家・法の解釈・財産法 1 法律家 2 法の解釈 A 総論 B 法律家・法の解釈、慣習・フィクション論につらなるもの 3 法の解釈における慣習 4 法の解釈の意義 5 法の解釈における慣習適用上の違守 6 法における慣習の比較研究 7 いわゆる事実たる慣習の意義および適用方法について 8 学界展望、民法 9 民法の解釈 10 立木取引における明認方法について 11 債権の準占有と免責証券 12 損害賠償の範囲および方法に関する日独両法の比較研究 C 契約法につらなるもの 13 契約方法 * 契約法 財産法判例評釈(1)(総則・物権) 14 物権法判例評釈 15 小売商人の親庇担保責任 16 日本の贈与法 17 財産法判例評釈(2)(債権・その他) 18 日本の手付法 19 契約法 20 民法上の組合の訴訟当事者能力 * 第三者のためにする契約 家族法・家族法判例評釈(親族・相続) D 親族法に関するもの 21 内縁関係に関する学説の発展 22 婚姻の無効 II 家族法 23 穂積陳重先生の自由離婚論(講演) 親族法[紹介] 24 養子制度に関する二三の問題について 25 日本の養子法 26 中川善之助「日本の親族法」[紹介] 27 共同相続財産に就いて E 相続法に関するもの 28 相続順位 29 相続税と相続税法 30 遺言の取消 31 遺言の解釈 32 Dower について F その他・家族法に関する論文 33 戸籍と親族法 34 中川善之助「身分法の総則的課題——身分権及び身分行為に関する判例評釈」(親族・相続) 付・略歴・業績目録

信山社